U0592889

乡村振兴战略下民族地区经济发展的文化动力与特色文化产业高质量发展研究

——以白族地区为例

李剑 著

经济管理出版社
ECONOMY & MANAGEMENT PUBLISHING HOUSE

图书在版编目（CIP）数据

乡村振兴战略下民族地区经济发展的文化动力与特色文化产业高质量发展研究：以白族地区为例 / 李剑著 .—北京：经济管理出版社，2022.12
ISBN 978-7-5096-8918-9

Ⅰ. ①乡… Ⅱ. ①李… Ⅲ. ①民族地区—文化产业—产业发展—研究—大理白族自治州
Ⅳ. ① G127.742

中国版本图书馆 CIP 数据核字（2022）第 252838 号

组稿编辑：张丽媛
责任编辑：梁植睿
助理编辑：亢文琴
责任印制：黄章平
责任校对：杨利群

出版发行：经济管理出版社
（北京市海淀区北蜂窝 8 号中雅大厦 A 座 11 层 100038）
网　　址：www.E-mp.com.cn
电　　话：（010）51915602
印　　刷：北京金康利印刷有限公司
经　　销：新华书店
开　　本：787mm × 1092mm/16
印　　张：28
字　　数：534 千字
版　　次：2022 年 12 月第 1 版　　2022 年 12 月第 1 次印刷
书　　号：ISBN 978-7-5096-8918-9
定　　价：149.00 元

凡购本社图书，如有印装错误，由本社读者服务部负责调换。
联系地址：北京市海淀区北蜂窝 8 号中雅大厦 A 座 11 层
电话：（010）68022974　　邮编：100038

序言

如何实现经济的可持续发展是当今世界关注的重要发展问题。我国少数民族地区自然资源总量丰富，在经济发展的战略资源接替中发挥着重要的作用，因此，要实现我国经济的可持续发展，实现少数民族地区经济的可持续发展具有重要的地位和价值。中华人民共和国成立以来，在党和国家的大力支持和各族人民的共同努力下，少数民族地区的经济和社会发展取得了巨大的成绩。尤其是改革开放后，随着西部大开发、科教兴国和可持续发展等战略的实施，少数民族地区的经济发展取得了前所未有的成就。

但是，这些地区的生态环境相对脆弱，经济发展的总体水平仍然较低，同时，在原来粗放型经济增长方式下，资源破坏和污染等问题也日渐突出，原来的产业结构和产品结构优势逐渐丧失，这些都制约着少数民族地区经济的快速发展。因此，可以说找到一条适合少数民族地区特点的可持续发展路径是寻求我国总体可持续发展过程中亟待解决的重大问题。然而纵观我国少数民族地区生产生活方式的发展历程，如何在脆弱且有限的自然环境中生存下去，是少数民族地区自古以来长期面临的重大问题，而对于这个问题的思考与解决，逐步形成了他们关于宇宙、自然、人生的基本观念和生产生活方式，这一观念被学术界称为“民族生态文化”。体现这一少数民族生存方式和生态伦理智慧的生态文化，是现代生态文明建设和社会共同体治理的重要资源，也为可持续发展提供了有益的借鉴和启示。

民族地区的经济发展是民族经济学的核心议题，长期以来民族地区经济发展相对滞后，应该加强民族地区经济发展。大理地处云南省中部偏西地区，历史上的白族地区社会经济发展都是以农业为主，在中华人民共和国成立以前，大理白族地区社会经济发展很不平衡，农业是社会经济的主要形式。当时，封建地主经济占绝对优势，地主和富农靠收取地租、放高利贷等方式对农民进行剥削。除此之外，当时的社会上还存在着一些商业资本，如洋纱、石磺、猪鬃、黄丝、茶叶等进出口产品，因此资本主义经济也有一定程度的发展。中华人民共和国成立以后，大理白族地区先后于 1953 年完成了土地制度改革，并于 1956 年基本完成社会主义改造，这个时期，社会经济和文化的发展逐步经历了变革。改革开放以来，大理白族地区依靠优厚的地理条件和丰富的民族资源，当地农业产品生产经营以及少数民族手工产品逐渐发展起来，但是相比于东部地区，经济发展的差距仍然非常明显，主要表现为经济发展水平不平衡，产业结构较为落后和低效，自我发展能力较弱，难以适应市场的客观需求。民族地区只有实现了经济繁荣发展，才能够满足各族人民的生活需求，实现各族人民的福祉，而在一个物质不发达的环境中，人民福祉是很难实现的。

随着中国经济总量的快速增长，社会物质层面的供应能力也已经得到整体性的显著提升，人民日益增长的物质文化需求也逐渐变成对美好生活的追求，在这样的时代契机下，民族地区的经济发展迎来了新的机遇。在人民对美好生活的需要日益增长的社会发展趋势下，人民对于精神层面的追求达到一个新的水平，而文化作为精神文明的主要形式，其物质价值越发凸显。因此对于民族地区来讲，当地所蕴含的丰富文化资源，以具体物质产品，或者以态度、信念和价值观等形式存在，正在以改变、传播和巩固发展观的途径被更多的人们所认识和接受，进而为少数民族带来经济效益，影响着少数民族地区经济的发展。①

改革开放以来，无论是在经济总量上，还是在产业结构、人民的收入水平上，少数民族地区都取得了很大的成绩。但是，少数民族地区在经济发展过程中也面临着诸多问题，主要表现在，民族地区如何找到与本民族相适应的经济发展方式，找到与本民族的历史、文化相互契合的发展方式，实现内生式发展，并能在发展过程中避免走“边发展，边污染”“卖资源，求发展”等弯路，从而使本民族的经济发展保持可持续性，尤其是在寻求本民族发展道路的时候，如何寻找并激发本民族的内生发展动力。为了找到与民族地区相适应的发展方式，我们除了借鉴其他地区一般性的经济发展经验以外，还需要从各民族自身特色入手，找寻促进其经济发展的新的动能，其中少数民族文化资本便成为民族地区经济发展的一个重要的内在推动力。因此，本书欲借助大理白族文化对当地经济发展及其可持续发展的影响研究，来探究少数民族文化对经济发展的影响，并探寻在当前市场经济背景下如何实现民族传统文化的现代转型，以实现其与现代市场经济融合发展。

大理白族文化作为具有本民族特色的文化形式，以一种新型的资本动力出现在白族经济发展的过程中，笔者欲借助动力结构分析，来阐释大理白族地区的文化因素在经济发展过程中的一般机理，并剖析大理白族文化中能够提高地区经济发展水平的成分。本书的理论框架尚存在诸多不足，学理分析也多有不成熟之处，但仍然努力从跨学科的视角，将文化特别是具有特殊文化因子的少数民族文化纳入到少数

---

① 贾旭东：《论经济发展的文化动力》，《哲学研究》2005 年第 10 期。

民族经济发展的探索之中，以使这一新型资本因素成为推动我国少数民族地区经济发展的内在动力，这是贯穿本书的一条基本主线。本书从结构－功能的角度出发，探讨大理地区白族文化影响区域经济发展的内在逻辑，并梳理大理地区历史上形成的白族文化，把大理的白族文化按照结构化的形式分成物质文化、制度文化和精神文化三个方面，在此基础上分析它们三者对大理地区经济发展形成的动力支持。在探讨物质文化对经济发展所形成的动力时，重点分析了大理地区具有典型民族文化特征的扎染、木雕、建筑等物质文化形态；在探讨制度文化时，重点分析了大理白族历史上所形成的乡规民约等民间非正式制度文化形态对经济发展给予的动力支持；在探讨精神文化时，重点梳理了大理白族所形成的以本主崇拜为核心，吸收佛教、道教、儒家以及其他外来文化而形成的完整的民族精神文化形态，并分析其对经济发展的动力支持。另外，本书还尝试剖析了大理白族的物质文化、制度文化和精神文化与经济持续发展之间的现代转型张力，阐述了两者间存在的冲突，探讨了如何消除这种冲突，并通过寻找经济和文化两者之间的契合性，引导大理白族地区经济持续稳定发展。

实施乡村振兴战略是以习近平同志为核心的党中央深刻剖析新时代我国社会主要矛盾，准确把握现代化建设规律和城乡关系变化特征，对“三农”工作作出的重大决策部署。发展特色文化产业是乡村振兴战略的重要内容。璀璨的少数民族文化是西部民族地区最具比较优势的资源，加快发展民族特色文化产业，实现产业之间深度融合发展，是实现乡村振兴战略目标的重要途径。作为西部民族地区，大理白族自治州是我国白族主要聚居区之一，白族文化也是西南民族地区极具特点的文化。如何利用优秀的白族传统文化，以产业化发展促进大理白族乡村经济发展，关系着该区域乡村振兴战略的推进实施。本书就是以白族特色文化产业为研究对象，着重探究乡村振兴战略下其进一步创新发展的思路机制。

“十三五”期间，大理不断深入探索民族特色文化产业的发展模式和机制，取得了显著成就。尤其是“文化＋旅游”的发展模式，使白族特色文化产业发展呈现百花齐放的繁荣景象，白族特色文化旅游业、特色手工艺品业、特色民俗节庆业和特色演艺演出业均获得长足发展。但是，通过分析发现，大理白族特色文化产业发展也面临诸多问题亟待解决，其中发展模式粗放是关键问题。大理白族自治州特色文化产业整体还处于效率不高的粗放型发展模式阶段，还没有实现集约化、精细化、高端化的内涵式科学发展。经过分析论证，加快发展白族特色文化产业对于大理乡村振兴具有重要意义。白族特色文化产业的创新和转型发展必须坚持内涵式发展模式，做到民族传统文化传承和乡村经济社会发展目标的双赢。白族特色文化产业的内涵式发展，必须在要素融合机制、高端创意人才培养机制、产业发展定位、创意设计提升、行业结构布局、空间结构布局、完善产业链、特色小镇建设、转型升级和品牌建设等方面进行科学规划，而且要完善各类扶持政策体系。

本书以乡村振兴战略为背景，以大理民族特色文化产业尤其是白族特色文化产业为主要研究对象，综合运用民族学、民族经济学、区域经济学、产业经济学、文化人类学等多学科理论知识与方法，对民族地区经济可持续发展的文化动力机制进行理论探索。以此为基础，本书再从中微观层面对大理白族特色文化产业发展问题进行理论研究与现实论证。研究对于丰富民族经济学相关理论、特色文化产业发展研究等具有理论价值，对促进白族经济发展具有实际意义。

本书在界定民族特色文化产业概念的基础上，全面分析了大理白族特色文化资源的禀赋结构，归纳分析了其产业发展的现状、特点以及存在的问题，并以转变发展模式为出发点，对乡村振兴战略下白族特色文化产业的“内涵式”发展提出了基本方略。基本框架思路是：科学界定白族特色文化产业的内涵与类别，全面剖析白族特色文化资源禀赋结构，对大理白族特色文化产业的发展现状进行总结并归纳出其发展中存在的主要问题，综合分析乡村振兴战略下白族特色文化产业发展的基础条件和必要性，系统性提出白族特色文化产业“内涵式”发展的基本方略。

通过理论研究界定，白族特色文化产业是特色文化产业的一个特定分支，特指以白族原生态文化遗产资源为核心投入要素，借助创意劳动转化和现代传播手段，通过市场机制向社会公众提供在文化内涵、精神内容、外在样式、工艺类型、审美情趣、价值用途等方面带有鲜明白族特点文化体验的各种文化产品生产和服务活动的集合。白族特色文化产业中的“特”根源于白族特有的原生态文化遗产资源的特色，具有独一无二性和不可复制性。白族特色文化产业的“特”主要体现在五个方面：文化内涵的包容性、文化体验的和谐性、文化历史的久远性、产业类型的多样性、多类资源的融合性。白族特色文化产业具有丰富的民族经济学内涵，体现了民族文化与民族经济之间的辩证关系。

白族特色文化资源是白族特色文化产业发展的根基。在民族学与文化要素论视角下，白族特色文化资源是白族在长期实践发展过程中创造并积淀传承下来的经济价值十分突出的资源，是白族特色文化产业发展所必需的最为关键的投入要素，是经创意性劳动转化为各种白族特色文化产品以满足人们精神消费需求的源泉。以文化要素在参与文化生产过程中的投入方向、使用方式为划分依据，白族特色文化资源分为五大类：无形性精神信仰与价值观念类、影视性民族文学与史诗故事类、会展性民俗节日与礼仪工艺类、演艺性民族戏曲与民歌舞蹈类、旅游性遗址建筑与风俗衍生类。借助波士顿矩阵原理，依据价值增长率和要素比重率两个指标，分析表明：大理白族特色文化资源具有出色的要素禀赋结构，不但文化类别齐全，且民族特色突出、文化内涵丰富，具有发展民族特色文化产业的优良基础。

在学界既有研究的基础上，本书研究在以下方面进行了创新：一是将特色文化产业研究从区域和文化类别视角转向民族视角尤其是个样少数民族视角。本选题力求基于民族视角尤其是个样少数民族视角，以族别为研究单位，系统探究白族特色文化资源开发与特色文化产业创新发展的规律。二是将民族文化视为引发民族乡村经济发展变革和脱贫攻坚后实现可持续发展最具比较优势的投入要素之一。改变既有相关理论中多将文化作为经济发展外生变量的惯例，本书视“民族文化”为经济发展尤其是民族乡村经济发展不可替代的内生变量；提出“民族文化要素论”观点；以党中央在党的十九大和十九届五中全会中提出的乡村振兴战略和高质量发展理念为指引。三是创新民族文化资源禀赋结构分析模型，并基于白族文化资源禀赋结构提出白族文化特色创意产业创新发展的“内涵式”发展路径。借鉴波士顿矩阵原理，以文化作为生产要素的投入使用方式为依据，创新提出适用于民族文化资源结构分析的模型，以此对白族文化资源进行重构，并依据白族不同文化资源的特点来设计科学发展思路。

目录

第二篇　文化动力篇

第三篇 产业发展篇

第一章　绪　论

第一节　研究背景与问题提出

改革开放四十多年来，中国总体经济实现了跨越式发展，少数民族地区的经济和社会发展同样取得了巨大成就。根据数据统计，截至《中华人民共和国民族区域自治法》颁布实施 30 周年时，民族地区“经济总量由 1984 年的 680.95 亿元增加到 2013 年的 64772 亿元，按可比价格计算增长了 17 倍，年均增长 10.7%；地方公共财政预算收入由 63.5 亿元增加到 8436 亿元，增长了 131.9 倍，年均增长 18.4%，且两项指标增速都高于全国平均水平”①。可以说，在党和国家的大力支持特别是西部大开发、科教兴国、可持续发展等战略和“一带一路”倡议的实施和推进下，少数民族地区的经济发展取得了前所未有的成绩。这种“支持式”和“追赶式”经济发展政策的实施，使少数民族地区的经济发展受到高度关注，水平得到大幅提高，民族地区的经济发展已经不再是一个新的研究议题，其普遍性研究也在知识生产机制下呈现出很多成果。

然而，在时代的进一步变迁中，更多新议题陆续出现。在新的时代背景下，尤其是确认中国社会主义经济的市场化道路之后，围绕市场所建立的资源配置关系、区域经济利益关系等，事实上对民族地区的经济发展提出了一系列新的问题②。比如，有的学者就在思考，各项战略政策一直在持续施行，但为什么我国西部地区经济仍然落后于东部，而且其差距仍旧在不断扩大③？也有学者提出质疑，传统的“追赶式”发展是单纯追求 GDP 增长，追求以“物”为中心，实现增长优先的发展战略，这一战略的主要目标是增加物质生产和服务总量增长，追赶内地相对发达地区，而实现增长的主要手段是增加资本投入、加速资源开发。这种倾向于单纯的制度帮扶的增长模式是否真正有利于民族地区的经济发展，是否从本质上增加了其

① 中国民族年鉴编辑部编：《中国民族年鉴》，民族出版社 2015 年版，第 35 页。
② 王文长：《中国经济发展的 B 面：经济发展与民族利益的整合》，民族出版社 1997 年版，第 1 页。
③ 贺痴：《论我国现阶段民族经济发展权的若干问题》，《当代经济》2017 年第 2 期。

“自增长能力”？[①] 还有学者提出，（少数民族地区）经济结构的不合理制约着民族经济发展[②]。

学者们的困惑与质疑并非杞人忧天，目前中国少数民族地区经济高速发展，但与此同时诸多经济难题和社会矛盾也不断涌现出来，如生态污染和破坏、过度消费与物质化、缺乏核心的文化发展动力等。因此，在当前发展政策持续推进的同时，少数民族地区经济发展依然面临着前所未有的巨大考验，民族地区经济依然是我国经济发展中最难啃的“硬骨头”，传统路径下的现代化负面影响在部分民族地区的经济发展过程中逐渐浮现。

在过去的四十多年里，为了促进又好又快发展，我国先后实施了一系列优惠政策，通过“支持性”政策体系来带动经济发展。与此同时，国家还制定了针对少数民族地区经济发展的一系列优惠政策，少数民族地区经济呈现出“追赶式”发展的态势，即对东部沿海地区的经济追赶，因此在现实路径中也常常出现一些问题和风险，如低成本的资源开发、直接的技术和资本引入等，这种发展后续带来的往往是对环境的破坏、资源出现紧缺等突出的发展问题。这种“追赶式”的发展方式尽管给民族地区经济带来了增长，但是同时也加剧了少数民族地区经济发展的脆弱性和风险性。自然资源是不可再生的，资源的过度消耗一方面降低了资源的利用效率，另一方面导致环境污染日趋严峻，污染治理成本的上升削弱了经济效率，而少数民族地区的特殊性又进一步制约了经济效率的改善[③]。

从可持续发展的角度讲，少数民族地区的经济现代化需要从转变经济发展方式上突破，也即需要为少数民族地区找寻到契合区域属性的良好路径与动能，从而促进这些区域的增量发展。于是，在美丽中国建设的总体背景下，美丽生态与经济发展的双重需求就对少数民族地区的经济发展提出了新的挑战。民族地区需要找到经济发展与增长的新模式与新动力，从而保证发展的质量与持续性兼备。因此，我国少数民族地区寻求促进其经济发展的新动力，转变其经济发展的模式，就成为其首要任务。

探究民族地区经济发展的动力，需要回归到少数民族地区自身，对我国民族地区而言，原生于此的少数民族在漫长的生存、生产实践中积累了丰富的民族文化知识，这种被格尔茨称为“地方知识”[④] 的存在，包含着当地人生存发展的智慧。特别

---

① 魏军：《少数民族地区经济发展“追赶式战略”辨析》，《黑龙江民族丛刊》2012 年第 2 期。
② 翟东堂：《我国民族经济发展权若干问题探讨》，《云南大学学报 · 法学版》2012 年第 2 期。
③ 徐杰、朱承亮：《资源环境约束下少数民族地区经济增长效率研究》，《数量经济技术经济研究》2018 年第 11 期。
④ 克利福德 · 格尔茨：《地方知识：阐释人类学论文集》，杨德睿译，商务印书馆 2017 年版。

是对于那些长期居于此的人们而言，他们与自然生态、社会经济发展之间维系着良好的契合性，培植了独特的经济伦理观与经济理念。在现代化乃至后现代化的发展转型中，“经济中心论”的物质主义思维不断引导物质层面的快速增长，在相当程度上已经忽视了原生态的文化土壤对当地民众的重要性，也低估了这些生存智慧对经济发展具有的潜在价值。因此，对这些生存智慧与文化土壤进行挖掘与理解，对它们与现代经济发展特别是可持续发展之间的关系进行思考与分析，实则是民族经济学的重要构成部分。

从另外一个层面讲，中国特色社会主义进入新时代，我国社会主要矛盾也发生了重要变化，我国社会主要矛盾已经转化为“人民日益增长的美好生活需要和不平衡不充分的发展之间的矛盾”，这意味着在物质层面摆脱匮乏状态后，人们的非物质性需求（如文化需求）有所增加。将文化因素引入到学理思考中，这为上述民族经济学的核心议题提供了重要的思维引导。应当如何把握文化资本的重要性？这需要我们去重新思考。在少数民族所保有的文化因素中哪些具备经济发展以及增量可持续的性质？这些文化因素如何与现代经济发展有效挂钩与对接，从而形成一种文化传统的现代化转型，并对经济现代化的持续动力形成助推？这些都值得我们深入研究。换言之，把握民族文化中的生存之道，对经济持续发展的动力机制进行思考是本书研究的核心问题。本书拟以作为“文献名邦”与经济要塞的大理白族地区为经验实例，就上述民族经济学的核心问题作一内在原理的廓清，试图从现实出发来追寻有效的经验与答案，从而把握民族文化对经济持续发展所能带来的影响及动力。

第二节 国内外相关研究综述

就大理白族地区经济发展的文化动力这一主题来看，其核心内容就在于，处理好文化与经济之间的细节关系，并聚焦于区域经济发展研究和大理白族文化研究中涉及此议题的内容。这些基础性的思考在国内外诸多研究文献中都有所涉及，但仍不够系统化，尚未形成一套知识体系，因此民族经济学在此方面的深入挖掘空间依旧很大。

一、文化与经济互动方式的国内外研究

国内外关于文化与经济互动方式的研究非常广泛，两者的研究视角和学术观点也存在较大差别。

（一）国外对文化与经济互动方式的研究

国外学界对于文化与经济互动方式的研究由来已久，其对于经济与文化关系的探究形成了不同的研究视角。

一是文化经济学视角下的经济与文化。文化经济学诞生于工业革命的历史背景下，其创始人是英国的罗斯金（Ruskin J.）。他在论著中指出，古典经济学具有非常严重的理论缺陷，即古典经济学认为金钱是经济的基准，经济就等于金钱的价值。这种基准是破坏人类价值的主要原因。除此之外，他还主张将文化与艺术的价值也放在经济理论分析框架内。只有金钱主义再加上文化价值，才能够提高人类真正的价值，即物质进步是人类发展的基础条件，但不可忽视精神进步。

罗斯金的价值论产生了很大的影响。鲍莫尔（Baumol W. J.）和鲍文（Bowen W.）的“实演艺术论”于1966年开创了文化经济学的新时代。其最大的贡献就是发现文化的特征，认为文化具有不失去的效用。他们的理论重点可概括为：文化艺术的消费者具有高所得、高学历等特性；文化艺术具有正的外部性，威望价值、选择价值、存在价值、遗赠价值和教育价值等，即文化的扩散效应较大，文化艺术是准公共物品——公共物品的性质加上私人物品的性质。此外，日本学者池上惇从外部性的角度来研究罗斯金的固有价值论与文化财政支援之间的关系。他的研究表明，为了提高消费者对固有价值的享受能力而增加财政支援是文化政策的关键措施。思罗斯比（Throsby D.）于1998年提出了“文化资本”的概念，并主张除了物质资本和人力资本之外，经济理论还应该包括“文化资本”。这一概念包括有形文化与无形文化两种形式，思罗斯比认为，要是我们忽视无形文化资本的投资，那么文化体系将呈现崩溃现象，最终会造成经济成果的减少。

二是制度经济学视角下的经济与文化。从制度角度分析文化现象的经济学家主要包括诺斯和哈耶克。在道格拉斯·诺斯（Douglass C. North）的研究框架里，意识形态（文化）理论有着重要的地位。他认为：“文化不仅是不同种知识的混合，还包含对行为标准的价值评判，行为标准（社会的、政治的或经济的）被用来解决交换问题。在所有的社会里，都有一种非正式框架建构人类的相互作用。这种框架是基本的资本存货，被定义为一个社会的文化。文化提供了一个基于语言的概念框架，用于破译、理解和表达来自大脑感官的信息。”因此，在他看来，文化不仅起着塑造正式规则的作用，而且也对作为制度构成部分的非正式规则起着支持作用，制度和意识形态共同决定了经济绩效。

哈耶克（Hayek）则认为，文化是一种由习得的行为规则构成的传统，这种规则可能起始于人类所拥有的不同的环境情势下知道做什么或不做什么的能力。文化经济学将文化界定为："文化是指人们所习得的与遵从的特定价值观念体系，它构成了人们的主观模型，人们无论是进行生产、交换还是分配、消费活动，总是需要一个特定的价值观体系来帮助判断决策。""传统文化通过对人们一生都会产生影响的文化观念和习俗，赋予不同区域人群以不同特性，进而通过这些经济主体的不同行为来影响一个地区的经济发展。传统文化精神对经济发展的影响，是通过对经济主体行为的导向、规约、鼓励来发挥作用。文化精神的导向作用表现在，文化精神为经济行为主体提供明确的价值参考体系，告诉人们应该做什么，把人们导向有价值的经济和社会活动，因此，不同传统文化背景下的人群会出现不同的社会经济活动取向；文化的规约作用表现在，特定的文化精神构成经济行为主体的潜在的行为规范，告诉人们不应该做什么，使不同文化精神背景下的人群的经济活动维持不同的秩序风格；文化精神的激励作用表现为，文化精神往往构成社会行为主体从事经济社会活动的内在动力，为他们提供克服困难、解决疑难、忍受劳苦的心理暗示与信念支撑。因此，传统文化对人的经济行为的影响，是通过经济主体内在的价值理性认同过程和外在行为习惯的重复过程实现的，是自觉自愿的无形的过程。"哈耶克对于文化对经济发展的三个方面作用的总结，简明扼要地说明了文化对于经济的影响。

综合以上学者对于文化与经济互动关系的研究可以发现，这一方面的研究已有了很多的研究成果，且形成了不同的研究视角和体系，这些成果不仅解释了文化与经济互动关系及其表现，也成为很多国家、地区企业发展规范的重要依据。

我们通过梳理当前学术界关于文化与经济发展关系研究的文献，发现了五种不同的观点。第一种观点认为，特定的文化观念决定了人们的行为，它是经济进步、社会发展必不可少的条件之一。这一观点的主要代表人物就是古典经济学的学者们。第二种观点认为，特定的文化是促进资本主义产生和现代社会经济发展最关键的因素和条件。这一观点主要是由马克斯·韦伯所提出的，我们认为，这种观念是一种启发性较强的观点，并得到了许多经济学家、社会学家以及人类学家的支持和认同。第三种观点对马克斯·韦伯的命题进行了直接否定，在这些学者看来，经济和文化是两个相互独立的个体，它们两者之间没有直接的关系。第四种观点则中和了第二种和第三种观点，持这种观点的学者承认文化与经济发展有直接的关系，但是强调要具体问题具体对待。有的学者认为，文化对经济有着促进作用，而有的学者则强调文化对经济的发展起着阻碍作用，不过更多的学者选择了中立的态度，即在文化中，有的文化要素有着促进作用，有的文化因素对经济发展起着阻碍作用。第五种观点是道格拉斯·诺斯提出的，他将文化看作一种影响合约实施的不可缺少的变量，而合约的实施则最终决定了经济发展的状况。综合概括起来，我们可以将文化与经济发展关系的五种观点归结为三个方面：一是文化对经济的发展有着积极的作用；二是文化对经济的发展有着正、反双重作用；三是文化与经济的发展无关。下文主要对前两个方面进行讨论。

1. 文化对经济的发展有着积极的作用

学术界在该领域的研究成果颇多，国外的学者们也普遍认识到了文化与经济之间的内在的正向逻辑关系，但国外学者大多从文化的几个显性层面进行研究。

（1）从宗教伦理的角度，强调宗教改革对经济发展的作用。

宗教是文化的重要方面，宗教改革作为推动人类社会变革的一个重要变革动力，其对经济发展的影响也是非常深远的。持这一观点的主要代表人物是马克斯·韦伯和大卫·S.兰德斯。韦伯在其著作《新教伦理与资本主义精神》中指出，资本主义的兴起除了物质因素，还有精神动力在起作用，即宗教改革后形成的新教文化，而新教文化极大地促进了经济的发展①。同时，韦伯也强调了新教伦理是工业革命在英国发生的原因，正是由于新教伦理才使工业革命在英国而不是在其他的国家顺利开展，强调文化对解释制度和经济变迁的重要性②。在认同了韦伯关于宗教对经济发展的影响的基础上，兰德斯对韦伯的理论又提出了自己的见解，他认为宗教革命问题的核心实际上在于造就一种新人——理性的、有条理的、勤奋的、讲求实效的人③。新教使这些品德在它的信徒中间普遍化，教徒彼此之间以它们作为衡量的标准。在宗教的作用下而形成的新人恰是在当时的阶段经济发展所必须的劳动力，间接承认了宗教对经济发展的促进作用。

（2）从精神道德的角度，指出了道德对经济发展的积极影响。

从道德的角度进行论述的学者，主要为亚当·斯密和约翰·斯图亚特·穆勒。斯密从特定的"经济理性人"的角度出发，合理地阐释了市场经济与道德两者之间的关系，他指出不管任何的市场经济，只有在共享道德的前提下，即信守契约、履行诺言、尊重市场的合作伙伴的基础上才能正常的运行④。契约、诺言以及遵守市场合作规则是经济中的重要运作文化，而对于这些经济发展规则文化的遵守是促进经济发展必不可少的因素。斯密又进一步提出，"在文明的商业社会，普通人民的教育，恐怕比有身份有财产者的教育，更需要国家的注意。"⑤并认为，"有教育有知识

①② 马克斯·韦伯：《新教伦理与资本主义精神》，彭强、黄晓京译，陕西师范大学出版社 2002 年版，第 174 页。

③ David S. Landes，*The Wealth and Poverty of Nations*，New York：Norton，1998，p.128.

④ 马歇尔：《经济学原理》，商务印书馆 1981 年版，第 389–390 页。

⑤ 亚当·斯密：《国民财富的性质和原因的研究》，商务印书馆 1974 年版，第 340 页。

的人，常比无知识而愚笨的人，更知礼节，更守秩序”，“这般人民有了教育，国家可受益不浅呢”。[①] 虽然斯密没有明确指出文化对经济发展的影响，但是他从经济发展过程中所应遵守的道德规则的角度为我们理解经济与文化的关系又提供了一个全新的角度。约翰·克拉默（John Clammer）认为过分强调以牺牲文化、社会道德来换取经济的发展是极为不道德的，不能视之为文化对经济的发展存在着影响[②]。

马歇尔注意到了在诸多的文化（包括宗教、道德、观念、理想）因素之中，理想观念因素对人的经济因素同样有着决定性的作用。他认为，每个人都有可取之处，在从事一定的工作时，他也会受到来自个人的情感、高尚的理想以及责任观念的影响。这些因素使他们在工作时趋向于选择积极的态度。从而通过个人积极的行为态度获得一定的报酬、每个人的努力达到社会进步的目的。阿马蒂亚·森认为，“事实上，资本主义经济的高效率运行依赖于强有力的价值观和规范系统”[③]。他论证说，一个交换经济的成功运行依赖于相互信任以及公开的或隐含的规范的使用，即使对机构和制度而言，其运行也是以共同的行为模式、相互信任以及对对方道德标准的信心为基础的。

2. 文化对经济的发展有着正、反双重作用

学术界对这一层面的研究，取得了颇丰的研究成果。学者们对文化能够促进经济发展，也存在阻碍经济发展的可能的观点普遍表示赞同。例如，马里亚诺·格龙多纳（Mariano Grondona）认为经济社会中存在着两种价值观念体系：一种是促进经济发展的价值观，这种价值观占主导的主要是现代国家；另一种是阻碍经济发展的价值观，此价值观占主导的主要是传统国家[④]。又因为人们对价值观的选择，属于文化领域的事情，所以说经济发展也是一个文化的过程。全球发展问题专家杰弗里·萨克斯（Jeffrey Sachs）承认文化对经济发展的解释力，但他认为，也需要看到其他方面（例如，经济体制）的力量，它们是共同起作用的。如果孤立地看待文化，那么文化的作用力就会降低[⑤]。劳伦斯·哈里森（Lawrence E. Harrison）对大量案例进行研究，结果表明，在多数拉美国家，文化成为发展的一大障碍。之后，他又列举了进步文化区别于停滞文化的十点价值观，承认了文化可以成为阻碍发展的

---

① 亚当·斯密：《国民财富的性质和原因的研究》，商务印书馆 1974 年版，第 348 页。

② John Clammer，“The Concept of Political Economy”，*Political Economy and Anthropological Economics*，2016，pp.7–12.

③ 阿马蒂亚·森：《以自由看待发展（中译本）》，中国人民大学出版社 2002 年版，第 262 页。

④ Mariano Grondona，*Trust*：*The Social Virtues and the Creation of Prosperity*，New York：Free Press，1995.

⑤ Jeffrey Sachs，Xiaokai Yang，and Dingsheng Zhang，“Pattern of Trade and Economic Development in a Model of Monopolistic Competition”，*Review of Development Economics*，*Wiley Blackwell*，Vol.6，No.1，2002，pp.1–25.

一种因素，而进步文化可以促进经济的发展[①]。迈克尔·波特认为，随着现代化进程的发展，许多国家正在努力接受生产率文化，经济文化已经不再是一个如何选择的问题，而是要区分一国的经济文化何时变得快何时变得慢的影响因素，而这个经济快慢的影响因素，正是我们需要关注的[②]。

国外学界最初是从传统意义上的文化与经济的关系出发来探讨两者之间的关系，或者文化对经济发展的作用的，而随着生态观的出现，生态文化观与经济发展等方面的研究也成为国外学界在这一领域关注的重要方面。例如，美国学者德尼·古莱（Denis Goulet）所提倡的经济增长的最终目标为“改善人类生活和社会安排”，因此将经济增长与社会和谐以及人与自然相关联[③]。这一观点作为经济发展伦理层面的研究，从经济发展目标的实现推演经济发展的伦理要求，而要达到改善人类生活，实现社会和谐以及人与自然相和谐的目的，首要的还是从生态观念出发，梳理生态经济发展观。这一发展理念在学界也引起了强烈的共识，学界普遍认为，经济增长必然受到自然环境和环境容量的限制[④]，这些论述都认识到生态环境对经济可持续增长的限制作用，而这一认识也为后来经济可持续发展过程中生态观念的凸显提供了前提和依据。

（二）国内对文化与经济互动方式的研究

民族地区经济发展方式受到社会文化等多种因素的影响。其中民族文化与当地经济的互动会影响经济可持续发展的产出。民族文化，特别是涉及可持续发展观念的民族生态文化是经济发展的重要动力因素之一，对经济发展具有导向作用，对人的经济活动具有规范作用，对民族地区产业结构、消费结构、要素结构的不断优化提升具有重要的影响，因此，关于文化与经济互动对经济可持续发展影响的研究也是学界关注的重要问题。

民族文化是各民族在其历史发展过程中创造和发展起来的具有本民族特点的文化，包括物质文化和精神文化。从文化人类学的角度上讲，人类的一切经济活动同时也是文化活动，都具有文化意义。民族生活的各个方面都显露出民族文

---

① Lawrence E. Harrison，*Underdevelopment is a State of Mind*：*The Latin American Case*，Cambridge：Harvard Center for International Affairs，1985，p.192.

② 迈克尔·波特：《国家竞争优势》，李明轩、邱如美译，华夏出版社 2002 年版，第 42 页。

③ 德尼·古莱：《发展伦理学》，高铦等译，社会科学文献出版社 2003 年版，第 45 页。

④ 这一观点是早期古典经济学所认识到的经济持续增长过程中所面临的问题，代表性作品有哈里森·布朗的《人类前途的挑战》、米香的《经济增长的代价》等。参见：Harrison Brown，*The Challenge of Man's Future*，London：Westview Press，1984；Mishan E.J.，*The Costs of Economic Growth*，London：Staples Press，1993。中文版参见：E. J. 米香：《经济增长的代价》，任保平等译，机械工业出版社 2011 年版。

化的影子，任何关于民族问题的讨论，都不能不关注民族文化这个至关重要的因素。因此，发展民族经济要立足于民族文化。其中，民族文化影响民族经济的方式是这一互动的重要表现，有学者将这一表现总结为三个重要的方面：一是不同的民族文化影响本民族特有的生产、生活方式和水平；二是传统的民族文化观念影响现有的生产观念、消费观念、投资观念、经营观念等经济发展观念；三是少数民族传统的风俗习惯、道德观念等文化内容对民族发展起着一种调适和整合的作用。

然而，有的学者则将民族文化与民族经济看作一种共生互动的关系。他们认为，民族经济是民族文化发展的基础，为民族文化提供必需的物质条件。不同民族在特定环境的适应方式和在改造过程中产生的本民族的文化特质，其本身也是民族经济活动的结果。民族文化是民族经济发展不可或缺的重要因素和资源，为经济振兴提供良好的软环境和充沛的驱动力。

袁少芬在《民族文化与经济互动》一书中指出，文化的功能与经济的功能是多层面的，文化对经济产生作用的同时，对社会也产生效应，即发挥稳定或制约社会的功能，对于经济的功能亦然。南开大学学者指出，自经济学诞生以来，经济学家们一直在探索一个理论问题，就是经济发展问题，与此同时，经济学家们一直面临着一个难题，就是经济发展的差距问题。贫困的恶性循环以及“马太效应”都表明其问题的客观存在及其严重性。通过文化与经济关系的分析，人们重新认识到文化是造成经济发展差距的重要原因之一。不管是一个国家，还是一个区域，从某种意义上可以说，国家文化或区域文化对经济发展发挥重要的作用。换句话说，有些区域或国家具有非常健全的文化基础，与此相反，有些区域或国家具有极其薄弱的文化基础，其结果就是经济的差距。

除此之外，闵文义等在《民族地区生态文化与社会生态经济系统互动关系研究——对民族地区传统多元宗教生态文化的形成特性的分析及启示》一文中指出，少数民族传统经济以农业为特征，是以可更新生态资源为基本内容的经济模式，生产力水平低，人口规模小，社会生态经济系统发展缓慢，处于一个封闭的社会生态经济系统内。在开放的、以市场经济为主导的现代社会生态经济系统下，传统生态文化的约束力远不如在传统社会生态经济系统中那么有效、广泛。因此，在当前民族地区开放的社会生态经济系统下，一方面要加强生态经济系统自身的可持续运作，另一方面有必要改造传统生态文化，使其更具适应性、约束性。

应当说，学者们对民族文化中涉及经济可持续发展要素的内容进行了许多有益的理论探索，也对民族地区经济可持续发展做出了可贵的贡献。然而纵观近年来学界对可持续发展理论以及民族地区经济可持续发展过程的研究，不难发现，当前有关民族地区经济发展和经济可持续发展问题的研究存在这样一种倾向，即重开发轻调适的倾向，一些学者往往侧重于考虑行政当局的施政需要，而较少把少数民族文化中涉及可持续发展民族文化的作用机制纳入到他们的研究视域中去。这种倾向实际上已经带来了一些负面影响：一味地寻求民族地区经济的发展而忽略了该民族传统中所形成和保持的可持续发展方式，从而使民族地区经济与文化的“二元化”现象长期以来得不到有效的改善。当前关于少数民族生态文化的探讨和研究，往往是围绕少数民族生态文化概念进行探讨或某一少数民族生态文化进行探究，因此对于少数民族生态文化具体内涵的研究还有待进一步深入。

二、经济可持续发展的研究

经济可持续发展研究是伴随工业时代、城市时代的到来而兴起的，由于西方工业化、城市化、现代化进程在时间上都较早，相应地，问题来临和问题反思的时间也较早。人们唯有对生态环境危机做出批判反思后，才会对经济发展进行再审视与再定位。也正是这一原因，可持续发展研究的经济实务色彩十分浓厚。

（一）国外可持续发展研究演进

由于人类学从诞生起就怀着对人类生存本身的关怀与追问，特别是对人类所创造的文化、人类的持续生存发展等议题的研究也比较领先，早在20世纪上半叶，美国人类学家朱利安·斯图尔德（Julian Steward）就发表了一系列相关研究成果，包括1940年的《山区土著文化》，1953年的《进化与过程》，1955年的《文化变迁论——多线进化方法论》等。可以看出，斯图尔德的研究核心是人所创造的文化问题，但他本人并不赞同一种单线进化模式的文化思考，而是注重于文化变迁，他“以两个重要概念对人类学理论做出了一项重要贡献：文化生态学和多线进化论”[①]。在斯图尔德看来，“文化生态学是对某一社会适应环境的过程的研究”[②]，其中，人作为文化的创造者，同样也处于自然和文化环境中，或者说是一种“生活网络”中，是与各种自然生态、人文社会生态之间发生着互动关系的，其中，既存在着竞争，

① 杰里·D.穆尔：《人类学家的文化见解》，欧阳敏、邹乔、王晶晶译，商务印书馆2009年版，第212-217页。

② Julian Steward，“Cultural Ecology”，in *International Encyclopedia of the Social Sciences*，Washington D.C.: Smithsonian Institution，1968，p.337.

也存在着合作，但更为关键的还是“适应”。由此可以说，斯图尔德已经表达了人类本身及其创造的文化，在发展意义上，都是与自然生态相契合的。

西方发达国家在由工业社会向后工业社会转化的过程中、发展中国家在谋求现代化的过程中，遇到了大量始料不及的问题和矛盾，如人口激增与资源的有限性、生态平衡问题、伦理道德与市场竞争法则的关系等。美国人口学家威廉·福格特（William Vogt）出版了《生存之路》，在这本著作中，福格特提出了“人口压力论”，较早地从社会生态层面关注人本身的生存状态。当然这种关怀也源自福格特对战后人口快速增长的敏感，亚洲特别是印度、日本持续增长的人口，如果不能够有效调控，人口压力就会增加，资源匮乏与贫困饥饿问题就会越发显著。不仅亚洲，欧洲、美洲、非洲同样存在人口压力，以墨西哥为例，人口压力已经迫使农民开发和侵蚀更多的土地，耕地面积持续减少；在意大利和希腊，人口压力带来了人口过剩问题；非洲则直接面临植被退化和负荷能力问题[①]。

进入20世纪中叶，人们对生态问题与生态研究的关注程度持续提升，许多国家都对人类社会发展与生态的议题展开了研究。1956年，美国人口学家赫茨勒出版了《世界人口危机》，他在对现代化的反思中提出了“人口爆炸”，当然，赫茨勒并不反对后发国家的现代化进程，但他断定人口压力是经济发展的重要障碍，为此，他在该书的第八、九章提出移民和控制生育率的路径，号召国际移民与节育运动[②]。十余年后，美国生态学家保罗·埃利奇（Paul R. Ehrlich）出版了同名著作《人口爆炸》，相较于赫茨勒探讨人口问题本身，埃利奇则注重生态环境与人之间的关联，并突出强调环境承载力的问题。1957年，日本学者梅棹忠夫发表了《文明的生态史观》，将自然生态的要素置于历史考察中，认为“不同地域的固有的历史发展类型也是不说自明的”[③]，从而将地域生态置于文化的进程之中。

20世纪六七十年代是一个标志性的时间节点，在经济高速发展的同时，一系列环境与社会问题出现，生态思潮与绿色运动开始涌现，对自然环境、社会文化的反思批判大量出现，一系列当下知名的作品都诞生在这一时代背景中，生态概念以及生态学以一种“颠覆性科学”[④]的面貌出现。其中，1962年，《寂静的春天》一

① 李仲生：《欧美人口经济学说史》，世界图书出版公司2013年版，第294页。

② 侯文若：《西方人口学理论述评》，湖南人民出版社1989年版，第64页。

③ 吉泽五郎：《世界文明的展廊》，吴玲、陈英伟译，吉林文史出版社2005年版，第272页。

④ McKinley D，Shepard P，*The Subversive Science*：*Essays Toward an Ecology of Man*，Boston：Hutton Mifflin，1969，pp.341-351.

书出版，引导人们反思经济发展、关注生态领域，作者蕾切尔·卡森在书中描绘了生态环境被破坏后的惨淡现状，其首次将农药污染的危害展现在世人面前，她用大量的科学事实警醒人们：由于DDT等农药的滥用，人们将失去“阳光明媚的春天”并非是虚构的故事。这一警告引起了人类对传统发展观的质疑[①]。1964年，马尔库塞出版了《单向度的人》，指出人类的贪婪本性，造成了自然的商品化，破坏了生态平衡，引发一系列的问题[②]。1972年，作为独立于政府、市场之外的非营利第三部门，着力于人口与环境研究的罗马俱乐部出版了全球知名的报告《增长的极限》，对人类社会经济发展本身的无限增长理论提出了质疑和警示。报告指出，人类社会所需要的五大系统增长并非同步，人口和工业系统，或者说人类自身与工业经济本身的增长都是指数性质的，而另外三个系统，即粮食、资源和环境却无法跟上前者的变动速度。系统彼此之间的这种错位与冲突，如果持续下去，人类社会的整个系统就会崩溃[③]。这一报告虽然未明确提及“可持续发展”，但其所指出的增长存在“极限”的观点却成为之后可持续发展观念出现的重要导引。

进入20世纪80年代，耕地面积逐年减少，能源消耗与日俱增，矿产资源濒于枯竭，臭氧层被破坏，温室效应、大气及水资源受污染以及人的贫困等问题普遍存在，严重威胁人类的生存与发展，迫使人们检讨和修正过去的发展观，并在此过程中孕育出新的发展观来指导人类的进步与发展。在上述生态文化的反思下，可持续发展成为20世纪末的重要词汇与概念。可持续发展（Sustainable Development）作为一个明确的概念，是1980年由国际自然资源保护联合会、联合国环境规划署和世界自然基金共同出版的《世界自然保护策略：为了可持续发展的生存资源保护》一书首次提出的。该书第一次将可持续发展作为术语明确提出：“（可）持续发展依赖于对地球的关心，除非地球上的土壤和生产力得到保护，否则人类的未来是危险的。”1981年，美国农业科学家莱斯特·R.布朗出版的《建设一个持续发展的社会》，第一次对可持续发展做了系统论述。该书共有两个部分：第一部分详细分析了土地沙化、资源耗竭、石油枯竭、粮食短缺四大问题；第二部分探索了走向可持续发展的途径，提出了控制人口增长、保护资源基础、开发可再生资源三大途径，并对一个持续发展的社会做了各层面的分析描述，探讨了向可持续发展社会过渡的途径、阻力和观念转变等问题。至此，可持续发展的概念框架已见雏形，随后其他学者的相关研究对可持续发展的概念内涵和外延进行了补充。1983年12月，联合

---

① 蕾切尔·卡森：《寂静的春天》，吕瑞兰、李长生译，上海译文出版社2011年版。
② 赫伯特·马尔库塞：《单向度的人：发达工业社会意识形态研究》，刘继译，上海译文出版社1989年版。
③ D.梅多斯等：《增长的极限》，于树生译，商务印书馆1984年版。

国授权挪威首相布伦特兰夫人为主席，成立了世界环境与发展委员会，负责制定世界可持续发展长期环境政策，以及将对环境的关心变为在发展中国家间进行广泛合作。该委员会于1987年2月在日本东京召开的第八次委员会上通过了一份报告《我们共同的未来》，在这一份报告中，“可持续发展”作为一个概念得到正式的确认，该报告正式解释了“可持续发展”的定义：“可持续发展是既满足当代人的需要，又不对后代人满足其需要的能力构成危害的发展。它包括两个重要的概念：‘需要’的概念，尤其是世界上贫困人民的基本需要，应将此放在特别优先的地位来考虑；‘限制’的概念，技术状况和社会组织对环境满足眼前和将来需要的能力施加的限制。”该报告同时提出和阐释了“可持续发展”战略，还提出：“世界各国……解释可以不一，但必须有一些共同的特点，必须从持续发展的基本概念上和实现持续发展的大战略上的共同认识出发。发展就是经济和社会循序渐进的变革……虽然狭义的自然持续性意味着对各代人之间社会公正的关注，但必须合理地将其延伸到对每一代人内部的公正的关注。”1991年，国际自然资源保护联合会等三家机构又联合推出了一份题为《关心地球：一项持续生存的战略》的报告。该报告从保护环境、环境与发展之间关系的角度，对建立可持续发展的经济的主要原则和行动做了详细的分析与论述。1992年6月，联合国在巴西召开了环境与发展大会，通过了《里约环境与发展宣言》《21世纪议程》等一系列划时代的、指导各国可持续发展的纲领性文件，正式确立了“可持续发展”是当代人类发展的主题。其中《21世纪议程》是第一份可持续发展全球行动计划，从政治平等、消除贫困、环境保护、资源管理、生产和消费方式、科学立法、国际贸易、公众参与能力建设等方面详细地论述了实现可持续发展的目标、活动和手段。2000年，经济学家赫尔曼·戴利（Herman Daly）在世界银行“世界发展月”特别系列讲座上做了题为《可持续发展：定义、原则和政策》的报告，这一报告对“可持续”的内涵做了进一步补充；“在可持续发展中，究竟什么是可持续的？一般有两种答案……第一，效用应该是持续的，即未来世代的效用将不会下降，就效用而言，未来至少应该和现在一样富裕或者幸福。效用在此指的是代内成员的人均效用。第二，物质的生产能力应该是持续的，即从自然而来，经过经济活动又返回自然这样一个熵的物质流不会下降。”

20世纪60年代至今，国外学术界对可持续发展的研究已取得了巨大的成就，综合这些研究我们可以发现，国外学界对于可持续发展的研究主要有以下几个方面：

首先，国外学界对可持续发展理论的研究涉及多个学科，其中最主要的是经济学、生态学和社会学。有学者研究指出，生态学家对于可持续发展的关注和研究首先是从生态污染入手，以人类的可持续生存为主进行可持续发展理论研究，侧重于研究区域的生态可持续性。然而经济学者则揭示人口、食物、能源、资源、环境问题产生的根源，根据经济学原理，以经济可持续发展为切入口，探讨如何运用有效的经济手段，激活推进可持续发展的经济动力。相比于经济学者和生态学家对可持续发展的不同关注点，社会学者、政策学者和法学者主要探讨有利于实现可持续发展的行为规范等内容，彼此之间共同协作进行跨学科研究。社会学方面的可持续发展研究侧重于如何建立一个包括市场、政策、道德准则、科技等因素的激励性质的结构体系，来最大限度地将自然、人类及社会的关系引向可持续发展的轨道。

其次，国外学界对于可持续发展的研究涉及多个学科，因此当前完备的可持续发展含义包含了可持续发展的生态观、社会观和经济观三种。其中，可持续发展的生态观指的是保护和加强环境系统的生产和更新能力，即可持续发展是不超过环境系统更新能力的发展；可持续发展的社会观则指的是在生存于不超越维持生态系统涵容能力的情况下，提高人类的生活质量，强调可持续发展的最终落脚点是人类社会，即改善人类的生活质量、创造美好环境；而可持续发展的经济观是可持续发展的核心，其认为可持续发展是在保护自然资源的质量和其所提供服务的前提下，使经济的净利益增加到最大限度。因此，从国外学者的研究来看，可持续发展包括环境的可持续发展、社会的可持续发展和经济的可持续发展三个方面。

最后，通过对现有文献的收集整理发现，国外学界对可持续发展理论的研究多集中在对其基本含义、实现意义、实现手段的探讨，国外学者所研究并形成的可持续发展理论框架为我国在这一领域的研究提供了基本的理论范式和参考框架。

（二）国内可持续发展研究情况

我国学术界对区域经济可持续发展的研究，是在西方相关研究东渐译介的过程中出现的。国内的研究情况与国外研究有着一定的相似性，也即经济可持续发展的研究则更多地倾向于实务工作领域。这些关注基本发端于20世纪七八十年代，不仅是因为改革开放对国际相关研究动向有所关注，更多的是因为国家出于自身发展的考虑。

根据现有少数民族文化中有关生态保护或可持续发展观念的研究，我们发现，研究主要集中于以下几个方面：

1. 国内关于可持续发展的研究成果

虽然中国传统文化中早就有朴素的可持续发展思想，但是可持续发展的概念和理论却是在当代从西方国家传入中国的。关于可持续发展理念在中国的发展，可以推至20世纪80年代早期，可以说，中国学者从可持续发展理论出现伊始就一直跟踪国际可持续发展的动态，并在不同阶段为可持续发展的理论建设做出贡献。

1984年，中国科学院马世骏院士被聘为联合国“布伦特兰委员会”22名专家之一，参与了世界第一份可持续发展宣言书《我们共同的未来》的起草，随后，马世骏院士又邀请了牛文元等拟定了对于布伦特兰报告的评议书，并将可持续发展研究正式列入研究项目，而在1992年，国内首次在中国科学院科技政策与管理科学研究所建立了以牛文元为首的“环境与持续发展研究室”，可以说，经过这些学者的努力，可持续发展理论在中国得以开花并结果。关于中国可持续发展的研究可以总结为两个重要的方面。

（1）对于西方有关可持续发展概念和理论的研究探讨。可持续发展理论产生的背景是，人类赖以生存和发展的环境和资源遭到越来越严重的破坏，人类已不同程度地尝到了环境破坏的恶果。20世纪六七十年代，随着“公害”的显现和加剧，人们逐渐认识到一些全球性环境问题，可持续发展理论在80年代应运而生。可见，可持续发展理念出现的理论背景是学者研究的重要方面。有学者把可持续发展理论的形成和发展分为三个时期：20世纪70年代初至1987年《我们共同的未来》的报告发布，是可持续发展理论提出与形成时期；20世纪80年代后期至1992年联合国环境与发展大会，是理论深化与完善时期；此后的几年，可持续发展理论成为世界许多国家制定经济社会发展总体战略的指导原则，人类进入可持续发展的新时期。

关于可持续发展的概念和理论框架，中国的学者吸收了西方学者和国际组织的观点，并结合中国国情进行了创新和本土化改造。

1992年7月，国务院环境保护委员会决定，由国家计委和国家科委牵头，52个部门和300余名专家共同参与编制《中国21世纪议程》，1993年中国率先在全球制定了国家的《21世纪议程》，1994年3月，国务院第十六次常务会议讨论并通过了《中国21世纪议程——中国21世纪人口、环境与发展白皮书》，系统提出了中国的可持续发展战略、对策和行动框架。此后，学者针对可持续发展概念和理论做了不同程度的表述和创新。

中国21世纪议程管理中心刘培哲教授在1994年指出，可持续发展既不是单指经济发展或社会发展，也不是单指生态持续，而是指以人为中心的自然—社会—经济复合系统的可持续。因此，刘教授指出，要实现可持续发展就必须“能动地调动自然—经济—社会复合系统，使人类在不超越资源与环境承载能力的条件下，促进经济发展、保持资源永续和提高生活质量”。这一论述不仅为我们明晰了可持续发展的科学含义，同时也为实现可持续发展提供了可供选择的重要路径。

除此之外，还有的学者也对可持续发展的内涵及实现路径进行了探讨，如将可持续发展定义为“不断提高人群生活质量和环境承载能力，满足当代人需求又不损害子孙后代满足其需求能力，满足一个地区或一个国家人群需求又不损害别的地区或国家的人群满足其需求能力的发展”，这一研究是从发展的相对性方面开始的。还有学者强调了可持续发展的生态、经济和社会的联动性，认为“可持续发展包括生态持续、经济持续和社会持续，它们之间互相关联而不可分割”。这一有关可持续发展内涵的研究强调了可持续发展的内在机理和运行要求，强调自然、经济、社会复合系统的持续、稳定、健康发展。

学者们围绕《中国 21 世纪议程》提出了中国可持续发展实践战略的目标体系。《中国 21 世纪议程》是中国的可持续发展战略，它提出了中国可持续发展的战略框架。《中国 21 世纪议程》确立的中国可持续发展的战略目标为：建立可持续发展的经济体系、社会体系和保持与之相适应的可持续利用的资源和环境基础。将《中国 21 世纪议程》提出的战略目标具体表述为：①实现有效益、有质量的经济发展，建立可持续发展的经济体系。②实现经济与社会的协调发展，提供建立可持续发展社会体系的经济实力。③实现经济发展与自然资源—生态环境再生产的协调发展，促进恢复和改善可持续发展生态系统的良性循环。④建立可持续发展的经济管理体系。还有学者对中国可持续发展的总目标下了一个较为规范的定义，即在生态文明框架下，在经济创新与科技创新相结合的基础上，建立一个旨在满足全社会适度增长的、健康文明的物质与精神需要的经济、社会、环境与人口制衡协调发展的具有中国特色的可持续发展模式。

（2）对于我国实现可持续发展路径及具体实现模式的探讨。国内学者对于可持续发展的研究，其落脚点在于对中国可持续发展路径的探讨，通过对现有文献的收集整理，可持续发展理论在中国实践层面的研究可以概括为关于当前中国可持续发展模式和路径的探讨。

可持续发展模式，是可持续发展理论融入中国实际所形成的一系列发展路径，这在国内学界有关可持续发展问题的探讨中占有重要的位置，并且不同学者根据其不同的经验提出了不同的中国可持续发展的模式：

①主张建立成本内化的中国可持续发展模式。在中国建立“成本内化”的可持续发展模式就是将资源要素、环境要素纳入整个经济体系，按照可持续发展的本质要求，在人与自然制衡统一生态观的指导之下，以技术和知识创新为动力，以制度

创新为核心，以产业结构、居住方式、生活方式、经济形态等为内容，将原工业经济系统运行中形成的外部成本予以“内化”，使生产力在一个更加经济的模式中持续发展。

②主张循环经济模式。循环经济是对物质闭环流动型经济的简称，是以物质、能量梯次和闭路循环使用为特征的可持续发展模式，在环境方面表现为低污染排放，甚至零污染排放。循环经济把清洁生产、资源综合利用、生态设计和可持续消费融为一体，运用生态学规律来指导人类社会的经济活动。我国人口多，资源相对匮乏，生态脆弱，经不起传统经济发展模式下高度的资源消耗和环境污染，建立一个资源环境低负荷的消费体系，利用高新技术和绿色技术改造传统经济，实施循环经济模式是中国21世纪社会经济发展的必然选择。

③主张环保型经济增长模式。经济增长不仅会带来财富的增加，而且还会产生大量的废弃物，导致环境污染等负面效应，虽然经济增长在短时期内可以实现，但长期增长与发展难以维持。因此，在中国可持续发展战略实施的过程中要选择环保型经济增长模式，实现经济效益与生态效益的结合。

④提出了低代价的经济增长模式。中华人民共和国成立以来，我国经济增长在取得显著成绩的同时，也付出了很高的代价。因此，中国的可持续发展只有在低代价的条件下才能得以实现。在实现中国低代价的经济增长过程中，要把体制转变与经济增长方式转变相结合；改革现有的统计指标体系，建立代价分指标体系；改革和完善现行经济政策调控体系，建立经济政策制定过程中的负效应论证机制和政策实施过程中的效果反馈机制，把经济增长方式转变与可持续发展战略结合起来。具体提出了可持续发展的“两循环标准”和“三增长模式”。可持续发展的“两循环标准”指的是：实现自然资源的循环使用和循环替代；实现生态环境的循环净化。可持续发展的“三增长模式”指的是：经济低代价增长；人口适度零增长；自然资源和环境容量扩大增长。

2. 对少数民族生态文化内涵的阐释

少数民族生态文化指的是少数民族为调适人与自然的互动关系而形成的一种适应关系，根据中国知网的检索，少数民族生态文化这一概念并不是作为一个完整概念出现的，其间经过了一些学者的总结和完善。

少数民族文化生态与少数民族生态文化的概念容易混淆，其最早见诸纳日碧力戈的《民族文化生态与现代化的适应》一文，被定义为：“任何一个民族都按一定的生活方式在一定的条件下生存，并世代传承。这种民族的生活方式与生存条件又由语言、神话、住居、饮食、礼仪、生产、地理环境等因素构成。这些因素彼此密切关联，相互制约，构成一个系统，我们称之为民族文化生态。”从纳日碧力戈的这一定义中可以看出，“少数民族文化生态”指的是少数民族文化所构成的一个系统，其实质便是少数民族文化。少数民族生态文化在这一概念之后出现，但在这一概念被作为一个完整概念使用前，其与“少数民族文化生态”相混用。例如，吕拉昌在《文化生态学与民族区域开发》一文中便将少数民族的文化生态看作少数民族文化中看待人与自然、人与环境的观念和态度，他认为：“在少数民族文化体系之下，人受文化的强烈感染和烙印。由文化决定的个人和群体的价值体系强烈地影响着他或他们的环境观，而这种环境观又支配着人类行为的动机。”这一定义道出了“少数民族文化生态”或当前所提的“少数民族生态文化”的核心即少数民族历史上所形成的与自然环境相适应的一套文化系统。

在此之后，吕拉昌又撰写了《长江上游地区协调发展的文化生态学思考》一文，再次强调在地区协调发展的过程中对少数民族文化生态关注的重要性。另外，方慧的《云南少数民族传统文化与生态环境关系刍议》中虽未提及这两个概念，但其表达的也是云南各少数民族“与生态环境相适应的生活文化”。杨海涛在其《民间口传文学中的人与自然——西南少数民族生态意识研究》中从云南民间口承文化中所反映的人与自然同母同源、对树的崇拜与祭祀、丧葬仪式灵魂归宿观念三个方面，探讨了云南少数民族的生态意识。毛艳在《论少数民族地区可持续发展的民族文化生态环境》一文中将少数民族的文化生态环境界定为“图腾崇拜、多神信仰”等方面所体现出的民族文化与生态环境的关系，并指出民族地区要跟上时代的步伐，必须与长期发展形成的民族文化传统结合起来考察。由此可见在少数民族传统文化概念产生以前，其重要意义已被学者们所重视。

对少数民族生态文化概念的产生、丰富与发展做出重要贡献的当属学者廖国强，廖国强在2001年发表了《云南少数民族刀耕火种农业中的生态文化》一文，在该文中他正式使用了“生态文化”一词。他认为：“云南少数民族传统刀耕火种农业中蕴含着朴素而深刻的生态智慧，包括：维系生态整体稳定性的前提下的适度开发；实行有序的垦休循环制，保护性地利用自然；保护自然植被和人工造林；维护生态平衡和经济社会的可持续发展。”后来他又进一步阐释了少数民族生态文化的概念，具体可参见廖国强、关磊合著的《文化·生态文化·民族生态文化》一文。他们在文中综合学界关于民族生态文化的多种定义，给出了更为完备的民族生态文化的定义，即民族生态文化是中国各少数民族与自然生态环境交往的漫漫历程中，以特有的生态观、文化观和宇宙观为指导，以调适生态与文化之间的关系，寻求人与自然和谐共存为落脚点和归宿而形成的生态物质文化、生态制度文化、生态观念（精神）文化的总和。从这一定义中，我们可以看出，民族生态文化应包含一个民族文化中的物质、制度、观念（精神）三个层面。在《朴素而深邃：南方少数民族生态伦理观探析》一文中，廖国强将少数民族生态文化（伦理）观的内容概括为对自然的亲情和伙伴意识，以及对自然的知恩图报意识，并将义务观、善恶观从人类社会拓展到人与自然的关系中。这一总结是对以上有关少数民族生态文化所包含的三个方面内容的补充和延伸。后来他将对少数民族生态文化的解释写成了《中国少数民族生态文化研究》一书，对少数民族生态文化的系统解释做出了重要贡献。

郭家骥也是较早研究少数民族生态文化的学者之一，写过与少数民族生态文化相关的多篇文献，其将生态文化的含义概括为“天人合一”这一人与自然和谐的文化理念。这一理念强调“人与自然的连续性”，具体表现为“人类与动物之间的连续、地与天之间的连续、文化与自然之间的连续”，而他也将少数民族生态文化的表现概括为少数民族在历史发展中形成的对于自然环境的适应体系。

李立琼的《云南少数民族传统生态文化及其现代转换》一文，虽没有明确给出少数民族传统生态文化的定义，但却从云南少数民族传统文化的分析中给出了这一概念的具体内涵，其中包括体现“人与自然和谐共生的朴素生态观”、“敬畏自然、爱护万物的生态伦理观”以及“适应自然的生态行为习惯”三个方面。这三个方面体现了少数民族传统生态文化对于环境的适应性，体现着一种充满生存智慧的生存机制。

在21世纪初，随着少数民族生态文化概念不断被提出，学者们关于这一概念内涵的丰富阐释为我们当前对少数民族生态文化观进行研究提供了重要的概念和内涵基础。

3. 少数民族生态文化对可持续发展的影响分析

少数民族生态文化本身就与可持续发展的核心相契合，因此除了以上对少数民族生态文化概念和某一少数民族生态文化的具体表现的研究之外，学界关于少数民族生态文化对可持续发展的影响的研究也是这一领域关注的重要方面。

张书峰在《浅析云南少数民族生态伦理的现实价值》一文中概括了云南少数民族在长期改造自然的过程中逐渐形成的保护环境、美化自然的生态伦理观念，这一伦理观成为民族地区和谐社会建设的基石。

马旭（2007）则研究了神话传说中人与自然密不可分的观念、破坏生态会遭惩罚的观念等三种观念，指出了保护少数民族文化生态的重要性。

郭家骥（2003）则从云南藏族、纳西族等八个少数民族生态文化的具体表现入手，探究了这些民族所秉持的生态文化观念对促进可持续发展的重要意义，他认为，“面向未来，在可持续发展成为全球共识、成为国家发展的基本政策和西部大开发指导思想的大背景下，云南少数民族的生态文化必将复兴，其中的古老智慧必将与现代化的科学技术相结合，成为推动云南少数民族地区重新走上可持续发展道路的关键”。由此可见，少数民族生态文化观念对可持续发展的实现具有非常重要的理论和现实意义。

廖国强在其《中国少数民族生态观对可持续发展的借鉴和启示》一文中指出，少数民族在从原始社会向农业社会演进以及创造农业文明的漫漫历程中，建立了一套平衡人与自然关系的物质技术手段、生产生活方式、制度措施、思想观念和价值体系，这些都是少数民族所体现的生态文化，可以将其概括为物质和精神两个方面。

除此之外，还有的学者从某一少数民族传统文化中所涉及的生态观念利于可持续发展的角度加以探究。例如，南文渊（2001）对藏族自古所持有的协调人与自然、保护自然、顺从自然规律的几种方式和功能作用进行了分析。再如，牛坤（2015）从洱海周边白族居民世代流传下来的习惯法、宗教信仰、风俗习惯、节日庆典等方面着手，指出传统的民族生态观提供了人与自然和谐相处的理想范式，并为有效保护洱海提供了可行之道。

当前关于少数民族生态文化的探讨和研究，往往是围绕少数民族生态文化概念进行探讨，而针对某一少数民族生态文化的研究又比较简单，仅仅是对这一民族总体生态文化情况的介绍，因此本书欲借助白族这一少数民族的生态文化，将其生态文化中涉及的与可持续发展观念相关的且能够对当前可持续发展实践与理论提供重要参考的内容进行详细体现，以期为当前大理地区以及其他少数民族地区实现可持续发展提供借鉴。

总体而言，国内对经济可持续发展的研究具有务实性与反思性的色彩，对此，国家也给予了大力支持，使之成为国家发展的重要政策与指导方针。1994 年，牛文元的《持续发展导论》出版，对可持续发展的内在属性与规律进行了阐释。可持续发展就是指既要考虑当前发展的需要，又要考虑未来发展的需要，不以牺牲后代人的利益为代价来满足当代人的利益。其核心思想是实现经济、社会和人口、资源、环境的协调发展。1994 年 3 月 25 日，中华人民共和国国务院通过了《中国 21 世纪议程》，文件明确提出了“建立可持续发展的经济体系、社会体系和保持与之相适应的可持续利用资源和环境基础”的奋斗目标。用“可持续发展”概念界定“经济体系”的性质，要求我们转变经济增长方式，在保持经济快速增长的同时，依靠科技进步和提高劳动者素质，不断提高发展的质量，体现了我们所要建立的经济体系与自然、社会相和谐，具有长久、活跃的发展能力。为了支持《中国21世纪议程》的实施，国家同时还制订了《中国21世纪议程优先项目计划》。1995年，党中央、国务院把可持续发展作为国家的基本战略，号召全国人民积极参与这一伟大实践。“可持续发展”成为中国经济发展的重要战略。我国台湾学者李公哲所著的《永续发展导论》出版，对可持续发展进行了较为深入的探讨，并以十一条的方式列举出来，包括水资源、土地资源、海洋资源、生物多样性、能源、经济发展、农业、环境技术、企业经济、社会与城乡发展等，其中提到各项工作在开展中都应该符合公平性、可持续性、共同性等根本性的原则[①]。总的来说，经济可持续发展作为经济学概念，可以说是可持续发展在经济学领域的具体表现。

4. 白族生态文化与白族聚居区经济可持续发展研究动态

白族地区土地肥沃、资源丰富，经济生产以农业为主。白族先民很早就认识到自然环境对人类生存的重要性。阳光、土壤、雨水、气候等决定粮食的收成；春华秋实，旱涝丰欠，对白族人民来说是息息相关的大事，白族人民由此而形成了朴素的生态伦理道德：顺应自然、尊重自然、适应自然，正确处理农业生产与保护环境之间的关系，反对片面地利用自然与征服自然，只有这样人们才能够生存与发展。这与可持续发展观有着内在的契合。在这些传统民族生态观念的影响下，大理白族自治州形成了独特的民族经济发展模式。在检索到的与本书研究主题相关的文献中，涉及白族生态文化及其经济可持续发展的文献较少，其研究主题主要集中在对白族传统文化中涉及的和谐思想及其现代价值的探讨，如李戎戎和张锡禄（2007）所总结的白族传统社会中所蕴含的丰富的在处理人与自然之间、人与人之间、人与社会之间的关系等方面所形成的和谐思想。董秀团（2008）则从白族民间文学作品中发现了白族所信仰的“龙”的形象以及流传的关于“龙”的故事，反映了白族民众对人与自然关系的探索与理解，他指出，“龙”在白族信仰中，表达了对自然的敬畏和崇拜，同时也有对自然的征服和抗争，表达了白族民众希望通过努力达到人与自然和谐相处的美好愿望。

杨跃雄（2014）、牛坤（2015），以及饶峻姝和李艳萍（2014）分别就洱海地区白族生态观问题进行探讨，总结了这一地区白族居民的传统生态观念对经济生产生活方式的作用。杨跃雄（2014）从洱海地区生产方式和社会结构变迁出发，总结了这一地区随着时代发展和生态环境改变，白族村渔获活动的变化。这一研究从侧面反映了生态与该民族地区经济发展方式的相互作用，特别是朴素的生态观对经济发展方式的作用。牛坤（2015）则从洱海周边白族居民的传统生态观念出发，认为这

① 李公哲：《永续发展导论》，台湾中华环境工程学会1988年版，第21–28页。

一地区白族传统的习惯法（村规民约）、宗教信仰、风俗习惯、节日庆典中蕴含着丰富的生态文化观，而这一生态文化观为当地经济发展提供了人与自然和谐相处的理想范式，提出了有效保护并促进洱海地区经济发展的可行之路。饶峻姝、李艳萍（2014）则从白族本主信仰研究出发，探究这一信仰中所蕴含的“敬畏自然”“以德养性”“和谐共生”等保护生态环境、促进人与自然和谐共生的伦理观念。这些传统民族生态伦理精神对当地经济可持续发展同样具有重要的灵性关怀和实践智慧。

除了对白族传统文化中所涉及的与可持续发展观念相契合的思想进行研究之外，学者还对大理这一地区可持续发展的实践进行了相关研究。洱海地区作为国家重点的自然保护区，在进行自然风景开发的同时，所面临的生态问题突出。针对这一问题，有学者提出应针对客观实际，在保护和开发并举的原则上，对该区域的旅游区和旅游模式等进行规划，提出旅游区域的保护指标、旅游容量，同时制定相应的管理措施。这一研究从洱海当地的经济发展实际出发，探究这一民族地区经济可持续发展的路径，为这一地区可持续发展的改进和实践提供了有益经验。另外，有学者从大理地区农业生态环境安全的角度出发，探究了这一地区因粗放的经济发展模式，使当地的发展质量和效益低下，全州的农业农村生态环境质量呈现下降趋势，一些地区或部分领域生态环境安全问题越来越严重，进而给当地经济社会可持续发展、和谐发展、绿色发展、跨越发展带来了空前的压力和严峻的挑战。在这一背景下，学者提出了强化生态环境安全意识、转变城乡经济发展方式、加强城乡环境保护与生态建设、完善资源环境政策法规和制度等措施。

三、大理白族文化与区域发展研究

大理白族自治州是一个有着悠久历史的文明之地，是我国西南交通门户，白族民族文化在四千多年的历史长河中经历不断的变迁，与其他地区的文化不断融合，形成了丰富而和谐的文化内容。白族文化的来源主要包含中原文化、佛教文化、本土文化等。因此，对具有多元文化背景的白族文化进行研究有利于我们掌握其他各民族文化的特性。

白族文化研究是学界尤其是文化人类学和民族学领域非常受关注的课题。截至2019年，以“白族文化”为篇名进行文献检索，共获得中文文献478篇，其文献数量的时间动态序列特征为2000年以来显著增加，其研究文献所属学科主要集中在民族学、文化人类学、社会学、艺术学、历史学等领域。以“大理白族文化”为篇名进行文献检索，共获得中文文献29篇。

民族文化的广泛外延性，决定了白族文化研究成果的多样性。早在20世纪三四十年代，许多人类学家就已经对大理地区展开研究。20世纪30年代，查尔斯·费茨杰拉德（Charles Fitzgerald）先生在大理地区开展了长期的田野考察，撰写了《五华楼》一书[①]，这是一本关乎大理白族人文地理学的重要专著，该书对大理白族的自然生存环境、社会历史渊源、文化风俗习惯、经济生产状况、民族相互关系等作了细致入微的描述，对白族的文化心理展开了深入的分析。著名的人类学家许烺光（Francis L.K. Hsu）先生就已经在滇西大理地区做过实地性的田野调查，并发表了《滇西的巫术与科学》和《祖荫下》两本知名著作，对该地区的民族文化特别是祖先崇拜文化进行了研究。其中许先生的核心议题就是要探讨文化如何影响人们的态度和行为，由于当时尚未进行民族识别，许先生并未将其视作一种独特的民族文化，而是从中把握中国人与中国社会的普遍特性。《祖荫下》一书还指出，当地的社会文化"对人们的个性的影响是连续一生的"，是特定群体心理形成的重要动力所在，特别是社会文化、风俗习惯等影响着家庭结构与生活方式[②]。另外，1949年的民国丛书系列中，徐嘉瑞的《大理古代文化史》也是一部重要的早期文献[③]。

中华人民共和国成立后，有关白族的研究著作开始出现，在民族识别进程中，政府组织的民族专家深入民族地区开展田野调查，撰写了一系列有价值的报告，其中《白族社会历史调查》就是一套非常有价值的研究文献，其中详实地记录和描述了白族社会的基本概况，涉及政治、经济、文化、教育等诸方面，是一套小百科性质的文献资料。但受制于时代特色，政治意味仍然浓厚，特别是用阶级分析的方法来开展研究，容易出现一定的认识偏颇。例如，书中写道，在社会经济的继续发展以及抗唐战争的影响下，各部逐渐形成一个统一的组织，由统一而联合为一体，最后发展为一个人们共同体——白族。

改革开放以来，国内外针对白族的研究文献逐渐增多，1986年，杨聪先生出版了《大理经济发展史稿》。1990年，邵献书出版了《南诏和大理国》。1996年《贵州民族研究》刊登了吴大伟（David Y.H. Wu）和冷非的《中国少数民族的文化变迁与民族认同》一文，该文以白族为个案切入点，来探讨少数民族文化复兴的议题，并指出白族文化的政策建构性。赵勤于1999年出版了《喜洲白

① C.P. 费茨杰拉德：《五华楼：关于云南大理民家的研究》，刘晓峰、汪晖译，民族出版社2006年版；高万鑫：《对大理民家文化的新解读——读费子智先生的〈五华楼〉》，载赵寅松主编：《白族文化研究2006》，民族出版社2006年版，第519页。

② 章立明、马雪峰、苏敏：《社会文化人类学的中国化与学科化》，知识产权出版社2014年版，第95页。

③ 徐嘉瑞：《大理古代文化史》，云南大学出版社2005年版。

族民居建筑群》，郝翔等于2001年出版了《周城文化——中国白族名村的田野调查》。

根据研究内容，国内外相关研究综述主要从白族文化的历史起源、白族文化的主要内容以及内涵等方面进行。

白族及白族文化历史起源研究方面。作为中华民族多元一体中的重要家庭成员，白族是一个主要世居在云南的一个少数民族。云南省大理白族自治州是白族主要聚居区，是白族文化的发祥地。杨民（2014）①认为白族族源研究曾经是一个争议颇多的话题，有过“外来说”“土著说”“融合说”，但直至20世纪80年代，“异源同流说”的出现，有关白族族源的争论才得以平息。杨镇圭（2014）②认为“白族，是以生活在洱海周围地区，到商代就已经进入青铜文化的‘洱滨人’为主体，不断同化或融合了西迁的僰人、叟人、楚人、汉人以及周围其他民族部分人形成的一个民族共同体”。早在4000多年前，白族先民就已经在洱海周边生息繁衍。白族文化的来源问题相比于白族族源问题相对争论较少，一般学界都趋向于多元融合的观点。何叔涛（2003）③认为，大理自古就是南方丝绸之路和茶马古道的重要交通要道，是“亚洲文化的十字路口”，其文化来源具有多元性。唐宋时期的大理成为云南的政治、经济和文化中心，并由此创造了南诏、大理文化。杨明（1980）④指出，南诏大理国是我国历史上持续时间最长的少数民族政权，使大理作为西南地区政治、经济和文化中心的地位一直保持，但是在元灭大理国后，其地位骤然下降。徐嘉瑞（1978）⑤认为，大理文化的来源，方面甚多，但其中最古之一支，乃由中国西北高原流入。根据《通典》《新唐书》等记载，白族文化起源受中原文明的影响极大。赵寅松（2007）⑥、张锡禄（1997）⑦认为，白族文化的形成受佛教影响深远，白族文化大量接触并吸收了佛教文化，并在大理白族地区形成了独特的佛教大理密宗——阿吒力教，最终演变成白族文化的重要元素。本主文化对白族文化影响也非常明显。杨政业（1994）⑧认为白族文化始终保持了相对独立性。李缵绪和杨应新（1999）⑨认为，白族是一个有创造才能的民族，白族人民在历史中创造了原始

① 杨民：《白族文化的思想政治教育价值研究》，博士学位论文，华中师范大学，2014年。
② 杨镇圭：《白族文化史》，云南民族出版社2014年版，序言。
③ 何叔涛：《南诏大理时期的民族共同体与兼收并蓄的白族文化》，《云南民族学院学报》2003年第2期。
④ 杨明：《白族》，《西南民族学院学报》，1980年第8期。
⑤ 徐嘉瑞：《大理古代文化史稿》，中华书局1978年版。
⑥ 赵寅松：《白族文化研究2007》，民族出版社2007年版。
⑦ 张锡禄：《密宗传人云南大理的时间及路线》，《大理师专学报（综合版）》1997年第3期。
⑧ 杨政业：《白族本主文化》，云南人民出版社1994年版。
⑨ 李缵绪、杨应新：《白族文化大观》，云南民族出版社1999年版。

文化、奴隶制文化和封建制文化，创造了至今还闪耀着光辉的新石器文化、青铜文化和南诏大理文化。李缵绪（1991）[①]还提出，在历史发展过程中，白族文化大抵经历了原始文化、滇文化、爨文化、南诏文化、大理文化、元明清文化等几个阶段，白族文化在继承了固有传统文化的同时，对内吸收了大量仰韶文化和楚蜀文化，对外吸收了印度、巴基斯坦、尼泊尔等国的古文化，形成了白族源远流长、色彩斑斓的文化。民族文化离不开该民族共同体长期历史发展过程的积淀，而且历史文化本身就是民族文化的重要内容。白族文化的起源及历史形成研究，虽然跟本选题没有直接关联，但是能够为本书研究准确把握白族文化的特点和内涵，为更精准定位白族特色文化资源以及特色文化产业提供重要启发。

白族文化内容研究方面。白族文化的内容研究文献是本书最为重要的参考依据，是重构白族文化资源和对其进行产业化创新发展的前提基础。学界对于白族文化的研究主要是从民族学、文化人类学、历史学、文学、艺术学、宗教学等学科视角展开的，对本书从经济学尤其是产业经济学视角进行分类重构具有重要启发意义。李缵绪（1991）[②]在《白族文化》一书中，在对白族文化的历史形成过程进行简要陈述后提出，白族文化主要由石器文化、青铜文化、口承文化和文人文化组成。杨镇圭（2014）在其著作《白族文化史》一书中，从语言文字、宗教信仰、婚姻家庭和伦理道德、教育和体育、科技和手工业、衣食住行和节庆、文学和史志学、艺术、文物胜景和旅游业等方面对白族文化的历史变迁过程和文化内容进行了详细梳理。其中，白族较为具有代表性的手工艺包括冶炼铸造、纺织扎染、白族服饰、大理石工艺、木雕和石雕、刺绣和编织等；代表性的节日包括火把节、三月街、绕三灵、石宝山歌会等；艺术文化包括白族歌舞、民歌小调、洞经音乐、大本曲、吹吹腔、白剧、书法等；文物胜景包括古代建筑和遗址、古塔、古桥等。李缵绪和杨应新（1999）[③]在《白族文化大观》一书中，从族源历史、语言文字、宗教信仰、风俗习惯、伦理道德、天文历法、文学艺术、科学技术、教育体育、哲学思想、政治军事、新闻出版、医药卫生、建筑名胜、商业贸易、交通通信、经济生产、文化交流等章节非常系统而详细地梳理了白族文化。他们对白族文化的分类描述更加宽泛，秉持了最广泛的文化概念。其中，对白族文字从史籍、残瓦、经卷、碑刻、祭文、曲本、对联以及打歌词等类型进行了详细描述；对白族风俗习惯从饮食、服饰与

① 李缵绪：《白族文化》，吉林教育出版社 1991 年版。
② 李缵绪：《白族文化》，吉林教育出版社 1991 年版，引言。
③ 李缵绪、杨应新：《白族文化大观》，云南民族出版社 1999 年版。

文身、起居习俗、婚恋习俗、丧葬习俗、节日、生育命名、占卜等角度进行了描述；在建筑方面从住宅建筑、宫廷建筑、园林建筑、城镇公共设施建筑、寺庙建筑等进行了详细描述；在经济生产方面从经济形态、生产方式、农林牧渔业、手工业、工业生产等进行了归纳。学界更多学者仅仅只是关注白族文化诸多元素中某一方面进行专门研究。学者杨庆毓（2015）[①]专门对大理白族传统婚俗文化的变迁进行了系统研究，基于多学科视角，从大理白族传统婚俗文化的形成、基本内容和特点，结合民族文化产业发展，从民族文化与民族经济的关系视角切入，进行了深入研究。王丽华等（2017）[②]对大理白族传统技艺进行了专门研究；寸云激（2011）[③]在其著作《白族的建筑与文化》中，对白族建筑的历史发展演变与文化特征进行了深入研究，他认为以剑川木匠为代表的白族能工巧匠，在系统学习其他地区建筑技术的基础上，结合云南的环境特点，充分利用当地自然优势，形成了一个相对完整的地方建筑技术体系。他从民居、村落、宗教、文教等及建筑类型以及住居理念等层面深入分析了白族建筑的文化内涵。高正蓓（2011）[④]着重研究了白族文化中的绕三灵；刘文刚（2012）[⑤]着重研究了白族文化中的碑刻艺术；张成义和李群英（2016）[⑥]对白族服饰文化进行了解析；邹丽娟（2009）[⑦]对大理白族传统习俗进行了研究；刘玉霞（2010）[⑧]对白族晓雪诗歌中的神话传说进行了研究；徐宁（2019）[⑨]对白族大本曲的艺术特色进行了研究；严艳（2017）[⑩]对大理白族扎染传统工艺进行了深入研究。

白族文化现实意义研究方面。白族文化是中华民族传统优秀文化分支之一，是历经数千年沉淀下的人类遗产。在当前国家"五位一体"总体布局下，白族文化研究具有深远的现实意义。杨立红和巴登尼玛（2012）[⑪]认为，开展白族文化研究，不仅对白族的民族发展具有重要意义，而且具有维护文化生态的价值。杨国才（2004）[⑫]认为，随着大理旅游经济的兴起，白族文化的市场经济价值迅速得到凸

① 杨庆毓：《大理白族传统婚俗文化变迁研究》，中国社会科学出版社 2015 年版。

② 王丽华、严俊华、李盈秀：《云南大理白族传统技艺研究与传承》，安徽科学技术出版社 2017 年版。

③ 寸云激：《白族的建筑与文化》，云南人民出版社 2011 年版。

④ 高正蓓：《从"绕三灵"看白族文化》，《中国校外教育》2011 年第 8 期。

⑤ 刘文刚：《白族文化的新葩》，《大理学院学报》2012 年第 8 期。

⑥ 张成义、李群英：《演变与传承：白族服饰文化解析》，《艺术百家》2016 年第 2 期。

⑦ 邹丽娟：《多元文化互动语境下的大理白族传统习俗》，《贵州民族研究》2009 年第 2 期。

⑧ 刘玉霞：《晓雪诗歌中白族神话传说的意义》，《云南民族大学学报（哲学社会科学版）》2010 年第 2 期。

⑨ 徐宁：《白族大本曲的音乐特点与艺术特色研究》，《中国民族博览》2019 年第 16 期。

⑩ 严艳：《大理白族扎染的传统工艺与图案设计》，《中央民族大学学报（自然科学版）》2017 年第 2 期。

⑪ 杨立红、巴登尼玛：《白族"绕三灵"的教育人类学分析》，《民族教育研究》2012 年第 3 期。

⑫ 杨国才：《白族传统文化的内涵与传承》，《中南民族大学学报》2004 年第 2 期。

显。张金鹏（2009）[①] 认为大理地区的优秀民族文化在与现代文明的对接和交融中不仅实现了民族文化自觉的提升，而且展现了民族文化再创造的广阔空间。赵金元等（2009）[②] 认为，白族文化是一种包容性极强的民族文化，充分研究和挖掘这种包容性对于边疆民族地区构建社会主义和谐社会具有重要的现实意义。本书着重对白族文化资源及其产业化创新发展路径机制进行研究，对于深入发掘白族文化在新时代的价值，对于弘扬中华传统民族文化具有显著价值和意义。

民族区域经济的改革与进步受到地区的环境条件等外界因素的作用。以大理白族自治州为例，由于地理条件和民族差异，该地经济发展会因为地理环境和社会现状受到影响，从而导致大理区域经济发展以及民族经济发展过慢。

应当说，学者们对少数民族文化中关于生态保护的思想与经济发展的协调方面进行了许多有益的理论探索，然而纵观近些年学界有关少数民族文化与区域经济发展的相关研究不难发现，学者们更多地偏向对少数民族生态文化观念本身的探讨，其涉及的与经济、可持续发展的关系探究中，也偏向从生态文化观念的概念本身出发进行研究，其围绕的往往是少数民族生态文化概念的探讨或某一少数民族生态文化的探究，因此对少数民族生态文化具体内涵的研究还有待进一步深入。

四、文化资源与民族文化资源研究

本书以“cultural resource”为篇名进行文献检索，截至 2019 年，共获得外文文献 588 篇，其文献数量的时间动态序列特征为 20 世纪 90 年代以来显著增加，其研究文献所属学科主要集中在人类学、社会学、文化学等领域。本书以“文化资源”为篇名进行文献检索，共获得中文文献 8814 篇，其文献数量的时间动态序列特征为自 2004 年国家发布文化产业相关分类统计标准以来显著增加。相比而言，国内更加注重对文化资源及其开发利用的相关研究。本书选题侧重于对文化资源的经济生产要素属性进行理论论证，并对文化资源作为经济生产要素的结构进行分类重构，因此文献综述也主要集中在文化资源的内涵、分类、产业化开发机制等方面。

文化资源的定义界定方面。文化资源是较具中国本土特色的一个概念名称。国外对文化资源概念的称谓呈现多样性，表现为文化资源、文化遗产、文化财产等，较为重视人类文化的遗产属性。国际上对“文化遗产”的定义以联合国教科文组织在《保护世界文化和自然遗产公约》中作出的界定最为权威。联合国教科文组织从

---

① 张金鹏：《白族文化与现代文明》，《云南民族大学学报（哲学社会科学版）》2009 年第 7 期。

② 赵金元、饶清翠、凡丽：《白族文化的包容性及其现实意义》，《中国发展》2009 年第 3 期。

古迹、建筑群和遗址三个方面对文化遗产进行了定义[①]。此外，其还对文化景观遗产、非物质文化遗产、自然遗产等进行了概念界定。非物质文化遗产被定义为“被各群体、团体、有时为个人所视为其文化遗产的各种实践、表演、表现形式、知识体系和技能及其有关的工具、实物、工艺品和文化场所”[②]。联合国教科文组织的界定成为全球学术界在对文化资源或文化遗产进行研究时基本遵循的分类依据。国内对文化资源概念的界定则表现为多学科视角。基于文化人类学视角的学者均将文化资源视为人类活动的痕迹和结果。例如，吴圣刚（2005）[③]认为，文化资源是“人类生存发展需要的、以一切文化产品和精神现象为指向的精神要素”；汤晖和黎永泰（2010）[④]认为，“人类活动及其产生的一切结果都可视为文化资源”；持类似观点的还有冯子标（2010）[⑤]、丹增（2005）[⑥]、申维辰（2004）[⑦]等。也有不少学者从文化生产劳动的视角界定文化资源。李沛新（2006）[⑧]认为，文化资源是“人们从事文化生产或文化活动所利用或可资利用的各种资源，包括自然资源和社会资源”。持相似观点的学者还有程恩富（1999）[⑨]、米子川（2004）[⑩]等。很多学者也从文化经济的视角定义文化资源。严荔（2013）[⑪]认为，文化资源“是一种经济资源，是以可产业化开发的文化资源为出发点和着眼点，作为区域经济发展要素，具有普遍意义上生产要素的物质成果转化性……”。陈少峰和张立波（2011）[⑫]、唐月民（2014）[⑬]、牛淑萍（2012）[⑭]等也从文化经济视角提出文化资源的定义。综上，学界对文化资源的概念界定，角度多样、内容丰富，但是大部分学者的定义都欠缺完整性和系统性。学者严荔的定义相对较为全面，其重视文化资源的经济效应，从开发利用的角度阐释了文化资源作为生产要素的特性，认为文化资源是文化产业的关键性要素。唐月明（2014）[⑮]按照是否人工创造标准将文化资源分为自然文化资源和人工文化资源，按照可持续发展标准将文化资源分为可再生文化资源和不可再生文化资源，

---

① 参见联合国教科文组织的《保护世界文化和自然遗产公约》。

② 参见联合国教科文组织的《保护非物质文化遗产公约（2003）》。

③ 吴圣刚：《文化资源及其利用》，《山西师范大学学报（社会科学版）》2005 年第 6 期。

④ 汤晖、黎永泰：《浅析以开发频率为划分标准的文化资源类型》，《中华文化论坛》2010 年第 1 期。

⑤ 冯子标：《文化产业运行论》，社会科学文献出版社 2010 年版，第 63–139 页。

⑥ 丹增：《文化产业发展论》，人民出版社 2005 年版，第 90–108 页。

⑦ 申维辰：《评价文化：文化资源评估与文化产业评价研究》，山西教育出版社 2004 年版，第 7 页。

⑧ 李沛新：《文化资本论——关于文化资本运营的理论与实务研究》，博士学位论文，中央民族大学，2006 年。

⑨ 程恩富：《文化经济学通论》，上海财经大学出版社 1999 年版，第 36–40 页。

⑩ 米子川：《文化资源的时间价值评价》，《开发研究》2004 年第 5 期。

⑪ 严荔：《文化资源产业化开发的区域实现机制研究》，《四川大学学报（哲学社会科学版）》2013 年第 2 期。

⑫ 陈少峰、张立波：《文化产业商业模式》，北京大学出版社 2011 年版，第 14–22 页。

⑬⑮ 唐月民：《文化资源学》，山东大学出版社 2014 年版，第 2–9 页。

⑭ 牛淑萍：《文化资源学》，福建人民出版社 2012 年版，第 12 页。

按照是否具有宗教信仰将文化资源分为宗教文化资源和非宗教文化资源。按照存在形态，学者胡惠林和李康化（2003）[①]将文化资源分为物质文化资源、精神文化资源和文化人才资源。王志标（2012）[②]按照产业化程度将文化资源分为产业化程度较高、中等、较低和未产业化等类别，按照开发程度将文化资源分为尚未开发、初步开发、一般开发和充分开发等类别。以上仅仅是文化资源类别研究的冰山一角。综上可见，学界对文化资源分类的研究成果十分丰富，研究视角多样，分类标准千差万别。但是总体而言，学界主要是基于文化和经济两类视角，根据文化资源的存在形态、感知特征和历史形成过程对其进行划分，对文化资源的结构分析具有一定的启发意义。但是，学界对文化资源的现有研究，更多关注文化内涵的外延形态。尽管有学者已经从经济要素的角度尤其是产业开发的角度对其进行分类研究，但是仍然受限于文学、文化学、人类学、社会学、民族学等学术界限，并没有对其本身的内在结构进行外科式系统化的精准剖析。本书力求以文化要素观为出发点，从文化资源作为一种经济生产要素的角度展开研究，按照要素的投入方式和特征的维度对其结构进行精准详细的分析。

民族文化资源研究方面。熊正贤（2013）[③]认为，“民族文化资源属于文化资源的子概念”，在内涵上与文化资源并没有本质区别，他提出，民族文化资源指可潜在转化为经济价值，提高民众福利的文化元素，既包括物质形态的，也包括非物质形态的。他进一步归纳了民族文化资源的价值无形性、差异性、共享性、持久性和可再生性。李乾夫（2018）[④]认为，少数民族文化资源的含义是少数民族共同体在长期的生产生活实践中形成的，记录和反映了民族群体发展历程，能够影响民族群体精神世界，通过开发利用能为人们提供产品和服务的各种文化载体的总称。谈国新和钟正（2012）[⑤]认为，民族文化资源是指一个民族群体所形成的物质成果和精神成果的总和，表现为物质文化、行为文化、精神文化和制度文化四个层次，其经济特征表现为稀缺性、价值性、可代价衡量性。来仪（2007）[⑥]从经济学角度分析了民族文化资源的内涵和类型，认为重视文化需求、民族文化的使用价值、民族文化产品及服务等各个要素的综合作用，是正确认识西部少数民族文

① 胡惠林、李康化：《文化经济学》，上海文艺出版社 2003 年版，第 45–47 页。

② 王志标：《传统文化资源产业化的路径分析》，《河南大学学报（社会科学版）》2012 年第 2 期。

③ 熊正贤：《乌江流域民族文化资源开发与文化产业发展研究》，博士学位论文，西南民族大学，2013 年，第 26–31 页。

④ 李乾夫：《思想政治教育中的少数民族文化资源研究》，博士学位论文，华中师范大学，2018 年，第 37–38 页。

⑤ 谈国新、钟正：《民族文化资源数字化与产业化开发》，华中师范大学出版社 2012 年版，第 1–2 页。

⑥ 来仪：《西部少数民族文化资源开发走向市场》，民族出版社 2007 年版，第 15–27 页。

化资源的基本思路。基于该思路，来仪将少数民族文化资源分为传统历史型、自然生态型、技能型、不可再生型、综合型、宗教型等类型，具有多样性、独特性、神秘性、可开发性、耗竭与非耗竭二重性。潘怿晗（2011）[①]认为，民族文化资源具有生态性特点，其价值也具有生态性，其价值呈现形式与文化结构存在密切关系，其价值性呈现直接性和间接性、整体性、地方性和普适性。张德寿（2006）[②]认为，当把民族文化看作资源时，便隐含了经济学观，其就被置于社会经济层面来认识了，而商品经济则给民族文化资源提供了价值实现路径。学界对于民族文化资源的研究成果较为丰富，虽然没有形成统一观点，但都是以对文化资源的认识为前提，认为"民族文化资源"是"文化资源"这个一般概念的子概念或特殊性概念，因此对民族文化资源的分类也基本都秉持文化资源分类的思路。在吸收学界对民族文化资源相关研究的基础上，本书坚持从经济学视域下生产要素的角度对民族文化资源进行内涵、价值和分类研究，力求在这方面对学界既有研究进行继承和创新。

五、文化产业与民族文化产业研究

文化产业研究是当前国内外非常热的重要研究领域，已经算不上新学术领域了。当前学术界对文化产业的研究成果虽然很丰富，但是仍然十分分散，仅对文化产业的提法就存在诸如文化产业、创意产业、文化创意产业、版权产业、内容产业等称谓上的区分。本书以"culture industry OR cultural industry OR cultural industries OR culture industries"，或者以"content industry OR content industries"，或者以"creative industry OR creative industries"，或者以"copyright industry OR copyright industries"为篇名进行检索，得到外文文献 2129 篇。但是中国知网对外文文献的收录并不全面，根据 EBSCO 全文数据库检索显示，本书用以上同样篇名进行检索，结果为 12266 篇[③]，其中，2000 年以来的文献为 3426 篇[④]。自国家统计局 2004 年颁布《文化及相关产业分类》之后，国内对文化产业的研究热潮也随之而来。本书利用中国知网对文化产业相关研究进行文献检索，结果为：以"文化产业"为篇名进行文献检索，共获得文献 25150 篇，时间跨度为 1988~2020 年，时间序列特征为 1999 年之后显著上升，研究主题主要集中于"发展研究""创意""文化体制""产业园

① 潘怿晗：《民族文化资源价值的生态民族学研究》，《广西社会主义学院学报》2011 年第 3 期。

② 张德寿：《民族文化资源价值再认识》，《云南民族大学学报（哲学社会科学版）》2006 年第 2 期。

③ 林存文：《文化资源产业转化机制研究——基于 69 个样本城市 11 年的面板数据分析》，博士学位论文，华侨大学，2019 年，第 32 页。

④ 统计截止时间为 2019 年。

区”“产业政策”“人才”“产业集群”“软实力”“竞争力”“战略”“产业管理”等方面，代表性学者有范周、胡惠林、向勇、祁述裕、陈少峰、范玉刚、金元浦、顾江、魏鹏举、熊澄宇、吕庆华等。

（一）文化产业研究脉络梳理

文化产业研究兴起于西方国家，最早可追溯到法兰克福学派基于抵制美国“文化霸权”而提出的对“文化工业”的否定性批判，而后随着世界各国对文化工业的不断认识由批判态度转向中立、提倡态度。各国学术界对文化产业的认识角度不同，而对文化产业的称谓和分类体系也不同。我国与德国、法国等国家使用“文化产业”的称谓，日本、韩国等称其为“内容产业”，英国称其为“创意产业”，美国称其为“版权产业”并归属于信息产业的一部分。法兰克福学派对“文化工业”理论的代表性研究者包括霍克海默、阿多尔诺、马尔库塞、哈贝马斯和本雅明等人，霍克海默和阿多尔诺（1947）[①] 最早提出“文化工业”概念，他们批判性地认为，文化工业中文化产品的批量复制生产使文化和艺术的独特性和精神价值在商品化中变得千篇一律。本雅明（Benjamin，1968）[②] 则对文化工业的发展持支持的态度。法兰克福学派对文化产业的研究给全世界学术界带来了启蒙，之后文化产业研究出现了伯明翰学派和应用理论学派两大分支。伯明翰学派以英国伯明翰大学文化研究中心的学者为主，代表人物有雷蒙·威廉姆斯、斯图尔特·豪尔、约翰·费斯克等，该学派不同于法兰克福学派的批判精神，他们侧重于从文化视角研究文化产业中的文化内容，主要研究方法就是通过对文化产品内容进行意识形态分析，从而对文化产业的生产机制进行归纳。例如，威廉姆斯（Williams，1983）[③] 指出，文化研究应该关注整个文化产业的生产而不仅是部分文化。费斯克（Fiske，1996）[④] 运用经济学理论知识对文化生产、交换和消费等环节进行了研究。应用理论学派的研究主要结合美国文化产业发展的实践而侧重于对文化产业的定义、分类、价值链、产业政策以及文化产品的生产、流通、销售等问题的研究。该学派代表性学者有查尔斯·兰德利、大卫·思罗斯比、皮埃尔·布迪厄等。其中，布迪厄（Bourdieu，1993）[⑤] 提出了文化生产“场”概念，系统分析了文化产品的生产、流通、消费等过程。思

① 马克斯·霍克海默、特奥多·威·阿多尔诺：《启蒙辨证法（哲学断片）》，洪佩郁、蔺月峰译，重庆出版社 1990 年版，第 7 页。

② Benjamin W.，*The Work of Art in the Age of Mechanical Reproduction*，London：Penguin Books Ltd，1968.

③ Williams R.，*Culture and Society 1780–1950*，New York：Columbia University Press，1983，pp.21–28.

④ Fiske J.，*Understanding Popular Culture*，New York：Routledge，1996，pp.127–129.

⑤ Bourdieu P.，*The Field of Cultural Production*，New York：Columbia University Press，1993，pp.23–26.

罗斯比（Throsby，1999）[①]将文化产业体系分为三个层次：核心层、相关层和外围层。芮佳莉娜·罗马（2004）[②]则提出了文化产业发展的三大基石：艺术、经济和技术，三者缺一不可，是文化产业生产的金字塔模型。自20世纪90年代以来，随着时代发展，文化产业研究开始表现为创意产业或创意经济研究。英国首次提出“创意产业”概念，并将创意产业作为英国经济振兴的重要支柱产业之一。这个时期比较有代表性的学者有凯夫斯、斯科特、霍金斯等，分别从文化经济学的视角对创意产业进行了界定；从文化经济与技术融合的角度研究了创意产业的逻辑和结构；首创“创意经济”概念，认为知识产权包括版权、专利、商标和设计，是创意产业的发展基础。

自21世纪以来，世界各国学界对文化产业的研究逐渐走向各分支方向，研究领域不断拓展，研究方法不断创新，多学科跨界研究越来越受到重视。各国均根据自己的文化禀赋条件开展文化产业发展实践。

（二）文化产业定义研究

自“文化工业”概念被阿多尔诺等学者提出之后，目前各个国家和地区学术界、官方机构都对文化产业形成了概念界定，且名称和含义都有区别。联合国教科文组织对文化产业的定义是：结合创作、生产等方式，把本质上无形的文化内容商品化，这些内容受到知识产权的保护，其形式可以是商品或服务，是按照工业标准生产、再生产、储存以及分配文化产品和服务的一系列活动[③]。英国、澳大利亚以及中国香港地区一般称为“创意产业”，例如，英国将其定义为源于个人创造性、技能和才干，通过开发和运用知识产权，具有创造财富和增加就业潜力的产业[④]。中国台湾地区则用“文化创意产业”称谓，其定义与“创意产业”界定相差不多，是指源自创意或文化积累，通过智慧财产的形成与运用，具有创造财富与就业机会潜力，并促进整体生活环境提升的行业[⑤]。美国、加拿大等国家一般使用“版权产业”。日本、韩国以及欧盟等国家和地区一般使用“内容产业”或“文化内容产业”，是指由与内容有关的经济活动（如创意、生产等）组成，这些活动内容源于任何类型的知识、信息及其相关文化资

① Throsby D.，“Cultural Capital”，*Journal of Cultural Economics*，Vol.23，No.1，1999，pp.3-12.

② 芮佳莉娜·罗马：《以盎格鲁－萨克逊方式解读文化产业》，陈雪莲译，社会科学文献出版社2004年版，第189页。

③ 沈强：《日韩文化产业发展比较研究》，博士学位论文，吉林大学，2010年。

④ DCMS，*Creative Industries Mapping Documents* 1998，London：GB Department of Culture，Media，and Sport，1998.

⑤ 吕庆华：《中国创意城市评价》，《光明日报出版社》2015年版，第1-91页。

源[①]。我国一般使用"文化产业"，是指为社会公众提供文化产品和文化相关产品的生产活动集合[②]。除相关官方机构的定义之外，国内外学者也给出了自己的不同定义。贾斯廷·奥康纳（2004）[③]认为，文化产业是"以经营符号性商品为主的活动，这些商品的经济价值源自其文化价值"。霍金斯（Howkins，2004）[④]认为，创意产业是"那些产品、服务都在知识产权法保护范围的经济部门"。凯夫斯（Caves，2000）[⑤]则将文化创意产业界定为"提供宽泛具有文化价值、艺术价值或单纯娱乐价值的商品和服务的产业"。国内学者程恩富（1999）[⑥]认为，文化产业是"以文化产品和文化活动为主体对象，从事生产经营、开发建设和管理服务的部门，是从事精神文化产品生产和服务的行业"。金元浦（2014）[⑦]认为，创意产业是文化产业发展到新阶段的产物，是相对传统的文化产业发展创新的更高形态，也是文化产业内调整升级和产业管理突破原有边界的必然结果。他认为，创意产业的核心是原创力，原创、创新、设计创意、创意研发是整个产业赖以安身立命的灵魂。本书认为，金元浦对创意经济或创意产业的观点具有充分的理论支撑，对深入研究民族特色文化产业具有很大的启发意义。

对于民族文化产业的研究，国内学者主要集中于西部民族地区。从概念逻辑上看，民族文化产业只是文化产业的一个子概念，是对民族文化资源进行产业化开发的一种方式。学界强调民族文化产业是文化产业的一个特殊行业形态，是以民族文化为依托生产文化产品的经济活动。国内学者更多关注民族文化产业发展路径以及民族文化产业对区域经济发展的贡献与效应。陈庆德等（2004）[⑧]认为，民族学分析的缺失是造成当前文化产业理论分析直观性与局限性的原因之一，在文化和经济的二元对应汇总引入了强调总体性和透视性的民族学视野。他在对文化产品社会性转换问题的民族学分析的基础上，阐述了民族文化产业的相关理论和运行机制。施惟达（2011）[⑨]在其《文化与经济：民族文化与产业化发展》一书中阐述

---

① 吕庆华：《中国创意城市评价》，《光明日报出版社》2015 年版，第 1–91 页。

⑤ 定义摘自国家统计局的《文化及相关产业分类（2018）》。

⑥ 贾斯廷·奥康纳：《欧洲的文化产业和文化政策》，陈家刚译，社会科学文献出版社 2004 年版，第 35–37 页。

⑦ Howkins J.，*The Creative Economiy*：*How People Make Money from Ideas*，London：Penguin Global Press，2004，pp.1–13.

⑤ Caves R.E.，*Creative Industries*：*Contracts between Art and Commerce*，Cambridge and London：Harvard University Press，2000，pp.82–88.

⑥ 程恩富：《文化经济学通论》，上海财经大学出版社 1999 年版，第 36–40 页。

⑦ 金元浦：《论创意经济》，《福建论坛（人文社会科学版）》2014 年第 2 期。

⑧ 陈庆德、郑宇、潘春梅：《民族文化产业论纲》，人民出版社 2014 年版。

⑨ 施惟达等：《文化与经济：民族文化与产业化发展》，云南大学出版社 2011 年版。

了民族文化及其产业化发展的基本理论、要素特征和路径模式。徐晶（2012）[①]认为，民族文化产业发展的驱动因素应该包括意识形态、资本运作、民族身份认同三个因素。贾银忠（2012）[②]对中国少数民族文化产业发展做了系统研究，对少数民族文化资源及其产业化、文化软实力、空间布局及市场拓展，以及少数民族文化产业的子行业发展进行了深入研究。刘涛（2013）[③]分析了民族文化产业发展中存在的一系列相关问题。王洪涛和丁智才（2014）[④]分析了民族文化产业发展与少数民族特色文化保护之间的内在互动机制，并提出要平衡民族特色文化的消解和保护两股力量，规范市场主体行为。晏雄（2015）[⑤]通过对民族文化产业集群进行深入研究，探讨了民族文化产业的发展模式。王艳秀（2016）[⑥]认为，民族文化产业必须紧跟“互联网+”时代特征，构建“互联网+民族文化”的产业链，并提出了具体构建路径。此外，赵佳（2020）[⑦]探讨了中国少数民族文化产业的融资支持问题；王雅霖（2018）[⑧]对民族文化产业生态化发展的理论和路径进行了深入研究。

（三）文化产业行业类型研究

各个国家和地区学界对文化产业类型的研究基本遵循各个国家和地区官方机构的法定分类标准和细则。根据对文化产业的界定不同，各个国家和地区官方机构都提出了对文化产业的统计分类方法。联合国教科文组织将其划分为10类：文化遗产、出版印刷业的著作文献、视觉艺术、音乐、表演艺术、视听媒体、体育和游戏等[⑨]。中国大陆地区对文化产业的分类是：文化核心领域（新闻信息、内容创作生产、创意设计、文化传播渠道、文化投资运营、文化休闲娱乐等）和文化相关领域（文化辅助生产和中介服务、文化装备生产、文化消费终端生产等）[⑩]。以英国为代表的将其定义为“创意产业”的国家划分为：广告、建筑、艺术与古玩、工艺、设计、时尚设计、电影与录像带、音乐、表演艺术、出版、电视与广播等13类；以美国为代表的将其定义为“版权产业”的国家划分为核心版权产

---

① 徐晶：《民族文化产业发展的深层驱动》，《理论月刊》2012年第12期。
② 贾银忠：《中国少数民族文化产业发展概论》，民族出版社2012年版。
③ 刘涛：《论民族文化产业发展中的若干问题》，《中国文化产业评论》2013年第2期。
④ 王洪涛、丁智才：《民族文化产业发展与特色文化保护互动机制研究》，《文化产业研究》2014年第1期。
⑤ 晏雄：《丽江民族文化产业集群式发展研究》，经济科学出版社2015年版。
⑥ 王艳秀：《基于“互联网+”时代的民族文化产业发展研究》，《云南社会科学》2016年第3期。
⑦ 赵佳：《中国少数民族文化产业融资支持问题研究》，中央民族大学出版社2020年版。
⑧ 王雅霖：《民族文化产业生态化发展的理论和路径研究》，博士学位论文，兰州大学，2018年。
⑨ 沈强：《日韩文化产业发展比较研究》，博士学位论文，吉林大学，2010年。
⑩ 摘自国家统计局的《文化及相关产业分类（2018）》。

业、部分版权产业、边缘版权产业和交叉版权产业；中国台湾地区将其划分为视觉艺术、音乐与表演艺术、文化展演设施、工艺、电影、广播电视、出版、广告、设计产业等16类；欧盟则将其文化内容产业分为4类：印刷品内容、音像电子出版物内容、音像传播内容、用于消费的数字化软件；韩国则分为17类：影视、广播、音像、游戏、动画、演出、文物、美术、出版印刷、工艺、互联网等。综上可见，随着文化产业发展实践的不断积累，各个国家和地区官方机构和学界对文化产业定义与分类的研究都已经较为成熟和系统。尽管定义和分类范围不尽相同，但是基本都抓住了文化产业的基本内涵，即“精神生产”“精神消费”特征以及产业属性。

（四）文化产业模式研究

文化产业发展模式是各国推进文化产业发展的各种机制和方式的总和与一般路径。各国学界根据世界文化产业发展的事件也不断总结出多种文化产业发展基本模式，如政府主导型、市场主导型、产业集群型、产业园区型、产业价值链模式等。兰德利（Landry，1995）[①]认为，文化产业包括创意的形成，文化产品的生产、流通、发送机构，以及最终消费者的接受五个环节。熊正贤（2016）[②]总结了国内外各地文化产业发展的不同模式：国外文化产业发展模式包括美国的市场主导发展模式、英国的文化创意产业集群化发展模式、韩国的政府主导发展模式、日本的创意典范模式、欧盟的混合模式等；国内文化产业发展模式包括上海的文化产业集团模式、北京的示范联合模式、深圳的国际化文化立市模式、广州的市场导向模式。吕庆华（2006）[③]根据不同类型文化资源的特点，总结了文化资源产业开发的可持续运营模式，其中包括对无形文化历史资源、有形文化历史资源、外显文化智能资源和内隐文化智能资源的模式探究。顾江（2009）[④]对国际文化遗产产业化运作模式进行了归纳，他针对不同的文化遗产分别提出了城市整体经营模式、综合体经营模式、流通经营模式和展示经营模式、产业链拓展经营模式、旅游产业开发模式等。郭新茹（2009）[⑤]基于文化经济学的视角，提出了风景名胜区模式、度假区模式和主题公园模式。王淑娟和张丽兵（2014）[⑥]研究了我国民族文化的产业化模式，提出了区域

① Landry C.，*The Creative City*：*A Toolkit for Urban Innovation*，New York：Routledge，1995，pp.95–98.

② 熊正贤：《乌江流域特色文化产业创新发展研究》，经济日报出版社2016年版，第177–186页。

③ 吕庆华：《文化资源的产业》，经济日报出版社2006年版，第31–53页。

④ 顾江：《文化遗产经济学》，南京大学出版社2009年版，第4–97页。

⑤ 郭新茹：《文化遗产产业化的战略选择与运营模式》，《文化产业研究》2009年第1期。

⑥ 王淑娟、张丽兵：《中国民族文化产业化模式的整合与创新》，《学术交流》2014年第2期。

发展模式、创意产业链模式和产业升级模式三种整合创新思路。厉无畏（2010）[①]通过对历史文化资源的特性分析，提出了四种开发模式：景观化、故事力和艺术秀、策划项目和吸引社会资本、提炼文化符号和塑造品牌。郑欢（2011）[②]将我国文化产业的发展模式分为四类：创意产业园区型、艺术展演型、内容产业型和资讯策划型。综上文献所述，国内外学界对文化产业模式的研究成果较为丰富，都基于对文化资源的充分考察分析和对文化产业发展实践的总结归纳，提出了自己对于文化产业发展一般机制和规律的认识。但是，在现有成果中，对民族文化产业发展模式的特殊规律的研究还不够深入，现有研究也是基于产业经济分析的基本思路，缺乏民族学分析渗透，尤其是对特定少数民族文化产业的发展模式研究更为稀缺。

（五）文化产业经济效应研究

国外对文化产业及其经济效应的研究经历了较长的学术演进史，其学术观点视角多样、成果丰富，其中对文化创意产业与经济发展之间关系的论述，为本书研究提供了重要的学术参考。国外相关研究可分为两大阶段：早期对精神生产重要性研究之滥觞。亚当·斯密已经开始意识到精神劳动者的劳动即“精神生产”的重要性。萨伊提出，精神产品能够给人们带来效用，也是价值源泉[③]。李斯特强调了精神生产与精神资本在社会生产中的重要作用。对“精神生产”作出较为系统解释的是马克思，他以辩证唯物主义为哲学基础，科学界定了“精神生产”的内涵、形式，明确指出其与物质生产的互动联系，可以有效促进社会进步。后期对文化创意产业经济功能进行多方位探索。Schumpeter 认为，现代经济发展的根本动力是创新。20 世纪 80 年代，国际对文化创意产业经济效益的研究如雨后春笋般大量涌现。Romer 认为，创新才是推动一国经济增长的原动力。概括归纳起来，这些研究又可分为两类：①宏观：文化创意产业对区域经济增长方面的正效益。Wynne 通过比较研究发现，文化产业的增长显著推动了英国中北部一些传统工业型城镇的经济转型发展。理查德·佛罗里达提出“创意阶层”概念，并强调它对美国经济的重要性。Potts 通过实证研究，指出文化创意产业推动了整个社会经济的变革。部分学者也通

① 厉无畏：《历史文化资源的开发利用与创意转化》，《学习与探索》2010 年第 4 期。

② 郑欢：《文化创意的产业化路径论》，《上海师范大学学报（哲学社会科学版）》2011 年第 4 期。

③ 萨伊的价值理论体现在多方面，表现为“三位一体”，他认为，只要是能够提供生产性服务的要素都可以创造效用，都具有创造价值的能力。因此，精神产品也是价值源泉。但是，他否定了斯密劳动创造价值的科学观点，将价值归因于生产要素。马克思对萨伊的观点进行了科学批判，按照马克思的劳动价值论，精神产品之所以也是价值源泉，是因为精神产品的生产也凝结着无差别的人类劳动。劳动尤其是创意劳动在精神产品生产过程中起着关键性作用。

过时间序列及面板数据验证了区域文化产业发展对经济增长的促进作用。即便在全球金融危机及经济普遍衰退的情况下，文化产业仍然保持着选择性增长，对经济增长发挥着重要作用或至少减缓了经济衰退。Scott 认为，文化创意产业具有天然的城市集聚化效应。②微观：文化创意产业对传统产业等相关产业的效应。Piore 认为，文化创意产业通过占领设计前沿、应用新技术，形成密集但自由的创新者、生产者、消费者网络，为传统产业提供技术创新和文化创意，使其构建新型商业运营模式而保持竞争力优势。Pratt 认为，文化产业发展加快了工业信息化步伐，促进了传统产业的升级。Lawrence 等指出，文化创意产业的高渗透性将创意渗透到工业产品加工生产过程中，以高附加值带动工业经济发展。Richards 认为，文化创意融入传统旅游业有助于经济发展。Christopherson 认为，手工业的发展与文化创意产业的推动作用有关。

这些研究成果为本书对文化创意产业和乡村地区经济发展之间的关系研究提供了深远的启发价值。国内学界对文化产业经济社会功能的研究成果异常丰富，研究视角具有多样性，研究方法具有多学科性。这些成果大致分为三个方面：

①经济增长与发展方式转变效应方面。学界对文化创意产业的经济增长与发展方式转变功能十分重视。有学者提出，文化产业同时具有经济功能和社会功能，其发展可以促进经济增长和社会可持续发展。有学者认为，创意产业是推动经济发展方式转变的重要推动力，通过资源转化、价值提升、结构优化和市场扩张四种模式实现。文化创意产业的经济发展方式转变效应得到了众多学者的认可。

②产业关联与经济结构升级效应方面。文化创意产业具有天然的产业关联效应，对区域经济结构优化升级具有正面效应。有学者认为，创意产业不是垂直的产业类型和自给自足的生产系统，它的价值是通过与其他产业的前向关联、后向关联以及横向关联效应实现的。通过大量的定量研究分析，很多学者均得出了文化创意产业具有强产业关联性和经济结构效应的结论。

③产业融合与传统产业升级效应方面。文化创意产业是在传统产业中孕育而生的，反过来对传统产业提升具有显著正效应。有学者提出文化创意产业对传统产业的改造升级具有重要推动作用；要促进文化产业与传统产业相融合渗透，以文化创意产业去提升传统产品内涵、提升传统产业经营策略，最终实现传统产业的飞跃发展与转型。持相同学术观点的学者比比皆是。学界还从多个角度提出了文化创意产业与传统产业融合发展的路径和模式。很多学者比较侧重案例分析，以说明两者之间的融合发展途径。

通过以上文献梳理发现，国内外学界对文化产业与传统产业的关联效应的研究也较为侧重于东部城市地区的传统工业、建筑业、制造业、旅游业等方面，而对西部民族地区尤其是乡村地区传统产业的转型提升方面的研究较为稀少。关注民族文化创意产业与民族传统产业互动关系的学者就更加凤毛麟角。此外，当前学术界对文化创意产业与传统产业之间的关联效应的研究多采用经济学、管理学等学科思维与方法，本书将注重引入民族学研究范式，更加注重对少数民族文化特性的分析。

六、特色文化产业相关研究

特色文化产业是我国在文化产业发展实践中不断总结经验教训后，尤其是对文化产业粗放型发展模式进行反思后提出的新型发展思路。2014 年 8 月，国家文化部、财政部颁布了《关于推动特色文化产业发展的指导意见》，其中对特色文化产业进行了官方界定：特色文化产业是指依托各地独特的文化资源，通过创意转化、科技提升和市场运作，提供具有鲜明区域特点和民族特色的文化产品和服务的产业形态[①]。该定义明确指出了特色文化产业的两大特色内涵：区域特点和民族特色。此文件也阐释了发展特色文化产业的意义：对深入挖掘和阐发中华优秀传统文化的时代价值、优化文化产业布局、推动区域经济社会发展、促进社会和谐、加快经济转型升级和新型城镇化建设，发挥文化育民、乐民、富民作用，具有重要意义。自此为始，特色文化产业发展上升到国家战略高度，国内学界高度重视特色文化产业发展研究。学者齐勇锋（2014）[②]这样界定特色文化产业：基于民族和区域传统文化遗产资源，从民间自发产生发展，其文化产品与服务在风格、品相、品种和工艺等方面具有鲜明的民族和区域特点，拥有一定的产业规模、市场占有率和影响力的文化产业形态。他将其形象地称为“草根文化产业”，包括特色文化旅游、工艺美术、戏剧演艺、体育健身和节庆会展，以及基于本土题材的影视、动漫、出版等产业，还包括特色文化饮食、酒文化、茶文化、中医药文化等产业。戴晶斌（2015）[③]从演艺产业、民族手工业、文化旅游业、节庆产业、会展产业等方面论述了西藏特色文化产业的现状与发展思路。余继平和洪业应（2016）[④]基于对乌江流域特色文化资源的分析而对乌江流域特色文化产业的创新发展进行了深入而系统的研究。

① 摘自原文化部、财政部发布的《关于推动特色文化产业发展的指导意见》。

② 齐勇锋：《中国文化的根基：特色文化产业研究（第 1 辑）》，光明日报出版社 2014 年版，第 2-36 页。

③ 戴晶斌：《西藏特色文化产业理论与实践》，上海人民出版社 2015 年第 1 期。

④ 余继平、洪业应：《乌江流域特色文化产业创新发展研究》，经济日报出版社 2016 年第 1 期。

丹增（2006）[①]、喻双（2015）[②]、徐发苍（1999）[③]、范燕华和龙有成（2019）[④]、杨蕊（2020）[⑤]都在宏观、中观、微观等层面对区域或民族特色文化产业进行了相关研究。邵明华和张兆友（2020）[⑥]、关月婵（2020）[⑦]对特色文化产业发展的模式差异和共生逻辑进行了研究，并归纳了特色文化产业发展的模式类型，以发展战略和要素适用性标准将其分为资源内生型、创意升级型、科技转化型、政府推动型、文化授权型五种模式。他们又以共生理论为视角，探讨了特色文化产业生态系统构建所遵循的产业定位、环境优化和发展趋势问题。邵明华（2020）[⑧⑨]还从供给侧视角对我国农村特色文化产业生态升级问题进行了研究，专门对山东农村特色文化产业发展模式进行了研究。陈云萍（2019）[⑩]对北川羌族特色文化产业发展进行了研究。综上所述，国内特色文化产业研究已经得到学界的特别关注，研究成果已经较为丰富，研究视角也十分多样。尽管特色文化产业的内涵还没有形成统一界定和观点，但是作为文化产业一般概念的特殊表现，特色文化产业概念重点突出在“特色”两字的界定上。在研究对象上，学界相关研究十分分散，但都是基于对特色文化产业发展实践的不断总结和提炼。随着国家乡村战略的实施以及脱贫攻坚战的总攻，特色文化产业研究的焦点越来越集中于其与乡村振兴战略和脱贫攻坚的互动关系上。本书就是基于这样的背景而进行研究，旨在通过乡村振兴战略背景下对大理白族特色文化产业进行专门而系统的研究，在充分吸收学界现有成果的基础上，力求在某些方面进行一些创新，以期更好地指导民族地区特色文化产业和乡村经济全面发展。

第三节 主要内容与研究方法

根据选题的研究目的，本书主要研究内容紧紧围绕“白族特色文化产业”而

① 丹增：《论我国西部文化产业的特色发展道路》，《文艺理论与批评》2006 年第 1 期。

② 喻双：《湖南县域特色文化产业发展现状探析》，《中国市场》2015 年第 13 期。

③ 徐发苍：《文化产业的云南特色及其政策研究》，《民族艺术研究》1999 年第 2 期。

④ 范燕华、龙有成：《文化产业发展视域下的羌族舞蹈研究》，《贵州民族研究》2019 年第 1 期。

⑤ 杨蕊：《四川省民族地区特色文化产业融合发展》，《商业文化》2020 年第 5 期。

⑥ 邵明华、张兆友：《特色文化产业发展的模式差异和共生逻辑》，《山东大学学报（哲学社会科学版）》2020 年第 4 期。

⑦ 关月婵：《广西少数民族特色文化产业发展研究》，《广西师范学院学报》2020 年第 1 期。

⑧ 邵明华：《我国农村特色文化产业生态升级：基于供给侧的视角》，《深圳大学学报（人文社会科学版）》2020 年第 4 期。

⑨ 邵明华：《农村特色文化产业发展的山东模式》，《山东社会科学》2020 年第 5 期。

⑩ 陈云萍：《“一带一路”倡议下北川羌族特色文化产业发展研究》，《文化产业研究》2019 年第 3 期。

展开，基本逻辑思路是以理论研究作为基础，以问题为指引，针对性地提出发展对策。由于本选题涉及民族学、经济学、文化人类学等学科，因此在研究方法上采用多学科交叉分析，侧重于对白族特色文化产业的定性研究与定量分析相结合。

一、研究内容

本书研究的核心聚焦点是大理白族文化中涉及经济发展与经济可持续发展的因素及其在促进经济发展过程中的作用，因而就具体的研究对象来说，就是一种文化与经济的关系性定位与思考。在这一关系性对象中，包含着两个核心，也即文化与经济可持续发展，而就两者的本质关联基础，都将锁定在人的本体生存关怀上。就具体的研究思路来说，本书将首先厘清基本的理论以及研究的分析框架，在此基础上，重点从结构 – 功能的角度探究大理白族文化对经济可持续发展造成的影响，分别剖析大理白族的物质文化、制度文化和精神文化对经济可持续发展的动力体系。其次，尝试剖析两者间的现代转型张力，意在通过找寻两者间的人本关怀契合性，引导民族地区经济又好又快发展。

本书的主要研究内容包括理论研究、现实分析与对策研究三个层面。

（一）理论研究层面

理论研究是本书研究的首要环节，主要目的是为乡村振兴战略下实现白族特色文化产业的创新发展奠定科学的理论基础。根据研究需要，本书必须梳理清楚的相关理论包括以下内容：一是民族特色文化产业的界定。学界对文化产业的研究成果异常丰富，但是对民族特色文化产业的理论界定相对较少。本书在学界相关研究成果的基础上，从既有的文化、文化资源、文化产业、特色文化产业等概念界定出发，综合利用多学科理论知识对民族特色文化产业的概念、特征以及种类进行科学而精确的界定。二是民族文化资源禀赋的重构。本书打破学界对文化资源的分类方法和一般思路，借鉴企业管理中的波士顿矩阵对产品结构进行分析的基本原理，以文化作为生产要素投入使用特点为依据，对白族文化资源进行合理重构，并对白族文化资源禀赋结构特点进行理性分析。三是白族特色文化产业对大理乡村振兴战略的多重效应。本书是在乡村振兴战略下对大理白族特色文化产业创新发展进行探究，注重分析白族特色文化产业发展对大理乡村的脱贫攻坚、产业振兴、文化振兴、生态振兴等层面的积极效应。四是白族特色文化产业“内涵式”创新发展模式界定。这部分内容从经济“内涵式”发展的一般概念出发，结合民族特色文化产业的特殊性，对民族特色文化产业“内涵式”发展的含义、特征与要求等方面进行理论研究。

（二）现实分析层面

现实层面的分析是本书提出最终观点的依据，主要目的在于解决大理乡村地区白族特色文化产业创新发展所必需的乡村经济与文化创意产业发展的现状分析、问题分析、条件分析、可行性分析等方面的内容支撑。一是大理白族乡村经济发展的现状与问题分析。这部分研究内容对大理白族乡村经济在经济总量、产业结构、居民收入等方面进行客观描述，并对大理白族乡村经济发展中的问题进行分析归纳。二是大理白族乡村文化创意产业发展的现状与问题分析。这部分研究内容对大理白族乡村文化创意产业在产品种类、产业形态、产业规模、总量比重、从业人数、行业结构等层面进行客观描述，并对其中存在的问题进行深入分析。三是大理乡村地区白族特色文化产业发展的基础条件分析。这部分研究内容对白族特色文化产业的消费需求状况、区位条件、自然条件、公共设施以及文化活动等层面进行客观描述和深入分析。

（三）对策研究层面

这是本书最重要的核心环节。依据前文在理论层面和现实层面的分析研究，本书最终将从以下三个环节对大理乡村地区白族特色文化产业创新发展的思路和对策进行研究：一是基本原则研究。这部分研究内容对白族特色文化产业发展中对文化的保护原则、优化配置原则、市场原则、共享原则等方面进行详细论述。二是主要思路对策设计。这部分研究内容从价值挖掘、产业定位、创意方式、行业布局、空间布局、产业集群、产业融合、品牌塑造等层面进行科学设计。三是政策支持体系设计。这部分研究内容从人才政策、土地政策、采购政策、开放政策、公共服务、基础设施等层面对白族特色文化产业创新发展的支持体系进行设计。

二、研究方法

本书在遵循现代经济学分析范式的基础上，根据研究需要，综合运用民族经济学、产业经济学、区域经济学、地理学、文化学、民族学等学科的科学研究方法，做到理论研究与实证分析相结合、定量分析与定性分析相结合。

（一）理论研究与实证研究相结合

对大理白族特色文化产业创新发展的研究，既是理论问题，又是现实问题。理论研究主要集中在文化、文化资源、文化要素、文化创意产业、特色文化产业、民族特色文化产业等概念的梳理与界定上。实证研究主要集中在大理白族乡村经济和文化创意产业发展现状、问题、发展条件、可行性等方面的分析上。

（二）文献分析法

本书通过广泛阅读与本主题相关的国内外文献，提炼出相关思想并充分借鉴。笔者通过阅读大量文献，对与乡村振兴战略下大理白族特色文化产业创新发展相关的基础理论和研究文献进行了综述，找到本书研究的逻辑起点和理论支撑。

（三）实地（问卷）调研与田野方法

该方法主要应用于收集大理白族乡村经济发展的一手调研资料和对大理白族文化进行身临其境的观察和思考，这对于准确把握大理白族乡村经济发展的状况、问题以及准确把握白族文化的内涵具有重要意义。

（四）交叉研究方法

本书采用交叉研究方法，笔者充分学习和掌握其他学科的一些理论知识，如文化学、社会学、民族学等，这些知识对于白族特色文化产业的精确研究具有重要意义，不可或缺。

第四节　研究价值与创新之处

经济和文化是人类需求与社会发展进程中最为核心的两个系统，两者间的关系是人们追求美好生活的基本内容，并对社会良性运转有着决定性的影响。本书研究的价值意义就在于重新反思文化对经济的重要价值，通过理论分析和现实考察，充分展现民族文化因素在经济可持续发展中的动力性作用，以更好地推动我国区域经济的良性发展。一方面，从理论层面上讲，可以丰富民族文化与经济可持续发展方面的研究成果。通过以上有关于本书的文献综述可以得知，当前关于这一主题的研究文献较少，而少数民族传统文化对经济可持续发展的重要意义决定了这一研究领域应引起人们足够的重视。本书以白族文化为例，探讨这一民族传统文化中所包含的经济发展观念及其经济因素对当地经济可持续发展的重要影响，这对补充当前学界有关这一议题的研究具有重要的理论意义。另一方面，本书从白族传统文化观念出发，探讨其对推动当地经济可持续发展的重要作用。这一理论研究为当地经济可持续发展的现实实践路径提供了重要的理论借鉴和参考。

一、研究价值

如何实现经济的可持续发展是当今世界关注的重要发展问题，对我国来说，少数民族地区面积占到国土面积的63.72%，其自然资源总量丰富，在经济发展的战略资源接替中发挥着重要的作用，因此，要实现我国经济的可持续发展，实现少数民族地区经济的可持续发展在过程中具有重要的地位和价值。中华人民共和国成立后，在党和国家的大力支持和各族人民的共同努力下，少数民族地区的经济和社会发展取得了巨大的成就。尤其是改革开放后，随着西部大开发、科教兴国和可持续发展等战略的实施，少数民族地区的经济发展取得了前所未有的成就。

但是，这些地区的生态环境相对脆弱，经济发展的总体水平仍然较低，同时，在原先粗放型经济增长方式下，资源破坏和污染等问题也日渐突出，原先的产业结构和产品结构优势逐渐丧失，这些因素都制约着少数民族地区经济的快速发展。因此，可以说找到一条适合少数民族地区特点的可持续发展路径是寻求我国总体可持续发展过程中亟待解决的重大问题。然而纵观我国少数民族地区生产生活方式的发展历程，其在历史长河中所形成的关于如何在脆弱且有限的自然环境中生存下去，是少数民族地区自古以来长期面临的重大问题，而对于这个问题的思考与解决，逐步形成了他们关于宇宙、自然、人生的基本观念和生产生活方式，这一观念被学术界称为“民族生态文化”。体现这一少数民族生存方式和生态伦理智慧的生态文化，是现代生态文明建设和社会共同体治理的重要资源，也为可持续发展提供了有益的借鉴和启示。

本书以大理白族聚居区为调查对象，结合大理白族传统生态文化观念，探寻其文化中所蕴含的可持续发展的意蕴。在此基础上，本书借助这一地区独特的民族特色，以民族文化中所蕴含的生态思想与当地经济发展互动过程中所形成的可持续发展机制为基本研究对象，探究在这一地区经济发展过程中因独特民族生态文化的影响所形成的当地具有特色的可持续经济发展机制与模式。

首先，民族生态文化是一个民族对生活于其中的自然资源而形成的独具特色的适应性体系，它包括民族文化体系中所有与自然环境发生互动关系的内容，诸如该民族的宇宙观、生产方式和生活方式、宗教信仰、风俗习惯等。这些独具民族特色的、丰富多彩的生态文化，可以形成人与自然共生互利、和谐相处的良性互动关系，与我们所倡导的可持续发展观念的内核相契合，且为可持续发展理论和实践的丰富提供了宝贵的资源。

其次，本书所研究的民族生态文化与经济互动过程中所形成的独具特色的民族经济可持续发展机制，能够体现具有当地特色的民族经济发展模式，对这一系列机制的探讨有利于从点到面展开关于全国民族地区文化与经济互动所形成的经济发展模式的探究。

白族地区土地肥沃、资源丰富，经济生产以农业为主。白族先民很早就认识到自然环境对人类生存的重要性。阳光、土壤、雨水、气候等决定粮食的收成；春华秋实，旱涝丰欠，对白族人民来说是息息相关的大事，白族人民由此而形成了朴素的生态伦理道德，那就是顺应自然、尊重自然、适应自然，正确处理农业生产与保护环境之间的关系，反对片面地利用自然与征服自然，只有这样人类才能够生存与发展。这与可持续发展观有着内在的契合性。在这些传统民族生态观念的影响下，大理白族自治州形成了独特的民族经济发展模式。因此，以白族传统生态文化观为指导，探寻这一观念中所包含的可持续发展观念，既可以丰富可持续发展理论，又可以为当前我国可持续发展的进程提供丰富的思想资料，是当今时代人们研究和处理人与自然关系的重要视角。

本书研究大理白族聚居区民族生态文化与经济互动过程中所形成的独具民族特色的可持续发展机制，就是对大理白族聚居区独具特色的经济可持续发展模式进行探讨。这不仅可以展示该地区民族经济发展的独特性，而且通过对这一独特性发展本质和基本发展逻辑进行探究，有利于补充当前学界对少数民族经济基本发展逻辑的探讨。本书中的研究对丰富民族特色文化产业研究及指导民族特色文化产业发展实践具有显著的理论价值和现实意义。

（一）理论价值

理论价值主要表现在，对促进民族特色文化资源与民族特色文化产业发展理论研究具有一定意义，对于拓展民族经济学中民族文化与经济关系研究具有显著价值。

第一，有利于拓展民族经济学的研究内容与研究视角。民族经济本身具有二重性质，即民族因素和经济因素。民族经济学是介于经济学与民族学之间的一门中介学科，即研究民族因素与经济因素的交叉互动过程的特点与规律。本书正是以少数民族文化（白族）这个民族学范畴的概念为逻辑起点，通过少数民族文化对民族经济发展的互动关系分析，进而提出白族特色文化产业化发展的路径机制。这对民族经济学中民族文化因素与经济因素的交叉互动过程、模式、规律等方面的研究具有深远的价值贡献。另外，还对民族经济学的区域（乡村）性与民族（文化）性的辩证关系研究具有积极贡献。本书在区域经济发展研究中赋予民族特征的考察，通过民族文化联系强化区域经济关系，实现民族性与区域性的耦合，为民族经济走廊的打造奠定理论基础。

第二，有助于系统化少数民族特色文化产业发展理论。国家对特色文化产业有较为全面的界定，但是对民族特色文化产业的概念、特征、类型等还没有统一界定。学界对特色文化产业的研究主要基于区域文化范畴或某一单一文化种类对特色文化产业发展规律进行探究，当然也有不少学者较为关注民族特色文化资源的开发与产业化问题，但是其研究视域较多集中于某一特定文化类型。本书力求基于民族视角尤其是个样少数民族视角，以族别为研究单位，系统探究白族特色文化资源开发与特色文化产业创新发展的规律。

第三，进一步丰富民族文化资源相关理论研究。本书基于生产要素投入视角分析民族文化特征与优势，将文化作为乡村经济发展的内生变量，提出“民族文化要素论”观点，并认为文化是引发未来民族乡村经济发展变革的最具有比较优势的重要投入要素。此外，本书研究区别于学界对文化资源进行分类的一般模式，以文化作为生产要素的投入使用方向和使用方式为依据，创新提出适用于民族文化资源结构分析的模型，以此对白族文化资源进行重构，并根据重构结果，依据白族不同文化资源的特点来设计适用于白族特色文化产业创新发展的路径思路。以上研究内容对丰富民族文化资源或文化要素相关理论研究具有一定价值。

（二）现实意义

现实意义主要表现在，对挖掘少数民族文化资源多重价值、加快发展大理白族特色文化产业并促进大理白族乡村振兴具有指导意义。

第一，有利于深度挖掘少数民族文化资源多重价值。受限于自然地理条件、基础设施条件等因素，与东部乡村相比，民族地区在乡村振兴战略实施中面临人才、资金、技术等多重难题。但是，丰富多样的少数民族文化则是民族乡村地区具有的比较优势。本书以白族为例，研究其特色文化资源的创意产业化创新路径，有利于深度挖掘少数民族文化资源的经济价值、社会价值、生态价值等，在产业化开发中弘扬中华优秀传统文化，促进乡村经济发展和社会进步。

第二，有利于加快发展大理乡村地区白族特色文化产业。发展特色文化产业是乡村振兴战略的重要内容和内在要求。自特色文化产业发展成为国家重要战略规划内容之后，各地区都依据自身优势逐步培育发展各具特色的文化产业。本书以乡村振兴战略为指引，在客观分析大理乡村地区白族特色文化产业发展的现状和问题的基础上，对白族特色文化产业创新发展提出对策建议，有利于加快发展白族特色文化产业。

第三，有利于民族乡村经济结构优化和转型发展。大理乡村地区白族特色文化产业的创新发展，可以有效发挥文化产业对区域经济发展的多重效应，进一步提升第三产业在区域国民经济中的比重，降低传统产业比重，优化产业结构。此外，文化产业所具有的创新效应，会波及传统产业，两者的融合发展对传统产业产生改造动能，逐步提升传统产业如农业的附加价值和动力机制，最终促进乡村经济的转型发展。

第四，有利于推进大理白族乡村振兴战略全面落实。本书中的研究可以促使白族特色文化产业的产业振兴效应、生态振兴效应和文化振兴效应充分发挥出来，从而有效推进乡村振兴战略全面落实。此外，本书中的研究在保护传统文化的基础上，可以有效弘扬白族传统优秀文化，促进乡村居民的文化自信，进一步加强民族团结，实现社会和谐稳定、健康持续发展。

二、创新之处

在创新点方面，本书首先是追踪了生态经济学、环境社会学、经济文化学等发展的前沿知识，把握文化与经济的融汇趋势，理解文化作为一种持续发展动力的内在机理，通过考察和分析，描绘出经济可持续发展的新图景。由于这方面的系统研究在国内仍不多见，本书是在该领域一个较为有力的研究推进。其次，尝试从民族经济学的视角来考察文化与经济间的关联，特别是尝试挖掘国内少数民族地区的文化体系，从而能够为民族经济学的学科发展提供一定的知识素材，推动新兴学科的发展。最后，把握传统与现代的张力，如何让少数民族的传统文化体系与现代社会的发展相契合，这是一个重要的时代性课题，本书中的研究算是一个初步性的尝试。本书力求在学术视角、学术观点以及理论思想等方面进行创新：

（一）学术视角的创新

将特色文化产业研究从区域和文化类别视角转向民族视角尤其是个样少数民族视角。目前学界对特色文化产业的研究，大多是基于区域文化范畴（如国别、省区、地州、县市、乡村或某流域、地区等其他区域类型）或某一单一文化种类（如工艺、陶瓷、服饰、历史、演出等文化样式）对特色文化产业发展规律进行探究，当然其中有不少学者较为关注民族特色文化资源的开发与产业化问题，但是其研究视域较多集中于某一特定文化类型。本书力求基于民族视角尤其是个样少数民族视角，以族别为研究单位，系统探究白族特色文化资源开发与特色文化产业创新发展的规律。

（二）学术观点的创新

将民族文化视为引发民族乡村经济发展变革和实现可持续发展最具比较优势的投入要素之一。本书在充分吸收既有学术观点的基础上，在以下方面进行观点创新：一是改变既有相关理论中多将文化作为经济发展外生变量的惯例，本书视“民族文化”为经济发展尤其是民族乡村经济发展不可替代的内生变量；二是提出“民族文化要素论”观点，认为文化是引发未来民族乡村经济发展变革的最具有比较优势的投入要素之一；三是以党的十九大报告中提出的乡村振兴战略为指引，注重白族特色文化产业对大理乡村振兴战略的多重价值效应。

（三）理论思想的创新

创新民族文化资源禀赋结构分析模型，并基于白族文化资源禀赋结构科学提出白族文化特色创意产业创新发展的“内涵式”发展路径。区别于学界对文化资源进行分类的一般模式，本书借鉴企业管理中的波士顿矩阵对产品结构分析的基本原理，以文化作为生产要素的投入使用方式为依据，创新提出适用于民族文化资源结构分析的模型，以此对白族文化资源进行重构，并根据重构结果，依据白族不同文化资源的特点来设计适用于白族特色文化产业创新发展的路径思路。本书在探索创新发展路径时，提出了特色文化产业的“内涵式”发展模式，在文化资源开发中实现民族文化内涵的保持与民族文化价值的深度挖掘。

第一篇　基础理论篇

第二章　基本概念厘定

本书对乡村振兴战略下民族地区经济发展的文化动力和特色文化产业发展的研究，涉及经济学、文化学、民族学、社会学、历史学等多个学科，研究范畴的跨学科属性十分显著。因此，在多学科交叉中对相关基本概念进行科学界定是本书研究的基本前提。与本书研究相关的概念较多，而核心概念主要集中于文化与民族文化、文化资源与民族文化资源、文化产业与特色文化产业等方面。

第一节　文化、民族文化与经济可持续发展

文化与可持续发展是本书探索民族地区经济可持续发展的文化动力的两个先决概念。两者看似是分属两个学科的差异性较大的概念，从精神文化的角度看，可持续发展理念本身就属于文化的重要内容。可持续发展理念的提出是人类社会不断进步的表现，是人类文明进步的表征。科学界定“文化”概念是准确把握白族文化内涵并对民族特色文化产业进行理论研究的基本前提。随着全球各国对文化产业发展和文化多样性保护的重视，文化在国民经济和社会发展以及综合国力和国际竞争中的地位日益显著。然而，“文化”是一个极为抽象又十分复杂的概念，各国学界、学者对“文化”一词的理解存在较多争论，他们基于不同的学科范式，从不同的视域、不同的学术视角对“文化”的含义进行了解读。

一、多学科下文化的基本内涵

解释文化的概念是一项艰巨的任务。或许只能在详细的特定理论框架内，文化才能够出现一个相对令人满意的定义。不过，无论文化在概念上呈现出何种差异，它仍然是人文社会科学分析中必不可少的概念工具。

（一）人类学视角下的文化内涵

文化一直被视作文化人类学的核心，并且是政治学和社会学主要的研究对象和

解释工具，比如政治学中的公民文化、社会学中的社会资本。当然，有一个显著性的例外是生物学中的遗传论，也即将文化关联于遗传性的生物因素，这种观念由于种族主义而呈现出“污名化”的状态。另外，经济学中的理性选择理论常常排斥文化的客观性，从而将文化定格为特定的偏好与品位。从本体论的角度讲，文化是一个涉及面非常广泛的范畴，文化是人类存在的基石，从人类学意义上看，文化就是环境的人塑部分以及人们的生活方式[①]。然而，如果将文化置于历史的时空坐标中，就会发现其广泛的内涵在历史的流变过程中也在发生着变动，甚至出现了悖论式的变化。

在18世纪理性启蒙的时代，文化意味着从自然和宗教的指导中解放出来，获得自由[②]。在这一界定中，文化更多地意味着人们能够独立于外界特别是自然力量的干扰与影响，充分释放和彰显人本身所蕴含的力量。可以说，工业革命之前这种将人从自然及宗教束缚中解脱出来的观念是进步的，人们在理性之光的启蒙照耀下不断突破既有的传统与窠臼，创造了诸多灿烂的成果，为产业革命的发展奠定了观念层面的基础。

哲学家康德在《判断力批判》一书中对文化这样定义：“有理性的实体为了一定的目的而进行的能力之创造。”他同时认为，文化从一开始就属于整个民族和人类。黑格尔认为，文化是绝对精神对自我外化出的人的教化过程。可见，德国哲学家们关于文化的定义十分强调人的主体创造性，是人类基于一种独立基础上的理性创造。新康德主义者恩斯特·卡西尔（Ernst Cassirer）认为，人生活在由人类经验形式的交织之网[③]。之后，德国学者列维·皮格亭与克莱姆进一步发展了文化的概念，并提出了“文化科学”或“文化学”的概念[④]。

到了19世纪，人类学在研究前现代文明的基础上重新诠释了文化的内涵，文化学的奠基人泰勒在《原始文化》中对文化的认知最为知名，在泰勒看来，“文化是一个复杂的总体，包括知识、信仰、艺术、道德、法律、风俗以及人类在社会里得到的一切可能与习惯”[⑤]，在关于人类缘起的研究中，进化论的思维让文化与人类文明进步历程相伴随，具有知识的累积综合性，从而大大地拓展了文化的内涵范围。自泰勒界定文化的概念以来，西方学界对文化展开了更为详实的研究，仅就定

---

① Chaudhur S.K., *Culture, Ecology, and Sustainable Development*, New Delhi: Mittal Publications, 2006, p.1.

② Banse G., Nelson G.L., Parodi O., *Sustainable Development-the Cultural Perspective: Concepts-Aspects-Examples*, Berlin: edition sigma, 2011, p.67.

③ 恩斯特·卡西尔：《人论》，甘阳译，上海译文出版社2004年版，第51-62页。

④ 克莱姆在其专著《普通文化学》（1854）中首次提出“文化学”概念。

⑤ 泰勒：《原始文化：神话、哲学、宗教、语言、艺术和习俗发展之研究》，连树声译，广西师范大学出版社2005年版。

义而言，根据美国人类学家克罗伯（A.L. Kroeber）和克拉克洪（C. Kluckhohn）的统计，就高达160多种，最终，他们在《文化：关于概念和定义的检讨》一书中也给出了广泛知名的界定，他们认为："文化是包括各种外显或内隐的行为模式；它通过符号的运用使人们习得及传授，并构成人类群体的显著成就，包括体现于人工制品中的成就；文化的基本核心包括由历史衍生及选择而成的传统观念，特别是价值观念；文化体现虽可被认为是人类活动的产物，但也可被视为限制人类作进一步活动的因素。"[①]就此而言，西方学术传统中，通常将文化认定为人类文化，也即人所创造和传递的一切内容。

国内学者常常从广义与狭义的双重视角看文化，如我国学者余谋昌认为，广义的文化是指人类社会历史实践过程中所创造的物质财富和精神财富的综合；狭义的文化是指人类社会的意识形态以及与之相适应的社会制度和组织机构[②]。另有我国学者李鹏程同样认为，广义的文化是指人类创造的一切物质产品和精神产品的总和。狭义的文化专指语言、文学、艺术及一切意识形态在内的精神产品。文化不是先天的遗传本能，而是后天习得的经验和知识；不是自然存在物，而是经过人类有意无意加工制作出来的东西，是由物质、精神、语言和符号、规范和社会组织等要素构成的有机整体[③]。

实际上，抛开这些教科书式的见解，在中国本土历史经验和体验中，文化就是指"文治教化"或"文明教化"，它意味着一种知识和道德修养，因而道德伦理色彩十分浓厚，当然，在更为广泛的描述意义上，文化可以承接各种传统，比如茶文化等。但从本质上讲，文化凸显着一种后天性的德行教育，甚至有着精英性的色彩，特别是传统文化中的"内圣外王"逻辑，是文明教化的重要内容。换言之，文化在中国语境下是有适用域与限度的，并不是所有的群体都可被称为是有文化的群体，而是专指那些教养和修养良好、道德品质高尚的人群。因此，相较于西方的"人类文化"，中国传统中的文化则是一种"文治教化"。这种文化理念在近代曾经引起激烈的古今之辩，赞同者固守国学精粹，否定者批判其阻滞现代化转型，要求革故鼎新。

从上述中西方对文化内涵的若干理解中，本书对文化在概念上所具有的一般特性总结如下：概念上的文化是指人们在长期累积中形塑出的一种生活样态，它既可以是观念符号，也可以是行为模式；既可以是内隐的精神意识，也可以是外显的物质实体；既可以促进社会发展，也可以阻滞社会发展。

---

① 冯天瑜：《中国文化史》，上海人民出版社2005年版。

② 余谋昌：《文化新世纪：生态文化的理论阐释》，东北林业大学出版社1996年版。

③ 李鹏程：《当代西方文化研究新词典》，吉林人民出版社2003年版，第307页。

关于文化的特征表现，具体来说可以从以下几个方面进行表述：首先，文化以“人类”或“人群”为基本分析单元，它是作为一个物种的人后天所创造的存在，可以具体为一个群体特定的生活方式与生活状态。人群生活所呈现出来的不同之处，是区分文化差异和文化类别的基本尺度与属性。因此，当区别特定文化与其他文化的差别时，我们想要表达的是具体生活方式与状态的差异，也就是人们在语言面貌、风俗习惯、宗教信仰、价值信念以及器物制度层面的分殊性；而当我们具体到特定文化内部的次文化时，则主要是聚焦于一种特定的属性。其次，文化是特定群体在长期的实践与历史累积进程中实现的存在，对该群体的成员意识与行为都具有强大的规范约束作用。换言之，文化必然建立在一定的社会传统基础之上，其成员深深地嵌入在这些土壤之中，当成员的思想意识和行为模式与文化所要求的约束规范之间保持一致时，不会感受到文化本身带来的软约束力量，相反，当一个人“试图反抗文化强制时，它的强制力量就会明显地体现出来”[①]。最后，文化的发展是动态的变迁过程，文化具有演变、流动的动态本能。一种有活力的文化，总是能够随着社会的变迁而不断增加新的内容，具有一定的开放性。当特定群体因由外界乃至自身内部变动，面临异文化的产生或入侵时，文化本身也会发生一定的变迁。这在现代化转型的阶段非常明显，常常伴随着一定的社会震动与创伤，近代中国的独立自主与现代化转型历程中，恰恰就呈现出了文化的这一特性。

由此看来，文化是由人所创造与传递的动态生活存在，从更为宽泛的意义上讲，也就是被理解为人类所创造的一切文明的综合。殷海光曾指出，文化实有的内容太复杂了，复杂到非目前的语言技术所能用少数的表达方式提挈出来[②]。

不过，文化的复杂性并不意味着其具有不可界定性，而重要的是在何种理论框架下进行界定。据此，值得关注与思考的是帕森斯的理论框架，他试图在社会系统理论的行动结构中定位文化。在帕森斯看来，文化领域具有自己的内在逻辑，文化是一般社会体系的子体系之一[③]，作为一个充满活力和意义的[④]系统，“文化体系一方面可以看作行动过程的产物，另一方面可以看作进一步的行动的条件性成分”，“文化体系部分地是行动的产物，又对行动起制约作用”[⑤]。实际上，借助帕森斯的认知，文化可以被界定为社会能动者创造的意义体系，进一步而言，本书并不

① 谷国锋：《区域经济发展的动力系统研究》，东北师范大学出版社 2008 年版，第 246 页。

② 殷海光：《中国文化的展望》，上海三联书店 2002 年版，第 27 页。

③ Parsons T.，Shils E.，*Theories of Society*，*Volume II*，New York：The Free Press of Glencoe，INC.，p.963.

④ 帕森斯：《社会行动的结构》，张明德等译，译林出版社 2003 年版，第 656 页。

⑤ 帕森斯：《社会行动的结构》，张明德等译，译林出版社 2003 年版，第 862 页。

想在人类的宏观角度上审视文化，而更愿意从微观视角上将文化在地化，视作特定环境下能动者所具有的意义与行动体系。之所以采用这样的定义，一方面是考虑到文化的承继性，一套价值体系与意义理解都是在特定环境中生发延续积淀而成，具有其细节层面的独有性；另一方面是文化的生命力，是靠该环境中的能动者的行动轨迹来体现的，是一种生活方式。文化在地化的一个表现就是民族性。从人类历史发展的演进来看，虽然人类本身是一种社会群体动物的存在，但自缘起之日，就不是一种整全性的状态。所谓文化在地化所表现出来的民族性，有学者指称为“体现在特定民族文化类型中并作为其基本内核而存在的民族文化心理素质的特征，是对于特定民族的文化特征的最高层次的抽象”。可以说，这一界定非常深刻，文化所具有的民族特性不仅能够反映这个民族的心理素质，也是一种最高层次、最具内核的本体存在。换言之，这种属性带来文化的内在凝聚力，能够带来一种助推力，而且能够以其内核的高度抽象来实现一种积极向上的超越性，从而可以带来创造力和继续发展的潜力与可能性。关于文化的民族性将在本书后面章节进行详细论述。

（二）经济学视角下的文化内涵

在经济学的文献中，学界早期也认识到文化因素对经济生产过程的影响，尤其是对劳动力和管理者思想和价值观念的影响，进而影响到生产和管理效率。从经济学视角看，文化一般是指人们由于规范体系和价值观念的不同而形成的特定生产生活方式，它作用于人们的精神世界，进而影响其在经济活动中的决策。经济学家看待文化，更加关注的是文化的能动作用。文化资源作为一种重要而又区别于其他物质的资源，长久以来，一直都是相关学科所研究和探索的重要内容之一，但却被经济学研究所忽视。本书探索大理白族特色文化的经济价值及在乡村振兴战略下文化产业的发展问题，能够深化对白族文化经济价值与经济发展动力的理解，有利于更好地推进经济学视角下对文化的深入研究。

本书注重于从能动性的层面上理解文化的价值，对文化的动力进行研究，从而进一步对文化的功能意义进行再审视。实际上，早在《新民主主义论》中，毛泽东就使用了“文化力量”的概念，并强调文化在社会历史中发挥着重要作用。有学者指出，在整个社会系统中，文化作为一个具有相对自主性的领域，具备推动或制约经济力的形成和发挥的能量。当然，也有学者认为，文化动力指文化变迁发展的推动力，也就是说，文化动力本身包含着两个基本的意涵，一个是其本身内部的发展动力，一个是其对外部其他系统的作用能力。本书在对文化动力概念的使用上，更加侧重于后者，也即将其视作一种可以持续稳定地发挥影响并提供支撑作用的力量和资源体系。

文化对经济发展起着关键作用，即文化内所包含的知识、技术等要素可以提高生产效益，进而促进经济发展。西方经济学者将增长的根源归结于三个方面：制度、文化和地理。由于在经济增长因素上的认知差异，现代西方经济学界主要形成了新古典增长理论和内生增长理论。在哈罗德－多马模型奠定了经济增长模式的基本框架后，以索洛、斯旺、米德和丹尼森等为代表的学者提出了技术进步论，并建构了新古典增长模型①，他们认为，只有技术进步才能解释经济持续增长和生活进步的原因。但是由于前提假设的苛刻性，新古典增长理论并不能解释人类长期的经济增长轨迹。20 世纪 80 年代，以罗默、卢卡斯等为代表的学者提出了“内生技术变化论”，建构了内生增长模型②。该理论认为，技术创新是经济增长的源泉，但是技术创新水平却是由劳动分工和人力资本的积累而决定的，政府政策和制度设计对经济增长也有重要影响。从微观上来看，文化对人们的经济行为有重要影响。道格拉斯·诺斯认为：“文化不仅是不同种知识的混合，还包括对行为标准的价值判定，而行为标准（社会的、政治的或经济的）被用来解决交换问题。”③马克斯·韦伯认为，生活伦理思想影响了资本主义的发展的观点④。美国经济史学家戴维·兰德斯（David S. Landes）对文化因素在世界范围内的经济增长中的作用进行了探究，认为文化对经济增长具有促进作用。经济学家威廉·阿瑟·刘易斯（William Arthur Lewis）也认为，经济增长依赖于人们所持有的态度。阿马蒂亚·森（Amartya Sen）认为，资本主义经济的高效运行依赖于强有力的价值观和规范系统。此外，发展经济学家罗斯、俄裔美国经济学家库兹涅茨等都从不同角度研究了文化的经济价值。

经济学家们从经济学视角看待文化，更加关注的是文化的经济价值，即文化的动能作用。文化资源作为一种重要而又区别于其他物质的资源，长久以来，一直都是社会学、人类学、政治学、历史学、管理学等学科所研究和探索的重要内容之一，但始终被经济学研究所忽视，直到 20 世纪，这一“非经济因素”才开始进入到经济学研究领域。因为长期以来缺乏经济学这一有效和统一的分析工具，所以对文化的经济解释远远落后于实践。探索白族地区文化的经济价值，深化对白族文化经济动力的理解，能够更好地推进本书的研究。

从宏观上来看，文化对经济发展起着关键作用，即文化中所包含的知识、技术

① 新古典增长模型有时也被称为索洛增长模型。

② 内生增长模型主要包括罗默的知识外溢模型、卢卡斯的人力资本外部模型、巴罗模型等。

③ 道格拉斯·诺斯：《制度、制度变迁与经济绩效》，刘守英译，三联书店 1994 年版。

④ 马克斯·韦伯：《新教伦理与资本主义精神》，彭强、黄晓京译，陕西师范大学出版社 2002 年版，第 18–82 页。

等要素可以提高生产效益，进而促进经济发展；从微观上来看，文化对人们的经济行为有重要影响，即文化中的各种价值观念、规范体系和组织制度间接影响着人们的经济认知，进而影响他们的经济行为，从而对经济发展产生作用。例如，科尔曼将文化视为调节经济行为的规则，认为“文化限制着人们做出只符合自己利益的行为，或促动人们做出不符合自己利益的行为”。道格拉斯·诺斯认为，文化不仅是不同种知识的混合，还包括对行为标准的价值判定，而行为标准（社会的、政治的或经济的）被用来解决交换问题。在所有的社会里，都有一种非正式框架构建人类的相互作用。这种框架是基本的“资本存货”，被定义为一个社会的文化。综合以往研究成果，本书认为，文化的经济价值，不仅包括传统意义上文化中的科学技术知识因素本身所创造的价值、生产机器所创造的价值，而且还应该包括劳动力智力因素和道德因素，具体包括：物质生产资料的科技水平和文化知识含量的提高，即有形资本的增值；劳动力的文化知识、技能和智慧等因素水平的提高，即无形资本的增值；价值信念、思维方式、风俗习惯、伦理规范等文化因素在经济活动交往过程中所产生的协调作用，从而增进信息流动、促进合作，最大限度地利用资金和技术，实现文化软实力向经济生产硬实力的完美对接。

综合以往研究成果，本书认为，经济学视角下的文化理论，尽管已经十分关注文化对经济生产效率的影响研究，但是将文化视为经济生产过程的外生变量的传统观念一直占据主导地位。随着经济发展形态的不断变化延伸，只将文化视为外生变量的传统观念也已经发生变化。文化对人们的经济行为也产生着深刻的影响，但是，文化作为一种资源要素，其对经济活动的影响不仅体现于外在影响，更体现于内在参与过程，即文化本身就是经济生产中的重要投入要素。本书对白族特色文化产业的研究，是从生产要素视角看待文化的经济价值，强调文化作为文化产业最关键的投入要素的作用以及作为民族文化产品附加值的源泉，来探讨民族特色文化产业发展的基本规律。

二、文化的民族性与民族文化

从逻辑上来讲，“民族文化”是“文化”概念的子概念，是文化内涵特征在社会群体尤其是民族群体中的表现。文化是一个社会群体的价值观、思想和道德，它由群体成员共同创造，又制约着社会成员的行为和关系。文化对全体成员的影响是潜移默化的，具有传承性和习得性。同时，文化又是一个动态概念。“历史是文化的凝结，同时也是文化的传承，每个民族都是在不断创造文化的同时创造着历史。”[①]民族文化内涵的科学界定，首先必须基于对文化的民族性特征的准确阐释。

（一）文化的民族性

文化所具有的民族特性是文化的一种属性，文化的民族性不仅能够反映这个民族的状态和心理素质，同时也是一种最高层次、最具内核的本体存在。一种文化得以存在，并不是一种虚无缥缈的状态，而是能够深入到具体成员的内在意识与行为方式中，换言之，“文化不仅是个体成员大脑中共有观念的集合，而且也是‘群体支撑’的现象，因此从本质上也是公共现象”[②]。而民族文化则是由特定民族群体支撑起来的公共现象，因此这种民族属性表示了文化的一种内在凝聚力，能够给民族内部发展带来一种无形的助推力。实际上，文化的民族性就是特定民族群体的集体记忆，无论是物化记忆、精神记忆还是行为轨迹，都是特定民族的特定表现。以国家对民族界定来看：民族是在一定的历史发展阶段形成的稳定的人们共同体。一般来说，民族在历史渊源、生产方式、语言、文化、风俗习惯以及心理认同方面具有共同的特征。有的民族在形成和发展过程中，宗教起着重要作用[③]。

上述表述界定了民族文化的构成，即民族中具有共同特征的内容都是文化范畴。尽管界定中将文化视作一个维度，但这种表述实则是表明了文化在我国所具有的民族层次性。具体来说，就多元一体的中华民族而言，在对外意义上，是中华民族屹立于世界民族之林，而究其内部多元性和丰富性而言，则是由各个民族构成[④]。每一个民族都有自己独特的文化集合，都是不同民族的劳动人民在发挥能动性的过程中创造的财富。

当然，文化的民族性还受到区域空间的限度性影响，也即存在区域支撑。事实上，民族文化得以持久保存，需要的就是特定空间场域的供给，从而能够形成相对稳定的文化生成与传递的环境，这也是文化在地化的一种生成逻辑。在这种生成逻辑中，文化的民族性得以在群体能动性的基础上不断丰富与发展。

除了上述的群体支撑和区域支撑，文化民族性的第三个支撑是时间，这就表明，民族文化是一种历史发展的产物，具有一定的历史渊源和时间沉淀，是特定民族的心理和行为轨迹构成的历史土壤，从而能够具备一定的稳定性。当然，这种能

---

① 施正一：《民族经济学教程》，中央民族大学出版社 2016 年版，第 82–83 页。

② 亚历山大·温特：《国际政治的社会理论》，秦亚青译，上海人民出版社 2000 年版，第 255 页。

③ 参见《中共中央国务院关于进一步加强民族工作加快少数民族和民族地区经济社会发展的决定》。

④ 施惟达等：《文化与经济：民族文化与产业化发展》，云南大学出版社 2011 年版，第 2 页。

动性是一种现实实践的存在，特定民族的文化虽然具有历史色彩的部分，但并不意味着是一种博物馆式的陈列文化，而是一种生活与实践的智慧所在，是一种活生生的存在，在这个意义上，民族文化就是一种现实的生活方式。

进一步来说，虽然民族文化涵盖的内容仍然广泛，但其时代印痕较为显著，学者陈永龄就指出，民族文化是指各民族在尝试的生产斗争和阶级斗争中创造出来的带有民族特色的文化[①]。林耀华则指出，民族文化是指各族人民在劳动过程中所创造出来的一切财富，包括物质文化和精神文化，以及历史上积累下来的各种社会经验、知识、生产技能、风俗习惯等[②]，显然，在林耀华的概念中，政治色彩淡化了很多。21 世纪以来，学者何琼则认为，在自然文化的基础上，人类社会创造了以民族性为本质特征的文化，而这种以民族性为核心的文化，就是民族文化[③]。这里的民族文化以更为抽象的族性概念为依托，包含了更为丰富的内容。因此，按照本书对文化的理解，民族文化同样是特定民族在特定环境下的意义与行动体系。

（二）民族文化的含义

文化的民族性是文化固有的重要属性，是根据上文对民族的界定，“民族在历史渊源、生产方式、语言、文化、风俗习惯以及心理认同方面具有共同的特征”，可以说，共同的文化是维系民族这个稳定共同体的精神纽带。关于民族文化的内涵，学界有不同的理解和认识。民族文化的形成与民族的形成是同步的，它是民族共同体内最稳定、最显著和最持久的联系。在民族形成中，共同的经济提供了物质基础，而文化的作用同样不可替代。民族文化与民族经济是一种互动共生的关系，在民族产生与发展中都起着不可替代的作用。民族经济学家施正一认为：“民族文化与民族经济统一于民族发展过程之中，两个是不可分割的，民族经济是民族文化产生发展的物质基础，民族文化是民族经济发展的精神内涵和动力。”[④] 对民族文化的准确界定，必须依托文化的基本内涵。民族文化是文化在地化特征的直接体现，是不同的民族群体在长期历史过程和社会实践中创造和积淀起来的具有自身族群形式和特点的文化。学界对于民族文化的定义也呈现百家争鸣的局面。《中国大百科全书·民族卷》这样定义民族文化：“各民族在历史发展过程中创造和发

① 陈永龄：《民族词典》，上海辞书出版社 1987 年版，第 347 页。
② 林耀华：《民族学通论》，中央民族大学出版社 1997 年版，第 7 页。
③ 何琼：《西部民族文化研究》，民族出版社 2004 年版，第 7 页。
④ 施正一：《民族经济学教程》，中央民族大学出版社 2016 年版，第 81 页。

展起来的并具有民族特点的文化。”[①] 大多学者将民族文化分为物质文化、制度文化、思想文化三个层次。张文勋等认为，民族文化具有独特性、相对性、整体性和象征性等特征[②]。因此，按照本书对文化的理解，民族文化同样是特定民族在特定环境下的意义与行动体系，其内容主要涉及民族地区的少数民族居民在历史过程中形成、积累和传承下来的生产生活方式、语言文字、风俗习惯、宗教信仰、文学艺术、建筑古迹等形态，从一般分类逻辑上可以分为非物质文化形态和物质文化形态两类。

本书对白族文化特色产业的研究注重从经济学尤其是产业经济学视角对民族文化进行解读，重视民族文化作为一种重要的生产要素在区域经济发展中的价值贡献，进而从民族特色文化产业发展所必需的，最重要、最关键的要素投入角度深入研究民族文化的经济价值。对于民族文化，本书将在下文中着重从民族文化要素论的角度对其内涵、分类、特征等内容进行详细剖析。

三、发展与区域经济可持续发展

相较于文化在经济学层面的边缘位置，“发展”这个概念，在 40 多年的改革开放中，一直是经济研究议题的核心。关于发展的界定，从学术层面来讲，蕴含着两个层面的意思：首先，它是一种线性的时间意涵，也即意味着一种线性变化，不管是单线逻辑，还是复线逻辑，都意味着人之能动性的轨迹具有线性特征，而非循环特征，也正是在此意义上，有学者认为，“发展是对事物运动属性的描述”[③]；其次，它是进步的价值意涵，这就意味着一种向好趋势，不管是持续性的前进，还是偶尔退后又前进，都呈现为一种螺旋式上升或波浪式前进。

对于任何区域的人们而言，就其当下及未来生存的可能性而言，发展意味着一种质量的改善与提升。这样一来，实际上，在本书看来，发展就是一个有目标的过程性存在，或者说是一种有规范价值色彩的过程性存在。这里的规范价值意涵，既与现实的区域环境挂钩，也与特定群体的文化资源有关，更与社会历史因素的路径依赖相关联。

一般来说，经济发展是对发展意涵的窄化或具象化，就是指利润与产值的增长，其在很大程度上就是物质财富的增加。这种财富增加是可以通过一些指标进行衡量的，特别是 GDP 和人均 GDP 这样的生产与收入层面的数值指标。对

①《中国大百科全书・民族卷》，中国大百科全书出版社 1986 年版，第 313 页。

② 张文勋、施惟达、张胜冰、黄泽：《民族文化学》，中国社会科学出版社 1998 年版，第 14–15 页。

③ 郝家龙：《中国城市化与区域可持续发展研究》，新华出版社 2005 年版，第 171 页。

经济发展的这种理解实际上也是早期经济学家比较看重的内容，理性经济人假设下追求经济效益最大化的目标导向，强调一种资本不断累积所产生的重要作用。然而，随着理解的深入化，经济发展的意涵不断扩大，再分配问题、环境保护问题等纳入到了经济发展之中。由此，经济发展更多地意味着可持续发展。

可持续从理论上来说是非常容易理解的，也即一种未来永续性的进行状态。然而，务实的可持续性总要面对世界上资源有限的各种各样的现实，因而有限现实支撑一种无限永续在理论上也存在着张力与悖论。那么，可持续性应如何理解？其在相当程度上，还是取决于发展的意涵，发展本身并不意味着线性数量的增长，而是意味着一种生活的质量提升，换言之，可持续发展的核心，在于人类生活质量的渐进改善，能够实现一种美好生活的状态。因此，这种状态就必须满足美好生活的人文价值规范，特别是和谐、公正等。

当然，由于经济本身内嵌于社会及自然环境中，因而经济可持续发展也不能忽视自然环境、社会、政治等方面的可持续性。“可持续发展”作为一个概念被正式提出源于1987年挪威前首相布伦特兰夫人所做的一份报告，该报告题名为《我们共同的未来》，这份报告最早正式且完备地阐释了可持续发展的定义，报告中指出，“可持续发展是既满足当代人的需要，又不对后代人满足其需要的能力构成危害的发展”，这一定义包含两个方面的含义：首先是“需要”，尤其是世界上贫困人民的基本需要，应将此放在特别优先的地位来考虑；其次是“限制”，即现有的技术状况和社会组织对环境满足眼前和将来需要的能力施加的限制。自“可持续发展”这一概念产生伊始，便成为世界各国现代化发展的关注焦点，这一词语一时间成为全球范围内的一个时髦的名词。据不完全统计，有关“可持续发展”的定义多达90多种，其中具有代表性的还是《我们共同的未来》中关于这一概念的定义。

在这一概念定义的基础上，对可持续发展的内容进行探究显得更为重要，目前学术界将可持续发展的内容归纳为：生态可持续发展、社会可持续发展和经济可持续发展。“生态可持续发展是经济可持续发展的自然基础，社会可持续发展是经济可持续发展的重要保证；经济可持续发展为生态可持续发展和社会可持续发展提供物质条件。”[①] 从可持续发展所包含的这三种内容来看，经济可持续发展是可持续发展整个系统中最为重要的组成部分。

因为经济可持续发展在可持续发展理论中占据核心位置，所以西方的学术界将

① 周玉梅：《中国经济可持续发展研究》，博士学位论文，吉林大学，2005年，第15页。

经济可持续发展的定义包含在可持续发展的定义当中。例如，Barbier 把“可持续发展”定义为“在保持自然资源的质量和所提供服务的前提下，使经济的净利益增加到最大限度”[①]。

与国外学者的定义不同，国内学者将经济可持续发展从可持续发展的理论中抽离出来，并对这一概念作了明确的界定。例如，刘思华认为，经济可持续发展应该是经济发展的生态代价和社会成本最低的经济[②]。杨文进则将这一概念定义为，在一定的资源环境基础上使当代人的经济福利不断改善的同时，能保证后代人所得到的经济福利不小于当代人所享受的经济福利[③]。这一定义是在《我们共同的未来》给出的定义的基础上进行的提炼。

不论是国外学者对经济可持续发展作出的定义，还是国内学者对这一概念作出的定义，都认为经济可持续发展是可持续发展的核心，但这里的经济发展已不是传统意义上的经济发展，而是不降低环境质量和不破坏生态系统及自然资源基础的经济发展[④]。所以说，经济可持续发展意味着两个方面：一个是不含价值色彩的经济发展的经验事实本身，另一个则是包含规范价值色彩的持续发展智慧。换言之，经济可持续发展就意味着经济发展事实与经济持续价值的结合。

另外，区域可持续发展中的区域限定的是一个“地区范围”[⑤]，“近代地理区域学派创始人赫特纳（A. Hettner）认为，区域是形态上内部性质相对一致而外部差异性最大的地表连续的地段或状态”[⑥]。实际上，区域就是一个限定性的空间，本书所使用的区域概念，具体上主要就是指大理白族地区。

第二节　文化资源与民族文化资源

文化资源是文化商品或服务生产、文化产业发展所依赖的要素基础，是从开发利用角度对文化多重价值和用途的一种表述。相较于国外，国内学界更加注重对文化资源及其开发利用展开相关研究。按照逻辑，民族文化资源是文化资源概念的子概念，文化产业是文化资源开发的一种方式，因此，本书对白族特色文化产业的

---

① Barbier E.B., *Economics, Natural Resource Scarcity and Development*, London: Earthcan, 1989.

② 刘思华：《关于可持续发展与可持续发展经济的几个问题》，《当代财经》1997 年第 6 期。

③ 杨文进：《经济可持续发展论》，中国环境科学出版社 2002 年版，第 7–8 页。

④ 马林：《民族地区可持续发展论》，民族出版社 2006 年版，第 10 页。

⑤《现代汉语词典》，商务印书馆 2012 年版，第 1049 页。

⑥ 马海龙：《京津冀区域治理：协调机制与模式》，东南大学出版社 2014 年版，第 10 页。

研究，也必须建立在对文化资源和民族文化资源的内涵进行科学准确界定的前提基础上。

一、文化资源的定义与分类

文化资源是具有中国本土特色的一个概念名称。国外对文化资源的概念称谓呈现出多样性，如文化遗产、文化财产等，较为重视人类文化的遗产属性。国内外学界对文化资源的界定，由于学术视角、学科、理论基础不同而呈现出较大的差异性特征。联合国教科文组织在《保护世界文化和自然遗产公约》中从古迹、建筑群和遗址三个方面对文化遗产进行了定义[①]。基于文化人类学视角的学者一般倾向于将文化资源视为人类活动的痕迹和结果。例如，吴圣刚认为，文化资源是人类生存发展需要的、以一切文化产品和精神现象为指向的精神要素[②]。也有不少学者从文化生产劳动的视角界定文化资源。李沛新认为，文化资源是人们从事文化生产或文化活动所利用或可资利用的各种资源，包括自然资源和社会资源[③]。持相似观点的学者还有程恩富、米子川等。很多学者也从文化经济的视角定义文化资源。严荔认为，文化资源是一种经济资源，是以可产业化开发的文化资源为出发点和着眼点，作为区域经济的发展要素，具有普遍意义上的生产要素的物质成果转化性，通过对其经济价值的挖掘可以实现从文化资源向文化产品的转化，进而形成文化产业[④]。综上，学界对文化资源的概念界定角度多样、内容丰富，但是大部分学者的定义都欠缺完整性和系统性。学者严荔的定义相对较为全面，其重视文化资源的经济效应，从开发利用的角度阐释了文化资源作为生产要素的特性，认为文化资源是文化产业的关键性要素。本书着重从文化产业发展角度界定文化资源。本书认为，文化资源是一种人们在长期实践发展过程中创造并积淀传承下来的，以物质文化、制度文化和精神文化等为存在形式的经济价值十分突出的资源，是文化产业发展所必需的最为关键的投入要素，是经创意性劳动转化为各种文化产品以满足人们精神消费需求的源泉。

学界对文化资源的分类同样呈现出多样性特征。唐月民按照是否人工创造标准分为自然文化资源和人工文化资源[⑤]。按照存在形态，学者胡惠林和李康

① 参见联合国教科文组织的《保护世界文化和自然遗产公约》。

② 吴圣刚：《文化资源及其利用》，《山西师范大学学报（社会科学版）》2005年第6期。

③ 李沛新：《文化资本论——关于文化资本运营的理论与实务研究》，博士学位论文，中央民族大学，2006年。

④ 严荔：《文化资源产业化开发的区域实现机制研究》，《四川大学学报（哲学社会科学版）》2013年第2期。

⑤ 唐月民：《文化资源学》，山东大学出版社2014年版，第2-9页。

化将文化资源分为物质文化资源、精神文化资源和文化人才资源①。王志标按照产业化程度将文化资源分为产业化程度较高、中等、较低和未产业化等种类，按照开发程度分为尚未开发、初步开发、一般开发和充分开发等类别②。以上也仅仅是文化资源类别研究的冰山一角。总体而言，学界主要是基于文化和经济两类视角，根据文化资源的存在形态感知特征和历史形成过程对其进行划分，对文化资源的结构分析具有一定的启发意义。但是，学界对文化资源的现有研究，更多关注文化资源内涵的外延形态。尽管有学者已经从经济要素的角度尤其是产业开发的角度对其进行分类研究，但是仍然受限于文学、文化学、人类学、社会学、民族学等学术界限，并没有对其本身的内在结构进行“外科式”系统化的精准解剖。本书对文化资源的分类尊重生产要素的基本特征和投入规律，坚持从投入开发使用的角度对文化资源进行分类，将文化资源分为无形性精神信仰与价值观念类、影视性民间文学与史诗故事类、会展性民俗节日与礼仪工艺类、演艺性文艺戏曲与民歌舞蹈类、旅游性遗址建筑与风俗衍生类等。本书将在后文章节从要素视角对文化资源和白族特色文化进行详细分类和禀赋结构分析。

二、民族文化资源的含义与特征

民族文化资源属于文化资源的子概念，在定义上与文化资源的本质是一致的，是文化资源在民族性特征上的集中表现。学者熊正贤认为，民族文化资源指可潜在转化为经济价值，提高民众福利的文化元素，既包括物质形态的，也包括非物质形态的③。施惟达等认为，民族文化资源是民族文化资产的来源，构成少数民族的文化经济的基本财源④。谈国新和钟正认为，民族文化资源是民族群体形成的物质和精神成果的综合⑤。本书认为，民族文化资源是文化资源的子概念，必须坚持与文化资源的界定思路一致的原则。根据民族文化产业发展的内在逻辑，本书认为，民族文化资源是一种民族共同体在长期实践发展过程中创造并积淀传承下来的，以物质文化、制度文化和精神文化等为存在形式且带有鲜明民族特色的经济价值十分突出的资源，是民族文化产业发展所必需的最为关键的投入要素，是经创意性劳动转化为

① 胡惠林、李康化：《文化经济学》，上海文艺出版社 2003 年版，第 45–47 页。

② 王志标：《传统文化资源产业化的路径分析》，《河南大学学报（社会科学版）》2012 年第 2 期。

③ 熊正贤：《乌江流域民族文化资源开发与文化产业发展研究》，博士学位论文，西南民族大学，2013 年，第 26–31 页。

④ 施惟达等：《文化与经济：民族文化与产业化发展》，云南大学出版社 2011 年版。

⑤ 谈国新、钟正：《民族文化资源数字化与产业化开发》，华中师范大学出版社 2012 年版，第 1–2 页。

各种民族文化产品以满足人们精神消费需求的源泉。从具体内容上来说，民族文化资源所包含的要素基本与文化资源相一致，基本涵盖物质形态和非物质形态的民族文化要素。物质形态的民族文化资源包括民族文化遗址、建筑、服饰饮食、工艺品等；非物质形态的民族文化资源包括风俗习惯、节庆节日、精神信仰、价值观念、文学艺术、道德心理等。本书对民族文化资源的分类依然按照上文对文化资源的分类相一致的原则，从民族文化资源的投入方式对其进行分类，具体将在后文章节进行详细分析。

相比于其他文化资源，民族文化资源具有鲜明的民族性特征。民族文化资源是特定民族居民在特定自然环境下和特定时代背景下创造并积淀下来的文化遗产，带有鲜明的民族性标签。这种民族性标签一经确立，就带有强烈的独有性和不可复制性。不管是物质形态还是非物质形态的民族文化资源，都带有强烈的本民族的某些特征，或传达着这个民族共同的价值观念，或透露出本民族共同的审美趋向和精神信仰。民族文化资源还具有鲜明的价值无形性特征。不同于土地、劳动力和资本等传统资源要素，民族文化资源所具有的价值以不可见的形式存在于民族居民的思想观念和意识形态中。优秀的民族传统文化具有陶冶灵魂、激扬精神的效力，具有强烈的感召力和渗透力。此外，民族文化资源还具有差异性和共享性。差异性主要表现在不同民族文化资源在表现形式、种类、内容等方面具有显著区别。即使在同一民族内部，由于不同区域、不同时代等因素也导致民族文化资源显现出区别。然而差异性的存在也是民族文化资源具有共享性的前提。相对于自然资源的产权归属性特征，民族文化资源一经创造产生，就是全人类和全世界的共同财富。这与公共物品的非排他性特征相似。也有学者提出，民族文化资源具有持久性和复制性。本书对民族文化资源的特征分析，也是基于生产要素的视角，具体将在后文章节进行详细剖析。

民族文化资源具有丰富的开发和利用价值，突出表现在社会价值、经济价值、历史价值、艺术价值和教育价值等多方面。本书从民族文化产业发展的视角看待民族文化资源的各种价值。作为民族经济学当中最具有比较优势的资源要素之一，民族文化资源的有效开发利用和科学保护，有利于促进民族文化产业的进一步发展，是培育民族地区优势经济增长点和特色经济增长点的前提条件。从精神文明建设的角度看，民族文化资源的开发和保护也是传承和弘扬优秀民族传统文化、维护民族地区社会稳定、增强中华民族自豪感和凝聚力的有效途径。

第三节　白族文化的内涵与特色

作为中华民族多元一体中的重要家庭成员，白族是主要世居在云南的一个少数民族。云南省大理白族自治州是白族主要聚居区，是白族文化的发祥地。白族文化是中华民族文化的一个分支，白族文化研究是学界尤其是文化人类学和民族学领域非常受关注的课题，研究成果所属学科主要集中在民族学、文化人类学、社会学、艺术学、历史学等领域。民族文化的广泛外延性，决定了白族文化研究成果的多样性。

一、白族文化的起源

白族文化的起源与白族的起源基本上同步。白族族源研究曾经是一个争议颇多的话题，曾有“外来说”“土著说”“融合说”，但直至20世纪80年代，“异源同流说”开始出现，有关白族族源的争论才得以平息。因此，白族是一个多源聚合的民族。白族先民的主体来源于远古时期就生活在滇池地区和洱海地区的居民，在长期的发展过程中融合了大量迁入云南的汉族和周边的其他民族。学者杨镇圭认为，白族是以生活在洱海周围地区的“洱滨人”为主体，不断同化或融合了其他民族部分人形成的一个民族共同体[①]。滇池地区和洱海地区，是云南原始文化和古代文化的两大摇篮，也是我国西南边疆地区最早的两大文明发祥地。秦汉以前，居住于僰道县（今四川宜宾一带）和朱提郡白族的先民“僰人”曾在这一地区建立了“僰侯国”，而居住于滇池地区的白族先民“滇僰”在秦汉之际建立了以“滇僰”为主体民族的“滇国”。在唐宋时代，白族与彝族的先民以洱海地区为中心建立了南诏国和大理国，并最终形成白族，创造了南诏、大理文化。白族文化的来源问题相比于白族族源问题争论相对较少，一般学界都趋向于多元融合的观点。大理自古就是“南方丝绸之路”和茶马古道的重要交通要道，是“亚洲文明的十字路口”，其文化来源具有多元性[②]。根据《通典》《新唐书》等记载，白族文化的起源受中原文明的影响极大。白族文化的形成受佛教影响深远，白族文化大量接触并吸收了佛教文化，并在大理白族地区形成了独特的佛教大理密宗——

① 杨镇圭：《白族文化史》，云南民族出版社 2014 年版，序言。

② 何叔涛：《南诏大理时期的民族共同体与兼收并蓄的白族文化》，《云南民族学院学报》2003 年第 2 期。

阿吒力教，最终演变成白族文化的重要元素[①②]。在交流互动中白族文化广泛接触和吸收了其他文化，并使其具有了极其强烈的开放性和包容性，“多元一体”也就成为白族文化源流的主要特点。本主文化对白族文化的影响也非常明显，白族文化在兼收并蓄其他文化的同时，始终保持了相对独立性。在历史发展过程中，白族文化在继承了固有传统文化的同时，对内吸收了大量仰韶文化和楚蜀文化，对外吸收了周边国家古文化，形成了白族源远流长、色彩斑斓的民族文化。民族文化离不开该民族共同体长期历史发展过程的积淀，而且历史文化本身就是民族文化的重要内容。对白族文化的起源及历史形成进行研究，能够为准确把握白族文化的特点和内涵，进而更精准地定位白族特色文化资源及特色文化产业提供重要启发。

二、白族文化的内容

白族文化的内容研究是白族文化研究的核心问题，也是本书重构白族文化资源并对其进行产业化创新发展的前提基础。学界对白族文化的研究主要是从民族学、文化人类学、历史学、文学、艺术学、宗教学等学科视角展开的。目前学界对白族文化的研究，或集中于全面系统性地对白族文化及其历史进行梳理，或将学术目光聚焦于白族某种单一文化类型。

学者李缵绪在对白族文化的历史形成过程进行简要陈述后提出，白族文化主要由石器文化、青铜文化、口承文化和文人文化组成[③]。李缵绪和杨应新又从历史、语言文字、宗教信仰、风俗习惯、伦理道德、天文历法、文学艺术等方面非常系统而详细地梳理了白族文化。他们对白族文化的分类描述更加宽泛，秉持了最广泛的文化概念[④]。更多学者仅仅只是针对白族文化诸多元素中某一方面进行专门研究。

综合众多学者对白族文化内容的研究脉络，白族文化在兼收并蓄其他文化的过程中形成了丰富的内容体系[⑤]。语言文字方面包括白语及方言，白文的史籍、残瓦、经卷、碑刻、祭文、曲本、对联以及打歌词等内容；宗教信仰方面包括原始宗教、

---

① 赵寅松:《白族文化研究》，民族出版社 2007 年版，第 107 页。

② 张锡禄:《密宗传入云南大理的时间和路线》,《大理师专学报（综合版）》1997 年第 3 期。

③ 李缵绪:《白族文化》，吉林教育出版社 1991 年版，引言。

④ 李缵绪、杨应新:《白族文化大观》，云南民族出版社 1999 年版，第 3 页。

⑤ 此章节对白族文化内容只进行简要梳理，从总体上把握白族文化的基本特征和内涵，而本书对白族文化的研究主要从民族文化产业发展所必需的生产要素的角度进行剖析，在后文章节提出了“文化要素论”的观点，并选取相应模型对白族文化要素禀赋进行了详细分析。

本主崇拜、佛教和道教等内容；风俗习惯包括饮食、服饰与文身、起居习俗、婚恋习俗、丧葬习俗、节日、生育命名、占卜等内容；传统节庆包括“火把节”、三月街、绕三灵、石宝山歌会等内容；手工艺包括冶炼铸造、纺织扎染、白族服饰、大理石工艺、木雕和石雕、刺绣和编织等内容；艺术文化包括白族歌舞、民歌小调、洞经音乐、大本曲、吹吹腔、白剧、书法等内容；文物胜景包括古代建筑和遗址、古塔、古桥等内容。由此可见，白族文化的内容异常丰富，而且形成了较为全面的体系结构。白族文化的斑斓根源于白族文化本身具有的创造性和包容性。白族人民在经济发展过程中，广泛学习和汲取其他民族的先进文化，形成了源远流长又独具特色的文化体系。白族文化的内容异常丰富，本书将在后文章节从资源禀赋的角度对白族文化的具体内容、分类和结构进行梳理，为白族特色文化产业的发展研究奠定科学的前提基础。

三、白族文化的特色

白族是中华民族多元一体大家庭中的重要成员，白族文化的形成历史与丰富内容既离不开白族这个共同体智慧中的创造性和包容性，也离不开白族居民赖以生存发展的自然地理环境。处处诗境、物华丰富的银苍玉洱是白族智慧之源、灵性之源，大自然的感悟和启迪，成就了泽被深远的白族优秀传统文化[①]。优越的自然条件为白族先民早期生产活动提供了天然场所，白族文化逐渐在此萌芽。在南诏时期，大理是云南历史文化的源头。此外，独具一格的“亚洲文明的十字路口”地位，被誉为“南方丝绸之路”的蜀身毒道和茶马古道在此交汇，使大理成为各种文化相互碰撞交融的场域，为白族文化赋予了鲜明的地域特色和民族风情。白族文化既具有中华民族伟大民族精神的共性，又有鲜明的自身特色。

首先，多元一体的包容性是首要特点。白族是一个多源聚合的民族，白族文化的形成具有多元一体、多元融合的特征。在历史发展过程中，白族文化在继承了固有传统文化的同时，不断吸收外部文化。白族善于兼收并蓄，不保守、不狭隘、不自满，能以自身朴素的方式借鉴吸收其他文明成果。白族文化的包容性直接体现在其宗教信仰上。白族信仰的宗教有原始宗教、巫教、道教、佛教、本主崇拜、基督教、天主教等。白族自然神灵崇拜主要有对天、地、日、月、山、水、火、树、

---

① 赵寅松：《构建和谐大理的文化根基——以白族文化基本特色的产生、表现、成因、价值研究为例》，“科学发展观与民族地区建设实践研究”会议论文，2009 年。

石、龙的崇拜，以及生殖崇拜等[①]。

其次，历史文化的久远性是重要特点。作为我国西南边疆地区，大理是白族居民较早聚居和繁衍生息的地方。远在1万多年前的旧石器时代，大理就已经有人类在此活动。早在4000多年前，白族先民就已经在洱海周边生息繁衍。在洱海周边地区发掘的遗址接近百余处。这充分说明白族先民不断用自己的智慧创造着洱海文明。在历史发展过程中，白族文化大抵经历了原始文化、滇文化、南诏文化、大理文化、元明清文化等几个阶段。白族的历史文化源远流长，数千年的文化传承从未间断过，而且每个时期都创造和积淀了不同特征的丰富的文化内容。

最后，白族文化还体现出鲜明的和谐性。白族文化的和谐性根源于白族人民的人文精神。在中华民族多元一体格局中，白族与其他各族人民共同创造了中华民族伟大的民族精神，相互之间保持着同气连枝的和谐关系。白族人民恪守天人合一、人际和谐的哲学理念和亲仁善邻的处事原则，以开放包容的胸襟，主动汲取其他民族的优秀文化成果，取精用宏，形成了团结统一的爱国精神。白族人民尊师崇德、急公尚义，追求耕读传家和子孝孙贤的人生目标。共同的本主信仰也是使白族文化具有鲜明和谐性的原因。“共同的本主信仰使白族从小家走向大家。”[②]这种倡导和谐、弘扬友善的人文精神深深贯穿于所有文字记载的精英鸿篇和口耳相传的大众文化之中。英国人类学家费茨杰拉德在其《五华楼》[③]一书中对白族居民所具有的公共道德和礼仪称赞不已，并对白族人的宽容、民族和解也给予了充分肯定。

此外，白族文化所具有的兼收并蓄的包容性，赋予了白族人民显著的创造力和想象力，他们在保持自身民族特色的同时，不断创新和发展自己的民族文化。白族文化善于与时俱进、推陈出新，在哲学、文学、天文历法、科技、语言、艺术等非物质生产领域和建筑、雕刻、纺织、刺绣等各类物质生产领域，白族人民均创造了丰富的成就。因此，白族文化在文学艺术上的丰富性、风俗习惯的多样性、名胜古迹的独特性等方面表现出了独有的特色。在人类学视域下，白族文化显现出的包容并蓄、多元融合、多元一体、丰富多样等特色均与白族人民的人文精神以及所生活的自然环境、时代背景息息相关。本书认为，对白族文化的产业化开发进行研究，必须坚持以人类学、民族学对白族文化的内涵把握为基本前提。对白族文化进行人类学视角的特色归纳，有利于本书在产业经济学视角下分析白族文化特色时准确把握其本质内涵。

---

① 李缵绪、杨应新：《白族文化大观》，云南民族出版社1999年版，第92页。

② 赵寅松：《构建和谐大理的文化根基——以白族文化基本特色的产生、表现、成因、价值研究为例》，“科学发展观与民族地区建设实践研究”会议论文，2009年。

③ 费茨杰拉德·C.P.：《五华楼：关于云南大理民家的研究》，刘晓峰、汪晖译，民族出版社2006年版。

第三章　文化产业和特色文化产业理论

经济学视角下的文化研究，除了探讨文化对经济增长的价值研究外，还非常重视文化作为产业发展中所必需的投入要素的基本规律研究。文化不仅是作为外生变量影响经济发展的方式和质量，在信息时代和知识经济时代，文化还逐渐从外生变量转变为生产过程中所必需的内生要素参与资源的优化配置，并形成非物质性的文化产品来满足人类日益增长的精神消费需求。文化对经济发展的影响不仅体现在其作为一套价值体系对人类经济活动产生的影响上，在当今时代，它以创意的表现形式直接作为生产要素参与生产过程，同时接受市场和政府在不同区域、不同部门和不同阶层之间的配置。尤其是对于文化产业而言，文化或创意是最为关键的生产要素。本书对白族特色文化产业发展的研究首先必须建立在文化产业相关理论的基础上。

第一节　文化产业理论概述

文化产业研究是当前国内外非常热的重要研究领域，已经算不上新学术领域。当前学术界对文化产业的研究虽然成果丰富，但是仍然十分分散，在文化产业的提法上都存在称谓上的区分。本书以"culture industry OR cultural industry OR cultural industries OR culture industries"，或者以"content industry OR content industries"，或者以"creative industry OR creative industries"，或者以"copyright industry OR copyright industries"为篇名进行检索，得到外文文献 2129 篇。但是中国知网对外文文献的收录并不全面，根据 EBSCO 全文数据库检索显示，用以上同样篇名进行检索，结果为 12266 篇[①]，其中，2000 年以来的文献为 3426 篇[②]。本书利用中国知网对文化产

① 林存文：《文化资源产业转化机制研究——基于 69 个样本城市 11 年的面板数据分析》，博士学位论文，华侨大学，2019 年，第 32 页。

② 统计截止时间为 2019 年。

业相关研究进行文献检索，结果为：以“文化产业”为篇名进行文献检索，共获得文献 25150 篇，时间跨度为 1988~2020 年，时间序列特征为 1999 年之后显著上升，研究主题主要集中于“发展研究”“创意”“文化体制”“产业园区”“产业政策”“人才”“产业集群”“软实力”“竞争力”“战略”“产业管理”等方面，代表性学者有范周、胡惠林、向勇、祁述裕、陈少峰、范玉刚、金元浦、顾江、魏鹏举、熊澄宇、吕庆华等。

一、文化产业理论的演变

文化产业研究兴起于西方国家，最早可追溯到法兰克福学派基于抵制美国“文化霸权”而提出的对“文化工业”的否定性批判，然后随着世界各国对文化工业的不断认识而由批判态度转向中立、提倡态度。各国学术界对文化产业的认识角度不同，对文化产业的称谓和分类体系也不同。进入 21 世纪以来，世界各国学界对文化产业的研究逐渐走向各分支方向，研究领域不断拓展，研究方法不断创新，多学科跨界研究越来越受到重视。各国都根据自己的文化禀赋条件进行文化产业发展实践。

二、文化产业发展模式

综合以上各国对文化产业的定义与分类，本书以国家统计局在《文化及相关产业分类（2018）》中对文化产业的界定为基础，进一步结合文化资源的产业化开发特征，并从文化产品的使用价值属性来界定文化产业的内涵。本书认为，文化产业是以文化资源为核心生产要素，通过创意劳动将其转化为文化产品，以满足社会公众精神消费需求为目的而从事生产经营活动的所有行业的集合。基于边界的融合性，文化产业涵盖多个行业门类，根据国家统计局的分类标准，文化产业的活动范围包括：核心领域和相关领域①。可见，文化产业是指一系列行业的集合，这些行业主要向社会提供各类文化产品或服务，目的在于满足社会的精神消费需求。此外，文化产业内部具有多层次性和联系紧密性。从产业链角度看，文化核心领域是主要行业部门，但是文化相关领域的存在对健全和补充行业体系具有不可替代的作用，它们共同构成了系统的文化产业结构体系。

---

① 摘自国家统计局的《文化及相关产业分类（2018）》。

三、文化产业的经济效应

文化产业之所以能够成为倍受青睐的新兴产业，与其本身所具有的多重经济效应是分不开的。尤其是对于我国西部少数民族地区而言，在民族文化资源丰富的条件下，发展民族文化产业对于加速民族地区经济发展具有直接意义。国外对文化产业及其经济效应的研究经历了较长学术演进史，其学术观点视角多样、成果丰富，其中对文化创意产业与经济发展之间关系的论述，为本书研究提供了重要的学术参考。

（一）文化生产是具有价值的生产性劳动

文化生产的价值性得到了早期政治经济学家们的认同。文化生产是一种不同于其他物质性生产的经济活动，主要原因在于其生产的文化产品或劳务并不是满足人类一般性物质需求，而是满足人类的精神消费需求。文化产品作为一种特殊商品，它的生产过程同样凝结了人类的劳动，是具有价值和使用价值的商品，在人类生存发展和文明进步中发挥着不可替代的作用。文化产品的价值性直接体现于文化产品生产中劳动者具有的创新性、创造性才能，他们将文化资源的创意性转化为满足人类精神需求的各类文化商品。

（二）文化产业对经济增长具有促进效应

文化产业对区域经济增长的显著促进效应得到了学界一致认可。文化产业是传统工业社会发展到一定阶段的产物，是随着人类需求结构的变化而产生的新兴产业。基于文化产业的高附加值性和创新扩散效应，其对促进经济增长具有显著正面效应。这些研究成果为本书对文化创意产业和乡村地区经济发展之间的关系研究提供了深远的启发。大力发展文化产业已经成为众多国家的重大经济决策，许多国家都将其作为国民经济战略性支柱产业进行扶持。

（三）文化产业具有显著的产业关联效应

文化创意产业是在传统产业中孕育而生的，反过来其对传统产业提升具有显著正效应。从微观层面看，文化产业由于其产业边界的宽泛性和本身内在的产业融合属性，使其具有显著的产业关联效应，能够有效带动相关产业尤其是传统产业的转型发展。

（四）文化产业可以有效促进经济结构优化和转型发展

文化创意产业具有天然的产业关联效应，对区域经济结构优化升级具有正面效应。

综上所述，文化产业的理论研究是与文化产业的发展实践紧密相关的。文化产业的相关理论研究已经较为成熟和系统，而很多国家均将发展文化产业作为基本国策。当前，文化产业发展的研究逐渐趋向于行业化、区域化、民族化和转型化等方向。我国自提出发展特色文化产业以来，文化产业研究的学术视野也慢慢向特色化集中。丰富的少数民族文化资源是我国民族地区最具有比较优势和特色的要素，充分挖掘少数民族文化资源的多重价值，对于我国乡村振兴战略的实施具有长远价值，也有利于实现“两个一百年”奋斗目标和中华民族伟大复兴的中国梦。民族特色文化产业的发展一定要在科学的理论指导下进行。本书将致力于研究白族特色文化产业的科学发展，以对大理白族地区乡村振兴战略实施起到促进作用。

第二节　文化要素理论

学界以资源为视角对文化进行的现有研究，更多关注文化内涵的外延形态，一般都从人类遗产的角度将其分为物质性和非物质性两大类。尽管有学者已经从经济要素的角度尤其是产业开发的角度对其进行分类研究，但是仍然受限于文学、艺术学、文化学、人类学等学术视野的限制，并没有对文化作为一种资源或要素本身的内在结构进行外科式系统化的精准解剖。将文化看作一种价值突出的经济资源，就不再只是将文化视为一种人类遗产进行保护，而是注重其经济价值的挖掘，对其进行合理开发。但是仅仅视为一种资源，并不能充分说明文化在产业化开发中的特殊规律，还必须将其直接视为一种生产要素进行专门研究。

一、生产要素的定义与特质

从一定角度上说，生产要素分析是经济学的重要基础，不论是从生产论角度还是从分配论角度，生产要素研究都是经济学研究的重要内容。经济学家对生产要素的认识经历了一个长期过程。早期古典政治经济学家认为，劳动是价值创造的源泉，劳动是唯一的生产投入和生产要素。后期随着研究发现，除了劳动力之外，还必须有土地、资本等其他要素的投入。伴随要素理论研究逐渐深入，技术、管理、信息、知识等要素在商品生产中的作用日益显著，也被列入生产要素的范畴。国内外学者对生产要素概念的界定基本一致，只是在分类上存在较多争议。

经济学中一般将生产要素称为生产资源，是指进行社会生产经营活动时所需要的各种社会资源[①]。也有学者认为，生产要素是指具体的生产过程得以正常进行所必需的各种条件，通常包括资本、劳动力、技术、土地、经济信息和经济管理六种[②]。可见，经济学视角下对生产要素的研究十分重视其对生产过程的作用。根据大多数经济学家的意见，生产要素分为劳动力、资本、土地、技术、管理和信息六类。有学者从管理学的角度定义生产要素的概念。所谓生产要素（productive elements）是指形成生产力的各种要素，通常包括管理、人力、原材料、机械设备、资金、技术和信息七种[③]。马克思对生产要素的科学界定更多地是使用“生产条件”的概念[④]。马克思这里所说的“生产条件”，就是“生产要素”的概念。马克思进一步提出，生产条件的分配关系，“赋予生产条件本身及其代表以特别的社会性质”[⑤]。

综上所述可知，尽管分类不同，但是学界对生产要素的认识基本是一致的，即都认为其是生产过程顺利进行的必不可少的重要参与条件。生产要素与资源是一对相互联系但又有区别的概念。资源的内涵是基于人类生存发展的角度而言的一切条件的总称，是人类赖以生存发展的依托。资源的开发和使用方式存在多种形式，既有产业化开发模式，也有非产业化利用方式。生产要素的概念重在其对人类生产活动中的投入和使用，参与性是生产要素的最重要的特征。只有在投入生产过程并转变为产品后，生产要素的价值才能体现出来。可以说，资源的含义是广于生产要素的，并非所有的资源都是生产要素，只有用于生产过程的资源才可以称为生产要素。此外，生产要素还具有稀缺性、价值性、流动性等特征。

根据学界对生产要素的分类，按照其在生产中的功能进行区分，传统西方经济学认为，生产要素一般包括劳动力、资本、土地。新古典经济学派将管理者才华（组织）纳入生产要素范畴，提出“生产四要素”说。新经济增长学派又强调了技术的作用，并将其视为对经济增长具有决定性的生产要素。随着知识经济时代的到来，生产要素的内涵和外延逐渐延伸。在知识经济条件下，生产要素不仅包括人

---

① 张丽君、王玉芬等:《民族地区和谐社会建设与边境贸易发展研究》，中国经济出版社 2008 年版，第 56 页。

② 卢进勇、朱希彦:《国际经济合作与投资理论和实务》，中国审计出版社 1997 年版，第 381 页。

③ 王幼松:《工程项目管理》，华南理工大学出版社 2015 年版，第 152–153 页。

④ 马克思:《直接生产过程的结果》，人民出版社 1964 年版，第 41 页。

⑤ 马克思:《资本论》(第 3 卷)，人民出版社 1975 年版，第 994 页。

力资本、有形资产，而且还包括无形资产[①]。在这种情况下，商标、品牌、商誉、著作权、知识产权等均成为新兴生产要素。“可见，知识经济条件生产要素的内涵更丰富，外延更宽泛，已成为多要素构成的生产要素体系。”[②]随着信息时代和知识经济的发展，产业形态越来越多样化，而产业发展所依赖的生产要素类型也逐渐丰富化，如制度、市场、知识、信息、文化、创意、传媒等都成为新兴的生产要素形态。

二、文化要素的基本内涵

本书在上一章界定了文化资源的概念。从文化产业发展的角度，本书认为，文化资源是一种人们在长期实践发展过程中创造并积淀传承下来的，以物质文化、制度文化和精神文化等为存在形式的经济价值十分突出的资源，是文化产业发展所必需的最为关键的投入要素，是经创意性劳动转化为各种文化产品以满足人们精神消费需求的源泉。该定义显然突出了文化资源的外在形态和作为生产要素的投入性特征。

将文化视为一种关乎人类生存和发展的重要资源，已经充分体现了它的经济学内涵。但是，从文化产业发展的角度尤其是文化产品和服务生产的角度来看，“文化要素”要比“文化资源”更加能够阐释文化生产的特殊规律。从现实层面尤其是从文化产业发展的实践来看，随着知识经济的发展和人们精神消费需求的提高，文化已经不仅是经济增长中的外生变量，而是作为内生变量即生产要素直接参与文化产品和服务的生产、制作和加工过程，是文化产业发展所依赖的最为关键性的投入要素。李嘉图曾在比较优势理论中提出所谓“人为上的优点”[③]，这对赋予少数民族地区劳动生产物“文化上的优势”具有启发意义。文化产业的高附加价值属性已经使学者们充分认识到了文化这个新型投入要素的重要意义。文化已经不仅是经济增长中的外生因素，而是产业发展中重要的投入要素，是提升产品附加值和转变生产方式的重要依托。

如表 3-1 所示，每一种文化产业都是以一定的文化资源作为主要投入要素。基于马克思主义“生产决定分配、交换和消费”的科学观点，文化产业发展规律的中心问题就是文化要素的投入和生产问题。与“文化资源”概念相比，文化要素更加

① 一般将无形资产定义为能够给企业带来高于有形资产获益率的利润而没有实物形态的固定资产，具有非物质性、参与生产性、效益性、独创性、无有形磨损性、渗透性、垄断性等，一般包括商标、专利权、著作权、商誉、特许经营权等。

② 黄思铭、余春祥等:《知识经济与高新技术产业》，云南科技出版社 1998 年版，第 125-126 页。

③ 大卫·李嘉图:《政治经济学及赋税原理》，郭大力、王亚南译，译林出版社 2014 年版，第 66 页。

侧重于对文化产品生产环节过程的特殊规律分析。“文化资源”是更加侧重于关系着人类生存发展尤其是人类文明进步的角度而言的一种可资利用的人类所创造的所有遗产和财富的总和，而“文化要素”是一种“特定”的“文化资源”，即通过产业化开发方式而进行生产利用的资源。也就是说，只有将文化资源作为一种生产中必不可少的条件进行投入时，才可以称为文化要素。文化要素本质上就是文化资源，两者在内涵上是一致的，区别在于视角不同而已[①]。

表 3-1　文化产业（部分）中的主要文化要素投入类型

产业类型	文化投入要素
影视产业	神话、传说、故事等历史文化和民间文学类
动漫产业	神话、传说、历史、故事等类
新闻出版	文学、语言、文字等类
戏剧演艺	民间戏曲、音乐、舞蹈等类
会展产业	传统手工艺、物质性与非物质性文化、民间艺术品等类
工艺品业	雕刻、纺织、冶炼、造纸等工艺文化类
文化旅游	乡村文化、风土人情、文物古迹、历史遗址等类
节庆产业	民间节日、风俗习惯等类
餐饮服装	民间服饰、特色饮食等文化类
建筑园林	民居、园林、遗址等建筑文化类

综上所述，本书认为，文化要素是文化资源的形态转化，是通过产业化方式对文化资源进行开发利用，在文化产品或服务生产过程中进行投入以保证生产过程正常运行的不可替代的关键性条件，并借助创意劳动将其价值转移至文化产品或服务中去，以满足社会大众的精神性消费需求。

三、文化要素的特性

文化资源之所以能够成为经济发展中的一种生产要素，是因为它完全符合生产要素的经济学特性，即“稀缺性”和“价值性”。

文化要素的“稀缺性”，是一个相对概念，主要表现在其作为一种经济物品，

① 本书所提“文化要素论”中，主要以文化资源为研究对象。但是在探索白族特色文化产业发展的过程中，本书坚持“大资源观”，即坚持特色文化资源与其他特色资源有机结合。

相对于人们日益增长的精神文化需要，无论文化要素通过何种方式产出多少价值，总是稀缺的。造成文化要素稀缺性的原因在于文化资源在时间和空间上的不可复制性和分布不平衡性。在时间维度上，任何一种文化资源都有其形成的特定历史时期和孕育其形成的土壤，脱离了这个特殊历史时期，文化资源就难以为继甚至完全消失。例如，各种在历史中形成的建筑、遗迹、文学、艺术、戏曲等文化，都不可能在这个时代再去创造同样的文化，每一段历史时期都会创造出与其相适应且不可复制的文化资源。在空间维度上，文化资源都带有鲜明的地方特色和民族特色，都具有地方“标签”和“烙印”，可以交流、流通，但不可“搬迁”。这种特性决定了任何一种文化资源都是“独一无二”的，在空间分布上具有不平衡性。

文化要素的“价值性”，是将其作为投入要素进行文化生产的基本前提。文化要素的价值性体现在多个方面。文化资源的经济价值体现在其作为文化产业的基础和文化产品的源泉，通过开发利用可以满足人们的精神消费需求，创造就业机会，提高劳动者收入水平，形成区域新的经济增长点，改善经济结构并促进经济增长方式转型。另外，文化要素还具有艺术价值、历史价值、文学价值、审美价值、收藏价值等。

与传统要素如土地、劳动、资本、管理等相比，文化要素除了具有一般性经济学特性外，还具有传统要素无可比拟的特性。

一是无形性[①]。文化要素的无形性特征，是区别于其他传统要素的首要特性。文化要素的无形性并非是指其外在形态，而是指在文化生产中的存在状态以及其价值转移后以内容形式存在于文化产品或服务中的形态。就其生产中的存在形态而言，文化要素强调文化资源中所蕴含的精神性内涵或文化内容，这也是文化要素的关键性价值所在。物质性文化遗产在产业化开发中，真正体现其价值的也正是它的内涵或折射出的精神性文化，而不单是其外在物质性形态。在消费环节，社会大众在文化消费过程中所体验到的价值，也是蕴含在文化产品或服务中的文化内容体验，而不是文化产品的外在形态。这种文化体验，也正是文化要素的价值经创意性劳动转化而成的。

二是共享性。文化遗产资源是人类智慧的结晶，是属于全世界人类的共同财富。为了保护文化创意或思想的原创性，有些国家将文化产业定义为版权产业，因此文化产品或服务具有版权归属性。创意具有知识产权归属性，而文化要素却具有共享性。文化要素具有信息属性，可以进行数据化存储、传输以及共享。一国或地

① 这里并不是从“遗产”的角度看待文化，而是从生产投入使用角度看待文化。从遗产学角度看，物质文化遗产属于有形形态。从生产使用角度看，文化要素的投入是以“创意”或“文化创意”为形式，也就是首先必须进行创意化。

区的文化要素，可以被他国充分利用来生产各种文化产品，前提是必须充分尊重他国文化的本质内涵。这不但有利于促进各国文化在他国的传播和相互交流学习，也能够充分挖掘各国文化的价值，提升各国文化的影响力和文化软实力。

三是不受时间与空间限制。由于文化要素的无形性特征和信息属性，使其成为最不受时间和空间限制的资源。经过数据化形式存储和传播的文化要素，不但可以通过传承方式实现时间上的延伸，也可以通过数据化存储进行长期保存。文化资源的传承具有强大的生命力，它随着人们的主动传承，生生不息，代代相传。另外，文化要素的共享性和交流性，体现于文化要素在空间范围内的传播能力。在全球化的时代背景下，文化要素在时空上的非限制性，使文化要素成为全球经济交流和贸易合作中最为活跃的要素之一。

四是重复投入性和多批次使用价值递增性。文化要素的共享性也决定了其可以进行多种方式开发，它的价值可以供多个使用者进行多次重复性投入和开发使用。与其他要素的价值磨损性不同，文化属于全人类的共同财富，在文化要素的共享过程中，其价值逐渐递增。使用频率越高、开发方式越多、使用者越多，文化要素的总价值就会越大。但是，这并不意味着任何开发方式都是科学的。粗放型文化产业开发模式，会对文化要素带来破坏性影响，会造成文化要素的浪费，甚至会致使一些脆弱性原生态文化遭受消亡之灾。

五是创新扩散性。文化要素带有强烈的创新辐射和扩散效应，在投入过程中对生产主体和消费主体具有内化和启发培育作用，可以促进使用者和消费者的思想解放和身心发展。文化要素在生产过程中，必须首先经过创意化劳动的转化才能成为生产要素形态，创意劳动在文化要素投入中起着关键性作用。这就使文化要素使用者必须具备出色的创意能力，通过创意性的创造性劳动，将原有文化要素中的价值内涵巧妙转移至文化产品中。此外，在文化消费过程中，文化产品所包含的内容和体验，对消费者的身心发展具有启迪作用，可以提升其文化鉴赏能力和审美水平，促进其身心全面发展。文化要素除了本身参与市场配置外，还通过涵化要素使用者和文化消费者实现对资源配置的影响。

此外，很多学者都对文化要素或文化资源的特征进行了归纳总结，还提出独特性、地域性、民族性、传承性与转化性、变异性与稳定性、教化性与普世性等。文化要素的以上特性，决定了文化要素在参与生产过程中具有特殊的投入使用规律。传统生产要素如劳动力、资本、土地等在投入使用中受限于边际报酬递减规律的影响，使其在生产过程中必须保持一定的结构比例，且在长期生产中随着产量的增加而出现规模不经济。这与传统生产要素在量上的衡量和投入特征直接相关。但是文化要素在投入中主要以创意的形态存在，由于其具有无形性、创造性和新颖性特征，使其在生产中并不存在“量”上的属性，可以与其他生产要素有机融合，并不受边际报酬递减规律的影响。同一种文化要素，附加在上面的创意劳动不同，而展现出不同的要素形态，从而也会形成不同的文化产品，满足不同的个性化的文化需求。因此，文化要素的生产投入规律存在特殊性，文化生产规律也存在特殊性。

四、文化要素的投入规律

文化要素的投入使用方式与传统生产要素存在很大区别。传统生产要素如土地、劳动、资本、管理等在投入过程可以直接使用并进行生产活动，在此期间并不需要进行改变或转化。然而文化要素在投入过程中不可以直接使用，必须经过创意转化后，才能成为生产要素形态，这是文化要素投入使用过程中的关键环节。之所以会出现这个特殊的“创意转化”过程，是因为文化要素与文化产品之间存在着区别。创意转化的目的并不是完全改变文化要素的内涵，而是在深刻把握其价值内涵的前提下，对文化要素进行形态改变，以满足进行文化生产的要求。这个过程是将静态的、原始的文化要素转变为活性的、适应现代需求规律的生产要素过程，也可以理解为将文化要素“激活”的过程。文化要素的产品化是将静态的资源要素转化为活性的精神产品的过程，是一个从精神到物质的过程。在把文化内容转化为商品的过程中，创意无疑起着关键性的作用。创意是实现文化资源静态到文化产品活性的关键。优质的创意一头深深植根于文化资源的深刻内涵中，另一头又深深地联系着消费者的文化需求和信息接受规律，两头必须同时兼顾，缺一不可。与其说文化资源是文化产业的投入要素，不如说基于文化资源的创意才是文化产业真正的投入要素。国内学者曾提出“传媒要素论”，把传媒这个文化元素作为现代企业非常重要的投入要素来看待。作为生产要素的传媒，除了本身参与市场配置外，还实现对资源配置的影响；作为创新要素的传媒，则体现了传媒在市场实现、资源配置和经济发展中的创新驱动和创新繁殖[①]。传媒本身是一个信息传播中介，其发挥资源配置功能的关键在于媒体创意。归根结底，将传媒作为生产要素，其本质还是将创意作为生产要素。创意的本质仍然是文化，因此，很多国家和地区也将文化产业称为创意产业。例如，英国对创意产业的定义就凸显了这个特征[②]。中国台湾地区则惯用“文化创意产业”称谓[③]。从广义的角度上看，创意的本质也是文化，是源自人的创

① 王雪野：《传媒新要素与传媒经济新发展》，《光明日报》2014 年 4 月 12 日第 010 版。

② DCMS, *Creative Industries Mapping Documents 1998*, London: GB Department of Culture, Media, and Sport, 1998.

③ 吕庆华：《中国创意城市评价》，光明日报出版社 2015 年版，第 1–91 页。

造性才华和思想。因此，尽管必须经过“创意转化”这个必不可少的关键环节，但是文化要素并没有改变其本质内涵，依然保持着其最为朴实、最具有感染力的内涵价值，而且经创意转化后，其内涵价值更加符合社会大众的需求特征和消费心理。创意转化这个关键环节，其实就是在原生态文化内涵与现代消费审美之间架起了一座桥梁，将两者紧密连接起来。

“创意转化”这个关键环节对民族文化产业及其相关产业的发展极为重要。经过创意转化，民族文化要素赋予了民族文化及相关产品以文化内涵，并产生新的需求点和功能效用，通过提高附加价值从而提升了产品整体价值。这个价值提升的关键在于改变了原有产品的效用结构，通过满足消费者的精神性心理需求而产生溢价效应。将民族文化资源视为发展少数民族地区文化创意产业最为关键的生产要素，并作为改造少数民族地区传统产业生产方式的必要要素，实现生产要素的重新优化组合，赋予少数民族地区传统产业的产品新的文化价值，提升传统产品在市场需求结构中的等级，可以有效促进民族地区文化产业及相关产业实现发展方式转型，向高效率的内涵式发展方向转变。

第三节　特色文化产业理论

随着我国文化产业发展实践的不断延伸，以及社会居民对精神消费需求由无到有、由有到精、由精到特的内在规律性转化，文化产业的特色化、独特化、个性化已经成为必然趋势。自 2014 年原文化部、财政部印发《关于推动特色文化产业发展的指导意见》后，不仅各地区对特色文化产业发展进行了积极的探索，学界也掀起了对特色文化产业内在发展规律进行理论研究的热潮。我国少数民族文化蕴含着天然的民族特色性，是少数民族地区最具有比较优势的资源之一，少数民族地区是发展民族特色文化产业的天然良地。

一、特色文化产业的内涵与特征

文化产业的迅速发展，使其价值内涵和溢出效应在社会各个领域得到显现和认可。文化产业本身是对文化资源的一种开发方式，肩负着中华民族优秀传统文化的保护和传承，在促进国民经济增长和提升国家文化软实力方面作用显著。但是，在我国文化产业发展实践中，由于缺乏对文化产业发展规律的前瞻性认识，各地在对本地文化资源进行产业化开发过程中存在着粗放型、盲目性和破坏性开发现象，不但造成了文化资源的浪费与破坏，还造成各地文化产业千篇一律、特色缺失的现象，以及文化产业的发展效率和竞争力不强的局面。文化产业发展模式呈现出低端化、粗放化等诸多问题。国家出台发展特色文化产业的指导意见，就是针对文化产业发展中存在的问题而提出指导性规划。

（一）特色文化产业的内涵

作为文化产业发展的新理念、新形态，特色文化产业的理论界定必须建立在文化产业基本内涵的基础之上。特色文化产业相关理论是本书最直接的理论前提，是白族特色文化产业研究的基本依据。特色文化产业已经成为目前学界重要的研究对象，研究范围主要集中于基本内涵、类型、发展价值和发展中存在的问题等方面。本部分主要从特色文化产业的定义、内涵、类型、价值和发展趋势等方面进行论述。

作为"文化产业"概念的子概念，特色文化产业的含义突出体现在"特色"这个词语上面。根据《关于推动特色文化产业发展的指导意见》的界定，特色文化产业是指"依托各地独特的文化资源，通过创意转化、科技提升和市场运作，提供具有鲜明区域特点和民族特色的文化产品和服务的产业形态"①，主要包括特色的工艺、演艺、节庆、展览、旅游等。从上述定义中可以看出，国家对于特色文化产业的界定体现出三个层面的含义：一是特色文化产业是以特色文化资源为依托，将特色文化资源进行创意转化和技术提升，特色文化资源是特色文化产业发展的前提基础和最为关键的投入要素；二是特色文化产业是一种特殊产业形态，其特殊性或特色化就表现在其向社会公众提供的是带有鲜明区域特点和民族特色的文化产品或服务，这些特色文化产品满足的是人们日益提升的精神文化消费需求；三是特色文化产业主要体现于区域性特色和民族性特色两方面，这主要根源于文化或文化资源的区域性和民族性，符合文化产生与发展的客观规律。区域性特色体现了文化在形成和发展中受不同区域因素如自然因素、地理因素等客观性因素影响而展现出来的空间分布差异；而民族性特色体现了文化在形成和传承积淀中受不同族群因素如精神信仰、价值观念、风俗习惯、生产方式等影响而体现出来的族群间分布的差异性特点。

特色文化产业的孕育而生根源于人们随着经济生活水平的提升而发生重大转变的文化需求结构，具体体现为由无到有、由有到精、由精到特的内在变化规律。因此，特色文化产业是文化产业发展到一定阶段，随着文化需求结构变化而出现的必然趋势。学者杭敏和李唯嘉认为，区域特色文化产业主要是以地方的、民族的特色

① 摘自原文化部、财政部发布的《关于推动特色文化产业发展的指导意见》。

文化为资源基础的产业类型[①]。该定义同样强调了特色文化资源在特色文化产业中的重要性，也将特色界定为“地方的”和“民族的”。学者齐勇锋提出，特色文化产业是指基于民族和区域传统文化遗产资源，从民间自发产生发展，其文化产品与服务具有鲜明的民族和区域特点，拥有一定的产业规模和影响力的文化产业形态[②]。与其他概念相比，该定义突出了特色文化遗产资源的传统性，强调了特色文化产业的民间性，并认为民族和区域特色体现于产品或服务的风格、品相、品种和工艺等方面，而且特色文化产业应该具有一定的规模和市场影响力。齐勇锋非常重视特色文化产业的本土性和民间性特征，认为文化产业的特色深深植根于本土文化之中，有机融合了民族传统审美情绪和现代消费心理需求。

综合以上定义，可以看到，特色文化产业是文化产业在发展中逐渐形成的一种特殊形态和趋向，是相对于一般性文化产业而言的，已经成为国家文化发展战略的重要内容。从学术视角看，特色文化产业是一个极具中国本土化特征的概念，其概念界定应重点着眼于“特色”这个关键词。科学阐释文化产业特色的来源、表现形式，是准确把握特色文化产业概念的关键。本书认为，特色文化产业是指以一定类型的本土化、稀缺性的特色文化资源为核心生产要素，借助创意劳动转化和现代传播手段，通过市场机制向社会公众提供在文化内涵、精神内容、外在样式、工艺类型、审美情趣、价值用途等方面与一般性文化产品存在较大区别的特色文化产品，以满足社会公众日益增长的个性化、差异化精神文化消费需求，不但具有显著比较优势和不可复制模仿性，且具有一定的市场影响力和广阔发展前景的特殊产业形态的集合。本书也认为，特色文化产业离不开深厚的中华民族传统文化沃土，其深深扎根于优秀传统文化，是一种极具群众基础和民间特色的产业形态，是突显中华民族文化自信的直接表现。

（二）特色文化产业的类型

特色文化产业特指在区域性和民族性两方面具有显著差异性、独有性、不可复制性等独特市场定位的文化产业形态，凡是能够体现上述两大特色的文化产业门类都属于特色文化产业。按照《关于推动特色文化产业发展的指导意见》中对特色文化产业发展的重点布局，其主要包括工艺品、演艺戏剧、文化旅游、特色节庆、特色展览等行业[③]。

由于特色文化产业的天然融合性，其所涵盖的行业门类非常宽泛，既包括具有

① 杭敏、李唯嘉：《区域特色文化产业发展研究》，社会科学文献出版社 2019 年版，第 19–20 页。

② 齐勇锋：《中国文化的根基：特色文化产业研究》，光明日报出版社 2014 年版，第 2–3 页。

③ 摘自原文化部、财政部发布的《关于推动特色文化产业发展的指导意见》。

显著民族和区域特色且融合了现代创意设计的传统型工艺美术、演艺娱乐、文化旅游、会展节庆等文化行业，也包括具有较强文化体验和显著文化附加值的农业、园林、餐饮、服装、体育、建筑等新兴文化产业形态。有学者较为强调特色文化产业的群众性和民间性。学者齐勇锋将其分为特色文化产业旅游、工艺美术、戏剧演艺、体育健身和节庆会展，以及基于本土文化遗产资源题材的影视产业、动漫产业、出版产业，同时还包括与此关联的特色文化饮食产业、特色酒文化产业、特色茶文化产业和中医药文化产业等①。有学者从地方实践层面以及产业的实际开发运作角度来对我国特色文化产业进行分类，包括特色文化旅游业、特色手工艺产业、特色会展节庆产业以及特色演艺演出产业等，且均分布在我国中西部城市化发展水平较低的市级以下地区②。

可见，特色文化产业并没有一成不变的分类标准，也没有完全框定在国家对文化产业的分类统计体系内，只要是基于本土特色文化资源的产业形态都可以算是特色文化产业。本书坚持广义的特色文化产业分类原则，以国家对文化产业的分类标准为依据，只要是依托本地特色文化资源而进行产业化开发且具有鲜明特点的文化产业都属于特色文化产业，具体包括具有鲜明区域性和民族性特征的影视动漫、新闻出版、会展节庆、创意博览、文化旅游业、戏剧演艺、工艺美术、休闲农业、服装餐饮、建筑园林、民族体育以及其他等一系列行业。

（三）特色文化产业的特征

依据特色文化产业的内涵特征与实践性特征，它除了具有一般性文化产业的绿色低碳、渗透性、创意性、融合性等共同特征外，还具有以下基本特征：

一是自发活态性。自发活态性是指特色文化产业具有鲜活的生命力和成长性。特色文化产业首先具有自发性的特点③。由于特色文化产业依托于本土特色文化资源的比较优势，深深植根于民族传统文化沃土，自发产生于民间且切近民生，具有深厚的群众基础，在深厚文化底蕴的孕育滋养下，特色文化产业具有鲜明的自发活态性，是民族优秀传统文化的记录载体。

二是独特标签性。独特标签性也意味着稀缺性和不可复制性。特色文化产业是基于各地区、各民族中独一无二的特色文化资源而产生的产业形态，具有鲜明的地域标签和民族标签。这些特色文化资源是在长期历史过程中各民族居民在特殊环境和特定条件下形成、积淀并传承下来的宝贵文化遗产，具有稀缺性和不可复制性。特色文化

① 齐勇锋：《中国文化的根基：特色文化产业研究》第 1 辑，光明日报出版社 2014 年版，第 2–3 页。
② 王庆馨、邹沁园：《碰撞与交融：泰国与云南特色文化产业研究》，云南大学出版社 2015 年版，第 4–5 页。
③ 齐勇锋：《中国文化的根基：特色文化产业研究》第 2 辑，光明日报出版社 2014 年版，第 3–4 页。

产业遵循"越是民族的就越是世界的"的基本逻辑，是不同地区民众审美偏好和价值内涵的集中体现。区域特色文化产业最大的特点在于，其文化产品和服务的生产以差异性和独特性为指向，在某种程度上具有稀缺性和难以复制性的特征①。

三是历史传承性。历史传承性源自自发活态性。特色文化遗产资源是特定群体文化传承的产物，是历经岁月长河而积淀下来的智慧结晶，是民族文化资源中最具生命力和标签性的部分。依托特色文化资源而形成的特色文化产业源远流长，薪火相传，依赖师徒、家族、宗族内部的心口相传，是对民族特色文化生态的历史延续。例如，民族特色手工艺、民间艺术、饮食医药等非物质文化遗产，其产品形态源远流长。

四是多重价值性。与一般性文化产业相比，特色文化产业具有更加突出的多重价值。因为特色文化产业与当地民族居民的生产生活和风俗习惯息息相关，是各少数民族古朴精神世界与文化风貌的集中体现，所以，它"承载着中华民族一体多元的价值取向和审美情趣，具有多方面的综合性功能和复合性价值②"。此外，特色文化产业根源于各地文化沃土，源于民间，贴近群众实际生产生活，不但具有多重价值，还具有服务群众生产、生活的实际功能，具有创造巨大社会价值和经济价值的发展潜力。

（四）特色文化产业的意义

加快发展特色文化产业是传承和弘扬中华民族优秀传统文化、增强人民民族文化自信心，建设中国特色社会主义文化强国的重要前提。发展特色文化产业对内可以丰富广大人民群众的精神生活，弘扬社会主义核心价值观，促进社会主义精神文明建设，对外可以塑造鲜明生动的国际形象，提升中国文化软实力。总体来说，加快发展特色文化产业具有多方面价值：一是可以有效挖掘中华民族优秀传统文化的价值，使其在保护中得到有效开发；二是有利于实现文化资源优势向经济优势转化，培育地方经济新增长点；三是有效促进共同富裕，促进就业、改善民生；四是有利于转变经济发展模式，形成以"文化创意"为动力的特色化发展路径；五是有利于推进乡村振兴战略实施，推进乡村文化振兴、产业振兴、生态振兴等；六是有利于增强民族文化自信和凝聚力，加强民族团结。

发展特色文化产业具有多方面价值功能，是新时代优化我国经济结构和转变经济发展方式的重要路径。特色文化产业植根于中华民族深厚的文化沃土，集文化遗

① 王佳：《地方性文化与区域特色文化产业发展》，《中国文化产业评论》2013年第1期。

② 齐勇锋：《中国文化的根基：特色文化产业研究》第1辑，光明日报出版社2014年版，第4页。

产保护、中华优秀传统文化传承、弘扬社会主义核心价值观、促进产业发展和文化惠民于一体，在乡村振兴战略下又是促进乡村经济发展的重要途径。特色文化产业具有公益性特征，是对各民族优秀传统文化的进一步弘扬，有利于公共文化服务建设与产业化开发相结合，形成区域和民族特色文化经济，切实推进乡村振兴。发展特色文化产业对深入挖掘中华优秀传统文化的时代价值、培育和弘扬社会主义核心价值观、推动区域经济社会发展和社会和谐、加快经济转型升级和新型城镇化建设具有重要意义①。

二、民族特色文化产业概念界定

作为特色文化产业概念的分支概念，民族特色文化产业的界定相对较为容易。《关于推动特色文化产业发展的指导意见》也将特色文化产业的“特色”归结为“区域特点”和“民族特色”。“民族特色文化产业”是本书的核心概念，对它的准确界定是本书研究所依据的理论基础。

依据《关于推动特色文化产业发展的指导意见》，特色文化产业基本体现为区域性特色和民族性特色，因此，目前学界对特色文化产业的分类研究基本围绕着“区域特色文化产业”和“民族特色文化产业”这两个基本方向展开。这两个产业分支业态和概念的区别在于所依赖的特色文化遗产资源不同，前者依托于区域性的特色文化，而后者则依托于民族性的特色文化。从文化的分类角度看，区域文化和民族文化并不是两个截然独立、界限分明的分类方式。在文化形成和发展的过程中，区域范畴下的自然环境、地理条件、气候特征等因素在空间分布中存在的显著差异会形成形形色色的地域文化；而民族范畴下的生产方式、价值观念、精神信仰、语言文字、群体心理、道德意识等因素在族群间的显著差异会形成各种各样的民族文化。但是，两者并不是截然独立的，而是相互交叉、互为依托的。地域性因素是文化形成的客观条件，是各类文化样式形成和发展依赖的基础，而民族性因素则带有鲜明能动性的主观性创造，各民族人民是各类文化样式的能动创造者。民族文化一定蕴含着其存在和发展所依赖的不同的地域因素，区域文化同样也是由在该区域生活的属于一定族群的民众在长期历史中创造的。“区域特色文化产业”和“民族特色文化产业”的区别仅仅在于两者所依赖的文化遗产资源的外在形态和核心标签不同，因而两者提供的特色文化产品所满足的文化体验和文化需求存在差别。对特色文化产业进行这样区分的主要目的在于从总体方向中对其发展趋势提出

① 摘自原文化部、财政部发布的《关于推动特色文化产业发展的指导意见》。

指导意见。

按照我国学术界的惯例，民族文化一般专指少数民族文化，因此，民族特色文化产业显然主要是指少数民族特色文化产业。从上文对特色文化产业的界定来看，民族特色文化产业是特色文化产业的一个分支方向，主要是指以少数民族原生态文化遗产资源为核心生产要素，借助创意劳动转化和现代传播手段，通过市场机制向社会公众提供在文化内涵、精神内容、外在样式、工艺类型、审美情趣、价值用途等方面带有鲜明少数民族特点和不同文化体验的各种文化产品生产和服务活动的集合，其具体产业形态包括民族手工艺制作、民族节庆会展、民族服饰饮食、民族戏剧演艺、民族文化旅游、民族影视等多个行业。在中华民族多元一体格局下，各少数民族在长期的互动交流中形成了璀璨多姿、深厚丰富的原生态文化，这是少数民族地区最具有比较优势的资源之一，为发展民族特色文化产业奠定了坚实的要素基础。大理地区少数民族分布广泛，尤以白族居多。在众多民族特色文化资源中，白族特色文化资源异常丰富，其赖以形成的白族特色文化产业也是本书重点研究的对象。

三、白族特色文化产业理论界定

白族特色文化产业属于少数民族特色文化产业中的一个产业分支，特指基于白族特色文化遗产资源而进行产业化开发的行业集合。目前学界还没有将白族特色文化产业作为一个独立概念进行界定。

（一）白族特色文化产业的定义与特征

根据上文对民族特色文化产业的界定，本书这样定义：白族特色文化产业是特色文化产业的一个特定分支，特指以白族原生态文化遗产资源为核心投入要素，借助创意劳动转化和现代传播手段，通过市场机制向社会公众提供在文化内涵、精神内容、外在样式、工艺类型、审美情趣、价值用途等方面带有鲜明白族特点文化体验的各种文化产品生产和服务活动的集合，主要是指白族手工艺品、白族节庆会展、白族服饰饮食、白族医药、白族茶文化、白族文化旅游、白族戏剧演艺、白族建筑雕刻、白族影视出版等能够体现白族文化内涵的行业的总和。由定义可知，白族特色文化产业中“特”的关键在于白族特色文化遗产资源的特色。准确把握白族特色文化产业的定义，还必须注意以下几点：一是白族特色文化遗产资源必须经过创意劳动转化成为文化产品。这些能够折射白族文化内涵的原生态资源要素经创意劳动的转化，转变为带有强烈白族文化体验且符合当代人们审美特点、满足当代消费者文化消费需求的各类文化产品或服务，创意者的劳动在文化产业生产中起着关键性作用。二是白族特色文化产业必须经过市场机制形成具有一定规模的产品市场和完善的产业链。单一的白族文化产品或生产点并不意味着形成了产业规模。三是白族特色文化产业是具有一定品牌影响力的产业形态。它在广大消费者中已经形成了独一无二的特定的产品印象和品牌形象，消费者在文化消费中获得的文化体验所折射出的产品内容、品牌内涵与白族原生态文化内涵是高度一致的。也就是说，白族特色文化产业“特”的形成，是以白族原生态文化资源的“特”为前提，主要基于广大消费者的主观心理评价与反馈。

根据文化产业的发展规律可知，白族特色文化产业中的“特”根源于白族特有的原生态文化遗产资源的特色，具有独一无二性和不可复制性。虽然经过创意劳动的转化，将白族文化资源转化为各种形式的文化产品和服务，但是创意劳动只是改变了白族文化资源的外在形态，白族文化资源的价值内涵却被巧妙地转移到文化产品中，给消费者带来了与众不同的文化体验。因此，根据本书在上文中对白族文化的分析，白族特色文化产业的“特”总体体现在以下几个方面：

一是文化内容的包容性。白族是一个多源聚合的民族，白族文化的形成具有多元一体、多元融合的特征。白族文化在继承固有传统文化的同时，吸收了大量外部文化，如仰韶文化、楚蜀文化等。白族文化的多元一体性和包容性，使白族文化产品中涵盖的内容极为丰富，让大众在感受白族固有传统文化魅力的同时，也能够为其带来其他文明成果在此交融后而展现出的文化样式。

二是文化体验的和谐性。白族人民恪守天人合一、人际和谐的哲学理念和亲仁善邻的处事原则，以开放包容的胸襟，主动汲取其他民族的优秀文化成果，取精用宏，形成了团结统一的爱国精神。白族人民尊师崇德、急公好义，追求耕读传家和子孝孙贤的人生目标。这种文化中内含的和谐性，同样会折射在白族特色文化产业中，容易拉近与大众的心理距离，吸引大众自觉主动进入文化信息阅读之中，降低因文化背景差异而造成的文化折扣现象①。

三是文化历史的久远性。在历史发展过程中，白族文化大抵经历了多个阶段。白族的历史文化源远流长，数千年的文化传承从未间断过，而且每个时期都创造和积淀了不同特征的丰厚文化内容。历史文化的久远性，为白族特色文化产业发展提供了大量的文化遗产和创意素材，给大众带来厚重的历史文化体验。

① 文化折扣（Cultural Discount）也叫“文化贴现”，由希尔曼·埃格伯特首次提出，后由霍斯金斯和米卢斯用于国际影视节目贸易研究之中，其含义是指由于语言和文化差异而造成的文化产品在国际文化交流和传播中认知、理解、欣赏和认同程度的降低，从而导致原文化产品的价值出现折扣的现象。这种现象不止出现于国际文化贸易中，在同一国家内不同区域、不同民族、不同阶层等之间均会出现。

四是产业类型的多样性。白族在形成和发展的过程中，广泛学习和汲取其他民族的先进文化，形成了源远流长又独具特色的文化体系。白族特色文化的内容体现在语言文字、宗教信仰、风俗习惯、传统节庆、手工艺、艺术文化、文物胜景、医药文化、体育文化、建筑文化等多个方面，不但内容丰富，而且独具一格。文化内容体系的丰富性，带来了多样化的白族特色文化产业。此外，白族文化与其他资源相融合，又可以衍生出更多独具特色的相关产业。

五是多类资源的融合性。“引导特色文化产业与建筑、园林、农业、体育、餐饮、服装、生活日用品等领域融合发展，培育新的产品类型和新兴业态。”① 发展特色文化产业必须树立大资源观②。白族特色文化产业的发展，除了可以依托白族原生态特色文化外，还可以依托白族居民聚居区各类自然景观、特殊地质地貌等自然资源，以及经济资源和生态资源等，促进白族特色文化产业发展，应将特色城市、特色白族文化乡镇和特色白族文化村落发展有机结合起来。多类资源的有机融合，使白族特色文化产业具有更为丰富的产业形态。

（二）白族特色文化产业的逻辑内涵

在经历了学术研究的热潮后，文化产业研究逐渐趋向于冷静化和理智化，开始对存在的问题进行归纳总结。在产业发展的实践层面，各级政府和学界也开始探索文化产业的转型发展。特色文化产业应运而生。特色文化产业已经成为学界重要的研究对象，各级政府都开始努力探索本地域特色文化产业发展之路。

1. 既有研究与发展实践中的缺失与不足

特色文化产业研究是一个涉及文化学、经济学、民族学、文化人类学等多个学科的领域，甚至还涉及历史学、艺术学等学科。根据文献检索显示，学界目前对白族特色文化产业的相关研究具有以下特征：一是成果十分稀少，以“白族文化产业”或“大理文化产业”等为主题的学术文章数量非常少。二是学术视野主要集中于某个单一白族文化资源类别而进行的产业化专门研究，研究较为分散，如扎染、文化旅游、木雕、歌舞、节庆、佛教、历史文化、石画等产业化研究，文化旅游业是研究焦点。三是研究所依据的基础理论主要基于文学、旅游学、艺术学、历史学、经济学等。综合相关研究成果，在白族特色文化产业研究方面，存在以下缺失和不足：一是对白族文化产业还没有形成系统化的理论框架研究，尤其缺乏民族学和产业经济学视域下的深入研究。二是缺乏系统的白族特色文化资源禀赋研究和结

① 摘自原文化部、财政部发布的《关于推动特色文化产业发展的指导意见》。

② 齐勇锋：《中国文化的根基：特色文化产业研究（第 2 辑）》，光明日报出版社 2014 年版，第 6 页。

构分析，既没有从民族学角度对白族文化的内涵进行深入剖析，也没有从产业经济学角度对白族特色文化资源的要素特征进行剖析。三是缺乏“大资源观”理念，没有将白族特色文化和自然资源、经济资源以及生态资源相结合进行融合性研究。四是缺乏对白族乡村特色文化产业发展的研究，研究视域还未向乡村转移。学者陈庆德等认为，民族学分析的缺失是造成当前文化产业理论分析直观性与局限性的原因之一，在文化和经济的二元对应汇总引入了强调总体性和透视性的民族学视野[①]。在大理地区民族文化产业发展的实践方面，其存在的突出问题集中在以下几个方面：一是创意源泉不足，同质化现象较为严重，对白族文化资源的评估不充分；二是产业结构不合理、转型发展的制约因素较多；三是产业处于粗放式发展阶段，产业竞争力较低；四是文化消费市场滞后，文化消费不均衡[②]；五是产业支持体系不完善。在所有问题中，创意人才缺失导致的创意、特色不足，以及发展模式的粗放而导致的同质化和效益低下是主要问题。

本书对白族特色文化产业的研究，以民族学理论知识为依据，重视对白族文化内涵的剖析，并借助产业经济学对生产要素的界定，提出“民族文化要素论”，重视对白族特色文化资源的禀赋分析。本书在对白族特色文化资源进行科学评估的基础上，重视创意劳动的关键性作用，针对白族乡村文化产业发展中存在的实际问题，提出“内涵式”转型发展模式。

2. 白族特色文化产业的民族经济学内涵

从目前学界的研究来看，白族特色文化产业研究主要涉及民族学、文化人类学和经济学等学科，其研究逻辑非常契合民族经济学研究范式和特点。民族经济学是介于民族学和经济学之间的中介学科，是主要研究民族因素和经济因素两者交叉互动规律的具有鲜明民族特色的交叉性学科[③]。从民族经济学的分析逻辑看，白族特色文化产业折射出以下客观规律：

一是白族特色文化产业体现了民族因素与经济因素之间的辩证关系。经济是影响民族形成发展的根本要素，民族因素又反作用于经济发展，这是民族因素与经济因素辩证关系的基本内容。白族特色文化产业是两者互动关系的集中体现：一方面，白族特色文化产业是当代民族经济发展的新业态，有利于推动白族社会进步发展；另一方面，其也折射出了民族因素的积极作用，表现在白族大众的主体参与性和白族文化的经济价值性。

---

① 陈庆德等：《民族文化产业论纲》，人民出版社 2014 年版。

② 王丽华、黄学敏：《新时代边疆民族地区文化产业发展研究——以大理白族自治州为例》，《云南社会主义学院学报》2018 年第 3 期。

③ 施正一：《民族经济学教程》，中央民族大学出版社 2016 年版，第 2 页。

二是白族特色文化产业揭示了传统文化对白族经济发展的积极作用。民族传统文化对经济发展具有阻碍和促进双重作用，而白族特色文化产业显著揭示了其积极作用。白族文化的包容性和和谐性，赋予了白族居民显著的创造性和想象力，使白族居民成为白族经济发展中最活跃的主体。另外，白族文化直接作为资源要素参与产业化开发，是最为关键的生产要素。

三是白族特色文化产业阐释了比较优势理论在白族地区的应用方式。少数民族地区经济发展问题是我国国民经济整体发展中的重要课题，关系着“两个一百年”奋斗目标的实现和中华民族伟大复兴。白族文化是白族地区最具有比较优势的资源之一，白族特色文化产业能够为其他民族地区提供一条基于发挥民族文化资源比较优势而提高经济效益的有效路径。

四是白族特色文化产业诠释了差异化战略对提升经济竞争力的意义。白族特色文化产业是文化产业激烈竞争演进的产物，是差异化战略在经济竞争中的应用。差异化竞争是“蓝海战略”[①]理念的体现，是突出产品的特色而取得市场竞争力的模式。白族特色文化产业的“特”是文化产业“差异化”发展的表现，核心思想是开拓市场的“未知领域”即空白市场、新需求，向社会公众提供一种与众不同的独特产品而取得竞争优势，能够有效提升白族经济的竞争力。

五是白族特色文化产业折射出“文化需求偏好理论”在当今时代下的新特征。文化需求偏好理论的核心思想是：随着物质生活需求的满足，人们因心理、地域、民族、阶层、教育、职业等因素的不同而对文化需求有着不同的偏好趋向，尤其是对不同于自属文化体系或样式的异域文化具有较强烈的兴趣和好奇感，通常会产生较强烈的文化需求。特色文化产业的发展更加体现了在物质文明高度发展的基础上人们对个性化、差异化文化样式的旺盛需求。白族特色文化产业的发展则体现了当代社会公众对稀缺性的少数民族文化产品或服务的强烈需求偏好。

总体来看，白族特色文化产业通过差异化思维而创造新需求，向社会公众提供差异化的文化产品，能够为白族经济发展提供一条高效、集约且具有多重价值的“内涵式”发展思路，对于丰富民族经济研究也具有显著的理论价值。

四、乡村振兴战略下的发展机遇

实施乡村振兴战略是以习近平同志为核心的党中央着眼党和国家事业全局，深刻

① “蓝海战略”，即“蓝色海洋战略”（Blue Ocean Strategy），是区别于“红海战略”的一种商业竞争策略，即拓展非竞争性市场空间、规避竞争、创造并攫取新需求，打破价值与成本互替规律。

把握现代化建设规律和城乡关系变化特征而对“三农”工作作出的重大决策部署。乡村振兴战略对于我国社会主义现代化建设具有重大意义，关系着“两个一百年”奋斗目标和中华民族伟大复兴的中国梦的实现。《乡村振兴战略规划（2018–2022 年）》明确提出，各地区要分类有序推进乡村振兴战略实施。特色文化产业是乡村振兴战略规划中的重要内容，对于推进脱贫成果巩固和乡村振兴有效衔接具有深远价值。对于大理白族自治州而言，依托丰富的民族文化资源进而发展民族特色文化产业，是推进乡村振兴的有效路径。

（一）发展特色文化产业是乡村振兴的内在要求

新时代以来，我国在“三农”工作中不断进行理论创新和思想创新，推进实施了脱贫攻坚、农业供给侧结构性改革、美丽乡村建设、农村改革等一系列重大举措，取得了显著成就，为全面建成小康社会奠定了坚实基础，其中脱贫攻坚成果举世瞩目。农业综合生产力显著提升，农业新产业新业态层出不穷，农村改革显著进步，基础设施建设和公共服务水平达到新水平，人居环境整治加快推进，农村的内生发展能力得到有效提高。总体而言，乡村振兴具有坚实的厚重基础和良好条件。但是，“当前我国农业农村基础差、底子薄、发展滞后的状况尚未根本改变，经济社会发展中最明显的短板仍然在‘三农’，现代化建设中最薄弱的环节仍然是农业农村”①。

基于对当前我国“三农”短板的科学和精准把握，《乡村振兴战略规划（2018–2022 年）》对我国乡村振兴的基本思路和原则作出了科学部署，明确提出要把握乡村的差异性和发展走势分化特征，因势利导、体现特色，而发展乡村特色文化产业是乡村振兴战略规划中明确提出的重要部署。《乡村振兴战略规划（2018–2022 年）》第七篇第二十三章第三节就以“发展乡村特色文化产业”为标题，作出了如下部署：“打造一批特色文化产业乡镇、文化产业特色村和文化产业群。大力推动农村地区实施传统工艺振兴计划，培育形成具有民族和地域特色的传统工艺产品，促进传统工艺提高品质、形成品牌、带动就业。”②发展乡村特色文化产业是促进乡村居民就业、推动脱贫攻坚、优化农村经济结构和实现乡村文化繁荣发展的重要路径。《乡村振兴战略规划（2018–2022 年）》明确提出，要充分利用民族文化资源，鼓励发展具有民族特色的文化产业。由此可见，发展特色文化产业是乡村振兴的内在要求和重要部署。

对于广大民族乡村地区而言，其在经济基础、自然地理条件、基础设施、人才

---

①② 摘自中共中央、国务院印发的《乡村振兴战略规划（2018–2022 年）》。

资金等方面都存在弱势，其“三农”短板更为突出，乡村振兴更需要走切实路线。因此，充分利用和挖掘本地具有比较优势的特色资源，着重发展特色经济和特色产业，则是推进广大民族地区乡村振兴的内在要求和必然选择。丰富的少数民族文化资源则是广大民族乡村最具比较优势的资源，科学评估并高效挖掘其多重价值，大力发展民族特色文化产业，是促进脱贫攻坚成果巩固和乡村振兴有效衔接的内在要求。

（二）特色文化产业对乡村振兴具有多方位价值

特色文化产业是文化产业发展到一定阶段的产物，是文化需求结构发生深刻变迁而引致的必然趋势。特色文化产业不但具有文化产业的一般性经济效应，对于广大乡村地区而言，其在脱贫成果巩固和乡村振兴推进方面具有多方位价值。

一方面，发展特色文化产业有利于脱贫攻坚成果巩固，为乡村振兴夯实前提与基础。特色文化产业是依托当地乡村居民十分熟悉的本地文化资源，并以农村居民为参与主体，其发展可以有效带动农民就业，并在产业化中提升当地居民的内生发展能力，巩固脱贫攻坚成果，为乡村振兴筑牢基础。

另一方面，特色文化产业的发展可以有效促进乡村产业振兴、文化振兴、生态振兴和人才振兴等。特色文化产业属于新兴经济业态，其具有显著的产业融合效应、关联效应和创新扩散效应。它自身的发展可以有效带动相关产业发展，优化农村经济结构，促进农村传统产业转型发展，促进乡村产业振兴。特色文化产业依托乡村特色文化资源，其在产业化中是以农民为参与主体，能够对广大农民产生涵养和教育意义，在提升其文化素养的同时，引发其追求更美好生活的强烈动机，促进其内生发展，实现乡村人才振兴。特色文化产业又具有显著的生态效应，属于低能耗、低污染和高附加值的高端朝阳产业，对于乡村生态环境的保护具有积极意义，有利于乡村生态振兴。特色文化产业发展可以丰富乡村文化活动，促进乡村公共文化服务水平和文化基础设施建设水平的提高，增强乡村居民的生活幸福感和文化自信，有利于乡村文化振兴。

由此可见，特色文化产业和乡村振兴具有紧密的内在联系。乡村振兴是全方位振兴，基于乡村比较优势发展特色文化产业是乡村振兴战略的重要部署。特色文化产业的发展对于促进脱贫成果巩固和乡村振兴具有多方面价值。

（三）乡村振兴战略下白族特色文化产业发展新机遇

在《关于推动特色文化产业发展的指导意见》中就明确提出：“将特色文化产业发展纳入新型城镇化建设规划……建设有历史记忆、地域特色、民族特点的特色文化城镇和乡村。"《乡村振兴战略规划（2018–2022年）》将发展乡村特色文化产业作为重要规划内容。乡村振兴战略为白族特色文化产业发展带来了以下新机遇。

一是广大乡村成为白族特色文化产业发展的主阵地。"乡村是具有自然、社会、经济特征的地域综合体，兼具生产、生活、生态、文化等多重功能，与城镇互促互进、共生共存，共同构成人类活动的主要空间。"①在乡村振兴战略下，白族居民日常生产、生活所在的广大乡村地区，成为白族特色文化产业发展的主阵地。白族特色文化产业将迎来崭新的发展空间和发展思路。

二是为白族乡村特色文化产业发展提供了指导思想。乡村振兴战略规划对乡村产业振兴、人才振兴、文化振兴、生态振兴和组织振兴进行了科学谋划。在发展乡村特色文化产业方面，乡村振兴战略规划也给出了指导意见："打造一批特色文化产业乡镇、文化产业特色村和文化产业群……积极开发传统节日……等民间艺术、民俗表演项目……推动文化、旅游与其他产业深度融合、创新发展。"②

三是为白族乡村特色文化产业发展提供了政策保障。特色文化产业的发展离不开科学的顶层设计规划和全方位的政策体系。乡村战略规划在人才支撑、用地保障、财政保障、金融支持等方面制定了完善的政策保障体系，为白族特色文化产业发展提供了坚实的政策保障和制度支持，从整体上提供了科学的顶层设计。

四是有利于白族特色文化产业与传统产业融合发展。《乡村振兴战略规划（2018–2022）》指出："培育农业农村新产业新业态，打造农村产业融合发展新载体新模式，推动要素跨界配置和产业有机融合。"③与传统产业深度有机融合发展，可以有效激发白族特色文化产业所具有的融合性特点，借助要素有机融合，衍生产业新形态。乡村三次产业的融合发展有助于夯实白族特色文化产业发展的土壤，为其提供坚实的产业发展基础。

综上所述，自文化产业相关研究兴起至今，尽管因为研究区域、研究方法、研究视角、学科基础、学术环境等不同，在相关核心概念界定和文化产业发展模式等方面存在较多争论，但是文化产业理论已经形成了较为系统的学术体系，为少数民族特色文化产业研究奠定了厚重的学术基础。随着国家文化战略的实施，少数民族特色文化遗产资源的价值性和开发路径等问题早已经成为学界十分关注的研究热点。尤其是随着乡村振兴战略的实施，民族文化对少数民族乡村产业振兴、文化振

①②③ 摘自中共中央、国务院印发的《乡村振兴战略规划（2018–2022年）》。

兴、生态振兴、人才振兴等都具有深远的价值。本书则将研究视野聚焦于大理白族特色文化产业，在乡村振兴战略下探索其创新发展路径。在国内外既有的相关理论基础和国家对特色文化产业的相应指导意见下，本书对乡村振兴战略下白族特色文化产业发展的研究，既要尊重文化产业发展的一般规律和特点，又必须进行理论创新和发展模式创新。

第四章　文化影响区域经济发展的内在逻辑

区域间经济发展水平存在差距的原因是什么？尽管这个问题的答案至今都没有形成一个确定性的共识，但是越来越多的研究表明，特定人群的情感态度、价值信念、传统习俗等非物质性的文化因素，在区域经济发展中起着越来越重要的作用。当然，在很长一段时间内，马克思的唯物主义辩证思维一直深刻地影响我们对文化与经济两者间关系的认知，特别是作为一般性原理的两个命题——“经济基础决定上层建筑”和“上层建筑反作用于经济基础”——对于理解宏观世界和历史具有启发性。但具体到深入剖析微观区域经济与文化的相互关系时，上述一般性原理的解释力就会遭遇细节描述的困境。在马克思的唯物主义辩证思维下，我们能够认识到：一方面，特定文化会影响到区域中的人们，并影响其经济行为；另一方面，特定人群也在经济活动中创造着新的文化因子。这种辩证性的互动影响总是纠缠在一起，而单就一方面对另一方面影响产生的内在逻辑而言，显然不能用现象本身去解释自己，而是需要借助于一套理论化的工具。因此，本章的主要任务就是在前人思考的基础上进一步探索理论基础，并形成一个相对有效的逻辑解释框架。

第一节　文化影响区域经济发展的基础理论

针对文化与区域经济发展议题的探讨，相关研究中具有启发性的理论主要包括区域经济发展本身、文化动力的内容、文化形成的方式，由此就产生了区域经济发展、文化力理论、需要动机理论、生态文化理论。

一、区域经济发展

由于我国在空间层次上存在着较大的跨度，加之地形气候等自然环境的巨大差异，使整个国家在区域版图上呈现出显著性的差异。如果再从历史的时间层面加以审视，那么在中华人民共和国成立初期，这种经济发展基数的区域差异就更加明显，整个西南民族地区在工业化水平上完全处于一种脱离状态[①]。改革开放以来，我国对经济政策做了一些调整，但在经济发展的理论基础上，主要遵循了一种“梯度推移”的发展模式。

区域经济发展“梯度推移理论”是由美国经济学者弗农提出的，在其著名的产业生命阶段论中，他指出，工业产品如同生命周期一般，存在“创新、成长、成熟和衰退”四个阶段（见图 4–1），因此，产业结构将直接决定生命周期的位置，主导性的创新性产业往往具有良好优势，会形成一个高梯度区，而成熟或衰退的产业则会逐渐迈向低梯度。具体的推移就在于技术层次的差异，由于技术梯度高的区域在人力、土地、运输等方面的成本要比低梯度区域高昂，因而，随着产业发展的成熟，新产品新技术会慢慢向低梯度区域推移，也即一种向下渗透的方式，去转向成本廉价区域[②]。

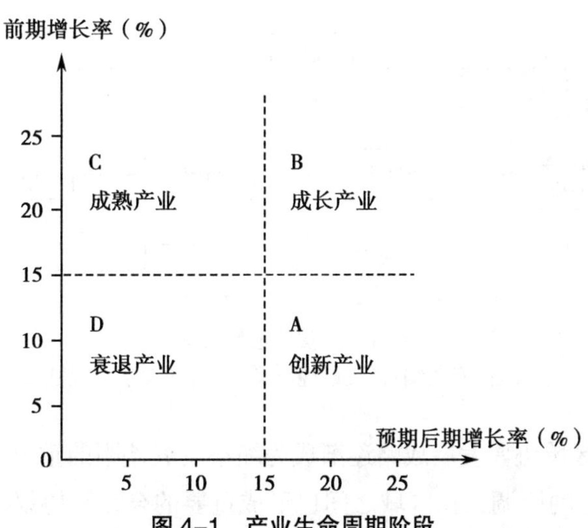

图 4–1　产业生命周期阶段

资料来源：徐倩、何风隽：《区域经济学与中国区域经济》，宁夏人民出版社 2004 年版，第 236 页。

对于中国这样一个多民族大国来说，梯度本身是一种客观性的存在，它可以用来描述“事物的空间分布在一定方向上呈现有规律的递增或递减的现象”，通常是“地区间经济发展水平的差别，以及由低水平地区向高水平地区过渡的空间变化历

① 陈栋生：《区域经济学》，河南人民出版社 1993 年版，第 284–294 页。

② 徐倩、何风隽：《区域经济学与中国区域经济》，宁夏人民出版社 2004 年版，第 237–238 页。

程”[①]。20 世纪 80 年代后期，在一系列学术会议的探讨中，以东中西的三分梯度划分法逐渐取代了沿海内陆的二分法，从而为“先富带后富”的经济政策提供了操作平台，用以取代“全国齐头并进”[②] 的发展思路。可以说，梯度推移理论在实践早期发挥了重要的作用，作为第一梯度的东部地区得以快速发展，但这种效率为上的理论体系实则是拉开了梯度距离，并让区域间梯度更加陡峭。因此，到 20 世纪末的时候，国家通过反思区域梯度发展的方案，开始调整发展思路，并采用“区域平衡”的方式来协调梯度差距。

区域平衡的思维模式背后有多个理论的支撑，包括恶性循环论与均衡增长论。一个地区之所以难以实现经济的快速发展，在西方学者拉格纳 · 纳克斯（Ragnar Nurkse）看来，主要是因为存在一种内在系统的恶性循环。如图 4–2 所示，当一个区域的人群平均收入水平很低时，一种恶性循环就会开始，低收入不仅会造成储蓄和消费的低水平，也会造成资本本身难以形成、资本规模难以扩大。为了打破这种恶性循环，就需要均衡发展的方式。

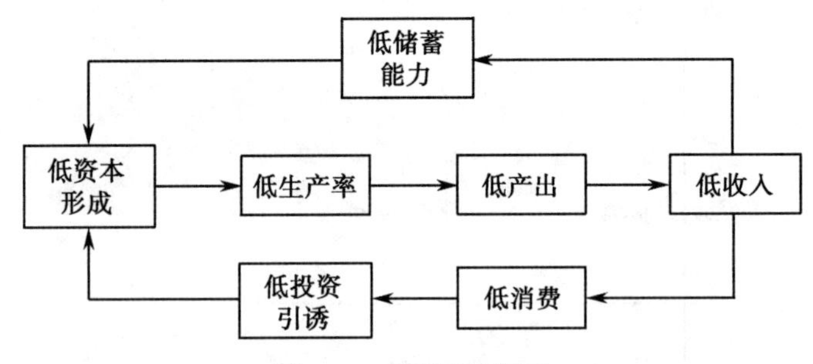

图 4–2 贫困恶性循环

资料来源：宗义湘、赵帮宏主编：《发展经济学》，清华大学出版社 2012 年版，第 103 页。

21 世纪初，区域协调发展战略逐渐成为缩小发展差距的重要战略，不仅各产业部门之间存在一定的协调，在区域之间也形成重要的合作与协议。国家在六个方面进行了区域性的统筹规划：“在中西部地区安排资源开发和基础设施建设项目，引导资源加工型和劳动密集型产业向中西部地区转移；理顺资源型产品价格，增强中西部地区自我发展能力；实施规范的中央财政转移支付制度，逐步增加对中西部地区的财政支持；加快中西部地区改革开放步伐，引导外资更多地投向中西部地区；加大对贫困地区支持力度；加强东部沿海地区与中西部地区的经济联合和技术合

① 康桂芬、张国强、刘娟：《结构调整与区域经济优势培育》，中共中央党校出版社 2002 年版，第 37–38 页。
② 赵西君、何龙娟、吴殿廷：《统筹区域协调发展的中国模式》，东南大学出版社 2013 年版，第 36 页。

作。”[①]这些举措推动了中西部地区的发展，但并没有显著改善梯度差距。也正是在这样的背景下，西部大开发、东北振兴等重大战略得以实施，继之而来的则是当下正在推动的“一带一路”倡议。可以说，这些举措都对区域经济发展产生着至关重要的影响。

当然，如果从不平衡的角度来看，区域经济理论所反映的就是美国经济学领域在20世纪中叶出现的增长极理论。这一理论认为，经济的发展并非所有地区都呈现出一致性，而是必然存在着一些增长点，从而形成一个个增长极。该理论的启发就在于，在区域经济建设中，可以通过集中投资与完善，来形成一个辐射中心，提高经济发展的聚集与扩散效应，通过增长极来带动周边区域的发展。与增长极理论极其相似的还有中心地理论与生长轴理论，这些理论都在启发研究者与决策者去审慎思考特定区域的最大优势，把握住极点、中心点与生长轴，利用好区位经济优势，以实现长效持久的发展。

二、文化力理论

文化力是一个理论体系，其中文化力是其核心[②]。正如相关学者指出的，文化力概念充斥于各种关于文化问题的文章和著作中，并且从它里面已经分化出大量的次级概念，如文化元素力、文化生产力、文化传播力、文化解释力、文化凝聚力等，罗列下去，恐怕已不下数十种之多”。的确，软实力、知识生产力、精神生产力等都与之有着千丝万缕的联系，而且这些概念体系得以进入学术研究视野也主要是在20世纪末，这种背景与数字信息时代取代工业时代的社会变迁和转型不无关联。

文化力理论的根本逻辑就着眼于“力”上，而“力”本身是物理学中的一个重要概念，用以指称“施加在物体上的推或拉的作用”[③]。显然，力的核心落脚点是一种作用，而无论是作用的大小还是方向，都会产生一种影响。当然，自然科学的研究对象是物体，而社会科学的研究对象在于人，两者之间的差异是非常明显的，人是有理性和意识的存在，因此，在物体间存在的力与人际社会中存在的力也是有差异的。童世骏也指出，文化对于一个民族而言，既具有一种工具性的外在价值，也具有其规范性的内在价值，是一个民族持续发展、凝聚与创造的力量，从整体的民

① 栾贵勤:《中国区域经济发展大事典》，吉林人民出版社2011年版，第316页。
② 高占祥:《文化力》，北京大学出版社2007年版，第2页。
③ 克里斯托弗·G.普利:《物理其实很简单》，李贵莲、张卓伟译，上海科学技术文献出版社2014年版，第23页。

族而言，是一种软实力[①]。这样看来，文化力所具有的作用，并不是一种刚性的强制力量，作为促进人类发展的一种社会化力量，其本身是一种开放性、持续性的动力，借助于感召、影响、涵化等可以实现对人的潜移默化的作用。就如马克思所指出的，“只有在这些个人的交往与相互联系中才是真正的力量”[②]。与此同时，文化力也是有意识和方向的，存在一定的自觉能动性。

与力相关的一个重要概念是生产力，在马克思主义的理论体系中，生产力发展的整个历史就是人与自然之间进化的辩证交往的历史[③]。可以看出，生产力主要是通过人与自然关系的对比样态中产生，是人之能动性作用于大自然的能力。显然文化所具有的力并非如此，尽管经常会见到文化生产力的使用，但这种用法显然并不严谨，而是具有修辞学意义上的比拟。的确，文化力中蕴含着生产力的影子，其本身也离不开生产力的发展与助推，但是文化力仍然有其特质性成分，是人本身具有的内在潜力，是依托于人本身或者人类社会自身的存在。正如相关学者指出的，文化的出现将动物的人变为创造的人、组织的人、思想的人、说话的人以及计划的人。

什么是经济可持续发展的内在动力？很长一段时间内，传统经济学研究都比较强调萨缪尔森所强调的四大生产要素，也就是资源、资本、技术和人力，并认为具备四大基本要素的发动机可以持续性地提供经济增长的原动力。然而，在经济学的这一简化模型中，人本身通常是被高度抽象简化了，也即在经济学的核心思维中，人本身所承载的价值理念、情感信仰以及道德伦理等都有所抽离。

假设有助于理解现实，但假设本身不能等同于现实，因此理解江河流动、把握水本身的形成更为重要。经济发展最根本的还是要归结于人本身，人力要素的核心也是以人为本并提高人本身所具有的资本素质，而研究文化动力则有助于更好地减少过度的经济消费，让经济回归人文世界。

可以说，理解文化动力机制，就能够把握文化对发展的重要意义。文化之所以能够成为一种动力机制，仍然源自人本身所具有的能动性，这也是本书界定文化时，以能动性作为核心的缘由所在，而之所以聚焦于文化动力，而非人之动力，就在于文化本身有独立于具体人的自主性，换言之，文化的累积、嬗变与发展，可以超越具体的人而存在，这种存在同样是一种能动的力量。

在文化动力的早期研究中，有学者称为“文化力”（Power of Culture），也有学

① 童世骏：《文化软实力》，重庆出版社 2008 年版，第 15 页。

②《马克思恩格斯选集》第 1 卷，人民出版社 1995 年版，第 68 页。

③ 威廉姆·肖：《马克思的历史理论》，阮仁慧等译，重庆出版社 1989 年版，第 155 页。

者称为软实力（Soft Power），还有的称为文化生产力。无论是何种称谓，本质上，思考的核心仍然是相同的，也就是聚焦于文化的发展活力。

文化的发展活力表现在文化的双重性上，一方面，一个民族的文化发展是在适应和改造自然环境的进程中形成的，因而这一层面的文化就具有生产资料的属性。法兰克福学派早就关注到了文化的发展具有这样的属性，并视其为“文化产业”。当然，早期的法兰克福学派指出，这种产业化实际上是对人们产生了异化作用，但随着文化逐渐达到产业化的规模，并能够在创新、就业、改善生活等方面展现出其优势，这种文化资料逐渐进入到了经济学的领域。在文化经济学者看来，人们生产与创造的某些文化具有公共产品的属性，能够满足一种原生态体验性的需求。

另一方面，一个民族的文化也是在社会化进程中传递与累积的，因而其本身就代表了一种延续性的精神动力。民族文化在民族区域经济发展中发挥着传播的作用，而且逐步对该区域中的各项生产活动和社会运作，包括一些经济活动，产生着较为强烈的影响作用。可以说，这一层面的文化具有经济学中的生产力这一属性。生产力意味着人本身所具有的生产能力，经验技能的代际传递不仅意味着能够持续增加人类改造自然的能力，也意味着能够提供科学文化与思想道德素质的熏陶，可以提供给成员健康向上的精神面貌，从而提供一种乐观积极的能动性。

三、需要动机理论

人们社会经济行为的背后总有文化心理因素的支撑，因此，思考区域经济发展也摆脱不了心理学理论的供给。动机理论就源自人们对自身各类行为原因的兴趣。通常，在一般意义上，动机理论存在一个潜在的假设条件，也即人是一种趋利避害的动物，在其行为动机中，趋利避害是首要性的原则。换言之，这种行为动机理论讲求的是一种经验意义上的生物本能反映。本能反映论是从人的先天生物适应环境的属性上来理解人类社会经济行为的根源，早期的心理学家认为，人类的各种社会经济行为能够从生物遗传层面找到真正的根源，实际上这是对生物属性的过度放大。当然多数心理学家并不是指纯粹低层次的这种需要，也会考虑到一些诸如爱这类高层次的需要。美国心理学家詹姆斯就提出，人的行为依赖于本能的指引，人除了具有与动物一样的生物本能外，还具有社会本能，如爱、社交、同情、诚实等”[①]。

① 转引自：李中国：《心理学》，北京师范大学出版社 2016 年版，第 70 页。

然而，人类行为的本能动机论越来越难以精确解释人们的行为，实际上是因为对外部环境的忽视，包括诸多外部性的诱因和信息传递等。因此，诱因理论就从外部性的因素上着力，试图挖掘人类经济行为产生的刺激因素，并将行为视作相关刺激的结果。与诱因这样的外部思考相比，双向性兼顾的认知理论可以说更具有理论穿透力和现实解释力。这种理论将个体与外部之间系统地关联起来看待，外部的所有因素以信息感知的方式进入到能动者大脑中，借助人能动认知的创造性和期盼性而发挥作用。换言之，人类社会经济行为的取向与社会认知有关。

在对动机的各种心理分析理论中，美国心理学家马斯洛的需求层次理论最值得关注。就理论的逻辑起点而言，需求是每个人生存与生活的必需，而需求是多种多样的，众多的需求在层级上存在一定的顺序。对此，马斯洛划分了低级到高级的层次，其中基本需求包含了“生理需要”“安全需要”“归属需要”“自尊需要”，亦即“匮乏性需要”，这些基本性的需求都有社会属性和外在环境条件的支撑，而一旦这些需求得到满足，称为“自我实现”的具有相对独立性的“成长性需求”[①]。可以说这种需求层次理论在当下的社会经济发展中，仍然起到重要的作用，特别是在现代化转型进程中，在低层次的需求不断得到满足的前提下，人们会将注意力更多地投入到高层次的需求上，而这些需求往往都与文化产生着直接性的关联。国内大部分少数民族在长久历史作用以及文化作用的条件下，由于对生产观念的认知不足，导致以自身发展为主的陈旧观念未能完全改变，继而产生文化层面的影响，这种历史上的积累及其对文化发展方向的影响，制约着以民族经济作为主体的少数民族地区的发展。

四、生态文化理论

在人与自然的相处过程中，人们逐渐意识到，一味的索取并不是人类的特权，对自然进行适当保护才能够使人与自然更加和谐。人类在自然界发展的过程中，不应该只注重人类自身的利益，也应该注重人与自然协调发展，维持两者之间相互作用、和谐共生的关系，树立生态价值观。生态文化是人与自然和谐共存、协同发展的文化，是21世纪人类面对诸多危机所作出的新的生存方式和价值取向。生态文化是一种人类尊重自然、顺应自然，在发展中实现自我反省、自我调节的生态觉醒和社会适应。

生态文化是研究人与自然相互关系的一种文化现象，它致力于从精神、物质、

---

① 亚伯拉罕·马斯洛：《动机与人格》，许金声等译，中国人民大学出版社2007年版，第6–7页。

制度和行为四个方面构建人与自然共生共荣的关系。如果进一步拓展生态文化的研究范围，它可以延伸到人与人、人与自然、人与社会之间的和谐发展。其反映和倡导的人与自然和谐发展的理念渗透和融入经济、政治、文化、社会等各个领域。因此，在贯彻落实科学发展观和建设生态文明的同时，要大力弘扬生态文化。这对丰富和发展具有悠久历史传统的中华文化，凝聚民族精神，实现中华民族的伟大复兴具有重大意义。

当前，国内外关于生态文化及其相关领域的理论研究成果颇丰。各家之言，异彩纷呈，可谓仁者见仁，智者见智。尽管各自的研究背景、视角、方法和路径等都存在差异，但在人与自然相互关系的核心观点和价值取向上仍具有趋同性和相近性。李清源的《对我国传统生态文化现实价值的认识》全方位概述了我国博大精深的传统文化中所蕴含的极其丰富的生态伦理思想，由此形成了沉积厚重的传统生态文化。张全明的《中国传统生态文化的几个问题》、郭家骥的《生态文化论》、王晰的《中国传统生态包装在当代的传承与创新》、朱凤琴的《中国传统生态文化思想的现代阐释》、姜爱的《近 10 年中国少数民族传统生态文化研究述评》、王立平和韩广富的《蒙古族传统生态文化价值观的形成及现实意义》等文章，都梳理了我国传统文化中的生态文化思想，并且探讨了生态文化的特点。1986 年，余谋昌先生从意大利的《新生态学》杂志上转引了“生态文化”这个概念。《新生态学》杂志指出：绿色大学一个接一个地创办，这是一个很明显的迹象。这表明社会各阶层的人逐渐对生态文化发生了兴趣。

在少数民族文化与经济发展的议题上，不可避免地要涉及生态文化理论。生态文化理论认为，生态文化是人类社会发展的一个新阶段，其理想的社会图景是人类处于一种和谐的生态系统之中。这一理论从根源上讲可以追溯到古希腊哲学与中国先秦哲学中的朴素自然观，即一种遵循罗格斯的内在自然秩序，一种讲求天人合一的有机整体的自然观，其直接根源则是 20 世纪下半叶的生态主义思潮与运动。具体而言，包括西方生态文化理论、中国传统生态文化理论以及马克思主义的生态文化理论。

早在西方古希腊文明时代，米力都学派的代表人物阿那克西曼德曾经说：世界上的每种元素都永远在企图扩大自己的领土。然而有一种必然性或者自然规律永远地在矫正着这种平衡[①]。可以说人与生态的互动关系伴随着人类历史的始终。近代之后，启蒙时代的法国思想家卢梭重提一种回归自然的朴素自然观，在其《论科学与艺术》一书中，着重强调了现代科学带来的种种问题。到了 20 世纪中叶，生态失

① 罗素：《西方哲学史（上卷）》，何兆武、李约瑟译，商务印书馆 1963 年版，第 52–55 页。

衡问题引发学者的广泛关注，“八大环境公害事件”则令整个世界所惊愕。西方的生态危机已经弥漫到全球的生态平衡问题和人们的生存问题。西方深层生态学、环境伦理学等相继出现。以挪威哲学家阿伦·奈斯、美国哲学家乔治·塞欣斯为代表的深层生态学的主要观点包括多个维度，在经济层面，他们都主张尽可能减少污染与资源损害是必要的，所有的生产都应该尽量推动循环经济的发展模式①。环境伦理学则主张改变人类对自然所采取的态度和行为方式，特别是仅仅围绕经济为基础的开发性行为，为了规避和改变人类的这种危险举措，有必要建立新的价值哲学，以改变人们的态度和行为②。

中国传统的生态文化理论则包括道家的道法自然思想、儒家的天人合一思想以及佛家的众生平等、万物因果思想。其中道家是典型的自然生态中心主义的价值观念，本质上是自然主义的哲学内核，主张人本身的无为而治，尊重自然界的诸种规律。儒家则是人文主义的生态理念，主张天道与人伦之间形成一个有机和谐的统一整体。佛家则主张一种慈悲清净的生活态度，主张人与自然的融合，提高人的道德境界，尊重万物生命，体味因果关联。马克思主义的生态文化观则讲求在认识自然的过程中一定要遵循生态规律，人类只有在认识、尊重自然规律的基础上才能够有效地发挥其主观能动性。

第二节 文化与经济发展相互作用的分析框架

分析文化与经济发展之间的相互作用与关系，可以从两个角度作为切入口。一是从经济行为发生的社会环境入手来探讨社会对经济的影响；二是从社会文化本身具有的经济能动性来分析两者之间的关系。

一、经济的嵌入性思维

如何更好地理解经济发展与文化的关系？对此，经济的嵌入型思维为该框架结构的构建提供了思路。格兰诺维特曾经指出，大多数的行为都紧密地镶嵌在社会网之中，而此论点可以避免极端的过度或低度社会化观点。虽然我相信所有人类行为皆是如此，但这里我只是集中讨论经济行为③。

① 雷毅：《深层生态学思想研究》，清华大学出版社 2002 年版，第 31-34 页。

② 戴斯·贾丁斯：《环境伦理学》，林官明、杨爱民译，北京大学出版社 2002 年版，第 157-159 页。

③ 马克·格兰诺维特：《镶嵌：社会网与经济行动》，罗家德译，社会科学文献出版社 2007 年版，第 29 页。

19 世纪下半叶，工业革命深刻地改变了西方社会的物质观念与经济生活，强烈影响到人类社会的关系组织模式和生活方式。传统的社会人情关系在市场化的逻辑下开始出现松动与瓦解。诸多大思想家，如涂尔干、马克斯·韦伯、马克思等都注意到了这种变化。可以说，伴随技术革命的变迁、市场动力的引入，人们的日常生活样态快速发生更替。比如，具有同质性的共同体逐渐让位于陌生多元的社会，功利世俗化的价值理念逐渐侵蚀宗教道德精神领域。

上述变化在卡尔·波兰尼（Karl Polanyi）看来，就是一种脱嵌过程，也即现代社会的起源与诞生实际上就是资本主义市场经济从传统社会文化的束缚中解放出来。这一过程直接将经济本身推到人类社会生活的最前沿，并取得了至上性的地位。换言之，一切社会文化生活都应当接受经济帝国主义的统治，都应当服务于经济的增长，要时刻保持一种市场化的自由放任机制，任由这种自发逻辑来塑造社会①。波兰尼的分析具有历史性的穿透力，历经市场化的现代社会，总会多多少少浮现出经济力量与经济脉搏的重要性，它意味着在社会与经济的力量对比关系中，经济的影响因子会显著增强，而社会则在这种力量面前不断地瓦解，也即意味着人们连结关系的社会变迁，此前由社会群体所主导的公共生活，逐渐让位于市场和经济理性。因此，利益驱使下的经济越发膨胀，甚至产生了破坏性的震荡效应。

对此，社会如何保护自身免于出现异化以获得自主性，而并不受经济过度放任的侵袭？这就意味着需要重新审视两者之间的关系，毕竟在现实生活中，婚姻家庭、社会道德、政治权力、文化教育等，都已经被经济思维和经济生活所主导，一个强经济弱社会的状态得以形成。这一核心问题的思考，将两者重新契合起来，特别是将经济重新置于一种嵌入社会的分析理路中。

任何的经济行为都是没有办法从社会关系中脱嵌的，因为一切经济活动中的能动者同时也是社会中的能动者。也就是说，完全市场化、完全理性的个体按照经济规律运转的行为轨迹，在一定程度上是理论化的假设，而非现实中的存在。尽管经济运转的逻辑是想获得自身的独立性和脱嵌倾向，然而，没有社会文化的内在供给，比如人际关系信任的存在，没有社会文化的约束管治，比如道德信念的内化，经济就难以维持良好的运转。这种内化于社会文化关系网的经济特性，就称之为经济的嵌入性。

嵌入性，在格兰诺维特看来，是经济行为、结果与内在机制所受到社会整体的

① 卡尔·波兰尼：《巨变当代政治与经济的起源》，黄树民译，社会科学文献出版社 2017 年版。

网络结构的影响[①]，也有国内学者指出是“所有的经济交换都不能超越社会因素的影响”[②]。因此，作为一个社会人，同时也是一个经济能动者，不仅要面临社会生活中的人际关系互嵌，也要面对总经济活动中的结构性互嵌。

二、文化的经济能动性的作用

由于经济本身具有一定的社会嵌入性，而社会本身又包含着方方面面，这就无法排除一些基本层面的重要作用，特别是文化。换言之，我们是不能排除掉经济活动与社会文化属性的内在关联的，当然，将社会文化视作经济的决定性力量也有失偏颇。但可以肯定的是，社会文化在一定程度上是会形塑经济面貌的。

20世纪八九十年代，新兴的制度主义学者们就十分推崇制度（Institution）对经济产生的重要作用，而制度，说到底仍然是社会之中的人们在一定的意义规范中具有重复性的行动轨迹。在前文中，我们指出，文化是由能动者群体共同创造的意义和行动体系，这是受帕森斯启发而在导论部分作出的界定。实际上，这样的意义与行动网络体系，就是特定人群在某一区域的社会化过程中学习与遵照的意义规范。这种意义规范一旦作为一种存在生产出来，就会获得相对独立自主性，并按照其内在的逻辑规律发展。由于文化本身与观念意识的表征相重叠，因而常常也体现出一种自在的存在方式，其在现实的社会生活中能产生重要的能动性作用。

这种能动性的意义规范，自然会呈现为刚性的正式制度规范，但是，越来越多的迹象表明，社会中的非正式制度传统对人们的经济行为也能产生重要的影响。事实上，早在20世纪30年代，人们从著名的霍桑实验中就已经认识到，非正式组织的内在文化规范是会影响到企业组织的经济效益的，而将这种理论思维置于一般的经济发展中，其原理是一致的。只要产生社会人际关系，无论是情感层面的，还是利益层面的，在长时间高频率的互动过程中一定会产生相应的连结，进而形成一定的凝聚力[③]。

实际上，从中观层面上讲，一定的意义规范还需要一定的限度，也即人际社会互动存在空间限度。换言之，超越一定的地理限度，人们的互动方式和深度都会有

---

① Friedland R., Robertson A.F., *Beyond the Marketplace: Rethinking Economy and Society*, New York: Aldine De Gruyter, 1990, p.98.

② 任剑新：《企业战略联盟研究：一个新型产业组织的典型分析》，中国财政经济出版社2003年版，第63页。

③ 杜安·P.舒尔茨、悉尼·埃伦·舒尔茨：《工业与组织心理学：心理学与现代社会的工作》，孟慧、林晓鹏等译，上海人民出版社2014年版，第244页。

所削弱，在这种状态下，较为稳定的经济互动与文化生成，总是在特定的空间场域中实现。或者说，社会具有一定的区域性，而这种区域性常常也就反映为一种文化特色。

对于像我国这样疆域广袤的国家而言，区域本身就对文化的形塑有着至关重要的影响。区域文化一般也就是指在特定场域空间内所独具特色、源远流长的意义规范传统，是一种区域生态、风俗习惯的呈现。由于疆域面貌在我国具有多民族的属性，所以区域文化也常常与民族文化产生一定的交叉重叠，因此区域文化也就具有了鲜明的民族色彩。当然，区域文化也是流动的，会随着时代的变迁而产生相应的变化。一种文化之所以呈现出区域性的色彩，是由区域本身的时空重要性决定的，理解一方区域文化，也就需要进一步理解其中的地缘位置、气候条件、河湖水系以及社会政治状况。尽管地理决定论并非全然正确，但是这种"一方水土养一方人"的环境浸染，仍然对区域文化的形成产生最为基础性的作用。

三、文化动力与社会经济活动的作用机理

考察经济活动或发展的文化动力机制，就需要首先解决动机问题。只要把握住动机的形成演变规律，就可以把握住影响人们行为的真正因素，从而促进有效发展。如果经济所嵌入的社会文化能够作用于社会发展，并发挥一定的影响力，就表明这种社会文化体系必然具备一定的内在动力性。要把握这种内在动力，就要从人类社会行为轨迹的内在动力逻辑源头开始。

一切社会经济行为的原动力都可以归结为"利益"，这里的"利益"并不是指狭隘的物质财富，也并不具有价值评判意涵，而就是指人的需要所获得的内容性满足。能够满足需要的内容比较丰富，上节中关于需要动机理论中所提到的马斯洛需求层次理论为思考社会经济行为的原动力提供了很好的启发，需求动机从基础性的内容发展到高级的自我实现内容，这中间存在着一定的位阶性。事实上，作为意义规范的文化，同食物、货币、土地一样，都是一种具有稀缺属性的存在品，人们之所以将这种具备意义规范的文化创造出来，其价值就在于能够形成一套生存法则及维系它的评价体系，就此而言，能够影响社会经济行为的文化之中所包含的意义规范必然是契合这种利益需求的，可以满足人们当下的利益需求。换言之，文化的这种意义规范框架，其本质是引导人们怎样生存以及如何保证更好地生存与发展的方法路径。从行为主义的角度来看，这些文化的意义规范可以通过人们在日常生活中所外显的意识和行为轨迹来体现，也就是说，不管是进行生产、消费活动，还是参与互动与分配，这个过程一定会呈现出文化需求的特定意义。

从早期的孔德、斯宾塞到后来的帕森斯、莫顿，社会行为的结构功能理论逐渐发展起来并形成了一个理论流派。这是社会学、人类学、政治学中十分重要的理论体系，其本身承继自系统论的分析范式。帕森斯在《社会行动的结构》中对社会行为的结构功能理论的原理进行了详细阐述。该理论重视结构与功能之间的关系，认为一切社会现象与行为的背后都有一个整体结构性的存在，这个结构由相互联系的有序要素部分构成，这一构成遵循着一个基本的平衡机理，其内部的各部分要素都承担着一定的功能，用以维系整个体系的平衡。因此，将社会文化动力与结构功能论相结合，可以得出几个重要的思路启发点：首先是均衡稳定，结构功能理论讲求一种系统的相对稳定，追求一种有规律的秩序，并把握其中的均衡调节机制；其次是能动者的问题，换言之，系统内部十分重要的就是行动者与稳定均衡状态之间的关联。

由此可以看出，经济活动归根到底是一种人的活动，表现为人的行为，而这种行为是由一定的观念、意识、精神、思想和由此决定的人的心理状态、心理素质所支配的。文化观念不但诱导人们的价值追求，推动社会的消费需求，而且调节着时代的经济运行和发展。不同的文化观念、文化价值观，特别是在经济活动过程中所表现出来的，与经济发展密切相关的不同的生产经营观、劳动效率观、管理方法观、生活消费观、社会责任观，以及不同的时间感、信心感、创造精神、冒险精神、科学态度等，都必然导致截然不同的行为，从而引起不同的经济发展和经济活动结果。

第三节　文化体系的内在结构与作用机理

要深入研究文化对区域经济发展的作用，除了要从内涵上界定清楚文化的定义之外，还要将文化的内在构成进行科学剖析。可以说，文化之所以能够对经济发展产生多样性的影响，从根本上讲还是取决于文化的内在结构。

一、文化体系的一般结构

借助系统论和结构 – 功能论的视角，可以重新审视文化本身，在上文的概念界定中，本书将文化看作人之能动半径中创造的全部集合。这一集合本身就是一个系统性的存在。可以说，进一步审视集合内部，是存在特定的结构的，这种结构以元素内容及其关联为本质规定性，而结构又决定了功能，“在系统结构与系统功能之间存在着动态的辩证的相互依赖关系”[①]。

英国功能学派的代表学者马林诺夫斯基（Malinowski）的“经典文化”概念中蕴含着三层次的结构。在其《文化论》一书中，他指出，文化是指那一群传统的器物、货品、技术、思想、习惯及价值而言的，这概念包容着及调节着一切社会科学[②]。显然这一概念中蕴含精神和物质两个层面，但马林诺夫斯基又在随后补充说，文化的真正要素要有相当的永久性、普遍性与独立性，是人类活动有组织的体系，就是我们所谓的社会制度[③]，从而将制度层面增加进来，由此构成了物质、制度和精神三层次的文化结构体系。这三大元素彼此之间是存在内在关联的，比如人类社会所创造的物质器物本身就蕴含在精神文化和制度文化的同一性之中，只有把它放到社会制度的文化布局中，才能说明它所处的地位[④]。此外，文化结构所带来的功能则是满足人类基本生存与发展需要，物质文化是对人本身的生理需要的满足，精神文化与制度文化是对人类社会公共生活需要的满足，从而能够持续性地提高发展。

法国人类学家克洛德·列维－施特劳斯（Claude Levi-Strauss）同样十分关注文化的“深层结构”，或者说是一种人类心灵的机构。在施特劳斯看来，真正的现实永远不是最显而易见的；真理的实质，已经在它未来让人难以捉摸而可以进行的掩饰中体现了出来[⑤]。

我国学者许苏民先生在《文化哲学》一书中指出文化的三层次结构：文化心理的表层结构是情感、意志和风尚习俗的层面，中层结构是观念积淀的层面，深层结构是精神本质的层面，每一层面与其相邻层面之间都是一种双向对流的关系[⑥]。

与此同时，马克思主义经典作家也在文化的理解上提供了非常有价值的思考，在辩证唯物主义的基本思维中，马克思直接指出了物质文化的重要性，他在《德意志意识形态》开篇即讲道：“我们开始要谈的前提不是任意提出的，不是教条，而是一些只有在想象中才能撇开的现实前提。这是一些现实的个人，是他们的活动和他们的物质生活条件，包括他们已有的和由他们的活动创造出来的物质生活条件。”[⑦]物质生活条件从本质上说就是文化的物化体现，而物质基础上的精神文化，马克思揭示得也比较清楚，“人们的想象、思维、精神交往”，“表现在某一民族的

① 林昌根：《系统学基础》，上海辞书出版社2005年版，第165页。

② 马林诺夫斯基：《文化论》，费孝通译，华夏出版社2001年版，第2页。

③ 马林诺夫斯基：《文化论》，费孝通译，华夏出版社2001年版，第19页。

④ 马林诺夫斯基：《文化论》，费孝通译，华夏出版社2001年版，第21页。

⑤ Levi-Strauss, *Tristes Tropiques*, London: Jonathan Cape, 1973, p.56.

⑥ 许苏民：《文化哲学》，上海人民出版社1990年版，第109-110页。

⑦《马克思恩格斯选集》第1卷，人民出版社1995年版，第66-67页。

政治、法律、道德、宗教、形而上学等的语言中的精神生产也是这样"，"是人们物质行动的直接产物"[①]。实际上，这种交往与物质行动本身就是社会关系的体现，而社会关系在马克思主义的思想体系中，就是以"制度"为根本体现，因为制度就是"各个人之间迄今为止的交往的产物"[②]，而人们只有在"社会联系和社会关系的范围内"，才能进行"生产"[③]，既包括自身的生产，也包括对自然界影响后形成的物质生产、精神生产与制度生产。

综上来看，文化的内在结构一般性地包含着物质文化、制度文化与经济文化，三者有机性地关联在一起，并相互间辩证统一，发挥着各自的功能。

二、民族文化体系的一般结构

文化是人们在改造现实中生成的，民族文化则是一个民族在长期的历史发展中形成的。但仅仅从生发层面剖析民族生态文化还远远不够，还需要从结构的角度就其内容要素及逻辑关联有所把握，以此才能更好地把握民族文化。对于这样一个由许多要素构成的复杂系统，结构分析就意味着需要就事物的要素及内部关联有所把握，通过借助不同的思维角度，呈现出的文化结构也会出现不同的面貌，比如，二分法指出，文化是由精神文化和物质文化构成，三分法则在二分法的基础上加上制度层次，四分法则在三分法的基础上将精神文化进一步细分为思想观念和风俗习惯，当然还有进一步精细的划分。但通常来讲，一般文化的结构是被划分成三个部分，即精神文化、物质文化和制度文化。就此而言，民族文化就呈现为民族精神文化、民族物质生态文化、民族制度文化三个部分。

首先是民族精神文化，这是民族文化的内核。文化是一种成套的行为系统，其核心是由一整套的传统观念尤其是价值体系所构成。因此，文化首先就体现为一种观念、意识、精神、思想和心理状态、心理素质。少数民族精神文化的外延很多，但本书将其定义为少数民族宗教和神话传说中所包含的文化观念，神话传说和图腾崇拜是少数民族精神文化的重要体现。几乎所有的少数民族都有涉及自然崇拜的神话传说和图腾崇拜，图腾崇拜或者宗教及神话传说所要表达的是一种对自然的敬畏，因为人类作为自然界中渺小的一员，将自然界视作赖以生存的重要基础，自然界在少数民族文化观念中是神圣不可侵犯的一个要素。

其次是物质文化，这是民族文化的浅层。道德、伦理规范、社会情操、心态

---

①《马克思恩格斯选集》第 1 卷，人民出版社 2009 年版，第 524 页。
②《马克思恩格斯选集》第 1 卷，人民出版社 2009 年版，第 574 页。
③《马克思恩格斯选集》第 1 卷，人民出版社 2009 年版，第 724 页。

意境表现等精神和制度文化，会在社会与自然的现实中转换为一系列有形的物质设施，这些同样会影响一个区域的文化发展。物质文化设施水平与结构，都直接对经济产生作用，能延缓或促进区域经济的发展。

最后是制度文化，乡规民约是少数民族在长期的生产生活实践中所形成的生态文化观的重要载体，是观念层面的文化体现，制度文化通过乡规民约的方式得以流传。法国著名学者列维－布律尔说，还未产生文字的原始社会必然生活在习惯法制度下。步入阶级社会之后，乡规民约习惯法仍然存在，并继续发挥着作用。乡规民约习惯法作为一种制度，其中的一部分规定对各民族经济发展起着保障作用，它的存在使人们的思想和言行沿着它的指向性，向健康的伦理要求和伦理心态发展。这是民族文化的深层，具有规约人的行为与意识的功能。除了具有正式制度特征的乡规民约，在少数民族日常生产生活当中所流传的具有口头或文字记录的生产生活方式规约也是制度文化的重要组成部分。在这套非正式制度的约束下，各少数民族群众在现有的生产力水平下，通过与自然相调适而摸索出一套适合本民族或者本地区的独特的生产生活方式。

这三个部分并不是彼此独立的存在，而是有着内在的逻辑关联，彼此相互间都有支撑性。换言之，任何一部分的缺失，都会使这种文化不完整。物质文化通常是一个民族最为显著可观的文化部分，由规律性行为构成的制度文化则是这个民族较为可观的文化部分，而一个民族的内在精神心理是最为隐性的文化部分。

三、文化动力对于促进区域经济发展的一般作用机理

根据上述基本理论的介入与分析，本书初步剥离出区域经济发展的一般文化作用机理，来作为研究民族地区经济可持续发展的一个基本分析框架。源自于希腊文的机制（Mechanism）一词，是指“机器的构造与运作原理”①，从机械的层面转换为一个社会解释的重要概念，更多地意指结构要素的内在联系与变动规律。实际上，探讨动力机制就是要把握某种作用和影响中的关系和规律体系，从而为其提供可持续发展的基础。

（一）物质文化动力与经济产业发展

物质文化是文化体系的浅层结构，其代表往往是具有实体形态的建筑、艺术等，这些具有地域特色或民族特色的遗产类文化，以其所具有的独特魅力，影响着

①《辞海》，上海辞书出版社 1989 年版，第 1408 页。

区域产业结构。可以说，它们是能够直接转换为经济发展的原始资本，通过这些资源的产业化开发，可以为区域经济提供特色产业发展，促进当地经济内生动力的完善，从而有利于区域经济的可持续发展。

具有可视化观感的物质文化，能够快速转化为经济性的产业。一种具有区域特色的文化更容易满足人们的休闲需要。特别是随着经济时代由工业化时代向后工业化时代转变，文化产业越来越具有经济的后生驱动力和影响力。当人们的需要实现经济层面的递进转型后，追求民族风情特色的体验，将会成为娱乐消费的一种趋势，并进一步引发产业结构的代际性调整。

特别是当一个社会开始从资源匮乏转向丰饶的过程中，物质产品的文化属性将越来越重要。社会经济活动中的能动者，已经开始超越一般的物质性功能，去体验物质属性的文化价值信念，期待着能够从物质性的可视化中获得文化上的审美体验，而区域民族文化就恰恰能够提供这种物质文化的供给。

（二）制度文化动力与经济发展驱动

文化体系的中层结构是借助于人们的组织关联方式与行动规范的路径轨迹来体现，这就是制度性的文化动力。制度文化影响着区域经济中市场环境的建立与完善。从上文的定义中可以看到，制度文化包括特定的经济伦理规范等。宗教文化中涉及的对生产生活中规律的认知有利于人们科学意识的培育和养成。经济伦理则对人们在经济发展过程中规则意识的培育具有重要影响。事实上，制度层次的文化动力，就是一种相对稳定的秩序规范的形成，无论是区域层面上的乡规民约，还是一整套的伦理规范，其背后都存在规范人们行动轨迹的成分。因此，经济发展的驱动力就包括了对行动轨迹的责任担当感和对行动产生的效能感等因素。一种良好的制度文化，不仅会降低人们行为互动中所不必要的成本，也会为人们的有效沟通互动提供必要的路径支撑。

可以说，民族地区的传统制度文化在长期的历史演变过程中，对这一地区生产生活的最大影响就是促进了当地的社会稳定，如果转换为政治层面，就是实现了一种良好的治理，实际上，这也是政治制度文化元素对经济发展提供的良好的制度环境保障。

（三）精神文化动力与经济价值导向

文化系统的内核是精神信仰与观念层，是文化的深层次结构，其对经济发展的影响是潜移默化的，因为精神文化来源于人的头脑，而地域文化在长期的历史过程中会对人们的行为方式、价值观念产生各种影响。这种内在的观念意识会对每一个经济活动中的能动主体产生一定的价值影响和作用。无论是生产性的经济活动，还是消费性的经济活动，其中都贯穿着社会文化中的价值观念。如果按照上文中所谈及的经济的嵌入性来讲，精神文化实则构成一种隐性和间接的经济资本，其通过影响经济能动主体的精神面貌、思维方式、价值信念等，进而影响到经济行为的方式和经济活动的效率。

刘易斯曾谈及这种精神文化的作用时，指出“不同的文化背景，人们对财富的评价、欲望以及为获得财富而作出的努力的态度是不同的”[①]。精神面貌的差异，在一个多民族国家的不同区域环境中，形塑着区域经济的特点。越来越多的研究表明，现实的经济发展在其构成要件上除了各种物质文化、制度文化所内涵的技术革新、组织效率外，诚信意识、友好团结精神、敬业勤俭等道德伦理层面的精神文化因素都变成了经济有效增量运行的关键。

需要特别阐明的是，精神文化因素在动力性质上产生的作用并不总是积极的，也就是说，精神文化对经济发展具有二元性的影响。当开放进取、包容创新、诚信友善等精神文化因子丰富时，就会有效降低经济运行的成本、推动经济的快速发展；而当封闭保守、消极教条、群际冷漠的精神意识过多时，经济运行的压力和成本都会提升，并进一步阻滞社会经济的良序运转。

第四节　大理白族文化对地区经济的作用机理

尽管文化对区域经济发展的影响机理是一致的，但是因为不同地区的地理环境、资源条件、文化特征和法律政策等因素是不尽相同的，所以文化对区域经济的影响程度、作用方式、影响效果就会呈现不同的特征。

一、大理白族文化的内在结构

白族文化是白族及其先民在长期的历史发展中，在其生活的云南腹心地带坝区即大理地区，由自身所创造的，以及受汉文化和其他民族文化影响而形成的一定的社会政治、经济及其在观念形态上的反映。借助文化体系与民族文化体系的一般结构，可以透视出大理白族文化所具有的内在结构。在文化体系的各个组成部分中，物质文化是精神文化与制度文化的基础，制度文化要先于精神文化出现，精神文化

① 刘易斯：《经济增长理论》，梁小民译，上海三联书店 1990 年版，第 65 页。

又能反作用于制度文化，成为制度文化的工具。随着文化变迁的发生，文化环境诸如文化特质、文化模式、文化风格等的演变，带动着区域文化内容的改变和更替。任何一种文化的形成都是由物质、制度、精神三方面特质组成的有机结合体：在物质层面上表现为该地丰富的物质文化资源；在制度层面上表现为人类在社会实践中建立的各种社会规范；在精神层面上表现为与物质相对应的非物质概念，包括宗教、艺术、哲学、风俗、法律、道德等内容。

（一）大理白族的物质文化

在文化体系中，物质文化是一个内容广泛的概念，它主要包括生产生活方式以及在社会发展中由于自然条件与地理位置的影响顺应而创造的可见的、可触知的具有物质实体的文化内容，区别于具有主观反映的精神文化，物质文化的特性是客观实在性。以大理白族文化为例，作为物质文化的文化类别，它还应该具备四个特性：第一个特性是历史性，通过物质文化可以从不同层面探讨不同历史时期的政治、经济、军事、艺术、科学、宗教等。第二个特性是艺术性，给人以艺术的启迪和美的享受，比如大理白族特色民族服饰和扎染艺术品，在具备实用价值的同时，可以作为艺术品让观者感受到民族文化的美。第三个特性是科学性，这个类别的物质文化蕴含着各种各样的知识、科学与技术信息。大理白族在历史上由于生活的区域地理环境存在缺陷，自然灾害时有发生，白族先民在自身能力还很微弱时，通过与自然的抗争不断积累了丰富的经验，在水利设施、建筑设计等方面都取得了较大的成就。早在南诏时期，白族先民就学会了援引泉水进行农业灌溉与生产，建设了“横渠道”“高河”等水利工程[①]。另外，白族地区的青铜器同样也是人类科技创举的表现，代表了少数民族人民对于合金冶铸技术的熟练掌握。第四个特性是纪念性，一部分物质文化以其长久的历史价值，向人们展示其历史印记，如苍洱新石器遗址等。因此，总结大理白族物质文化，除了上述的物质文化品类外，还包括当地服饰文化、饮食文化、居住文化、交通文化等方面。

我们以白族服饰为例来说明物质文化如何体现出白族自身特质和文化。白族各地的服饰种类都略有不同。大理等中心地区男子头缠白色或蓝色的包头，身着白色对襟衣和黑领褂，下穿白色长裤，肩挂绣着美丽图案的挂包。大理一带妇女多穿白色上衣，外套黑色或紫色丝绒领褂，下着蓝色宽裤，腰系缀有绣花飘带的短围腰，足穿绣花的“百节鞋”，臂环扭丝银镯，指戴珐琅银戒指，耳坠银饰上衣右衽佩着银质的

① 中国科学院民族研究所、云南少数民族社会历史调查组编：《白族简史简志合编》，中国科学院民族研究所1963年版。

“三须”“五须”；已婚者挽髻，未婚者垂辫于后或盘辫于头，都缠以绣花、印花或彩色毛巾的包头。这种服饰文化是白族人民通过服饰与所在区域的自然环境相适应的一种文化。在历史上，最初白族民族服装的出现起因和基本目的与其他民族不尽相同，主要都是受到自然因素的影响，用于人类基础的保温和御寒，通过服饰的样式可以反映地理环境对服饰的深刻影响。随着社会的发展，人们在保障基本生活需求的基础上，逐渐将注意力转移到外部装饰上，这种服饰的附加目的增加了服饰文化的地域特色。由此白族地区发明了扎染技艺，通过祖祖辈辈传承下来的古法扎染已经有一千多年的历史。扎染的原料主要是板蓝根，板蓝根通过与石灰石调剂成色。这种原始的原料反映了白族地区人民的朴实、勤劳和聪慧的品质，其中展示自然景观的图案，也体现了白族妇女的智慧。在1997年以前，大部分的当地居民都是靠扎染维持生活、维持家庭生计的。与此类似的还有白族服装的刺绣技艺。后来随着旅游业的发展，扎染、刺绣、白族服装都属于销售的旅游产品，逐渐为当地人带来收入，产品深受欢迎，更多是销往海外地区。

（二）大理白族的制度文化

大理白族的制度文化主要包含着两个层面：其一是有着非正式制度特征的规约人们日常生产生活方式的生存哲学；其二是体现正式制度模式的民间制度建构，这一部分的生态色彩显著，并以乡规民约的方式呈现为一种正式的行为模式。乡约一直是社会教化的一种重要形式[①]。它通过规定善恶的标准，通过宣讲，进行“彰善纠恶”。在具体的实践过程中，帮助人们正确认识人与人，个人与社会的关系，明确自己的责任与义务，让人们懂得区分什么是善，什么是恶，学会做人的道德[②]，进而让其社会成员能够按照乡规民约的要求来规范自己的行为，从而达到社会教化的目的。历史上白族人民制定的乡规民约很多，特别是明清时期以来，由于统治者的提倡和人地矛盾的逐渐加深，各种载体的乡规民约遍及乡里。但是由于乡规民约大多不被官私史书记载，而且纸质文本的乡规民约保存不易，在流传过程中，只有被刻在石头上的碑刻保存至今。

本主崇拜在白族当中是非常有影响力的一种民俗，但本主崇拜不是宗教，宗教要有教规教义。因此本主被归为是白族民间的民俗，属于民俗文化。自唐代开始就出现了本主崇拜现象，历朝历代白族人民之所以对本主崇拜千年不衰，源自本主对白族的现实意义，特别是白族人民利用本主的故事来教育后代。白族的本主文化，

---

① 谢长法：《乡约及其社会教化》，《史学集刊》1996年第3期。

② 马燕敏：《从大理古代碑刻看白族习惯法及其价值》，《赤峰学院学报（汉文哲学社会科学版）》2014年第8期。

区别于其他地区的宗教信仰，信仰的不是具体的一个人。另外，本主和佛教的区别主要是，本主是有很多人，可以崇拜很多人，没有固定的组织，所以说本主崇拜不是宗教。按照信仰文化中的规则和观念，人们的行为具有了一种具体的约束方式，它同乡规民约一样也是文化中的制度层次。

（三）大理白族的精神文化

民族文化的精神构成部分中既有神秘性的传说与神话，也有较为感性的文学和较为理性的天文、医学、哲学思想。马克思曾指出，“任何深化都是用想象和借助想象以征服自然力，支配自然力，把自然力加以形象化”[①]，显然，大理白族的精神文化就是在与自然的互动中形成的社会意识。早期的白族先民利用神秘化的意识去看待自然及其与自然的关联，并形成一些朴素原始的生态文化观。这些在白族先民们的《天地起源》《人类起源》《创世纪》《金鸡与黑龙》《龙母》等神话传说中皆有体现[②]。其中，《创世纪》作为白族先民的长篇文学史诗，蕴含着丰富的思想和朴素的辩证法。

白族历史上崇拜本主，信仰佛教，如今作为一种习俗逐渐保留下来。白族地区佛教约在晚唐时期盛行于洱海地区，最初传来的是“婆罗门”和瑜伽密宗，密宗僧人称“阿闺黎”，所以又名“阿叱力”教。到元明以后，禅宗传到大理，佛教寺院遍布各地，洱海因此有了“古妙香国”的称号。几乎每个白族村寨都有一个本主庙，庙内供奉泥塑或木雕本主神像。本主有的是自然神，有的是南诏、大理国的王子，有的是为民除害的英雄人物。在怒江一带的白族，如果有人生病，会以牛、猪作为祭品，举行盛大的祭天活动，活动一般在村子附近山顶上的一棵神树下进行，全寨人都要参加。兰坪县白族则在每年的农历九、十月间举行原始的祭祀活动，以黄牛做牺牲，称为“登天牛”，作为祭祀地的大树被称为“天牛树”。

白族先民很早就认识到自然环境对人类生存的重要性，阳光、土壤、雨水、气候等自然要素决定着粮食的收成。对白族人民来说，春华秋实，旱涝丰歉，是与他们的生活生产息息相关的大事，由此白族形成了朴素的生态伦理道德，那就是顺应自然、尊重自然、适应自然。人们认为，只有正确处理农业生产与保护环境之间的关系，反对片面地利用自然与征服自然，才能够保持生存与发展，这与可持续发展观有着内在的高度契合。

---

①《马克思恩格斯选集》第 2 卷，人民出版社 1972 年版，第 113 页。

② 伍雄武、杨国才:《白族哲学思想史论集》，民族出版社 1992 年版，第 3-15 页。

二、大理白族文化对于促进区域经济发展的作用机理

云南大理地区的历史非常悠久，在四千多年前就已经有白族的先民在这里生息繁衍，人类繁衍生息并不断发展的过程就是经济生活不断发展的过程。每一个民族都有其生活的区域，每个区域也都有其独特的自然地理和生态环境，随着生产力的发展和时代的变迁，该民族会逐渐发展出一套与该地区和所属时代相互适应的生产和生活方式，并可以进一步细化为经济、文化、制度等一系列社会存在形式，在这个过程中也逐渐形成和发育出属于本民族的文化形态、生产形态、制度形态等社会存在形式。这些不同的部分在一个时期内会相互适应和匹配，逐渐稳定下来，随着时间延续，当其中的一种形态发生了变化，也会影响和带动其他部分发生改变。在这个过程中，它们之间产生相互影响，其中文化和经济就是两个重要的相互影响的变量，而两者在不同时期的相互关系，是一个值得深入探讨的问题。对于大理白族地区而言，随着时代的发展，白族发展出了与当地的自然和生态环境相互适应、与当地的生产生活方式相互适应的本民族文化，这些文化蕴含着巨大的价值，在历史上曾经极大地促进了当地的经济发展。在新时期，客观环境发生了变化，人们的生产生活方式发生了改变，但是这些白族世代先祖积累下来的文化因素，仍然会为当地的经济提供发展动力。如前所述，大理的文化结构中包含了物质文化、精神文化和制度文化，它们分别与产业发展、经济价值导向和经济发展驱动具有相关性，以下我们可以先探讨历史上它们之间的相互影响。

（一）历史上的白族文化对经济的推动

从大理地区的历史看，白族先民们在大理地区世代生存繁衍，逐渐形成了与当地生存环境相互适应的本民族文化。

如前所述，我们如果把文化形态按照结构划分为物质文化、制度文化和精神文化的话，到了中华人民共和国成立以前，大理地区的白族已经具有了区别于其他民族属于自己的文化形态。

从物质资源上看，大理白族地区形成了以农作物和手工业产品为主体的产品结构，其中农业主要包括水稻等一般粮食作物和鸦片等特殊农作物，到清代晚期，大理地区的耕地在 108 万亩左右，每年可生产粮食约 4.55 亿斤，除了本地区自己人食用以外，大约还有 3.7 亿斤粮食会流向市场①。同时，大理地区还发展了本地区的手

① 车辚：《1840 年前云南的经济地理特征》，《云南财经大学学报》2009 年第 5 期。

工业制品生产，主要包含金属矿产、盐业和纺织业，以及一些本地区所独有的手工业制品。金属矿产包括依托本地区资源开发生产的银矿、铜矿和石磺矿，但是到了清代中晚期，矿产业的生产并未持续增加，并且对当地的自然环境也造成了很大的破坏。大理地区的纺织业在1949年以前主要分为两类，即专业纺织户和家庭副业纺织户两种，虽然生产规模比较有限，但这些产出除了满足当地家庭的自身需求以外，还会通过外销给当地创造了大量收入。除以上一般性物质产品生产以外，大理地区的白族人民还发展出了一些具有民族特色的手工业制品，这些物质产品都带有白族本民族的文化形式。其中，最为典型的有大理地区依据纺织行业发展出来的具有本民族特色的扎染制品，根据当地充沛的林业资源发展出来的木雕工艺制品，根据大理地区依托银矿开采而生产的银器制品。这些手工业制品不仅满足了本地人民的生产生活所需，而且还有很多生产出来通过马帮供应给其他地区。大理地区的白族人民依靠自己的勤劳和智慧，创造出来了丰富的物质资源，这些物质很多都烙有白族本民族的文化特征，也被其他地区的人民所接受，并在历史上成为当地家庭重要的收入来源。除此以外，大理地区的白族人民还发展出了具有本民族特色的建筑、戏剧、服饰等一系列物质文化产品，它们是白族人民在生息繁衍的过程中为了适应客观的社会经济环境而形成的，在历史上提高了白族人民的物质文化生活，也促进了白族地区历史上经济的繁荣和发展。

除了物质文化产品以外，大理地区的白族群众为了适应当地的客观条件，在历史上还发展出来属于本民族的制度文化。这些制度文化是历史上由白族人民根据自己的实际情况自发形成的，它们是除各个历史王朝公布的正式制度以外的内容，它们或者以具体文字制度的形式存在，或者以一般性的民间约定存在，但是都对白族本民族的生产生活发挥了重大的作用。大理地区位于中国的西南横断山脉地区，地质条件复杂，历史上由于人口增加，为了满足日益频繁的生产生活需要，人们大肆开垦土地，同时由于矿产开发和盐业发展需要大量木材，森林被大量破坏。到了清代中晚期，过度开发导致当地水土流失日益严重，如果生态环境继续恶化，会极大地影响当地白族人民的生存，历史上白族人民自发通过订立乡规民约，并刻字立碑来约束自身，在这个过程中当地的开明仕绅起到了很大的作用。嘉庆年间的赵州山林损毁严重，由当地仕绅发起，通过乡规民约设立公山制度，有效抑制了对山林的大肆破坏；位于鹤庆，立于清光绪三十二年的《大水渼护林石碑》，记载了当地通过乡规民约禁止砍伐森林，并且约定了每户植树造林的责任和义务；浪穹新生邑村民在光绪年间设立了为公议条规十条，保护当地的森林，抑制对生态环境的破坏，条规很详细，对当地人的行为、义务和责任都进行了明确规定。很多乡规民约还有较为详细的惩罚措施，包括经济上的惩罚，约定了每种违规行为的罚款数量，并且规定当经济手段不足以制约时，会通过“报官治罪”的方式进行行政上的惩罚，会把违反规定的人交由官府惩罚。大理白族历史上的这些乡规民约有效地保护了当地的生态环境，在历史上有效保护了当地的生产生活和经济秩序。除了保护森林环境的乡规民约以外，大理白族地区的民众在历史上还订立了一系列其他的相关民约，包括一些不成文的约定，比如对于承担当地贸易和外国贸易功能的马帮，都有一些不成文的约定，保障了其良好的商业秩序。大理白族地区历史上形成的这种制度文化，是区别于各朝各代正式制度以外的非正式制度，在历史上成为有效保障当地经济发展的重要推动力量。

如前文理论所述，精神文化也是一个地区文化资源的重要组成部分，对一个地区的经济发展起到了重大的作用。历史上，大理白族发展出来了以本主崇拜为核心的一整套精神文化体系，除了本主文化以外，该地区还接受了佛教等其他文化形式，形成了一种以本主崇拜为核心的多元化的精神文化形态。大理所在的位置历史上是西南地区一个重要的交通节点，是西南地区两条主要道路的交叉点，一条是“茶马古道”，另一条是“蜀身毒道”。这里受到来自其他地区各种文化的影响，包括来自中原地区政府层面的正统儒家文化的影响，还有道教文化、汉地佛教文化的影响，除此以外，还受到来自西北面藏族文化的影响，以及来自南部地区的小乘佛教和其他各种外来文化的影响。为了实现本民族的族群认同，也为了应对外来文化的传入，大理地区的白族先民逐渐形成了一套以本主崇拜为核心，同时接纳儒教、佛教等其他文化的一整套精神文化体系。围绕以本主崇拜为核心的这一套问题体系，白族人民形成了一套比较稳定的世界观、人生观和信仰体系，形成了一套完整的社会规范，并进而形成了比较稳定的族群关系。历史上，大理白族以本主崇拜为核心，完成了对儒家、道家、佛教以及其他各种外来文化的整合，并发展出一整套道德和行为规范体系，规范了该地区人们之间的相互关系，维护了社会的经济活动秩序，最重要的是规范了人们的行为。比如本主文化中的核心内容“心有他人”，就要求人们在追求幸福的过程中，要考虑他人的利益，为他人着想，体现出了族群的整体利益，并且加强了个体间的互补互利式的道义互惠关系，对包括白族商人外出经商活动的马帮等群体的商业行为规范造成了很大影响。除了白族本民族的本主崇拜以外，在大理白族的精神文化体系中，还吸纳了佛教、道教、儒家等多种精神文化形态。以佛教为例，白族人吸纳了佛教精神文化，修建了佛教寺庙和佛教塑像，庆祝佛教节日，接受佛教文化中的诸多内容，使佛教文化也成为本民族文化中的一个部分，并且接受了佛教文化的一些核心理念，有效促进了当地人们的道德和行为规范的形成。从历史上看，大理白族地区的民族以本主崇拜为核心形成的精神文化体系，在历史上通过各个层面，以不同方式影响着该地区白族人民的生产生活，对该地区历史上的经济繁荣和发展做出了较大的贡献。

（二）新时期白族文化中存在的推动经济发展的动力性因素

从历史上看，大理白族地区的人民在长期的生产生活中形成了具有本民族特色的完整的文化体系，包括物质文化、制度文化和精神文化三个部分，如前所述，这三种文化的形成都是白族人民在不断发展并不断适应客观条件的基础上逐渐形成的。在历史上，大理白族人民所形成的本民族文化是他们在适应客观条件进行自我发展和不断完善的过程中形成的，他们的文化和经济在历史上相互影响和促进，使本民族获得了长足进步。

在大理白族发展的历史上，文化对经济的发展起到了很大的推动作用。他们在创造物质产品的过程中，把本民族的文化和智慧融入其中，创造性地形成了大量具有本民族特色的物质产品，包括扎染、刺绣、木雕、建筑等实体物质产品，还包括戏剧、音乐等抽象形式，这些在历史上都推动了大理白族经济的发展。大理白族在历史上还依托本民族的传统，形成了具有民族特征的制度性文化，包括大量乡规民约，以及围绕本主文化而形成的民族传统礼仪和各种仪式，在本民族适应客观环境和自身成长的过程中起了很大作用。比如，乡规民约对植被和生态环境的保护，在历史上保证了该地区的经济可持续发展，而不会由于对环境的过度损害而受到影响。如前所述，大理白族地区的人民在历史上还以本主崇拜为核心，吸纳佛教、道教和儒家，以及外来文化，形成了本民族系统的民族精神文化。这些精神文化塑造和影响了本民族的行为和做事方式，包括本民族的日常生产和生活行为，以及商业贸易等行为规范，在历史上为促进该地区的经济长期稳定发展提供了动力支持。

中华人民共和国成立以后，在很长一段时间里，大理白族地区的经济发展比较缓慢，民间经济也缺乏活力。改革开放以后，我们国家走上了市场经济的道路，白族地区的人民也急需发展经济，通过经济的发展使本地区生产力获得发展，人民生活水平获得提高。从地理位置上看，大理地区位于我国西南内陆地区，改革开放以后，我们国家的现代化进程，主要是依靠工业和第三产业发展带来的，而我国的工业化道路都是从沿海地区开始的，但大理处于我国内陆地区，在历史上这里还由于位于西南两大交通道路的交叉口而带来了发展的优势，但是在当代的经济发展中，不论是从自然条件还是从地理位置看，这里就不再具有优势了，因此该地区就需要寻找新的发展动力。

从大理白族地区的发展历史和改革开放以后的实践来看，大理白族地区在历史发展中形成的独特的民族文化为当地改革开放以后的经济提供了重要的发展动力。首先，大理白族地区独特的物质文化得到重新挖掘。传统的扎染、木雕、刺绣等传统民族工艺作品重新被重视起来，相关的产业逐渐发展并形成一定规模，在家庭式传统生产方式的基础上，还发展出来一批相关的生产企业。同时，这些传统产业和白族当地特有的建筑、戏剧、风土人情等其他物质文化形态相互结合，吸引了大量游客到大理当地旅游，旅游业获得了发展，并且旅游业还带动了酒店、餐饮等一大批第三产业的发展，为大理当地经济发展注入了强大的动力。其次，大理白族历史上形成的一系列非正式的制度文化也为当地的发展提供了动力。一个很重要的方面就是，大理白族历史上所形成的很多制度文化都是当地居民在生产生活过程中，为了实现人与人之间、人与自然之间的和谐稳定相处，同时使白族可以在当地获得不断发展而形成的，在历史上也对当地经济繁荣兴旺和可持续发展起到了很重要的作用。在改革开放以后，我们国家逐渐走上了工业化的道路，包括大理地区也是，在工业化的过程中，如何处理好人与自然的关系，如何处理好人们在市场经济中遇到的各种问题，包括人与人之间的关系、商业秩序、市场运行过程中形成的各种障碍等，都是需要我们面对的问题。如果我们只是单纯借鉴西方工业化国家的经验，可能不一定适应于我们本土的经济实践，有的时候可能还会走弯路，因此我们还需要总结中国的劳动人民在历史发展过程中形成的各种经验教训。这些经验教训很多都蕴含在本民族的传统文化中，大理白族地区的发展也是如此，包括在历史上形成的如何处理人与自然环境关系的乡规民约，其中所蕴含的制度文化，都有助于帮助该地区在新时期更好地处理经济发展中存在的各种问题。所以，有必要对大理白族历史上所形成的制度文化进行深入挖掘，使其能够为今天大理地区的发展提供动力支持。最后，大理地区在历史上形成的精神文化也是本民族文化最重要的组成部分。如前所述，大理白族地区在历史上形成了以本主崇拜为核心的完整的属于本民族的精神文化，这些精神文化在历史上对白族地区的发展起到了很大作用，今天它仍然可以对当地的发展提供巨大的动力支持。比如，大理白族本主崇拜中很多核心理念，诸如“心有他人”“承认外部价值”等，在今天的经济发展中仍然具有巨大的作用，能够规范人们在经济生活中的行为，使商业和经济活动得到更好的发展。同时，大理白族在历史上围绕自身本主崇拜的思想，还吸收了大量外来的思想，在形成本民族精神文化体系的同时，还形成了一些现实性的表达。比如，大理白族在吸收佛教文化的时候，同时还修建了佛教寺院和佛像，对应着还有一些宗教活动表达，这些大理白族精神文化的外在表述，也具有巨大的吸引力，可以吸引其他地区的人来到大理，感受这里白族的文化，进行文化交流，这也在一定程度上可以帮助该地区发展包括旅游业在内的第三产业。因此，大理白族地区的精神文化对该地区当前经济的发展也具有巨大的推动价值。

第二篇　文化动力篇

第五章　大理白族文化物质层次与产业动力研究

根据上一章中关于大理白族文化物质层次的解释，物质文化包括生产生活方式以及在社会发展中由于自然条件与地理位置的影响顺应而创造的可见的、可触知的具有物质实体的文化内容，具备历史性、艺术性、科学性、纪念性四个特征。因此，充分利用物质文化，大力推进大理白族地区文化旅游产业、文化创意产业和文化保护等相关文化产业的发展，有利于提升大理白族地区文化的形象，树立大理白族地区独特的发展品牌。对这一物质文化资源进行开发，能使旅游业、文化和生态环境有机结合，形成良性循环的统一整体，从而实现大理白族地区经济效益、社会效益和环境效益的“三赢发展”。

第一节　大理白族物质文化内涵及其分类

物质文化是文化产业形成的基础，文化产业则是文化资源产业化开发的结果。大理白族地区的旅游业是大理的优势特色产业，除了可供观赏的自然景观之外，大理白族文化中体现其文化魅力的物质文化景观也是促进大理发展特色产业进而促进当地经济发展的重要支柱。

一、物质文化资源的定义及分类

（一）文化资源的内涵界定

关于文化资源的内涵，不同学者作出了不同的界定。檀文茹、徐静珍认为，所谓文化资源是指可以开发用于生产过程从而创造出财富的文化活动形式及其成果[①]。

① 檀文茹、徐静珍：《论文化资源及其功能》，《河北师范大学学报（教育科学版）》2009 年第 2 期。

严荔则认为，文化资源是指一种经济资源，是以可产业化开发的文化资源为出发点和着眼点，作为区域经济的发展要素，具有普遍意义上的生产要素的物质成果转化性，通过对其经济价值的挖掘可以实现从文化资源向文化产品的转化，进而形成文化产业[①]。熊正贤则更为直接地点出了文化资源是指潜在的可以转化为经济价值和社会福利的文化景观和文化的物化载体[②]。周正刚认为，文化资源是人类生存和发展最宝贵的财富，所谓文化资源，是指可供主体利用和开发，并形成文化实力的各种文化客观对象，包括前人所创造积累的文化遗产库，今人所创造的文化信息和文化形式库，以及作为文化活动设施与手段的文化载体库等[③]。还有的学者指出，文化资源是指能带来经济效益的并且具有文化内涵的生产性资本[④]。文化资源具有重要的经济价值和产业价值[⑤]。以上这些学者的定义，勾勒出了文化资源的基本轮廓，可以看出，文化资源不管如何定义都包含文化价值和经济价值这两个部分。因此，要全面理解文化资源的定义，我们需要从文化资源的文化属性和经济属性两个层面进行。

从文化资源的文化属性来看，文化资源首先表现为一种文化样态，即文化资源是以一定文化的存在而存在的。关于文化的定义最为著名的便是泰勒在《原始文化》一书中指出的，“文化是一个复杂的总体，包括知识、信仰、艺术、道德、法律、风俗以及人类在社会里得到的一切可能与习惯”[⑥]。我国学者余谋昌认为，广义的文化是指人类社会历史实践过程中所创造的物质财富和精神财富的综合；狭义的文化是指人类社会的意识形态以及与之相适应的社会制度和组织机构[⑦]。另有我国学者编写的词典同样是认为，广义的文化是指人类创造的一切物质产品和精神产品的总和。狭义的文化专指语言、文学、艺术及一切意识形态在内的精神产品。文化不是先天的遗传本能，而是后天习得的经验和知识；不是自然存在物，而是经过人类有意无意加工制作出来的东西，是由物质、精神、语言和符号、规范和社会组织等要素构成的有机整体[⑧]。事实上，文化不仅具有普遍性，而且也具有地域与民族的特殊性，即文化是在一定地域或民族的影响下形成的并且具有这一地域或民族的特色。文化虽然是一种观念形式，但也可以“以物化形式存在某一个载体、某一种产

---

① 严荔:《文化资源产业化开发的区域实现机制研究》,《四川大学学报（哲学社会科学版）》2013 年第 2 期。

② 熊正贤:《西部地区文化资源的分布特征、利用原则与开发秩序研究》,《西南民族大学学报（人文社科版）》2013 年第 7 期。

③ 周正刚:《论文化资源的可持续开发》,《求索》2004 年第 11 期。

④ 唐月民:《论文化资源的开发和利用》,《齐鲁艺苑》2005 年第 4 期。

⑤ 王贝、黄春梅、雷勇:《成都古镇文化资源产业化发展的困境与出路》,《特区经济》2014 年第 11 期。

⑥ 泰勒:《原始文化：神话、哲学、宗教、语言、艺术和习俗发展之研究》，连树声译，广西师范大学出版社 2005 年版。

⑦ 余谋昌:《文化新世纪：生态文化的理论阐释》，东北林业大学出版社 1996 年版。

⑧ 李鹏程:《当代西方文化研究新词典》，吉林人民出版社 2003 年版，第 307 页。

品以及人类的所有创造物之中”[①]。

通过以上对“文化”内涵的阐释，笔者认为，以文化作为首要表征的文化资源，是人类在长期的历史实践过程中所创造出来的，表现为一种具有历史性的精神观念及承载这些观念的物质载体。

从文化资源的经济属性来看，文化资源还具有经济价值的属性，这是文化资源作为“资源”的重要禀赋特征。所谓资源指的是人类社会生存和发展的基本要素，包括自然资源和社会资源。自然资源是自然形成的物质和能量，是人类生存的物质基础、人类生产的生产资料和劳动对象，一般包括土地、水、生物、矿产资源和气候资源[②]。社会资源指的是自然资源以外的其他所有资源的总称，它是人类劳动的产物，包括人力资源、智力资源、信息资源等[③]，它是价值性、有限性和主体性的统一[④]。随着人类社会的发展，不管是作为人类生产与生活的物质基础的自然资源，还是人类所创造的社会资源，都逐渐成为生产的要素，在人类社会中发挥着越来越重要的作用。因此，可以说，以“资源”作为表征的文化资源，其自身所具备的资源要素为社会经济的发展提供了必备的对象、环境和发展条件，其本身的经济属性是非常明显的。

综合以上对文化资源的文化和经济两种属性的解读，本书将文化资源定义为人们在历史的生产与生活的实践过程中创造出来，并通过人们的开发可以转化为经济资源的物质文化成果[⑤]。

（二）文化资源的分类

按照不同的标准，可以对文化资源进行不同的划分。从文化资源的存在样态来看，文化资源分为物质形态的文化资源和精神形态的文化资源；按照文化资源自身的特点，可以分为动态文化资源和静态文化资源[⑥]；从可持续发展角度，可以把文化资源分为可再生文化资源和不可再生文化资源两大类[⑦]。以“获取文化资源的途径”为基本的分类标准，文化资源大致可分为三个基本类别：一是物质实证性文化资

① 彭和平：《制度学概论》，国家行政学院出版社 2015 年版，第 288 页。

② 刘红峰：《资源节约与环境友好型农业科技创新研究》，人民日报出版社 2015 年版，第 151 页。

③ 江西省人民代表大会环境与资源保护委员会编：《江西生态　第六卷　生态知识手册》，江西出版集团 2007 年版，第 2000 页。

④ 任重：《社会生态学视阈下的安吉模式》，中国林业出版社 2013 年版，第 85 页。

⑤ 因为本书将白族文化分为物质文化、制度文化和精神文化，因此在物质文化资源这部分，仅仅将文化资源定义为物质层面或者包含有精神层面的物质文化资源。

⑥ 李树榕、王敬超、刘燕编：《文化资源概论》，东南大学出版社 2014 年版，第 11-12 页。

⑦ 唐月民：《论文化资源的开发和利用》，《齐鲁艺苑》2005 年第 4 期。

源；二是文字与影像记载性文化资源；三是行为传承性文化资源[①]。本章以获取文化资源的途径为基本的分类标准，将文化资源分为物质实证性文化资源、文字与影像记载性文化资源和行为传承性文化资源。

二、大理白族物质文化资源的多维构成

根据上一节关于文化资源的定义和分类，我们可以将大理白族的物质文化资源定义为大理白族人民在长期的生产生活实践中创造出来的具有本民族地域特色、文化特色的物质成果。这一文化资源既包括器物、建筑等有形物质，也包括体现与白族特殊文化相关的价值观念、行为方式等无形精神价值的物质承载体，如婚俗、服饰、戏曲形式等。因此，可以将白族物质文化资源按不同形式分为以下几类：一是大理白族建筑和碑刻，这一类是实体性的白族物质文化，其所包含的白族文化特色可作为产业化开发的重要源泉；二是婚俗、戏曲、宗教仪式等带有白族独特精神的非物质性文化，但也有一系列物质承载体的文化资源形式，这类文化资源以其现代技术的可操作性以及文化的鲜活性与生动性成为当前物质文化产业化的一个重要方面。

（一）大理白族传统建筑与碑刻文化

1. 大理白族传统建筑

建筑是人类的栖居之地，是一个民族社会生产力、科技水平以及社会制度、意识形态、文化艺术的综合反映[②]。大理白族传统建筑的可供欣赏性可以总结为两点：首先是白族传统建筑的外形体现了白族传统文化的独特性。就白族传统建筑而论，白族的民居，无疑是白族人民生活中不可或缺的部分，每一个来到大理白族地区的人，可能首先都会被当地一幢幢青瓦白墙、雕梁画栋的民居所吸引[③]。其次便是白族传统建筑的选址和朝向等蕴含着科学的道理。这是大理白族先民在长期的历史演变过程中总结出来的生存哲学，从现代建筑学意义上看，白族民居的生态建筑文化就是关注人与建筑、自然的文化，这同中国农耕文化的“天人合一”宇宙观，有着根本的一致[④]。

① 李树榕：《怎样为文化资源分类》，《内蒙古大学艺术学院学报》2014年第3期。
② 贾银忠：《中国少数民族文化产业发展概论》，民族出版社2012年版，第27页。
③ 董秀团：《白族民居》，云南大学出版社2006年版，第1页。
④ 周兵：《云南白族民居中蕴涵的生态建筑文化》，《云南农业大学学报（社会科学版）》2014年第1期。

首先，从白族民居的选址上看，大理白族民居深受当地文化及其独特的自然条件、环境等方面的影响，其选址体现出了浓厚的生态精神。按照白族传统的风水观，白族民居建筑的“聚落选址要找能够‘蕴藏生气’的地点，即要做到：背风向阳，后有依托，前有对景，水路环抱，干湿适宜”[①]。可以说这样一种择地观蕴含着丰富的与自然相适应并形成良好的生态循环的思想。学者也对这一原则做了解释：民居依山，可以取得丰富的生活资源，防止洪涝；傍水有利于灌溉、洗涤、饮用[②]。同时，白族民居追寻着自然和谐的原则。从苍山马龙遗址的发掘看，依山建屋是白族传统民居在选址修建时所遵循的原则，因此白族民居建筑多建于缓坡地，背山面水，在自然条件下就地取材，因地制宜的建造，形成了顺应天成、融合自然而又极具生态价值的风格特征[③]。

其次，大理白族传统民居的朝向也具有科学的道理。大理地区以风大著称（如下关最大风速为 40 米 / 秒），雨量充沛，年降水量在 1000 毫米左右，下雨时飘雨也深，民居建筑经过长期实践，积累了一些相适应的经验，形成民居的地方特点，例如在朝向、布局上很注意进风，内院厦库出槽较深，采用石板封槽等[④]。与传统的汉族民居不同，大理的白族民居绝大多数是坐西向东，这是白族民居建筑的一个突出特点。对于大理白族民居的这种朝向，学者给出了几种解释：“有一种说法：认为其原因是白族敬拜太阳，如希腊雅典卫城的帕提农神庙一样为了迎接清晨的第一缕曙光而正门朝东。但民居不比神庙，是人们朝暮与共、生活息息相关的场所，人们不会因为一时的需要而牺牲主要的生活条件。还有一种说法：白族也同世界上有些民族一样把房子朝向神在的位置，以示对神的崇敬。”[⑤]但从大理所处的地形地貌及其自然环境来看，这种房屋的朝向还应考虑大理白族人民在长期的历史活动中所积累的适应自然的经验。大理地区的气候热点是“常年风向是南偏西和西风，风力及频率都相当大，尤以下关为著”[⑥]。对于房屋的建造，无论是从建筑还是施工的角度考虑，避风是房屋布局的一个十分重要的问题。大理白族民居坐西朝东的另外一个重要的原因是适应地形，我们都知道，云南横断山脉走向南北，该地区城镇，多选择在傍山东麓的缓坡地带，就这样的地势建造房屋，不论从建筑和施工的角度上

① 大理白族自治州规划建设局、大理白族自治州土木建筑学会编：《大理建筑文化论》，云南民族出版社 2006 年版，第 222–223 页。

② 张崇礼：《白族传统民居建筑》，云南民族出版社 2007 年版，第 30 页。

③ 张崇礼：《白族传统民居建筑》，云南民族出版社 2007 年版，第 29–30 页。

④ 云南省设计院《云南民居》编写组：《云南民居》，中国建筑工业出版社 1986 年版，第 17 页。

⑤ 张崇礼：《白族传统民居建筑》，云南民族出版社 2007 年版，第 31 页。

⑥ 云南省设计院《云南民居》编写组：《云南民居》，中国建筑工业出版社 1986 年版，第 24 页。

考虑，自然以靠山面东最为有利[①]。过去白族人民认为“正房要有靠山，才坐得起人家”，就是说要使房屋主轴线的后端正对着一个附近认为吉利的山峦，最忌对着山沟或空旷之处，而这一地带的山都在西边，所以形成正房一般向东，至于偏南偏北，则随所靠岗峦的位置而定[②]。

从白族民居的选址和朝向来看，大理白族的民居模式是在一定历史时期，在一定地理单元内，与一定自然环境和一定文化环境相适应的适应性模式[③]。这种适应性表现在：“在自然面前为满足生活需要而对住屋形态的不断选择。经日积月累，以一种具有一定独到之处的，被社会群体普遍接受的住屋形态的诞生为其终结。”[④]或者简单地说就是“人是如何在最大程度上取自然之利，避自然之害，造就自己安居的乐土”[⑤]。白族民居建筑很好地体现了在早期的建筑设计中人们是如何适应自然的，可以帮助我们了解古人是如何适应自然，取自然之力而避其害，从而造就自己安居乐土。

2. 大理白族碑刻文化

碑刻文化是定格的历史、凝固的艺术，我们的先人书丹摹勒、刻石留字，使一些民族精神及其文化永续传承下来，乃至有着生生不息的动力。这些碑碣石刻或斑斑驳驳，或残损断裂，但它们以其较为典型的历史文化和艺术价值，时刻闪耀着文明之光，大理白族地区仅古代碑刻留存至今的就有1000余件，这些碑刻是写在金石上的书，是重要的历史文献[⑥]。

大理白族古碑的研究已经渐进成熟，当地对古碑刻已经做了大量编纂和公布的工作。1996年，大理市文化丛书编委会编辑出版的《大理古碑存文录》，可以说是大理古碑刻收录最为详实之作，其收录了大理市自唐代至中华人民共和国成立后的碑刻共450块碑文，内容有大理历史、名胜古迹、寺庙、人物墓志铭等[⑦]。这本资料集“凡市内现存之古碑刻或古碑拓片，有文字记述者，不择残全，均予收录”[⑧]。《大理历代名碑》则是将拓片的影印片与名碑的碑文集合在一起的一本书。关于此书的简介如下：仅选有一定史料价值的石碑180多通，每通都附拓片的影印件，拓片在前，碑文在后，使读者对碑的全貌有所了解，并逐篇写了简要的说明，以便读者参考，使用起来方便、简单、一目了然。此书的出版，为广大读者及有关专家学者方

---

①② 云南省设计院《云南民居》编写组：《云南民居》，中国建筑工业出版社1986年版，第24页。

③ 蒋高宸：《云南民族住屋文化》，云南大学出版社1997年版，第81页。

④ 蒋高宸：《云南民族住屋文化》，云南大学出版社1997年版，第106页。

⑤ 吴良镛：《广义建筑学》，清华大学出版社1989年版，第26页。

⑥ 颜忠军、方美君：《环保你我他：生活中的环境保护》，浙江科学技术出版社2008年版，第86页。

⑦ 薛琳主：《新编大理风物志》，云南人民出版社1999年版，第235页。

⑧ 陈子丹：《民族档案史料编纂学概要》，云南大学出版社2009年版，第249页。

便快捷地了解和利用大理古代名碑资料提供了有利条件[①]。与学界对大理古碑的挖掘与整理同步进行的是大理政府所推出的古碑的展示工作，例如，大理市博物馆碑林中涉及的大理名碑的展示便是当地为旅游者提供的丰富的文化盛宴。

（二）大理白族的扎染工艺

扎染古称扎缬、绞缬、夹缬和染缬，是中国民间传统独特的染色工艺。它是织物在染色时部分结扎起来使之不能着色的一种染色方法，是中国传统的手工染色技术之一。扎染工艺分为扎结和染色两部分。它是通过纱、线、绳等工具，对织物进行扎、缝、缚、缀、夹等多种形式组合后进行染色。2006 年，大理白族的扎染工艺被评为国家级非物质文化遗产。

大理白族的扎染自身具有非常鲜明的特点。大理的周城白族扎染是大理白族扎染的代表，国家非物质文化在这里传承，大理白族的扎染有一千多年的历史，是祖祖辈辈传承下来的古老技艺，只能纯手工制作，无法用机器替代。周城古法扎染色彩以蓝白为主，图案取自大自然的花鸟鱼虫，尤其以蝴蝶最为普遍。大理白族的古扎染坊，以蜡白为主；现在也做了部分创新，现在像段银开夫妇创办的璞真扎染厂就有创意性，除了过去这些黑白画以外，在创新、创意的基础上，还有花鸟鱼虫这类的扎法。

大理白族的扎染制作工艺也非常复杂。每一个产品、每一件作品都是通过千针万线制作的，复杂一点的产品需要五六千（针），简单一点的需要三四千（针）才能扎好。这种复杂的制作工艺需要大量的手工来完成，而无法用机器来替代，在大理的周城，几乎每家每户的妇女同志，都或多或少会从事与扎染有关的活计，而且她们都是以耳濡目染的方式形成了扎染工艺的代际传承，不通过一般性的教学学习，大家对于扎花这个环节都会，掌握的技艺也比较好，因此在当地也形成了“家家户户有染缸、家家户户有扎染”的形态。

大理扎染从形式到内容，都反映出白族对他们所生活和居住的环境的认识和理解，具有非常鲜明的民族特色，因此也成为非常独特的一种物质文化形态。另外，它的工艺传承是通过大理白族地区的群体社群日常行为来传承的，不是通过现代形式的工艺学校来完成的，因此就成为一种非常独特的物质形态，这也是它之所以成为全国非物质文化遗产的原因，而扎染产品则成为大理白族一种非常重要的物质形态。

（三）大理白族木雕艺术

云南大理白族还有一种非常重要的物质文化形式，就是剑川木雕。剑川木雕具

---

① 陈子丹:《民族档案史料编纂学概要》，云南大学出版社 2009 年版，第 249 页。

有非常鲜明的民族特色，剑川在1966年就被原国家文化部命名为“中国木雕艺术之乡”。2011年，剑川木雕被国务院列为第三批国家级非物质文化遗产保护名录。在大理当地有一句民间谚语“丽江粑粑鹤庆酒，剑川木匠到处有”，足见大理剑川木雕自古以来的影响力之广。

剑川木雕不仅是一般的一种木雕形态，它的整个发展历史非常久远，也是大理白族几千年文化传承的表现和物质凝结。在大理的海门口遗址，出土的木制生产工具和大量的“干栏式”建筑，证实了剑川的先民早在5300多年前就掌握了一定的木雕技艺，可见剑川木雕文化源远流长。历史上木雕工艺往往是服务于寺庙建筑和宫廷建筑，是偏官方的。在2008年第三次考古活动的时候，在大理的海门口遗址中，找到了剑川先民5000多年前居住在这个地方的证据。这个时间比殷商还早，考古学界称为史前，就是旧石器到青铜时期的文化。在该遗址中，挖掘出来了船、桨、梳子，这种雕刻的器物可以看作剑川木雕的源头。

唐宋时期，借助修建宫廷建筑的契机，剑川木匠见识了其他地方木匠的工艺，吸收了中原内地的建筑形式，还广泛借鉴南亚、东南亚的建筑风格，剑川木雕工艺蓬勃发展。往后几个朝代，剑川木匠也经常被召集到京城，参与都城的修建，很多地方都留下了剑川木匠的作品。唐宋时期，剑川木雕达到发展的顶峰，这是唐王朝的需要，需要有一个统一的政权，抵御吐蕃不能再前进，所以就建立了南诏大理国。南诏大理国建立以后，就需要建造皇宫。在《南诏图传》和《张胜温画卷》里边一直能够看到这种高超的建筑艺术，还有所谓的“火烧松明楼”这些故事（松明楼也与剑川木雕有关）。当时的建筑艺术已经非常高超了，（建筑）上边的梁架结构像蜘蛛网一样结起来，《蛮书》等很多史书里面都记载了南诏的雕刻艺术。当国家需要木雕建造工艺的时候，就召集剑川的木匠过去，这些人就要成立一些作坊，为国家提供服务，创造了一种独特的地方文化。

清朝有一位县令统计过剑川的木雕到过哪些地方，当时剑川的木雕已经遍布了滇、黔、桂7个州县……腾冲、德宏、保山、丽江、香格里拉，现在昆明的金马碧鸡坊都是剑川工匠做的。圆通寺、丽江古城、剑川古城、沙溪古镇、保山德宏的这些古寺庙，无不散发着剑川木雕的气息。

剑川极高的森林覆盖率为木雕提供了原材料，这是早期剑川木雕蓬勃发展的主要原因，该地区属于横断山脉老君山支系。要做木雕，没有木头是做不成的。剑川的植被覆盖率在70%以上，历史上的覆盖率更高，只有这样才能有木头提供给老百姓来雕刻。中国历史上一个王朝要重新建立一座皇城的时候就大兴土木，而很多地方都是砖瓦和石块作为主要材质，唯独在剑川古城，再到沙溪，木材作为主要建筑材质，剑川有25个村子被住房和城乡建设部评为传统村落，作为世界濒危建筑遗产的沙溪，还有剑川古城、西门街一条街都是国家重点保护文物单位。这些都是剑川木雕艺术的经典之作。

剑川木雕不仅是历史，其成品当下仍然深受消费者青睐，剑川木雕不论是雕刻方式还是内容都反映出大理白族较为明显的民族传统。

（四）大理白族具有物质承载体的精神文化资源形式

除了上面部分所提到的大理白族传统民居建筑和碑刻、扎染和木雕之外，体现大理白族文化特色的还有一些具有特殊文化形式的风俗习惯，这些文化风俗也是文化资源的重要组成部分，如三月街、本主节、绕三灵、白剧等节庆活动以及白族的婚俗等。

白族“绕三灵”是大理白族地区一种宗教祭祀仪式与游春活动相结合的传统民俗活动，是最为典型的大理白族仪式化的文化空间，是白族人民传承千年的杰出文化遗产。“绕三灵”用白语称为“观三览”，“三灵”指“佛都”“神都”“仙都”三个圣地。每年农历四月二十三日至二十五日，成千上万的白族人民夜以继日地从他们居住的村落聚集到游春行列中，从大理古城的城隍庙出发，沿途经“佛都”崇圣寺、“神都”庆洞本主庙、“仙都”洱河祠，最后在马久邑村本主庙结束活动。每到一地人们都要举行隆重的祭祀、庆祝活动，以歌舞娱神、娱人，祈求风调雨顺、清吉平安。白族“绕三灵”在 2006 年 6 月被国务院列入第一批国家级非物质文化遗产保护名录①。

与“绕三灵”同样具有白族特色的还有“三道茶”，“三道茶”经常出现在大理白族的许多重要时刻，比如贵客临门、迎娶新人时。大理洱海游船上“三道茶”歌舞长盛不衰，大理喜洲等地旅游景点的“三道茶”文化茶座人气高涨，大理党委、政府高度重视白族“三道茶”的产业发展和保护传承，为了使白族“三道茶”产业健康有序地传承发展，大理州政府组织大理文化、旅游等相关部门开展调研，并出台了相应的保护管理办法和产业发展实施意见，力争将白族“三道茶”打造成大理文化产业的一个新亮点②。

除此之外，大理白剧、大理扎染和木雕工艺品等都是可供开发的文化资源，这些文化资源携带着大理白族丰富且独具特色的文化基因，在旅游开发与产业化发展的过程中必将成为当地经济发展的亮点。

① 关于“绕三灵”的具体简介可以参见大理州政府官方网站的介绍。
② 关于“三道茶”的具体简介可以参见大理州政府官方网站的介绍。

第二节　大理白族物质文化产业化与地区经济发展的关系

物质文化资源的产业化发展对区域经济增长具有直接影响，特别是对于物质文化资源丰富的大理白族地区而言，其对这一区域经济增长有着特别突出的作用。物质文化产业既符合一个地区的经济社会向多元动力、混合动力发展的市场逻辑，又能够不断地颠覆原有动力结构并优化经济结构，为一个地区的经济提供新的增长引擎，使一个地区的区域经济获得较大发展。依托物质，一个地区可以形成一个较为完整的文化产业，并有助于带动一个地区旅游业和整个第三产业的发展，促进地区经济增长。同时，物质文化产业对经济发展的带动效应对西部地区经济的发展具有很大的作用，因为西部地区的现代工业发展相对滞后，因此中西部地区因现代化发展相对滞后而得以保存下来的丰富文化遗产和自然生态资源，日益成为欠发达地区实现跨越式发展的基础文化产业，这对区域经济发展方式转型具有重要作用。尤其是对于少数民族地区，这里具有非常独特的物质文化资源，这些物质文化资源如果能够得到良好的利用和转化，可以进一步带动整个地区的经济发展。

物质文化资源产业化是通过市场将物质文化资源进行利用，以产生经济效益的行为。物质文化资源作为一种重要的经济资源，在经济发展过程中主要从两个方面促进区域经济的发展：一是促进区域产业结构优化升级以提高区域经济发展的质量；二是缓解经济发展中存在的资源约束以增强区域可持续发展能力。对大理白族所具有的独特的建筑、扎染、木雕等物质文化资源进行充分挖掘和利用，可以很好地推动当地经济的发展。

一、大理白族物质文化资源是地区经济产业的重要资源

物质文化资源在区域经济发展的过程中发挥着重要的作用，拥有丰富文化资源的大理白族地区，其依靠自身所具有的文化资源进行产业化开发是当地经济发展的首要选择，换句话说，大理白族地区自身所具有的丰富的物质文化资源是区域经济产业化的重要资源。

本书将大理白族物质文化定义为大理白族人民在长期的生产生活实践中创造出

来的具有本民族地域特色、文化特色的物质成果。这一文化资源既包括器物、建筑等有形物质，也包括体现与白族特殊文化相关的价值观念、行为方式等无形精神价值的物质承载体，如婚俗、服饰、戏曲等。可以看出，大理白族物质文化资源承载了白族庞大的文明史，是大理白族人民在长期的历史过程中总结的生活经验，具有深厚的文化底蕴和艺术价值。

（一）白族扎染与地区经济发展

喜洲是大理最早开发的地区之一，经济发展一直领先于大理其他地方，民间素有“穷大理、富喜洲”的说法。周城村作为喜洲镇下辖的一个行政村，也是白族最大的村庄，约有 80% 的农户参与到扎染加工制作中。周城白族扎染有一千多年的历史，是祖祖辈辈传承下来的古老技艺，只能纯手工制作，无法用机器替代。周城古法扎染色彩以蓝白为主，图案取自大自然的花鸟鱼虫，尤其以蝴蝶最为普遍。白族的扎染在民国时期就已经非常有名了，尤其是喜洲地区，这些扎染是其独特的地方工艺，周城的白族扎染远近闻名，不仅本地人会购买周城的扎染制品，而且其制品也被其他地区的人所认同，很多外地人会专门到周城附近购买扎染制品，或者自带布匹来周城进行加工。

历史上，扎染主要是通过家庭作坊的形式来进行生产，扎染手艺人会把自己生产的扎染制品拿到集市上售卖，或者会通过马帮运输到别的地区售卖。改革开放以后，有一些家庭形态的扎染作坊逐渐发展壮大，并形成了资本积累，他们中间有一部分具有开创精神的人开始成立企业，进行产业化的生产，逐渐形成了“企业加农户”的生产方式。

如今，扎染仍然是周城当地人重要的经济收入来源。周城村是大理地区扎染产业最为集中的一个村庄，目前全村有 18 家扎染坊，其中富有创意和个性特色的是蓝续扎染坊，另外有一家规模较大的璞真扎染厂，由省级非遗传承人段树坤、国家级非遗传承人段银开夫妇创办。截至 2018 年，扎染、白族服饰和旅游产品加工占全村经济总收入的 26.7%，旅游业产值占地区生产总值的比例为 72.4%，周城每年的游客量大约为 193000 人次。在调研中，周城村的董副书记表示，扎染已经成为当地生活的一部分，在 1996~1997 年的时候曾经是生活的大部分，现在虽然在经济中的比重有所下降，但是仍然是生活中的最主要的成分之一，全村很多家庭靠扎染维持生活，还有家里面（孩子）读书、学生上学的学费都是由扎染（销售）的费用来维持。在大理地区，和周城村一样的村庄还有不少，其中有一些村庄的主业和周城村一样，还是制作传统的扎染产品；另外有一些村庄，虽然扎染产业不是村庄的主要收入来源，但是仍然作为家庭的补充收入来源而存在。

我们可以看到，围绕白族的扎染工艺形成的整个产业形态，已经成为大理部分地区重要的经济支柱，也成为当地家庭主要的收入来源之一，形成大理白族地区经济发展的重要推动力。

（二）剑川木雕与地区经济发展

中国木雕工艺主要分八大流派，大理白族地区的剑川木雕是我国木雕工艺中极具代表性的一个流派，自古以来的影响力之广。剑川木雕成品当下仍然深受消费者青睐，对拉动地方经济发展做出了突出贡献。

通过考古发掘，剑川木雕 5000 多年前就出现在大理白族地区，到唐宋时期达到顶峰。进入现当代以后，因为剑川地区地理环境相对比较闭塞，受现代建筑风格的冲击较小，所以保留下来了大量木雕建筑。剑川木雕不仅是一个个器物或者建筑形态，而且是文化的载体，承载着白族居民对美好生活的希冀。剑川木雕手艺本身在发展过程中也借鉴了中原地区的特色，因此在木雕文化中也蕴含了大量中华民族的传统文化。由于剑川木雕所具有的精湛的工艺性和丰富的文化内容，其作品具有着非常巨大的吸引力。剑川地区凭借其木雕工艺和木雕建筑，也成为云南地区的一处重要的旅游目的地。

剑川木雕已经适应了现代社会的发展需求，现在仍然是白族民居不可或缺的一部分，同时得益于木匠的大胆创新，木雕产品的门类越来越多，传统的剑川木雕主要应用于建筑、家具、摆件等方面，而当下木雕产品越来越多，木雕制品的功能也越来越丰富。在成为当地重要文化标识的同时，木雕在拉动经济增长方面也发挥着巨大作用。同时，得益于政府和社会各界的支持，剑川在木雕文化的传承发展上也有了长足进步，剑川木雕弘扬了白族的民族文化，也成为当地的富民产业，对地方经济增长做出了巨大贡献。

截至 2018 年，剑川木雕已经出口到 127 个国家和地区。把工匠送到专业的美术学院进行培训，在某种程度上能拉近剑川木雕与现代审美观念的距离，能够提高剑川木雕的市场竞争力。木雕成为剑川尤其是剑川县甸南镇狮河村村民的主要经济收入来源。剑川木雕通过旅游带动起来以后，在建筑上附着的雕刻，成为旅游地的工艺品，又被做成了家具，剑川木雕带动的产业也是剑川富民产业中最大的一个。木雕从业人员有 2.2 万，年产值有三亿多元。剑川地处滇西北，现代工业在当地的发展有限，但是剑川群众抓住乡村振兴战略的契机，大力发展木雕工艺，以及围绕木雕工艺和建筑的旅游业，使物质文化遗产有效转化为经济收益，实现了当地群众增收致富。

当前，剑川地区木雕产业在发展过程中将传统手工艺和旅游业结合起来，依托艺术小镇，把分散的家庭作坊集中起来，统一进行木雕产品拍卖、交易以及木雕体验，在谋取经济利益的同时宣传民族文化，通过文化传播带动木雕产业化发展。剑川地区转变思路将旅游业激活，然后把手工艺传承保护下去，把搞活旅游和振兴木雕产业结合起来，实现了木雕销售及文化宣传质的飞跃，极大地促进了当地经济的发展。

（三）大理白族其他物质文化与地区经济发展

除了扎染和木雕这样的传统工艺制品，大理白族的民居、碑刻以及以婚俗或者节庆活动为代表的物质文化，作为白族历史的见证和传统文化的重要载体，也具有很高的观赏价值，对游客具有较强的吸引力，是旅游资源的重要组成部分。因此，对白族物质文化资源进行产业化开发的一个重要途径就是对这种物质文化资源进行展示和宣传。例如，可以将历史名胜古迹、古遗址、古遗迹、古建筑等进行保护性开发，使其作为著名的旅游景点；对传统碑刻进行博物馆或者旅游地展示，充分发挥其文字承载价值；而对于与白族民居和碑刻相关的民间故事和风俗习惯等，可以借助媒体或者娱乐媒介的作用加以展示，如近几年比较火的文化创意[①]产业对少数民族文化的创意性开发。

围绕这些物质文化，大理的旅游发展非常迅速。2010年，大理的旅游人数为1216万人次，旅游业总收入为101亿元；到了2015年，旅游人数为2928万人次，旅游业总收入为388亿元；而到了2018年，旅游人数增长到了4711万人次，旅游业总收入增长到796亿元。从2010年到2018年，旅游人次增长了约280%，旅游业总收入增长了约688%，增长的速度非常惊人，这表明以大理地区的物质文化为核心发展起来的旅游行业，极大地推动了整个大理地区经济的发展[②]。

但我们也应该注意到，我们上文所提到的蕴含白族特色文化观念的传统民居建筑和碑刻文化具有不可再生性和稀缺性的特点，因此，我们这里所讲的产业化开发是在保护的前提下开展的，即开发是建立在保护的基础上的。在保护的基础上，要注重对其核心的文化基因进行保护和开发，以保持文化资源的内在“生命”特征，从而也保证了文化产业所利用和开发的文化产品能够符合文化遗产的本真性[③]。

---

① 文化创意是指依靠创意人或创意组织的智慧、技能和天赋，借助于高科技、新媒体对文化资源进行创造与提升，通过知识产权的开发和运用，产生出高附加值生态型产品或文化服务，实现文化传播、财富创造以及就业机会增多的新型文化创意产业。参见郑喜淑：《少数民族文化资源保护与文化产业研究》，博士学位论文，中央民族大学，2010年。

② 云南省统计局：《云南统计年鉴2019》，中国统计出版社2019年版。

③ 张佑林：《文化：可持续发展的基础》，经济科学出版社2014年版，第152页。

二、大理物质文化资源产业化促进了产业结构优化

区域产业结构合理与否直接影响着区域经济的发展。传统的以“拼资源”“拼消耗”为主的区域传统产业发展模式[①]的弊端已经成为制约区域经济发展的重要因素，如何实现区域经济发展的转型升级以提高区域经济发展的质量成为当前区域经济学关注的焦点问题。

从区域结构上看，相比于东西部的很多地区，云南大理的地理位置并不是很优越，也不容易形成现代化的产业，如果仅仅是引入一些“拼资源和拼消耗”的产业，并不会比东西部地区更有优势，不论是运输成本，还是人力资本、资源条件都不如东西部很多地区，很难发展出来诸如钢铁、汽车制造等现代工业，但是当地如果仅仅依赖于传统的农业，也很难获得进一步发展。在这样的条件下，大理地区很多传统物质文化产业就逐渐成了当地的支柱产业，并且也带动了当地的旅游业等第三产业的发展。

以大理的剑川县为例，剑川县最出名的就是剑川木雕，并形成了一整套木雕产业，木雕产业和旅游业共同改善了当地的产业结构状况。很多外地旅游者都因剑川木雕而慕名来到剑川，木雕产业带动了旅游业的发展，与此同时，旅游业也促进了剑川木雕产业的发展，在建筑上附着的雕刻，成了旅游的工艺品，又被做成了家具，现在很多房子上面也有。现在剑川木雕厂里和木雕作坊里木雕门类越来越多，并且木雕成品出口到120多个国家和地区。现在剑川木雕带动的产业也是剑川富民产业中最大的一个。木雕给当地带来了大量就业岗位，也带动了手艺人和小作坊的发展，当地很多没有读大学的年轻人，都从事木雕行业。由于国家对当地以木雕为核心的产业进行扶持，当地的木雕产业发展很快，并且有了专门的传承人，中央美术学院还在剑川设立了剑川木雕工作站，剑川当地把工匠送到中央美术学院进行培训，提高了这些人对中国乃至外国的木雕艺术的认识。当地很多工匠是在初中或高中毕业以后，就去做木匠，手艺很是精湛，但是他们讲不清楚剑川木雕和其他木雕有什么区别。这些培训提高了他们的艺术修养和文化修养，同时他们从浙江东阳木雕等当中吸收了一些刀法和记忆。技艺在互相交融，文化在互相传承，当地的木雕产业获得了较大的传承和发展。

同时，依靠木雕制品和历史上形成的聚集目标作品的村寨，剑川当地形成了一大批特色村寨，也带动了旅游服务业等第三产业的发展。狮河木雕村是剑川当地

① 严荔：《文化资源产业化开发的区域实现机制研究》，《四川大学学报（哲学社会科学版）》2013年第2期。

的一个特色村寨，里面有大量有特色的木雕房屋、家具、古街等，形成了具有吸引力的旅游资源，带动了当地旅游服务业的发展。剑川还建设了木雕遗产保护中心和木雕遗产研究院，专门研究和保护当地的木雕文化。剑川著名的木雕工艺师董增旭谈到这个问题的时候说道："实际上，木雕工艺保护好了，就是我们脱贫致富的门道，就是手艺人能够靠他的手艺脱贫致富。现在剑川很多手艺人靠他的手艺养活自己的家庭，现在有一句话是说：'饥荒三年饿不死手艺人！'这都表明了剑川木雕已经成为当地的一个支柱性产业，也成为当地家庭的一项重要经济来源。"除了剑川的木雕工业以外，当地还有类似扎布、陶艺等具有本民族特色的物质文化产品。虽然剑川没有现代化的工厂，也没有大的矿产资源，但是依托当地的物质文化和当地良好的自然环境，当地的民族手工艺产业和旅游业得到发展，产业结构得到优化。

依托各民族独有的物质文化资源带动旅游业等服务业的发展，已经成为大理地区经济发展的新的增长点，当地围绕部分传统物质文化产品形成了一批支柱产业，这为区域经济发展方式的转型优化提供了有益的尝试。有学者曾经总结这种模式，认为通过文化产业促成民族地区区域经济发展方式转型已超越了单纯的经济领域，包含了经济增长方式转变、社会公共需求转变以及基于这两大转变基础上的政府公共管理职能转变[①]。可见，以物质文化产业为主导的区域发展新格局的形成有利于推进区域经济朝着良性方向发展，而这一发展主要是通过发展传统物质文化产品，形成新型化的第二产业，并带动旅游业等第三产业，从而最终影响区域产业结构的优化来达成的。区域产业结构的优化是依托区域内特色物质文化资源而形成的，民族地区应大力发展与民族特色文化资源相联系的物质文化产业或优势产业，并在物质文化产业联动的影响下，形成以物质文化产业为主导的区域产业新格局，推进区域产业结构的优化。

我们再以大理白族周城为例，周城作为闻名中外的"金花之乡""扎染之乡"，近几年来先后荣获"全国民族团结进步先进单位""中国特色经济村""小康村""亿元村"等一些荣誉称号。改革开放以来，周城经历了改革开放的大潮，及时转变产业发展模式，在积极发展农业和传统手工扎染、民居建筑、特色农产品加工的基础上，着力发展以白族特色餐饮、民俗工艺品等零售业为主业的个体工商业，同时依托周边景区蝴蝶泉风景区和特色民俗文化业大力发展旅游经济，在取得经济收益的同时还解决了大部分农村富余劳动力的就业问题。文化与社会经济共同

① 傅才武：《论文化产业对区域经济社会发展方式转型的作用——以湖北省为例》，《华中师范大学学报（人文社会科学版）》2012 年第 4 期。

发展是周城白族文化村优化产业结构的成果。

2017 年，大理全州地区生产总值（GDP）1066.5 亿元，比上年增长 9.7%。分产业看，第一产业增加值 214.95 亿元，同比增长 6.0%；第二产业增加值 409.6 亿元，同比增长 10.4%；第三产业增加值 441.96 亿元，同比增长 10.8%。三次产业结构由上年的 21.1∶38.2∶40.7 调整为 20.2∶38.4∶41.4[①]。从经济学的角度看，文化资源的产业化开发属于第三产业的重要组成部分，而第三产业的发展则是区域经济产业结构调整中不可或缺的部分。从大理政府所发布的 2017 年的经济发展数据来看，第三产业在全州 GDP 的比重已遥遥领先于第一、二产业，成为全州产业结构中的新兴产业，且其发展的势头有增无减。

三、物质文化产业化对地区经济发展产生关联带动效应

文化产业具有特殊的产业属性，其在发展的过程中有着很强的产业关联效应和波及效应，出现了文化产业集群的现象。“文化产业集群是众多相互关联的文化企业或机构共处一个文化区域，形成产业组合、互补与合作，以产生孵化效应和整体辐射力的文化企业群落或产业集聚”[②]。这种集群现象正是区域文化产业关联效应的重要体现，总体来看，文化产业的产业关联效应表现在两个方面。首先，文化产业对其发展所需的外部支持产业有着关联效应，如餐饮、建筑、交通运输等行业。其次，文化产业还对其内部发展所需的各种行业产生关联效应，如网络传播行业、传媒影视业、广告业等行业。文化产业的发展都需要这些行业的内外部支持与拉动，而这种波及效应也表明，文化产业的发展并不代表文化产业自身所带来的经济增长，这种关联效应还能拉动其他相关产业的财富增长。

以大理的扎染产业为例，大理地区的扎染是个很古老的传承工艺，是一个古法的传承，原来只是用在服装上，白族人很淳朴，就把手工扎染制品传承下来，当作生活的必需品。大理白族地区的扎染都是蓝色的，所展现的蓝天白云，正是苍山洱海之间的蓝天白云。白族扎染最传统的就是蓝色，用染料染成的，扎染和当地人的生活是息息相关的。比如说，家里有小孩出生，那么父母就要为他准备一个带有八卦的披肩披在他身上，起到保平安的作用。平常时，家里面的一些生活用品，包括桌布、台布、被子都是生活必需品；准新娘要亲手缝制自己的一些嫁妆，作为出嫁的嫁妆必须是自己亲手缝制的。人到一定年纪的时候，家里要为两位老人准备新的寿衣，男性是不染色的一身长衫，女性就是扎花头巾

① 参见中国统计信息网：http://www.tjcn.org/tjgb/25yn/35490.html。

② 刘立云、雷宏振：《产业集群视角下的文化产业与区域经济增长》，《东岳论丛》2012 年第 3 期。

等，必须是全新的、板蓝根扎染的。近些年，随着时代发展，扎染工业还发展出来很多新的生活用品，并且和现代的生活用品需求做了衔接，并进一步带动白族其他相关旅游产品的发展，由于白族旅游产品的加工都在家纺（家里的作坊），在扎染的带动下，当地人还进一步发展了白族服装的刺绣工业，并且除了人工刺绣以外，还追加投资，进行机器刺绣，机器刺绣也成为一个产业。扎染、刺绣、白族服装都是联系在一起的，大理当地广为认知的扎染产业不断延伸，并形成了一系列相关的特色产业，扩大了产业范围和产品种类，带动了关联产品的发展。

由于大理本身环境比较好，原来传承下来的扎染就是青白的，意思就是清清白白，形成了非常鲜明的地方特色服饰。很多外地游客来到大理，就会好奇当地的扎染是怎么做出来的，当地人就把古法的扎染传授给他们，让他们体验，然后他们就拿着自己制作的产品，自己又学到了扎染的做法。这些外地游客在了解扎染的过程中，也就了解了周城，了解了白族文化，带动了其他产业的发展，旅游收入随之增加。这既提高了从业者的收入，也全面提高了村民的收入。

在调研中，扎染世界文化遗产传承人段银开谈到扎染对当地经济的关联带动时，说道："在游客他们来了周城以后，要在这里吃吃饭、住一晚。你看最起码他们了解到很多白族文化，不可能说他们来这里仅仅是看扎染，白族的美食、建筑、风俗（都能了解到一些）。你看我们的扎染，以前（周城）是一个最美的自然村，说句实话，可能在云南，我们这里的人都穿民族服饰，在一个小院子里面，（聚集）四五个人，唠叨唠叨，说点话、唱点歌、扎点布，虽然挣不了多少钱，但是那种开心的日子特别好、特别美。风景特别好，自然的风景，你不需要去打造它，（就）特别漂亮。"段银开老人的这番话，实际上表明的就是以扎染为核心的物质产品的带动下，当地独有的风土人情对旅游人群产生了巨大的吸引力，推动了当地整体经济的发展。

传统的扎染工业品在当地人的开发下，形成了一个以扎染为核心，带动其他关联产品，进一步带动旅游等其他产业发展的路径，从一个单一产品发展出一个较长的产业链，对当地经济的整体发展起到了关联带动作用。

由此可见，不仅文化产业自身的发展能够带动区域经济增长，其所具有的产业联动效应的存在有利于优化区域产业结构，通过产业集聚的方式增加区域经济发展的总量。

民族文化产业也是我国经济发展的一个重要产业。在很多民族地区，尤其是少数民族地区，民族文化产业更是当地充分利用本民族文化资源转变经济增长方式、消除贫困、增加就业、缩小地区差距、实现跨越式发展的一个重要途径。在"云南模式”的成功带动下，很多省份和地区的民族文化产业都得以快速发展，关于文化产业的理论研究也日趋完善。诚然，相比发达省区，少数民族省区的文化产业刚刚起步，由于种种因素的限制，其发展较为滞后。但我们必须要承认的是，民族文化产业正在紧跟世界的步伐，以前所未有的速度前进着，正在成为少数民族地区新的经济增长点。

第三节　大理白族物质文化产业化的实践路径

白族文化资源丰富，种类多样，具有发展文化产业的资源性优势。发展文化产业，必须立足于本民族文化资源禀赋，进而确定适合区域文化产业发展的模式，因地制宜地推动区域文化产业可持续发展。具体来看，大理白族物质文化资源进行产业化开发需要大力挖掘其文化资源，利用这一资源优势发挥文化旅游业龙头产业的作用；同时，利用现代化的数字媒介大力发展文化创意产业，并努力打造具有本地特色的文化品牌。

一、用物质文化资源进一步带动旅游产业发展

通过上面的分析，我们可以看到，白族物质文化资源虽然十分丰厚，但当地仅仅生产传统的民族特色的产品，产业的发展还比较有限，这部分物质文化资源如果能与旅游业相结合，带动旅游产业的发展，那么对大理当地的经济发展会起到很大的推动作用。通过深入挖掘白族文化资源，将其中体现白族传统文化意蕴的内容加以丰富和推广，必将增加其对游客的吸引力，进而打造具有本民族文化特色的文化旅游业品牌，从而将文化资源优势转变为文化产业优势。

（一）文化旅游产业与文化遗产的开发

2005 年，国务院发布了《国务院关于加强文化遗产保护的通知》，这一通知对文化遗产的定义作了明确解释，该通知指出：

文化遗产包括物质文化遗产和非物质文化遗产。物质文化遗产是具有历史、艺术和科学价值的文物，包括古遗址、古墓葬、古建筑、石窟寺、石刻、壁画、近代现代重要史迹及代表性建筑等不可移动文物，历史上各时代的重要实物、艺术品、文献、手稿、图书资料等可移动文物；以及在建筑式样、分布均匀或与环境景色结合方面具有突出普遍价值的历史文化名城（街区、村镇）。

除了直接的物质文化遗产，还出现非物质文化遗产以一般性的方式存在的情况。非物质文化遗产是指各种以非物质形态存在的与群众生活密切相关、世代相承的传统文化表现形式，包括口头传统、传统表演艺术、民俗活动、礼仪与节庆、有关自然界和宇宙的民间传统知识和实践、传统手工艺技能等以及与上述传统文化表现形式相关的文化空间。

从国务院对“文化遗产”的这一定义来看，文化遗产因产生地点、环境不同而具有不同的文化内涵，这是发展少数民族文化旅游产业的重要方面。挖掘各少数民族文化遗产的文化内涵，并对其进行产业化开发，可以使游客通过旅游体验白族特定的文化内涵，从而在享受文化丰富性的过程中获得精神的愉悦感。因此，从地方经济发展的角度来看，文化旅游产业依照旅游市场要素对社会历史文化资源进行开发和配置，以此拉动旅游者对于文化旅游的消费需求，最终形成文化旅游产业体系[①]。这一过程既促进了历史文化遗产的开发，促进了当地经济的发展，同时又使历史文化遗产得以传承和保护。例如，最近几年大理加大物质文化遗产开发力度，形成了国家级文物保护单位。

（二）大理白族文化旅游产业的发展思路

打开大理白族自治州人民政府的官方网站，选择文化大理，便能看见网站中关于大理地区民族文化遗产、历史人物、历史事迹等的介绍，其中白族文化和白族建筑占据了重要地位。因此，从目前来看，大理白族的民族文化旅游业取得了一定的发展，但这些文化资源因为技术手段等条件的限制，开发的程度还不够完善，因此应当进一步挖掘具有白族特色的文化资源，打造具有白族本民族象征意义的文化旅游精品。

（1）加大力度挖掘大理白族特色文化资源。在上面的分析中，我们已经提到，少数民族的文化遗产是“一个民族在近现代的社会发展、社会生产和社会生活的反映”[②]。对文化遗产的开发利用是使其文化意蕴得以展现、使其魅力得以散发的过程。但从目前大理白族文化旅游业发展的情况看，其主要注重文化形式和样态的开发与展示，但对其物质形态背后的文化意蕴的揭示和开发的力度不够。本章所阐释的白族物质文化资源是具有极高的开发价值和教育价值的文化产品，因此在后续的文化旅游业发展过程中，要因地制宜对这一部分文化资源不断进行开发和完善。另外，大理白族碑刻也具有十分丰富的文化内涵，同样具有很高的开发价值。这部分文化

① 张佑林：《文化：可持续发展的基础》，经济科学出版社 2014 年版，第 155–156 页。
② 广东省民族宗教研究院编：《民族宗教 1000 问（民族篇）》，广东人民出版社 2014 年版，第 272 页。

资源作为散落或者已经流失或正在流失的历史文化资源，也具有十分宝贵的历史价值，是需要及时挖掘和继续挖掘的。

（2）加强文化旅游产业基础设施的建设。文化基础设施的建设是文化产业化有序发展的前提和保障，云南为促进省内文化产业的发展先后出台了《关于深化文化体制改革、加快文化产业发展的若干意见》《云南省加快文化产业发展的若干政策》《深化文化体制改革实施方案》等一系列地方性的政策文件，其中文化基础设施的建设是其中关注的重要方面。根据学者的研究，“大理全州现已规划的文化建设项目有 100 多个，已开始实施的重大文化基础设施建设项目总投资近 11 亿元”[①]。例如，大理群艺馆拆除重建工程，项目总投资 6667.6 万元；大理非物质文化遗产博物馆建设工程，工程投资 1000 多万元，建成后将成为大理非物质文化遗产集中展示的窗口、国家级非遗项目白剧的传习基地和非遗活态展演的平台、非遗传承培训的课堂，集陈列展览、活态展演、传承培训、文化休闲等多功能为一体，同时面向社会免费开放。通过丰富多彩的展览、展演，宣传大理丰富的非物质文化遗产，对提升全社会保护传承非物质文化遗产的意识，促进非物质文化遗产保护传承工作的持续健康发展，丰富人民群众的文化生活具有重要意义[②]。

同时，大理的各县市也都启动实施了一批特色鲜明的文化建设项目，其中涉及白族地区的如《云龙县诺邓村旅游项目修建性详细规划》[③]。

（3）继续引导大型企业和集团助力大理文化旅游产业发展。大型的旅游集团和企业对于文化旅游产业的开发具有很多成功的经验，一些企业借助先进的管理理念和雄厚的资金实力，可以打造出非常具有典范意义的旅游目的地。大理当地旅游产业的开发也离不开这些社会力量的参与，当地应该吸收和引导这些大型企业进入大理当地的文化旅游业，参与文化产业的开发、建设、管理和营销。大企业的进入将为大理白族传统文化资源的开发利用提供充足的资金和技术支持，这为大理白族物质文化资源的产业化开发注入了强劲的动力。比如，2003 年大理引进云南盛兴集团投资 2.67 亿元，整体开发建设鹤庆新华村，将新华村建成特色明显、规模庞大的民间工艺品交易市场[④]，今天这个民间工业品交易市场供销两旺，成为大理当地旅游开

---

① 张晓明、胡惠林、章建刚：《2005 年：中国文化产业发展报告》，社会科学文献出版社 2005 年版，第 245 页。

② 参见《大理加快推进迎州庆四大文化工程建设》，具体网址为 http://yndl.wenming.cn/picture_news/201609/t20160901_2604803.shtml。

③ 参见《大理州云龙县加强文化建设助推旅游发展》，具体网址为 http://www.wangchao.net.cn/lvyou/detail_370011.html。

④ 参见《鹤庆：“龙潭之乡”到银都水乡　小锤敲过一千年》，具体网址为 http://blog.sina.com.cn/s/blog_4e225ef40100lcqi.html。

发的一个典型案例。因此，大理未来的旅游产业要想进步一发展，需要进一步吸引大型企业，通过大企业对文化资源的开发性投入，必然加快大理白族特色旅游产品的开发和营销力度，其所带来的也将是不俗的经济效益。

二、借助数字化媒介发展文化创意产业

文化资源的开发手段影响文化资源产业化发展的方向和经济绩效的实现，目前大理白族传统文化资源的产业化发展还“停留在旅游、休闲与会展、娱乐业的‘在地产业’‘在场产业’，还有文化制造业的物资经济与文化贸易的服务产业”[①]，例如当地民族风俗习惯的舞台展演、民族饮食的展卖等。这些产业化的路径无法拓宽大理白族文化产业化发展的道路，并不能更好地提升文化资源的价值和经济效益。始自 20 世纪 90 年代的文化创意产业，作为一种新型的产业形式，与传统的产业形式相比具有较大的经济发展优势和市场发展空间，因此具有极大的经济效益和社会效益。这一产业的特点是基于文化元素创意需要，由高科技、规模化生产成高附加值产品的产业[②]。这种文化创意产业的投入和发展，将使区域民族文化资源从“在地”“在场”的形式向“在线”的形式转变，这将极大地拓宽大理白族物质文化资源的影响力。因此，通过对大理白族物质文化资源进行文化创意产业的开发，以此实现这一文化资源的现代化转型，促进当地经济及文化产业结构的转型升级将不失为一种重要的战略构想。

（一）数字化媒介与文化创意产业的关联性

文化创意产业（Cultural and Creative Industries）以“文化”为核心，以“创意”为途径，以发展“产业”为目标，三者构成了文化创意产业的内涵。学界普遍认为这一概念“源自英国 1988 年提出的‘创意产业’”[③]。数字化媒介是文化创意产业借助的重要媒介。

大理白族拥有丰富的文化资源，这一文化资源必然成为独具创意的文化资源基础。借助数字化媒介，将科技融入文化的开发与保护过程，是大理白族物质文化资源得以留存与产生经济效益的重要保证。

---

① 皇甫晓涛：《文化再造：中国文化产业实操》，光明日报出版社 2016 年版，第 44 页。

② 卢涛、李玲主编：《文化创意产业基础》，武汉大学出版社 2014 年版，第 7 页。

③ 卢涛、李玲主编：《文化创意产业基础》，武汉大学出版社 2014 年版，第 5 页。

（二）大理白族文化创意产业的发展思路

物质文化遗产作为一种历史性的文化存在，如果不能跟随时代的进步展现其进步的样貌，以满足现代社会对于某些精神和物质的需求，将不可避免地消失在人类文明的进程中。

大理扎染工艺省级传承人段树坤针对大理扎染行业的发展提到这样的困难，他说道："大理扎染现在存在一个很重要的问题就是传承和发展问题，国家都在提倡传统工艺要走进现代生活，如何创造一些符合当代人审美的一些产品，然后我们这些土生土长的手艺人也好、传承人也好，知识层面、设计理念可能是跟不上这个时代的，我们最大的问题就是没法吸引更多的设计师，入驻到我们的白族扎染技艺当中，没法做出有特点的、具有现代设计理念的一些产品，它的这个面就走得不是很广。因为按照现代人的审美，一个产品化的拓展是需要与当代的有想法、有理念、知名的一些设计师合作，才能出一些好的作品、产品，这样就能导致（促使）我们周城村的白族扎染的名气变大。"为了应对这个问题，大理当地就应该吸引更优秀的设计师和文化创业产业方面的专家，与当地人一起进行真正的品牌化建设，并且开发文化创意产业。在有可能的情况下，要把大理的扎染引向国际，让它出现在国家的T台上、时装周上。同时在这个过程中，还应该借助数字化媒介的巨大力量，通过网络、更先进的数字化工具，把大理的扎染作品及其文化通过互联网和公众平台向中国乃至世界做推广和宣传，把更多人们的目光吸引到大理这片文化资源丰富的地方。

大理文化创意产业的发展离不开对大理物质文化本身的挖掘和宣传。针对这个问题，段树坤老先生也提出了自己的设想："提倡建一个大理扎染博物馆，一方面，博物馆的功能是挖掘、研究、传承、保护；那么产业化就是创新，提高它的附加值，树立它的品牌，提高它的知名度。这两条路，它必须分开走，（但又）同时进行。所以为什么我一直说文化产业的东西要明确地把它分开，文化产业就是注重（经济）效益，我们的文化是产业的一个灵魂，需要去挖掘、去研究，去创造、去传承，通过几代人的努力付出，才能够成就我们优秀的文化。因为大家都知道，五千年的文明历史，像我们国家这么多的传统文化、传统技艺（的传承），它不仅依靠市场，也要依靠现代化的互联网，更主要的是靠一种信仰、一种理念，一辈子从事一件事，然后真正地做好这个产品、这个作品，不回求付出（即不图回报），只要求它的质量。"一旦博物馆建成，则以博物馆为依托，借助现代化的数字化媒介，就可以对大理的扎染产品和文化做进一步的宣传和挖掘。

除了大理扎染文化以外，其他诸如木雕、刺绣等物质文化都应该吸收更多的外来力量，吸引优秀的设计师，并借助数字化媒介，进行文化创意产业的开发和宣传，充分挖掘大理白族文化中的物质文化资源，将这一资源优势转变为产业优势。利用网络、电视等数字媒体作为文化资源产业开发的手段，进行白族文化资源的产业化开发，例如，可以将白族传统民居、风俗习惯等拍成宣传片，这样既可以推动白族传统文化在当地的宣传，也可以将大理白族的传统文化资源带出大理，带出中国。可以说，将文化资源的产业化与数字媒体相结合是大理白族文化产业发展的一条重要途径。

三、打造具有白族民族文化特色的文化品牌

大理白族民族文化资源产业化的过程中已经有了一些文化产业项目，但还是缺乏与其文化资源开发长远目标相适应的民族文化品牌。大理白族文化产品的开发还比较分散，这就决定了白族文化资源开发中市场范围和广度的有限性，也就不能创造更大的经济效益。因此，大理白族物质文化产业化的过程中除了技术和物质保证之外，要把打造具有本民族文化特色的文化产业品牌作为一项重要的工作。另外，大理白族文化资源在产业化开发的过程中还需要建立相应的产权保护制度，大理是一个多民族聚集的地方，在不同民族混杂的条件下，如何保证大理白族文化资源的独特性，除了上文所提到的建立相应的品牌之外，还需要建立相应的产权制度。通过产权制度的确立以保证大理白族物质文化资源在开发过程中避免出现产业“同构”与产业“雷同”的现象。

从上文有关大理白族物质文化产业化与经济发展之间关系的分析中可以看到，大理白族物质文化的产业化是当地经济发展的重要支柱，因此，大理白族地区的经济发展必须把握好白族文化发展的比较优势，这既是促进大理白族地区经济发展的需要，也是大理白族地区经济实现可持续发展的必然路径选择，同时，文化产业的发展，为大理白族地区经济的发展增添了活力。

第六章　大理白族文化制度层次与市场组织效应研究

除大理白族物质文化外，其文化中所包含的制度文化对促进经济的发展同样具有不可估量的作用。这一作用主要体现在，大理白族制度文化中所包含的有关生产生活的制度性规约有利于资源的优化配置，可以促进当地市场经济环境的建立。本章在阐明制度文化和大理白族文化中涉及的制度文化的内涵及其分类的基础上，从其中所包含的非制度因素对市场环境的组织效应入手，探讨大理白族制度文化对经济可持续发展的影响。

第一节　制度文化与大理白族制度文化内涵

制度是文化内在结构的第二个层次，是在物质层次基础上形成的具有规范性内容的文化。制度文化的形成具有显著的时间累积性，其主要社会作用在于约束、规范或激励人们的行为。

一、制度文化的含义及分类

制度文化是以制度为基础而形成的一种规范性的文化。制度文化的这一特性是由制度的定义所决定的，但制度文化与制度却不是同一个概念。对于制度来讲，一般的理解就是约束人们之间行为的一套行为准则或者规则，诺斯将制度看作“一个社会的游戏规则，更规范地说，它们是为决定人们的相互关系而人为设定的一些制约”[①]。这是制度最为经典的定义，可以看出，制度规范着人们之间的社会行为，这是制度存在的首要价值，也是学者在定义制度时所共同认定的一个重要特征。

---

① 道格拉斯·C. 诺斯：《制度、制度变迁与经济绩效》，杭行译，格致出版社 2014 年版，第 3 页。

制度文化是由制度和文化两个概念构成的，因此笔者认为，要理解制度文化的含义还需要从制度与文化这两者关系的理解入手。制度和文化的关系首要表现在两者的统一性上，曾小华指出，当制度体现为规则时，它必然反映了文化的价值、文化的精神、文化的理念。当文化体现为规则时，它必然采取或风俗、或习惯、或制度的形式。从某种意义上可以说，没有文化价值的制度是不存在的，没有制度形式的文化也是不存在的①。可以说制度与文化存在价值的一致性，正是这种一致性的存在催生了“制度文化”这一概念的产生。因此制度文化关注的既是特定文化内涵中所包含的制度内容或形式，也强调特定制度中所包含的文化观念。但制度文化作为一个概念，与文化或制度还是有着本质区别的，制度文化更加偏重于强调制度的文化层面与规则层面的内在一致性，即强调制度的价值观念、道德伦理、思想意识与制度和习惯规范规则的内在一致性。也就是说，制度与制度文化虽然非常相似，但是制度文化作为文化的制度层面比制度带有更浓厚的文化色彩，与文化的联系也更紧密②。因此，我们可以借鉴学者对制度与文化的关系的解释，将制度文化定义为凝结在制度内部的文化因素以及制度在形成过程中的文化现象，如特定的风俗习惯、价值观念、道德伦理等。从制度构成的角度来看，它可以分为正式制度和非正式制度。理解正式制度和非正式制度，有利于对制度文化内涵进行进一步的理解，并有助于掌握它与经济发展之间的关系。

正式制度指的是人们所制定的规范人们之间行为的法律法规等行为规范，包括宪法、各种法律规范、政策和实施细则。正式制度通常以成文的法律制度形式出现，因此其具有政策或法律遵从的强制性。非正式制度则是人们在长期生活中形成的对人们行为具有非正式约束的规则，包括伦理道德、习俗惯例、价值观念等③。与正式制度不同，非正式制度对人们的约束并非是强制性的，而是完全依靠自己的自觉，这是因为正式制度安排的作用是一个“他律”的过程，而非正式制度供给的作用则是一个“自律”的过程④。因此在正式制度产生之前，非正式制度在人类社会秩序建立的过程中发挥着重要作用。在当前社会中，非正式制度也发挥着重要的作用，很多时候人们之间的交往还是会受到非正式制度的约束。非正式制度主要有以下几种表现形式：

（一）伦理道德

伦理道德是非正式制度的重要组成部分，指的是一种社会行为规范，是基于某

①② 曾小华：《文化、制度与制度文化》，《中共浙江省委党校学报》2001 年第 2 期。

③ 谢京辉：《品牌经济论：理论思辨与实践解析》，上海人民出版社 2016 年版，第 33 页。

④ 任保平、蒋万胜：《经济转型、市场秩序与非正式制度安排》，《学术月刊》2006 年第 9 期。

一地域或群体所共有的价值判断的基础上而形成的人与人社会交往过程中所应遵循的各种道德准则和责任义务。在经济学意义上，伦理道德是制度有序运行的必要条件，伦理道德作为一种无形的约束力量，能有效规约人们的经济行为，减少制度运行的成本，因而伦理道德也是经济社会快速发展的关键性因素。

（二）习俗

习俗产生于原始社会，是人们之间交往所依据的重要规范，哈耶克将习俗称为一种“自发的社会秩序”，韦伯则认为习俗是一种“典型的一致性行动”，并且他指出，这种行动之所以被不断重复，是因为人们出于不假思索的模仿而习惯了它。它是一种不经由任何人在任何意义上“要求”个人遵从之而驻存的一种集体行动的方式[①]。因此也可以说习俗是一个群体或社会行为的惯性，在这一惯性的影响和作用下，群体内的成员依照他们头脑中形成的规范去行动。作为非正式制度的组成部分，习俗影响群体内成员的行为方式，对人们之间的交往进行约束，并且习俗和惯例一旦形成，便成为这个群体或区域社会内部的一种自发秩序。如若有人发生偏离这种习俗的行为，习俗会发挥一定的约束作用：尽管他可能不会遭到集体的制裁或他人的报复，但却有可能遭到他人的耻笑、冷遇、愤懑或斥责。这就使之会有一种难以在这一群体中立足之感。因此，一种习俗持存得越久长，人们就越会在相互交往中形成一种更强、更有信心的预期：他人会遵从这一习俗。反过来正是因为对他人会遵从这一习俗的强烈预期，每一个人又会发现人人（包括自己）遵从这一习俗可能更符合自己的利益，进而他会在意愿上希望他人会继续遵从这种行为的常规性。在这种双向强化的正反馈机制的作用下，习俗就会固化为一种社会规范[②]。

二、大理白族制度文化内涵及其分类

从上文有关制度文化这一概念的解析中，我们明确了制度文化是制约人类社会行为的一系列文化表现形式。根据制度文化的类别划分，即正式制度与非正式制度，可以看出，本书所指代的大理白族制度文化被划分为非正式制度。这一制度形式作为一种无形的潜在规定，产生于白族人民长期的生活与无数次博弈中逐渐形成的文化传统、道德伦理规范、习俗习惯等。另外，根据以上有关非正式制度的定义，本书所涉及的大理白族制度文化多以乡规民约的形式出现，因此本节从大理白族有关生产生活实践的乡规民约整理出发，探寻大理白族的制度文化。

① 马克斯·韦伯：《经济与社会》上册，林荣远译，商务印书馆 1997 年版，第 60 页。
② 孙抱弘：《现代社会与青年伦理》，学林出版社 2003 年版，第 40 页。

（一）乡规民约的定义及其特性

简单地讲，乡规民约就是乡间的“规定”与民间的“约定”，对其含义的理解还需从乡规民约的定义、特征和社会功能三个方面加以理解。

乡规民约是民间为保障并调节本村或本地居民正常生产生活秩序或为保护某一事物，自发地通过民主商议制定的，乡民共同遵守和认可的，具有较大约束力的制度和规定[①]。根据学者的研究，我国最早的乡规民约是北宋著名学者吕大钧所制定的《吕氏乡约》，这一乡约用通俗的语言规定了处理乡党邻里之间关系的基本准则，规定了乡民修身、立业、齐家、交游应遵循的行为规范以及过往迎送、婚丧嫁娶等种种活动的礼仪俗规[②]。自乡约产生伊始，其特征便具有固定性，《中国大百科全书》将“乡规民约”解释为中国基层社会组织中社会成员共同制定的一种社会行为规范，又称乡约[③]。因此，可以将“乡规民约”简单地定义为：村民为维持社会秩序而制定的、规范村民社会生活的、需要全体村民共同遵守的一套行为准则。从这一角度出发，可以从乡规民约两个层面的特性来进一步加深对这一概念的理解。

首先，乡规民约是通过当地乡民民主的方式制定的，其目的是解决乡民实际生活的需要，维护良好的社会秩序。其次，从乡规民约的定义来看，它是一种行为规范。在法律产生之前的社会乡规民约发挥着重要作用：它具有类似法律的约束力，要求与约者共同遵守。也正因为如此，乡规民约中经常附带有对于违约者的处罚措施[④]。但从制度文化的特点来看，因乡规民约作为一种少数民族自发组织制定的规约制度形式，其并不属于正式制度的范围。

乡规民约作为少数民族习惯法的重要组成部分，其具有调整民族成员的行为及其社会关系的功能。

1. 维持社会秩序

任何社会要存在与发展，都离不开一定的社会秩序，而良好的社会秩序的建立与维护，都是社会控制的结果[⑤]。乡规民约作为一定区域内的乡民共同制定并要求全体乡民共同遵守的社会规范，在实际生活中发挥着民间习惯法的效力，对于这一区域内的社会成员的行为具有一定的约束作用。其中关于乡民所应遵守的社会规范以

① 林移刚：《从乡规民约石刻看历史时期云南民间的环境意识》，《地理研究》2012 年第 8 期。

② 安广禄：《我国最早的乡规民约》，《今日农村》1998 年第 2 期。

③《中国大百科全书・社会学卷》，中国大百科全书出版社 1991 年版，第 434 页。

④ 董建辉：《“乡约”不等于“乡规民约”》，《厦门大学学报（哲学社会科学版）》2006 年第 2 期。

⑤ 马燕敏：《从大理古代碑刻看白族习惯法及其价值》，《赤峰学院学报（汉文哲学社会科学版）》2014 年第 8 期。

及乡约中规定的针对违反这一规范的惩戒措施，在一定程度上维护了社会制度，保护了社会的正常运行秩序。

2. 社会教化

乡约一直是社会教化的一种重要形式[①]。它通过规定善恶的标准，通过宣讲，进行“彰善纠恶”。在具体的实践过程中，帮助人们正确认识人与人、个人与社会的关系，明确自己的责任与义务，让人们懂得区分什么是善，什么是恶，学会做人的道德[②]，进而让其社会成员能够按照乡规民约的要求来规范自己的行为，从而达到社会教化的目的。

（二）白族乡规民约及其制度文化内涵

从以上有关乡规民约概念的界定来看，其明确地规定哪些事情可以做、应该做，哪些事情不可以做、不应该做，还规定对做了不可做、不该做的事的人如何进行处罚，因此在一定程度上具有法律的效力和道德约束力[③]。白族的制度文化便在这包含道德伦理观与习俗观的乡规民约中得以充分的体现。总体来说，白族涉及生产生活实践中的乡规民约大致有两类：第一类是综合性的规约形式，如对人们道德品质、行为方式总体的规定；第二类是涉及具体的生产或生活实践中的所应遵循的特定生产规则或生活规则。

1. 综合性乡规民约

综合性乡规民约劝解并规定人们所应遵守的道德品质和行为规范，涉及生产与生活的诸多方面，该碑文所包含的内容丰富，列出了 16 条做人的道德规范和 49 条“不可做的事情”，可以说，这一碑刻文字是当时社会所倡导的明代白族社会道德风尚的重要典范，其劝诫人们重视道德品质修养，内容包括民间道德的方方面面，大多属于白族优秀传统道德，在当今社会也有着重要的影响。

2. 涉及生产实践的乡规民约

（1）遵循自然规律，有序开垦的生产规范。本书通过查阅相关文献资料，共收集到 20 份大理白族地区有关在生产过程中要遵循一定开垦规范的碑刻资料，详细情况如表 6–1 所示，大体看来，这些碑刻涉及两方面的认知与规范：

首先，对合理开垦重要性的认知。例如，清代乾隆四十八年（公元 1783 年）所立的《保护公山碑记》规定：“禁岩场出水源头处砍伐活树”，“禁防火烧山”，

① 谢长法：《乡约及其社会教化》，《史学集刊》1996 年第 3 期。

② 马燕敏：《从大理古代碑刻看白族习惯法及其价值》，《赤峰学院学报（汉文哲学社会科学版）》2014 年第 8 期。

③ 杨镇圭：《白族文化史》，云南民族出版社 2014 年版，第 113 页。

表 6-1 大理白族与有序开垦保护水源相关的乡规民约碑刻的基本情况简表

序号	农历时间	公历	地点	碑名	出处
1	明万历十年	公元 1582 年	大理宾川县古底乡甸尾村	《甸尾山照碑》	张树芳、赵润琴、田怀清：《大理丛书·金石篇》，云南民族出版社 2010 年版，第 857 页。
2	清康熙五十四年	公元 1715 年	大理弥渡县新街镇龙翔村	《加买铺护林碑记》	张树芳、赵润琴、田怀清：《大理丛书·金石篇》，云南民族出版社 2010 年版，第 1636 页。
3	清道光二十七年	公元 1847 年	大理宾川县拉乌乡来凤蹊板房村	《来凤蹊合村告白护林碑》	张树芳、赵润琴、田怀清：《大理丛书·金石篇》，云南民族出版社 2010 年版，第 1382 页。
4	清光绪二十九年	公元 1903 年	大理弥渡县弥城镇红星村	《封山告示碑》	张树芳、赵润琴、田怀清：《大理丛书·金石篇》，云南民族出版社 2010 年版，第 1626 页。
5	民国二年	公元 1913 年	大理弥渡县弥祉乡八士村	《弥祉八士村告示碑》	李荣高：《云南林业文化碑刻》，德宏民族出版社 2005 年版，第 515 页。
6	清乾隆四十五年	公元 1780 年	云南大理大理市下关镇东旧铺村	《护松碑》	李荣高：《云南林业文化碑刻》，德宏民族出版社 2005 年版，第 151–153 页。
7	清光绪年间	不详	大理石下关吊草村地母神庙	《永卓水松牧养利序》	孙菁亚、张锡禄：《从大理古代碑刻看白族传统的环境保护意识》，《云南环境科学》2005 年第 24 期。
8	清嘉庆十三年	公元 1808 年	云南省大理大理市凤仪镇	《永护凤山碑》	李荣高：《云南林业文化碑刻》，德宏民族出版社 2005 年版，第 245 页。
9	清道光二十一年	公元 1841 年	云南省大理剑川县	《蕨市坪乡规碑》	李荣高：《云南林业文化碑刻》，德宏民族出版社 2005 年版，第 354 页。
10	清光绪九年	公元 1883 年	云南省大理洱源县莲所乡莲曲村	《栽种松树碑记》	李荣高：《云南林业文化碑刻》，德宏民族出版社 2005 年版，第 420 页。

续表

序号	农历时间	公历	地点	碑名	出处
11	清光绪二十六年	公元 1900 年	云南省大理洱源县	《閤村公山松岭碑记》	李荣高：《云南林业文化碑刻》，德宏民族出版社 2005 年版，第 453–454 页。
12	清光绪二十三年	公元 1897 年	云南省剑川县	《新仁里乡碑记》	李荣高：《云南林业文化碑刻》，德宏民族出版社 2005 年版，第 448 页。
13	清光绪二十八年	公元 1904 年	云南省洱源县牛街初级中学	《观音山护林碑》	李荣高：《云南林业文化碑刻》，德宏民族出版社 2005 年版，第 469 页。
14	清光绪三十二年	公元 1906 年	云南省鹤庆县城郊乡柳绿河村	《大水渼护林石碑》	李荣高：《云南林业文化碑刻》，德宏民族出版社 2005 年版，第 481–482 页。
15	民国十七年	公元 1928 年	云南鹤庆县文化馆碑廊	《六禁碑》	杨焕英、董晓明：《六禁碑的启示》，《云南档案》2002 年第 2 期。
16	清道光十七年	公元 1837 年	大理云龙县长新乡	《长新乡乡规民约碑》	张树芳、赵润琴、田怀清：《大理丛书・金石篇》，云南民族出版社 2010 年版，第 1341 页。
17	清光绪六年	公元 1880 年	洱源石岩头村	《乡规碑》	杨艺：《元明清时期白族风俗探析》，《云南民族学院学报》1997 年第 3 期。
18	清道光十五年	公元 1835 年	洱源县铁甲村	《乡规碑》	杨艺：《元明清时期白族风俗探析》，《云南民族学院学报》1997 年第 3 期。
19	清光绪二十九年	公元 1903 年	大理弥渡县	《封山育林告示碑》	李荣高：《云南林业文化碑刻》，德宏民族出版社 2005 年版，第 471 页。
20	乾隆四十八年	公元 1783 年	大理剑川金华山麓岩场口古财神殿	《保护公山碑记》	李荣高：《云南林业文化碑刻》，德宏民族出版社 2005 年版，第 168 页。

资料来源：刘荣昆：《澜沧江流域彝族地区涉林碑刻的生态文化解析》，《农业考古》2014 年第 3 期，第 6 页。

"禁砍伐童松"，"禁挖树根"。[①] 这类规定直接体现了白族人民在长期的社会生产过程中所形成的对保护森林植被重要性的认知和对自然环境的保护意识。

其次，对违反生产规范的惩戒意识。在白族传统文化中，除了直接规定对自然植物和环境的保护而采取的有序开垦的规定之外，其乡规民约中关于违背自然规律、盲目发展的情况规定了相应的处罚措施，主要有三大类型的惩治措施，即罚款、报官兼罚款、肉体处罚。大理本主庙的《护松碑》中就明确规定，公山不允许"轻入林中盗伐木材"，"倘有无知之徒，希图永利，窃为刊损者，干罚不能免"[②]。《蕨市坪乡规碑》（公元 1841 年剑川沙溪蕨市坪所立）则有"凡山场自古所护树处及水源不得乱砍，有不遵者，一棵罚钱一千"的规定。《保护公山碑记》中也规定，"如敢私占公山及任意砍伐，过界亲踏等弊，许看山人扭禀，以便究治，绝不姑宽"[③]。清嘉庆十三年（公元 1808 年）所立的大理市凤仪《永护凤山碑》中也有"所有凤山上下左右，种过松树地方，不得纵放牲畜，暗行砍伐，如敢故违，一经拿获，定行重究，绝不姑宽"[④]。光绪二十三年（公元 1897 年）剑川县东岭乡新仁里村所立的《新仁里乡碑记》规定："斧斤时入，王道之本。近有非时入山肆行砍伐，害田苗于不顾，甚至盗砍面山，徒为己便，忍伐童松，实属昧良。此后如有故犯者，定即从重公罚。禁白（山）后，犹不准砍竹下山。"[⑤] 还有的碑文中明确规定了处罚的力度和内容，如《蕨市坪乡规碑》规定，"凡山场自古所护树处及水源不得砍伐，有不尊者，一棵罚钱一千"，"凡童松宜禁砍伐，粪潭、田中不得捡粪，不遵者，拿获罚银五钱"，"凡松坡随粮，只许各取松子，如常乱取，不遵乡规者，山主拿获，以粮累之"。[⑥] 光绪六年（公元 1880 年），洱源石岩头村村民所立的《乡规碑》，把护林条款列于乡规之首："保护松林：首列此条，以林为村之凤。无论枝叶本根，远近村人，不准擅砍，违者罚银拾两。"同时，此碑文还重申："遵循乡规：所议之条，大小宜遵，照理无得视为常谈，违者罚钱五千。"[⑦] 这一系列惩戒措施的引入体现了乡规民约所具有的制度约束性的特征，也是其作为制度生态文化的重要例证。

（2）有关水利使用与维护的制度约束。白族是历史悠久的稻作民族，实行一年两收的农耕生产方式[⑧]。作为传统农业社会生产的民族，水是大理白族经济生产所必不

①③ 李荣高：《云南林业文化碑刻》，德宏民族出版社 2005 年版，第 172 页。

② 李荣高：《云南林业文化碑刻》，德宏民族出版社 2005 年版，第 151 页。

④ 李荣高：《云南林业文化碑刻》，德宏民族出版社 2005 年版，第 245 页。

⑤ 李荣高：《云南林业文化碑刻》，德宏民族出版社 2005 年版，第 448 页。

⑥ 李荣高：《云南林业文化碑刻》，德宏民族出版社 2005 年版，第 354 页。

⑦ 杨艺：《元明清时期白族风俗探析》，《云南民族学院学报》1997 年第 3 期。

⑧ 樊绰：《蛮书》，中国书店 1992 年版。

可少的资源之一。在大理白族传统社会因水利而导致的争端极为常见，在传统的民约制度下，关于解决水利争端和协调水资源使用的规定成为大理白族生产中的重要制度性约束。例如，《元江因远白族乡规》中规定，“沟洫：各家田头，各自疏通，并公沟亦宜随时流水，若有损坏，急宜培补，勿得阻塞不同，违者罚银一元六角充公”[①]。

这两项关于水利保护的民约是大理白族关于水利开发保护的典型代表。其要求合理利用水资源，同时要求村民要严格按照水利规定合理使用水资源，并且不能故意破坏、堵塞沟渠。

第二节　制度文化对经济发展的作用机制

诺斯曾指出，制度在社会中起着更为根本性的作用，它们是决定长期经济绩效的基本因素[②]。根据制度文化的含义与分类，正式制度文化与非正式制度文化在提高经济绩效的过程中发挥着不同的作用。

一、正式制度文化对经济发展的影响

市场经济环境的建立和完善需要健全的制度保证，没有制度的约束，市场环境就难以建立起来。那么正式制度作为一种正式或强制性的市场准入规则，它是如何影响市场经济环境的呢？我们需要从正式制度的功能来进行解释。

首先，正式制度在市场经济运作的过程中最主要的功能是降低交易成本。市场参与者的活动是必须付出交易成本的，其指的是达成一笔交易所要花费的成本。根据具体的成本形式，交易成本可以分为决策与签订合同时所产生的成本，针对商品的价格、质量进行商榷的成本，收集商品市场信息、流通信息的成本等。因这些成本形式的存在，便需要正式制度出现并以此形成市场规则，引导交易者有序进行市场活动，如相关市场准入的法律法规的确立，这些制度保证了市场经济环境的法制，从而降低因交易者不理性而出现的交易成本。其次，正式制度作为市场经济运行的重要规则，其为市场行为主体进行经济活动时公平竞争与合作提供了重要条件。公平竞争强调的是公平，这就需要制度的规范，需要在正式制度的强制性中寻求竞争的公平性。再次，在一定制度的范围下，促进了行为者之间的有序合作，合

① 黄珺：《云南乡规民约大观》，云南美术出版社 2010 年版，第 128–129 页。

② 道格拉斯・C. 诺斯：《制度、制度变迁与经济绩效》，刘守英译，上海三联书店 1994 年版，第 143 页。

作是建立在平等的基础之上，制度减少了信息成本和某些不确定性，增强了企业对其合作对象的信任。但总结发现，正式制度的功能虽然表现多样，但其主要还是体现为交易成本较低，可以说正式制度通过为企业节约成本进而为经济发展提供了便利，促进了良好的市场经济环境的建立。

二、非正式制度文化对经济发展的影响

（一）非正式制度文化影响个体的经济意识

人作为经济发展的主体，总是受到某一地域或民族文化观念的潜移默化的影响。非正式制度文化作为一种价值观念，内化于经济行为个体的头脑中，影响经济行为个体对义务、责任与规则的认知，从而影响经济的发展。总体来看，非正式制度所包含的文化观念是通过对个体规则意识的培育来影响经济发展的。

一个地区的非正式制度文化主要通过影响这一地区经济发展主体的观念，进而培育其经济规则意识，并通过行为导向对区域经济发展产生影响。首先，地域文化为个体提供特定的、明确的价值参照，将人们引向有价值的社会经济活动，这也是不同地域文化背景下的区域会出现不同的社会经济活动取向的主要原因；其次，地域文化培育区域内个体文化精神和经济意识，成为个体从事社会经济活动的动力源泉；最后，地域文化观念为个体经济行为提供导向，并产生一定的行为规范效应，使不同地域文化背景区域的社会经济活动维持不同的秩序风格。总体来看，地域文化首先通过对个体经济意识和经济行为的影响，进而影响整个区域经济发展的活力，包括区域经济发展速度、非国有经济比重、资产重组与运营、经济外向度、体制活力、竞争意识、市场观念、机遇意识等各个方面。

（二）非正式制度文化降低经济活动过程中的成本

非正式制度是个人与其周围环境所达成的一种“协议”，这种“协议”是人们通过不断重复实践而形成的行为准则和价值观念等，其一经达成便具有持久的效力，因而减少了个人与周围环境接触时认知与选择的成本，这种成本也被称为交易成本。交易成本是制约经济效率的根本因素，一个经济体系是否有效率，关键就在于其交易成本的高低。交易成本主要是由于外部信息的不确定和人的机会主义行为倾向造成的①。非正式制度作为一种约定俗成的行为规范，其所持有的稳定性的特

① 罗能生、李松龄：《产权理论与制度创新：非正式制度与中国经济改革和发展》，中国财政经济出版社 2002 年版，第 3 页。

征构成了人们之间交往所需的稳定的行为模式，这大大降低了人们选择过程中的不确定性，减少了人们行为选择的信息成本和风险成本。同时，非正式制度通过对人的行为形成有效约束，可以降低人们的机会主义行为倾向，减少监督成本和违约成本等。有效的制度安排通过降低交易成本，不仅提高了具体经济活动的效率和收益，同时也激励了人们对经济活动投入的积极性，促进了社会经济的不断发展。

第三节　大理白族制度文化对经济的影响

结合上文对大理白族制度文化的梳理，可以将大理白族制度文化总结为一种有序生产、合理生产的规则意识，特指“人们在长期生活中形成的对人类行为具有非正式约束的规则，包括道德伦理、习俗惯例、价值观念、文化传统等”。这一意识影响大理白族经济发展过程中经济主体的规则意识的确立，并且其制度文化中所包含的惩戒观念对有序市场的建立起到了很好的稳定作用。

一、大理白族制度文化与个体经济规则意识的确立

大理白族制度文化之所以对社会经济发展起着重要的制约性作用，从根本上就是因为这一非正式的制度形式确定了人们行为选择的规则，形成了一个社会的激励结构。

大理白族制度文化属于非正式制度，其本质表现为一种伦理文化，伦理文化是指人们在日常生产生活实践过程中形成的关于行为的伦理关系认知，包括人与人之间的关系、人与自然之间的关系等。有学者认为其“核心是善恶”[①]，也有学者认为，经济行为的道德标准就是人类生存利益[②]。落实到经济中其所对应的是经济伦理：一个具体的经济伦理，是由该民族的具体生存环境、经济生活中所发生的对善的理解和评价，并以其作为判断经济生活中行为方式的价值依据和理想目标，以其规范个人和民族成员在经济生活中行动[③]。大理白族制度文化所涉及的有序开垦土地与水利使用规范的相关规定体现了这一非正式制度对人们生产过程中的伦理道德的约束。

---

① 肖雪慧：《中西伦理文化：一种比较研究》，《学术月刊》1994 年第 10 期。
② 王文长：《民族视角的经济研究》，中国经济出版社 2008 年版，第 130 页。
③ 王文长：《民族视角的经济研究》，中国经济出版社 2008 年版，第 131 页。

这种道德约束在经济生产过程中很好地弥补了正式制度在很多情况下存在的失灵的缺陷，其约束力源于一种内在的心理契约，它依赖内心的自省和自觉[①]。落实到现代市场经济中，因追求利益而出现道德责任缺失的现象屡见不鲜，这主要是因为没有建立相应的社会性约束和心理救济机制，与财富增长相伴随的是礼教、宽容、温情等的丧失，法律和秩序或许在一定程度上管住了“身”，却没有管住他们的“心”[②]。因此，在一定程度上正式制度在市场经济秩序确立的过程中作用是有限的，而作为一种大家共同持有的规则，非正式制度正好填补了正式制度的这一空缺。它包括一个民族和社会共同持有的价值观念、道德观念、风俗习惯，在功能上具有某种“先验”的特征，对人们的思想和行为起着普遍的隐性约束作用。

大理白族有很多文化具有非正式制度的形态，在很多时候塑造了白族的生产生活，也影响到他们的商业行为。大理白族直到今天还有很多非正式制度文化影响着当地人的日常生活，白族有本民族鲜明特色的本主文化，围绕本主文化也形成了一系列非正式的制度，这些制度都极大地影响了大理白族地区的生产生活和商业活动。

大理的喜洲地区商业活动非常发达，而其中很关键的一点就是当地的商人围绕本主文化形成了一套非正式的民间制度，商人的经商行为、商人之间的相互关系都受到这套非正式的民间制度的影响。直到今天，白族人在做生意时还有一套非正式的制度形式和仪式，比如在生意开始前大家必须要拜本主，除了昭示出去经商前一是要平安地出去、平安地回来，二是要本主保佑他赚更多的钱回来。还有一个很重要的方面，就是约束这些出门经商的商人在经商时要诚信，经商团队之间要彼此信任协助，出现问题也会有对应的一些奖惩形式。喜洲的商人和商帮在出发前要拜了本主后才上路，如果在经商过程中出了问题，也要受到整个商帮内部非正式制度的奖惩约束，经商回来以后，还要拜本主。这一套建立在本主文化基础上的非正式制度极大地促进了喜洲商帮的商业经营活动，使喜洲地区成为大理商业活动最为发达的地区，当地的经济收入也因此获得很大的增长。

除了商业活动以外，白族人围绕本主文化建立了一系列非正式的制度形式，不论是出去读书、做生意，还是家庭的婚丧嫁娶，都形成了一套风俗形式，遇到家庭重要事件的时候，同族的其他家庭都会来参与，还有一定的仪式，而这些仪式都明确了诚信、互助、协同这样的行为内涵，也无形中影响到了白族地区个体对经济规则的认识和确立，这不仅对商业群体如此，对一般的白族群众也是如此。

本书通过对将军洞烧香的群众进行访谈，得知这些群众大部分拜本主就是为了

---

①② 辛杰:《非正式制度、文化传统与企业社会责任困境的隐性消解》,《商业经济与管理》2014 年第 9 期。

求财求平安，而在这个祈福的过程中，他们普遍认为本主就是他们的保护人（神），能庇护他们，更重要的是本主的庇护是建立在他们遵守诚实守信、乐于帮助他人的基础上的；相反，如果一个人做了违背良心的事，在日常生活和商业活动中欺骗他人，为了自己的利益做违背良心的伤害他人的事，会受到本主的惩罚。这种惩罚不仅来源于精神层面，更重要的是会受到来自族人的指责，严重的时候会被大家疏远，这些规则是和市场经济的行为准则保持一致的，因此当地群众的经济行为规范也得以确立。

同时，以白族本主文化为核心构建起来的乡规民约，也是包容性的、开放性的，比较能接受外来的文化，并且和本主文化融合在一起，能够推动社会生产发展。在这套不成文的乡规民约中，非常鼓励白族当地的群众去外面学习，并且鼓励他们学成以后回到本地区促进生产，把所学到的先进的种养殖技术带回白族当地，进而推动当地经济的发展。

因此，可以说大理白族非正式制度所体现出来的一些规则意识和规范意识影响着当地群众的经济行为观念，也影响着当地企业家的道德观念和履责意识，对地区经济行为主体产生了潜移默化的影响，从而塑造出具有浓厚地方文化禀赋的经济规则意识，也塑造出一批按照市场规则行事的企业家。

二、可持续发展制度文化与大理白族自然伦理环境的形成

传统的经济发展观念走的是“先发展后治理”的老路，如何突破这一经济发展的困境成为当前经济学关注的重要议题，促进环境保护与经济社会协同发展成为当前经济发展需要遵循的首要目标，也是实现经济可持续发展的需要。基于我国现代化的“后发式”特点，我国的现代化面临着“双重过渡”，由农业经济到工业经济再到知识经济。在相当长的一段时间，我国的经济发展都是以资源的高消耗和环境的高破坏为代价换取的，究其原因还是人的价值观的问题。人与自然的不平衡、不协调归根到底还是人的自身发展的不全面、不协调的问题。人的生态伦理、环境伦理、科技伦理成为制约人类社会可持续发展的极大问题。马克思的精神生产理论为我们从可持续发展的角度定位自身发展的路径提供了正确的理论支撑和价值观念。科学发展观的基本要求是全面协调可持续发展，根本方法是统筹兼顾，在经济发展的过程中提高对精神文明的重视，实现经济发展以物质生产为平台到以物质生产、精神生产为“双平台”的模式转换，进而实现人的自由而全面发展。在科学发展观的指导下，我国经济发展更加全面，我国坚持以经济建设为中心，全面推进社会主义经济建设、政治建设、文化建设、社会建设、生态文明建设，深化改革开放，推

动科学发展。经济发展更加协调，城乡、区域发展不协调、不平衡问题有所缓解，以工业带动农业发展，优化和调整产业结构，支援西部大开发、振兴东北老工业基地、建设社会主义新农村、完善公共设施基本服务建设等有条不紊地开展。坚持协调发展、统筹城乡发展、统筹区域发展、统筹经济社会发展、统筹人与自然和谐发展、统筹国内发展与对外开放，已经成为我国经济发展长期坚持的重要方针。

在大理白族制度文化中有很大一部分涉及遵循自然规律进行生产实践活动的非正式制度，这些非正式制度符合中国传统文化中的风水观，风水基本上是人类对环境所持有的价值观与心理行为的取向，其宗旨是了解自然环境，顺应自然，有节制地利用和改造自然，创造良好的居住与生存环境，赢得最佳的天时地利与人和，达到天人合一的至善境界①。"天人合一"即人与自然的和谐，它是中国古代建筑、艺术、哲学的基础，也是中国风水学的三大原则之一②。在古人看来，能否做到人与自然和谐发展是关系风水好坏的重要因素。大理白族现存乡规民约石刻中体现保护风水而植树造林、美化环境的例子很多。这些规定直接体现了白族人民在长期的社会生产过程中所形成的对森林植被重要性的认知和对自然环境的保护意识。

由于白族人民在历史上受到这些乡规民约的影响，当地的生态和森林植被获得了很好的保护。这些历史上的乡规民约与我们当代保护自然环境的相关法律法规具有目的上的一致性，而白族人民群众其实一直以来就延续了保护自然生态环境的行为规范，而这也正是经济可持续发展所需要的。

白族传统上的和谐环境伦理观念为当前经济发展过程中如何协调人与自然的关系，正确把握开发中的"度"，实现人类与自然和谐共生、永续发展，提供了非常鲜明的经验借鉴。经济发展更加可持续化，经济增长方式由粗放型向集约型转变，经济发展注重资源能源的充分利用和环境保护，发展循环经济，建设资源节约型、环境友好型社会是我国经济社会发展的必由之路。这充分诠释了人与人、人与物、人与自然之间和谐共处、协调发展的伦理意蕴和精神特质，充分反映了人民群众的共同愿望和社会经济发展的要求，为推进大理地区经济发展和构建平安和谐社会注入新的伦理精神。在今天大理白族地区的生产经营活动中，保持了长期以来形成的可持续发展文化，当地良好的自然生态环境得到了有效保护。

近年来，随着经济日益发展，大理白族地区的生态环境也受到了一定程度的破坏，最为典型的就是大理的苍山洱海，由于其独特的自然风貌，吸引了国内外的大量游客，为了追求经济发展，在洱海边许多商家开设了客栈。这些客栈的经营者和

① 陈东博、宋钰红：《谈中国"风水宝地"理想居住模式的生态学意义》，《山西建筑》2009年第5期。
② 陈堂启：《论风水三大原则与中国传统园林设计的关系》，《安徽建筑》2009年第1期。

开放对象大多数都来自外部，商家和游客都容易出现一种误区：认为越亲近自然、越靠近湖面的客栈越好。因大批量客栈的疯狂建造，很大程度上破坏了洱海周边的生态，没有采取环保排污措施的客栈向洱海排污，快艇等水上项目也污染了洱海，导致当地的水质急剧恶化。这与白族在历史上所形成的可持续性的制度文化有所背离，因此也导致生态环境的恶化，政府和当地的群众都意识到了这个问题。从2017年4月起，大理白族自治州和大理市两级政府联合开始对环洱海生态环境进行整治。随着政府和民间对可持续发展理念的重新梳理，也由于当地历史上就存在可持续发展的制度文化土壤，整个的治理过程还比较顺利。洱海的污染及其再治理也充分表明：大理白族地区的自然伦理环境与历史上形成的可持续发展的制度文化是息息相关的，如果违背了白族地区历史上所形成的可持续发展的制度文化，就会导致整个地区的生态恶化，而顺应这种历史上所形成的可持续发展的制度文化，并且以正式制度的形式把它确定下来，就会使当地形成良好的自然伦理环境，也可以保证当地的持续性发展。

由于政府和民间对大理白族地区可持续性制度文化进行了重新梳理和认识，并将其以法规的形式确立下来，大理当地的自然伦理环境得到了一定程度的恢复，表现在现实层面就是：大理生态环境质量稳中向好，水、土壤、大气污染防治三年行动计划深入实施，大理地区的地表水国考断面水体持续改善，以洱海流域为代表的河（湖）长制工作走在全省前列；大气环境质量总体保持优良，大理市2016年至2018年优良率均达99%以上；剑川、永平、漾濞、巍山、南涧五县先后被列入国家重点生态功能区，建成国家级生态乡镇4个、省级生态文明县市6个、省级生态文明乡镇92个，洱源县荣获国家首批“绿色能源示范县”，祥云县荣获“国家循环经济示范县”①。

三、大理白族制度伦理对市场环境的影响

制度文化的基本层面是一个自生自发的规范层面，反映着价值观念、道德伦理、风俗习惯等文化因素。制度文化的高级层面则是一个人类有意的、有目的的理性设计和建构的制度层面，反映着一个社区、一个社会、一个国家经法律制度确认的政治、经济、社会、文化等正式制度层面。制度文化的基本层面与高级层面是相互统一和协调一致的，是实现制度文化功能的关键。制度文化是文化的规则层面和秩序系统。文化作为一个复杂整体，其体系必然会体现为一定的规

---

①《大理：坚持“生态立州”谱写绿色发展新篇章》，具体网址为 https://baijiahao.baidu.com/s?id=1642344440439798373&wfr=spider&for=pc。

则和稳定的秩序。在市场经济中，制度文化提高了人们遵循正式制度安排的自觉性，从而极大地减少了正式制度实施过程中产生的磨擦、冲突以及监管费用。非正式制度可以作为正式制度的有力辅助力量，减少社会运行成本，提高经济效率。

首先，大理白族制度伦理观念能够节约市场行为主体之间的交易成本，为经济发展提供一个有序的环境。交易成本主要源自与政府谈判、与其他经济主体间讨价还价等行为所产生的成本，大理白族碑刻中体现出来的有关不遵守规则的惩戒措施以及解决水利争端的协调方法与惩罚方式，影响了经济行为主体的规范意识和法制意识。这体现了民族制度的重要作用，民族制度对民族行为的约束，在另一个方面也给民族行为提供了一种制度依赖，人们依据制度规范办事，本身也是节省协商的时间，提高行为效率的方式①。因此，如果经济行为主体都能具有良好的规范和法制意识，便能减少谈判过程的难度。

其次，大理白族制度伦理观念也能节约企业和消费者之间的交易成本，主要体现在减少讨价还价的时间，并促使企业能诚信经营、保护好消费者的合法权益。这方面的作用机理跟上面是一样的，只是除了正式制度的影响之外，作为非正式制度的大理白族制度伦理观念所体现的约定俗成在企业和消费者之间建立了一条心理契约，相对于正式的书面契约，心理契约提供了一种默许的义务和责任感。

从历史上看，大理白族的制度伦理对当地的市场环境产生了很大的影响，在剑川的商业历史上，就是靠马帮通过沙溪茶马古道出去把缅甸、保山、普洱地区的一些物资运进来，又运送到吐蕃藏区，又把藏区的酥油、羊皮这些运送回来。因为这边高山峡谷，只有马帮比较有优势。在马帮运输货物的过程中，形成了一套不成文的制度伦理，诸如在运输过程中，如果遇到别的马帮陷入困境，一定要上前进行救助，马帮之间在贩卖商品的过程中也会经常进行物资的相互调用，而且形成了一整套经商的诚信伦理。这对白族的商业活动产生了巨大的影响，极大地降低了白族马帮在商业活动中的交易成本，也形成了一个良好的市场经营环境。

今天，白族历史上形成的这些制度伦理仍然对当地的商业行为和市场环境产生着巨大的影响。这种影响扎根于人们的整个意识伦理体系，而这种意识伦理体系本身是与白族历史上的制度伦理息息相关的。在本主文化中，孩子会学习本主的来源：他为什么能够作为本主？他做了哪些好事？应该向他学习什么？如果不向他学习，他是会惩罚你的。这种惩罚并不仅是大人吓唬自己的孩子，而是在孩子犯错了以后，会有现实的处罚，这个处罚的过程会以本主的名义进行，而在白族商人进行

① 王文长：《民族视角的经济研究》，中国经济出版社 2008 年版，第 109 页。

商业活动的时候，类似的事情也在发生，从伦理意识到伦理制度都会影响着人们的商业行为，并最终影响到当地的市场伦理。比如在白族的本主文化体系里，有个流传较广的关于大黑天神的故事，这个故事本身就表达了白族的文化体系里，对是非的态度，坚持正确的理念以及为坚持正义而舍身取义的伦理内涵，而这些伦理内涵在白族的历史上又进一步演化出对应的伦理制度，也包括白族的商业伦理制度，最终对白族的市场环境起到了很大影响。大理白族地区作为一个比较偏远的地区，改革开放以后，可以很迅速地接受市场经济，并形成了较为良好的市场环境，不仅得益于我们国家正式的市场制度的建立，而且还得益于当地历史长期存在的制度伦理的影响。我们在大理白族地区的调研中可以看到，虽然像过去的马帮这样的经济形态已经不存在了，但是在大理地区的扎染产业、木雕产业、旅游产业中，极少出现为了追求商业利润而采取的短期行为，诸如制假贩假、假冒伪劣等行为，这里的市场环境非常好，整个现代性的市场规则得以顺利运行。这在很大程度上得益于白族历史上所形成的制度伦理的影响。

第七章　大理白族文化精神层次的发展驱动力研究

精神文化是文化层次中最深层次的结构，在文化对经济影响的整体结构中占有非常重要的地位。它揭示了社会经济发展的根本动因，从本质上反映了经济发展过程中的各种影响因素，可以使人们清醒地认识社会经济发展过程中的诸多现象，以及不同文化层面与社会经济发展之间所蕴含的内在规律。

第一节　大理白族精神文化的概念界定

一、精神文化的概念界定

精神文化是文化经济学研究的重要内容和有机构成部分，从文化层面来看，它是文化的深层内涵。因此，精神文化有其特定的含义、独到的表现特征、深刻的社会经济功能，并日益引起人们的高度重视。从文化经济学的学科体系和研究内容看，所谓精神文化就是指决定社会经济发展及其模式的价值观念，作为内在依据以维护和协调社会经济运行及其相互关系的道德规范，以及规定并影响社会经济发展总体思路及其对策的思维方式等因素。从这一定义中可以看出，构成精神文化的具体内容包括特定的经济发展观念与协调经济运行的道德规范。从经济增长的角度看，特定的经济发展观念或经济增长逻辑构成精神文化的核心内容。

经济观念是用经济关键词所表达的思想，是人们对经济现象和经济问题的看法[①]。这是金星晔等对经济观念最为直观的定义，其作为一种影响经济行为主体的价值观念，包含成本观念、盈利观念、竞争观念、风险观念等。任何社会的经济

① 金星晔、伏霖、赵文哲：《基于经济观念视角的文化与经济研究——第三届文化与经济论坛综述》，《经济研究》2018 年第 2 期。

增长与社会发展都需要特定的经济观念的支撑，如果某一社会的经济观念不激励人的创造性、不限制人因盲目增长而破坏环境的行为，那么实现现代经济增长是不可能的。

另外，文化中涉及的经济伦理也是文化经济学意义上的精神文化的重要组成部分。经济伦理所探讨的是经济利益与伦理道德之间的关系。龚天平和李海英认为，经济伦理是一种植根于人们经济交往关系中的伦理道德观念、规范和实践活动[①]。他们还认为，对于经济伦理内涵的理解需要从人与人之间经济意识、经济行为与经济主体的道德实践三个层面加以理解，并指出经济伦理的内涵包括三个方面：一是指经济关系的伦理意识即经济伦理意识，是人们关于经济关系的善与恶、是与非、正当与不正当、应该与不应该等价值取向的各种心理过程和观念；二是指经济行为的伦理准则即经济伦理规范，是指导和评价经济主体行为的善恶价值取向，调整主体与主体之间利益关系的行为规范；三是指经济主体的道德实践即经济伦理实践，是经济活动中经济主体的一切可以进行善恶评价的行为和活动，可分为经济个体道德活动和经济组织道德活动，对当前经济伦理实践提出倡议。由此可以看出，经济伦理所包含的道德观念在经济活动中发挥着价值评估的作用。

除此之外，经济观念作为价值观念的一种表现形式，其作为文化核心的经济观念，也会像文化一样代际传递，具有一定的刚性[②]。经济观念指引着人们的经济行为，因此，树立积极的经济观念是保证市场经济健康、有序发展的前提。

二、大理白族精神文化的内涵

结合精神文化的概念界定，其所包含的经济观念与经济伦理两个部分在大理白族传统文化中表现为两个方面：一是敬畏自然与生命的宗教文化观；二是崇尚诚信的家族文化观。这两种与经济发展相关的理念或伦理规范构成了大理白族精神文化的内涵。

（一）敬畏自然与生命的宗教文化观

宗教是在一定的社会基础上产生的文化体系，而一个社会的文化，（则）是由一个人为了按照该社会成员所认可的规矩行事而必须知道和信仰的东西[③]。因此，人

① 龚天平、李海英：《经济伦理内涵的反思——意识、规范与实践的统一》，《中南财经政法大学学报》2013年第1期。

② 金星晔、伏霖、赵文哲：《基于经济观念视角的文化与经济研究——第三届文化与经济论坛综述》，《经济研究》2018年第2期。

③ 克利福德・格尔兹：《文化的解释》，纳日碧力戈等译，上海人民出版社1999年版，第12页。

类基于社会现实创造的宗教文化在具体的社会生活中，又会反过来影响人、塑造人、约束人，对人们的行为发挥着强大的规范功能。不难看出，宗教首先使人类的生活和行为趋向规范化、仪式化、神圣化，接着，宗教就变为更强有力的一种社会控制[①]。这种社会控制产生的过程其实就是宗教文化的社会规范功能发挥作用的过程。本书将大理白族宗教文化分为原始自然崇拜与本主崇拜。

1. 原始自然崇拜

白族在长期的生产生活实践中，因其生产力水平低下，时时受到自然界的威胁，白族人民为寻求自然的庇护而出现对于自然的各种崇拜，这些崇拜体现在白族的宗教信仰之中，这些宗教及其信仰对白族人民的心理结构、价值取向以及社会生活等方面都产生了重要的影响，其宗教内容或宗教仪式中所体现的万物共生意识深深植根于白族的价值观念之中（见表 7-1）。

表 7-1　大理白族原始自然崇拜内容

自然崇拜对象	活动时间	崇拜形式
天神	每年农历九、十月间举行，也有在正月里，隔两三年才举行一次	这是各地白族最隆重的祭祀活动之一。天神无偶像，也无寺庙，但白族人认为天是自然界的主宰，故必须集体祭祀，以示虔诚与隆重
地母	每年农历七月十五日	有些地方建有地母寺，多数地方是在本主庙内供一尊地母像。祭祀地神在玉米地里举行，用长约 5 市尺的栗树枝或芦苇杆一枝，上拴一条插于地下，用一碗白酒做祭品。祭祀由家长主持，他一手端着酒碗，一手用两根树枝或两张树叶蘸酒泼洒，口中祈祷道："为了粮食丰收，为了发展生产，为了牲口长得健壮，为了得到钱财，个人富裕，我们今天特意来祭你，希望你保佑我们的庄稼长得又壮又好。"
山神	每年春节期间	大理山区白族在种荞子、收玉米、上山伐木时都要祭祀"山神鬼"，认为不祭祀山神鬼，庄稼就会歉收，牲畜就会死亡。祭祀目的，各地均为祈求五谷丰登、六畜兴旺，多捕到野味。由此可见，祭山神的活动是产生于狩猎和原始农业经济时期，因其与白族人民的生产活动紧密相关，故一直到 1949 年以后仍相当盛行

① 马凌诺斯基：《文化论》，费孝通译，华夏出版社 2002 年版，第 79 页。

续表

自然崇拜对象	活动时间	崇拜形式
水神	每年农历五月	多数白族对水神也比较崇拜，他们管水神叫“龙王”，有的地方还建有龙王庙，有些村寨将附近的水塘称为龙塘，认为有龙神居住在其中，严禁小孩去洗澡，不许妇女去洗衣。如遇久旱不雨，影响春播和庄稼生长，人们就要到龙塘拜祭龙塘求雨。尤其是洱海周边的渔民和农民，雨水的多寡直接影响到他们的生活，因此人们自古就崇拜水神龙王

从表 7–1 中可以看到，大理白族自然崇拜的对象主要是天、地、山、水，这是因为白族人民在生产生活实践中对自然事物和现象解释不清，由于对自然缺乏认识，人创造了种种的神，这些神成为他们的希望和畏惧的唯一对象[①]。另外，人们认识到，自然现象与人的经济生活密切相关，便产生了对许多自然现象的希冀，希望能得到它的帮助、庇护，并通过某种方式来控制自然，以便达到改善生活的目的[②]，所以正如恩格斯所说：宗教是在最原始的时代人们关于自己本身的自然和周围的外部自然的错误的、最原始的观念中产生的[③]。人们在对山神顶礼膜拜的同时，也积累了许多必须遵守的禁条。自然崇拜包含了对整个生态环境和自然资源的关注和敬畏，体现了明确的生态崇拜性。

2. 本主崇拜

本主，即“本境福主”“本境土主”“本境恩主”等。本主的白族称谓为“武僧”，汉语意为“我的主人”，或称“斗波”，意为“祖先”。在白族人眼中，本主能够保护“本境”民众，保佑辖区五谷丰登，六畜兴旺，驱害免灾，物阜民安[④]。本主崇拜几乎是白族全民信仰的特有宗教[⑤]，大理各地崇拜的本主，对象十分复杂，大致可分为自然神本主，除暴护民的英雄本主，对发展生产、弘扬文化有过贡献的本主，以及名人本主和民俗本主。白族的本主崇拜，特别是关于自然神本主的崇拜，反映了白族对自己所生存环境的认知，这种认知使白族人民在生产生活过程中能够把握人与自然和谐相处之道。

例如，苍山下阁洞塝村白族奉太阳为本主。传说在古代，太阳被天狼咬住，无

① 霍尔巴赫：《自然体系（上卷）》，管士滨译，商务印书馆 1964 年版，第 13 页。

② 徐万邦、祁庆福：《中国少数民族文化通论》，中央民族大学出版社 1996 年版，第 265 页。

③ 恩格斯：《路德维希·费尔巴哈和德国古典哲学的终结》，转引自《马克思恩格斯选集》第四卷，人民出版社 1972 年版，第 250 页。

④ 李学龙：《白族本主崇拜社会功能试析》，《西南民族学院学报（哲学社会科学版）》1992 年第 4 期。

⑤ 李东红：《白族本主崇拜思想刍议》，《云南民族学院学报（哲学社会科学版）》1991 年第 2 期。

法运行中天，人类不见太阳无法耕织，生存受到威胁。这时炎帝显灵，用神箭射跑天狼，阳光普照大地，人类才恢复了勃勃生机。洱海边的柴村，供奉四海龙王为本主。传说四海龙王是个爱护百姓的神。在古老年代，有两个农民、两个渔民去见四海龙王，一个农民要打麦子，求他出太阳；另一个农民要栽秧，请他下场雨；一个渔民要往上关去，求他吹南风；另一个渔民要到下关去，请他吹北风。对这四个人提出的相反要求，龙王想来想去最后说，“早吹南，晚吹北，夜间下雨，白天打麦”。与这一传说巧合的是，直到现在，大理的风都是早吹南，晚吹北，到夏季也基本上是夜里下雨，白昼放晴。实际上，这是由于柴村人民对本地优越的自然气象不能作出科学的解释，才归因于受四海龙王的恩泽。云龙县白石区开子地村的本主供奉在神龛上，盼望羊群从此少病多仔。鹤庆县自马庙和板窝村本主名为“水草大王”，是一位渔神、护畜神；剑川南妹村和西妹村本主，称“红沙石大王”；洱源山区人民供奉的本主有“白岩天子”“石头皇帝”等，这都起源于石器时代白族人民对石头的崇拜。随着社会生产力的发展，白族人民原始的自然崇拜逐渐向偶像崇拜转变，对自然力和自然物进一步神化与人格化，遂使从前的自然神转变成了人格化的村社神。南诏以前的白国，就是白崖国（在今弥渡县红崖，明初改称红崖）。白崖天子就是指张龙佑那、张乐尽求等大部落酋长。白国、白族均称白，与此不无关系。

从上面的分析中可以看到，本主崇拜中与自然神崇拜相关的本主，其特征主要表现为：一是敬畏自然，白族人民认为大自然是万物之源，人是自然界的产物，人与自然是一个有机整体，因而把一部分自然现象或自然物当作本主加以崇拜，如对天、地、日、月等的崇拜。他们认为，只有顺应自然、按照大自然的规律来安排自己的生产和生活，才能生存、繁衍下来。二是白族人民认为自然界的万物都有灵魂，他们把对自己生产生活有贡献的动植物和非生物等都作为本主加以崇拜，久而久之，便形成了深厚的感情，使白族人民在潜意识中有主动保护它们的观念①。

不管是自然崇拜还是本主教，其中所体现的都是白族人民对从自然中获取的资源怀有的敬畏和感恩之情，以及对从自然中获取的生产资料的珍惜之情。这种行为鲜明地体现了白族人民敬畏自然、感恩自然之情，且这些自然崇拜都是源于大理白族先民对自然现象进行规律性总结而得出的，所以除去其中的感性因素，其中还蕴含着丰富的理性精神。

---

① 康云海、马建宇：《云南少数民族地区环境友好型传统生产生活方式可持续发展》，中国书籍出版社 2016 年版，第 147 页。

（二）崇尚诚信的家族文化观

家族文化是家族成员约定俗成用以约束和规范族人的宗族法规，是家族成员的共同理念和行为准则[①]。家族文化最先在汉族地区产生，逐渐成长为我国的主导文化。随着白族与汉族文化的接触，家族文化传入到白族社会中，成为白族文化的一个重要文化因子，对白族社会的政治、经济和文化产生了较大的影响，使白族社会的各个层面都为其所同化和感染。即使在今天，白族社会的家族文化仍顽强地存在着，并努力在新的时代背景下为自己定位，以适应当前白族社会政治、经济和文化发展的需要。在白族所持有的家族文化观念中，诚信观代表着白族伦理道德的核心内容。

在白族社会中，讲诚信不仅体现在商业中，还贯穿于经济、政治、文化及社会生活各个领域。建立一种守信用、不欺骗的人际交往体系，是白族社会中人们追求的目标。然而，人与人之间的关系既有互斥性，又有互补性。人的生存和发展离不开资源，资源不足时，人与人之间必然会有竞争、冲突甚至斗争。但是为了生存和发展，人与人之间又需要相互合作，无论是经济、政治、文化，还是社会生活的各个领域，都需要合作，以求共赢。若无诚信，怎么合作？因此说人与人必须共同合作、共同发展，而诚信就是社会和谐共生的道德纽带。

白族人历来以诚信为做人之本。“人无诚信，百事何为？”这是白族人民一直奉行至今的名言。历史上，段思平不满大义宁国的杨干贞长期维护封建领主制、排斥新兴地主阶层发展经济和参政的要求并造成的贪虐无道、中外咸怨，导致民穷财尽、民不聊生的政治局面。于是，他顺应新兴地主阶层发展经济和参政的要求，联合三十七部并善巨、巨桥等地方力量共反杨干贞。结盟之前，三十七部与地方势力问段思平：“我们支持你，而你得国后怎么办？”段思平许诺，如果他建立国家，之后必报以“减尔税粮半，免徭役三载”。后来段思平的义军，推翻了杨干贞政权，建立了地方政权，承认在以洱海为中心的区域内，农户使用土地，减轻赋税，免徭役三年，兑现了承诺，取信于民，封赏对大理国有功之臣，开创了安定团结、经济繁荣、人民安居乐业的政治局面，与宋朝相始终。

到了近现代，喜洲商帮通过诚实与敬业，形成了以严子珍、董澄农、尹聘三、杨鸿春为首的四大家、八中家、十二小家，还有 186 家坐商、200 余家行商的商业集团，据 1950 年的计算，当时喜洲商帮的全部资产达 6000 亿元（人民币旧币）。根据学者的观点，喜洲商帮迅速发展起来的原因之一就是白族家族文化中的儒家文

---

①《固原金堡汤氏家谱》编写组编：《固原金堡汤氏家谱》，宁夏人民出版社 2016 年版，第 145 页。

化特色，主要表现在商业经营过程中，重视用儒家文化的诚信观来培养和教化经营人才，重视捐资办学、助学和投资地方基础设施建设，为地方经济文化的发展作出贡献。后来诚信成为喜洲商帮的一块王牌。《喜洲商帮从业人员须知》规定了商帮从业人员的“基本要求”和“职业修养原则”，归纳起来就是：宗旨——货真价实，童叟无欺；箴言——涵养怒中气，谨防顺口言，斟酌忙里错，爱惜有时钱。有些商号还对从业人员的道德做出了规定，如“永昌祥”号规定号内从业的3000多名员工，不准嫖娼，也不准讨小老婆，否则即予除名。

清末张子惠摒弃重仕轻商的偏见，毅然涉足商海，以微薄的资本在喜洲子午巷开设了经营各种时兴土特产品的商店，以“公平交易、诚信待客、保质保存、童叟无欺”为宗旨，因而赢得了顾客的信赖，再加薄利多销，资金周转快，盈利亦甚可观，奠定了“永茂号”的基础，至今口碑犹存。喜洲商人把招牌视为生命，“以信誉为第一”作为经营宗旨，老字号百年不衰的原因就在这里。喜洲商人喜读儒家经典，“复春和”号规十六句中的头两句即是“孔孟圣贤是吾师，吾号务商皆崇他”；喜洲一些家族族谱中指出做人的根本就是“人无诚信就是卖绝了做人的种子”。

从上面的事例中可以看出，诚实、守信用是白族诚信观的核心内容。中华人民共和国成立前，白族家族特别重视对子女、后代进行诚信观的教育，这是与白族经商传统相联系的，是商业文化的必然结果。经商要想获得成功，取得客户的信任，吸引本地和外地的客商，除了要重视人才、及时准确地分析行情外，还要重视商人的个人荣誉和商号的诚信。经商使白族商人不得不外出流动，在外地进行各种商业活动，如果要想长期、持久地在异乡经商，取得外地客商的信任，诚信就变得相当重要。正是由于白族商人在流动经商的过程中，认识到了诚信的重要价值，并善于经营，才使白族地区特别是喜洲产生了不少成功的家族商号。那时的白族商人十分注重自己的信用，不惜丢弃、毁损假冒伪劣的商品，自己承担损失，也要保住信用。

1936年，一个叫子厉的白族商人在《新喜洲》第1期发表了《商人的道德和礼貌》一文。他在文中写道：商人的信用，可以说是无形的资本，自己有了信用还怕别人不相信吗？那么信用既著，基础便坚固不拔了，诚实可靠，不论对同业或顾客都不应该虚伪，譬如，一个顾客受了你的欺骗，下次他还肯来上你的当吗？他在文中还写道：一个人先有义务而后才有权利，这是天经地义的，我们不赞成“做一日和尚撞一日钟”的俗语，因为这种敷衍式举动，他不但对自己无益，而且于事业的成功也很有障碍的，我们要秉承“得人钱财，与人消灾”的格言，拿出服务的道德，对事业宜负责、宜努力、宜服从、宜先公后私、宜胆大细心、宜对同事忠诚、宜对顾客谦和、宜对本身克俭。这样我们相信于人于己都很有益的，因为负责，便事务不致废弛；努力，则遇事认真不致潦草塞责；服从，则办事有系统不致紊乱；先公后私，则办事时间不做私事，尽心工作以偿所得薪工的代价；胆大则办事迅速；心细则办事不出错；对同事忠诚，则感情融洽；对顾客谦和，则能使人信仰；对自己克俭，则可以养成个人的清廉。如果八宜俱全，我相信这就（是）商界中后起的模范。由此可见，那时喜洲镇等地区的白族商人在外地经商的过程中，已经认识到诚信的重要性。

久而久之，诚信不仅是白族老人向晚辈传授商业经验的一项重要内容，更成为家族伦理观的重要组成要素，且一代一代地传承下来。时至今日，白族老人向晚辈传承他们的诚信观时，常常给孩子们讲一个分家的故事，说的是一个白族老人有三个儿子，老人去世后，三个儿子分家，两个弟弟争着要财产，而大哥却一样不要，只要家传的招牌。分家后，大哥继承其父的传统开展经营，重情义、讲信用，得到各方面的支持和信任，要钱有人借，要货有人赊，不久就积累起跟父亲一样多的财产，成了资本家；而两个弟弟吃赌嫖游，不讲信用，不久就把财产花光了。然后他们方才悔恨，想借点钱重新起家，可已经无人同情和相信他们，最后他们成为了衣食无着的流浪汉。

第二节　精神文化的经济发展功能分析

从精神文化的概念界定来看，精神文化表现为一种价值观念。简单地理解，价值观念是价值主体用以判断和衡量价值客体（包括各种事物、现象和行为）的基本标准和尺度。价值观念通常是与价值目标、价值标准、价值评判等联系在一起的。可以说，价值观念对一个人和群体乃至整个社会来说都是非常重要的。一种价值观念的产生及其影响都决定着社会的结构及其实践的走向。这也体现在不同地域不同民族因不同价值观念的影响而呈现出不同的经济发展模式。本节就价值观念所具有的几种经济功能加以分析，从而更为全面地认识社会价值观念及其对社会经济发展模式的决定与影响作用。总体看来，导向功能、规范功能、凝聚整合功能代表着价值观念在经济生活中的主要功能。

一、导向功能

导向就是指导行动或发展的方向。因此，导向功能是价值观念中最为主要的经济功能，通过价值观念中所包含的评判标准，指引人们做出符合某一社会规范或价值观念的行为决定，因此导向功能直接或潜在地决定社会经济的发展方向、模式等。根据价值观念导向功能所带来的结果，我们可以将其导向功能分为正取向功能和负取向功能两种形式。正取向功能是指符合社会发展的客观规律，反映了社会实际及其要求，可以整合社会成员的行为导向与整个社会的利益及发展需要相一致，其取向结果促进了社会生产力的发展，推动了社会经济的健康运行和人民生活水平的不断提高。价值观的负取向功能却会导致经济社会秩序的紊乱。因此在经济社会中要梳理价值观念正确的导向功能，避免其对经济发展的错误导向。

二、规范功能

价值观念往往代表着某一人群或社会长期历史实践中形成的且世代相传的一种共识或共同遵守的行为准则或道德判断，作为一种思维定势，其在人类社会经济发展过程中起着重要的规范作用。价值观念的这一规范功能主要体现在指引作用和教育作用两个方面。

价值规范所具有的指引作用是指通过规范人们在经济社会生活中所应遵守的价值伦理及道德规范来指引、调节人们的经济行为。价值规范可以指引人们做出符合这一规范的经济行为。一个社会必然具有指引人们行为的社会规范，如若这一规范是缺失的，那么在人们进行社会经济行为时，便会使行为本身没有内在的依据，也就无法对这一行为进行价值判断与概括，从而很难协调各种行为之间的关系。价值规范的教育作用则是指价值规范通过群体内成员的言传身教与历史传承的方式将价值规范的内容传续给后代或其他社会成员，使其内化到人们的心中，并借助被传播人群再次进行传播。

三、凝聚整合功能

一个区域或群体内部的价值观念形成于这一区域人群长期的历史实践，其所具有的共同的价值判断准则体现了世代相传的亲缘意识，强化了社会成员间的认同感和凝聚力。精神文化所具有的这种凝聚和整合的功能对经济生产实践而言更是重要的作用因素，它可以保障社会经济活动的有效运行，协调好各个子系统之间的关系。试想，一个经济系统如果没有这一整合凝聚的功能，那么这一系统的运转就无从谈起。

第三节　大理白族精神文化对经济发展的作用路径

一、大理白族精神文化中的宗教观与完善市场规则的关系

与上一章我们所论述的非正式制度文化对经济发展的影响类似，宗教观在一定程度上也属于非正式制度文化的组成部分，其对市场规范的建立与完善发挥着重要的作用。从宗教作为精神文化的规范意义来看，宗教文化对社会的规范功能通过宗教教义、教规和宗教戒律的神圣性来实现。宗教始终在发挥着两方面的作用：它在总体社会层次上是一种整合要素，在个体层次上则是一种动机要素。在这两个层次上，它都提供了意义的意义，即一种有意义的“终极实在”[①]。宗教文化为社会提供意义即为社会提供价值标准和超脱目标，进而为人类的行为提供精神信仰上的引导力量，这种意义会随着经济社会的发展变迁及社会治理实践的推进，逐渐变成现实社会的伦理道德、法律规范及习俗文化的重要来源。

具体到大理白族宗教文化来看，白族的宗教文化以佛教、道教和本主信仰为主。佛教在公元9世纪中期的南诏国兴盛，在南诏中后期和整个大理国时期，佛教被奉为国教，并在与白族文化结合后演变出佛教的大理密宗——阿吒力教，最终成为白族文化的重要构成要素。明代张含《苍洱歌》云，“叶榆三百六十寺，寺寺夜半皆鸣钟”，即为佛教对大理地区影响的真实写照。大理的崇圣寺三塔、剑川石窟、大理国经幢、鸡足山佛教建筑群等，都是佛教文化的稀世珍品。道教大约于汉代传入大理地区，南诏时期重要的政治事件“点苍山会盟”过程的记载和白族本主信仰中显著的道教元素等，都表明道教在大理地区有重要文化影响。本主信仰是白族特有的信仰形式，它产生于南诏初期，起源于白族先民的原始崇拜，它在取代白族先民的原始崇拜后，逐渐成为白族特有的本土宗教形式并持续至今。其中本主意指“本境土主”“本境恩主”“本境福主”等。在大理白族地区，几乎每个村社都有自己的本主和本主庙。本主崇拜是多神崇拜。本主神祇种类众多，包括自然物本主、动物本主、图腾本主和王侯将相本主等。“人神合一”是本主崇拜的基本思想。本主崇拜包含的知识体系非常庞大，涉及世界观与人生观、社会规范、族群关系、生产生活、文学艺术、祭祀空间、神话与仪式、信仰体系等方面。

---

① 卢曼：《宗教教义与社会演化》，刘锋、李秋零译，中国人民大学出版社 2009 年版，第 1 页。

白族人民所崇拜的宗教信仰及本主信仰都积累了很多必须遵守的禁条，这种禁条与其崇拜中所具有的神秘感叠加不断催生了白族人民经济实践中的规则意识。这种规则意识体现在当前市场经济活动中便是对于经济各子系统的有效整合与协调。当然这种协调是通过人们对约定俗成的规范的遵从来实现的，其对当地市场规范的建立与完善发挥着重要的作用。

中华人民共和国成立前，白族的宗教制度维系着白族封建文明得以稳定的制度性基础，它是以约定俗成的宗教观为纽带而形成的各种意识和行为的关系体系。在这种体系下，白族人民相互之间的行为规范受到宗教意识的限制，根据这种体系形成了稳定的社会结构和市场体系。在这中间，每个人都对整个社会的发展承担一定的义务，以此来形成强大的约束性体制，将约定俗成形成的规范作为行为戒律，最后通过潜移默化来保持这种持久性的人际秩序。中华人民共和国成立后，这种带有约束性的人际制度因为社会的多变和经济的冲击已经被冲淡，但是对于宗教比较集中、社会发展较弱的地区来说，宗教观作为白族聚居地的行为约束规范，对市场秩序和社会秩序的建立仍然发挥着重要的推动作用。

二、敬畏自然的宗教观与经济发展的可持续导向

（一）大理白族的科学性认知对企业家科学管理理念的影响

大理白族精神文化包括：讲求人与自然和谐，崇拜自然的原始崇拜或本主教等。从这些原始自然崇拜或本主教的形式中可以看到，大理白族人民并不是一味地迷信自然神力，而是在敬畏自然的基础上适度生产与开发，这一系列宗教文化对企业家科学意识的培养具有重要的影响。

大理白族精神文化中对人的主体意识的强调影响人们理性意识的形成。宗教观念中虽然有因无法解释而出现的不科学的内容，但宗教作为一种深层的价值观念，体现了白族人民对周围环境的意识以及人的生存意义的考虑，从而延伸出人应该做什么或不应该做什么的伟大哲学理念。其对人的主体性的考虑，同时也是对人的创造性的极大肯定，它的核心思想体现为人有权利利用自然并在适应自然的条件下开发自然。

（二）生态保护与经济发展并重的思维观念

大理白族精神文化中人们对于自然的敬畏意识直接影响人们生态观念的形成。大理白族精神文化生态观念中对于天、地、水等自然物的崇拜以及本主信仰中有关

生态保护的内容，体现了天人合一、关爱自然、关爱生命的思想。这种源于宗教文化的生态文明理念，对企业家精神中的理性思维与生态文明理念有着重要影响。

从上述有关白族文化中生态保护的文化内容可以看到，白族人民是传统的农耕民族，但其经济生产方式却并不是一味地从自然中索取，而是在维系生态整体稳定性的前提下适度开发，同时实行有序的垦休循环制，保护性地利用自然。另外，白族人民对从自然中获取的资源怀有的敬畏和感恩之情也体现了他们在生产活动中对从自然中获取的生产资料的珍惜之情。大理白族地区普遍流行回馈自然的农耕习俗。白族的很多村寨都盖有地母庙，每年都会在稻谷成熟后举行“尝新节”，意为尝新米，在傍晚太阳落山前，将煮好的米饭、肉、鸡蛋、酒等端到地头，祭祀“田公地母”，回馈大地①。这种对于自然的回馈行为鲜明地体现了白族人民敬畏自然且感恩自然之情。这种根植于白族人民头脑中的生态文化观念同样根植于白族人民长期的社会实践过程之中，并对白族的社会实践活动产生了重要的影响。

（三）以人为本的发展理念

从大理白族文化与经济发展的互动中可以看到，不管是讲求天人合一的建筑文化，还是讲求遵循生产规范、社会规范的碑刻文化，亦或是蕴含自然规律与崇拜的宗教文化，大理白族文化的重要性都体现在对“人”的生存的认知上，这种认知从现代经济学的角度理解，便是打破了传统经济人的假设，将人作为一切活动的出发点和落脚点。其有关人与自然、人与人、人与社会关系的思考坚持的还是以人为中心的原则，所体现的是人本关怀与人文精神，能动性发生了变化。生态文化不强调否定人的能动性，而在于这种能动性处于规范和约束之中，从而不至因能动过度，造成对生态、对人本身生存发展的阻滞与破坏。这种发展理念在企业家确立以人为本的企业文化的过程中起到了重要的作用。

三、诚信观与有序市场的建立

市场经济是信用经济，也是道德经济。如果没有相适应的诚信观念作为保障，市场秩序必然陷入混乱的状态。通过白族一直延续至今的诚信观的分析，可以发现，其诚信的信念与行为有以下三个重要的特征：①诚信是一种经济行为，这种经济行为是一种源于经济主体主观上的、以社会公认的诚信指示为标准的经济行为。诚信的经济行为会产生诚信的经济活动，诚信的经济活动使经济主体的经济行为遵

① 康云海、马建宇：《云南少数民族地区环境友好型传统生产生活方式可持续发展》，中国书籍出版社 2016 年版，第 152 页。

循、符合既有的价值规范框架和社会价值观。②诚信不仅是指交易双方诚实守信，而且是指经济主体在遵守经济活动相关规则上诚实守信，这种诚实守信的行为是一种主动的经济行为，并不只是一种客观的结果。③诚信是以不损害他人和社会的利益为前提来追求自身效用最大化的经济行为。这种经济行为的结果不仅是交易双方的共赢，而且是经济主体与社会的共赢，经济主体每一个诚信的经济行为都会促进社会经济的发展和进步。诚信这三个方面的价值表征，在白族经济秩序的建立中发挥着重要的规范作用，也促进了白族有序市场的建立。

良好的诚信观对大理白族地区社会经济稳定发展方面产生了较大的影响。自大理建州以来，几十年来从来没有出现过一次由于不和谐的民族关系等民族问题而引发的群体性社会事件，这样的成就在全国民族地区也是不多见的，从而确保了整个民族区域经济发展的大环境。良好的营商关系是区域经济发展的基础，在诚信观的基础上，大理依靠着得天独厚的旅游资源、区域优势，逐渐引来许多外来资金投入，这为白族地区的经济发展带来了新的活力和动力。大理州统计局统计资料显示：2018 年，全州货物进出口总额完成 32747 万美元，同比增长 22.0%。其中：进口 3029 万美元，同比增长 176.6%；出口 29718 万美元，同比增长 15.5%。2018 年，全州实际利用外资 402 万美元，比上年减少 90.1%。实际引进州外到位资金 876.86 亿元，同比增长 9.4%。2018 年，全州共接待海内外旅游者 4710 万人次，同比增长 11.0%，其中：接待海外旅游者 104.58 万人次，同比增长 2.45%；实现旅游外汇收入 65298.2 万美元，同比增长 26.11%；接待国内旅游者 4605.42 万人次，同比增长 11.78%。全年旅游业总收入实现 795 亿元，同比增长 22.0%。区域民族关系的和谐稳定会直接影响到外商投资、旅游业以及贸易的往来，所以只有把良好的民族关系与经济发展结合起来，最终才能为区域经济的进一步发展营造和谐的营商环境。

四、大理白族本主崇拜与经济发展之间的关联

本主崇拜不像很多宗教信仰那样求来生，而是带有非常明显的功利性，祈求的就是当前的利益，比如求平安、求财等，也就是说，本主崇拜对经济社会发展是起正向作用的。本主比较贴近生活，和人都是相通的，很平和，它不是像佛教那样很神秘、很高深。本主崇拜中的人和神是相通的，人与本主进行交流，请本主保佑庇护牲畜养得更好，人过得更好。白族本主文化以包容性的、开放性的、可以接受外来文化的态度，与当地经济发展融合在一起，推动当地社会生产发展。在查阅书籍资料的过程中，笔者还发现了一些故事，比如，宾川县营排乡有两个村子的本主是苏老爷，苏老爷是明朝随征南军队的高级官员，不幸兵败，逃到宾川县营排乡莿村

一带，在经历了一些事情之后，苏老爷就留在了村里，领着大家一起开荒种地，修水利，受到群众的爱戴，他与世长辞后，被尊奉为本主。又如兰坪县通甸的护国安邦景帝，他组织部分地方官兵进入到边疆的兰坪一带的各个村寨，一边平息匪患，维护社会治安，一边帮助百姓发展生产，使百姓过上安居乐业的生活。此人最后落业于本村，受到百姓的尊重，年迈与世长辞后，本村百姓为他建庙塑金身，尊奉为本主，享受百姓的祭祀。诸如此类的在助力本地居民发展生产而后被尊为本主的故事不胜枚举，反映出白族人致力于生产方式变革的愿望和开拓进取的精神品质，也正是这样的精神品质推动着一代又一代白族人艰苦创业，推动着经济社会的不断发展。

在当下，本主崇拜在经济发展方面依然有着深远的影响。表面看是生意人为求财而拜本主，每年过年本主庙的头香也往往是生意人敬献的，相当于这些赚了钱的生意人在无形中起到了一种榜样示范作用。在这样的行为驱动下，久而久之就形成了对商业的追求，也就形成了勤劳致富的良好社会氛围。白族人做生意必须要拜本主：出去之前（祈祷）一是要平安地出去、平安地回来；要本主保佑他赚更多的钱回来。喜洲商帮去到哪里都要拜本主，拜了本主他们才上路，回来还要拜本主。其他地方，白族人要上路的，出去也好、读书也好、做生意也好，都要拜了本主才走，回来以后也要拜本主，感谢本主保佑他赚了很多钱。喜洲在本主文化传承上做得非常好，商业发展确实也非常活跃。因此，应该看到它在营造良好商业氛围方面的作用，实际上是在不知不觉中形成的一种经济发展推动力，一种内生的、渗透在白族居民生活当中的重商文化。

五、大理白族精神文化的显性表达对经济的潜在带动

大理白族地区的精神文化在整个历史演化发展的过程中，形成了一些显性的表达方式，就是历史上形成的石窟、古镇和雕塑等文化形态，这些文化形态是大理精神文化的显性表达，也是大理精神文化的现实结晶，除了蕴含着极大的文化价值以外，还存在着巨大的经济潜力。

大理白族地区在唐宋年间在中国西南边疆建立了南诏大理国，是一个地方少数民族政权。之后就产生了石宝山石窟，而石宝山石窟正是大理白族历史上精神文化的一个典型代表，是白族历史上宗教艺术和文化的展现，是当时地方宗教艺术的一个顶峰。这个石窟是当时佛教的一个密教分支，我们称阿吒力，在石宝山下边又有一个沙溪古镇，现在是世界濒危建筑遗产，是茶马古道上唯一幸存的一个集市。大理白族地区在历史上是中国本土文化和外来文化交汇的地区，印度的佛教文化和中

国的文化在这里碰撞，产生了石宝山石窟，石窟下边的沙溪古镇是一条古道，是中国通向印度与尼泊尔的一个通路，沙溪就是这条古道上的一个重要节点。从沙溪下去时，它又通过澜沧江的这些支流流到越南、缅甸和泰国，所以这个地区也成了多种文化汇集的地方，因此在石宝山石窟里，我们既可以看南诏帝王的造像，也可以看到印度佛教的密教造像，还有受到中原文化影响的造像，比如甘露观音中以原唐代文化丰满富态为美的造像。实际上，这也是大理白族地区多文化交融的一种现实表达，而沙溪古镇实际上和石钟山石窟是唇齿相依的。

大理白族所在地区就是在历史上的茶马古道上，这个地方是中国西南边疆通向外部的一条通道，就是“西南丝绸之路”，它通到了国外，是一条名副其实的国际通道，是以沙溪古镇为核心展现出来的，同时也展现了白族文化中巨大的文化包容精神。沙溪古集市连同石窟，还有沙溪寺登，展现出该地区历史文化中的宗教精神，成为曾经的茶马古道马帮停留时候的一个精神慰藉场所。同时，在沙溪古镇边上有四大盐井，即我们所谓的诺邓井、乔后井、拉鸡井、弥沙井，这个地区成为茶叶和盐帮交汇的中心。古代马帮的主要娱乐生活就是唱戏，所以沙溪的戏台就应运而生，像寺登街这样的戏台整个地区有 19 座。在沙溪地区发掘的墓葬遗址，表明这个地方有 2000 多年的历史，到现在还生生不息，沙溪地区百分之百的居民都是白族人。

历史上松赞干布统一青藏高原以后，从西南地区开辟了一条通道，占领了洱海地区，之后这个地方就属于吐蕃的势力范围。南诏大理国崛起之后，在这个地方吐蕃就不能再前进了，这个地理位置从今天来看都是进出藏区的最后一站，所以这里石窟的帝王造像、佛教的出现，在当时就是吐蕃和南诏的一个分界。石窟的开凿从南诏时期一直持续到大理时期，相当于从晚唐开到南宋，用了三百多年，这边这么多的工匠，他们一定有大米这些生活物资的需要——就是沙溪小镇这个附属的小镇提供的。

在大理白族地区，历史上吸收了很多国际文化：波斯人就雕在石宝山石窟，就证明这条路已经通到了波斯湾沿岸，石宝山石窟里有印度的梵文，有古藏文体记，就证明印度的文化已经传过来了，有中原的汉字，有仿唐的雕刻。这表明石窟是茶马古道上的中外文化撞击的一个艺术宝库，同时也是白族地区精神文化的一种外在显现。

石宝山石窟本身也具有巨大的文化价值和艺术价值，有很多非常独特的地方。剑川石钟山石窟里面第 8 号石窟——阿央白石窟就是世界上独一无二的一种文化现象，它是佛教传入南诏大理时与本土信仰相结合的重要表现，是一种开创性的创举。

沙溪古镇和石宝山石窟是当时茶马古道经过这个地方的时候的一个文化历史场地，在历史上也曾经沉寂过。但因为其所具有的巨大的文化价值，逐渐被人们所认知，并带动了旅游业的发展。因为这个引起了全世界的关注，也就是说，这个地方有这么完善的茶马古道、这样一个以马帮作为主要交通工具，成为各地间相互沟通的“生命”大动脉。随着马帮退出历史舞台，沙溪就沉寂了，再次被发现的时候世人震惊。随着现代文明的冲击和现代城市化的建设，在很多曾经是历史上古镇的地方要道，那里的古房子、木建筑都不见了，而且很多文化都不见了。可是，沙溪一直被尘封，这次被发现的时候，它是被完整地保存到了清代和明代的局面。所以，现在通过最少干预最大保护，形成一个古朴的形态，就是能够展现在世人面前。2002 年以后，当地做了沙溪复兴项目，到 2008 年，游客统计达 118 万。从当时的财政收入来看，沙溪在被保护以前，其整个财政收入才有 100 多万元，人均收入从 870 多元到了 8000 多元。这是靠保护好沙溪古镇的文化遗产、文化复兴，通过其他地区的人来到大理白族地区获得当地的文化精神体验来完成的。沙溪并没有拉动经济的房地产等行业，完全靠保护下来的文化遗产和古建筑，提供给人们作为参观体验的载体，使人们实现脱贫致富。

在中国，西南地区只有石宝山一个石窟，其他石窟都是分布在北方地区。人们只知道敦煌、云冈，对石宝山石窟了解得很少，随着越来越多的人关注沙溪的茶马古道，越来越多的人来到石宝山石窟，就会越来越引起现在考古学、历史学、人类学等很多学者的关注。现在来石宝山石窟的游客相当多，沙溪古镇也成为中国历史文化名镇、国家 4A 级景区，这些文化遗产实际上就能够带动当地的旅游产业。旅游发展起来了，就有利于文物的更好保护。在文物安全保护的情况下，实行对外开放，让其他地方的人到大理来体验，体验的正是大理白族地区丰富的精神文化内涵，这也是大理白族精神文化资源带给整个地区的巨大的经济潜力。

第八章　大理白族文化与地区经济发展的张力超越研究

大理白族文化中的物质、制度与精神三个层面所具有的动力机制对于当前大理白族地区的经济发展产生着重要的影响。作为民族传统文化的一部分，大理白族文化除了前面我们所探讨的对经济具有巨大的推动作用以外，因为它主要是和过去白族的生产生活的客观环境相适应而形成的，所以也具有一定程度的文化保守性。大理白族文化的消极层面同样影响着经济的发展，其所导致的影响经济发展的问题在现实中也同样存在，民族文化的传统价值与其内在束缚作为一个矛盾体同在。因此，如何进一步推动大理白族文化在社会变迁中对经济发展持续提供动力，就需要认清大理白族文化与现代经济发展之间的张力，并在化解这一张力的基础上实现大理经济社会的可持续发展。

第一节　大理白族文化的现代性动力危机

一、大理白族文化的传统性内在张力

大理白族的传统性文化，实际上是与传统的小农经济相契合的产物，而说到底，是具有传统观念思维的人的产物。随着社会变迁中人的思维方式发生的代际变迁，其中隐匿的文化张力就会凸显，不仅是代际群体的文化张力，也包括对经济发展本身形成的阻止与推动间的张力。

（一）白族传统文化惯性束缚市场经济发育

在传统的农业社会，在白族传统生态文化观念的影响下，白族人民为大理地区的经济发展做出了巨大的贡献。但是随着我国改革开放政策的实行和社会主义市场经济体制的确立，白族传统生态文化的弊端逐渐显现。特别是进入到社会经济转型

时期，大理白族地区因长期的小农生产观念在其惯性作用下仍然在其现代经济发展过程中发挥作用，在市场经济转轨与白族传统生态文化惯性作用之间产生了许多矛盾，大理地区经济发展过程中出现了很多不适应现代市场经济发展要求的现象。另外，白族传统的生态文化观念产生于传统的农业经济社会，其在长期的农业社会之中发挥着重要的作用，但这一观念也被刻上了强烈的小农意识标签，对区域自然地理环境有着较为强烈的依赖，使人们对资源型经济的依赖逐渐增强，由此限制了人们进一步发展的空间。可以说，白族传统生态文化中浓厚的小农意识对区域经济特别是商品经济的发展产生了较大的束缚和限制作用。

在大理白族的传统文化中，有很多方面是与过去小农经济的生产生活观念相互联系的。改革开放以后，虽然我们已经进入到市场经济环境中，但过去传统文化的惯性作用仍然存在。以大理的扎染为例，该行业在过去的小农经济条件下，都是以家庭作坊的方式存在的，每个家庭在自己家里进行扎染产品的制作，然后自己使用，多余的再拿到市场上出售。这样的生产经营方式效率很低，产量不足，也不利于技术和产品创新，不具有规模效应，不利于市场经济的发展，所以需要通过现代化的工厂和企业来完成产品生产方式的转型。但是由于传统文化的惯性，大理白族地区的很多家庭并不接受这样的生产方式，他们觉得在工厂化的生产方式下，其利益会被企业拿走，并且自己没有以前那么自由了，不愿意放弃自己家庭作坊式的生产模式，进入工厂务工。不仅是在扎染行业，在大理地区的其他很多民族工业品生产领域，这样的文化惯性广泛存在，束缚了当地市场经济的发展。

（二）白族传统文化观念的保守性致使区域经济创新不足

从传统农业社会到中华人民共和国成立，受大理地区经济发展传统模式的影响，大理白族地区在传统生态文化观念的影响下，获得了经济的进一步发展。在此过程之中，大理白族地区经济发展得到了有效的观念支撑。但作为区域经济发展的动力，白族传统生态文化观念中保守性和封建性的因素导致大理白族地区思想文化观念严重滞后，如我们前面所提到的，白族宗教信仰中有生态环境保护的内容，但“原始宗教强化了人们在思想上对超自然力的依赖，削弱了人们进行生产斗争的意志，妨碍了人们对自然规律的探索，培养了人们对虚幻的神的恐惧心理”①，因而它的作用在一定意义上是消极的。同时，原始人对神灵的依赖与敬畏，体现为对自身行为上的限制与禁忌规定，由于相信万物有灵，原始人的活动几乎成了事事献祭、

① 徐万邦、祁庆福：《中国少数民族文化通论》，中央民族大学出版社1996年版，第270页。

处处禁忌的宗教生活[①]。这无形中为大理白族地区经济的发展设置了心理上的障碍，严重束缚了企业、社会等各领域的创新发展。区域经济发展中文化所带来的滞后性导致创新性不足，在很大程度上限制了大理白族地区区域经济的增长。

大理白族历史上形成的这些传统文化观念在过去是非常有利于本民族的生存繁衍的，如前所述，大理白族在历史上形成了敬畏自然的理念，并且形成了一些对应的乡规民约，在历史上，这些制度对整治社会产生了良好的辅助作用。但是在现代社会，当地很多人还延续了传统习俗和保守观念。比如，在现在村容村貌的整治过程中，按照传统的习俗，很多都会“犯忌”，但是如果不整治，村庄就无法获得发展。这表明一些和过去时代相互适应的一些传统文化观念已经影响到了当前的经济发展。

（三）白族传统文化更新落后导致区域经济增长缓慢

如前文所述，大理白族的传统文化中有很多方面都可以对当前本地区的经济发展起到良好的推动作用，不论是物质文化、制度文化还是精神文化都是如此。随着时代的变迁，在客观环境发生变化以后，为了适应客观条件的变化，不论是哪个民族，本民族的文化都会发生改变，以适应不同时期的外部环境。比如大理白族过去的传统文化主要是和小农经济形态相互适应的，但随着我国工业化进程的推进，我国从农业社会向工业社会的转型，大理白族的文化形态也会发生改变，这就面临着本民族文化的更新问题。从大理白族当地的调研来看，白族的传统文化在过去表现出非常好的特性，在历史上对本民族的发展有极大的帮助，因此文化也比较稳定，但与此同时，大理白族的传统文化也展现出另外一个特质，就是改变缓慢，虽然当地从政府到民间，都意识到了一些过去的文化需要发生改变，但是在现实中，这些文化的改变却是比较缓慢的，文化的更新比较慢，而且对于来自外部的代表城市文化和工业文明的文化传统，吸收较慢。

在大理白族文化中，有很多非常具有本民族特征的文化理念，比如白族历史上形成的对待自然环境和自然资源的文化理念。在任何时期，经济的可持续发展都要求对生态环境进行保护，或者坚持“生态理性”观念下的经济发展，其强调采用可持续性的经济发展模式，白族传统文化观念中关于生态环境保护的规定正契合了经济可持续发展的这一要求。但通过上文的分析我们也不可否认白族传统生态文化观念中包含有很多传统且保守性的内容，这些内容对于大理地区经济发展的影响是消极的。特别是随着改革开放政策在我国各地的推进，与我国沿海地区相比，大理白

① 宋仕平：《试论原始宗教的社会功能》，《中南民族大学学报（人文社会科学版）》2005年第4期。

族地区在传统的生态文化观念中受小农观念的影响，其经济发展依然处于传统的经济发展模式当中，其知足常乐的惰性心理、重义轻利、保护多于发展的价值取向，重求稳守业而轻大胆创业的经营理念等使大理白族地区的改革创业较为艰难，其经济发展的模式也依然处于传统的农业模式。虽然大理白族依托自己本地区的民族特色发展了民族旅游业等体现地方文化的产业，但其传统文化更新落后，且其传统生态文化观念中对于自然的服从心理、依附心理依然较强，而独立意识、自主意识、竞争意识、市场经济意识形成较晚，这些意识在人们的头脑中相对较弱，这样就造成了大理白族地区虽然实行市场经济体制，但其原有的生态文化观念大多要求对自然和环境的服从性仍落后于市场经济发展的要求，这严重影响了大理白族地区向市场经济转轨的进程，同时也使大理白族地区区域经济增长速度相对缓慢。

二、大理白族文化的现代性消解

现代化意味着一种秩序的扩张，其核心动力就在于理性，这种理性虽说具有价值规范的色彩，但其实用工具性仍然十分明显，特别是可以使资本的触角延伸到传统社会的每一个角落。这样一来，在全新的社会主义市场机制迈入传统的大理白族地区时，现代工具、现代制度与现代化的观念就起到关键性的作用，从而自发地进行社会变迁式的改造，由此继而引起大理白族传统社会的系统性转变，在这个过程中，人与自然、人与社会、人与人之间的关系都会发生着显著性的更替变化。在整个过程中，文化本身是以一种活力流动性的存在，不断流淌在人类社会的血液之中。

大理白族文化扎根于中国传统的农商文明，是大理地区区域化的特有产物，同时也是白族先民文化积淀下累积的产物，因此这种由农商传统土壤中孕育而出的传统民族文化，其积极的因素会对现代的经济发展起到促进作用，其因循守旧的成分也会对现代经济发展起到制约作用。与此同时，这种根植于农商传统的民族文化，也会由于现代化的到来，在工业化的冲击下，由于其赖以生存的土壤以及环境发生变更，而显现出生存上的危机时刻。

目前，现代化的制度和观念对少数民族文化资源产生了较大的冲击和影响，为了实现经济利益和工业化，大量的传统民族文化被包装和开发，但是这种包装和开发的过程很多是以单纯的经济利益为目的的，因此大量的传统民族文化在产业化过程中被破坏，还有一些没有经济价值的传统文化被遗忘，更让人揪心的是有些民族文化在开发的过程中被破坏后很难恢复，因此，民族地区的文化危机随着现代化的进展却日益严峻，主要表现在以下几个方面：

首先，随着大理白族文化资源的开发，其文化的独特性和丰富性逐渐展现出来，随着现代化与现代旅游业等外部力量的介入，民族文化逐步得以开发与挖掘，但这种开发往往带有现代性的成分，一部分蕴含着民族特征的传统文化正在消失，有的民族村寨甚至呈现出日益衰落的趋势，部分少数民族村民对本民族文化也出现了族籍迷失和民族认同危机的现象。例如，在大理白族地区的民族村寨旅游开发中，一些具有资金和运营实力的旅游集团介入其中，他们会凭借自己雄厚的财力物力和开发经验，重点打造民俗文化旅游村寨。在这个过程中，他们出于商业考量，会把这些民族村寨进行大规模包装和开发，尤其是突出民族文化中的特异性，以达到吸引游客的目的。这在本质上是忽略这些村寨原本的样子，忽略这些村寨中一个个活生生的承载民族文化的家庭，而以符号化的形式，把村寨连同其文化开发成游客心目中想要的样子，这种开发的取向非常明确，就是尽最大可能吸引游客，赚取商业利润。但在这个过程中，实际上是忽略了民族文化本身的存在性，与此同时，那些在旅游公司势力范围以外，不能带来商业利润的村落则会被完全忽视，因此出现了这样的场景，同样是承载白族民族文化的村寨，被特意开发的人满为患，而周边的村寨则日益萧条，破坏了村寨之间真正的文化生态，打造出的也是符号化的民族文化，而不能真正呈现民族文化本身的样子。

其次，大理白族文化资源在开发的过程中，因地方政府与当地村民对本民族文化缺乏足够且完善的认知，因此在开发的过程中“简单粗暴”，什么吸引人就建什么，在基础文化设施改造的过程中，一些传统民族文化、民间工艺和技术等逐渐消亡。由此带来了文化继承性的断档，有些年轻人不再重视本民族的古老记忆，有些村民受到外来力量的影响，把获取现实的经济利益置于传统民族文化的保护责任之上，导致了民族间世代相传的典籍、物器、工艺和部分传统服饰大量流失。大理传统的民族文化产品，不论是建筑还是器物和服饰，本质上都是对大理白族生产生活的反映，很多都是当地的白族群众在生产生活中直接使用的，也是本民族文化的载体。但是在现代市场经济和产业化的冲击下，这些产业为了单纯的商业利益，一味迎合外来者的需求，导致这些大理白族民族文化的物质载体的生产方向产生了很大的扭曲。比如大理的扎染作品，还有木雕作品，本身就是本民族生活的一部分，反映的也是大理白族本民族的日常生活和精神文化，但是为了迎合外部的商业需求，部分产品在生产中为了追求利润一味追求新潮，进而改变了这些作品的原有内涵，以表现现代观念，很多作品展现的是工业文明的内容，有的作品展现的是后工业化文明。这样虽然仍然使用的是原有的制作工艺，但是已经背离了其作为大理白族民族文化载体的功用，既不反映本民族的传统和历史文化，也不反映本民族的当代生存现状，使这些产品徒有民族工艺品的外表，而没有了民族文化的内涵。

最后，由于受到外部环境力量的影响，民族地区有些村民物质生活用品缺乏，存在急于求富的心态，这些内外因素的综合影响，导致很多民族文化被过度开发和利用，用以换取基本的物质保障。一些地方政府和企业枉顾自然资源的保护，提出的开发方案诸如打造某某民族旅游区等，更多考虑的是投资者和消费者的认知、品味、期待及评价，一味强调民族性、地方性和独特性，力求做到与众不同，而寻求更强烈的吸引力，因此忽视了这些民族文化的真正内涵，忽视了民族符号背后所蕴含的丰富含义。在这些利用民族资源为“经济唱戏”而服务的利益动机的驱使下，形成一种恶性的循环发展模式，导致许多宝贵的民族文化一再遭到破坏，直至濒临消失。民族文化本身就是一个民族在生产生活中为了适应外部环境而逐渐形成的，每个民族文化都有其特殊性，但是也都有一些共同的成分。比如，大理围绕本主崇拜而形成的本民族精神文化，其有本民族诸多特有的成分，但在形成过程中也吸收了中华文明中儒、释、道等历史上的主流文化的精神内容，与中华民族的主流文化有着千丝万缕的紧密联系。但是在市场经济环境中，为了单纯的利益诉求，在很多民俗村、民族旅游区的打造过程中，一味强调大理白族文化中特异的成分，展现给游客的是以大理白族的本主崇拜为核心形成的一些独特的民族风俗仪式，虽然在满足外来者猎奇心理的过程中获得了经济收益，但是却扭曲了真正的白族文化，不能给大家展示出白族文化真实的样子，进而使外界对大理白族的文化产生曲解和误解，并不利于大理白族文化的传播和发展。

综上所述，大理白族文化在市场经济环境中，面临着较大的来自经济层面的冲击，如果大理白族的民族文化只是作为追求经济利益的手段，那就会扭曲本民族的文化，对本民族文化的保护和传承都具有较多负面的影响，也会使建立于扭曲文化上面的经济发展变得不可持续。

第二节　文化的变革性调试推动经济持续发展动力的更新

面对大理地区白族文化的损耗性危机，立足经济可持续发展的动力源保护与调试的反思基础上，需要从系统性的层面展开变革性的调试。首先，在精神生态文化层面，观念上仍然需要重视大理白族传统中所形成的民族文化，诸如如何处理人与自然之间的依存关系等，传统的生存之道仍然需要发挥显著性的作用。其次，在制度生态文化层面，除了传统柔性的乡规民约之外，还需要以现代法律制度的方式进行针对性的保护与保障。最后，在物质生态文化层面，因为物质本身具有损耗性，所以一方面需要进行针对性的保护与保存，另一方面则需要依托现代技术展开创新性的工作。

一、破除思想桎梏促进大理白族文化的嬗变

文化嬗变即是文化演变，是指文化随着社会文化的不断演化以及这种演化所暗含的结果，在这个过程中，文化的意蕴也随之发生着一些或大或小的变化。因此如果这种演变带来的是正向的促进作用，那么这种文化的有益嬗变也即是文化的创新发展，将会积极促进经济的发展，同时经济发展也会影响到文化的嬗变，两者之间会形成一种正向反馈。对于大理白族文化创新来讲，解放思想是促进大理白族文化创新的首要前提，而解放思想的关键则是用创新的思维来打破传统文化观念中不适应现代社会发展的观念形式，通过更新这些观念的方式来构筑具有现代性的民族文化体系。本书认为，大理白族传统文化观念中的思想转变主要应该包括以下几个方面：

一是从传统的封闭式的小农经济发展观念转变为开放式经济发展观念，走出农业文化的藩篱，利用自身优势，大胆创造自己区域内的产业经济优势。随着现代工业文明的发展，社会的经济构成以及当地居民的生活习惯和价值观念都发生着巨大的变化，而白族小农经济发展方式已经不能够满足人民日益增长的物质文化需求，以及现代社会的发展要求。在小农经济模式下，商品的生产主要是面向自身的需求，诸如大理的民族服饰、各种民族器物的生产，都主要是为了满足白族人民自己生产生活的需要，只有很少一部分剩余被以商品的形式向市场出售，而这种出售也还主要是面向本地区，真正向其他地区贸易的部分少之又少。但是在现代化的市场经济环境下，整个的社会分工和交换模式都发生了重大变化，大理白族地区由于受到客观条件的限制，无法形成自己的工业体系，大量的工业品需要从外部购得，诸如汽车、家电、通信设备等，这就要求大理白族地区形成一个有竞争力的产业体系，用自身所生产的商品和服务与其他地区进行交换。产业的规划和形成是一个系统而又复杂的综合工程，存在着战略性和全局性的思考，同时涉及生活的各个方面和各个领域。因此在寻求产业经济优势的同时，既要顾及对白族民族文化进行修复和保护，又要顾及产业的发展具有可持续性，探寻既适合当地发展又能够融入时代特色的新型经济模式。在这个过程中，就需要大理当地的白族人民能够打破传统的小农经济的发展观念，不再恪守传统中一些守旧固化的文化观念。在传统的小农式的经济发展模式中，更注重通过家庭内部的合作来完成商品的生产，在手艺的传承上也是通过家庭血缘关系，并且还有诸如“传子不传女”的传统等。这些传统的家

庭作坊式的生产观念，不利于产业组织的发展，也很难形成属于本民族的优势产业，因此有必要打破传统的小农经济发展观念，吸纳和接受现代市场经济中形成的企业化运营模式，集中整个白族地区的优势资源，形成合力，建立现代化的企业，进而形成属于本民族的优势产业。当然，除了产业的形成需要破除传统的小农经济的思想观念以外，其他的诸多领域都需要进行思想观念的革新，吸收现代化的开发式经济发展观念，促进本地区经济的发展。

二是从经验思维转变为理性思维。传统农业经济因技术和知识水平的缺陷而存在的宗教观念或者过分尊崇自然的观念已经不适应现代经济的发展，因此大理白族经济的发展要注重对当下经济发展规律的认知，形成科学决策的制度。坚持正确的思维方式，就要坚持实事求是，坚持一切从实际出发的基本原则，在吸取过去社会经济发展不平衡时期的发展教训的同时，充分考虑当代中国发展实际，始终坚持正确的思想路线，坚持实践与理论相结合，不断丰富和完善民族地区发展道路，充分发挥大理白族地区所具有的独特的文化经济动能，引领地区经济更好更快发展。对大理白族地区的文化传统进行分析，我们可以发现其有很深的经验思维烙印，这种经验思维是与传统的自然经济相互联系的，而现代工业体系发端于西方，其延续了古希腊文明较为深刻的理性思维。以大理白族的传统文化物质产品为例，我们可以看到它主要是来源于日常的行为经验，是对日常生活的反馈，这些更多的是来自技术上的变化，而这些技术上的变化则主要是来源于经验的总结，所欠缺的是通过理性进行理论上的总结和提升。但是在市场经济环境下，为了实现产业化发展，就不仅需要传统工艺的一般性学习和积累，必须要进行理性探索，摸清楚这些工艺背后的理论，这样在产业化的过程中才能获得竞争力。其中，最为直接的就是可以直接影响这些工艺的传承，摆脱最为简单的“手把手式”的师徒传承方法，而可以通过技术职业学校进行现代化的教育，但前提是要对这些工艺进行科学的总结，而不能仅仅停留在经验性的技术层面。

三是积极学习外来文化，在对外交流与学习中完善大理白族文化，从而形成与时代经济发展相适应的新思想与新思维。中国经济发展奇迹的取得离不开制度的支撑和保障，离不开科技的创新和发展，也离不开文化的交流和融合。改革开放使西方文化相继传入中国，在冲击着中国本土文化的同时，在经济形势上表现为带来了个体经济和私营经济等多种经济形式共同发展的现象，这种经济形势充分调动了社会经济的活跃度，文化上的优势互补增强了中国经济发展的活力。因此，积极进行文化交流，更新思维和发展路径，是保障地区经济快速发展的有效途径。大理白族地区分布在我国西南地区，从现代化的角度来看，相对于东西部地区而言，这里的地理位置较为偏远，同时由于白族本民族的文化基本上自成一体，因此在吸收来自外部的文化过程中相对比较滞后。同时，白族文化根源于传统的农商文明，与来自西方的工业文明之间的差异较大，因此融合吸收也有一定难度。但是如果不吸收来自外部的这些工业文明的文化，大理白族地区的改变和发展都会受到影响，因此这就需要当地在延续本民族文化的同时，还要积极吸收外来的文化，使本民族的文化逐渐适应市场经济和工业化。其实从历史上我们可以看到，大理白族地区的文化也不是一种绝然封闭的文化，它在历史上表现出很强的开放性，在本民族文化形成和发展的过程中，曾大量吸收了外来文化，因此相信在未来的发展过程中，只要措施得当，当地人们持有开放性的理念，大理地区的民族文化一定会在吸收外来文化的过程中不断成长，并焕发出新的生机。

二、积极培育与市场经济发展相适应的白族文化

文化作为人们长期交往中沉淀下来的经验积累，汇集了大量有利于交往的信息，提供了人们行为的规则，其植根于人们的心理，影响着人们的行为方式，市场经济行为因此也会受到文化的影响。以消费为例，任何民族的文化习惯都会制约和影响其消费行为。哪个人的消费行为违反了共同认可的文化要求，哪个人便会受到冷遇甚至于斥责。因此，习俗潜移默化地在主观上指导人们形成与经济发展相适应的文化，并会指导消费选择与消费行为。从投资来说，投资者必须熟知，投资行为必须要符合区域的文化习惯，否则其投资便会失败。可见，文化会形成一种规范，对人们的经济行为选择起着制约和指导作用。

白族文化中有很多关于经济发展规律和经济发展规范的认知，这些认知在我们上述的阐释中多有涉及，但要使大理白族文化与现代社会经济发展相协调，还需要注重不同文化之间的交流融合，在历史传承中发展创新其内涵，这是一个民族文化长久存在并持续发挥作用的必要途径。在市场经济发展过程中，区域文化或民族文化与经济发展的各个方面都有着密切的关系，我们需要培育大理白族文化与市场经济相适应的文化形式。首先，要进行文化的创新，通过与外来文化的交流与借鉴，剔除本民族文化的糟粕，使白族传统文化在市场经济运作的过程中发挥积极作用。其次，地方政府要根据大理白族文化的特点，制定具有白族文化特色的文化发展路径。

对于大理白族文化，我们可以进一步进行分析。大理白族文化中有一些成分是与市场经济比较匹配的，容易在新的时期继续发扬，大理白族文化区别于中国其他很多地区的传统文化，它是根植于过去的农商传统的。也就是说，这个地区在历史上不是一个封闭的单纯进行农业种植和耕作的地区，在历史上，大理位于西南两大交通要道大交叉口，地理位置优越，在历史上就有比较明显的商业传统。这里往南

可以跨境进入其他国家，因此这里在历史上就曾经是一个很活跃的商业节点，大理白族不仅会把自己生产的产品向外输出，参与贸易，而且还承担了各个不同地区商业贸易的中枢，大理白族还有自己的马帮，这实际上就是一种早期的贸易团队。大理历史上形成的商业贸易影响了本民族的文化，使大理白族的文化不单纯是一种农耕文化，其中还包含有很强的商业文化，如前文所示，大理白族文化中本身就蕴含着市场经济中所需要的企业家精神文化，还有市场经济运行最需要的契约精神和互助精神等。因此，对于大理白族这部分原本就和市场经济有很高契合度的文化内容，需要我们进一步深入发掘和传播，以形成与市场经济相互适应的新的白族文化。

另外，大理白族文化毕竟还是具有很深的小农经济的烙印，在有些方面还表现出比较强的文化保守性和封闭性。比如在大理白族文化中，仍然是以家庭为核心展开生产经营活动的，因此在生产过程中也就会采用家庭化的方式来完成。即使是与市场经济联系最为紧密的马帮，也是以族群的宗族纽带为核心组织起来的，很少接纳族群以外的人群加入，这些都带有非常明显的小农经济烙印，也是以宗族关系为核心的文化形态。同样，在这个基础上形成的村寨内部和村寨间的相互关系，也呈现出比较明显的宗族社会的形态，包括村庄内部长期形成的风俗礼仪，各种婚丧嫁娶的仪式，以及围绕本主信仰而形成的这些文化形态。这些文化形态呈现出一定的封闭性和保守性，需要进行更新变革，需要吸纳与市场经济相互适应的文化价值理念，逐渐形成新的开放性的文化形态，物质文化、制度文化和精神文化三个层面都要吸收现代化的文化理念，使自身获得改变，以形成新的、适应市场经济和现代化发展的白族文化形态。

第三节　大理白族文化现代转型的建设路径

要想有效发挥大理白族文化对经济发展的积极促进作用，消除其消极影响，需要在新的时代背景下加强大理白族文化的现代建设与转型。

一、通过文化教育工作培育科学的文化观念

对于少数民族经济发展迟滞的问题，主要原因还是人口综合素质低下，发展缺少必要的核心人才。要保证少数民族人才数量的增加，促进教育的普及与改革也是十分必要的。特别是需要将传统教育与职业教育进行匹配，将义务教育直接普及到地区民众中，同时落实相应的学杂费减免政策，对于没有机会或者未能考取高校进

行深造的学生，则应当落实专业职业教育，进而保证人才发展的多元化，以满足不同的经济发展需求。因此对大理白族人民开展专门的科学文化教育工作是必要的。此种教育能够帮助他们树立起科学的经济发展意识，明确自己在参与经济活动时所应遵循的经济伦理意识。这一教育应该包括：

（一）社会主义核心价值观的培育引领大理白族文化的现代化转变

“人民有信仰，国家有力量，民族有希望。”党的十九大报告又重申了加强人们思想道德建设重要性的认知，对于一个社会来说，思想道德的建设直接关系到这一社会文明秩序的建立。在文明先进的社会主义社会里，是非、善恶、义利荣辱、美丑、正邪等价值标准不容混淆。坚持什么、反对什么，倡导什么、抵制什么，都必须旗帜鲜明[①]。于是，强调具有现代文明意识的社会主义核心价值观为大理白族传统文化的现代化发展提供了重要参考，也为丰富与完善大理白族传统文化提供了条件。总体来看，社会主义核心价值体系对白族文化转型引领和推进应该从多个方面入手：从内容上看，要“引导人们树立正确的历史观、民族观、国家观、文化观”，“弘扬科学精神，普及科学知识，开展移风易俗、弘扬时代新风行动，抵制腐朽落后文化侵蚀”[②]，培育白族人民的现代公民道德、社会公德、家庭美德、职业道德等的规范[③]。在建设路径上，应遵循宣传与白族人民主动参与相结合，将公民的价值规范内化于白族人民心中，从而促进大理白族文化的深层次嬗变。

（二）推进素质教育与创新教育的开展

“优先发展教育事业”是党和国家意志贯彻实施的重要方略。党的十九大报告中又指出，“必须把教育事业放在优先位置”，教育是推进大理白族文化科学化演变的重要方略，为实现这一目标，要做到改革现有教育模式，增加教育投入，重点推进素质教育与创新教育的建设。

第一，要加大素质教育的投入力度，特别是继续教育与高等教育的投入，让更多白族民众接受教育，增加他们对于科学文化的认知与自身文化的选择性接受，并进一步推进社会主义核心价值观教育。

---

① 孔润年：《伦理学视野中的社会主义核心价值体系建设》，《道德与文明》2012 年第 2 期。

② 参见习近平在中国共产党第十九次全国代表大会上的报告：《决胜全面建成小康社会 夺取新时代中国特色社会主义伟大胜利——在中国共产党第十九次全国代表大会上的报告》。

③ 公民基本道德规范是：爱国守法，明礼诚信，团结友善，勤俭自强，敬业奉献。社会公德规范是指文明礼貌、助人为乐、爱护公物、保护环境、遵纪守法。职业道德包括：爱岗敬业、诚实守信、办事公道、服务群众、奉献社会。家庭美德主要内容是：尊老爱幼、男女平等、夫妻和睦、勤俭持家、邻里团结。

第二，培养高素质教师队伍[①]。一方面对教师进行科学文化知识培训，使教师树立正确的文化发展观念；另一方面，政府要加强民族文化的宣传与扶持力度，吸引一批文化知识丰富的教师参与到教育之中，提升大理白族文化的知识层次与品位。

二、通过吸收借鉴外来文化丰富大理白族文化内涵

积极吸收借鉴国外优秀文化是文化大发展的需要，异族文化、异国文化、异质文明是助推文化发展及文明进步的有益资源，文化的丰富和发展可以促进社会进步，即使已经走在康庄大道上，同样需要多加横向比较，不断回顾自我、力求完善自己，是文化发展的必然要求。只有不断地学用其他地区优秀的文化、不断充实更新自我，才能实现文化大繁荣，助推社会现代化进程。

时代的发展要求我们一定要了解其他优秀文化，了解为什么在这种文化氛围下能够出现这样的社会秩序和发展水平。学习其他优秀文化，就要着眼于如何才能根本性地提高当地社会经济发展水平，以及如何才能满足人民的物质文化需求。因此，要与世界相容、相融，少对抗、少互疑，多交流互鉴，并深度地与世界发展大势融合，才能够扎实推进经济建设、政治建设、文化建设、社会建设、生态文明建设，妥善解决目前面临的历史性难题。

大理白族文化要想实现现代化转型需要与其他外来文化开展广泛的交流，吸收借鉴其他文化优秀的成分，以促进自身的发展。对其他优秀文化内涵的吸收和借鉴，同样也是自身文化发展与延续的重要路径。这不仅需要大理白族自身文化创造性之转变，还需要借助当地政府的力量，为大理白族与其他文化接触和交流搭建平台，在交流的过程中促进大理白族文化内涵的丰富与层次的提高。

三、利用现代技术实现大理白族文化向知识型产业转型

旅游业是与大理白族经济发展相关程度极高的产业，大理白族传统文化为当地旅游业提供了旅游资源和基础条件，而旅游资源的开发和发展，也提升了大理白族传统文化的内涵与知名度，实现了大理白族传统文化的产业化转型，促进了这一地区经济的发展。这可以说是大理白族传统文化存在的价值和意义体现，可以说，对大理白族传统文化进行产业化运作是大理白族传统文化发展的时代要求，也是这一

① 参见：习近平：《决胜全面建成小康社会 夺取新时代中国特色社会主义伟大胜利——在中国共产党第十九次全国代表大会上的报告》。

区域经济发展的必要条件，是符合时代趋势的选择和决定。但从当前大理白族文化开发的现状来看，大理白族文化存在无节制的开发、无保护的开发等问题，这些开发必然是大理白族文化发展的“断头台”，因此在进行大理白族文化资源产业化开发的同时，对其保护应是在开发的前提之上。当然这种保护观念在当地政府的政策中已有所涉及，如大理白族文化保护实验区的建设，将“火把节”“绕三灵”等申报世界人类非物质文化遗产代表名录的工作都是这方面的体现。

除此之外，要避免大理白族文化随着现代化消解，还需要借助现代技术实现大理白族文化向知识型经济的转化。这是随着经济的发展和人们的消费结构改变而改变的，与此同时，消费者对于文化产品的需求也逐渐从低级向高级方向转变，也即“物质需要让位于精神需要”。这对大理白族文化来说既是契机也是挑战，如何生产满足消费者高层次消费需求的文化产品成为其文化转型的重要方面。首先，大理白族文化要更好地挖掘自身文化的优势，除了直接观赏性的文化产品之外，对于这些产品文化内涵的挖掘成为文化发展与转型的关键。其次，借助现代技术，实现大理白族文化向知识型产业转化，满足消费者对于文化产品消费时的“精神需要”。这将是大理白族文化现代化发展的必经之路。

第三篇　产业发展篇

第九章 大理白族特色文化资源禀赋

文化资源与文化产业之间是一种相辅相成的辩证关系，文化产业是文化资源的开发方式，而文化资源则是文化产业发展所依赖的基础。民族文化资源对民族文化产业的发展至关重要。可以说，离开了民族文化资源的支撑，民族文化产业的发展就如无源之水。对民族文化资源进行科学评估，认真分析其价值所在和内在结构，是对其进行合理有效开发的前提基础。从资源视角来看待文化的内涵和价值，进而对其价值进行合理开发已经成为学界的基本逻辑。目前学界对文化资源的研究主要基于人类学、民族学、经济学、文学或艺术学、文化学、社会学等理论视角与研究范式，虽然从多角度对文化资源的内涵、分类、结构、特征与价值等方面进行了系统分析，但是并没有从生产要素的角度对其进行深刻剖析。本书提出“文化要素论”基本观点，以民族经济学为研究范式，从文化产业发展和文化产品生产对投入要素的使用角度对民族文化资源进行分析重构。

第一节 民族文化资源重构的思路创新

对民族文化资源进行合理分类是科学评估其价值并对其进行科学开发的重要前提。国内外学界对文化资源的界定和分类，由于学术视角、学科、理论基础不同而呈现出较大的差异性。学界对文化资源的现有研究，更多关注文化内涵的外延形态。本书认为，文化资源是一种人们在长期实践发展过程中创造并积淀传承下来的，以物质文化、制度文化和精神文化等为存在形式的经济价值十分突出的资源，是文化产业发展所必需的最为关键的投入要素，是经创意性劳动转化为各种文化产品以满足人们精神消费需求的源泉。区别于现有学界对文化资源的一般性分类方法，本书对民族文化资源禀赋的解构，以文化资源的民族性分析为前提，重视文化作为投入要素的经济属性，尊重文化资源或要素在生产投入中的基本规律。

一、民族文化资源的重构原则

本书从文化资源与文化产业的关系出发界定民族文化资源的含义。民族文化资源是一种各少数民族在长期实践发展过程中创造并积淀传承下来的带有鲜明少数民族特色的经济价值十分突出的资源，是民族文化产业发展所必需的最为关键的投入要素，是经创意性劳动转化为各种民族文化产品以满足人们精神消费需求的源泉。从具体内容上来说，民族文化资源基本涵盖物质形态和非物质形态的民族文化要素。物质形态的民族文化资源包括民族文化遗址、建筑、服饰、饮食、工艺品等；非物质形态的民族文化资源包括风俗习惯、节庆节日、精神信仰、价值观念、文学艺术、道德心理等。学界目前对于民族文化资源的分类大多都从文化人类学、民族学、艺术学等学科的视角，根据民族文化资源的存在形态、感知特征或历史形成过程等标准对其进行划分，从物质性文化和非物质性文化的角度对其进行分类。与学界既有研究范式不同，本书对民族文化资源的分类研究，主要基于民族经济学基本范式，以最大化体现民族文化资源的价值内涵和最合理的产业化开发利用方式为原则和出发点，以文化要素在参与文化生产过程中的投入方向、使用方式为基本划分依据。

这种分类原则的提出是建立在文化要素论的基础之上，将文化视为一种具有经济价值的遗产资源，并将其作为促进人类社会发展的重要财富和动力源泉，已经成为学界共识。但是，在国内外已有经济增长相关理论的惯性认知中，文化一直被视为经济发展的外生变量，尽管对经济发展具有显著影响，但是并不像土地、劳动力和资本等生产要素一样直接参与经济生产。随着多样化的经济形态的出现和发展，学界对生产要素的认知逐渐延伸和拓展，除传统生产要素外，管理、技术、信息、知识、制度等均成为新型生产要素。在文化产业实践的基础上，文化也成为重要的生产要素类型。本书对民族文化资源的重构，就是基于文化遗产资源的生产要素属性，根据对文化要素特有的投入使用或开发方式的不同对民族文化资源进行类别划分，进而从全新的角度来重新认知民族文化资源。

二、民族文化资源禀赋结构的新分类

依据文化资源的投入使用方式或使用去向的分类原则，可以将民族文化资源划分为五大类：无形性精神信仰与价值观念类、影视性民族文学与史诗故事类、会展性民俗节日与礼仪工艺类、演艺性民族戏曲与民歌舞蹈类、旅游性遗址建筑与风俗衍生类，具体如表 9–1 所示。

表 9–1 要素视角下民族文化资源的分类及涵盖内容

类别	文化内容
无形性精神信仰与价值观念类	信仰、图腾崇拜、宗教、伦理、道德、哲学观念、价值观念等
影视性民族文学与史诗故事类	民族语言文字、神话、史诗、传说、故事、叙事长诗、民歌、民谣、谚语、作家文学、史志学等
会展性民俗节日与礼仪工艺类	民族饮食、服饰、起居、婚恋、丧葬、节日等民俗节庆，农业生产技术、冶炼铸造、纺织、造纸、医学、天文历法、雕刻、刺绣、编织等民族工艺，美术、书法、体育等民族文化
演艺性民族戏曲与民歌舞蹈类	音乐、舞蹈、曲艺、戏剧等
旅游性遗址建筑与风俗衍生类	文物古迹、历史遗迹、风景名胜、民居建筑、寺庙以及文化旅游衍生品等

特定的文化资源都有其科学合理的产业化开发利用方式，都有其最佳的投入去向，当然这种最能体现其价值内涵的投入去向并不是只有一种。在文化要素论视角下，民族文化资源可以分为五类。

（1）无形性精神信仰与价值观念类。这类文化资源主要包括各民族在历史发展过程中、在与自然界互动过程中形成的各种信仰、图腾崇拜、宗教、伦理、道德、哲学观念、价值观念等文化内容。此类文化资源是民族文化产业投入要素中最为核心的内容，是其他文化资源形成、存在的根本支撑，是文化产业所要表达的内涵与精髓，或者说，其他各类文化资源只是该类文化的外在表达。民族优秀传统文化的弘扬传播和文化价值观念的输出是发展文化产业的最终归宿，是提升文化软实力和影响力的重要途径。对于这类文化资源，不能直接开发，必须融入其他文化要素之中，进行有机结合。在产业化开发中，必须坚持谨慎原则，必须在充分尊重少数民族文化价值观念、精神信仰和遵守国家相关政策的前提下进行，而且开发方式方法必须得当。

（2）影视性民族文学与史诗故事类。此类文化资源主要包括民族语言文字、神话、史诗、传说、故事、叙事长诗、民歌、民谣、谚语、作家文学、史志学等。这类文化资源主要通过口承或文献的形式存在，而核心是其中所蕴含的各类题材性的故事内容，反映的是少数民族历史中可歌可泣的英雄故事或历史传说。这是发展影视、动漫等注重内容性文化要素投入行业的绝佳文化资源。

（3）会展性民俗节日与礼仪工艺类。此类文化资源主要包括具有少数民族特色的饮食、服饰、起居、婚恋、丧葬、节日等民俗节庆，农业生产技术、冶炼铸造、纺织、造纸、医学、天文历法、雕刻、刺绣、编织等民族工艺，美术、书法、体育等民族文化，主要特点是文化特色鲜明、民间性突出、文化样式多、文化体验性强等。这些文化资源来源于少数民族居民日常生活，具有较强的本土性和群众基础性，是特色文化产业发展的重要基础。发展各种类型的博览会、展览会、文化旅游节等是最适宜的产业化开发方式。

（4）演艺性民族戏曲与民歌舞蹈类。此类文化资源主要包括极具民族风格的各类音乐、舞蹈、曲艺、戏剧等，具有较突出的艺术性、展演性，是民族文化中具有较高审美价值和审美情操的文化类型。发展各种民歌节、舞台剧、戏曲等演出，打造特色民族文化品牌，是开发这类资源的最佳方式。

（5）旅游性遗址建筑与风俗衍生类。这类文化资源主要包括文物古迹、历史遗迹、风景名胜、民居建筑、寺庙以及文化旅游衍生品等。其中，文化旅游衍生品主要是指带有鲜明少数民族特色的各种手工艺品，包括民族首饰、服装、器具、纺织、装饰品、艺术品、饮食、农产品等，与会展性民俗节日与礼仪工艺类中的工艺品是基本一致的，只是开发方式存在差别而已。这类文化资源较为适合进行旅游性开发，着力打造旅游产业价值链条，打造民族特色文化旅游品牌。

以上五种分类，并不一定存在严格的界限，同一种文化资源可以同时进行多种方式的投入，可能同时涵盖在不同的类别之中。在中华民族多元一体格局下，各民族人民不但共同铸造了中华民族的精神文明，也在各民族历史延续过程中创造并积淀下了璀璨的民族文化。丰富的少数民族文化是民族地区最具比较优势的资源之一，是促进民族地区经济可持续发展的重要基础。发展民族文化产业，实现民族文化资源经济价值的转化，必须坚持优化生产要素投入结构这个核心。也就是说，将民族文化要素投入作为民族文化产业发展最为关键的生产要素，通过提高民族文化产品的附加值来提高经济效率。

第二节　大理白族特色文化资源概况

特色文化要素（资源）是发展特色文化产业的前提基础。进行科学、深入的资源评估是科学制定特色文化产业发展策略的首要内容。要素禀赋理论认为，生产要素的丰裕度是国际分工和国际贸易的根源，一国应该着重发展要素禀赋丰裕的产品及产业。如果将文化资源视为文化产业的关键性生产要素，那么对于广大民族地区而言，依据要素禀赋理论，应该依据民族地区在文化资源禀赋上的特点来组织生产具有比较优势的文化产品，规划适宜的文化产业发展模式和发展战略，以获取民族地区文化竞争优势。发展大理白族特色文化产业首先也必须对大理白族特色文化要素（资源）的禀赋进行深入剖析。按照本书对民族文化产业的分类，大理白族特色文化要素（资源）也按照无形性精神信仰与价值观念类、影视性民族文学与史诗故事类、会展性民俗节日与礼仪工艺类、演艺性民族戏曲与民歌舞蹈类、旅游性遗址建筑与风俗衍生类五个类别进行分析。本节对大理白族特色文化资源禀赋的分析，以民族经济学为研究范式，在注重对其进行民族学分析的基础上，深入分析其产业化发展价值和要素投入方向。

一、无形性精神信仰与价值观念类

作为长期聚居在我国西南地区的少数民族之一，受自然地理环境和生产生活方式的影响，白族居民的精神信仰相当繁杂，概括起来大致包括原始宗教、巫教、道教、本主崇拜、佛教、基督教、天主教等[①]。在一些十分偏僻落后的山区，还有人迷信占卜和神判。无形性精神信仰与价值观念类文化资源是白族特色文化产业发展中最为核心的投入要素，是特色产生的根源所在。因此，对于这类文化要素，准确把握其精神信仰和价值观念是关键所在，这可以为其他文化要素的创意转化奠定基本支撑。

（一）原始宗教文化

原始宗教是在原始社会发展阶段人们所形成的宗教信仰，经过变形而沉淀在后来发展的宗教之中。原始宗教不仅反映了古代先民的宇宙观，也折射出了人类社会早期与自然搏斗的过程[②]。白族大多数居民已经不再信仰原始宗教，但是在白族社会的很多方面还残留着些许原始宗教的痕迹。学界对白族的原始宗教进行了广泛的调查研究，其原始宗教主要包括自然神灵崇拜、图腾崇拜、鬼魂崇拜、祖先崇拜、生殖崇拜等几类。因生活的自然地理环境不同，白族的自然神灵崇拜主要包括对天地、日月、水、山、火、树、石、龙等的崇拜，以及生殖崇拜等，并由此产生了各类原始的宗教祭祀活动。

近现代时期白族的祭天可分为三种：祭天贵、祭天神、祭天[③]。在土地崇拜中，

---

① 基督教和天主教是在19世纪中后期传入白族地区的，在白族中信仰的人极少，本书不作单独介绍。

② 杨镇圭：《白族文化史》，云南民族出版社2014年版，第57页。

③ 李缵绪、杨应新：《白族文化大观》，云南民族出版社1999年版，第93页。

白族自古是农耕民族，对土地十分崇敬，大年初一敬天地是主要活动之一。正月初六为月亮诞辰，为求月亮神佑白族人们四季平安，届时要举办太阴会。农历十月十八日为地母诞辰，要举办地母会，进行素祭[①]。农历十月初九为太阳诞辰，太阳神还是大理市阁洞塝村的本主，祭祀礼仪更加隆重。绝大多数白族地区都盖有山神庙，在敬山神会时祈求风调雨顺、六畜兴旺。白族隆重的火把节盛典，通常与火崇拜有关系。作为动植物崇拜，树崇拜和龙崇拜在白族地区也较为常见，且历史悠久。根据零散的书面记载和文物发掘显示，白族曾经也经历了图腾崇拜阶段，并创造了相应的文化。白族先民的图腾主要有八种，其中虎图腾和金鸡图腾是主要崇拜。根据《后汉书・西南夷列传》记载："青蛉县禺同山有碧鸡金马，光景时时出见"[②]，可见其历史可以追溯到西汉时期益州流传的金马碧鸡的神话。白族图腾文化具有鲜明的地域特色，又带有外来文化的影子，通过宗教、风俗、伦理、道德等影响着后世白族居民的思想行为。由于白族图腾文化长期地被保留下来，从而使它渗入到了整个白族文化，特别是"本主"文化之中，成了"本主"文化的一个重要来源[③]。

白族是多神信仰的民族。原始社会时期，白族先民曾盛行鬼魂崇拜，由于白族内部经济社会发展的不平衡，在中华人民共和国成立之前，鬼魂崇拜只在偏远落后且处于阶级社会早期阶段的白族支系勒墨人和那马人中存在且较为盛行。尤其在勒墨人中，鬼魂祭祀十分隆重[④]。随着科学知识的普及和医疗卫生事业的进步，信仰鬼魂的白族居民越来越少了。白族也普遍奉行祖先崇拜。他们认为，祖先去世后的灵魂依然守护着自己的后代子孙，对祖先必须怀着虔诚的心情进行各种祭祀。包括白族在内的很多民族，祭祖活动被视为忠孝的道德体现，既是崇功报祖的一种手段，也是进行家史家风教育的一种形式[⑤]。在原始宗教中，在南诏前期之前，白族先民还信仰过巫教，但是由于其充满着唯心主义和伪科学，对社会百害而无一益，应坚决予以取缔。

这些原始的宗教崇拜和信仰，都折射出了早期白族先民在与大自然的抗争之中对自然神灵的敬畏，体现了早期白族文化中对人与自然关系的朴素而原始的认知，凸显了白族文化中的生产生活理念和生态思想的源泉，对后世白族居民世界观和人生观以及后续白族文化的形成和发展产生了深远的影响。

---

① 有些地方在稻谷成熟时要庆祝谷诞，中老年妇女还要在田间念诵《地母经》。

② 青蛉县为今大姚、姚安一带，为古代白族先民的聚居区之一。

③ 李缵绪：《白族文化》，吉林教育出版社 1991 年版，第 15-16 页。

④ 张旭：《大理白族史探索》，云南人民出版社 1990 年版，第 138 页。

⑤ 杨镇圭：《白族文化史》，云南民族出版社 2014 年版，第 67 页。

（二）本主崇拜文化

本主崇拜是白族独有的土生土长的一种宗教信仰。所谓本主，不同的白族地方称谓并不相同。这些称谓都有主人和祖先的含义，但又不等同于祖先崇拜。从白族人意识中所认定的本主的社会功能来看，本主就是村社保护神，是掌管本地区、本村寨居民的生死祸福之神①。一般认为，本主崇拜可能源于对原始社会社神的崇拜②。本主崇拜具有鲜明的农耕文化特征，是以村社的水系为纽带的民间宗教文化。本主崇拜的核心，是祈雨水、求生殖和丰收。这应当是本主文化的源头③。本主崇拜源于原始社会的社神崇拜和农耕祭祀，经过漫长的历史过程，逐渐发展成为人为性质的本主崇拜。在这个发展转变的过程中，不仅保存着原始宗教的遗迹，也吸收了道教、佛教和儒家文化的成分，逐步融为一体。

白族的本主神来源十分多样复杂，包括自然、神灵、英雄、帝王将相、祖先、民间人物等几大类本主。白族地区的本主"神祇"非常多，经过各级乡政府管理部门和学界调查统计，大理州全境共有本主庙 986 座。白族的本主崇拜的特点是多神并立，多教糅合，其中既有白族传统文化的成分，也有不少其他宗教文化的成分，是多种宗教文化相结合而融为一体的产物。它是一种古今掺杂，由自发宗教向人为宗教过渡的形式，具有村社神的性质④。从白族崇拜的众多本主神界看，只要是为国为民做过突出贡献的人都可以被列为某村某寨的本主，受到白族居民的尊敬和崇拜，并用其来教育子孙后代。这种不分等级、不分性别年龄、不分贵贱、不分出身、不分民族、不分宗教，只论是否有功于民的价值观念，反映了白族人民宽容包容的性格以及博大的胸怀，体现了白族的人生价值观和对真善美的追求。本主神从宗教的角度折射出白族社会多姿多彩的风貌和包容的民族特质。

作为白族特有的民间宗教，本主崇拜形成了白族别具一格的本主文化，白族丰富多彩的民族文化多蕴含于其中，可以说本主文化是一种综合性的系列文化。本主庙会有丰富的文体活动，白族主要文艺体育和"绕三灵"舞、"霸王鞭"、"吹吹腔"以及"白族调"等都会在举办庙会时演唱。随着白族人民生活的不断丰富，庙会中也增加了很多新颖的民间活动，如演唱洞经音乐、唱滇戏、舞龙耍狮等娱乐性活动。但是，本主崇拜依然属于唯心论范畴，其作为宗教也一样遵循着产生、发

① 李缵绪、杨应新：《白族文化大观》，云南民族出版社 1999 年版，第 103 页。

②《白族简史》编写组：《白族简史》，云南人民出版社 1988 年版。

③ 杨政业：《白族本主文化》，云南人民出版社 1994 年版。

④ 詹承绪：《中国各民族原始宗教资料集成・白族卷》，中国社会科学出版社 1996 年版。

展和消亡的客观规律。随着我国社会经济和精神文明建设的不断进步，本主崇拜中的宗教色彩逐渐淡薄，民间性的民俗内容和生活气息逐渐增加，其文化价值和经济价值逐渐突显，其在白族居民中形成并积淀下来的文化内涵与遗产，以庙会、节庆、旅游、民俗、娱乐、商贸等形式不断丰富着本地居民和外来人群的文化生活，对促进当地经济发展和文化发展，促进社会主义和谐社会建设和社会主义核心价值观的深度普及，发挥着重要作用。

（三）道教信仰文化

根据相关研究，道教传入云南境内的时间大致在东汉末年。根据调查数据，传入云南最早的道教是全真天仙派和五斗米道（后称天师道），主要传布在南诏发祥地巍山。道教在南诏前期的流传和影响已经十分深远，是当时推崇和信仰的主要宗教。南诏后期，佛教倍受推崇，占据主导地位，道教从此长期处于被打击、排斥的地位。直至元代以后，由于元代允许各教派并存，道教才又在大理地区活跃起来。明清时期，佛教、道教和本主教在大理地区各显其能，出现了宗教之间互相学习借鉴、取长补短、和平共处的情况。此时，大理地区民间信仰道教之风兴盛。儒、释、道三教合一，使道教走向民间，进一步世俗化[①]。

道教在大理地区流传上千年，其中的很多思想观念和哲学思想都潜移默化地渗透到白族群众的风俗习惯中。白族“请天地”“请水”的风俗[②]，来源于古老的五斗米道请“三官”的礼仪。另外，还有七月烧包接祖先、做中元会、放河灯等，都是道教在白族居民风俗中留下的影响痕迹。近代白族地区民间保留道教色彩的群众性活动主要包括洞经会[③]和莲池会[④]。中华人民共和国成立以后，农村的各种民间宗教组织逐渐走向融合，你中有我、我中有你，难以区分其各自界限。白族地区现在也只剩下遗留下来的少量道观，道教信仰除在洞经会、拜佛会的活动中有一定保留外，逐步融合到民俗中去了。参加宗教活动的老年人，除了表达宗教感情外，更多是借助集体聚会活动来加强联系。综合来看，白族的道教信仰文化，在新的时代下文化价值和民俗价值更为突出，在发展白族特色文化产业中，也是白族特色的重要体现。

---

① 杨镇圭：《白族文化史》，云南民族出版社 2014 年版，第 74 页。

② 吴棠：《道教在大理的传播和影响》，《民族文化》1985 年第 1 期。

③ 洞经会主要由男性组成，也称谈经会，每年农历二月初三、五月二十三在各地文昌宫、关帝庙中举行，以音乐伴奏形式说唱道经，祈求五谷丰收、六畜兴旺、国泰民安。

④ 莲池会，又称斋妈会、斋奶会等，主要由女性组成。后随着“三教合一”的发展，其信仰也变得多元化。很多白族村寨的莲池会，已变得不分教派。

（四）佛教信仰文化

佛教最早由南路传入中国[①]，这条南路就是滇缅古道，也就是“蜀身毒道”。白族先民聚居的地区正处于滇缅古道要冲，也就成了佛教传入的最早地区之一。

据考古发现，大理地区在东汉时期就已经有佛教。“阿吒力”即密教的梵语音译，传入大理地区并产生深远影响的就是佛教密宗。密宗，也称“密教”“秘密教”“真言乘”等，白族地区民间多称“阿吡力教”，是7世纪以后印度佛教大乘部派中的一个宗派。南诏建立后，佛教成为当地居民信奉的主要宗教。密宗在南诏大理国盛行的主要原因是政权统一的需要，也离不开其与当地宗教的融合。“阿吡力”传入南诏后，吸收当地盛行的宗教中的一些神祇、咒术、礼仪和信仰等内容，不断与民俗相结合，逐渐植根于当地居民生活当中。《云南志略·诸夷风俗·白人》记载：“段氏而上，选官置吏皆出此。民俗，家无贫富皆有佛堂。”大理国建立以后，统治者采取“以儒治国，以佛治心”的策略，全民信教。“阿吡力教”在大理政权中的地位和势力非常高，且对白族社会的影响十分深刻。元代以后禅宗进一步传入云南，其修行方式简易速成，采用“理入”和“行入”的方法，适应一般群众的信仰需要，具有广泛的群众基础，到明清时成为云南佛教的主要宗派。

佛教影响了白族社会的各个方面。尽管古代儒、释、道三教并存于大理，若论影响之广之深，首推佛教。故中古时期，大理文化实可称佛教文化[②]。佛教的传入和盛行，加强了大理地区白族居民与外地的相互学习交流，也不断丰富了白族文化。佛教提倡的以和为贵、与人为善等，对白族亲善友邻、温良性格的形成也产生了深刻的影响。佛教也在大理白族地区留下了大量珍贵的文化遗产。据不完全统计，大理白族自治州境内共有佛寺100余座[③]。大理州的4项国家级文物保护单位和28项省级文物保护单位中，佛教文物分别占了3项[④]和7项[⑤]。此外，还有数十处佛教文物被列为州级、县级重点文物保护单位。大理之所以成为国家级历史文化名城和风景名胜区，与丰富的宗教文化遗产是分不开的。这些历史文化资源，为发展白族特色文化旅游业奠定了厚重的要素基础。

综上可见，在长期的历史发展过程中，在与大自然斗争和外地文化碰撞互动中，白族社会产生并形成了多种类型的精神性宗教信仰，并逐步凝练成为白族的文

① 陈琪：《佛教最早由南路传入中国日本》，《人民日报（海外版）》1991年11月28日。

② 汪宁生：《大理白族历史和佛教文化》，载《云南大理佛教论文集》，佛光出版社1991年版。

③ 杨政业：《现代大理地区佛教信仰状况》，《大理方志》1990年第1期和第2期合刊。

④ 3项国家级历史文物保护单位分别为大理崇圣寺三塔、剑川石钟山石窟、弥渡南诏铁柱。

⑤ 7项省级文物保护单位分别为大理弘圣寺塔、下关佛图塔、凤仪法藏寺及董氏宗祠、喜洲圣源寺观音阁、祥云水目山塔、剑川兴教寺、剑川石钟山石窟。

化价值观念。对于这些无形性精神信仰和价值观念类文化资源，我们必须尊重其文化信仰的内涵，必须遵守党和国家的民族宗教政策。在发展白族特色文化产业的过程中，必须去伪存真、去危存安、去恶存善、去陋存美，淡化其宗教色彩，着重发挥其民间娱乐价值、民俗旅游价值、艺术鉴赏价值和文学历史研究价值等，以展现白族优秀的民族特质和人文精神为宗旨，尤其是体现中华民族多元一体格局中白族所特有的包容性和和谐性，以弘扬社会主义核心价值观和增强中华民族文化自信为目的，逐步促进我国精神文明建设，促进白族经济和社会全面进步。

二、影视性民族文学与史诗故事类

影视性民族文学与史诗故事类民族文化资源，蕴含于各类语言文字、史志学、文学、口承文化等内容之中，是最适宜进行影视性产业开发的投入要素。影视类、动漫类、图书出版类等文化产业，不但重视文化生产过程和文化传播过程中的符号化特征，而且尤为重视文化产品中的内容性。很多国家将文化产业定义为内容产业，就是因为蕴含于文化产品中的价值内涵和文化内容能给社会大众带来体验。文化产品的接受者或消费者在体验过程中，会以自我主体的信息接受方式来解读文化产品中的内容，遵循文化或艺术观赏的一般审美规律。因此，此类民族文化资源主要包括两层含义：一是文化符号的各种媒介载体，二是内涵的文化内容。

（一）白族语言文字

语言文字是其他文化得以形成并广泛传播、积淀、延续和发展的最基本前提，其不但将文化作为一种信息符号进行转码存储和传承，而且其本身也是文化的重要组成部分。作为白族自己的语言——白语，是白族文化的重要标志和特征之一。白语不但是传承白族文化的载体，也是维系白族的纽带，白族人民对自己的语言怀有深厚的民族情感。云南大部分民族语言学家和学者认为，白语属于汉藏语系藏缅语族中一个单独的语支——白语支。《白语简志》首次全面而系统地对白语进行了研究，将白语分为南部、中部和北部三种方言，即大理方言、剑川方言、碧江方言①。白族语言的形成，与白族的形成一样，体现了融合和包容的特性。白语吸收了大量其他各族语言的成分，使自己“发展为一种胃口很大、消化力极强的语言”②。白语喜欢借用汉语来表达自己语言中所没有的新概念，其新词术语绝大多数是音译汉语借词。在大量借词的过程中，白语的语音和语法却显得相对稳定。根据云南省语委

---

① 徐琳、赵衍荪：《白语简志》，民族出版社 1984 年版，第 2-3 页。
② 李缵绪、杨应新：《白族文化大观》，云南民族出版社 1999 年版，第 49 页。

专家学者 1991 年的对照研究，白语与汉语的同源词有 1200 个，占 62.28%。这极大地丰富了白语的词汇量，增强了白语的表达能力，适应了时代发展的需要。在历史发展过程中，白族人民用白语创作了大量的神话故事、传说、民歌民谣、格言、谚语等民间文学作品，也形成了诸如大本曲、吹吹腔和白族调这样的民族语言艺术。白族历史上使用的文字有三种：汉文、僰文（即白文）和梵文。早在东汉时期，大理地区居民已经开始使用汉字。在南诏初期，白族先民创制了自己的民族文字——白文，借用汉字的音或义，或增损汉字笔画，或创造似汉字而非汉字的一种字体来记录白语语言[①]。白文虽然没有发展成为规范的全民族通用的正式文字，但是却对白族文化的发展产生了积极的促进作用，是白族人民创造的珍贵历史遗产。历史上留下了众多珍贵的方块白文文物和文献资料[②]，包括白文史籍、白文残瓦、白文经卷、白文碑刻、白文曲本、白文祭文、白文对联、“打歌词”八类。

（二）白族民间文学

白族的文学产生于白族的社会生活，是白族人民创造的重要精神文明成果，反映了各个时代的社会风貌。白族民间文学源远流长、浩如烟海，是白族文学中最为精彩的主体部分，表达了白族人民的生活情趣和艺术情操。它是白族劳动人民的口头创作，产生于白族先民的生产生活活动之中，依靠口耳相传流传至今，其主要内容是反映白族劳动人民的生产生活，抒发思想感情和美好愿望。白族先民在远古时代就留下了众多神话传说，在南诏时期受中原文明和周边国家文化的影响，白族民间文学的内容更加多彩，形式更加多样化。不同历史时期下白族民间文学包括神话、传说、故事、史诗、民歌、谚语、民谣等，这些作品从不同角度、不同方面反映了白族的发展历史、生产生活、伦理道德、风俗习惯、爱情婚姻、精神信仰、价值观念等，启蒙教育了一代又一代的白族儿女。

白族民间文学的种类可分为散文体和韵文体两种。散文体主要包括神话传说、寓言故事、童话等，韵文体则主要包括民歌如“白族调”、“啃益调”、“对口山歌”、民谣、谚语、白祭文、民间叙事诗等。本书对其中比较具有特色的白族民间文学进行简述。

1. *神话传说*

白族神话传说，是白族先民对宇宙万物和自身生活的反映，也是白族先民对自然界对美的最早的感受和幻想的反映。[③]白族神话传说的内容包括创世神话、本

---

① 赵衍荪、徐琳：《白汉词典》，四川民族出版社 1996 年版。

② 杨应新：《方块白文辨析》，《民族语文》1991 年第 5 期。

③ 杨镇圭：《白族文化史》，云南民族出版社 2014 年版，第 237 页。

主神话、风物神话、龙神传说、风俗传说、地名传说、巧匠传说、历史传说等，以本主神话传说最多。创世神话是最早出现的，具有代表性的如《开天辟地》《日月从哪里来》《人类和万物的起源》《点血造人》《氏族的来源》《狩猎神话》《稻子树》《五谷神王》等，描写的都是白族先民开天辟地的英雄事迹，反映了白族先民的宇宙观和朴素的唯物史观。远古时期，伴随图腾崇拜的产生，白族先民也流传下来了大量图腾神话，包括巨石图腾、火图腾、虎图腾、鸡图腾等。本主崇拜是白族特有的民间宗教信仰，且白族居民信仰的本主神非常多，每一个本主都有一个或几个传说故事流传下来。本主故事具有鲜明的白族地方特色。中华人民共和国成立以来，大量白族本主神话故事传说被公开发表，包括《太阳神本主》《大黑天神》《九坛神》《三星太子》《白岩天子》《宝石大王》《段赤城》《黄牛本主》等，都反映了白族祖先们创世立业和生活的英雄事迹。龙神传说①在白族民间也广为流传，如《龙母神话》《白龙掌印》《金鸡斗黑龙》《九龙池》《河头龙王的家系》等，反映了白族人民征服自然的意志。风物神话源于与白族人民生活相息的自然地理环境，白族人民用自己的智慧为大理地区的名山胜景编织了许多神奇的传说，最优美的是风、花、雪、月、望夫云和大理石的传说，代表作品有《下关风》《上关花》《苍山雪》《洱海月》《望夫云》等。密教传入洱海区域后，为了对抗本地巫教，人们编制了大量的密教神话，尤以观音神话最多，如《阿育王开国》《白王的出生》《果子女与段白王》《观音开辟凤羽坝》《观音治罗刹》《观音负山天海》等。

2. 民间故事

白族人民在生产生活中也创作了大量的民间故事，反映了白族人民的生活和斗争，表达了他们对美好生活的向往和追求。白族文化中的民间故事，可以分为四大类。一是生产生活故事。这类民间故事主要讲述白族人民在生产生活中如何做人做事，折射出白族朴素的伦理、道德、人生观和价值观，代表作有《找水源》《金银塘》《稻子树》《哑人告状》《青姑娘》。二是能工巧匠故事。这些故事主要讲述木匠、金匠、银匠、鞋匠、铁匠等工匠的故事，广泛流传于白族人民之中，尤其是剑川木匠故事，远近流行。现已整理出版的木匠故事就有《鲁班传木经》《雕龙记》《李四维告御状》《木马浸水一分三》《木匠翰林》等十几个。这些故事不仅表达了白族人民对能工巧匠的敬佩，还反映了其作为人民智慧的代表与压迫者进行斗争的精神。三是机智人物故事。白族人民对聪明的智者十分敬佩，并形成了大量关于此类人物的精彩故事，这些故事生动且诙谐幽默地刻画了他们的形象，广泛流传于民

① 白族是水稻农耕民族，生活在有众多河流湖泊的区域。白族人民认为一个地区的水利好坏在于龙，自然地将水稻文化和龙文化有机结合在一起，具有鲜明的民族和地方特色。

间。例如，“艾玉”的故事广泛流传于大理、邓川一带，还有“张奎士”“赵成”等人物形象。仅仅是艾玉的故事代表作就有《判银子》《天高三尺》《过目不忘》《报荒》等[①]。这些故事不但成为白族劳动者辛劳之余的欢乐来源，也具有启迪和教育儿女的意义。四是革命斗争故事。白族人民具有光荣的革命斗争精神。这些故事集中讲述了白族人民反抗压迫阶级、外国侵略者的英勇斗争故事。例如，反映红军的革命斗争故事就有《红军攻打宾川城》《贺龙擂石鼓》《红军军医》《红军草鞋》《玉镯还家》等，成为向广大白族儿女进行革命传统教育和爱国主义教育的好教材。

3. 民间歌谣

白族民间歌谣是群众口头创作和口承传播的文学作品，是白族文化的重要组成部分。白族人民在历史中创作了题材广泛、内容丰富、形式多样的各种民歌，包括山歌、小调、叙事诗、生产歌、祭祀歌等多个种类，生动反映了白族人民丰富多彩的生产生活。白族地区，古代产生了谚谣，近代产生了“白族调”“啃益调”“对口山歌”“四句调”[②]。其中，以“白族调”最为普遍流传。各种民歌形式，或对唱或独唱，借以抒发白族人民的思想情感。现在还在洱源县流传的《犁田歌》是大理地区最古老的一首白语白族民歌。在白族歌谣中，史籍记录下来的古代白族民歌很少，仅有《行人歌》和《河赕贾客谣》[③]两首。口头流传的白族古民歌，有《击野猴》和《摘果谣》。

《犁田歌》云：

原文（汉字白读）	**译文**
讲那孟那本息，	说来你们不相信，
暗汝伞咬闷招几，	犁田我们用野羊，
计贵暗汝白招困，	犁头用的白石头，
招则白板几。	犁得很平整。[④]

白族民谣的特点是，句子短小精悍，语言洗练泼辣，直言其事，一语之中包含幽默和鞭挞，让人听了感到意味深长[⑤]。由于白族地区各地方地理环境、习惯风俗、语言等存在一定差异，各地民歌的词句和调式也呈现出不同的特点和风格。在白族民歌中，最有民族特色且流传最广的是白族调，也称白曲。凡是民族盛会、田间劳作、男女恋爱，都可以唱白族调。白族调的结构，每首由八句组

① 杨镇圭：《白族文化史》，云南民族出版社 2014 年版，第 239–240 页。
② 李缵绪、杨应新：《白族文化大观》，云南民族出版社 1999 年版，第 268 页。
③ 两首民歌分别出自《华阳国志》和《云南通志》。
④ 洱源县志编纂委员会：《洱源县志》，云南人民出版社 1996 年版。
⑤ 李缵绪、杨应新：《白族文化大观》，云南民族出版社 1999 年版，第 270 页。

成，第一句通常用“花上花”“翠茵茵”等三个音节作韵头[①]，俗称分上下两阙的“三七七五、七七七五”诗体。白族调讲究诗律押韵，每首要一韵到底，中间不能转韵或换韵。白族调是反映白族人民的现实生活、愿望和理想向往而产生的文学形式。

表达男女之间纯真爱情的白族调：

翠茵茵，
你与我是月和星，
你和我是星和月，
永远不离分。
妹是天上峨眉月，
哥是旁边伴月星，
风云里同银。

白族的“对口山歌”和“四句调”都源于汉族，后流传于白族地区。“对口山歌”的每节诗由两句组成，曲调乐段由四句组成，内容多为男女对唱的情歌。“四句调”有五言和七言两种，音韵十分优美，代表作品有《洋芋歌》《长工调》《长工泪》《当兵调》等。

4. 民间长诗

白族的民间长诗，主要包括以口头创作和口承相传的文学作品如“打歌”和本子曲等，也是白族民间文学的重要组成部分。“打歌”是在群众聚会场合要唱的一种长诗，主要是在婚丧嫁娶和民族节日进行，主要代表作品有《创世纪》《放羊歌》《白王歌》《打虎歌》《采花歌》等。这些美丽的史诗都寄托了白族人民征服自然的愿望，将人和神、现实和幻想有机交织在一起，使其具有现实主义精神，又具有浪漫主义色彩。白族的本子曲也是一种叙事诗，内容偏重叙事，是唐代之后产生于民间的文学形式，广泛流传于大理、剑川、洱源等县的白族村寨，其代表作品有《鸿雁带书》《出门调》《放鹰赶雀》《青姑娘》《稻子曲》《张结巴》等40余部。

此外，白族民间文学还包括很多谚语、谜语等极具精炼的语言艺术。白族谚语是在白族人民劳动过程中产生的对生活经验的总结，富有哲理性，具有警示和教育功用。白族谜语是男女老少都较为喜欢的文学形式，尤其是对儿童教育具有重要价值。

---

① 白族调的韵头主要起到定韵和起兴的作用。

（三）白族作家文学

白族是我国西南地区较早接受汉文化的少数民族之一，在汉白文化互动中而形成的大量作家文学作品，是白族文学的重要组成部分。从汉唐开始，就涌现出了很多白族的诗人和作家，他们创作了大量白族文学作品。南诏时期，唐朝对南诏“赐书习读”，“传周公之礼乐，习孔子之诗书”①。白族作家文学的类别有很多，包括诗歌、散文、小说、戏剧、影视文学等。

诗歌方面，白族诗人和诗歌创作十分繁荣。南诏、大理国时期，白族涌现出了很多知名诗人，代表作品有《星回节游避风台与清平官赋》《星回节游避风台骠信命赋》《途中诗》《思乡作》。元明清时期也出现了不少白族作家，尤以明清代白族诗人居多，如段功、杨黼、杨渊海、杨士云、李元阳、杨锡禹、王崧、赵廷玉、龚渤等，代表作品有《金指环》《山花碑》《艳雪台诗》《书轩言怀》《旱》《感遇》《月牙侧》《闻雁》《诗论》等。散文方面，白族散文起始于南诏时期，前期只有骈文、誓文、碑文三种，至明代又出现了游记、传记，到民国时期出现了白话体小说，代表作品有《南诏德化碑》《浩然阁记》《游石宝山记》《三灵庙记》《景颇姑娘》《白子将军》《没有织完的筒裙》《洱海渔歌》等。这些作家文学作品，或抒发对当时社会阶级压迫的愤恨，或描写白族居民的闲事生活，或表达白族居民不屈的斗争精神，其丰富的内容不但是研究大理白族历史文化的重要考据，也是影视作品的直接来源。1959 年，赵季康和王公浦创作的电影文学剧本《五朵金花》被搬上银幕后，风靡全球。

综上所述，白族文化中的影视性民族文学和史诗故事类文化资源，具有以下显著特点：一是类别丰富、题材丰富、内容丰富。可以说，白族在历史长河中所形成并积淀下来的历史传说、神话故事、文学作品等内容，是发展影视产业取之不尽的资源库，具有极大的影视化开发价值。在大资源观理念下，这类文化资源再加上大理独有的自然景观和历史遗迹，为发展具有白族特色的影视产业提供了更为广阔的空间。二是白族影视类文学和史诗故事类文化资源极具现实主义和浪漫主义风格，蕴含着白族人民的包容性特质，富含爱国主义精神与和谐、朴素的价值观念，对这些文化资源进行开发所形成的文学作品，在当代具有十分显著的社会价值，是弘扬民族优秀传统文化和弘扬社会主义核心价值观的良好载体。

三、会展性民俗节日与礼仪工艺类

会展性民俗节日与礼仪工艺类文化资源主要是指极具民族特色风俗礼仪的节日节

① 高骈：《回云南牒》，载《全唐文》卷八〇二，中华书局 1983 年版，第 8430 页。

庆和手工艺文化品等，是发展节庆会展产业的关键依托。节庆会展产业是目前各国倍受青睐的文化产业类型，是指依托当地的资源，围绕特定的主题，通过举办大型节庆互动、各种会议和展览展销活动，在获得直接经济效益的同时带动相关产业发展的一种经济社会活动[①]。根据国家统计局《统计用产品分类目录》(2010)，特色会展产业应该包括特色展览服务以及特色节庆活动。对于大理白族地区而言，丰富多彩的白族传统节日节庆活动以及特色手工艺产品正是发展白族特色节庆会展产业和手工艺加工制作产业的良好资源基础。本节从白族特色的节日、工艺和美术等方面说明此类文化资源的禀赋。

（一）白族特色节日

民族传统节日活动，不但反射出民族传统习俗和文化，也是传承民族文化的载体。白族受汉文化的影响，其节日风俗的形成与中原文明具有紧密联系，且由于地理环境因素而使其带有鲜明的地域特点[②]。白族传统节日众多，根据调查显示，大理白族一年之内的节日就有71个之多[③]。白族传统节日，伴随着白族先民的生产生活和对自然界的认知、精神文化活动而产生，并随着白族的形成、发展而不断形成、演变，最终形成了具有白族特色的传统节日。白族节日有大节与小节、全民性与地域性、村寨性与家庭性节日之分。按照内容和来源进行分类，白族节日大体分为六类：时令农事节日、祭祀宗教节日、纪念节日、庆贺节日、社交游乐节日、物资交流贸易盛会。其中，规模较大的且民族特色浓郁的节日主要包括过年节、三月街、绕三灵、火把节、耍海节、渔潭会、石宝山歌会、栽秧会、“杯日往”等。本节着重阐述火把节、三月街、绕三灵、石宝山歌会等重大节日的主要内容。

火把节是我国西南地区很多少数民族的重要节日，各个民族对于火把节的由来传说不一，节日日期和过节方式也不尽相同。白族火把节已经有1000多年的历史，是白族最古老的传统节日之一。白族火把节的民间传说以“火烧松明楼”的传说流行最为广泛。为纪念传说中聪慧善良、不畏强暴而忠于爱情的慈善夫人——“白洁夫人”或“白姐”，白族人民每年农历六月二十五日都要过火把节，以表达对慈善夫人的崇敬和怀念。火把节多以自然村为单位举办，扎火把是重要的准备工作。火把节之夜，白族人民围绕火把尽情歌舞。有些自然村还举办赛花船、赛马等活动。随着白族社会的不断发展，火把节的举办目的从最初的纪念活动逐渐演变为秋收前预祝丰收的重大节日，成为白族重要习俗，世代不衰。改革开放后，白族火把节不

① 范建华:《中国文化产业通论》，云南人民出版社2013年版，第53-54页。

② 杨镇圭:《白族文化史》，云南民族出版社2014年版，第227页。

③ 云南省编辑组:《白族社会历史调查（三）》，民族出版社2009年版。

断被赋予新的时代内涵，成为民族团结的象征。

三月街，又名“祭观音街”，是白族最具代表性的民俗节日。该节日最早为佛教讲经庙会，后来发展成为物资交流盛会。白族居民年年按时聚集，用蔬食祭观音，并相互交易，故名“祭观音街”。之后，便逐渐发展为三月街物资交流会。其间，省内外各族人民都会来交流物资，主要以民族特色产品为主，会期内还举办赛马、射箭、歌舞等传统文体活动。改革开放以来，三月街更是盛况空前，并于1991年被大理州立为法定节日“大理白族自治州三月街民族节”。古老的三月街已成了增强我国民族团结、荟萃民族文化、扩大经贸交流合作和对外友好往来的盛大节日①。

绕三灵，又称绕山灵、绕桑林等，白语只有一个名称，叫“观上南”，是大理白族非常独特且传统盛大的一个节日。关于绕三灵的起源，学界倾向于认为，绕三灵最早起源于原始社会男女间的社交活动，随着历史发展演进，发展成为以歌舞游乐、男女社交、拜本主等活动为形式和内容的盛大节日。节日期间，大理各村寨的青年男女集队前来参加，一村为一队。每队都以两位年长的男女手持挂有红彩和葫芦的杨柳枝领头，边舞边对唱白族“花柳曲”和白族调。三天时间里，沿着苍山之麓，从圣源寺到洱海边的河涘城本主庙再到保安景帝本主庙，行进中不断有人加入，载歌载舞，场面叹为观止。随着时代变迁，它已经演变为白族综合性的盛大“狂欢节”。

石宝山歌会是白族地区规模最大的对歌盛会，每年在剑川县石宝山举行，属于国家级非物质文化遗产。届时，来自各地的白族数万人，一路弹着三弦，唱着白族调，汇集到石宝山，漫山遍野参加对歌。对歌的内容较为广泛，青年以表达爱意为主，老年人则以怀念青春岁月为主。石宝山歌会在白族民间具有旺盛生命力。改革开放以来，为发挥其为社会主义精神文明建设服务的功能，剑川县政府新建了永久性的赛歌台，政府逐渐开始支持、参与筹备、组织歌会，吸引了大量国内外游客。

此外，白族的节庆盛会还包括各类传统体育活动，最富盛名的为赛马。白族的传统体育活动还包括赛龙舟、射箭、打秋千、扭扁担、打仗鼓、耍白鹤、跳火把、跳花棚、翻五台等。大理州定期会举办民族体育运动会，各项传统体育活动成为极具观赏性的盛会内容。白族三道茶也是白族代表性的民俗，是国家级非物质文化遗产。三道茶是云南白族招待贵宾时的一种饮茶方式，折射出尊客、包容、和谐的民族文化。白族三道茶折射出“头苦、二甜、三回味”的茶道和人生哲理，是白家待客交友的一种礼仪，蕴含了佛家追求人格完善的境界。

① 李缵绪、杨应新：《白族文化大观》，云南民族出版社1999年版，第177页。

（二）白族特色工艺

白族是一个思维活跃开放且善于学习的民族，这突出表现在其手工艺制作水平上。早在新石器时代，白族先民就已经掌握了石器、骨器、陶器等制作工艺。唐朝时期，白族的冶金、造纸、制陶等手工艺已达到较高水平。明代以后，白族手工业不但门类齐全，而且水平极高。在白族传统手工艺中，金属工艺品、大理石工艺品、纺织品、木雕石雕等尤为知名，享誉海内外市场。大理州内现已进入国家级非物质文化遗产保护名录的工艺包括白族扎染技艺、下关沱茶制作技艺和鹤庆银器锻制技艺等极具白族特色的传统手工制作技艺。

白族扎染技艺，古称"绞缬染"，俗称"扎花布"，属于白族的一项极具特色且古老的纺织品手工染色技术。扎染是以白布为原料，用线扎缝各种花形图案，用蓝靛[①]多次浸染而成。其基本制作工艺是：先在白布上印花纹图案，然后放入染缸，用蓝靛多次浸染，最后经拆线、漂洗、晾晒和烫平等工序，扎染布就形成了。其工艺特色表现为：纯手工针缝扎，染布蓝底白花、青中带翠、清新素雅、色彩鲜艳且经久不褪色，纹样多样且自然绿色健康，适合于制作各种纺织类用品。白族人民后来又推陈出新，发展了彩色扎染[②]和反朴法仿扎染[③]。白族扎染具有浓郁的民间艺术风格，多种纹样也折射出白族文化的包容性和白族人民对异域文化的"拿来主义"价值取向，是千百年来白族历史文化的缩影，彰显了白族的民族风情和审美情趣。

下关沱茶制作技艺也是白族人民创造的传统技艺，是中国少数民族地区紧压茶制作方法的代表，具有较高的历史文化价值、工艺价值和经济价值。作为一种紧压茶，沱茶具有悠久的历史，因创制于大理下关而得名。下关沱茶的制作工艺包括十余道工序，其中压制工艺是关键环节。整个制作过程采取"细茶精制，粗茶细制，精提净取"的原则，形成了加工工艺的独特风格。在历史中，白族人民通过这种方法制作紧茶，经"茶马古道"输送至外地，深刻影响了白族和其他各族人民的生活习俗与民族文化，也在民族友好往来中发挥了重要作用。

鹤庆银器锻制技艺，在云南银器制作技艺中最为出名。鹤庆的银器锻造技艺，保留了传统的民间手工艺特征，以镂雕和抽丝编盘工艺相结合，经过 13 道工序，

---

① 蓝靛为板蓝根中提取的染色物质。

② 彩色扎染，是将古代扎染技法和现代印染工艺相结合，突破了传统单色扎染色调的局限，强调多色的配合和色彩的统一，利用扎缝技艺，造成染色的深浅不一，形成不同纹样的艺术效果。

③ 反朴法仿扎染，是在古代扎染的基础上发展起来的类似扎染却又不是扎染的工艺，图案花纹兼有扎染与泼画的风格，能产生朦胧流动的风格和回归自然的美，更好地表现了物像，艺术价值十分突出。

根据所需制品形态和规格加工而成，造型丰富、种类繁多、工艺精湛，产品远销海外。该技艺是白族人民在长期农耕生活中，结合当地人民群众的生活条件和审美特点而形成的别具特色的民间工艺，具有广泛的群众性和民间传承性。

鹤庆新华银器的工艺特色[①]

鹤庆民间银器制作技艺是在长期农耕生活实践中，结合当地人民群众生产生活条件及爱美审美特点与自身技艺相结合，形成的别具特色的一种“民间手工技艺”。鹤庆银器融合了雕刻和工艺美术的成就，集镌镂、镶嵌等多种传统做工及历代的艺术风格之大成，有着鲜明的时代特点和极高的艺术造诣。汇集古往今来对鹤庆银器的评价，可用“美、雅、精、妙”四字概括鹤庆银器。银饰作为白族一种文化的传承载体，具有不可替代的文化价值，鹤庆艺人用纯银为主料，以镂雕和纯银抽丝编盘工艺相结合，根据所需制品形态、规格加工而成。它保留了较为传统的民间手工技艺特征，银器造型丰富，种类繁多，工艺精湛，质量上乘。鹤庆银器锻制技艺十分复杂，想要锻制出一件精美的银器并非易事，据银器锻制大师母炳林先生总结，一件成品要经历多道复杂工序。

一是选材与熔炼。选材要做到“一摸、二看、三听、四捏”。二是锻打与下料。在锻制银器的过程中，火性的优劣直接影响成品的质量。下料则是对接下来要打制的手工艺品做材料上的准备。三是拉丝与制模。银匠利用钨钢制作粗细不同的丝眼，拉出各种直径的细丝线。制模主要的方法有利用铅托雕刻、制作蜡板等。四是括形与画样。括形即为把银片放在用锡制成的模具中，用锤敲打，冲压出银器的基本轮廓；画样指在雕刻进行之前，必须在粗形上用铅笔或毛笔画上传统图案。五是錾花与焊接。錾刻可以分为蜡雕或铅雕两种，錾刻的工具是各种形式的凿子和手锤。焊接过程中关键在于局部用火的技巧。六是组装与打磨。组装是一个拼合、镶嵌、串连的过程。打磨一般都是用细沙擦拭。七是清洗与抛光。银器工艺品在打磨之后需要进行清洗，清洗之后的银器色泽温润，可以更好地体现银的质感。抛光指将成形的银器用玛瑙片、小钻子、打磨机器打磨抛光，使银器表面光滑发亮。

除此之外，白族传统手工艺还包括大理石工艺、造纸、医药、木雕和石雕、刺绣、编织、冶炼、铸造、制盐、制毡、雕漆等。在当今时代背景下，这些白族传统手工艺很多都面临着传承问题，在满足当地居民的日常生产生活所需中依然发挥着重要作用。

---

① 摘编自：大理州《鹤庆新华银匠村文化产业园创建方案》。

（三）白族特色美术

白族美术历史悠久，种类与内容异常丰富，包括绘画、书法、雕刻、版画、壁画等艺术形式，其中以绘画、雕塑和版画最为知名。在绘画一类中，最著名的作品有《南诏图传》和《大理国张胜温画卷》。其中，《南诏图传》为南诏忍爽张顺和王奉宗于公元 898 年创作，以南诏典籍为依据，描绘白族地区的各类神话故事，包括观音幻化故事、白族首领张乐进求禅让的故事以及白族著名的洱河神话。《南诏图传》形象地反映了南诏的历史、宗教、神话、建筑、风俗、生产方式等文化，是白族特色文化中的艺术珍品。《大理国张胜温画卷》在艺术上被称为“南天瑰宝”，也被称为艺术的“旷世天才的神品”，内涵丰富，学术价值极高。在石雕方面，剑川石宝山石窟则是白族劳动人民以伟大的艺术天赋所创作的稀世之宝。石宝山石窟分布在石钟寺、狮子关、沙登箐三个地区，分 16 窟，造像 130 躯。它们造型各异、构图丰富、姿态多样、妙趣横生，而且雕工细腻、形象惟妙、神奇壮丽，充分体现了白族艺术圆润浑厚的个性风格。石窟表现了政教合一的历史文化内涵，折射出了白族人民的信仰文化。在壁画方面，大理地区的壁画艺术是在明代以后逐渐发展起来的，广泛用于寺庙建筑，代表作有剑川兴教寺壁画、圣元寺三灵庙壁画、三和寺壁画、火神庙壁画、大我寺走廊壁画等。白族美术的“甲马纸”艺术，是阳刻线条的骨风造型艺术，在表现白族的图腾、本主和自然崇拜方面，具有较高价值。

由此可见，白族在会展性民俗节日与礼仪工艺类方面的文化资源禀赋十分丰裕，其作为文化要素的特点是：种类多样，内涵丰富，价值突出。这些极具白族特色和浓郁民族风格的节庆会展性文化资源，是发展特色节庆产业、特色会展产业和博览业的优质条件。

四、演艺性民族戏曲与民歌舞蹈类

演艺性民族戏曲与民歌舞蹈类文化资源，属于民族艺术领域内的文化样式，是发展特色演出演艺产业的关键文化要素。特色演出演艺产业是指具有一定民族民间地域特色、典型艺术特质的表演服务活动，属于文艺创作与表演服务行业汇总的艺术表演服务，包括戏剧演出、戏曲演出、舞蹈演出、音乐表演、曲艺表演等多种业态。根据特色演艺产业的类型，演艺性民族戏曲和民族歌舞类文化资源主要包括民族舞蹈、民族曲艺、民族戏剧、民族音乐等。

（一）白族特色戏曲

白族戏曲是白族文化的重要组成部分，也是极具白族特色的文化资源，主要包括大本曲、吹吹腔和白剧三种。

大本曲是白族传统的民间曲艺，在洱海沿海流行最广。大本曲的曲本，由唱词和说白组成，以唱词为主，中间夹有少量的说白。大本曲唱词的音韵要求较为严格，分为“花上花”“油鲁油”“老利老”“翠茵茵”四大韵。演唱形式由一人弹奏、一人执画扇或手绢演唱。传统的大本曲曲本，多数是根据汉族的历史故事和民间故事改编而成，现存的曲本内容主要包含神话传说曲本、历史人物故事曲本和生活故事曲本三类共计 117 个曲目。在当地艺人改编过程中，就赋予了曲本以明显的地方特色和民族特色。大本曲是在白族民歌的基础上产生的，演唱大本曲是白族居民在节日活动中不可或缺的活动内容。

吹吹腔，简称吹腔或板凳戏，是白族人民创造的古老剧种之一。它以唢呐为伴奏的主要乐器，因吹唱交替进行而得名。白族戏剧理论家杨明认为，从吹吹腔有过的重要发展阶段看……白族吹吹腔可能有 500 年的历史[①]，其来源于江西弋阳腔。弋阳腔在传入白族地区的过程中，不断吸收白族的文学、音乐和舞蹈，经过白族艺术创造，形成了具有白族艺术风格的剧种。吹吹腔的唱腔有 30 多种，按照行当、人物类型和情感特征可以分为不同的唱腔类型。它的音乐以白族唢呐间奏、帮腔，高亢激越，载歌载舞，感染力极强。其剧本具有鲜明的白族特点，白语和汉语掺杂，却多用白族语音和语法，常常是白族民歌韵式“高低律”，音韵铿锵有力。表演行当分工细致，表演已经程式化，剧目达 300 多个。

白剧属于国家级非物质文化遗产，是在吹吹腔和大本曲的基础上产生的，吸收了白族的一些音乐和舞蹈，以及汉族的滇剧、歌剧、话剧的内容，形成比较完整的音乐和表演艺术。白剧的表演以吹吹腔的程式为基础，用“汉语白音”演出，其音乐也包括唱腔和器乐两部分，以唱腔音乐为主体。较为著名的曲目有《榆城圣母》《数西调》《火烧磨房》《窦仪下科》《望夫云》《杜朝选》《红色三弦》《白月亮白姐姐》等。

（二）白族特色音乐

白族的音乐在古代白族先民“踏歌”的基础上发展而来。白族的特色音乐，有南诏的《南诏奉圣乐》、道教的“洞经音乐”和民间的“民歌小调”等。其中，

① 云南省戏剧创作室编：《云南戏曲曲艺概况》，云南人民出版社 1980 年版。

民歌小曲异常繁复，仅“白族调”的曲调就有大理调、洱源西山调、剑川调、云龙漕涧调等的区分。《南诏奉圣乐》是白族人民在古代乐舞的基础上吸收了龟兹乐、胡部乐、缅甸骠国乐和唐代乐舞因素而创作的具有地方和民族特色的大型宫廷乐舞。洞经音乐，是随着道教在大理地区的传播而流传，融入了白族传统音乐的多种成分而形成的民间音乐形式，具有道家飘逸洒脱和宫廷音乐典雅的特征，也具有白族民间小调欢快活泼、庄严浑厚的特色。民歌小调是白族广泛流行的民间音乐，分为日常生产生活类和盛大节日类两种形式。白族民歌调的地域特征十分突出，各地区的音调区别较大，有不同的风格特点。大理调、洱源西山调、剑川调、云龙漕涧调在结构、调式、唱腔、句式等方面均不相同。白族民歌小调是一种具有广泛民众基础的歌唱艺术，是白族人民表达思想感情、歌颂真善美的一种方式。

在白族传统音乐中，剑川白曲是典型代表。作为国家级非物质文化遗产，剑川白曲分为短调和长歌两类，其以曲调美、质量高、题材多而著称于世，历史悠久。白曲具有极高的艺术表现力，人物刻画丰富，唱腔多变，是白族极具特色的民间艺术。其代表作品有《鸿雁带书》《青姑娘》《出门调》《李四维告御状》等。

（三）白族特色舞蹈

白族民间舞蹈，古代有“打歌”，近代有“莱格舞”和“杖鼓舞”。莱格舞主要流传于洱源与云龙交界的高寒山区的白族村寨，绕篝火而行，音乐节奏很强。杖鼓舞主要流行于湘西白族地区。在白族特色舞蹈文化资源中，耳子歌是突出的代表，属于国家级非物质文化遗产。耳子歌源于云龙山地白族农民聚居地，至今也有上千年历史。耳子歌是一种具有人物、对白、故事情节和一定表演程式的原始戏剧舞蹈，属于白族民间婚俗表演艺术，“耳子”表示憨厚，“歌”意为舞。它是白族婚礼中祈求吉庆、祥和，进行伦理道德传承教育的民俗活动，目的在于借助舞蹈寓教于乐，是农耕文化的折射，体现了人类繁衍生息和人之初的道理。

综上所述，白族所禀赋的演艺性民族戏曲与民歌舞蹈类文化资源也十分丰富，且有好几项都属于国家级非物质文化遗产，具有极高的艺术观赏价值和产业开发价值。在发展白族特色演艺产业的过程中，必须坚持科学的开发方式，杜绝粗放型开发模式，在准确把握这些演艺性文化资源所折射的文化内涵的前提下，在充分保护珍贵的民族文化遗产的原则下，加强创意转化，创新展示形式，活用现代传播技术，实现内涵式发展。

五、旅游性遗址建筑与风俗衍生类

旅游性遗址建筑与风俗衍生类文化资源是发展民族特色文化旅游产业的关键投入要素，主要包括物质性的历史遗址、历史建筑、风景名胜、特色民居等文化资源以及非物质性的民间风俗习惯和相关文化衍生品[①]。根据联合国世界旅游组织的定义，文化旅游业本质上是出于文化的动机而产生的人的运动，其具体表现形式可以分为遗迹遗址旅游、建筑设施旅游、人文风俗旅游和特色商品旅游四种类型。发展特色文化旅游业是少数民族地区对民族文化资源进行有效开发的重要方式之一，已经历经了长期的实践过程。作为在世界上都享有盛誉的旅游城市，大理白族自治州一直将民族文化旅游业作为重要产业进行培育。大理白族地区拥有丰富的旅游性遗址建筑与风俗衍生类文化资源。

（一）白族特色遗址和建筑

在特殊自然环境和不同历史时期的共同影响下，大理白族地区形成并遗留下来众多宝贵的历史遗迹和民族建筑。白族地区多有名山大川和名胜古迹，风光奇秀且独具特色，被称为“东方瑞士”。截至 2020 年 9 月，大理州共有全国重点文物保护单位 31 项、省级 61 项、州级 168 项，县级 326 项[②]。

在文物古迹方面，其中，具有白族特色的重要历史遗址包括太和城遗址、白羊村新石器遗址、海门口遗址、德源古城遗址、三阳城遗址、龙尾城遗址、南诏铁柱、垅圩图城遗址等，均属于国家级重点文物保护单位。在古代建筑方面，具有白族特色的建筑包括圣源寺、苍山神祠、鹤庆文庙大成殿、喜洲白族古建筑群、诺邓白族乡土建筑群、西门街古建筑群、南诏镇古建筑群、沙溪兴教寺、景风阁古建筑群、州城文庙和武庙、云鹤楼、上沧本主庙等。古塔方面，大理有 32 座造型各异的古塔，极具代表性的包括崇圣寺三塔、水目寺塔、弘圣寺塔、佛图塔、聚龙宝塔、旧州一塔、制风塔、秀峰塔灵宝塔等。在古桥方面，白族人民也建造了各式各样的桥梁，现存的有双鹤桥、古生凤鸣桥、天衢桥、德源桥、飞龙桥等。上述古迹也只是大理文物古迹中的一部分，还有众多遗址、古墓、崖刻、亭阁、牌坊等。在白族民居建筑方面，在白族先民、南诏大理国、元明清和近现代四个历史阶段，白族建筑形成了不同的风格，包括木构建筑、夯筑垒石建筑、佛教建筑和民居建筑。

① 本书将与民间风俗相关的特色饮食、服饰、起居、生产、生活等带有先民民族特色和乡土风情的文化资源作为发展特色文化旅游产业链的重要价值环，是文化旅游衍生品市场的重要依托。

② 数据来源于大理白族自治州人民政府网站。

白族的住宅建筑形式，典型者应属“三坊一照壁”和“四合五天井”。

白族各类古代遗迹和建筑的工艺特点，都与汉族建筑文化密切相关。白族建筑以适应当地地形、风大和多地震等自然条件，就地取材、因地制宜地创制了具有浓厚民族特色的建筑风格。可以说，以坝区各类建筑为最高水平代表的白族建筑，不仅是中国传统建筑的一个子系统，同时也是中国优秀民族文化不可或缺的一个组成部分[①]。

（二）风景名胜资源

大理既是历史文化名城，又是全国重点风景名胜区和自然保护区。大理白族地区旅游资源十分丰富，全州 130 多个景区景点中，有国家 5A 级景区 1 个，4A 级景区 9 个，列入建设的特色小镇 16 个，其中国际一流 2 个，全国一流 2 个[②]。大理风景名胜区面积达 1107.98 平方千米，主要包括五个风景区，分别为苍山洱海风景名胜区、鸡足山风景名胜区、石宝山风景名胜区、巍宝山风景名胜区四大风景名胜区以及珐碧湖疗养区。这些风景区不仅自然景观和人文景观多样，而且容量大，景点星罗棋布，文物古迹众多。此外，大理地区还包括很多风景优美的公园，主要有洱海公园、苍山公园、天宝公园、玉洱公园、上关花公园等。这些自然景观与历史人文景观交相辉映，再加上内涵深厚的民族文化，多姿多彩的民族风情，包容和谐的民风，以及四季如春的气候，具备大理发展特色文化旅游业的优质条件。

（三）白族特色风俗与衍生

白族文化的包容性也深刻体现在它的衣食住行和各种风俗习惯上。在长期历史中，受汉族文化的影响，再加上地区物产的不同和社会发展水平的不平衡，各地白族形成了独具特色且差异显著的饮食习俗、服饰文化、节日文化等。正如民间谚语所说：“十里不同天、百里不同俗。”

从饮食文化上看，受农耕文化的影响，白族劳动人民主要经营农牧业、渔业和手工业，生产了品种繁多的农副产品，有多样的粮食作物、经济作物、家畜家禽、水产、蔬果、野生菌等，为白族饮食文化的繁荣发展奠定了基础。白族人民利用当地特色农副产品，在长期社会实践中形成了具有浓厚的民族特色和风味特点的饮食文化，丰富了中华民族的饮食文化宝库。具有代表性的白族风味饮食有大理石锅鱼、喜洲粑

---

① 寸云激：《白族的建筑与文化》，云南人民出版社 2011 年版，第 34–35 页。

② 数据来源于大理白族自治州人民政府网站。

粑、下关沱茶等。白族日常主食以稻米、麦面为主，有“晌午”[①]习惯，注重晚餐的丰盛。白族人民爱食酸辣口味，有制作腌菜和酱菜的习惯。白族地区生产梅子、酸木瓜，被用于制作酸味调味剂。大量湖泊和山川的存在，使烹饪鱼成为白族饮食中的重要内容。白族人民生活节俭，劳动人民习惯精打细算，但是待客却十分热情，有“省嘴待客”的习俗。白族饮食礼仪还体现在尊敬长辈上，十分重视宴请礼仪。著名的“八大碗”和“三道茶”就显现出白族人民的敬客之风。白族饮茶有雅俗兼有、粗细相间、白汉交融、各呈异彩的特点。白族茶俗是白族人民生活习俗、心理定势、文化传承和历史积淀的一个窗口，又是探索白族历史文化的一个窗口[②]。三道茶中折射出来的白族“一苦、二甜、三回味”的哲理，是一种白族精神的体现，体现了白族热情好客、礼貌待人的民族性格。

在服饰习俗上，白族服饰文化则与他们的居住环境、性格特征和审美爱好具有密切关系。白族服饰源远流长，早在4000多年前白族先民就掌握了纺织技术，并用蚌壳等物作装饰。在历史中，受原始图腾思想中尚白观念的影响，白族服饰崇尚白色，形成了以白色服饰为尊贵的习俗。随着时代发展，现代白族服饰因居住地不同，呈现同中有异、各具特色的多样化特点。大理白族聚居区喜好鲜艳色彩，以白色为基调，反衬黑红蓝等深沉色，追求艳丽夺目的效果[③]。然而，剑川、洱源、鹤庆、云龙等地的白族服饰多为浅蓝色、蓝色或黑色，其中在出嫁时披白羊皮的风俗，被看成纯洁和勤劳的象征[④]。白族服饰基本上全部是自纺、自织、自染，并用手工缝制、刺绣加工而成。

此外，在起居习俗方面，白族村寨一般傍水而建，民房相互毗邻，多引沟渠作为生活用水，民居建筑多为青瓦白墙，各地起居室的建筑和装饰特点各异。门楼和照壁是白族民居建筑中最富有民族特色的地方。白族民居彩绘也属于国家级非物质文化遗产。贺新房仪式是白族人家的重要习俗，体现了白族人民尊老爱幼、热情待人的家庭伦理观念。在婚恋习俗中，有招赘婚、抢婚、转房、回门等习俗。白族的婚姻制度经历了从血缘婚、普那路亚婚、对偶婚，到一夫一妻婚的发展过程[⑤]。

综上所述，从文化要素的投入使用方向和利用方式角度看，白族的特色文化资源禀赋特征十分突出，具有以下特点：一是特色文化资源的类型丰富。在精神信仰类、影视类、节庆会展类、演艺类、旅游类等方面，白族文化均有众多内容。二

① “晌午”是白族劳动人民在农忙时，为补充体力，下午两三点钟农家会再加一餐，食物简单。

② 杨镇圭：《白族文化史》，云南民族出版社2014年版，第211页。

③ 白族民间图案展览组：《白族民间图案展览简介》，《大理文化》1988年第4期。

④ 詹承绪、张旭：《白族》，民族出版社1990年版。

⑤ 张锡禄：《试论白族婚姻制度的历史演变》，载《南诏与白族文化》，华夏出版社1992年版。

是文化内涵与价值观念突出。各种类型的白族特色文化，均共同折射出白族独有的民族精神与民族性格。三是体现了白族文化包容性的特点。这些丰富的白族特色文化资源是白族劳动人民在历史中与其他民族文化的交融互动中创造的宝贵财富。四是极具白族本民族本地方特色。在兼收并蓄其他文明成果的同时，聪慧的白族人民结合本民族因素，创造了属于自己的独特的文化体系。五是白族特色文化资源的稀缺性和价值性非常突出，国家级非物质文化遗产和文物保护单位非常多（见表 9–2）。

表 9–2　白族特色文化资源（国家级）目录节选[①]

国家级非物质文化遗产保护名录	国家级文物保护单位
白族绕三灵、白族扎染技艺、白剧、白族民居彩绘、石宝山歌会、大理三月街、木雕（剑川木雕）、黑茶制作技艺（下关沱茶制作技艺）、鹤庆银器锻制技艺、耳子歌、剑川白曲、白族三道茶；等	崇圣寺三塔、太和城遗迹、喜洲白族古建筑群、佛图寺塔、元世祖平云南碑、银梭岛遗址、弘圣寺塔、石钟山石窟、沙溪兴教寺、海门口遗址、景风阁古建筑群、南诏镇古建筑群、诺邓白族乡土建筑群、水目寺塔、云南驿古建筑群、白羊村遗址、南诏铁柱等

在新的时代背景下，在乡村振兴战略下，优秀的白族特色传统文化，越来越显现出其多重价值和时代内涵，是支撑白族人民全面发展和中华民族复兴的内在动力。本书在前文中就十分强调对文化资源的科学评估，认为其是科学制定文化产业发展策略的基本前提。因此，对白族特色文化资源进行科学的禀赋结构分析是制定白族地区文化产业发展策略的必要前提。

第三节　大理白族特色文化要素的禀赋结构分析

按照要素禀赋理论（H–O 理论），一国的比较优势产品应该是在生产上密集使用该国相对充裕而便宜的生产要素生产的产品。因此，要素丰裕程度的衡量是要素禀赋论的基础[②]。根据本书对文化要素特质的分析，传统要素禀赋论的要素丰裕度衡量方法对于文化生产要素的禀赋评估显然是不够的。

① 资料来源于云南省大理白族自治州人民政府网站。

② 要素禀赋理论一般根据生产要素供给总量和要素相对价格进行衡量。供给量越大，价格越低廉，说明该国的该生产要素越丰裕。

一、波士顿矩阵对文化要素禀赋分析的启示

波士顿矩阵（BCG Matrix），又称市场增长率－相对市场份额矩阵、四象限分析法、产品系列结构管理法等，是制定企业产品战略的基本方法之一。波士顿矩阵主要用于企业产品结构和业务结构分析，用来评判企业产品结构优劣和竞争力，其实质是为了通过实现业务的优化组合来实现企业竞争力的提升。该模型对分析事务内部结构具有启发价值，对其进行调整变化后可以用来分析资源内部结构。

（一）波士顿矩阵基本原理

波士顿矩阵主要通过两个因素——市场引力和企业实力来对企业的业务或产品进行结构分析，并由此制定针对性的业务战略。市场引力因素，即外在因素，包括整个市场的销售增长率、竞争者力量强弱以及利润率等，核心指标是销售增长率。企业实力因素，即内在因素，包括市场占有率、技术、资金利用能力等，市场占有率是反映企业竞争实力的核心指标。根据这两个核心指标，形成了四个象限。

由图 9–1 可知，四个象限分别代表了四种不同特征的业务，按照逆时针顺序，分别为问题型业务、明星型业务、金牛型业务和瘦狗型业务。问题型业务为高销售增长率、低市场占有率，基本特征是市场机会大、前景好，但是利润率低、资金不足、负债比率高；明星型业务为高销售增长率、高市场占有率，基本特征是高速成长市场中的领导者；金牛型业务为低销售增长率、高市场占有率，其基本特征是成熟市场中的领导者，销售量大、利润率高、负债比率低，资金回报率高；瘦狗型业务为低销售增长率、低市场占有率，其基本特征是行业出现衰退，利润率降低甚至亏损、收益率低。波士顿矩阵同时对不同类型的业务给出了针对性的战略选择。问题型业务应采取选择性投资战略，明星型业务应采取增长战略，金牛型业务应采取收割战略，瘦狗型业务应采取撤退战略。

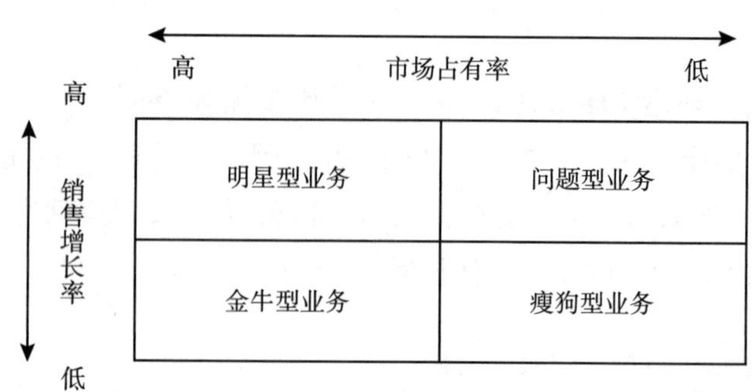

图 9–1　波士顿矩阵

波士顿矩阵是判断企业业务或产品结构是否合理科学的标准之一。根据其基本原理，市场占有率越高，利润创造率就越大；销售增长率越高，为维持其增长级扩大市场占有率所需的投入就越大。四个象限之间的业务，在结构上具有相互支持和良性循环的局面。根据四象限内的位置及移动趋势，波士顿矩阵形成了四个基本应用法则：成功的月牙环法则、黑球失败法则、西北方向大吉和踊跃移动速度法则。

（二）波士顿矩阵对文化要素禀赋结构分析的启示

运用要素禀赋理论对文化要素禀赋状况进行分析时具有局限性，主要体现在文化要素的无形性和价格的不可确定性上：一方面，文化要素属于人类公共遗产财富，具有共享性和公共物品属性，不可能以相对价格来判断其丰裕程度；另一方面，文化要素具有无形性，其供给量也不能单纯以数量进行衡量。因此，单纯通过要素供给的密集度和要素相对价格的低廉性对文化要素的禀赋状况进行评价，显然是不合适的。

波士顿矩阵的应用有效提高了企业管理人员的分析和战略决策能力，并赋予管理者和政策制定者前瞻性的眼光，为企业深刻剖析业务或产品结构提供了一套客观有效的分析方法。尽管波士顿矩阵是管理学尤其是企业战略管理中对业务或产品结构的分析范式，但是其基本原理中所蕴含的分类标准和分析方法，对于生产要素的结构分析和评价也具有一定的启发意义。生产要素是企业组织生产的前提条件，而产品则是企业组织要素投入的结果。从某种程度上讲，产品仅仅是一定数量的资源或要素的转化，产品结构的优劣在很大程度上取决于各种要素的组合状况。另外，波士顿矩阵的应用法则及其对业务结构的评判标准，也适用于文化要素禀赋的结构分析。因此，将波士顿矩阵应用于文化要素禀赋的结构分析具有一定的可取性和可操作性。

二、文化资源禀赋结构分析模型的建构

以波士顿矩阵基本原理为依据，通过评价指标的修订，可以建构一套适用于文化要素禀赋结构分析的模型。根据波士顿矩阵的基本思想，将划分文化要素类型的维度指标进行创新转换，按照文化要素的价值增长性和文化资源的要素比重率，就可以将文化要素的类别分为四种基本类型。其中，价值增长率①是指该文化要素所

① 价值增长率主要取决于该文化要素投入后所形成的文化产品，是否具有广阔的民众基础和市场前景，是否符合社会大众的审美趋势，是否具有显著的社会价值。

蕴含的价值量大小，既包括经济价值，也包括社会价值；要素比重率是指该文化要素在该地区或该民族文化范畴中的比重或代表性，亦即重要程度[①]。

如图 9–2 所示，根据两个指标维度，可以将文化资源划分为四个象限，形成四种文化资源类型：问题资源、明星资源、金牛资源和瘦狗资源。问题资源（高价值增长率、低要素比重率）的“投机性”特征较为明显，开发前景尚不十分明确。对待这类文化资源，要采取选择性战略，根据对文化产业发展趋势的判断，对那些有广阔发展前景的文化产业所需要的关键文化要素进行战略性开发培育和重点投资，使之尽快成长为明星资源。明星资源（高价值增长率、高要素比重率）具有巨大的价值潜力和良好的开发前景，需要加大其开发力度并进行合理布局，逐步发挥其价值扩散效应。其适合的开发战略是积极寻找市场机会，以长远利益为目标，全面提升其价值，使其成为民族地区主要的文化竞争力要素。金牛资源（低价值增长率、高要素比重率）又称厚利资源，已经进入开发周期的成熟期，具有高价值回报性，但是未来增长前景是有限的，适宜采取收获战略，实现开发价值最大化。瘦狗资源（低价值增长率、低要素比重率）也称衰退类资源，其特点是价值贡献率降低，潜在开发价值小，在地区文化范畴中的地位降低，适宜采取撤退战略，减少开发投资力度，或将该文化资源与其他资源进行融合，衍生出新经济业态。

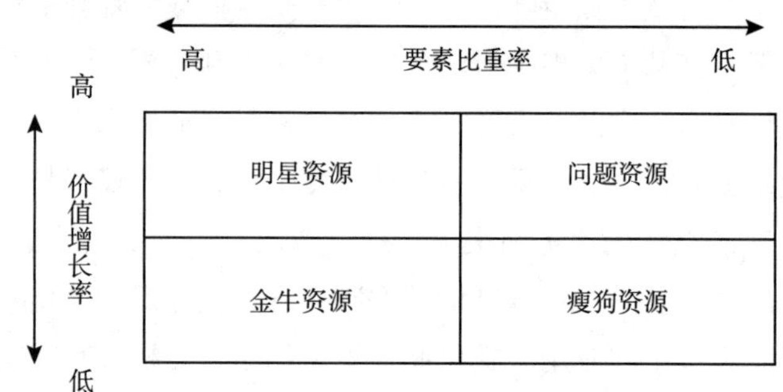

图 9–2　文化资源禀赋矩阵

利用该矩阵对文化资源禀赋进行分析评价，还必须借鉴波士顿矩阵的应用法则：成功的月牙环法则说明该地区文化资源结构中明星资源和金牛资源多，问题类和瘦狗类较少，是文化资源禀赋结构十分优越的象征；黑球失败法则说明金牛类文化资源缺失，说明文化资源开发的价值回报率极低；西北方向大吉说明明星资源越多越好，证明市场开发前景十分广阔；踊跃移动速度法则说明从问题类到金牛类的成长速度加快，开发的投资回报周期较快。根据该矩阵的基本思路，就可以依据价

① 本书所指重要程度，一是看该文化要素的类型多样性和分布的覆盖面；二是看该要素在整体文化范畴中的珍稀性，如是否属于联合国、国家、省级文化遗产；三是看该文化要素的特色性。

值增长率和要素比重率将文化资源进行禀赋结构分析，并且能够针对该文化资源的特质来制定科学适宜的开发策略。

三、大理白族特色文化要素禀赋的结构特点

上文对大理白族特色文化资源进行了分类概述，主要依据是要素投入方向。根据上文建构的文化资源禀赋结构分析模型，依据价值增长率和要素比重率两个维度指标，划分为四个象限，便可直观地显示出白族特色文化资源的禀赋状况，进而可以对其进行结构剖析。在对大理白族特色文化资源禀赋结构进行剖析之前，有必要首先对其内容体系进行梳理。本书将白族特色文化资源分为三级指标体系（见表9–3）。

表 9–3　大理白族特色文化资源内容体系

一级指标文化门类	二级指标文化目录	三级指标文化内容
1. 无形性精神信仰与价值观念类	1.1　原始宗教文化	自然神灵崇拜、图腾崇拜、鬼魂崇拜、祖先崇拜、生殖崇拜等
	1.2　本土崇拜文化	自然本主、神灵本主、英雄本主、帝王将相本主、祖先本主、民间人物本主等
	1.3　道教信仰文化	“天地君亲师”“请天地”“请水”等观念
	1.4　佛教信仰文化	以和为贵、与人为善、亲善友邻、温良性格等观念
2. 影视性民族文学与史诗故事类	2.1　白族语言文字	大理方言、剑川方言、碧江方言；白文史籍、白文残瓦、白文经卷、白文碑刻、白文曲本、白文祭文、白文对联、“打歌词”等
	2.2　白族民间文学	神话、传说、故事、民歌、民谣、长诗、谚语等
	2.3　白族作家文学	诗歌、散文、小说、戏剧、影视文学等
3. 会展性民俗节日与礼仪工艺类	3.1　白族特色节日	过年节、三月街、绕三灵、火把节、耍海节、渔潭会、石宝山歌会、栽秧会、杯日往等
	3.2　白族特色工艺	白族扎染技艺、下关沱茶制作技艺、鹤庆银器锻制技艺、大理石工艺、造纸、医药、木雕和石雕、刺绣、编织、制盐、制毡、雕漆等
	3.3　白族特色美术	绘画、书法、雕刻、版画、壁画等

续表

一级指标文化门类	二级指标文化目录	三级指标文化内容
4. 演艺性民族戏曲与民歌舞蹈类	4.1 白族特色戏曲	大本曲、吹吹腔和白剧等
	4.2 白族特色音乐	剑川白曲、南诏奉圣乐、洞经音乐、民歌小调、白族调等
	4.3 白族特色舞蹈	耳子歌、打歌、莱格舞、杖鼓舞等
5. 旅游性遗址建筑与风俗衍生类	5.1 特色遗址建筑	太和城遗址、白羊村新时期遗址、海门口遗址、德源城遗址、三阳城遗址、龙尾城遗址、龙口城遗址、南诏铁柱、南诏垅圩图城遗址、南诏蒙舍城遗址、清华洞新时期遗址等
	5.2 特色风景名胜	苍山洱海风景名胜区、鸡足山风景名胜区、石宝山风景名胜区、巍宝山风景名胜区等
	5.3 特色风俗衍生	饮食习俗、服饰文化、习俗文化等

由表 9–3 可知，在按照文化要素的投入方向来划分的 5 个一级指标文化门类下，共包含 16 个二级指标文化目录，每个文化目录下又包含更加丰富的文化内容。按照特色文化产业的属性和对特色文化要素的投入特征，本书依据文化资源禀赋矩阵模型来对白族特色文化资源（二级指标文化目录）的禀赋结构进行剖析（见图 9–3）。

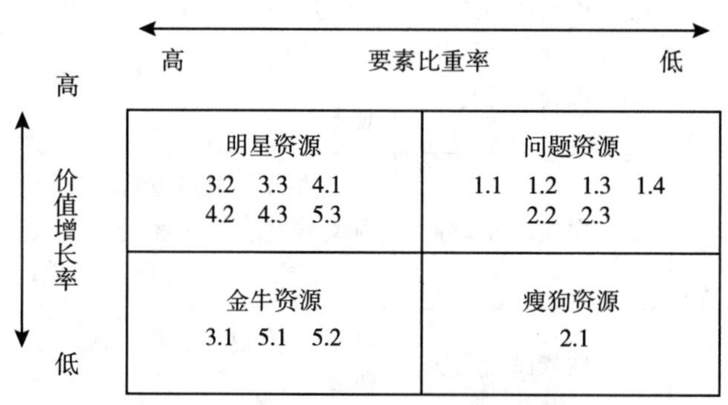

图 9–3 大理白族特色文化资源禀赋矩阵

如图 9–3 所示，大理白族特色文化资源被划置为四个象限，每个象限包含若干文化资源目录群，根据波士顿矩阵的四个应用法则来对该矩阵下的禀赋结构进行剖析，可以得出大理白族特色文化资源禀赋结构具有以下特点：

一是具有准成功月牙环的结构特点。在该结构矩阵中，处于第二象限（明星类文化资源）和第三象限（金牛类文化资源）的二级文化资源指标共有 9 项，占 16 项总量的比率为 56.25%，而问题类和瘦狗类文化资源的指标总数为 7 项，占比为

43.75%，要低于前两者的数量比例。尽管后两者与前两者之间的差别不是很大，但是在矩阵坐标图中处于左方的文化资源指标要多于右方的文化资源指标量，已经显现出具有准成功月牙环的特征。这表明，尽管问题类文化资源指标数量稍多，但是大理白族特色文化资源体系结构质量整体上较为优越，文化要素结构较为合理，因此发展特色文化产业的前提基础较为优质。

二是明星类特色文化资源指标数量较多，呈现出西北方向大吉的特征。处于第二象限的文化资源指标数量有 6 项，占总量的 37.5%，比例较高。这表明，大理白族特色文化资源中具有广阔开发潜力和市场前景的文化要素较为丰富，也就意味着大理白族特色文化产业具有良好的发展前景。

三是金牛类特色文化资源指标存在且数量尚可，并不存在黑球失败现象。在矩阵中，金牛类特色文化资源尽管只有 3 项，占比为 18.75%，但是已经消除了黑球，表明大理白族特色文化资源已经历经较长时期的开发实践，并发挥了其多重价值效应，已经对大理白族地区经济、社会、生态、文化等方面的发展产生了显著的价值贡献。

以上结构特征，表明大理白族特色文化资源具有出色的要素禀赋结构，不但文化类别齐全，且民族特色突出、文化内涵丰富，具有发展民族特色文化产业的优良基础。但是大理白族特色文化资源的禀赋结构也存在一些问题，突出表现在其问题类文化资源指标数量较多，共包括无形性精神信仰类文化和影视性民族文学类文化等在内的 6 项，占比为 37.5%。这些文化资源价值的挖掘，更需要制定合理的开发策略，结合现代文化需求结构，运用市场运作机制和现代创意手段，使其迅速成长为明星类文化资源并形成白族特色文化产品品牌，在新的时代下更好地发挥其多重价值。

综合本章所述，文化不仅是区域经济增长和发展理论中的重要外在变量和影响因素，从文化要素论的视角和观念来看，其具有生产要素的全部特征，是区域经济增长和发展的内生变量，其独有的生产要素属性和特质决定了其必然是引发未来经济变革的重要创新性要素之一。尤其是在乡村振兴战略下，丰富的民族文化遗产资源对少数民族乡村的全面振兴具有不可替代的作用。打破学界基本从文化资源的外延特征或外在表现对其进行常规性分类的做法，本书从文化要素的投入使用方向维度对其进行创新性重组重构，将其基本划分为五大类，在此基础上又独创性地引入波士顿矩阵基本分析原理，依据文化要素的特质对其测评指标进行创新。这种重构在学界属于独创性的研究范式，是基于对文化要素特质的理论性分析和对文化产业发展实践的总结性归纳基础上的新认识新发现，是对文化要素内在因子的新组合和对文化要素功能的新认识，也是对文化要素投入使用规律的创造性提炼。本书的分析结果表明，白族特色文化资源具有出色的要素禀赋结构，不但要素类别齐全，而且民族特色十分突出、文化内涵异常丰富，具有发展民族特色文化产业的优良基础。

第十章　大理白族特色文化产业发展分析

乡村振兴战略是新时代背景下中国共产党深刻把握城乡关系基本规律，为实现广大农民美好生活追求而对“三农”工作作出的重大决策部署，对于实现中华民族伟大复兴的“中国梦”具有重要意义。《乡村振兴战略规划（2018–2022年）》明确将乡村振兴战略的主要内容概括为乡村产业、人才、文化、生态和组织振兴。而发展乡村特色文化产业是规划中提出的重要内容，积极发展民族特色文化产业对于推进乡村振兴战略实施具有深远价值。对于广大民族乡村地区而言，极具特色的传统民族优秀文化是最具比较优势的资源之一，具有经济、文化、生态和民生等多方面价值，发展民族特色文化产业在经济社会发展中也具有多方面价值效应。在乡村振兴战略背景下，大力发展白族特色文化产业对于大理乡村经济与社会的全面发展具有多方面的现实意义。

第一节　大理白族地区乡村经济发展分析

中华人民共和国成立以来，大理农业农村经济从之前一穷二白、农村凋敝、农业基础设施简陋、自给自足的农业自然经济占据主导地位的境况逐渐实现了乡村经济的飞跃发展。以1978年实施改革开放为节点，大理农业农村经济发展经历过两次重大历史飞跃，乡村经济得到全面发展，“三农”工作取得了显著历史成就。农业生产效率大幅提升，粮食产量成倍增长，全州农业农村经济步入快速发展的新时代。尤其是2019年以来，面对错综复杂和严峻的发展形势，大理坚持稳中求进基本原则，坚持以洱海生态治理统领发展全局，全面建设小康社会取得新的重大进展。

一、大理乡村经济发展总体概况

中华人民共和国成立以来，经过民族改革、农业生产关系调整、家庭联产承包责任制和中国特色社会主义市场经济体制的建立和完善，农民生产积极性空前高涨，大理州农业生产力得到释放并飞速提升。

根据统计，2018 年，大理州实现农业总产值 416.01 亿元，年均增长 10.44%，农、林、牧、渔业产值占全部农业总产值的比重分别为 57.9%、3.2%、32.9%、2.3%。种植业结构（粮经比）也由 1952 年的 90.0：10.0 调整到 2018 年的 72.3：27.7。全州全年粮食作物总产量 164.6 万吨（见图 10-1），是 1952 年的 3.6 倍。全州蔬菜种植面积 50764 公顷，蔬菜产量 133.20 万吨；烟叶种植面积 31146 公顷，产量 68850 吨；水果产量 75.09 万吨，年均增长 7.1%；核桃产量 34.01 万吨，年均增长 8.24%；水产品产量 79400 吨，年均增长 5.7%[①]。农副产品的大幅度增长，结束了长期以来农副产品匮乏的历史，极大地丰富了城乡市场，满足了城乡居民对农副产品不断增长的需求。2019 年，大理地区生产总值（GDP）1374.9 亿元，比上年增长 6.1%。其中，第一产业增加值 273.1 亿元，同比增长 5.3%，第一产业占 GDP 的

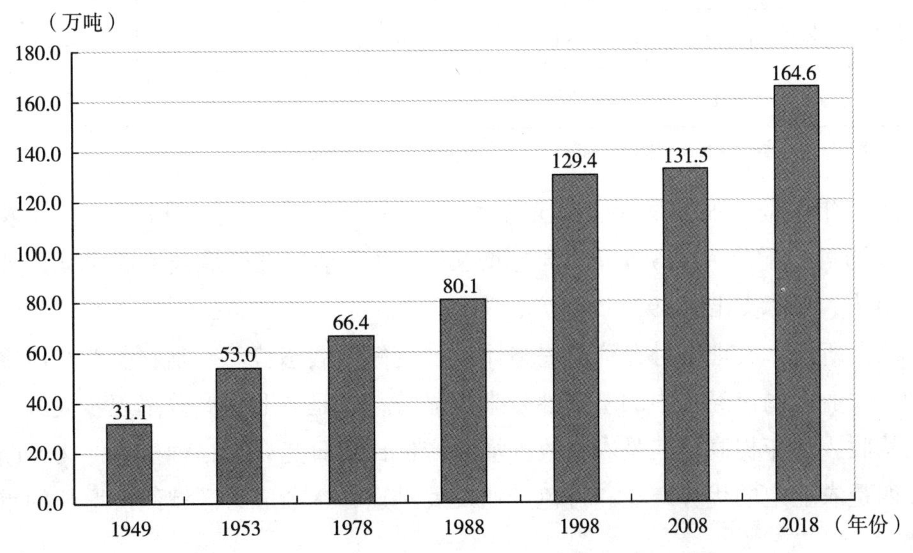

图 10-1　中华人民共和国成立后大理州粮食产量增长概况

资料来源：大理白族自治州人民政府网站《砥砺奋进七十年　白州经济铸辉煌——建国 70 年大理经济社会发展成就系列报告》

① 以上数据来自大理白族自治州人民政府网站《砥砺奋进七十年　白州经济铸辉煌——建国 70 年大理经济社会发展成就系列报告》。

比例由上年的 17.9% 上升至 19.9%。全州农业总产值 495.7 亿元，比上年增长 5.3%（可比价）。其中：种植业产值 283.5 亿元，同比增长 5.8%；林业产值 15.2 亿元，同比增长 10.2%；牧业产值 167.8 亿元，同比增长 3.7%；渔业产值 10.9 亿元，同比增长 8.3%。

2019 年，全州粮食种植面积 296433 公顷；油料种植面积 12158 公顷；糖料种植面积 128 公顷；烟叶种植面积 31724 公顷。其中：烤烟种植面积 31724 公顷，同比增加 578 公顷；蔬菜种植面积 51160 公顷，同比增加 396 公顷。各类主要农产品中，大多数经济作物产量都出现显著增长的趋势，具体如表 10–1 所示。

表 10–1　2019 年大理州主要农产品产量及增长速度

产品名称	实际产量（万吨）	比上年增长（%）	产品名称	实际产量（万吨）	比上年增长（%）
粮食	163.8	–0.46	茶叶	1.0	34.5
油料	2.9	–2.4	核桃	35.8	5.3
糖料	0.6	–34.5	肉类	40.1	8.0
烤烟	7.0	1.4	牛奶	26.5	–2.8
蔬菜	137.2	3.0	水产品	7.6	–4.3
水果	81.1	7.5			

资料来源：《大理白族自治州 2019 年国民经济和社会发展统计公报》。

2019 年，全州城镇居民人均可支配收入 36982 元，比上年增长 7.8%；农村居民人均可支配收入 12665 元，同比增长 10.2%。享受农村最低生活保障人数为 182520 人，保障支出达 49775.74 万元。

综上所述，大理乡村经济发展整体呈现良好发展态势。一是农业总产值逐年增加，农业在国民经济中的基础性越来越显著；二是农业生产效率逐步提升，农民人均收入逐年提高；三是农林牧副渔业产值比重日趋合理，种植业结构不断优化；四是农业中的优势产业和特色产业发展迅速，逐渐成为区域经济增长的重要支撑。

二、白族主要聚居县市乡村经济发展对比分析

大理是我国唯一一个白族自治州，是白族居民最主要的聚居地。截至 2019 年末，大理户籍总人口 364.58 万人，少数民族人口 191.14 万人，占总人口的 52.43%，

其中：白族人口 124.67 万人，占总人口的 34.20%[①]。根据统计，大理白族人口在各县市均有分布，其中以大理市为主要集中聚居地，人口总数达 43.5 万人，占白族总人口的 35.04%。此外，白族人口超过 10 万以上的还有云龙县、洱源县、剑川县、鹤庆县，人口超过 1 万的有漾濞县、祥云县和宾川县，具体如表 10-2 所示。

表 10-2　2018 年大理州白族人口分布情况

县市	白族人口数	县市	白族人口数
大理市	434854	永平县	7229
漾濞县	12257	云龙县	151300
祥云县	48530	洱源县	189319
宾川县	52006	剑川县	165195
弥渡县	2657	鹤庆县	166694
南涧县	2966	**合计**	1240987
巍山县	7980		

资料来源：根据《大理州年鉴（2019 年）》整理统计所得。

根据大理州白族人口分布情况，本节选择白族人口数较多的大理市、祥云县、宾川县、云龙县、洱源县、剑川县、鹤庆县七个县市作为大理白族主要聚居县市乡村经济发展分析的空间范畴，从第一产业增加值、农业总产值、农林牧副渔产值、农民人均收入等几个指标进行对比分析。

（一）第一产业发展对比分析

第一产业和农民人均可支配收入是反映乡村经济发展情况的重要指标。根据统计显示，2018 年大理白族自治州各县市第一产业发展总体呈现良好态势。本书所研究的行政区域第一产业增加值不断提升，增速在 4% 至 12% 区间分布。

如表 10-3 所示，宾川县和祥云县第一产业增加值最高，分别达 45.26 亿元和 35.28 亿元，剑川县最低，仅为 7.59 亿元，各县市之间的差异十分明显。在三次产业比重方面，白族主要聚居区域也显示出较大差异性，宾川县第一产业比重最高，达 41.1%；大理市最低，仅为 5%。从农村和城镇居民人均可支配收入上看，大理市与宾川县处于第一梯队，平均收入可达 1.5 万元以上，而剑川、洱源和云龙三县均低于 1 万元，且相对各区域的城镇居民人均可支配收入

① 数据来自《大理白族自治州 2019 年国民经济和社会发展统计公报》。

水平，农村居民明显处于较低水平。总体而言，收入水平在白族主要聚居的各区域之间也存在一定差异。

表 10–3　2018 年大理州白族主要聚居县市第一产业及农民收入情况

县市	第一产业增加值（亿元）	第一产业增速（%）	第一产业比重（%）	农村居民人均可支配收入（元）及增速（%）		城镇居民人均可支配收入（元）
大理市	19.79	4.6	5	15953	9.2	36566
祥云县	35.28	6.4	23.8	11854	9.3	34865
宾川县	45.26	6.3	41.1	15320	9.2	34060
云龙县	9.31	11.4	16.2	9848	9.1	30789
洱源县	20.4	5	33.5	9852	9.6	30243
剑川县	7.59	6.6	21.5	8924	9.3	30540
鹤庆县	12.95	6.2	18.7	10466	9.1	33851

资料来源：根据《大理州年鉴（2019 年）》整理统计所得。

（二）农业农村发展情况对比分析

农业农村发展情况是反映乡村经济概况最为直接的体现。本书从农村经济总收入、农业总产值、农林牧渔及其服务业总产值、农作物总播种面积和粮食总产量等多个指标对大理州白族主要聚居县市乡村经济发展情况进行比较分析研究。

如表 10–4 所示，2018 年大理州白族主要聚居县市的农业农村经济发展情况在多方面都体现出较大的差异性。在农村经济总收入方面（大理市暂没有统计数据），其他各县中以祥云县为最高，约 107.59 亿元，是最低收入县（云龙县）的 4.35 倍；在农业总产值上，宾川县最高，为 85.21 亿元，是最低的剑川县的 5.5 倍；在种植业、林业、畜牧业、渔业以及相关服务业总产值方面，均出现县市间的显著差异。例如，在种植业总产值方面，最高的宾川县是最低县云龙县的 10.37 倍；在林业总产值方面，洱源县只有 0.11 亿元总产值，与云龙县之间的相对比值差异更为悬殊；在畜牧业总产值方面的差异也较为明显，最高的祥云县与最低的剑川县的比值系数为 4.13。在农作物总播种面积方面，由于自然地理环境的相似性，各县市之间的差异就相对较小。但是，在粮食总产量方面，祥云县总产量为 20.4 万吨，而粮食总产量最低的剑川县只有 8.51 万吨，相对比值差异为 2.4 倍。总体而言，白族主要聚居县市在农业农村经济发展方面整体呈现出较大的差异性，这表现在：一是各县市在农业农村经济发展水平上呈现出不平衡性；二是各县市农业经济发展呈现出地域差异性特点，都形成了各具地区优势的特色产业；三是农业发展效率也呈现出显著差异性。

表 10-4　2018 年大理州白族主要聚居县市农业农村经济发展情况

县市	农村经济总收入（亿元）	农业总产值（亿元）	种植业总产值（亿元）	林业总产值（亿元）	畜牧业总产值（亿元）	渔业总产值（亿元）	相关服务业总产值（亿元）	农作物总播种面积（万公顷）	粮食总产量（万吨）
大理市	—	30.53	17.27	1.21	10.74	0.52	—	2.84	12.03
祥云县	107.59	57.61	24.53	3.40	24.90	1.87	2.91	4.57	20.40
宾川县	82.08	85.21	69.09	1.99	12.26	1.15	0.72	4.13	15.20
云龙县	24.73	25.57	6.66	8.53	10.34	0.05	—	4.13	14.12
洱源县	47.93	41.46	22.32	0.11	17.22	1.23	0.58	3.62	19.00
剑川县	26.30	15.48	7.33	0.65	6.03	0.32	1.16	2.82	8.51
鹤庆县	59.71	27.72	11.79	1.05	13.14	0.78	0.96	3.27	13.97

资料来源：根据《大理州年鉴（2019 年）》整理统计所得。

（三）乡村旅游发展情况对比分析

乡村旅游业是大理各县市区域经济发展中的重要经济增长点，也是乡村振兴战略下重点发展的产业。白族主要聚居县市均依托本地乡村旅游资源，大力发展乡村旅游产业，成为各县市区域经济的重要组成部分。根据《大理州年鉴（2019 年）》统计，鹤庆县休闲农业达 92 个，营业总收入达 2155 万元，全年接待 29 万人次游客，旅游扶贫效应明显，旅游业总收入达 51.7 亿元；剑川县则利用高原特色农业优点，积极打造了以甸南镇白山母、上关甸高山蓝莓种植为主的山区休闲农业观光产业带、沙溪沿黑潓江流域特色花卉休闲农业和乡村旅游产业带，全年实现旅游业总收入 61.63 亿元；洱源县则主要发展各种博览会和旅游节庆等产业，来带动本地特色工艺品和特色饮食的推广与销售，实现旅游社会总收入达 21.87 亿元；云龙县则依托地理区位和资源特色，形成了诺邓景区、澜沧江高峡平湖景区、怒江峡谷门户景区三大主景区，形成了以诺邓古村、天池大浪坝和万亩梨园、天灯海坪、漕涧下澡堂温泉等为主辐射或带动周边的乡村旅游发展格局；宾川县也以鸡足山为资源依托，大力发展乡村旅游，全县有农家乐 50 家，旅行社 2 家，全年实现旅游总收入

68.24亿元；祥云县则着力推进“旅游+”乡村旅游模式试点和“云南之源”文化小镇、莲海大理营地小镇、青海湖康养小镇等建设，全域旅游社会总收入达37.53亿元；大理市在乡村旅游中大力推进示范点建设，培育了州级休闲农业和乡村旅游示范企业1个，示范园区4个，依靠丰富的旅游资源，实现旅游总收入达356.35亿元[①]。由此可见，大理州白族主要聚居县市在发展乡村旅游经济方面都进行了积极的探索，均依托本地旅游资源形成了各具特点的乡村旅游发展模式。但是，受自然条件、基础设施等多种因素影响，各县市乡村旅游发展水平也存在较大差异。

三、大理乡村经济发展总体成就与问题

自2018年以来，大理州“三农”工作以实施乡村振兴战略为总抓手，以推进农业供给侧结构性改革为主线，以打造世界一流“绿色食品牌”为重点，走质量兴农、绿色兴农、品牌强农之路，大力发展高原特色现代农业经营体系、产业体系和服务体系，加快推进农业农村经济高质量发展。全州高原特色现代农业产业体系初步建成，特色经济作物面积达1396.4万亩。新型农业经营主体培育已见成效，累计培育州级以上龙头企业235户、现代农业庄园60个、农民合作社6037个、家庭农场1370个、新型职业农民17528人。农民合作社入社率达33.35%，全州60.4%的农户直接或间接受益。农村产业融合发展，乡村旅游、农村电子商务发展较快。2018年，全州完成农业总产值416.01亿元，同比增长6.2%；农业增加值233.57亿元，同比增长6.3%；农产品加工总产值达304.65亿元，同比增长10.21%；休闲农业接待1512.7万人次，实现营业收入28.61亿元，分别同比增长14.95%和10.56%；农产品电子商务销售额达14.1亿元，同比增长15%[②]。

尤其是2019年以来，面对异常严峻的发展形势，全州以全面打赢脱贫攻坚战统领“三农”工作全局，脱贫攻坚取得决定性胜利，剩余贫困乡镇、村全部出列，3.24万人实现稳定脱贫。在特色小镇创建方面，大理走在云南省前列。乡村振兴试点扎实推进，12个乡镇、25个村试点取得实效，实施项目达298个。粮食生产保持稳定，种植烤烟48.2万亩，烟农收入达22.2亿元，创建省级美丽乡村12个。2019年大理州农村居民人均可支配收入达12665元，同比增长10.2%[③]。

但是，大理州尤其是白族居民主要聚居县市在乡村经济发展过程中也存在一些突出问题和不足，表现在以下几个方面：一是农村经济总收入水平和农业总产值

① 数据来自《大理州统计年鉴（2019年）》。
② 数据来自《大理白族自治州2018年国民经济和社会发展统计公报》。
③ 数据来自大理州人民政府门户网站《2020年大理州人民政府工作报告》。

还不高，尤其是云龙县、剑川县和洱源县，三县在农村经济总收入和农业总产值方面，还处于较低水平，农村和农业经济整体生产效率还有待进一步提升。二是农村居民人均可支配收入水平还处于较低水平，与城镇居民人均可支配收入之间的差距还较大。三是第一产业比重过高，农业内部粮食种植业与林牧渔等比例不合理，粮经比例等产业结构有待进一步优化，尤其是宾川县和洱源县比重均超过30%，其中宾川县达到了41.1%。四是白族地区农业农村经济发展存在不平衡性，突出表现在农村经济总收入、农业总产值、农林牧渔产值及相关服务业总产值、粮食总产量、经济作物总产量等多个指标上。五是城乡发展差距依然较大，城乡统筹发展需要进一步扎实推进。

第二节　大理白族特色文化产业发展的现状分析

在“文化立州”战略引导下，近年来大理州以习近平新时代中国特色社会主义思想为指导，认真贯彻落实习近平生态文明思想和党的十九大、党的二十大对文化产业发展提出的新要求，充分依托州内独特的民族文化资源和丰富的自然条件，将民族文化产业发展作为促进乡村经济发展、优化经济结构、推动转型发展的重要突破口，以文化体制改革作为推动文化产业和文化事业发展的重要动力，民族文化产业得到了长足发展。尤其是白族聚居区域，借助于独特而丰富的白族传统文化，各类物质文化遗产和非物质文化遗产资源得到有效开发，显著带动了当地经济的有效发展。

一、大理文化产业发展总体概况

“十三五”时期以来，大理州在文化产业和旅游产业融合发展中坚持以习近平新时代中国特色社会主义思想为指导，在政府推动和引导下，以融合发展为主线，以改革创新为动力，以高质量发展为目标，深入推进“民族文化立州”战略，主动融入大滇西环线规划，扎实推进文旅融合发展，不断夯实公共文化服务体系和基础设施建设，积极开展国家级文化生态试验区创建，各项任务不断取得新成效，实现了“十三五”规划的各项预期目标。

（一）“十三五”期间文化产业稳定发展

大理州紧紧围绕绿色发展、共享发展、跨越发展的定位和民族文化强州目标，遵循“生态文明为本，文化历史为魂”的思路，抓住经济转型升级的重大机遇，依托独有的资源禀赋和比较优势，突出大理特色，加快改革创新，着力采取“五抓五促”的措施，推进文化与旅游深度融合，文化产业特色加快形成，文化品牌进一步打响，文化产业的规模不断扩大，文化产业发展基础进一步打牢，文化产业的竞争力和影响力不断提升，初步形成了以文化旅游、民族民间工艺品、影视拍摄、节庆会展、文化遗产保护利用等产业门类为主导的具有大理特色的文化产业发展格局，文化产业呈现持续稳定发展的良好态势。“十三五”时期以来，大理文化产业法人单位由2013年的797家增加到2018年的3004家，增长276.91%；规模以上文化企业由2013年的18家增加到2018年的41家，增长127.78%；文化产业增加值由2013年的11.16亿元增长到2018年的31.966亿元，增长186.43%；GDP比重由2013的1.46%增长到2018年的2.55%，增长74.66%。[①]

“十三五”期间，大理州出台相关文件为文化产业总体发展制定了方向。大力推进文化产业园区建设，省级文化产业园区有三家：剑川县木雕文化产业园、鹤庆新华民族文化产业园区、洱源邓川石文化产业园区[②]，拟新的基地园区有8家。在品牌文化活动方面，大理州已经连续举办8届大理国际影会，社会效益显著；大理动漫节和动漫电竞节也相继举办，但是规模较小。在文化产业项目建设方面，2016~2019年，共争取省级文化产业发展专项资金1880.29万元，共扶持项目36个，主要扶持云南映象五朵金花剧院、蝴蝶之梦、城隍城、大理石空、金梭岛、鹤庆银城、九恒印务等规模以上文化企业的特色文化旅游产业项目。在特色文化街区建设方面，2017年左岸高地文旅街区被命名为“大理特色文旅街区”。

如表10–5所示，“十三五”期间，大理文化产业保持了较为良好的发展态势。2015年，大理州规模以上文化企业数量为19个，文化产业增加值为17.46亿元，增速为7.05%；2016年，大理州规模以上文化企业数量为35个，文化产业增加值为19.43亿元，增速为11.28%；2017年，大理州规模以上文化企业数量为36个，文化产业增加值为26.83亿元，增速为10.71%；2018年，大理州规模以上文化产业实现增加值31.97亿元，比2017年增长48.61%；2019年，大理州规模以上文化企业数量为32个，比2018年减少了不少。以大理市为例，2017年，全市文化产业法人单位407户，规模以下文化产业法人单位368户，其中联网直报文化企业17家，

① 根据大理白族自治州文化和旅游局调研数据整理所得。
② 洱源邓川石文化产业园区已经停业并建议取消。

占全州联网直报文化企业的44.74%；文化产业重点企业16家，占全州文化产业重点企业的59.3%[①]。

表 10-5　大理州文化产业发展统计数据（2017~2019 年）

指标	2017 年	2018 年	2019 年
文化产业增加值（亿元）	26.83	31.97	—
规模以上文化企业数（个）	36	41	32
规模以上文化企业营业收入（万元）	144600	276700	263832
规模以上文化企业从业人数（人）	2946	4381	3931
文化产业增加值占 GDP 比重（%）	2.06	2.55	—

资料来源：根据大理白族自治州文化和旅游局调研数据整理所得。

相对于大理州企业发展总体概况（见表10-6），大理文化产业发展速度要快于总体经济发展，其在大理州国民经济中的比重和重要程度逐渐提升，已经成为大理州国民经济重要的支柱产业之一。总体而言，大理州文化产业在“十三五”期间发展速度较快，文化产业增加值与增速逐年提高，文化产业增加值占GDP的比重逐年提升，规模以上文化企业数量和文化企业营业收入也逐年增加，文化企业从业人数总体也显著增加。

表 10-6　大理州企业发展总体概况（2017~2019 年）

指标	2017 年	2018 年	2019 年
地区增加值增速（%）	16.6	12.3	1.7
规模以上企业数（个）	294	283	277
规模以上企业营业收入（万元）	7855834	8073084	7958117
规模以上企业从业人数（人）	49510	47104	43928

资料来源：根据《大理白族自治州2019年国民经济和社会发展统计公报》整理所得。

（二）大理文化产业发展模式的特点

大理州在“十三五”期间非常重视探索具有大理特色的文化产业发展之路，其发展路径的特点主要体现在以下几个方面：

一是发挥文化资源优势特色，以文化体制改革为推动力。全州牢固树立民族文

① 以上数据来自大理白族自治州人民政府网站。

化立州战略，充分利用区位条件、文化底蕴、民族文化、产业特色等优势，高度重视文化产业发展与特色文化、特色产业、创业创新、文化需求相互融合，依托国家宏观政策、市场需求旺盛、新型城镇化和乡村振兴战略等机遇，根据市场经济规律和文化发展客观规律来推进文化体制改革，使全州文化产业发展再上新台阶。2018年，大理州启动并深入推进县级融媒体中心建设，大理、巍山、宾川、云龙等六个县级试点完成了县级融媒体中心挂牌。截至2018年，全州共有文化产业法人单位1983家，比第三次全国经济普查时增加1186家。2018年，全州规模以上文化企业达32家，文化产业增加值占GDP比重达2.55%。

二是文化与旅游融合发展，以政策规划引领为融合主导。作为国内外知名旅游型城市，大理州充分借助其丰富的旅游资源，将独特的民族文化与之有机结合，通过文化和旅游融合发展来积极探索文化产业特色发展之路。大理州的文旅融合发展模式十分注重政策和规划引领。2018年，出台了相关政策与规划，对于引导文旅融合发展起到了科学的主导作用。大理州坚持以文促旅，加强旅游文化产业项目建设，提升文化产业对经济社会发展的影响力和带动力。

三是以文化产业项目和产业园区建设作为主要发展模式。结合文化资源普查时机，大理州在“十三五”期间培育和建设了一批有基础、有条件的文化产业项目，不断夯实文化产业项目根基，2017年至2019年积极申报并获批了9个云南省文化产业发展专项资金扶持项目（见表10-7）和省级文化创意产业重点园区。大理州不但为这些项目争取专项建设资金，而且对项目绩效进行跟踪、督查和评估，确保项目如期高质量完成。大理在文化产业园区建设中，坚持高标准、严要求、少而精的原则，积极推动形成了一批示范带动效应突出的文化创意园区。剑川木雕文化产业园区被评为全省十大优秀文化产业园区之一。

表10-7 大理云南省文化产业发展专项资金扶持项目（2017~2019年）

年份	项目名称	实施单位
2017年	《蝴蝶之梦》演出升级版	大理风花雪月文化传播有限责任公司
	大理漾濞“石门禅汤”温泉综合开发	大理苍山石门关旅游开发有限公司
	金梭岛玉龙宫溶洞旅游景区开发	大理市金梭岛渔民旅游产业专业合作社
2018年	异地搬迁建设项目	大理九恒印务有限公司
	新华银器艺术小镇银器文化交流中心建设项目	鹤庆银城文化旅游开发有限责任公司

续表

年份	项目名称	实施单位
2019年	《天龙聚义》一期“喜堂”建设项目	大理风花雪月文化传播有限责任公司
	城隍城民间艺术体验园建设项目	大理老城隍庙文化旅游产业发展有限公司
	金梭岛玉龙宫《海菜花》演出升级改造建设项目	大理市金梭岛渔民旅游产业专业合作社
	大理石文化国际交流中心展馆建设项目	大理石空文化传播有限公司

资料来源：大理白族自治州人民政府网站。

四是重视发挥文化产业重点企业的龙头和示范带动作用。文化企业尤其是具有一定规模、创意水平较高的重点文化企业是发展文化产业的重要市场主体，其具有显著的龙头效应和示范带动作用。大理非常重视对文化产业重点龙头企业的培育与扶持，对于具有显著市场竞争力、特色文化代表性、文化资源开发力和科技创意能力的企业进行重点培育。2017年，大理州命名了首批文化产业重点企业，共包括旅游行业、手工艺行业、文化传媒行业、印刷出版行业等在内的27家单位，其形式包括企业、研究院以及合作社等组织机构（见表10–8）。这些龙头企业在当地文化资源开发和相关产业带动方面发挥了重要作用，不仅形成了一批具有大理特色的文化产品，而且形成了一批具有显著影响力的文化品牌。

表10–8 2017年命名首批大理州文化产业重点企业名单（27家）

所属县市	文化产业重点企业名称
大理市（16家）	大理风花雪月文化传播有限公司、大理美登印务有限公司、大理大视传媒有限公司、大理市上关花旅游有限公司、大理民生文化传媒有限责任公司、大理州新华书店有限责任公司、大理市规划设计研究院、大理九恒印务有限公司、大理怡祥纸业有限公司、大理月辉旅游投资开发有限公司、大理爱伊家科技有限公司、大理金梭岛渔民旅游产业专业合作社、大理冠宇花卉发展有限公司、大理老城隍庙文化旅游产业发展有限公司、大理杨丽萍文化传播有限公司、大理创意经济园区开发有限公司
漾濞县（2家）	漾濞核桃秀工艺品有限公司、大理漾濞苍山石门关旅游开发有限公司
祥云县（1家）	祥云县汪氏文化传播有限公司
宾川县（1家）	宾川鸡足山旅游投资开发有限公司
巍山县（1家）	巍山县旅游投资开发有限责任公司

续表

所属县市	文化产业重点企业名称
洱源县（2家）	洱源县鑫宝石业有限公司、大理海之源西湖旅游开发有限公司
剑川县（1家）	剑川兴艺木雕文化发展有限公司
鹤庆县（3家）	鹤庆县月辉手工艺制品有限公司、鹤庆银都水乡旅游投资有限公司、鹤庆县强声电器有限责任公司

资料来源：大理白族自治州人民政府网站。

五是重视文化品牌传播与塑造，品牌示范带动效应显著。大理州在文化产业发展中十分重视文化产品品牌和企业品牌的塑造与传播。2018 年，大理州成立了文化产业项目招商引资工作领导小组，推荐州级特色项目进入省级文化产业重点招商引资项目库，并在云南文博会、深圳国际文博会、上海民俗文化博览会等展会上进行宣传推广，在完成合作交易的同时不断提升文化产业品牌影响力。经过多年塑造，大理州形成了多个民族文化品牌，多家企业成为云南省民族民间工艺品龙头企业。云龙县诺邓村、鹤庆县秀邑村、剑川县狮河村、喜洲镇周城村等被评为云南省民族民间工艺品示范村。祥云“汪氏银器”、大理“光芝工艺”、剑川“根深艺圆”、鹤庆“李小白”、剑川“董月畅黑陶”、大理白族扎染“蝶泉”等被评为云南省民族民间工艺品知名品牌。“大理城隍城”“金梭岛”等被评为云南省民族民间工艺品销售示范街区。此外，大理还确立了文化外贸战略，不断提升文化企业的国际影响力。

（三）文化产业发展中存在的基本问题

“十三五”期间，尽管大理州在民族文化立州总体目标下通过文化产业园区的文化项目建设、文化和旅游相互融合发展、特色文化与特色资源相结合促进了文化产业的持续稳定发展，但是在文化产业发展中仍然存在较多问题。

一是思想认识不到位，发展理念有待提升。作为新兴的文化产业，由于文化产业在全州国民经济中所占份额小，对经济结构调整的作用发挥不够，导致各级部门对提升文化软实力，特别是文化产业发展的重要性认识不足、重视程度不够，没有把提升文化软实力作为落实“创新驱动”战略和促进大理经济转型升级的有效途径，缺少发展思路和扶持政策。

二是龙头创意企业缺失，优秀创意人才短缺。现有的文化企业规模偏小，整体实力和自主创新能力弱，科技含量低，拥有的自主知识产权少，企业竞争力不强，大多数企业经营层次低，缺少具有国际、国内影响力的文化大品牌，文化企业“小弱散”情况普遍，缺乏带动性强的龙头产业和领军企业。高端的文化创意人才短缺，企业提升比较困难，引进和培养机制还有待进一步完善。

三是产业规模偏小，整体实力较弱。文化产业经营散、规模小、水平低，拥有的自主知识产权少，缺乏科技能力强、技术含量高、规模大、带动力强、产业链完整的龙头企业。产业集中度和集约化程度低，文化产业在全州国民经济中所占份额小，对经济结构调整的作用发挥不够。文化产业门类众多，但大理州文化产业的主体仍然是劳动密集度高、附加价值低的传统文化产业，技术含量不高，市场占有率低。

四是产业内部发展不均衡，产业结构有待调整。文化产业门类众多，但大理州文化产业的主体仍然是劳动密集度高、附加价值低的传统文化产业，技术含量不高，市场占有率低。

五是领军企业和文化名牌不多，品牌竞争力亟待提升。领军企业和文化名牌在市场竞争中起着至关重要的作用，具有较强的市场拓展能力。大理州现有的文化企业规模小，散布于州内各县市，大多数企业经营层次低，效益相对较差，自主创新能力弱，竞争力不强，缺少带动性强的龙头产业和领军企业。在文化产品品牌建设上，缺少具有国际、国内影响力的文化大品牌。

六是产业发展不平衡，产业结构有待调整。首先，州内县市间不平衡。在全州 38 家规模以上文化企业中，大理市有 17 家，其他县市平均只有 1~4 家，云龙县仍然为文化产业规模以上企业“空白县”，县市之间产业发展不均衡。其次，城乡发展不均衡。文化企业特别是规模以上的文化企业主要集中在相对发达的城镇，偏远乡镇和农村基本没有相对较大的规上企业，只有少部分的刺绣、木雕及银铜器加工个体户，文化产业在城乡之间发展差距较大。最后，科技含量低，产业附加值不高。科技含量高、产业关联度大、产业成长性好的战略性新兴产业所占比例较小，是文化产业中的短板，产业结构有待调整。

此外，大理州文化产业发展研究不足，产业链条尚未全面形成。大理州尚未出台文化产业长远发展的相关政策，缺少经过科学论证的文化创意产业发展长远规划。传统文化产业所占比重较大，产业的创新研发能力不强，文化创意内涵不足，产品核心竞争力弱、附加值低，影视剧拍摄的相关业态发展对财税的贡献率还不大，文化产业辐射带动效应不强，产业链条尚未全面形成。文化产业的投入相对不足，产业发展引导扶持政策也有待进一步加强。相关规划中所提出的设立文化产业发展专项资金一直未落实。云南省其他 15 个州（市）都设立了州（市）级文化产业发展专项资金，昆明、丽江等地为 3000 万元，多数州（市）为 1000 万元。

二、白族特色文化产业发展状况分析

自文化产业发展兴起以来，大理就非常重视依托本地丰富的民族特色文化资源，并有机结合本地多样独特的自然风景来探索具有大理特色的文化产业发展模式。自 2014 年国家发布《关于推动特色文化产业发展的指导意见》以来，大理州更加重视特色文化产业发展的规划和政策引导。“十三五”期间，大理州文化产业特色加快形成，文化品牌进一步打响，产业规模不断扩大，文化产业发展基础进一步打牢，文化产业的竞争力和影响力不断提升，初步形成了以文化旅游、民族民间工艺品、影视拍摄、节庆会展、文化遗产保护利用等产业门类为主导的具有大理特色的文化产业发展格局。

（一）白族特色文化旅游业长居主导地位

大理州具有丰富的少数民族文化资源和旅游资源，特色文化旅游业是大理州将文化产业和旅游产业进行融合发展的智慧结晶，是大理州极具代表性的特色文化产业形态，也是大理州特色文化产业经济的主要组成部分。作为国内外知名旅游城市，大理州非常重视文旅有机融合发展，以旅游业发展带动民族特色文化产业发展，同时在旅游资源开发中注入民族文化体验价值，文化和旅游相互渗透，无法分割。大理州是白族居民主要聚居区域，白族居民是大理州少数民族人口数量最多的民族，白族文化也是当地最主要的少数民族文化。以白族传统特色文化为依托而形成的白族特色文化旅游业则是大理州特色文化旅游产业的主要构成部分。可以说，除去其他少数民族独有的旅游形式，白族文化几乎渗透于大理州旅游产业的每一个细节之中，很难完全分割开来。根据大理州文旅产业融合发展的基本规划和实践，白族特色文化旅游业的发展主要包括白族传统建筑旅游、白族历史文化遗迹遗址旅游、白族地区自然风景名胜旅游、白族特色乡村旅游等形式。其广义的白族特色文化旅游业还包括民族节庆、会展、风俗旅游等，本书将大理州这些业态的发展情况归至白族特色会展节庆产业中进行单独论述分析。2019 年，全州共接待海内外游客 5300.03 万人次，同比增长 12.51%；实现社会旅游业总收入 941.95 亿元，同比增长 18.4%；旅游综合增加值占全州 GDP 总量的 19.5%。“十三五”期间，大理州接待海内外旅游者 2.2 亿人次，比“十二五”期间增长约 96%；实现旅游业总收入 3630 亿元，比“十二五”期间增长约 180%。

白族特色文化旅游业的发展特征表现在以下两方面：

第一，“白族传统文化 + 旅游”战略是大理州“十三五”旅游产业发展规划中的重要内容。大理州“十三五”旅游产业发展规划指出：通过旅游业的大力发展……全面提升大理州的文化品牌和无形资产，实现大理州文化产业与旅游产业的融合发展[①]。如表 10–9 所示，在大理州“十三五”旅游产业发展规划中，白族特色文化旅游项目在八大旅游业态中占有绝大部分，是大理州实现文化旅游融合发展的关键领域。

表 10–9　大理州旅游业态项目规划中白族特色文化相关项目建设目录

旅游主题	景区景点	主要内容	空间布局
游山玩水观光	苍洱片区	苍山洱海观光，石门关，上关赏花	大理市
	洱源湿地	茈碧湖“野趣”体验，东湖万亩荷花湿地，西湖民俗文化体验	洱源
	巍宝山	巍宝山景区观光体验	巍山
	剑川大景区	剑湖、千狮山、石宝山观光	剑川
	鹤庆湖泊湿地	湖泊观光，湿地观鸟	鹤庆
	海舌公园	湿地游览	大理市
	洱海金梭岛古船水上旅游	洱海金梭岛古船水上旅游项目	大理市
民族乡村体验	大理洱海美丽乡村	海西系列美丽乡村建设	大理市
	剑川白族文化展示区	剑川古城白族名人旧居，沙溪古镇白族文化展示	剑川
	洱源梨园村美丽乡村	梨园村美丽乡村休闲度假	洱源
	云龙美丽乡村	诺邓古镇盐马文化展示，“太极图”美丽乡村	云龙
	喜洲古镇	白族建筑、文化活动展示	大理市
古国古镇探秘	巍山南诏古国	南诏王宫，南诏文化博物馆	巍山
	大理古国	大理古国王宫及系列活动	大理市
	剑川古城	剑川白族文化古城	剑川
	巍山古城	巍山历史文化古城	巍山
	诺邓古镇	诺邓盐马文化古镇	云龙

① 摘自大理州“十三五”旅游产业发展规划。

续表

旅游主题	景区景点	主要内容	空间布局
古国古镇探秘	沙溪古镇	沙溪茶马古道文化古镇	剑川
	喜洲古镇	白族文化古镇	大理市
	凤羽古镇	历史文化古镇	洱源
	云南驿古镇	茶马文化、二战飞虎队文化	祥云
	洱海卫城	明代古城	祥云
宗教文化朝圣	苍山神山景区	崇圣寺、蝴蝶泉景区	大理市
	鸡足山佛教文化区	鸡足山寺庙群	宾川
	水目山佛教文化区	水目山塔林、寺庙	祥云
	巍宝山道教文化区	巍宝山	巍山
	大波那文化园景区	大波那铜棺文化	祥云
运动竞技探险	西部竞技体育城	西班牙斗牛，西部风情小镇	大理市
	环洱海运动赛事	铁人三项赛，环湖自行车赛	大理市
	云南驿军事主题公园	二战飞虎队军事主题公园	祥云
	苍山西坡山地探险	石门关玻璃栈道、山地探险	漾濞
美食娱乐休闲	巍山美食文化区	巍山古城美食，美食文化节	巍山
	大理水上娱乐景区	大理水上乐园，洱海童话世界	大理市
	剑湖水上娱乐片区	国际游艇俱乐部、湖滨度假房车营地，系列水上娱乐活动	剑川
民族文化演艺	大理之眼梦幻大剧场	希夷之大理	大理
	银都水乡	禅宗大典	鹤庆
	大理艺术剧场	蝴蝶之梦	大理

资料来源：根据大理州“十三五”旅游产业发展规划整理所得。

在白族特色文化产业发展中，大理地区高度重视全州文化旅游内涵的挖掘和整理，积极推动一批白族文化旅游项目的发展，将大理古都文化旅游区、巍山南诏文化旅游区、剑川白族历史文化旅游区建设成为全省 10 大历史文化旅游区，将大理白族文化旅游基地建设成为全省15个民族文化旅游基地。截至2020年10月，大理州共接待海内外旅游者3172.22万人次，实现旅游业总收入552.49亿元，全年接待旅游者3900万人次，实现旅游业总收入710亿元。

第二，白族特色文化乡村旅游与民族特色小镇建设有机结合，白族特色文化乡村旅游业繁荣发展。白族乡村在大理少数民族乡村中占据主要成分，不但自然风景优美，而且民族文化风情浓郁。“十三五”期间，大理州依托少数民族乡镇自然生态和民族文化资源优势，鼓励各白族乡村完善特色化、个性化的生态旅游产品体系，在白族乡村旅游中融入“山水、乡愁、乡情”体验价值，高起点建设了一批白族风情浓郁的小镇，如茶马（盐）古道小镇、洱海休闲小镇、温泉养生小镇、湿地候鸟小镇、乡愁家园小镇、野趣生态小镇、购物美食小镇等主题旅游名镇名村。大理州围绕全州12个县市，实施了美丽乡村和特色旅游村寨建设战略，整合生态环境和农业旅游资源，以旅游市场、宜居配套和特色产业发展为导向，围绕民族文化、历史古迹、生态地貌、农业体验等特征，打造了周城、诺邓、新华、光明、梨园、狮河、东莲花、才村、德安等一批美丽乡村和特色旅游名村。实施“一村一特”“一寨一品”战略，实现“美丽村庄”“美丽生活”“美丽经济”的“三美”融合，率先在云南省建立“三美”融合乡村旅游示范区。在少数民族乡村文化旅游的功能布局上，试点村均按照“一场两堂三室四墙”[①]的结构进行设计建造。大理州还依据民族乡村资源禀赋，实施了民族乡村旅游“六大提升工程”[②]。这些发展战略与举措规划，推动了大理州白族特色文化乡村旅游业的繁荣发展，一大批白族特色文化乡村旅游项目和特色小镇建设项目被纳入发展规划，并取得长足发展，不但推动了脱贫攻坚，也实现了白族居民和乡村经济全面发展。

如表10–10所示，“十三五”期间，大理州依托不同白族乡村的主要特色，将白族文化与乡村自然风光、农业类型相结合，重点规划建设了一大批各类主题鲜明、特色彰显、功能各异的旅游名镇和美丽乡村。大理州依托白族特色村寨资源，围绕“一核、两轴、四区、百村、百园”的乡村旅游空间布局，按照“一镇一产业，一村一特色，一园一精品”的原则，重点打造了一大批白族特色旅游小镇、旅游村落和农业庄园，与州内其他民族特色村寨一起构成了分工明确、功能互补、特色相辅的大理州少数民族乡村旅游线路上的产业节点群（见表10–11、表10–12）。

---

① “一场”，即乡镇综合文体休闲小广场；“两堂”，即文艺表演礼堂、休闲农业科普讲堂；“三室”，即乡村图书阅览室、科普信息资源共享工程室、文化活动室；“四墙”，即村史村情展示墙（展示村庄历史沿革、文化遗产、乡村旅游等）、民风民俗展示墙、崇德尚贤文明礼仪展示墙、乡村旅游美好家园展示墙。

② “六大提升工程”，即美丽村寨生态环境美化工程、实施乡村民族文化“五个一”建设工程、乡村旅游景观精品化改造工程、实施特色农家乐设计改造工程、乡村旅游品牌宣传推广工程、乡村旅游服务标准化提升工程。

表 10-10 “十三五”期间大理州白族特色文化旅游乡村建设目录

主题定位	重点建设项目
民族风情小镇	喜洲古镇、剑川古城（金华镇）、巍山东莲花村、古生村、喜洲镇周城村、鹤庆云鹤镇、洱源邓川镇
茶马（盐）古道小镇	诺邓古镇、云南驿古镇
洱海休闲小镇	双廊镇、喜洲古镇、挖色镇、大理镇、金梭岛
皇家文化小镇	巍山南诏古城（南诏镇）、大理古城
温泉养生小镇	洱源右所镇、洱源三营镇
乡愁家园小镇	梨园村、剑川沙溪镇、洱源凤羽镇、古生村
野趣生态小镇	密祉小镇、鹤庆草海镇（新华村）、鹤庆云鹤镇、洱源茈碧湖镇
湿地候鸟小镇	鹤庆草海镇（新华村）、洱源茈碧湖镇
购物美食村镇	大理古城、鹤庆草海镇（新华村）

资料来源：摘自《大理州“十三五”旅游产业发展规划》。

根据大理州文化和旅游局统计，截至 2020 年，大理州有 140 多个被授予各类特色乡村和旅游古村落荣誉称号的乡村，10 多个精品农业庄园，2000 多家特色农家乐和民俗客栈，1451 个休闲农业经营主体，其中农家乐 1282 个，休闲农庄 112 个，休闲园区 7 个，民俗村 3 个，分布于各县市。“十三五”期间，大理州乡村旅游每年接待近千万人次，乡村旅游总收入每年超过 20 亿元。此外，白族特色文化乡村旅游的发展对于大理州全面打赢脱贫攻坚战也起到了至关重要的积极作用。2010 年 10 月，大理双廊镇伙山村等白族村落被评为“大理州旅游扶贫示范村”。例如，2017 年，祥云县通过乡村旅游带动超过 5000 贫困人口脱贫；2019 年，鹤庆奇峰村通过打造“梨花文化旅游节”，就实现旅游经济总收入 1788 万元，全村旅游经济毛收入 321 万元，人均增收 1810 元，其中 105 户建档立卡贫困户户均增收 2430 元①。

① 数据来自大理白族自治州人民政府网站。

表 10-11　大理州白族特色文化乡村旅游重点产业节点集群名录（部分）

建设类型	建设名录
旅游小镇	**一类旅游小镇：**大理市大理镇、巍山县南诏镇、剑川县金华镇 **二类旅游小镇：**大理市喜洲镇、双廊镇，祥云县云南驿镇，剑川县沙溪镇，宾川县鸡足山镇，洱源县凤羽镇、右所镇、牛街镇、茈碧湖镇，鹤庆县草海镇，云龙县诺邓镇 **三类旅游小镇：**大理市上关镇、海东镇、挖色镇，云龙县宝丰镇，鹤庆县辛屯镇、云鹤镇，祥云县刘厂镇，剑川县马登镇
旅游特色村	大理喜洲周城村，鹤庆草海镇新华村、长头村，剑川沙溪镇寺登村，宾川镇沙址村，祥云旧邑村，云龙县诺邓旅游特色村，祥云云南驿村，洱源县梨园村，剑川沙溪镇石龙村等
民族特色旅游村寨	海东镇金梭岛村，大理镇北才村，巍山南诏镇新村，宾川鸡足山镇寺前村，大营镇宝丰寺村，剑川县弥沙乡弥井村，沙溪镇马坪关村，金华镇古楼村，洱源县江登村、牛街村，祥云县八甲地村、大营村，云龙县白石镇大小村，功果桥镇下寨村，鹤庆县金翅鹤村、鹿鸣村等
旅游古落村	大理喜洲洞村、喜洲村，挖色镇大城村，云龙诺邓大井村、长春村，宾川上沧村，鹤庆和邑村、军营村，祥云大营社区、大波那村，洱源碧云村、旧州村，剑川甸头村、段家登村、向湖村、新华村、文新村等
旅游扶贫村	大理乌栖村、者么村、伙山村、石块村，祥云象鼻庄村、桂花亭村，宾川朱苦拉村、大仓村、海稍村、乌龙坝村、唐古地村，洱源焦石村、永兴村、福田村、南大坪村，剑川鳌风村等
精品农业庄园	**省级农业庄园：**祥云泰鑫庄园，宾川朱古拉咖啡梦庄园，南涧无量药谷庄园、华庆茶庄园，祥云龙云现代农业庄园，云龙大栗树高山生态茶庄园，鹤庆大理丽都玫瑰庄园 **州级农业庄园：**宾川爽馨石榴现代农业庄园、鸡足山农旅生态农业庄园，祥云云南怀宝核桃庄园、华邦生态精品庄园、青海湖现代农业庄园、鑫凤凰高山生态茶庄园，弥渡恒茂梨花山谷庄园，云龙天池麦地湾梨现代农业精品庄园、洱宝梅果农业生态庄园，剑川老君山农牧业生态庄园，洱源和旭生态庄园、明润农业庄园，大理苍海湾农业生态有限公司、云海芳草千亩花卉博览园等

资料来源：摘自《大理白族自治州乡村旅游发展规划（2017-2025）》。

表 10-12 大理州白族主要聚居县市乡村旅游特色定位

区域	核心文化旅游资源	特色定位	主题形象	重点特色产品
大理市	苍山、洱海、大理古城、喜洲古镇、周城村、双廊镇、挖色村、金梭岛等	白族风情体验核心旅游区和乡村旅游集散中心	风花雪月闲居大理	乡村田园风光、休闲度假、康体疗养、美食体验、民俗文化与节庆体验活动等
洱源县	茈碧湖、西湖湿地、温泉、凤羽古镇、梨园村，白族民俗文化等	高山水乡休闲度假旅游区	高原水乡地热王国	乡村田园风光、生活体验、白族风俗文化体验、休闲康体等
剑川县	石宝山、老君山、剑湖、金华古镇、沙溪古镇及白族歌舞、木雕石雕等	白族艺术与古道文化旅游区	白族艺术博览休闲文化剑川	白族乡村慢生活体验、白族艺术与节庆体验、教育学习等
鹤庆县	草海高原湿地、白族石雕之乡、弥井村、甸头村、向湖村、石龙村、双河村、大佛殿村等村落集群	银都水乡休闲购物旅游区	银都水乡山居闲情	银器工艺品购物、田园观光、休闲度假、白族民俗文化体验、教育学习、美食体验等
宾川县	鸡足山景区、热区农业、古镇古村、古人类遗址、红色文化、侨乡文化等	高原热区农业休闲旅游区	热坝田园魅力侨乡	田园观光、生活体验、节庆体验、休闲度假、教育学习、美食等
祥云县	水目山、象山温泉、云南驿古镇、洱海卫城、“彩云之南”传说、马帮文化、红色旅游资源等	传奇古镇与白族历史文化旅游区	千古驿镇云南之源	历史文化教学学习、田园观光、白族风俗文化与节庆活动体验等
巍山县	巍山古城、巍宝山、南诏文化、红河之源等	南诏历史文化旅游区	南诏古都和谐巍山	历史文化体验、教学学习、休闲度假等
弥渡县	天生桥奇观、南诏铁柱、民歌花灯、太极神韵、特色温泉与高原特色农业	传统演艺与历史文化旅游区	民歌之乡浪漫弥渡	民歌活动体验、生活体验、休闲度假、田园观光、美食体验等
云龙县	诺邓国家级历史文化名村、太极奇观、古桥群、高峡平湖、天池自然风光、虎头山古建筑群、洞经音乐、诺邓花灯等	山地民族文化与森林生态旅游区	太极之地千年盐道	乡村田园、民俗文化体验、时尚户外休闲、休闲度假、生态康养等

资料来源：摘自《大理白族自治州乡村旅游发展规划（2017–2025）》。

（二）白族特色手工艺产业助推乡村振兴

大理州的民族传统工艺历史悠久、门类繁多，有 261 项传统工艺被公布为国家级、省级、州级、县级非物质文化遗产代表性项目，占大理州非物质文化遗产项目总数的 36%。其中，国家级、省级、州级共有 88 项，鹤庆银器锻制技艺和白族扎染技艺 2 项被列入国家级传统工艺振兴目录。白族传统手工艺是白族居民智慧之结晶，具有突出的文化价值和审美价值。2018 年，大理州出台了《大理州传统工艺振兴行动计划实施意见》，在政府主导下将非物质文化遗产保护融入到文旅产业发展、脱贫攻坚、乡村振兴、特色小镇建设中，大力发展白族特色手工艺产业，并与众多行业有效衔接，在地方社会经济发展中的地位和作用日渐凸显。作为白族特色文化产业的重要组成部分，白族特色手工艺产业在大理地方经济发展中占有重要地位。在发展白族特色手工艺产业过程中，大理州紧密依托丰富多样的白族传统工艺类非物质文化遗产资源，将白族传统工艺文化保护与文旅产业发展、共同富裕和乡村振兴紧密结合，探索出了一条具有大理州特色的手工艺文化发展之路。大理州白族特色手工艺产业的发展，体现出以下几方面特征：

第一，白族特色手工艺产业发展显著带动了农村就业和农民增收，有效促进了乡村经济振兴。全州以周城扎染、鹤庆银器、剑川木雕、刺绣等白族传统工艺项目为切入点，鼓励和支持优秀文创企业等融入大理非遗传承保护，研发具有特色的大理白族非遗文化产品，支持和引进互联网商业平台，培育新兴白族特色文化产业。全州建成 12 个非遗工坊，鹤庆银器艺术小镇、剑川木雕艺术小镇等特色小镇建设成为乡村振兴带动项目。“李小白”手工银壶、“璞真”“蓝续”扎染、剑川黑陶等 30 项白族传统工艺项目成为大理知名的非遗品牌。剑川木雕年产值 2 亿多元，带动当地两万多名白族群众脱贫致富，大理市和剑川、弥渡、祥云、云龙等县“非遗 + 公司 + 基地”的生产经营模式逐步形成。剑川木雕文化产业示范园区 2020 年实现总产值 13 亿元，预计到 2023 年，鹤庆县银器文化产业园银器加工产值超过 60 亿元，新增就业岗位 8000 个，从业人员超过 2 万人。据不完全统计，截至 2019 年底，剑川县从事木器木雕产业人员 18000 余人，有 1500 多家个体经营户，15 家专业生产厂家，年产值达 16 亿元，涉业相关从业人员人均增收 2000 元，木雕成了富民增收的一项惠民大产业。鹤庆县银铜器锻制年产值达 30 亿元，有 7 家规模较大的专业生产厂家，从业人员达 6000 多人。大理市周城村白族扎染年产值达 7000 多万元，有 18 户扎染工坊，3000 多名从业人员，人均月收入已达到 2600 元。白族扎染也逐渐从单一的生产、销售向观展和技艺体验传承方向发展，这是对传统技艺创造性转化和创新性发展的有益探索。

第二，以白族传统工艺工作站为龙头，对白族乡村居民进行对口帮扶，助力乡村居民内生发展和脱贫攻坚。2017 年 11 月，在文化和旅游部非物质文化遗产司的支持下，大理传统工艺工作站建成，成为文化和旅游部非物质文化遗产司在全国支持设立的 18 个工作站之一，也是云南省唯一一个由非物质文化遗产司支持建成的工作站。工作站依托白族扎染技艺、剑川木雕、鹤庆银器锻制技艺三项传统工艺类的国家级非物质文化遗产建成大理、剑川、鹤庆三个基地。工作站建立以来，一是加大宣传力度，不断提高大理传统工艺品知名度。剑川、大理、鹤庆三个基地分别举办了传承人对话会，开展了系列传习培训活动，积极与中央美术学院、云南艺术学院、英国谢菲尔德哈勒姆大学、浙江师范大学、大理大学、江苏工艺美术学院等合作，进行了中国非物质文化遗产传承人群研培计划。二是振兴传统工艺，助力脱贫攻坚和乡村振兴。全州以白族扎染、鹤庆银器、剑川木雕、刺绣等传统工艺项目为切入点，鼓励和支持优秀文创企业等融入大理非遗传承保护，研发具有特色的大理非遗文化产品，支持和引进互联网商业平台，培育新兴特色文化产业。三是积极开展传承培训活动，使困难家庭因掌握一门技艺而脱贫。据不完全统计，大理传统工艺工作站自 2017 年建站以来，大理、剑川、鹤庆三个基地直接带动周围农村近万人就业脱贫，已累计创造了 8300 多万元产值。基地还与残联和人社部门积极合作，面向残疾人群体、边疆少数民族群体展开对口帮扶，邀请代表性传承人授课培训，帮助他们掌握一技之长。

第三，搭建白族传统工艺品展示平台，扩大白族特色手工艺产品销售渠道，白族特色手工艺产品知名度显著提升。大理州通过展览、论坛、艺术家驻地等系列活动，搭建国际化平台，促进白族传统工艺文化交流，激发传统工艺当代性思考与复兴。李小白是鹤庆较早建立公司官网和互联网销售的公司。通过互联网，手工纯银茶器远销美国、加拿大、澳大利亚等国家，在全球手工制作银壶行业占有一席之地。

第四，以“非遗 + 文旅”模式带动地方绿色经济发展，以非遗旅游模式助推大理州旅游产业发展。白族扎染、剑川木雕、鹤庆银器、甲马、布扎、剪纸、刺绣、泥塑等白族民间特色文化资源在各市县已形成规模化的白族特色文化产业。这些特色文化产业多数分布在大理州各白族乡镇，是白族乡村群众世代相传的传统手艺，在过去是自给自足的生活必需品，如扎染桌布、木雕门窗、铜火盆、香包、花盆、围裙等。随着时代的发展和全民生活水平的提高，“旅游 + 非遗”已成为消费市场热点。大理州的传统技艺类非遗承担起新的社会功能，基于自然和文化资源的综合魅力，这些白族传统手工制品逐渐发展成为特色旅游和文化商品，进而形成产业，从业人群和购买人群都在不断扩大。大理州在少数民族手工艺产业发展中，非常重视加强生态环境保护，鼓励研发绿色环保材料，改进工艺流程，减少污染物排放总量，确保达标排放；不断引导和支持使用替代材料传承以象牙等珍稀动植物资源为原材料的有关技艺。如今，大理州的很多乡镇都形成“一镇一品”“一村一品”的新形态。各白族乡村居民充分利用蕴含于日常生活中的传统手工艺资源，将传统工艺不断发扬光大，使少数民族乡村成为新的就业高地，充分吸纳农村剩余劳动力，在手工艺产业发展中不断提升了增收能力和内生发展能力，与特色小镇和美丽乡村有机结合，带动了乡村绿色经济发展，实现了乡村经济转型发展。

（三）白族特色民族节庆业逐渐成为标签

传统的民族节庆活动是传统民族文化的重要组成部分和表现形态，也是新型经济形态的重要表现。大理是历史民族文化大州，而传统民族节日是其博大精深风采的直接体现。大理州各少数民族节庆资源异常丰富，而且民族特色十分浓郁。从每年正月至年底腊月，每月都有异彩纷呈的民族节庆活动，全州共有各类传统民族节日 250 多个，且遍布各民族、各地方。这些种类多样的民族节庆活动，形式多样、内容丰富且个性鲜明，具有极强的观赏性、娱乐性和文化体验性。在民族文化产业发展过程中，大理州充分依托少数民族特色节庆资源，十分重视少数民族节庆品牌的打造，并形成了较为成熟的产业化运作方式。白族特有的传统节庆品牌如“三月街”、“绕三灵”、石宝山歌会、火把节、茈碧湖灯会、插秧节、尝新节、朝华节、耍海会、松花会、南诏文化节暨祭祖节、梨园会等，知名度不断提升，产业化水平越来越高。这些传统的白族节庆文化与大理州绚丽多姿的自然风光和现代化旅游相融合，对促进少数民族地区经济社会发展发挥了特有的积极效应。大理州白族特色民俗节庆业的发展，具有以下几方面特征：

一是种类多样、特色鲜明，民族文化内涵体验极其独特，且多民族融合特征逐渐显现。白族人民在长期的生产生活中，形成了独具一格的民族节日，以其独特的魅力成为大理州少数民族节庆活动中的明星，吸引着国内外游客。白族特色的传统节日内容涵盖了白族居民生活的内容，是白族人民心理特征、精神信仰和核心价值观念的直接体现，是区别于其他民族的独有的文化特质。但是，大理州少数民族节庆活动的突出特征表现出多民族的共同参与性，如“千年赶一街，一街赶千年”的三月街民族节，不仅限于某一民族，而是各民族共同参与的盛会。大理白族节日众多，除了传统的全国性节日外，白族还有很多独有的民族节庆活动，甚至不同的白族村寨都有专属的本主节（见表 10–13）。遍布苍山洱海间的本主神灵，成为大理独具特色的一道道人文景观，汇聚着大理人宽厚、仁慈、善良、感恩的情怀[①]。白族传统民族节庆具有群众性、自发性、地域性、传统性、民族性等特征，集文体活动、商品交流、对调打歌、信息沟通等于一体。

表 10-13　大理主要白族特色民俗节日表（部分）

名称*	日期（农历）	地点	内容与特色
双廊接佛节	正月初一	大理市双廊镇双廊村	接佛到家，一起过年
鹤庆兰花文化旅游节	春节期间	鹤庆县城	兰花展示交易
青山刀杆节	正月初四	大理双廊青山	上刀山、下火海
葛根会	正月初五	大理三塔三文笔村	品尝葛根风味 游览三塔风光
娃娃节	正月初五	洱源凤羽	儿童组成小组，分头到各家各户接受新春祝福
秋千节	正月初一至初七	漾濞鸡街、洱源凤羽	荡秋千比赛，同时办本主庙会，围火塘打歌对调
诺邓接佛耍灯节	正月初六至正月二十	云龙县诺邓村	迎神赛会
松花会	正月初九	巍山立龙寺、玄龙寺及大理中和寺、玉皇阁	朝拜、庆祝玉皇大帝的生日
上九会	正月初九	剑川石龙村	祭拜玉皇大帝
朝鸡足山会	正月初一至十五	宾川鸡足山	到鸡足山拜佛
闹春王正月	正月十二日至十八	洱源凤羽	白族民间集歌、舞、乐、剧为一体的农耕文化民俗活动
周城村接佛节	正月十四至十六	大理喜洲镇周城村灵帝庙	接佛、唱戏、举办各类民间文艺演出
宾川天子庙会	正月十五	宾川力角镇米汤村后	接龙王老爷
凤仪春醮会（门前会）	正月十三至十七，正会期为正月十五	大理市凤仪镇	举办接“帅老爷”活动
青姑娘节	正月十五	剑川羊岑乡	祭奠“青姑娘”

① 赵润琴：《大理节庆》，云南民族出版社 2016 年版，第 9 页。

续表

名称	日期（农历）	地点	内容与特色
巍宝山朝山歌会	二月初一至十五	巍山巍宝山培鹤楼打歌场	集旅游、宗教、商贸相关的盛大的群众集会
温泉文化旅游节	二月	洱源县地热国	挤喝牛奶、制作乳制品、泡牛奶温泉、白族篝火晚会、歌舞展演等
剑川立春节	立春日	剑川境内	迎春、守春
祥云白马寺庙会	正月初四、二月初八	祥云县云南驿村	祭奠大将军李定国
朝花节	大理、剑川为二月十四日，鹤庆为二月十二日	鹤庆坝区，大理、剑川	赏花、举行盛祭花王的赛歌会
桃花节	桃花盛开时节	剑川、鹤庆白族地区	以桃花祭奠各路鬼、神
大理城隍庙会	三月初五	大理古城城隍庙	敬神、文艺演出
鹤庆石宝山朝山会	三月十三日至十五日	鹤庆石宝山	祭奠赞陀崛多尊者
三月街民族节	三月十五日至二十一日	大理古城西门外	集白族历史民俗、宗教、贸易、文化交流为一体的大型商贸和民间文艺体育活动的综合性节日
梨花会	三月（梨花盛开的时节）	剑川梨园	观赏梨花、到梨园野炊
鹤庆乾酒文化节	桃花盛开时节	鹤庆西龙潭	祭酒神、鹤庆乾酒“桃花酒”窖藏封缸仪式
放生节	四月初八	鹤庆新华白龙潭	祭奠白龙老爷，举办麻雀会和赛马歌舞活动
蝴蝶会	四月十五日	大理喜洲蝴蝶泉	纪念传说的爱情故事人物，观赏蝴蝶、聚会对歌
绕三灵	四月二十三日至二十五日	大理喜洲镇庆洞村、河矣江村、马久邑村	三天三夜的白族的祭祀、唱跳狂欢节

续表

名称	日期（农历）	地点	内容与特色
栽秧会	开始栽秧的第一天	大理、洱源、云龙、鹤庆等白族村寨	伴随栽插农事进行的田间吹打对歌活动
田家乐（关秧门）	栽插结束后		插秧劳动结束的庆祝活动，同时也感谢水神
酬牛节	大春栽种结束	鹤庆白族聚居区	各村将牛赶至河边沐浴，饲以精料，歌舞同乐
茶马古道节	阳历四至五月	州鹤庆县松桂镇长头村	文艺表演、茶艺表演、农耕文化展示和体验
花宴节	五月初五	鹤庆山区白族人家	以百花做宴席祭祀花神
火把节（白族）	六月二十五日	白族各村寨	竖火把，绕火把，点松明，照田苗以火占农
海西海歌会	六月二十五日	洱源县牛街乡海西海	白族群众聚会赛曲，对歌
石宝山歌会	七月最末三天	剑川石宝山	朝山赛歌，男女对歌
大理国际影会摄影节	开海节期间	大理古城、下关	大型综合类摄影展会
菊花会	九月初九	大理、剑川、鹤庆	菊花盆景、艺术展示
谷王节	收割水稻的头一天	鹤庆白族地区	举办祭祀谷王的活动
白族冬至节	冬至当天	白族村寨	到本主庙报平安

注：* 表示节庆活动按照举办时间进行排序。

资料来源：根据大理白族自治州文化和旅游局统计资料整理所得。

二是知名白族节庆品牌不断增多，经济带动效应越来越显著，“节庆＋旅游”模式日渐成熟。经过长期统计梳理和不断锤炼，通过旅游带动和宣传塑造，大理州逐渐形成了多样化的白族特色节庆品牌，如“大理三月街”“绕三灵”等。大理州在发展民族节庆产业中逐渐变单一节庆为产业化整体收益，不断盘活地方节庆资源，突出个性化、特色化、开放化特征，构建一体化的产业体系，丰富民族文化旅游业态。例如，鹤庆县奇峰村盘活万亩古梨树资源，打造一年一度“奇峰梨花节”，让深山小乡村变成生态宜居致富村，仅 2019 年就接待游客 6.58 万人次，实现村民人均增收 1800 元，旅游综合收入达 1928 万元。大理三月街民族节使参观者充分感受到生活在大理的各民族的生产、生活特征，是民族文化积淀的集中展示。2018 年，在三月街节庆活动期间，参加商品交易的经营户达 6500 多户，日均人流量达 9 万多人次，日均交易额达 2000 多万元，名优特产品签订订单 46 笔，协议价值总计 10719.63 万元；接待海内外游客 77.45 万人次，旅游总收入 5.36 亿元，分别比同期增长 7.4% 和 16.5%，假日旅游经济拉动作用明显。又如 2017 年的鹤庆奇峰旅游梨花节，短短 5 天，全村收入近 270 万元，人均收入 1500 元。大理市喜洲镇也着力发挥自身浓厚的民族文化、悠久的历史文化和保存完好的白族民俗三个优势，积极开展“绕三灵”“栽秧会”“火把节”等民族节庆活动，带动了全镇文化旅游产业质量和效益的全面提升。2018 年，大理市喜洲镇累计接待中外游客 367 万人次，实现旅游经济总收入 2.56 亿元[①]。通过多年培育，三月街民族节、大理国际影会已成为云南省乃至全国知名节庆文化品牌。三月街民族节荣获“节庆中华最佳文化传承奖”，大理国际影会成功举办七届，荣获“十大最具国际影响力节庆”。大理国际兰花茶花博览会、剑川石宝山歌会节、宾川水果节、弥渡花灯节等节庆活动，特色鲜明，影响力和产业带动力不断提升。

此外，丝路云裳·七彩云南民族赛装文化节、创意云南文化产业博览会、大理国际影会等文化旅游节和博览会每年都会定期举办，其会展影响力和经济带动效应越来越显著。

可见，流传至今的白族节日风俗，具有特定的文化内涵，凝聚着白族人民的聪明智慧，体现着白族文化的特点，表达着白族人民对美好理想、智慧与伦理道德的追求和向往，并以此提升民族的自豪感。这些传统的民族节庆活动一直吸引世界各地的人们广泛参与和共享。

（四）白族特色演艺演出业不断推陈出新

民族演艺性艺术文化是民族文化中的瑰宝，是少数民族居民基于自身价值观念和精神信仰，结合当地自然环境和生产生活所创造的独具民族风情和欣赏价值的珍贵财富。白族特色的演艺性民族戏曲和民歌舞蹈类文化资源十分丰富，其中有很多项都属于国家级或省级非物质文化遗产，具有极高的艺术观赏价值和产业开发价值。大理在发展白族特色演艺演出产业中，也充分依托旅游产业和各类会展节庆活动，不断发扬白族传统艺术特色，遵循了文化惠民育民和对外弘扬民族风采的基本发展思路。

一是白族传统艺术创作生产获得政策支持，民间艺术创作环境不断优化。白剧《数西调》入选 2019 年国家舞台艺术精品创作扶持工程、西部及少数民族地区艺术创作提升计划重点支持项目；大型花灯剧《山村·小河·月亮》、白剧《数西调》、

---

① 数据来自大理白族自治州人民政府网站。

白剧小戏《唢呐白曲歌不断》、白族大本曲剧《毛儿盖风波》和白剧表演人才培养项目等先后获得559万元国家艺术基金资助项目支持；白剧《种子》获得2020年国家剧本扶持工程支持；原创大型白剧《望夫云》、白剧小戏《挂窗帘》入选文化和旅游部“庆祝中国共产党成立100周年舞台艺术精品创作工程”重点扶持作品名单；原创大型白剧《榆城圣母》、白剧《数西调》、大本曲《妙手仁心李伯藩》入选“云南文化精品工程”。以上这些全面带动了大理州各艺术门类繁荣发展。大理州获国家艺术基金立项资助七项，完成“白剧表演人才培养”资助项目，实施“白剧名家传艺工程”，定向委培了32名年轻专业演员，白剧《种子》跻身国家剧本扶持工程，同时还举办了“梅花香处追梦人”白剧传承戏曲演唱会，培养文艺骨干，弘扬大理文化。

二是白族优秀艺术作品不断推陈出新，集思想性、艺术性、观赏性于一体。“十三五”期间，白族特色优秀文艺创作与演出层出不穷。《榆城圣母》囊括“云南省第十三届新剧目展演”戏剧类所设奖项的最高奖。白剧《数西调》荣获“第十六届中国文化艺术政府奖文华奖提名剧目”、第九届“云南文化精品工程”优秀作品奖、云南省第十四届新剧目展演新剧目大奖。吹吹腔情景剧《情满大栗树》作为“不忘初心、牢记使命”主题教育篇进行巡演，大本曲《扶贫在路上》被评为“百团千队”红色文艺轻骑兵学习贯彻落实党的十九大精神活动优秀节目。《保护洱海手牵手》《书记扶贫到我家》《海菜花》等155个“沾露珠、冒热气、接地气”的节目融思想性与艺术性相统一，不断满足新时代广大人民群众日益增长的精神文化新期待，大理州艺术创作呈现持续繁荣的喜人态势。同时，大理州加强对全面建成小康社会、建党百年、决胜脱贫攻坚、洱海保护治理、抗疫阻击战等重大题材节目的创作。白剧《拆猪圈》《唢呐白曲歌不断》《排污风波》《春风送暖》剧目推陈出新，10余个抗疫节目在省级平台展播。白剧《望夫云》、小品《拉窗帘》入选文化和旅游部庆祝建党100周年舞台艺术精品创作工程重点扶持名单。2020中国舞蹈家协会环境舞蹈展・大理舞蹈季暨《阿鹏找金花》首演杨丽萍大剧院揭幕仪式文旅活动圆满完成……这些白族特色艺术作品深深植根于本地文化沃土，具有浓郁的民众基础和“草根”特色。

三是白族演艺活动平台载体增多，艺术作品传播推广持续增强。大理州围绕庆祝中华人民共和国成立70周年、大理白族自治州建州60周年等重大主题，成功举办大理三月街民族节文艺会演、大理白族自治州建州纪念日暨民族团结进步日全州文艺调演、全州青年演员比赛、大理国际茶花大会开幕式文艺表演等一系列重大纪念活动和创作活动，组织承办2020中国舞蹈家协会环境舞蹈展・大理舞蹈季、中国美术名家赴大理开展“风花雪月・乡愁大理”采风创作活动、上海音乐学院杨学进师生音乐会等文艺活动，积极组织全州优秀白族剧目参加中国艺术节、全国舞台艺术优秀剧目展演、云南省新剧目展演等重大展演展览活动，充分发挥了文艺作品在核心价值观、爱国爱党、弘扬中华优秀传统文化、宣传正能量、净化社会风气等方面的引导凝聚作用。《榆城圣母》囊括“云南省第十三届新剧目展演”戏剧类所设奖项的最高奖，上线“学习强国”平台并入选 2019 中国好戏网络展演优秀作品。白剧《数西调》荣获“第十六届中国文化艺术政府奖文华奖提名剧目”、云南省第十四届新剧目展演新剧目大奖。原创民族歌舞集《家在大理》荣获全省第十五届新剧目展演编导奖和舞美奖。花灯剧《省委书记王德三》代表全省参加 2019 年全国基层院团戏曲展演。借助重大艺术活动的良好平台，大理州优秀作品的演出、展示、传播影响力进一步扩大。

四是白族特色演艺人才培养力度加大，形成了德艺双馨的文艺队伍。大理州坚持深化马克思主义文艺观学习教育，引导文艺工作者树立正确的历史观、国家观、民族观、文化观，全州文艺队伍焕发出昂扬向上的精神风貌。一方面，加强了名家名师人才的扶持培养，千方百计为艺术家提供平台和机会，使更多艺术人才脱颖而出，“文华表演奖”获得者叶新涛、戏剧“梅花奖”获得者杨益琨及大理州白剧团四名青年演员入选“中华优秀传统艺术传承发展计划”戏曲专项扶持。大理州白剧团从 2014 年开始在相关学校开展“白剧、歌舞、音乐进校园活动”，组织专业教师每年每个专业授课 80 课时，参训学员达到 12240 人次。重视以“传帮带”方式，为不同年龄段文艺工作者和传承人之间营造交流学习空间，邀请叶新涛、马永康等著名艺术家每周定期开展两次白剧师徒传承授课。另一方面，建立健全了白剧传承发展的长效保障机制，大理州白剧团招收 32 名学员并派送至云南艺术职业学院进行为期三年的“订单式”专业培养，经严格考核后录用为在编事业身份演员。大理州组织举办了全州编剧人才、白剧表演人才培训班等专业集训，积极选派院团管理者和专技人员参加各级线上线下研修培训。通过多措并举，大理州初步形成了有步骤、有层次、系统化的人才培养体系。

综上所述，“十三五”时期，大理州在白族特色文化产业发展过程中，不断探索创新发展模式，取得了显著成就，白族特色文化产业形态不断丰富，形成了以白族特色旅游产业为主导，以白族特色手工艺产业、民俗节庆产业、演艺演出产业为支撑的特色文化产业体系和格局，“特色文化 + 旅游”的发展模式也越来越成熟。白族特色文化产业的增加值持续增长，在全州 GDP 中的比重不断上升，其经济辐射效应不断增强，对促进少数民族居民内生发展、推动乡村经济发展和州内经济结构优化起到了越来越重要的作用。

三、白族特色文化产业发展案例

在发展民族特色文化产业过程中，大理州依据本区域少数民族特色文化资源禀赋，结合旅游产业和乡村经济条件，形成了很多民族特色文化产业发展的典型案例。其中，在乡村振兴战略下，大理州白族特色文化产业在发展的过程中就涌现出了诸如剑川木雕、鹤庆银器、沙溪小镇等具有代表性的例子。

（一）剑川木雕工艺产业的“园区”模式

剑川木雕产业是白族特色手工艺产业的代表，其发展的主要特点在于“园区”化推进模式。剑川木雕文化产业示范园区于2017年5月启动建设，项目总投资15.8亿元，总占地面积5平方千米，规划面积3平方千米，核心区规划面积1平方千米，由新建区和狮河老村提升改造区构成。项目根据资源禀赋、地形地貌、产业特色、交通现状等实际情况，以剑川木雕为核心，将多种活动融于其中，打造集市场、加工制造、技艺传承、文化创意、民俗旅游为一体的高品质5A级木雕文化产业示范园区，使木雕文化产业示范园成为木雕行业标准制定平台和木雕工艺引领平台。产业示范园在创建过程中，紧紧围绕“特色”做文章，依托木雕产业支撑，将木雕、旅游、文化融合在一起，聚合木雕、文化和旅游的功能，实现融合、可持续发展，努力将木雕文化产业示范园建设成云南乃至西南地区最大、最具特色的集木雕创作、生产、展示、体验、交易、交流、会展于一体的文化产业示范园。通过投资主体的努力，以及各级政府的协调服务，产业园初具规模，对整个地区产业带动成效明显，成为全省项目建设推进最快、完成投资最多、产业特色最显著、取得成效最明显的文化产业示范园。2020年，产业示范园区内有企业35家、个体工商户（木雕类）340户、个体工商户（其他）45户。2020年，产业园实现总产值13亿元，其中木雕产业产值约为8.08亿元；企业主营业务收入实现约5.63亿元。产业园紧靠甸南镇狮河村，全村690户2868人，2019年全村在产业园就业人数有1954人，占总人口的68%。产业园的建设，有力地推动了剑川木雕产业的发展，并提高了周边群众的收入。2015年9月，产业园被省文产办命名为全省首批10家文化产业园之一，在2018年省级文化创意产业园考核中，剑川木雕文化产业园区被考核为优秀等次。如表10–14所示，剑川木雕文化产业示范园区的运作模式可以概括为多样化业态、创新市场化运作、重点项目推进和品牌化营销等特点。

表 10-14 剑川木雕文化产业示范园区基本概况

文化产业主要业态	以剑川木雕为核心，融历史、文化、商业、电子商务、休闲、景观、体验、旅游于其中，打造集市场、加工制造、技艺传承、文化创意、民俗旅游为一体的高品质 5A 级木雕旅游小镇
代表性的文化企业	剑川兴艺木雕文化发展有限公司、剑川县国艺木雕有限公司、剑川嘉林木雕艺术有限公司、剑川狮河金达木器木雕有限公司、剑川狮河木雕有限公司等
区内重点产业项目	剑川木雕文化产业园木文化馆建设项目、剑川木雕文化产业传承展示基地、狮河木雕文化展览馆及培训中心、剑川木雕文化产业园基础设施建设项目等
园区重点文化活动	“大理·剑川木雕艺术博览会暨剑川木雕文化节”、“大理·剑川木雕艺术博览会暨剑川木雕文化节木雕旅游产品创意雕刻大赛”、“大理·剑川木雕艺术博览会暨剑川木雕文化节剑湖论坛”、“剑川县 2020 年石宝山歌会节暨剑川木雕文化艺术节”、中共云南省剑川县与泰国清迈府杭东县关于开展文旅产业合作等

资料来源：根据大理白族自治州《剑川木雕文化产业示范园区创建方案》整理所得。

剑川木雕产业属于劳动密集型产业，木雕产业的发展涉及千家万户。截至 2019 年底，全县有木雕私营企业 199 家、木雕个体户 252 家、古建公司 95 家，全县木雕从业人员达 2.1 万人，占全县总人口的 11%，木雕产业已经成为群众增收致富的“钱袋子”。

（二）鹤庆新华银器产业的“园区 + 小镇”思路

鹤庆银器产业也是白族特色手工艺产业的代表，其发展的主要模式除了园区化推进外，还特别重视与特色小镇建设相结合，展现为“园区 + 小镇”的发展思路。云南自古就有“有色金属王国”之称，鹤庆县金银铜铁器的民族传统手工艺加工历史也十分悠久。鹤庆新华银匠村文化园区就是依托鹤庆“一村一业”“一户一品”的银器手工艺品加工销售产业基础，建设以新华村为中心，辐射周边村落的核心基地和文化交流中心。鹤庆新华银匠村文化产业园项目共分三期建设，总占地面积近 400 亩，整个项目预计总投资 19.4 亿元。项目建设主要包含银器手工制品加工体验区、银器精品展示区、大师创作园区、电子商务区、销售体验区、特色小镇会客厅、园区智慧化指挥中心、实体书店、银器文化产业发展项目——“三中心一基地”①，鹤庆县电子商务公共服务中心，鹤庆县电子商务配套物流中

① “三中心一基地”，即银器手工艺集中研发与设计中心、银器手工艺文化研学及教育培训中心、银器手工艺非遗传承展示中心、重点院校相关专业教学实践基地。

心，鹤庆县青年创业创新中心等。此外，项目后期还要建设以银器工艺研发、设计、加工生产为主体，配套以物流集散、商务会展、文旅主体精品院落等的综合性项目。

经调查统计，截至 2019 年 6 月底，鹤庆县有 9 个乡镇 56 个村 2870 户 7440 人从事银铜器加工销售，银器业年产值约 26 亿元。银器产品种类有 200 多种，每种有很多款式，铜器产品种类有 100 多种，每种仍然有多个款式，银铜器产品在不断更新、创新，可根据消费者需求设计制作。新华村是典型白族聚居村，全村共有 5600 人，其中有 2300 人从事银器的加工与制作。由于家家都从事民族手工艺品加工，但产品互不重复，每家以一两个品种为主，新华村已经成为民族特色很浓的民族工艺品加工之乡。新华银匠村文化产业园不仅是湿地养生、感受白族文化传统手工艺制作的旅游目的地，更是综合“产业发展、体闲体验、旅游观光”为一体的特色村落（见表 10-15）。

表 10-15 鹤庆新华银匠村文化产业园基本概况

文化产业主要业态	银器文化产业发展项目、银器直播基地、电子商务公共服务中心
代表性的文化企业	鹤庆寸发标文化产业有限公司、云南走夷方文化传播有限公司、鹤庆县佳辉手工艺制品有限公司、鹤庆金光金属制品有限公司、鹤庆闻宇科技有限公司等
区内重点产业项目	银器文化产业发展项目——“三中心一基地”、鹤庆县电子商务公共服务中心项目、鹤庆县“双创”中心项目
园区重点文化活动	“线上三月街”鹤庆专场、大理传统工艺工作站鹤庆基地金属工艺培训班等

资料来源：根据大理白族自治州《剑川木雕文化产业示范园区创建方案》整理所得。

（三）沙溪特色小镇的“空心村”活化振兴模式

沙溪特色小镇以创建茶马古道低碳休闲小镇为主题，以休闲旅游为主导，以文化创意为特色，辅之以高原特色现代农业，努力建设世界一流、中国唯一、宜居宜业的休闲旅游小镇。在特色小镇建设中，沙溪镇坚定不移打“文化牌”，抓住沙溪镇寺登街“茶马古道上唯一幸存的古集市”“2002 年值得关注的 101 个世界濒危建筑遗产名录”的桂冠，精心保护沙溪古镇的历史文化遗存，充分挖掘和向外展示茶马文化、洞经古乐、白族歌舞、民族节庆等民族文化，吸引了众多国外游客。沙溪镇不断丰富产业结构内涵，围绕旅游产业，聚集古建、木雕、黑陶、土特产品等旅游相关产业，并依托当地悠久的历史文化、浓郁的民族特色、丰富的旅游资源，大力发展文化创意产业，实现休闲旅游和文化创意的融合发展。沙溪注重聚集产业发展高端要素，培育产业新模式、新业态，与“八大重点产业”和“三张牌”打造结合程度较高，产业投资占新增投资的比重超过 50%，社会投资占新增投资的比重超过 50%。自 2017 年以来，沙溪通过特色小镇创建，引入各类企业 15 家，非农就业人数 0.27 万人，新增税收 2200 万元，公共财政收入 0.1869 亿元，居民人均可支配收入 0.8832 万元；固定宽带家庭普及率、移动宽带用户普及率达 95%，生活垃圾收集处理率达 95%，生活污水收集率达 80%，特色民宿客栈达 258 家，床位数达 1300 多个，逐步由小镇核心区辐射至周边的四联、东南、沙坪、华龙、灯塔、石龙等村。沙溪现集聚非遗传承人 6 人，2019 年接待国内外游客 127.57 万人次，实现旅游社会总收入 21.07 亿元。

沙溪镇很多村落都保存着大量富有白族特色的传统民居，古色古香，但是随着全镇社会经济的发展，老村逐渐呈现空心化的趋势。剑川县沙溪镇抓住被列入国家级建制镇试点镇、新型城镇化示范试点、特色小镇等机遇，加快实施“空心村”活化建设思路，重点打造以茶马古道风情和乡村田园风光为特色的文化体验区，带动古村落观光休闲，形成村镇、景区联动的旅游发展模式，推动全镇旅游业持续健康发展和乡村振兴。此外，沙溪还结合“空心村”的实际，因地制宜，挖掘特色，在山地丘陵遍植泡核桃，向荒山要经济；在低产田种植牧草，大力发展养殖业，向荒地要效益。沙溪还鼓励传统手工艺的发展，发展具有白族乡村特色的饮食业。沙溪镇在活化利用空心村的过程中，坚持了以下三点思路：一是空心村活化提升古建保护效力。在古建修复过程中，当地注重乡土人才、本土名匠与外来人才的有效融合，在服务理念和管理构思上充分发挥柔性引才的结果运用，做到与国际水平对接，在制作工艺上沿用古法，有效保护和传承传统工艺。二是空心村活化深挖旅游发展潜力。空心村的整治让古旧村落的基础设施逐渐完善，村容村貌有较大改观，村民的生活环境变好了，外地游客也能有更好的旅游体验。独特的人文、气候等因素满足了多元化的休闲旅居需求，为不同顾客提供着不同的“沙溪印象”。三是空心村活化激发乡村振兴活力。在空心村的活化利用和管理中，村民自治组织也发挥着重要的作用，“村民议事会”“道德评议会”等组织和党员志愿服务队与基层片区“网格式”法治治理体系相互交融，形成了空心村中自治、法治、德治有机结合、相互衔接的格局，破除陋习、文明治村的理念深入人心，乡村振兴的活力被进一步激发。

第三节　大理白族特色文化产业发展中存在的问题

自国家印发《关于推动特色文化产业发展的指导意见》以来，大理就十分重视依据本地文化资源禀赋而不断凝练文化产业的地方特色和民族特色。“十三五”期间，大理不断深入探索民族特色文化产业的发展模式和机制，取得了显著发展成就。尤其是“文化＋旅游”的发展模式，使白族特色文化产业发展呈现百花齐放的繁荣景象，白族特色文化旅游业、特色手工艺品业、特色民俗节庆业和特色演艺演出业均获得长足发展。同时，随着乡村振兴战略的实施，大理州也非常重视白族乡村地区特色文化产业的发展，将白族乡村文化资源开发与非物质文化保护、特色小镇和美丽乡村建设、乡村振兴等充分结合起来，有效促进了白族乡村地区经济发展和社会进步。但是，随着全面建成小康社会目标的实现，在乡村振兴战略下，大理白族特色文化产业发展也仍面临诸多问题亟待解决。

一、产业发展模式粗放是关键问题

自从国家将特色文化产业发展上升为国家战略后，各地在《关于推动特色文化产业发展的指导意见》的指导下，纷纷对当地特色文化资源进行梳理，不断凝练文化产业发展的特色之处。大理州依托自身具有的少数民族特色文化资源和独特的旅游资源优势，也十分重视提炼文化产业的特色，注重民族文化独有品牌的创建和塑造。但是，与我国东部地区在特色文化产业发展中高度重视资源配置效率、市场化运作、集约化管理、产业链延伸打造不同，大理州的白族特色文化产业整体还处于效率不高的粗放型发展模式阶段，还没有实现集约化、精细化、高端化的内涵式科学发展。大理白族特色文化产业发展的粗放模式，主要体现在以下几个方面：

一是对特色文化产业的内在规律认识不到位，发展理念较为滞后。作为文化产业不断发展的延伸形态，特色文化产业发展是产业不断竞争的直接结果，是差异化、特色化发展战略思维的内在要求，是社会公众文化需求结构发生内在变迁的根本要求。其根源于人们文化需求向个性化、特色化、高端化以及高质量化、高体验价值、高文化内涵等方向发展转变的趋势。特色文化产业的发展与我国供给侧结构性改革的内涵要求是极度吻合的。特色文化产业旨在向社会大众提供个性化、特色化、与众不同且文化体验价值异常丰富的特色文化产品或服务，其就是要着力在供给侧解决文化产品或服务的低端化、普通化、低效化等生产问题。但是，由于文化产业整体在大理国民经济中所占的份额非常小，对推进全州经济结构优化调整的作用发挥不明显，导致州内各级政府对提升本地文化软实力，特别是特色文化产业发展的重要性认识不足、重视不够，没有把加快发展特色文化产业作为落实“创新驱动”战略的有效途径，缺少科学系统的发展思路和扶持政策。

二是缺乏对白族特色文化产业发展的规划，缺乏行业规范标准，经营管理方式粗放，产业价值链条不完善。大理州很多白族乡村地区直接将白族特色文化资源或一两种白族特色文化产品视为特色文化产业，在认识上存在“误区”，导致产业规模不经济，不重视产业链条打造，缺乏对白族特色文化产业发展的规划，白族特色文化产业的市场化运行机制较为薄弱。虽然大理州非常重视文化产业的特色化凝练，也较为重视对具有白族高度代表性文化产业的扶持，但是受限于大理州长期所形成的“旅游产业主导”的旧有思维，导致白族特色文化产业存在的价值只是作为旅游产业的辅助或补充，并没有作为较为独立的产业形态进行科学规划。对文化产业的特色进行凝练和将特色文化产业作为独立的优势产业进行培育，这两者的内涵是不同的。“十三五”期间，大理州形成了对旅游产业和文化产业的规划方案，但是却始终没有出台对大理特色文化产业发展的指导意见或规划。另外，在营销管理和品牌打造上，白族特色文化产业也较为薄弱，缺乏现代营销理念和“互联网+”思维模式。

此外，州内现有白族特色文化企业大多是由家族企业或乡村的家庭式小作坊发展而来的，仍然沿袭着手工业家族经营方式，管理方式粗放低效，很多白族特色文化产品存在粗制滥造问题，缺乏行业规范标准，各乡村地区白族文化产品存在同质化问题。再加上政府对白族特色文化企业的战略管理和品牌意识较为薄弱，对白族特色文化产品的知识产权和品牌重视不够，导致白族特色文化资源的开发利用整体上还处于粗放阶段。

二、高端创意人才缺乏导致附加值低

高端创意人才是实现由静态特色文化遗产资源向活性特色文化产品或服务转化的关键。高端创意人才是优质文化创意的提出者和特色文化产品的设计者，文化创意是连接传统特色文化资源与现代审美情趣和需求时尚的桥梁。只有将民族文化内涵附着在文化产品内，民族文化才实现商品化。高端创意的作用就在于能够挖掘出民族特色文化与时代精神相契合的价值结合点，通过现代化的表达方式，满足当代人的文化需求。现代网络技术和传播技术的更迭以及当代人们文化信息的接受和解读方式，对文化产品的创意提出了更高的专业化和复合化要求。大理白族特色文化产业的发展也面临着高端创意人才的短缺问题，导致白族特色文化遗产资源的创新转化效率不高，白族特色文化产品的附加值还有待进一步提升。

大理白族特色文化产业主要集中于白族文化资源较为富集的乡村地区，而产业内的企业大多由家庭企业或家庭式小作坊发展而来，其从业者主要是当地居民。尽管很多白族特色手工艺产品或白族特色演艺演出都是由非物质文化遗产的传承人来参与创作、生产和加工的，保证了这些文化产品鲜明的白族特色和文化内涵，但是由于企业缺乏创意型、技术型和管理型人才，复合型的高级文化产业人才极为短缺，使白族文化产品的创意设计水平和技术含量较低，难以与现代审美时尚相吻合，不能有效满足日益提升的文化需求，导致产品附加值较低，白族特色文化产业发展仍处于低端化状态。大理州文化和旅游局在对“十三五”期间文旅产业进行总结时也提到，大理州文化产品结构不立体，产品的单一性与文化市场需求失衡，文旅融合工作刚刚起步，文化资源转化为特色文化产品的层次不高、步伐缓慢，民族文化产品的文化附加值不高，“国际化、高端化、特色化、智慧化”产品不多，从传统观光型向康养休闲型转换升级的拐点尚未到来①。大理文化产业管理部门在对本州文化产业发展概况进行分析时也提出，高端的文化创意人才短缺，企业提升比较困难，引进和培养机制还有待进一步完善。

高端创意人才的匮乏，与大理州人口教育结构有密切关系。全国第六次人口普查数据显示，大理州乡村人口比例为67.56%，远超城镇人口比例。从受教育程度看，大专以上文化程度的只有16.2万人，占比只有4.6%；高中、初中与小学文化程度的共有288.1万人，占比达83.4%；在15岁以上人口中，文盲人口为14.1万人，占比为4.1%。在乡村地区，中学以下受教育程度以及文盲人口的比例依然较高，居民的文化素质水平还有待进一步提高。乡村地区教育结构的低学历化，造成白族特色文化产业发展所急需的高端创意人才十分紧缺，而大理州对既懂文化艺术又懂经营管理的复合型人才的培养与引进机制还需进一步完善。如何解决创意人才要素、资本要素与白族文化遗产资源的充分结合问题，是实现白族特色文化产业转型发展的关键一环。

① 摘自《大理州文化和旅游“十三五”及2020年工作总结和“十四五”及2021年工作计划》。

三、龙头企业不足导致产业集中度低

特色文化产业的发展，更加依赖于龙头企业或领军企业的示范带动效应。因为“特色”产品或品牌的形成本身就是基于比较优势选择走差异化的蓝海战略的表现，是一种规避直接竞争的战略选择。特色文化产业中的龙头企业，尤其是具有一定规模、创意水平较高的重点文化企业是发展文化产业的重要市场主体，一般就是在特色化、产业化战略中走在行业前列的领军型企业。领军企业和文化名牌在市场竞争中起着至关重要的作用，具有较强的市场拓展能力。这种企业具有显著的创新扩散效应和示范带动作用，能够有效促进特色文化产业的整体发展。因此，大理州也十分重视对特色文化产业重点龙头企业的培育与扶持，对具有显著市场竞争力、特色文化代表性、文化资源开发力和科技创意能力的企业进行重点培育。例如，2017年，大理州命名了首批文化产业重点企业，共有旅游行业、手工艺行业、文化传媒行业、印刷出版行业等包括企业、研究院以及合作社在内的27家单位。这些龙头企业在当地文化资源开发和相关产业带动方面发挥了一定作用，形成了一批具有大理特色的文化产品和文化品牌。但是，对于白族特色文化企业而言，大理州现有龙头企业或重点企业就相对较少。在以上命名的首批文化产业重点企业名单中，专门从事白族特色文化资源开发和文化产品生产的企业只有四家，数量整体十分稀少。另外，截至2020年，在全州38家规模以上文化企业中，专门从事白族特色文化资源开发和文化产品生产的企业数量也相对较少。

大理州现有从事白族特色文化资源开发和产品生产的企业规模小，而且散布于州内各县市，大多数企业经营层次低，效益相对较差，整体实力和自主创新能力弱，科技含量低，拥有的自主知识产权少，竞争力不强。大多数企业经营层次低，缺少具有国际、国内影响力的文化大品牌，白族特色文化企业“小弱散”情况普遍，缺少产业链完整、规模经济突出、带动性强的龙头产业和领军企业。大理文化和旅游局在总结“十三五”时期文化工作问题时也指出，涉及文旅产业发展的高层次管理运营人才、高品质服务队伍建设滞后，文旅市场经营过程中逐利性过大，有社会责任感和有情怀的实体企业不多。高端人才和龙头企业的缺失，造成白族特色文化产业集中度和集约化程度低。白族特色文化产业在全州国民经济中所占份额小，对经济的辐射带动效应不突出。

四、产业结构失衡致使综合效益不高

由于白族特色文化资源在大理州的分布零散性和不平衡性较为突出，导致白族特色文化产业的行业结构和空间结构局部不合理。

一是白族特色文化产业内部的行业结构不合理。由上文分析，在白族特色文化资源的禀赋结构中，旅游性文化资源、传统工艺文化资源和民俗节庆文化资源十分丰富，在白族文化中的代表性较为突出。由此而形成的白族特色文化产业的行业构成主要是以白族特色文化旅游业、特色工艺品业和特色民俗节庆业为主，而具有白族特色的演艺演出业、电视影视业、出版印刷业、会展博览业、影视产业、动漫产业等却发展不足，行业比重较低。或者从某种程度上来说，白族特色文化资源的产业化开发方式还不够丰富，白族特色文化资源并没有得到多层次、多维度的立体开发。

二是传统产业和新兴产业形态的结构不合理，传统产业比重较高。白族特色文化资源的丰富多样性，导致白族特色文化产业门类也比较多。但大理白族特色文化产业的主体仍然是劳动密集度高、附加价值低的传统文化产业，如手工艺品产业、文化旅游业、节庆产业等，技术含量不高，市场占有率低。然而诸如带有显著白族文化特色且科技含量高、产业关联度大、产业成长性好的战略性新兴产业所占比例较小，是白族特色文化产业中的短板，产业结构有待调整。

三是区域结构不合理，空间布局不平衡。一方面，州内县市之间分布不平衡。在全州 38 家规模以上文化企业中，大理市有 17 家，其他县市平均只有 1~4 家，云龙县仍然为文化产业规模以上企业“空白县”，县市之间产业发展不均衡。具有代表性的白族特色文化企业主要集中于大理市、剑川县和鹤庆县，而其他县市分布较少。另一方面，白族特色文化产业在城乡之间的发展不均衡。白族特色文化企业特别是规模以上的文化企业主要集中在相对发达的城镇，偏远乡镇和农村基本没有相对较大的规上企业，只有少部分的白族刺绣、木雕及银铜器加工个体户，白族特色文化产业在城乡之间发展差距较大。

行业门类结构、传统与新兴结构以及空间结构的失衡，导致白族特色文化资源的开发力度还不够大，开发方式还不够多维。尽管白族特色文化产业发展中不乏亮点，如剑川木雕产业、周城扎染产业、鹤庆银器产业等，但是很多行业都仍处于民间的自发集聚状态和产业培育阶段，还没有形成规模化、集群化，致使白族特色文化产业对大理州经济社会发展的辐射带动效应还不突出，综合效益不高。

五、品牌竞争力低造成市场拓展不足

品牌本身就是不同形象和特色的体现，品牌战略和品牌化经营是特色文化产业发展的内在要求，也是特色凝练的直接表现。大理州在发展白族特色文化产业的过程中，虽然也十分重视文化品牌和企业品牌建设，注重通过各种旅游节、博览会、展览会、文化交流会等助推品牌传播，着力塑造了一批具有代表性的白族文化产品品牌和企业品牌，如剑川木雕、鹤庆银器、周城扎染、沙溪小镇、诺邓村等。但是，从整体来看，这些白族特色文化品牌在数量、竞争力、影响力等方面仍存在较大提升空间，品牌的市场拓展力还有待进一步增强。

一方面，现有白族特色文化品牌中，具有代表性的文化产品品牌较多，而文化企业品牌较少，两者未能统一于一体。这种现象带来的主要问题就是创意性知识产权的保护问题。同一类型的白族特色文化产品在不同地域、不同家庭作坊、不同企业之间等均有生产制作，但是由于缺乏统一的行业标准规范，造成白族特色文化产品的质量参差不齐，甚至存在粗制滥造和虚假产品现象，知识产权保护难度加大，文化品牌的塑造和维护难度加大，白族特色文化产业的效益降低。

另一方面，现有白族特色文化品牌的国内外影响力不强，市场持续拓展能力不高，缺少大型的、在全国甚至全球有影响力的展览、展演、论坛等白族非遗品牌活动。白族传统工艺类的非遗产业化发展、品牌化建设仍然存在较大差距。依托白族非遗资源的大型节庆、节会等活动与旅游融合度不够，品牌效应不高，缺乏吸引力。与广西壮族自治区桂林市相比，缺少像《印象刘三姐》这类在国际上具有显著影响力的文化大品牌。

除了上述问题，大理白族特色文化产业在发展中还存在保护与开发之间的矛盾问题。例如，部分白族传统工艺类非遗项目申报成功后没有认真落实保护计划，重申报，轻管理，有的利用不当，过度开发，甚至歪曲和贬损了非遗代表性项目。一些流传在边远山区的白族传统工艺类非遗项目，与市场结合度低，资金扶持少，保护传承十分艰难。另外，大理州对白族特色文化产业的发展研究不足，尚未出台民族特色文化产业长远发展的相关政策，缺少经过科学论证的特色文化产业发展长远规划，产业发展引导扶持政策有待加强，相关规划中提出设立的文化产业发展专项资金一直没有落实。云南省其他 15 个州（市）都设立了州（市）级文化产业发展专项资金，昆明、丽江等地为 3000 万元，多数州（市）为 1000 万元。

综上所述，面对诸多问题，大理白族特色文化产业发展需要攻克节节难题，改变旧有观念，走出认识误区，转变粗放发展模式是关键环节。发展特色文化产业如果只是对文化遗产资源采取“拿来主义”的简单化开发，那么无论具有多么独特风格的特色文化资源宝库也会有干涸的一天①。

第四节 乡村振兴战略下发展白族特色文化产业的多重意义

特色文化产业深深植根于民间、贴近民生，兼具保护文化遗产、传承民族优秀传统文化、促进就业和文化富民等多方面的复合功能。尤其是对于民族地区而言，依托当地民间手工艺、民间风俗演艺和独特文化衍生民族展演等方式，将特色文化产业发展与脱贫致富紧密结合，是实现民族传统文化多重价值的有效途径。白族传统文化中蕴含着丰富的时代价值与包容和谐的文化内涵，在新的时代背景下具有经济效益、社会效益、民生效益、生态效益等多重效应。对大理白族地区而言，在乡村振兴战略下，发展白族特色文化产业则对白族聚居乡村的产业振兴、人才振兴、文化振兴、生态振兴等具有长远的意义。

一、有利于推进白族乡村接续减贫

2020年是全面建成小康社会目标实现之年，是全面打赢脱贫攻坚战收官之年②。在国家整体脱贫攻坚任务完成后，相对贫困成为主要矛盾问题和工作重心，接续减贫将成为常态化工作。习近平总书记提出，要接续推进全面脱贫与乡村振兴有效衔接，推动减贫战略和工作体系平稳转型，统筹纳入乡村振兴战略③。近年来，大理州坚持将脱贫攻坚作为统领全州经济社会发展的重要工作之一，取得了显著成就。截至2020年7月，大理州11个贫困县全部脱贫摘帽，34个贫困乡镇、541个贫困村已全部脱贫退出，累计减少贫困人口41.31万人，剩余的贫困人口全部达到“两不愁三保障”标准④。脱贫攻坚任务完成后，持续减贫则成为之后的工作重心。根据前文所述，大理州城乡居民的收入水平存在较大差距。2019年，大理州城镇居民人均可支配收入36982元，而农村居民人均可支配收入仅有12665元。

---

① 齐勇锋：《中国文化的根基：特色文化产业研究 第1辑》，光明日报出版社2014年版，第26页。

② 摘自2020年中央一号文件《中共中央、国务院关于抓好“三农”领域重点工作确保如期实现全面小康的实施意见》。

③ 摘自习近平总书记于2020年3月6日在决战决胜脱贫攻坚座谈会上的讲话。

④ 数据来自《大理州奋力交出合格答卷》。

从白族主要聚居县市来看，各县市之间、各县市内部城乡之间，都存在较显著的差距。

白族特色文化产业提升白族乡村地区非遗产业化产能，赋予白族乡村文化产业鲜明特色和差异性。发展白族特色文化产业对推进白族乡村地区接续减贫的意义表现在以下几个方面：第一，基于内生性和自发性功能特点，白族特色文化产业同时具有物质财富效应和精神财富效应，发展白族特色文化产业有利于帮助白族地区提升居民的内生发展能力。第二，白族特色文化产业与当地具有天然的亲和度，发展白族特色文化产业能够有效弥补白族地区观念落后、生产力薄弱、技术不发达等短板，因此，应当从人们日常生活中蕴含的特色文化资源开发入手，不断提高增收能力和收入水平。第三，依托白族当地特色文化资源，可以充分吸纳白族乡村劳动力就地就业创业，激发乡村创新创业活力。第四，白族特色文化产业具有民族差异性和区域差异性，在满足文化需求中具有特色化、稀缺性特点，可以稳定获得市场占有率而发挥溢出效应和辐射效应①。

二、有利于促进白族乡村产业振兴

根据前文所述，尽管改革开放以来，大理州乡村经济得到飞跃发展，但是在经济结构方面存在一些问题。例如，2019 年大理州 GDP 总量为 1374.9 亿元，比上年增长 6.1%，三次产业结构由 2018 年的 17.9 : 31.4 : 50.7 调整为 19.9 : 29.9 : 50.2。第一产业在三次产业结构中的比重稍高，农业产业化水平还有待进一步提升。2018 年，大理州粮食作物与经济作物比例为 72.3 : 27.7。在白族主要聚居县市，农林牧渔业之间的比例也存在一定的结构性失衡，尤其是以种植业为代表的传统产业比重稍高，而相关服务业比重较低，乡村经济中的第三产业发展相对较为滞后，农业结构还不够优化。在乡村旅游业方面，白族聚居主要县市也存在发展水平上的差异性，突出表现在旅游社会总收入、旅游者接待人次、基础设施、旅游资源分布等方面。

特色文化产业不仅具有本土性和创意性特质，而且还具有产业关联性和创新扩散性，发展特色文化产业对促进民族地区产业发展具有多方面的价值效应，突出表现在转变经济增长方式、优化产业结构、促进传统产业优化升级等方面。学者厉无畏认为，文化创意产业是推动经济发展方式转变的重要推动力，通过资源转化、价

① 齐勇锋：《中国文化的根基：特色文化产业研究（第 3 辑）》，光明日报出版社 2017 年版，前言部分第 1 页。

值提升、结构优化和市场扩张四种模式实现[①]。发展白族特色文化产业对促进大理白族乡村地区产业振兴具有重要价值，具体表现在以下几个方面：第一，有效促进生产要素结构优化。白族乡村居民充分利用当地熟悉的特色文化要素，与本地劳动力、土地和资本要素有机融合，能够实现要素重组，达到结构优化配置。第二，白族特色文化产业作为新兴产业，其发展有利于培育乡村经济新的经济增长点。第三，可以有效提高乡村经济第三产业比重，降低传统农林牧渔业比重，促进乡村产业结构调整。第四，白族特色文化产业具有强融合性，其能够与传统农业、手工业、纺织业、饮食业、旅游业等产业有机融合，实现第一二三产业间的深度融合发展。第五，白族特色文化产业以"文化创意"为主要投入要素，该要素具有创新扩散效应，能够通过要素有机融合和创新动力的培养，实现产业价值链延伸并实现产业整体转型升级，保护白族乡村生态环境，推动白族乡村经济发展方式向"创意驱动"转变。

三、有利于推动白族乡村文化振兴

特色文化深深植根于民众的日常生活，尤其是民族地区，民族传统文化的原生态性，是特色的主要来源。就是因为这种自发性，使民族特色文化产业具有广泛、坚实的社会基础和民生优势，特色文化产业的发展是鲜活的，它不但传承记录了民族文化，更体现出在时代变迁下传统文化历久弥新和发展创新的特点[②]。

因此，发展白族特色文化产业，对促进大理白族乡村文化振兴具有深远意义，具体表现在：第一，有利于保护传承白族优秀传统文化。白族人民在历史中创造了璀璨的精神文明，留下了丰富的文化遗产。发展白族特色文化产业，可以有效发挥其文化遗产保护传承功能，"特色"的本质内涵就是"民族传统文化"和"民族原生态文化"。第二，有利于挖掘白族特色文化资源的价值。加快发展白族特色文化产业，有利于充分挖掘这些文化遗产的多重价值，不断增进民族文化自信心，使其在新的时代背景下能够继续展现民族优秀传统文化的生命力和涵养力，服务于民族地区经济社会全面发展和中华民族文化复兴。第三，有利于塑造大理白族乡村文化品牌。白族特色文化产业中的"特色"，是塑造民族文化品牌的源泉，是亮丽的乡村名片。这对当前乡村振兴战略下的特色小镇建设尤其是"一村一产、一村一品"建设具有重要意义。第四，有利于优化大理白族乡村文化生态。白族特色文化产业的发展，具有多层次、多方面的价值复合性功能，而且这些价值与白族乡村居民的

---

① 厉无畏：《创意经济与管理 2017 年》第 1 卷，东华大学出版社 2017 年版，第 6 页。

② 齐勇锋：《中国文化的根基：特色文化产业研究（第 3 辑）》，光明日报出版社 2017 年版，第 57–58 页。

生产生活息息相关，有利于改善文化生态环境。在白族特色文化产业发展过程中，传统生产生活理念不断输出，借助于创意劳动，形成不同于以往的外在形式的文化产品，能够吸引外部要素向乡村流动，从而在城乡融合发展下形成城乡互动、双向发展的更广泛的价值生成、文化传播效应①。

四、有利于实现白族乡村生态振兴

洱海流域是大理文明的起源之地，其生态环境在大理州各民族经济社会发展全局中具有特殊性地位，洱海保护治理工作与脱贫攻坚是统领全州经济社会发展全局的两大工作重心。2019 年以来，大理州在洱海保护治理和生态环境建设方面取得了显著成效：实施洱海保护治理项目 45 项，初步建成生态廊道 52 千米，洱海流域绿色生态种植 26.2 万亩。完成营造林 27.2 万亩，退耕还林 19.3 万亩，实施海东面山绿化 2.1 万亩，省级生态县创建比例达 66.7%。② 大理州为推进乡村生态振兴，在全州实施了农产品“绿色食品牌”战略，有效改善了乡村生态环境。但是，大理州政府也同样认识到，洱海生态环境保护任务十分艰巨，流域转型发展十分缓慢。发展白族特色文化产业对促进白族乡村生态振兴并实现可持续发展具有长远价值。第一，白族生态文化契合可持续发展观念。白族先民早期形成的朴素的生态伦理道德，已经认识到自然环境对人类生存的重要性。那就是顺应自然、尊重自然、适应自然，正确处理农业生产与环境保护之间的关系，反对片面地利用自然与征服自然，只有这样人类才能够生存与发展。在这些传统民族生态观念的影响下，大理白族自治州形成了独特的民族经济发展模式。白族本主信仰文化中就蕴含着“敬畏自然”“以德养性”“和谐共生”的伦理观念。③ 第二，白族特色文化产业本身富有显著的生态发展优势。区别于其他传统产业，特色文化产业以“文化创意”为主要投入要素，而文化要素的加工生产本身就具有生态属性，属于极富高附加值的“无烟”产业，具有低碳经济效应。第三，发展白族特色文化产业可以促进乡村经济转型发展，最终实现乡村生态振兴。发展白族特色文化产业能够优化乡村经济结构、促进创新型乡村经济发展模式的培育。其与传统产业融合发展，可以改变传统产业发展模式，有效实现传统产业转型。此外，白族特色文化产业中所传播的白族文化内涵与创新思维观念，可以有效提升白族乡村居民整体素质水平。因此，白族特色文化产业可以从根本上实现农民、农业和农村即“三农”的内生发展，形成白族乡

① 齐勇锋：《中国文化的根基：特色文化产业研究（第 3 辑）》，光明日报出版社 2017 年版，第 59 页。

② 数据来自《2020 年大理州人民政府工作报告》。

③ 饶峻姝、李艳萍：《试论白族本主信仰中生态伦理思想的现代价值》，《南方论刊》2014 年第 4 期。

村“创意”驱动型经济，改变低效、低附加值、低端产业、高生态破坏型的旧有经济发展路径，有效实现乡村生态振兴。

五、有利于助力白族乡村人才振兴

截至2019年末，大理州少数民族人口共计191.14万人，占总人口的52.43%，其中白族人口124.67万人，占比为34.20%。从某种程度上来讲，乡村振兴战略的深入实施，最终还是取决于乡村地区居民整体素质水平的提升。因此，人才振兴在乡村整体振兴中具有重要意义。特色文化产业对推进人才振兴具有重要价值。特色文化产业具有民族和区域特色，根植于传统文化土壤中，带有天然的在地性和亲和性。通过发展特色文化产业，能够有效调动人口生产积极性，增强自信心。

发展白族特色文化产业对于推进大理白族乡村人才振兴具有长远价值。一方面，从提升乡村地区居民文化素质角度上来说，白族特色文化产业发展具有持续显著的促进意义。乡村居民是发展白族特色文化产业的主体参与者。文化要素本身就是当地居民在历史发展中继承、保留和积淀下来的资源，农民既是创造主体之一，也是使用主体。他们深刻理解本地文化的内涵，是继续弘扬并创造文化的能动者。在发展白族特色文化产业的过程中，由于文化要素本身对劳动者具有涵养教育和创新扩散效应，再加上其本身就深深植根于当地日常生产生活之中，通过各类特色文化产业活动，就可以有效调动白族乡村居民的参与积极性，提升农民生活幸福感和生活质量，形成乡村居民对美好生活的向往，改变传统思想观念，从而内化成主动参与创新创业的内在动力，提升农村的劳动力就业吸引吸纳能力，并让农村成为劳动力就业新领域。另一方面，从吸引外来人才的角度来看，发展白族特色文化产业可以形成乡村地区极具产业效率和发展活力的产业形态，由此便会产生强烈的要素集聚效应，吸引外部创新创意人才要素向乡村地区流动，也可以有效吸引外出务工人口回流，形成人才就业新高地。

综合本章所述，“十三五”期间，大理白族地区在乡村经济发展中取得了显著成就，脱贫攻坚取得了决定性胜利，乡村经济发展整体呈现良好发展态势。但是，城乡发展不平衡问题依然是主要问题。在白族特色文化产业发展方面，大理不断深入探索民族特色文化产业的发展模式和机制，取得了显著成就。白族特色文化旅游业、特色手工艺品业、特色民俗节庆业和特色演艺演出业均获得长足发展，大理州逐渐探索出了具有大理特色的民族特色文化产业发展之路。但是，随着全面建成小康社会的实现，在乡村振兴战略下，大理白族特色文化产业发展也仍面临诸多问题和藩篱亟待解决。其中，发展模式粗放是关键问题。发展白族特色文化产业对于推进大理乡村振兴战略具有多重价值意义。白族乡村的全面振兴，不能主要依赖外在“输血式”帮扶，而只能依赖内在“造血式”发展，即必须充分发挥白族乡村比较优势，以促进乡村居民内生式发展为宗旨，促进内生动力的培育。培育内生式可持续增长动力则必须凭借特色文化资源发展特色经济。大理白族特色文化产业的发展必须打破固有的发展思路，让民族传统文化展现出时代价值。

第十一章　白族特色文化产业转型发展的基础条件

文化产业的产生和发展必须深深依托于其所在生存土壤的各种因素和条件。只有详细分析文化产业发展的经济基础、制度条件、自然条件、文化基础设施等条件因素，并梳理出制约创新发展的藩篱，才能因地制宜制定科学的发展思路。制定大理白族特色文化产业的创新发展对策与思路，也必须首先对其生存发展的土壤——各种基础条件和发展环境进行剖析，其目的就在于逐步明晰白族特色文化产业进一步发展的优势条件和不足，以达到知己知彼的目的。

第一节　逐步健全完善的文化市场条件

健全完善的文化市场条件是影响特色文化产业发展的首要外部因素。特色文化产业的转型、创新发展必须依赖较高的收入基础、完善的市场体系、高效的文化体制以及旺盛的文化需求等多方面基础条件。经过多年市场培育和体制改革，大理白族特色文化产业的创新发展具有良好的文化市场条件，无论是在州内外文化需求还是文化政策环境等方面都具备了良好基础。

一、大理城乡居民收入逐年提升

不同于物质产品的消费特质，文化消费与居民收入之间的关系具有特殊的递变规律。文化消费首先具有反恩格尔第一定律特征。对于一般物质产品而言，随着贫困家庭或个人收入增加，食品支出比重会呈现下降趋势。但是，法国社会学家埃尔潘认为，恩格尔第一定律不能解释这种纵向的比较……穷人仿佛有一个心理门槛，当温饱尚且成为问题时，他们就会首先考虑食物的满足[①]，虽然收入增加，但是他们

① 尼古拉・埃尔潘:《消费社会学》，孙沛东译，社会科学文献出版社 2005 年版，第 20 页。

会同步增加食物支出，让恩格尔系数保持不变。但是，对于文化消费而言，随着收入增加，文化支出会同比或更大比例增加。这是一种完全不同于恩格尔系数递减定律的反恩格尔定律①。这与文化产品作用于人的精神层面而产生的无限开发利用潜质具有紧密关系。

大理州城乡居民收入和社会消费能力呈现逐渐提升态势：

一方面，大理州脱贫攻坚取得决定性胜利，居民收入显著提高。截至2020年7月，大理州11个贫困县全部脱贫摘帽，累计减少贫困人口41.31万人。全面补齐脱贫攻坚短板弱项，城乡面貌发生了巨大变化，贫困地区农民人均可支配收入从2015年的8766元上升到2019年的12665元，年均增长9.81%，各族群众生活水平得到了前所未有的大幅提升，脱贫攻坚取得决定性胜利。

另一方面，大理州人均生产总值和人均收入逐年提升（见图11-1）。根据统计，2019年全州地区生产总值（GDP）1374.9亿元，比上年增长6.1%。全州人均生产总值38097元，同比增长5.5%。全州城镇居民人均可支配收入36982元，比上年增长7.8%；农村居民人均可支配收入12665元，同比增长10.2%。城乡居民收入的不断提高，使社会消费能力不断提高②。随着城乡居民收入的不断提升，全州居民恩格尔系数呈长期持续下降趋势。城镇从1980年的61.8%下降到2017年的28.9%，农村从1980年的61.8%下降到2017年的30.7%③。具体如图11-2所示。

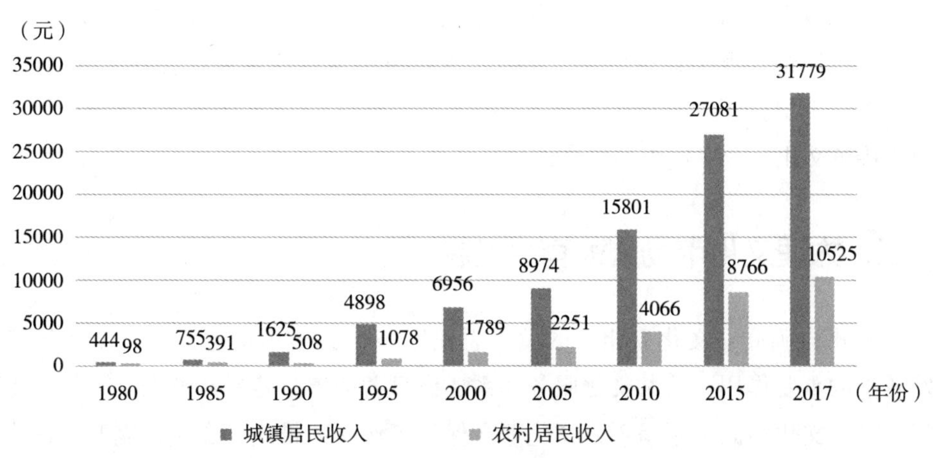

图11-1　大理州历年城乡居民收入变化

资料来源：根据《大理州年鉴》（1980–2018）统计整理所得。

① 秦勇：《意义的生产与消费——文化经济学新论》，首都师范大学出版社2017年版，第164页。

② 数据来自《大理白族自治州2019年国民经济和社会发展统计公报》。

③ 数据来自《大理日报》于2018年12月14日刊发的文章《恩格尔系数见证我州居民生活不断改善——大理州改革开放四十年系列报道之五》。

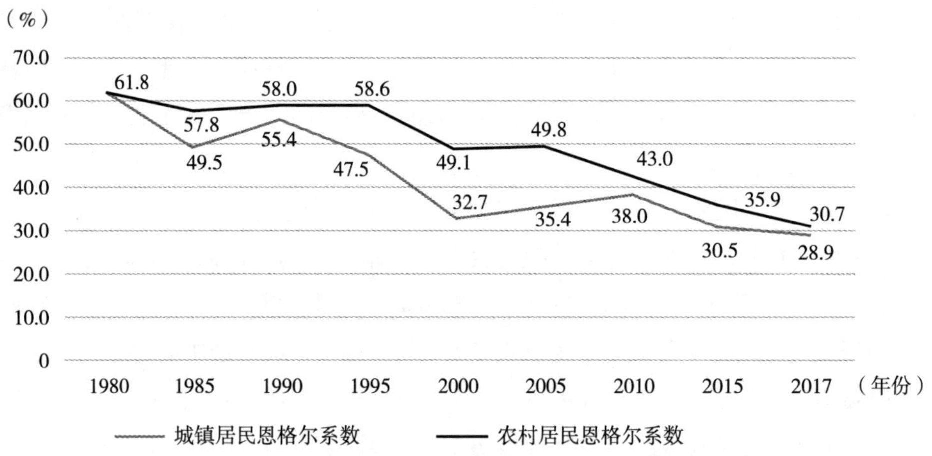

图 11-2 大理州历年城乡居民恩格尔系数变化

资料来源：《恩格尔系数见证我州居民生活不断改善——大理州改革开放四十年系列报道》，《大理日报》，2018 年 12 月 14 日。

特色文化产业的发展与城乡居民的收入具有直接关系，城乡居民收入的不断提升是发展特色文化产业的基本前提。对于大理白族特色文化产业发展而言，一方面，城乡居民可支配收入的增加，有利于进一步降低大理城乡地区的恩格尔系数，提高其文化消费能力，奠定州内文化市场需求基础，为加快大理白族特色文化产业奠定坚实的物质基础；另一方面，城乡居民尤其是白族乡村居民收入水平的提高，使其从基本温饱问题中释放出来，增强了其对更高生活质量和更美好生活的追求，从内在动力上提升了白族居民参与文化建设和民族文化发展的热情，有利于发挥其在白族特色文化产业发展中的主体地位。

二、大理文化市场繁荣有序发展

大理州自确立“文化立州”的发展思路以来，突出了文化建设在全州经济社会发展中的重要作用，公共文化服务体系建设日益完善，各民族群众文化权益得到有效保障，文化精品不断呈现，文化遗产保护工作深入推进，文化体制改革逐步推进，文化生产力得到显著解放。大理州文化市场和文化产业不断发展，在满足人民群众多样化精神需求方面发挥着日益显著的重要作用。

一方面，平安文化市场建设推进，文化市场管理成效突出。大理市按照文化市场综合行政执法改革要求，注重维护文化安全和意识形态安全，深入开展平安文化市场创建活动，着力构建共建、共治、共享工作格局，有效推动全市文化市场繁荣发展，为全市经济社会发展提供和谐稳定的文化安全保障。文化市场环境得到有效净化，市场经营主体得到有效规范。2018 年，大理州加强文化市场管理，完成行政审批 32 项。全州网吧正常营业 246 家，停止营业 50 家，注销 11 家。大理州现有娱乐场所 205 家，文艺表演团体 12 家，演出经纪机构 1 家。

另一方面，文化企业市场主体地位进一步巩固，发展活力增强。大理州着力抓文化产业培育提升，通过文化企业提升、文化产业项目、文化产业园区建设等方式，进一步巩固提升文化企业作为文化市场主体的地位，提高其市场发展活力。2017 年，全州文化产业法人单位 407 户，规模以下文化产业法人单位 368 户，其中联网直报文化企业 17 家，占全州联网直报文化企业的 44.74%；文化产业重点企业 16 家，占全州文化产业重点企业的 59.3%。2018 年，大理州规模以上文化产业联网直报企业达 36 家。经核查认定，文化产业法人单位 1983 家，比第三次全国经济普查时增加 1183 家。重点文化企业的示范带动作用逐渐增强，27 家企业被大理州命名为文化产业重点企业，其中，大理市 16 家、漾濞县 2 家、祥云县 1 家、洱源县 2 家、剑川县 1 家、鹤庆县 3 家、巍山县 1 家、宾川县 1 家。

文化市场的科学管理，再加上文化企业尤其是文化产业重点企业的培育发展，极大地促进了大理州文化市场的繁荣有序发展，为大理白族特色文化产业的创新发展提供了良好的市场环境。

三、文化体制改革扎实有效推进

作为云南省文化体制改革试点地区，大理白族自治州自 2003 年推进文化体制改革以来，已经取得了显著成效。大理州把建立宏观管理体制和建立微观运行机制相结合，全面完成了州级文化企事业单位的体制改革工作。

党的十八大以来，大理州继续贯彻落实中央和省委部署要求，进一步确立文化领域重要基础性制度框架，文化改革发展政策体系逐步完善，文化产业呈现出繁荣发展的良好态势。一是行政职能深入转变，宏观管理体制逐步完善。管理体制进一步健全，党政部门与所属文化企事业单位的关系不断理顺。行政审批项目得到及时取消、下放和调整，“政事分开”与“政企分开”进一步强化，经营性文化活动由企业和社会民间组织举办的具体实施办法已经研究制定。二是文化产业发展方式不断创新，文化发展展现新活力。全州建立了文艺创作奖励机制，实施了文化产业重点园区建设战略，加快推进了一批极具示范带动作用的重点项目。三是互联网管理体制和工作联动机制进一步完善，传统媒体与新兴媒体实现融合发展。“五位一体”的全媒体传播平台不断健全完善，“一报两台一网”+“三微一端”州级主流媒体新格局初步形成。四是国有文艺院团体制改革深入推进，文艺创作日益繁荣，民族文化传承发展取得显著进步。五是现代文化公共服务体系建设深入推进，群众文体权益得到有效保障。乡村综合性文化活动逐步增多，公共文化服务均等化建设得到扎实推进。

文化体制的深化改革尤其是乡村文化公共服务体系的深入推进，为乡村振兴战略下大理州白族特色文化产业的发展消除了体制机制障碍和约束，对于充分调动乡村居民民族文化传承和发展热情、培育乡村居民作为特色文化产业发展的市场主体并提升其积极性具有长远意义。改革为活跃白族乡村文化创作和创意氛围营造了轻松、积极和宽松的体制机制环境。

四、国内外文化消费需求日益高涨

国内外文化消费需求是影响白族文化特色产业发展的重要因素。在当前经济全球化和文化多样化背景下，积极拓展国内外市场，弘扬中华民族优秀传统文化并推动其走向世界，提升国家文化软实力和文化形象，是发展民族特色文化产业的重要目标。当前国内外居民对民族文化的需求越来越旺盛，为白族特色文化产业发展提供了深厚的需求基础。

一方面，国内城乡居民人均收入的不断提升使国内文化市场需求越来越旺盛。2019 年，全年国内生产总值 990865 亿元，全年最终消费支出对国内生产总值增长的贡献率为 57.8%。全国居民人均可支配收入 30733 元，比上年增长 8.9%，实际增长 5.8%[①]。其中，农村居民 16021 元，比上年增长 9.6%；城镇居民 42359 元，比上年增长 7.9%。全国居民恩格尔系数为 28.2%，比上年下降 0.2 个百分点，其中城镇为 27.6%，农村为 30.0%。可支配收入水平的不断提高，也带动了消费水平尤其是文化消费支出的提高，形成了深厚的国内文化市场需求基础。2019 年全国居民人均消费支出 21559 元，比上年增长 8.6%。其中，城镇居民人均消费支出 28063 元，同比增长 7.5%；农村居民人均消费支出 13328 元，同比增长 9.9%。人均教育文化娱乐消费支出 2513 元，同比增长 12.9%，占人均消费支出的比重为 11.7%[②]。文化消费具有反恩格尔定律的特质，随着国内居民人均收入的增长，国内城乡居民的文化消费需求会越来越旺盛。

另一方面，全球文化市场对中国文化产品或服务的需求量日益高涨。根据联合国教科文组织统计显示，2013 年我国文化产品出口总额达到 601 亿美元，成为世界第一文化产品出口大国。2016 年我国文化产业增加值达 30785 亿元，占 GDP 比重为

① 实际增长率为扣除价格因素后的增长率。

② 数据来自《中华人民共和国 2019 年国民经济和社会发展统计公报》。

4.14%，文化产品贸易出口总额达 786.6 亿美元。2017 年我国文化产业进出口总额达到 1265 亿美元，文化产品贸易顺差为 792.6 亿美元。文化和旅游的融合发展趋势，使国内文化旅游市场越来越吸引国外消费者群体。2019 年，全年国内游客 60.1 亿人次，比上年增长 8.4%；入境游客 14531 万人次，同比增长 2.9%。其中，外国游客 3188 万人次，同比增长 4.4%。对于大理州来说，丰富独特的民族传统文化成为吸引国外游客的重要内容。2018 年，大理州共接待国内外游客 4710 万人次，比 1995 年的 282.7 万人次增长了 15.7 倍；旅游总收入 795 亿元，比 1995 年的 4.5 亿元增长了 175.7 倍，年均增长达 25.2%。2019 年，全州共接待海内外旅游者 5300 万人次，比上年增长 12.5%，全年实现旅游业总收入 941.9 亿元，同比增长 18.4%[①]。日益增长的国外文化市场需求，为白族特色文化产业发展走向世界奠定了坚实的需求基础。弘扬与传播中华民族优秀传统文化，提升中华民族文化自信是发展民族特色文化产业的重要宗旨。

综上所述，大理州在大理推进文化市场建设过程中取得了显著效果，文化市场繁荣有序发展，为乡村振兴战略下加快发展白族特色文化产业提供了优良的市场环境。此外，大理州高度重视文化产业与其他产业融合发展，充分利用比较优势，扎实推动全州文化产业发展再上新台阶。作为国际旅游型城市，随着国内外居民精神文化消费需求的高涨，日益增长的国内外文化市场需求为大理州白族特色文化产业的发展奠定了坚实的需求基础。

第二节　大资源观下的相关资源条件

特色文化产业以其差异化和独有性特质，逐渐成为文化产业发展的新兴形态，受到各地区的青睐。但是，各地在发展特色文化产业的过程中存在很多误区，依然坚持旧有观念和思路，致使很多地方的特色文化产业发展模式仍处于粗放发展阶段。究其原因，把文化遗产资源直接当作文化产品或文化产业是主要误区之一。文化产业的产生是人类经济社会发展到一定阶段的产物，是建立在物质需求得到基本满足和其他产业充分发展的基础上的。民族文化资源的原生态性固然重要，但如果不能与其他资源要素相互有机融合，不经过现代科技和创意劳动的转化，就不能形成特色的民族文化产品和消费市场，最终将失去其赖以生存发展的土壤。因此，特色文化产业发展必须坚持“大资源观”，不能仅仅将目光集聚于文化要素本身。

① 数据根据国家统计局和大理州统计局统计数据整理所得。

一、“大资源观”的基本内涵

资源观是人们对资源形成、形态、功能及前景的基本看法，是一种在资源开发、利用过程中产生的，决定着人们对资源的基本态度和对资源采取的基本行为倾向的认识①。传统资源观较为看重资源的自然属性、物质属性和有形性特征。随着全球经济社会发展实践的不断延伸，尤其是知识经济的到来，对传统资源观带来了巨大冲击。在知识经济时代背景下，资源的内涵与外延都产生了较为巨大的变化，越来越多的资源要素已经进入到资源系统。现代资源逐渐向纵向和横向两个方向进行延伸②。知识经济的到来，对资源的要求发生了改变，体现出向无形资源、精神资源、间接资源、主观资源、社会资源的转变。

当代经济社会普遍采用较为宽泛的资源概念，称为“大资源观”。大资源观认为，资源是指人类社会发展可资利用的一切有形的或无形的、物质的或非物质的、自然的或社会的要素和价值③。“大资源观”是一种思维更为灵活、视野更为宽泛的资源观念，打破了传统资源观将资源主要界定为物质的、有形的自然环境因素的做法，将能够促进人类社会发展的一切要素都视作资源。“大资源观”体现出以下与时俱进的理念：一是资源的发展观念。资源是同人类的生存和发展联系在一起的、能够被开发利用的存在，其数量、规模、种类、功能在不断发展变化着，人类应该尊重资源发展规律。二是资源的整体观念。任何资源都不是孤立存在的，不同资源之间在生成、存在、发展和功能发挥等方面存在着相互依赖或依存的整体性关系。三是资源功能的开放性观念。自然资源、社会资源以及人文资源之间存在着相互开放的属性，即在任何一种资源开发利用的过程中，必须借助其他资源形态的助力和配合才能达到最佳开发效率。四是资源投入中的融合观念。大资源观不是各类资源的简单加和，而是依据各种资源之间的密切关系，实现各种资源要素的有机融合，以达到产业融合发展的目的。

鉴于各地在发展特色文化产业过程中出现的资源误区，即错误地认为文化遗产资源即文化产品或文化产业的观念，既忽略了当地其他资源对文化资源的生成、存在和功能发挥的重要影响，又因为缺乏创意转化、科技转化而关闭了各类资源间的功能开放性和融合性，特色文化产业发展必须坚持“大资源观”：在以特色

① 王子平、冯百侠等：《资源论》，河北科学技术出版社 2001 年版，第 105 页。

② 资源的横向延伸是指资源由经济领域向其他领域延伸，资源的纵向延伸包括向上和向下延伸。前者是指在各类资源上面出现能够概括所有部门资源的一般资源，后者是指在部门资源中又包容着众多具体的资源形态。

③ 李靖平：《信息资源管理》，吉林出版集团 2018 年版，第 7 页。

文化资源为特色文化产品生产的核心关键要素的基础上，还必须充分结合当地其他自然资源和经济资源，通过创意转化和科技转化，实现要素有机融合，最终达到特色文化产业创新发展的目的。

发展特色文化产业主要依托文化遗产资源，此外还包括多样化的自然景观、特殊地质地貌等在内的自然资源，以及工业遗址、农业资源为代表的经济资源①。对于白族特色文化产业而言，在大资源观下，除了白族特色文化资源外，还必须充分依托大理白族乡村地区的自然景观、地质地貌、农业资源、生物资源等条件，通过要素有机融合进而实现产业融合发展，只有这样才能更好地发挥白族特色文化产业的辐射带动效应和产业关联效应。

二、“亚洲文化十字路口”的区位优势

优越的地理区位条件和经济区位优势是发展特色文化产业的重要条件。一方面，优越的地理区位是人类文明的起源区域，是各民族进行文化交流与碰撞的良好区域，是独特的民族文化资源得以孕育和发展的优良土壤；另一方面，优越的经济区位条件可以有效形成广阔的文化市场，可以吸引和集聚各类优质生产要素，可以培育特色文化产业并逐步走向更为广阔的文化市场。大理州则具有我国西南民族地区边陲重地和“亚洲文化十字路口的古都”的区位优势。大理区位优越，它既是古代“蜀身毒道”和“茶马古道”的要冲，中国通往南亚、东南亚“南方古丝绸之路”的必经之地，又是云南北进川藏、南接南亚及东南亚的重要通道，连接滇西8州（市）的交通枢纽和物资集散地。

从国内视角看，大理州是我国西南民族地区的边陲重地。作为我国唯一一个白族自治州，大理州位于云南省中部偏西，东连楚雄州，南接普洱市、临沧市，西与保山市、怒江州接壤，向北毗邻丽江市。从国际视角看，作为州府的大理市一向被称为“亚洲文化十字路口的古都”。所谓“十字路口”，就是著名的“南方丝绸之路”与“茶马古道”的交汇之地，使大理成为连接东亚和南亚的重要交通枢纽。从历史维度看，大理具有“亚洲文化十字路口的古都”的独特区位，古为“蜀身毒道”和“茶马古道”的重要中转站，不但孕育了白族先民早期文明，而且造就了辉煌一时的南诏和大理文化。从现代经济区位层面来看，大理州也具备了良好的区位优势。大理州是滇缅公路、滇藏公路交汇地，现为云南省规划建设的滇西中心城市、区域交通枢纽和滇西物流中心，初步形成了铁路、高等级公路、航空结合，城

① 齐勇锋：《中国文化的根基：特色文化产业研究（第2辑）》，光明日报出版社2016年版，第6页。

乡连通，辐射周边的立体交通网，北可进川藏和印度，南可通往老挝、越南等国家。在云南省“面向南亚东南亚辐射中心”的战略定位中，大理由于其卓越的区位优势具有重要的战略地位。卓越的区位优势为白族特色文化产业的发展奠定了良好的基础，不但形成和造就了独特丰富的白族传统文化资源，也为白族特色文化市场的形成和民族文化走向世界提供了有利条件。

三、秀丽的自然风光和地质地貌

自然风光和适宜的气候条件可以为特色文化产业发展提供优良的空间环境，并且可以与当地特色文化相得益彰，在两者的有机结合中实现自然风光感受与文化体验价值的交相呼应。特色文化产业的发展，必须充分依托当地自然条件，紧密结合当地地质地貌特点，利用风光气候资源，实现全方位、多形态的产业融合发展。

大理州拥有秀丽的自然风光、丰富的地质地貌和宜人的气候条件。大理州地处云贵高原与横断山脉结合部位，地势西北高，东南低，地貌复杂多样。境内的山脉主要属云岭山脉及怒山山脉，点苍山位于州境中部，如拱似屏，巍峨挺拔。州内湖盆众多，盆地多为线形盆地，呈带状分布。大理点苍山是我国最后一次冰期“大理冰期”的命名地。境内主要河流有大小 160 多条，呈羽状遍布全州。州境内分布有洱海、天池、茈碧湖、东湖、剑湖等八个湖泊。中部点苍山是国家级风景名胜区、自然保护区和地质公园，与洱海珠联璧合；东部金沙江流域，地势平缓、沃野棋布；西部澜沧江、怒江流域，重峦叠嶂、景色壮丽；高山盆地之间镶嵌着明珠玉镜般的洱海等湖泊，终年碧波荡漾，构成青山抱绿水、湖光映山色、四时有奇葩的自然景色。全州由于地形地貌复杂，海拔高差悬殊，气候的垂直差异显著。河谷热，坝区暖，山区凉，高山寒，立体气候明显。

秀丽的自然风光、丰富的地质地貌和宜人的气候条件不但为发展白族特色文化产业提供了良好的宜居环境，而且为创新白族特色文化产业发展模式提供了思路。独特的白族文化的产生和发展离不开与之相适应的特殊的自然环境，因此，白族特色文化产业发展必须紧紧依托当地自然风光、地质地貌和气候条件，将自然风光体验和白族文化体验双重价值紧密联系在一起，让人们在感受自然美的同时，也能够体验白族文化的精神内涵，向社会大众提供丰富多样、层次不同且与众不同的极致体验。

四、多姿多彩的旅游景观资源

特色文化产业与旅游产业具有十分紧密的价值关系，丰富的旅游资源可以拓展特色文化产业的发展路径，实现产业间的融合发展。大理州在发展旅游产业尤其是乡村旅游产业的过程中，充分利用其丰富的旅游资源，十分重视民族文化与旅游业的融合发展，实现了突出的经济效益、社会效益、生态效益等。

大理州有云龙天池等3个国家级自然保护区、巍山巍宝山等5个国家级森林公园、剑川剑湖湿地等3个省级自然保护区、漾濞雪山河等23个州级自然保护区。大理集国家级风景名胜区、国家级自然保护区、中国优秀旅游城市、中国内地十佳宜居地等多项桂冠于一身，是国内外游客旅游目的地之一。全州风景名胜旅游点区达130多处，有国家5A级景区1个，4A级景区9个，与此相配套的旅游六大要素齐全，交通便捷，接待设施完备，列入建设各级各类的特色小镇16个，其中国际一流2个，全国一流2个[①]。整个大理州境内山川湖泊资源十分丰富，更有独特的养生温泉、魅力古城镇（村）、白族民居、众多民族节日等旅游资源。苍山是世界地质公园，洱海是“高原明珠”，“苍山不墨千秋画，洱海无弦万古琴”“风花雪月地，山光水色城”的自然美景举世闻名。“苍山自然与南诏文化遗存”是国家自然文化双遗产。

旅游资源与文化资源具有天然的内在关联性，两者通常密不可分、相互渗透。大理州丰富的旅游资源，是打造特色文化产业品牌和实现白族特色文化产业创新发展的重要依托。尤其对于白族乡村地区而言，如何实现白族特色文化产业与乡村旅游产业的深度融合，是创新白族特色文化产业发展模式的重要突破口。

五、种类丰富多样的自然资源

除优越的区位条件、自然风光和旅游资源外，大理州还拥有丰富多样的自然资源，尤其是土地资源、生物资源等为白族特色文化产业的发展提供了坚实的基础条件。

大理生态良好，属四季不分明的低纬度高原季风气候，年均日照数2335.6小时，平均气温15.8℃，平均降水量835.7毫米，森林覆盖率62.86%。大理资源富集，是中国生物多样性较为突出的地区之一和云南主要药材产区之一，全州现已建成高原特色农业基地1400万亩。境内水能资源丰富，清洁能源装机达1544万千瓦。大理州土地面积29459平方千米，现有耕地368884公顷。境内地质成矿条件好，矿产种类较多，金属矿床矿点多达200多个，非金属矿有煤、岩盐、大理石、石灰石、白云岩、萤石、石英砂、砷、重晶石、石棉等。其中，大理石蕴藏量极为

① 数据来自大理白族自治州人民政府网站。

丰富，属特大型矿床。州内的主要植被类型有半湿性常绿阔叶林、寒温山地硬叶常绿栎类林、寒温性针叶林、寒温性灌丛、干热河谷灌丛、高原湖泊水生植被六类。大理州建立了五个国家级森林公园，即巍山县巍宝山、祥云县清华洞、弥渡县东山、南涧县灵宝山、永平宝台山。大理州是云南省主要的药材产区之一，以品种多、品质佳而闻名，纳入国家经营的中药材就达600种。

种类丰富多样的自然资源与璀璨的民族文化资源共同构成了大理州经济发展的主要基础。在大资源观下，资源之间是开放性的，不同资源之间具有紧密的价值关系。在乡村振兴战略背景下，发展白族特色文化产业，也必须同乡村地区自然资源的综合性开发相互配合，将白族特色文化融入相关资源中，形成“民族文化+农业”、“民族文化+旅游”、“民族文化+种植业”、“民族文化+手工业”、“民族文化+加工业”等多种产业发展模式，助推乡村实现全面振兴。

第三节　文化事业及公共文化服务体系条件

按照当前国际上对文化建设的认识，文化建设基本分为文化事业与文化产业两部分。文化产业与文化事业也是我国在文化建设方面所明确指出的两大功能、两个基本方向。一方面，文化产业是社会主义经济建设和文化建设的重要内容，是运用市场机制对文化资源进行高效配置的重要途径，其主要体现的是文化建设的经营性效率原则；另一方面，文化事业是国家文明程度的重要标志，不但关系到精神文明建设，还关系到中华民族伟大复兴的中国梦的实现，其主要体现的是文化建设的公益性公平原则。两者之间体现的是基本文化权益保障和多样性供给的内在互动关系，存在着相互依存、相互依托、相互促进、相辅相成的关系，缺一不可。具体来讲，公共文化服务是文化产业发展的基础和支撑，其不但可以保护文化资源，而且可以有效生成文化需求，其对文化产业具有涵养和培育作用；文化产业发展可以促进文化资源高效开发，发挥文化的多重经济社会价值，提升公共文化服务水平。

一、民族文化艺术事业蓬勃发展

大理州自确立“文化立州”的基本发展思路以来，坚持以习近平新时代中国特色社会主义思想特别是关于文化文艺工作的重要论述为指引，抢抓文化发展“新动力”，坚定文化自信，全力推进民族文化强州建设，民族文化艺术事业蓬勃发展，人民群众的精神文化需求不断得到满足。州内各族人民的文化权益得到基本保障，文艺创作日益繁荣，文化精品层出不穷；文化遗产保护扎实推进，民族精神纽带传承不息；文化体制改革继续深化。

一是以改革创新为引领，不断推进文化产业项目工作。在深化文化体制改革中，大理州贯彻落实《大理州深化文化体制改革实施方案》，全面完成了 81 项重点改革任务。2019 年争取省级文化产业发展专项资金 340 万元，顺利扶持推进了十多个文化项目建设，积极推荐申报国家文化产业项目库。组织举办了丝路云裳・七彩云南 2019 民族赛装文化节、创意云南 2019 文化产业博览会、2019 大理国际影会的参赛参展和组织实施工作，一批大理题材的影视剧、短视频等已经在创作、筹划、拍摄过程中。

二是以打造民族文化精品为引领，文艺创作事业繁荣发展。2019 年累计创作了白剧、花灯剧、歌曲等 30 多部优秀作品。大型白剧《榆城圣母》、白族大本曲《问花》等作品荣获第八届“云南文化精品工程”优秀作品奖，实现历史性突破。《榆城圣母》《数西调》先后在云南省第 13 届、第 14 届新剧目展演中囊括了戏剧类所有奖项的最高奖；《数西调》代表云南参加了国家政府文化类最高奖——文华奖角逐，获得提名奖。大理籍诗人何永飞的诗集《茶马古道记》、州文联青年作家李达伟的散文集《大河》先后荣获 2016 年第十一届、2020 年第十二届“全国少数民族文学创作骏马奖”。承办了鲁迅文学院少数民族作家培训班等活动。2020 年 9 月，大理州申报的电视剧《盛唐南诏》、电影《小河淌水》成功立项省级文艺精品创作扶持项目。

三是文物保护工作呈现全新局面。2016~2020 年，大理州累计下达国家文物保护、消防设施建设、文物保护利用设施建设专项资金超过 2 亿元，全州文物保护工作取得了有效成果。截至 2020 年 9 月，大理州共有全国重点文物保护单位 31 项、省级文物保护单位 61 项、州级文物保护单位 168 项。同时，全州 12 县市分别不同程度地公布了批次不等的县市级文物保护单位，共计 326 项。全州共有国家和省级历史文化名城名镇名村名街 22 个，有 114 个中国传统村落。在第三次全国文物普查中，全州新发现文物点 1700 多处。在第一次全国可移动文物普查中，全州共登录文物总数 68627 件（套）。

四是非物质文化遗产保护成效显著。2019 年，非遗传习展示中心和传习所建设取得新突破，完成 121 个传习所和 5 个综合传习中心的布点工作。非遗进校园、进社区、进景区活动频繁举办，社会影响力逐渐凸显。非遗展览活动遍地开花，三月街民族节“白族大本曲”专场展演、全省非遗联展、昆明南博会非遗展等展览活动影响广泛深远。非遗项目不断健全，推荐 58 位代表性传承人参评，有6人新公布列入第五批国家级代表性传承人名单。目前，全州有非物质文化遗产代表性项目450项，其中有国家级16项、省级59项，非物质文化遗产项目代表性传承人1320人，其中国家级12人、省级89人；有8个原文化部命名的“中国民间文化艺术之乡”。

五是文旅融合彰显民族文化魅力。大理州坚持文旅融合发展战略，不断促进文化和旅游的深度融合，文化事业绽放民族风采，旅游工作战果丰硕。2018年，大理州文化产业增加值实现31.966亿元，同比增长48.61%，占全州GDP比重为2.55%。2019年，全州共接待海内外旅游者5300万人次，同比增长12.51%；实现旅游业总收入941.9亿元，同比增长18.36%[①]。

文化体制的不断深化改革、民族文化艺术精品创作的繁荣、文物保护和非遗传承保护工作的进步进一步促进了大理州民族文化艺术事业的繁荣发展。文化事业的不断进步发展为乡村振兴战略下白族特色文化产业的发展提供了优良的基础条件和文化环境。首先，文化事业的进步为文化产业发展提供了优质的白族特色文化资源，使白族传统文化得以传承并积淀下来；其次，文化艺术事业的繁荣满足了各民族群众的精神文化需求，提升了各民族居民的文化素质水平；再次，文化事业的繁荣在州内形成了文化创作中崇尚创意、创新的人文精神，有利于白族特色文化资源的创意转化；最后，文化事业的繁荣发展为国内外群众提供了独特的民族文化精神食粮，传播了中华民族优秀传统文化，提升了民族文化的世界影响力，为全球市场的拓展奠定了基础。

二、公共文化服务体系逐步完善

到2020年基本建成公共文化服务体系是党的十八届三中全会提出的要求。加快构建现代公共文化服务体系是全面建成小康社会的重要内容，是促进城乡统筹发展和实现城乡一体化发展的内在要求。在乡村振兴战略背景下，乡村地区公共文化服务体系的建设是文化振兴的重要构成，关系着乡村居民文化权益的保障。作为诸多少数民族居民的重要聚居区，大理州在乡村公共文化服务体系建设方面成效显著，为乡村振兴战略实施奠定了良好的基础。

大理州遵循普惠性和便利性原则，建成了遍布城乡的文化基础设施，公共文化服务体系逐步完善。截至2018年，全州共有乡镇文化站110个、村级文化室1192个、农民文化大院46个、省级文化惠民示范村19个，乡镇农文网培学校

① 数据来自大理白族自治州人民政府网站。

110个、村级服务网点936个，农家书屋1073个[①]。全州基本形成了较为齐全的公共文化服务网络。图书馆、文化馆和乡镇文化站的覆盖率达到100%，文化信息资源共享工程覆盖率达97%，农家书屋普及率达100%。平均每万人拥有公共图书馆建筑面积65平方米，拥有群众文化设施建筑面积579.3平方米。2018年，大理州不断推进完善广播电视村村通、户户通工程建设，加大本土广播电视节目覆盖。年内县级广播节目全面实现数字化，实施了贫困地区广播电视覆盖工程。文化事业经费投入6853.99元，人均拥有公共图书馆馆藏图书72册，人均群众文化活动专项经费3.96元。自2011年开始，大理州就实现了“三馆一站”的免费开放，中央和省级对免费开放补助资金每年可达1150万元，州级财政每年对文化下乡经费支持达30万元[②]。

大理州高度重视现代公共文化服务体系建设，公共文化服务体系初具规模，文化公共服务实现标准化，保障了各族群众的基本文化权益。在文化惠民、悦民、富民的理念指引下，大理州文化基础设施建设日臻完善，城乡文化活动丰富多彩，文化产业蓬勃兴起，为全州经济社会发展提供了强大的精神动力和智力支撑。

三、民族乡村文化活动丰富多样

大理州以培育和践行社会主义核心价值观为出发点，积极推进基本公共文化服务均等化，加快建设城乡一体化的四级公共文化服务体系，构建基层文化服务体系，向乡村地区供给了富含民族特色的多样化的公共文化产品，着力丰富了乡村群众的文化生活。

大理州民间文艺团体和队伍不断扩大，截至2017年底，已经多达4000余支。大力培养和激励“乡土艺术家”，助力各类文化社团发展上档升级。目前，全州有400多支以农民为主体的文艺队伍常年活跃在农村第一线，极大地丰富了乡村群众的精神文化生活。2018年，全州有艺术表演团体9个，艺术演出达980场次[③]。大理州全面推进村级综合文化服务中心建设，依托已建成的村级综合文化服务中心，为广大基层农村群众提供各项服务，对促进城乡公共资源均衡配置提供了有力保障，基本形成了健全的公共文化服务网络。

---

①③ 数据来自《大理州年鉴（2019）》。

② 周静等：《大理白族自治州基层公共文化服务体系建设的现状与对策研究》，《图书馆理论与实践》2019第3期。

结合加速文化惠民工程建设，各县级政府也采取民办公助、政策扶持等一系列文化政策措施，着力构建以村民文化活动中心为阵地、农民文化社团为骨干、农民特色文化示范为延伸、文化惠民工程为平台的农村文化服务体系。丰富的乡村文化活动，不但充实了乡村居民的精神文化生活，提高了他们的文化素质，而且极大地激发了广大乡村居民追求美好生活的热情，为乡村振兴战略下发展白族特色文化产业奠定了坚实基础。

综上所述，大理州在构建现代公共文化服务体系的建设中，取得了十分显著的成就，极大地优化了乡村地区的社会环境和文化氛围，促进了城乡统筹发展和一体化发展，极大地促进了民族文化事业的繁荣发展。民族文化事业的繁荣发展又为白族特色文化产业的发展提供了良好的乡村文化环境，也向白族特色文化产业的发展孕育了高智、创新、创意显著进步的主体——白族乡村居民。在乡村振兴战略背景下，白族特色文化产业的发展必须建立在完善的公共文化服务体系和繁荣的文化事业的基础之上。

第四节　白族特色文化产业创新发展的藩篱

尽管在乡村振兴战略下大理白族特色文化产业的发展具备了良好的基础条件，如良好的市场条件和需求条件、丰富多样的资源条件、繁荣的文化事业条件、逐步完善的公共文化服务体系条件。但是白族特色文化产业的发展并不是一帆风顺的，在白族乡村很多领域还存在一定的差距和不足，成为阻碍其创新发展的藩篱。只有精准把握这些藩篱所在及其影响，并在乡村振兴战略下因地制宜地制定白族特色文化产业发展的适宜对策，才能够实现科学发展、创新发展。

一、基础设施建设仍然相对滞后

基础设施建设包括交通设施、通信设施、水利设施、文化设施等方面，是经济发展的基础。大理州在推进城乡基础设施建设方面已经取得了显著进步，为乡村地区经济发展奠定了坚实基础。改革开放以来，大理州对固定资产投资结构进行了较大的调整，重点加强民生工程，人民群众生产生活条件得到了极大改善。2018 年末，全州公路通车总里程达 20282 千米，其中：等级公路 16027 千米；货运周转量 104.39 亿吨千米；旅客周转量 111.53 亿人千米。2019 年，全州规模以上固定资产投资同比增长 11.5%，其中交通运输、仓储和邮政业投资增长 53.8%，实现增加值

74.1 亿元，同比增长 14.5%。乡村基础设施建设的提升，对于进一步突破乡村地区经济发展的障碍具有重大意义。但是，总体而言，尤其是与城镇相比，大理州在乡村地区基础设施建设方面仍存在较大不足，乡村基础设施建设水平仍然较为滞后，是乡村地区“三农”短板的重要体现。

此外，在乡村公共文化基础设施建设方面，大理乡村地区也存在不足。一是大理州基层公共文化硬件设施较为薄弱，总体数量不足，人均占有量较低，功能不强。根据相关调查显示，大理州在地方公共图书馆建设、文化馆建设、乡镇（街道）综合文化服务中心建设等硬件设施方面，不但建设年代久远，且建设面积均不能满足群众的文化需求，严重影响了公共文化服务功能的发挥[①]。二是公共文化产品同质化较为严重，缺乏民族特色，不能满足群众个性化需求。政府在乡村地区供给的公共文化服务属于一般性文化，缺乏民族特色的文化服务，在满足乡村居民尤其是少数民族群众的文化需求方面显然是乏力的。另外，很多公共文化设施的实际使用率并不高，大多处于闲置状态。三是城乡公共文化设施建设较为失衡。尽管大理州实现了州、县、乡、村四级文化设施的全覆盖，但是城乡差距较为明显。在资金投入和设施建设上，城乡差距较大。在县级文化馆和乡镇综合文化站的建筑面积方面，两者分别为 2559.36 平方米和 433.1 平方米，差距多达 5 倍；在乡镇和行政村综合文化服务中心建筑面积上，两者接近 10 倍的差距[②]。公共文化基础设施建设的不足，影响了其功能的有效发挥，直接影响了乡村群众精神文化需求的满足，进而影响了其文化素质的提升，对于白族特色文化产业的创新发展产生了一定的影响。

在乡村振兴战略下，民族特色文化产业的发展必须依赖于硬件完善且功能全面发挥的各种基础设施条件。白族特色文化产业的加速发展和创新发展对乡村地区基础设施建设提出了严格的要求，必须进一步加强各类基础设施尤其是公共文化设施的建设，整体提升乡村地区投资环境和文化环境。

二、乡村经济基础仍然薄弱

改革开放以来大理州在农业农村和农民发展方面取得了显著成就，第一产业增加值逐年增加，农业基础地位不断巩固，乡村经济逐步发展。2019 年，大理州地区生产总值（GDP）为 1374.9 亿元。其中，第一产业增加值 273.1 亿元，同比增长 5.3%。全州农业总产值 495.7 亿元，比上年增长 5.3%（可比价）。2019 年大理州农

①② 周静等：《大理白族自治州基层公共文化服务体系建设的现状与对策研究》，《图书馆理论与实践》2019 第 3 期。

村居民人均可支配收入达12665元，同比增长10.2%[①]。2020年上半年，大理州完成农业总产值185.30亿元，可比价增长1.9%；农业服务业产值7.52亿元，可比价增长7.4%；农村常住居民人均可支配收入达6281元，同比增长5.9%。

但是，从整体来看，大理州乡村经济基础仍然较为薄弱，“三农”工作依然存在一些短板。一是三次产业结构还不够优化，农业产业化水平还不够高。2019年大理州GDP总量为1374.9亿元，比上年增长6.1%，三次产业结构比例由2018年的17.9∶31.4∶50.7调整为19.9∶29.9∶50.2。第一产业在三次产业结构中的比重稍高，农业产业化水平还有待进一步提升。宾川县和洱源县的第一产业比重均超过30%，宾川县达到了41.1%。二是农村居民人均可支配收入还处于较低水平，城乡居民收入差距还较大，农民增收能力还不够突出。根据前文所述，在白族主要县市的人均可支配收入方面，大理市与宾川县处于第一梯队，平均收入可达1.5万元以上，而剑川、洱源和云龙三县均低于1万元，且相对于各区域的城镇居民人均可支配收入水平，农村居民明显处于较低水平。三是农业内部粮食种植业与林牧渔等比例不合理，粮食作物与经济作物比例等产业结构有待进一步优化。2018年，大理州粮食作物与经济作物比例为72.3∶27.7，经济作物比重相对较低。在白族主要聚居县市，农林牧渔业之间的比例也存在一定的结构性失衡，尤其是以种植业为代表的传统产业比重稍高，而相关服务业比重较低，乡村经济中的第三产业发展较为滞后，农业结构还不够优化。四是白族地区农业农村经济发展存在区域间不平衡性，突出表现在农村经济总收入、农业总产值、农林牧渔产值及相关服务业总产值、粮食总产量、经济作物总产量等多个指标上。在乡村旅游业方面，白族聚居主要县市也存在发展水平上的差异性，突出表现在旅游社会总收入、旅游者接待人次、基础设施、旅游资源分布等方面。

大理州乡村经济发展中存在的问题，是“三农”短板的重要体现，是实施乡村振兴战略必须要着力解决和克服的问题，而短板所在，也是制约大理乡村地区白族特色文化产业进一步创新发展的重要因素。文化产业或创意产业本身就产生于基础产业高度发展、成熟发展的基础之上，是市场经济发展到一定阶段的产物。特色文化产业的可持续健康发展，更加依赖于相关产业的繁荣发展。对于白族特色文化产业而言，在乡村振兴战略下，只有农业农村和农民实现全面发展，才能筑牢白族特色文化产业发展的根基，进一步解放白族乡村文化生产力，提升文化资源的开发利用效率，实现民族传统文化的弘扬和乡村的繁荣发展。

① 数据来自《2020年大理州人民政府工作报告》。

三、科教水平依然较为落后

作为少数民族地区，大理白族自治州在教育和科学水平方面也取得了显著进步，尤其是在乡村教育振兴方面，成就较为突出。在全州教育事业方面，2019年，大理州高等教育招生9070人，在校生28630人，毕业生5868人。各类中等专业教育招生4277人，在校生15789人，毕业生3498人。在乡村教育振兴方面，2018年以来，大理州以稳定乡村教师队伍为抓手，以实施乡村振兴战略为契机，多措并举推动乡村教育振兴，统筹推进城乡义务教育一体化发展。截至2019年7月，全州1404所公办义务教育学校中，“20条底线”指标达标1393所，占99.22%。在科技方面，大理州深入实施创新驱动战略，聚焦重点产业，加大科研投入，科技支撑全州经济社会向高质量发展转变取得显著成效。2017年，全州R&D研发经费投入41657.4万元，同比增长41.88%；投入强度为0.39%，同比增长30%。2018年，全州共获自然科学研究成果奖12项，受理专利申请1089件，批准专利768件。

但是从整体来看，大理州目前在科教方面仍存在一定不足，创新驱动型经济和教育强州战略还需要进一步提升。一方面，大理州科技研发投入还较低，科技研发水平相对较为薄弱。如表11-1所示，2018年，云南省R&D经费支出187.30亿元，同比增长18.72%，投入强度为1.05%[①]。在全省地州中，大理州R&D经费支出为18897.9万元，投入强度为0.51%，投入强度低于全州平均水平。另外，其财政科学技术支出占财政总支出比例也低于全省平均水平。另一方面，大理州人口结构中，受教育程度的人口结构还不够合理，低教育甚至文盲人口比例较高。

在乡村振兴战略背景下，发展大理白族特色文化产业，对科技创新水平和教育水平提出了极高的要求。白族特色文化资源的开发，离不开现代技术手段的转化和白族群众创意劳动的转化，只有技术和创意才能将特色文化资源转化为特色文化产品或服务，才能为社会公众带来独特差异化的民族文化体验。因此，要实现白族特色文化产业快速发展、创新发展，还必须继续加大对大理州乡村地区的科技投入和教育投入，提升白族乡村地区居民的综合素质和创新能力。

① R&D经费投入强度值为R&D经费投入与地区生产总值的比值。

表 11-1 2018 年云南各地区 R&D 经费投入情况

地区	R&D 经费（亿元）	R&D 经费投入强度（%）	财政科技支出（万元）	财政科技支出占比（%）
全省	187.30	1.05	549441	0.90
昆明市	97.94	1.88	180075	2.38
曲靖市	20.99	1.04	14754	0.31
玉溪市	14.81	0.99	39753	1.43
保山市	3.55	0.48	8522	0.33
昭通市	2.96	0.33	9779	0.21
丽江市	1.92	0.55	10720	0.64
普洱市	3.25	0.49	15083	0.51
临沧市	2.52	0.40	6836	0.26
楚雄州	5.42	0.53	20059	0.73
红河州	15.77	0.99	16404	0.37
文山州	4.64	0.54	15493	0.45
西双版纳州	4.85	1.16	3276	0.25
大理州	5.74	0.51	23620	0.64
德宏州	1.89	0.50	3659	0.26
怒江州	0.55	0.34	5013	0.31

资料来源：根据《2018 年云南省科技统计公报》整理所得。

四、人口外流问题十分突出

对于广大少数民族乡村地区而言，农民外出务工是提升其家庭收入的重要方式，大理州白族乡村也不例外。根据大理州人社局统计显示，截至 2020 年上半年，为了促进农民增收、获得脱贫攻坚全面胜利，大理州实现农村劳动力转移就业 123929 人，其中省外转移 37647 人，省内转移 86282 人，县内转移 48372 人。贫困劳动力转移就业人数 12918 人，有组织转移输出 23654 人。根据第六次人口普查统计，大理州城乡人口比例为 32.44∶67.56，农村人口占大部分比重。农村人口尤其是年轻劳动力人口的大量外流，导致乡村地区的留守劳动力严重不足，乡村创业活力降低，乡村经济发展受到一定影响。以祥云县为例，2018 年，随着外出务工人员不断增加，农村留守儿童数量越来越多，祥云县共有留守儿童 6592 人，其中小学 4082 人，初中 2510 人。

人口尤其是劳动力人口的大量外流，给乡村振兴战略下白族特色文化产业的发展带来了一定的影响：第一，人口外流影响了白族乡村地区的劳动力素质和水平，降低了乡村地区的劳动力存量和质量，而乡村居民作为发展白族特色文化产业的主体，无法为白族特色文化资源的开发和产业发展提供足够的精神动力和智力支持。第二，乡村地区大量人口外流，降低了农村地区文化市场和乡村的投资吸引力，对提升农村地区的资本存量和增量产生了负面影响，使农村地区不能形成要素集聚地。第三，人口流出也影响了乡村经济发展的活力，使白族特色文化产业赖以生存发展的基础不够牢固，失去了传统经济的支撑。因此，要想发挥白族特色文化产业对乡村振兴的重要价值，就必须使乡村地区成为农村剩余劳动力的就业新高地，通过有效的政策措施吸引农村劳动力就地就业，并有效吸引外部人才要素、资本要素等向乡村地区集聚，只有这样才能促进良性循环。

综合本章所述，随着大理州乡村经济的不断发展、文化体制改革的不断推进、公共文化服务体系的不断完善、文化事业的繁荣发展以及国内外文化需求的日益旺盛，这些都为大理白族特色文化产业的进一步创新发展提供了优越的条件。但是，在基础设施建设、乡村经济基础、科学教育和人口流动方面，也存在着制约其发展的不利因素。针对这些现实情况，以乡村振兴战略为契机，抓住白族乡村主阵地，通过科学的资源评估和产业规划，制定适宜的发展策略，才是创新发展白族特色文化产业的正确思路。

第十二章　乡村振兴战略下白族特色文化产业创新发展

大理人文鼎盛，资源富集，素有“文献名邦”之称。以南诏国、大理国为代表的历史文化、以白族为代表的多姿多彩的民族文化、以苍洱风光为代表的生态文化是大理最靓丽的三张文化名片，也是大理文化产业发展坚实的基础和得天独厚的条件。近年来，大理白族自治州坚持以习近平新时代中国特色社会主义思想特别是关于文化文艺工作的重要论述为指引，抢抓文化发展“新动力”，进一步坚定文化自信，立足资源禀赋和比较优势，着力推动文化艺术事业繁荣发展。但是，文化产业的可持续发展和转型发展，并不是产业本身的问题。文化产业的产生和发展具有多要素、多产业融合的特征。民族文化产业若想打破旧有发展模式，实现转型发展、跨越式发展，就必须依托各地现有的有利基础条件，着力攻克短板和不足，才能实现创新发展。

特色文化产业是文化产业从萌芽、产生到不断纵深发展的产物，是在社会公众文化消费需求结构发生深刻变迁下文化产业逐渐向个性化、差异化、特色化发展的趋势体现。特色文化产业的多重经济社会效益已经毋庸置疑。自国家开始重视特色文化产业发展规划并将其上升到国家战略高度至今，特色文化产业从理论到实践已经经历了较长发展阶段，各地方也已经逐渐形成了特色发展的意识，都逐渐开始注重结合当地文化特色和资源优势，逐步明确发展定位，并制定了一系列发展规划和扶持政策，开始走特色化文化产业发展之路，形成了特色文化产业集群、特色文化产业园区、特色文化产业带等各种发展模式。在乡村振兴战略下，大力发展乡村特色文化产业是国家提出的重要战略部署，同时也对乡村特色文化产业发展提出了相关要求和方向引导。尤其是对于民族乡村地区而言，如何充分利用当地民族传统文化资源，以民族特色文化产业发展带动乡村振兴，是重大课题。纵观各地特色文化产业发展路径机制以及大理民族特色文化产业发展中的问题，发展方式粗放和创意水平低端是最为棘手的两大问题。乡村振兴战略下白族特色文化产业的发展也必须着力解决以上问题，在对白族文化资源进行科学评估的基础上，创新发展理念和发展思路，才能突破既有发展瓶颈问题，实现转型发展。

第一节　高质量发展模式的创新

从我国各地特色文化产业发展的实践中可以看出，当前困扰我国特色文化产业发展的瓶颈是由于发展模式粗放而导致的产业化效率低下问题。大理州在民族特色文化产业发展中也面临着同样的瓶颈。由于民族特色文化产业贴近民众的本土性和草根性特征，其依托的文化资源是最贴近于广大民众日常生产生活实践的原生态文化，深深植根于中华传统文化沃土之中，其“特色”的形成和凝练必须充分尊重民族文化资源的本质内涵和价值体现。在乡村振兴战略下，若要实现白族特色文化产业的转型发展，就必须转变发展理念，改变以往形成的固有发展思路和发展模式，摒弃掉粗放低效的产业化方式，走一条与白族乡村传统文化内涵相一致并充分结合乡村振兴战略的新发展模式。

一、既有发展模式的特征与缺陷

模式是对客观事物的内外部机制的概括和描述，是从实践中逐步进行直观凝练并简化上升为较为抽象的理论形式，向人们解释事物发展的一般规律。文化产业发展模式是在文化发展的长期实践过程中所形成的相对固定的文化产业运行机制和特殊的发展规律，包括文化资源的开发机制、文化产业发展的影响机制、要素投入机制、产业关联机制、市场运行机制、政策扶持机制、商业运营模式、企业管理机制、文化消费机制等具体内容，其核心是文化资源的优化配置机制。文化产业发展模式是产业发展模式在文化经济领域的特殊表现，且受到地域环境、资源条件、政策体系、经济基础、经济结构、技术水平、市场条件、人才等因素的影响，其科学与否关键在于是否适应区域文化产业发展的特殊环境，并不具有唯一性。在我国文化产业发展实践中，各地区出现了不同的发展模式。

（一）文化产业发展既有模式的多样性

从一般层面看，由于经济体制和运行机制的差别，各国在发展文化产业的过程中基本形成了市场主导、政府主导和混合型三种发展模式。市场主导型模式以美国为代表，充分依赖市场机制来优化配置文化资源，以供求机制、价格机制等形成文化产业的布局和价值链条，并形成文化企业的商业模式；政府主导模式以法国、韩国、日本等国家为代表，强调政府对文化产业发展的政策性规划和指导，并借助政府完善的各类扶持性政策，注重文化产业多重社会价值的发挥；混合型则是市场机制与政府政策相结合。经过长期实践摸索，各国在文化产业发展中大多坚持市场机制和政策推动相结合的文化产业发展模式。我国民族地区在发展文化产业的过程中，既要坚持政府的规划引导，又要充分发挥市场机制在资源配置中的作用。

从运行层面看，国内民族文化产业在实践中逐渐形成了多种模式类型。一是资源依托型模式。这是当前国内外文化产业发展的主要模式，即依托本地具有比较优势的资源，以市场为导向，以现代企业为主体，对其进行产业化经营。二是核心产业带动模式。这种模式就是发挥核心文化产业的辐射效应和关联效应，注重打造文化产业价值链条，以产业集群带动相关产业发展。三是产业园区发展模式。这种模式就是利用文化产业在空间的集聚，发挥其外部效应和创新扩散效应，实现规模经济效益。四是内需导向模式。这种模式就是根据本地文化需求，生产吻合需求结构和文化偏好的产品或服务，发展文化产业。五是外向型发展模式。这种模式就是注重区域外部市场旺盛的文化需求，通过吸引外部消费者或“走出去”战略，满足外部市场公众的文化需求。六是供给引导型模式。这种模式就是充分发挥政府在文化产业发展中的引导作用，以满足社会公众文化需求为目的，以产业发展政策和发展规划来引导文化产业发展。

从乡村层面看，在乡村文化产业发展中，各地逐渐形成了独具特点的文化产业发展模式。一是主导产业型模式。这种模式依托乡村文化资源优势和特色，以建设“一村一品”“一乡一业”为思路，实现生产集聚和规模经营，产业链条相对延伸，经济效益突出。这种模式基于乡村特色，将民族文化与乡村经济相结合，以乡村群众为主体，如张家港市永联村的文化休闲产业。二是生态保护型模式。该模式充分借助乡村生态优势和农耕文化，发展具有传统田园风光和乡村特色的生态旅游产业，如桂林龙胜县龙脊村的梯田风光。三是城郊一体模式。这种模式主要在大中型城市郊区，在政府主导下统一规划，依托便捷的交通条件和完备的基础设施，发展集农业观光、生态旅游、休闲娱乐等于一体的田园综合体型乡村文化产业。此外，各地还有其他特点鲜明的不同模式，如农业带动型、旅游融合型、民俗发展型等。

（二）民族文化产业发展的“云南模式”

经过多年产业发展实践的提炼，西部民族文化产业已基本形成了不同于东部地区的发展路径和模式。其模式的特点表现在以下几个方面：一是注重民族文化与旅游产业的联动效应，注重文化旅游的融合发展。旅游产业与民族文化具有天然的融合效应，文化体验是旅游经济的重要价值内涵。西部民族地区具有发展文化旅游业的先天优势，围绕传统民族节庆、民俗风情和民族村寨而形成的新的旅游业态，都是两者联动发展的重要形式。二是依托产业的空间集聚规律，形成了文化创意中心城市。西部民族地区都形成了一些中小民族文化创意产业城市的发展模式，与东部地区注重文化创意产业园区建设形成了不同的思路，如云南的大理、香格里拉、丽江等。三是注重拓展民族文化需求的外在市场，积极“走出去”。西部民族地区不但注重区内和国内文化市场培育，而且积极面对国际市场，实施民族文化“走出去”战略，积极开拓区域外市场。尤其是在“一带一路”倡议提出后，作为我国面向南亚东南亚辐射中心的战略定位区域，云南省积极实施民族优秀文化“走出去”战略，加强与周边地区文化交流，不断增强民族文化自信。

云南省在文化产业发展过程中，基于其丰富的民族文化，区别于发达地区所形成的大规模、工业化和生产现代化的发展路径，逐渐形成了以乡村地区为阵地、中小城市为终端文化消费市场、外部市场为主要服务区域，以民族特色文化资源为依托，紧密结合旅游产业，创新和生产民族特色文化产品或服务的基本模式。民族文化产业发展的“云南模式”是云南省在长期发展实践中探索出来的一条独具特色的道路机制，并成为其他民族地区能够借鉴的模式。丰富多彩的民族文化、乡村风情和多样化的自然条件，是云南发展民族特色文化产业的基本依据。概括起来，云南民族文化产业发展的模式就是“民族特色”与“乡村特色”的充分结合，即将文化环境作为发展乡村生态的重要组成部分，将文化资源视为乡村振兴的重要条件，把文化产业作为民族乡村建设的重要方面，对其进行产业化规模化开发，打造民族乡村文化品牌，发展民族乡村特色文化产业。在具体运作思路方面，“云南模式”就是充分利用蕴藏在广大民族乡村地区的多样性民族文化资源，以旅游业为起步平台，发展各种类型的乡镇特色文化产业。“云南模式”的特点突出表现在，其坚持对民族文化环境和自然生态环境进行双重保护，超越了传统工业化乡镇经济的开发模式，以旅游优势产业为起步平台，努力探索一条发展高文化含量产业的人文经济新路。

（三）既有发展模式中存在的缺陷

西部民族地区在探索本地特色文化产业发展路径时都依托于本地优势和特色总结出了一条适用于本区域的独特发展模式和路径，这些模式在促进本地特色文化资源开发和乡村地区经济发展中都发挥了积极的效应。尤其是作为我国西南民族地区的云南省，其探索出的“云南模式”确实为其他民族地区提供了可供借鉴的经验。但是，纵观西部地区民族文化产业发展的众多模式，主要存在以下问题：

一是既有模式主要关注对具体做法的较为抽象的提炼，却忽略民族特色文化产业运行机制的凝练，尤其是还没有将重心放在民族特色文化资源的优化配置这个核心问题上。乡村旅游业带动型模式、生态环境保护型模式、传统农业结合型模式等都是对民族文化资源开发方式的提炼和对乡村文化产业具体做法的一种总结，还没有上升至民族特色文化资源优化配置的理论高度。模式是实践的高度理论概括和凝练，是对客观规律的集中总结和简练描述，而民族特色文化产业发展模式的核心问题就是民族特色文化资源的优化配置问题，其模式概括应该重点揭示民族特色文化资源的要素投入方式、组合结构、生产过程、转化机制、转化方向等内在的独有的规律特征。

二是从民族特色文化资源开发效率角度看，现有发展模式较为看重民族特色文化资源的具体开发方式的总结，还没有注重对民族特色文化资源开发效率的评估，没有从资源配置效率这个核心问题即效率结果导向出发来对现实实践进行升华，开发效率整体表现还较为“粗放”。其结果就造成了发展模式多样化与粗放式开发模式并存的局面。在我国特色文化产业发展实践中，由于各地普遍采取了较为粗放式的特色文化资源开发模式，导致特色文化资源被破坏、开发效率低下，最终导致“特色”失去了其赖以存在发展的草根基础和群众文化沃土，缺乏对特色文化资源的科学认识和科学评估，在盲目性开发中造成特色文化产业的低端化、低效率发展问题。

三是既有模式还没有重视民族特色文化产业的转型发展。特色文化产业在经历了较长时间的实践发展后，其当前最主要的问题就是如何改变固有粗放型模式，实现突破与转型发展。尤其是在新时代和新发展阶段的背景下，在打赢全面脱贫攻坚战和乡村振兴战略实施背景下，在新的发展理念和发展要求下，在补齐“三农”短板和实现高质量发展的目标下，来思考民族乡村特色文化产业发展方式的转变问题。然而目前既有模式还停留在具体开发方式和做法的认知阶段，还没有理性思考在新发展阶段下的转型发展问题，即模式的进一步创新问题。

党的十九届五中全会的召开，为新发展阶段即 2021 年至 2035 年我国经济社会发展提出了新的要求，并做出了全面部署。针对既有发展模式中存在的缺陷和问题，本章依据新发展阶段的特征，围绕高质量发展这个宗旨，以民族特色文化资源优化配置为核心出发点，重点揭示民族特色文化要素的高效配置规律，对白族特色文化产业发展模式提出了转型发展和创新的思路机制。

二、内涵式高质量发展模式

目前在特色文化产业发展中各地所表现出来的粗放型发展模式，是束缚特色文化产业转型发展的主要因素，使当前特色文化产业仍处于粗放发展阶段。在乡村振兴战略下，白族特色文化产业若要实现转型创新发展，就必须突破既有模式的缺陷，以党的十九届五中全会中所提出的高质量发展为宗旨，实现“内涵式”发展。

（一）“内涵式”发展的含义

粗放型发展是指不重视生产要素的组合结构优化，而是仅仅依赖要素量的投入来实现规模扩大。与特色文化产业粗放型发展模式相区别，内涵式发展模式侧重于针对特色文化资源要素的特质，注重特色文化资源在投入生产过程中的内在转化机理，通过优化特色文化资源要素的转化效率和配置结构来实现特色文化产业高效率内涵式增长。内涵式发展模式，是特色文化产业高质量发展的内在要求，是实现民族特色文化产业转型发展和可持续发展的必然选择。

当前特色文化产业发展中所出现的粗放式发展模式，主要原因在于各地在发展特色文化产业过程中还存在诸多认识的误区，突出表现在：一是将特色文化资源视为特色文化产业，缺乏对特色文化资源的创意转化和科技转化，创意水平低端化，开发方式较为粗放，从文化资源要素到文化产品之间并没有实现附加值的大幅提升，难以形成文化产品和消费市场；二是对特色文化资源的要素属性认知不够充分，对特色文化要素的投入使用方式缺乏科学分析，缺乏对特色文化资源的科学评估和价值分析；三是认为单一文化产品或服务就是特色文化产业，没有充分利用现代传播手段对特色文化品牌进行塑造，往往重生产、轻创意，重资金投入、轻人才，重产品、轻营销，没有充分挖掘特色文化产品价值并实现价值链条延伸；四是在缺乏对特色文化资源科学评估的基础上，盲目进行投资推进文化产业园区建设，导致效益较低。

与粗放型发展模式相比，特色文化产业的内涵式发展模式重在对特色文化资源要素的内在投入机理的优化，仅仅围绕优化特色文化资源的转化配置效率这个中心问题。本书在第三章中提出了文化要素论，并对文化要素的特殊性质和投入生产规律进行了充分阐释。不同于其他生产要素，作为文化产业的关键性投入要素，文化要素具有无形性、共享性、不受时间空间限制性、重复投入性和多批次使用价值递增性、创新扩散性等特征，这些特性决定了文化要素在参与生产过程具有特殊的投入使用规律。文化要素在投入中主要以创意的形态存在，由于其具有无形性、创造性和新颖性特征，使其在生产中并不存在“量”上的属性，可以与其他生产要素有机融合，并不受边际报酬递减规律的影响。同一种文化要素，附加在上面的创意劳动不同，而展现出不同的要素形态，因此也会形成不同的文化产品，满足不同的个性化的文化需求。基于文化要素投入生产规律的特殊性，民族特色文化产业内涵式发展的关键环节在于从特色文化要素向特色文化产品或服务的转化环节。在这个关键环节中，传统粗放型模式的做法只注重各类要素的增量追加，却忽视了通过创意劳动实现特色文化要素与其他要素的有机融合和组合结构优化，而内涵式发展模式则重视创意劳动和现代技术对特色文化要素的高效转化，并在特色文化要素转化中保持特色文化要素的内涵价值，通过创意劳动实现其与现代社会公众的审美特征的匹配。因此，民族特色文化产业内涵式发展的核心表现有两点：一是特色文化资源的内涵式转化；二是特色文化资源内涵价值的保持。

（二）内涵式高质量发展的基本思路

在打赢全面脱贫攻坚战、实现全面建成小康社会的目标之后，我国经济社会进入到新的发展阶段，能否实现党的十九大提出的高质量发展是决定 2035 年奋斗目标能否实现的重要一环。在乡村振兴战略下，白族特色文化产业发展对于促进乡村产业振兴、文化振兴、生态振兴和人才振兴等具有重要意义。白族特色文化产业的创新和转型发展必须坚持内涵式发展模式，做到民族传统文化传承和乡村经济社会发展目标的“双赢”。要在乡村振兴战略背景下实现白族特色文化产业的内涵式发展，必须坚持以下基本思路：

第一，保持白族传统文化的内涵价值，对白族乡村特色文化进行科学评估。白族传统文化是其特色之源，是白族居民在历史长河中创造并积淀下来的宝贵遗产。尤其是在白族乡村，传统文化与白族乡村居民日常生活息息相关，深深植根于乡村文化沃土之中。在白族特色文化产业内涵式发展中，首先必须坚持其文化内涵，对白族传统文化的价值和特色进行详细、科学的评估。对白族特色文化资源进行科学评估的内容包括类型梳理、价值评估、特色凝练、市场前景、转化设计等内容。在投入和生产过程中，将其原生态的文化内涵巧妙转化并富含于各类特色文化产品之中。在文化消费中，使社会公众能够充分体验到白族传统文化的内涵价值，内化于消费者的精神认同之中，最终起到弘扬中华传统文化、增强民族文化自信的目的，以有利于社会主义核心价值观传播。

第二，把握现代审美需求与时尚取向，将白族特色文化内涵与之有机结合。民族特色文化产业的内涵式发展模式既要坚持白族传统文化的内涵价值，还要充分考虑现代审美需求与时尚取向。在民族传统文化的内在价值与现代社会文明之间并不是相互矛盾的，恰恰是高度吻合的。白族特色文化资源虽然源自本土原生态传统文化，但是却能迎合当代社会居民对异域文化、不同民族文化的偏好。这种偏好是指向于民族文化的内核，而不是文化产品的外在形式。因此，准确把握现代审美需求和时尚取向，要在坚持白族传统文化内涵的同时，注重对白族特色文化产品外在形式、包装、款式、载体、媒介等方面的创意设计，以达到既能够吸引人们眼球，又能够渗入人心的目的。

第三，变要素驱动为创意驱动，实现白族文化资源高效转化。在民族特色文化资源向特色文化产品或服务转化的过程中，创意劳动起着关键性作用。创意是实现文化资源静态到文化产品活性的关键。优质的创意一头深深植根于文化资源的深刻内涵中，另一头又深深地联系着消费者的文化需求和信息接受规律，两头必须同时兼顾，缺一不可。经过创意转化，民族文化要素赋予了民族文化及相关产品以丰富的内涵，并为体验者产生新的需求点和功能效用，进而通过提高附加价值从而提升了产品整体价值。这个价值提升的关键在于改变了原有产品的效用结构，通过满足消费者的精神性需求或者心理需求，从而产生溢价效应。白族乡村传统文化，具有浓厚的本土性和草根性特征，通过创意劳动的高效转化，可以形成完全符合现代居民审美趋向和时尚风格的白族特色文化创意产品，从而有效满足现代需求。创意驱动是发展白族特色文化产业的根本动力机制。

第四，以要素融合促进产业融合，丰富白族特色文化产业形态。民族文化要素具有天然的融合性特征，与其他要素进行有机融合，不但可以优化要素配置结构和方式，提升要素配置效率，而且可以实现产业融合发展，创新产业发展路径。要素融合根源于接续不断的创新，本质在于多重要素的优化组合配置即内涵式发展理念。将白族传统文化要素融入乡村土地、劳动力和资本要素，提升该区域农产品特色附加值，形成农业的“高原文化 + 民族文化”的双重特色品牌。文化要素融合三农要素，衍生出众多新型产业形态，如“民族文化 + 种植业”、“文化 + 加工业”、“民族文化 + 旅游业”、“文化 + 生态农业”、“文化 + 养殖业”、休闲农业、观光生态农业、“文化 + 农产品博览业”等。

白族特色文化产业的内涵式发展模式，其核心在于坚持创意驱动，以创意和科技来实现白族特色文化资源的高效转化，在保持白族传统文化内涵价值的同时，实现与现代居民文化需求结构的对接。这种发展模式并不是将白族特色文化产业局限于某种狭隘的发展思路和路径，而是倡导将白族传统文化融入乡村振兴的各个环节，尤其是重视白族传统文化与乡村各种资源要素之间的相互融合，通过产业融合发展实现乡村经济发展方式的转变。

第二节　大理白族特色文化产业转型发展的基本原则

民族特色文化产业的发展，不但要秉承一般性文化产业的客观规律和基本要求，在某些方面要有更高的要求和原则。原则是对事物未来发展方向和框架思路的基本界定，是经验与教训的凝练，是必须恪守的准则，是规范发展的必然要求。尤其是在既有粗放型发展模式下，各地对民族特色文化资源进行开发过程中，不但文化资源的创意转化效能较为低下，而且造成了大量民族文化资源的破坏。民族特色文化产业的发展，有不可逾越的界线和内在规定性。在乡村振兴战略下，白族特色文化资源的转型发展必须尊重客观经济发展规律和文化发展规律，并充分结合乡村振兴战略的规划和路径，有机融合于“三农”工作，以乡村居民为参与主体，最终实现农业、农村和农民的全面发展。

一、恪守白族文化内涵，增强民族文化自信

民族文化是各民族人民在长期历史发展过程中创造并积淀传承下来的珍贵遗产，其中凝结着各族人民的智慧和精神内涵。不管是发展民族文化事业还是民族文化产业，其根本目的都是增强民族文化自信，弘扬民族传统文化和精神，促进民族文化的繁荣发展。要做到这一点，首先必须要尊重民族文化，恪守民族文化内涵。尤其是对于民族特色文化产业来说，其“特色”的形成和塑造，并不是要完全脱离民族传统文化资源的内涵，迎合于现代居民的流行性文化需求偏好，通过创意劳动形成一种完全背离于原文化内涵的全新风格和特色。基于这种理念而形成的民族特色文化产品，只是一种没有厚重民族文化根基和生命力的纯商业性、流行性文化产品。这种文化商品因缺乏“文化内涵”而失去丰富的文化体验价值，不但不能形成持久的产品生命周期和产业生命周期，而且对民族文化资源具有破坏效应，不利于民族传统文化的保护、传承和弘扬。恰恰相反，民族特色文化产业的发展必须恪守民族文化内涵，其“特色”的凝练必须直接源自民族文化的内涵。“特色”是民族文化内涵的表达，是民族文化自信的源泉和表现。尊重民族文化内涵与准确把脉现代文化需求特征并不是相悖的，恰恰是极度吻合的。在当今社会群众文化需求结构发生深刻变化的情况下，带有鲜明民族风格的“异域”文化反而更符合当

今各地群众的个性化需求特征。

在历史发展过程中，白族居民在继承了固有传统文化的同时，对内对外不断吸收外部文化，形成了白族源远流长、色彩斑斓的文化。白族文化的斑斓根源于白族的创造性和包容性。白族是一个有创造才能的民族，白族人民在历史中创造了原始文化、奴隶制文化和封建制文化，创造了至今还闪耀着光辉的新石器文化、青铜文化和南诏大理文化①。白族文化既具有中华民族伟大民族精神的共性，又有鲜明的自身特色。根据本书之前对白族文化源流和历史发展阶段的梳理可以得出，白族文化的内涵主要体现于白族人民恪守天人合一、人际和谐的哲学理念和亲仁善邻的处事原则，整个民族具有开放包容的胸襟，形成了团结统一的民族精神和爱国精神。这种文化内涵与我国社会主义核心价值观是高度一致的。恪守并准确把握这个“文化内涵”，并将之内化于各类特色文化产品之中，在文化体验中实现民族文化精神与文化内涵在社会公众间的传播，不断增强民族文化自信，提升中华民族凝聚力和向心力，是发展白族特色文化产业的根本遵循。

二、尊重文化发展规律，以产业促传承保护

尽管文化产业是经济社会发展到一定阶段的经济形态，但是不同于传统经济形态，其具有特殊的发展规律，突出表现在文化与经济的相互渗透上。因此，文化产业的健康可持续发展，不仅要尊重经济发展的生产、分配、交换、消费的客观规律，而且还要尊重文化发展的客观规律。文化产业研究在兴起之时，就是法兰克福学派基于抵制美国“文化霸权”而提出的对“文化工业”的否定性批判。霍克海默于 1947 年②最早提出“文化工业”概念，他批判性地认为文化工业中文化产品的批量复制生产使文化和艺术的独特性和精神价值在商品化中变得千篇一律。“文化工业”的大量复制性生产模式，会严重影响其他国家的文化多样性，对他国文化会造成一种毁灭性侵害。而在文化产业发展实践中，确实也出现了很多较为严重的问题。基于对其内在发展规律的认识不到位不充分，而导致了各种社会问题的出现，如文化遗产的破坏、文化资源的浪费、传统文化的消失、文化产品的过度商品化庸俗化、文化的渗透与文化霸权主义的产生等。作为文化建设发展的重要方式，文化产业在充分挖掘文化资源价值、促进文化优势发挥方面具有重要经济意义。但是，文化产业的发展必须尊重文化的内在发展规律尤其是文化资源的投入和生

① 李缵绪、杨应新：《白族文化大观》，云南民族出版社 1999 年版，第 3 页。

② 马克斯·霍克海默、特奥多·威·阿多尔诺：《启蒙辨证法（哲学断片）》，洪佩郁、蔺月峰译，重庆出版社 1990 年版，第 7 页。

产规律。文化资源的形成和投入使用，具有独有性、稀缺性和不可再生性，不管是非物质性的精神文化资源还是物质性的历史文化遗产，一旦在产业化过程不注重科学保护，就会造成极大的破坏甚至消亡。

对于民族特色文化产业发展而言，尊重文化发展规律，在对民族文化资源进行投入和生产过程中，必须注重对其进行科学保护，在保护中实现高效率开发。这是因为民族特色文化产业所依赖的民族传统文化深深植根于民间沃土中，与广大民族群众的日常生产生活息息相关，是民族原生态文化在经济层面的价值体现。这种“原生态文化”特色鲜明，但是它的存在与发展却对经济社会环境的各因素具有更高要求，在产业化开发中显得更为脆弱，更需要科学开发。在乡村振兴战略下发展白族特色文化产业，要坚持尊重民族文化发展规律，通过科学的产业化开发方式保护好民族传统文化赖以繁荣发展的乡村文化沃土，让白族优秀传统文化在新时代的乡村地区绽放出更加璀璨的魅力。

三、遵循文化禀赋结构，优化配置文化要素

要素禀赋是产业在某一空间范围内形成、集聚和结构布局的基础性决定因素。一般情况下，区域经济发展中的生产要素可以分为可流动要素、不可流动要素和基础性要素。古典区位理论认为，产业布局的变化是通过产业和生产要素在空间地域的合理流动来实现的。区位理论非常强调经济活动在空间范围内的布局要遵循其对自然条件和社会经济条件的具体要求。空间区域内的要素禀赋状况是产业布局指向的基本依据。但是，传统区位理论是建立在有形要素的认知基础上的，并没有将科技、制度、文化等因素考虑在内。随着人类经济社会的深入发展，文化已经不再是经济发展的外生变量，而是直接作为内生投入要素参与经济生产。作为文化产业最为关键的投入要素，文化要素的禀赋状况是文化产业在空间区域内产生并进行结构布局优化的基本依据。尤其是对于特色文化产业而言，其“特色”的形成和塑造，直接源于其特色文化资源（要素）的客观存在状况，并不是后天人为而成。与文化要素禀赋结构相悖的文化产业结构布局，是缺乏可持续发展所必需的充分文化要素支撑的。民族特色文化资源对于民族特色文化产业的发展至为重要。可以说，离开了民族特色文化资源的支撑，民族文化特色产业的发展就如无源之水。对民族特色文化资源进行科学评估，认真分析其价值所在和内在结构，是对其进行合理有效开发的前提基础。

要素禀赋理论认为，生产要素的丰裕度是国际分工和国际贸易的根源，一国应该着重发展要素禀赋丰裕的产品及其产业。如果将文化资源视为文化产业的关键性生产要素，那么对于广大民族地区而言，依据要素禀赋理论，应该依据民族地区在

文化资源禀赋上的特点来组织生产具有比较优势的文化产品，规划适宜的文化产业发展模式和发展战略，以获取民族地区文化竞争优势。按照文化要素的投入使用方向，大理白族特色文化要素（资源）分为无形性精神信仰与价值观念类、影视性民族文学与史诗故事类、会展性民俗节日与礼仪工艺类、演艺性民族戏曲与民歌舞蹈类、旅游性遗址建筑与风俗衍生类五个类别。按照本节对民族文化要素禀赋结构的分析，上述文化要素共可以分为问题类、明星类、金牛类和瘦狗类四种类型，并且每一种类别的民族文化要素均有针对性的产业化开发方略。在大资源观念下，乡村振兴战略下大理白族特色文化产业的转型发展必须紧紧依托于大理白族乡村地区的特色文化禀赋结构特点和相关乡村要素条件。以白族特色文化资源为依托，充分结合白族乡村各类其他资源要素，在对白族特色文化资源进行科学评估的基础上科学规划白族特色文化产业的布局结构，才是实现白族特色文化转型发展的基本前提。

四、遵守市场经济规律，准确把脉当代需求

尊重与恪守民族文化内涵是发展白族特色文化产业的首要原则，但是这并不代表在对白族特色文化资源进行创意转化时可以忽略当代社会公众的文化消费需求特征。恰恰相反，民族特色文化产业的发展必须遵守市场经济规律，通过价格机制、供求机制、竞争机制和风险机制来引导民族文化资源的开发和民族文化产业的发展。市场在优化配置资源中具有决定性作用，不同于文化事业发展规律，民族文化产业的发展必须充分尊重市场经济规律。在尊重和恪守白族文化内涵的同时，又必须准确把脉当代社会的文化需求结构，做到两者的有机统一。尊重民族文化内涵与准确把脉当代文化需求特征并不是相悖的，恰恰是极度吻合的。在当今社会群众文化需求结构发生深刻变化的情况下，带有鲜明民族风格的“异域”文化反而更符合当今各地群众的个性化需求特征。

将特色的原生态民族文化资源转化为符合当代社会公众文化需求特征的民族特色文化产品，必须借助于创意劳动的转化。创意转化的目的并不是完全改变民族文化要素的内涵，而是在深刻把握其价值内涵的前提下，对文化要素进行形态变化，以满足进行文化生产的要求。这个过程是将静态的、原始的文化要素转变为活性的、适应现代需求规律的生产要素过程，也可以理解为将文化要素“激活”的过程。文化要素的产品化是将静态的资源要素转化为活性的精神产品的过程，是一个从精神到物质的过程。从某个角度上可以说，创意是把文化信息和审美情趣转化为带有当代人理想和欲望色彩的文化商品。

因此，白族特色文化产业发展必须坚持客观市场经济规律，在恪守民族文化内

涵和把握当代文化需求上做到有机统一。必须依据当代人们的精神文化需求来引导白族文化资源的开发和白族特色文化产业发展的规划。如果忽略了当代人们的精神文化需求特征而盲目地对民族文化资源进行开发，不但会因为缺乏持久的需求基础而满足不了人们对美好生活的追求，而且不能充分挖掘民族文化资源的多重价值，造成民族文化资源的浪费和破坏，降低民族特色文化产业发展的效率。

五、坚持农民作为主体，发展成果共享惠民

在全面打赢脱贫攻坚战决定性胜利后，全面建成小康社会实现历史性成就，乡村振兴战略将成为“三农”工作的中心，接续推进减贫成为常态化工作。乡村振兴战略关系着农业现代化和中华民族复兴的中国梦的实现。而推进乡村振兴战略，必须坚持农民作为主体，提升其参与积极性，促进其全面发展。没有农民的内生发展，脱贫攻坚的成果就无法巩固，乡村振兴就无从谈起。因此，在乡村振兴战略下发展白族特色文化产业，必须将乡村居民作为参与主体，充分调动其参与积极性，实现民族文化资源就地转化。民族乡村地区的文化资源要素本身就是当地民族群众在历史发展中继承、保留和积淀下来的珍贵资源，乡村农民既是创造主体之一，也是使用主体。他们深刻理解本地民族文化的内涵，是传承弘扬并创造民族文化的能动者。鼓励少数民族乡村农民充分利用当地民族文化资源，充分与本地农村农业资源相结合，以农民为市场主体，通过集体共有、联合经营、合作经济、个体经营、“公司＋农户”、“公司＋基地”或“公司＋基地＋农户”等多种模式实现要素有机整合融合，创新发展带有本地高原特色、山地特色、河谷特色以及鲜明民族特色等多种形态的“文化＋农业”产业，将传统文化与现代消费需求相衔接，实现文化创意产业和传统农业的融合发展，有效提升农产品附加值，从而形成农民持续稳定增收的内生发展能力。

若实现农民的全面发展和内生发展，持续提升其增收能力，还必须坚持共享原则，坚持乡村经济发展成果由农民共享。实现乡村经济发展成果由农民共享是促进农民持续增收和补上“三农”短板的重要要求，共享发展理念是推进乡村振兴战略的重要原则。白族特色文化产业的发展还必须坚持共享原则，民族乡村文化资源产业化开发而收获的成果必须惠及民族群众，坚持文化育民、文化惠民，才能实现农民的全面发展。充分发挥民族文化对劳动力要素的涵养特性，结合白族乡村文化特色，以农民为主体丰富乡村各类公益性质、民间自发性质以及商业性质的文化活动，开展以农民为主体的多种职业能力培养和教育帮扶，提升农民生活幸福感和生活质量，形成居民对美好生活的向往愿望，从而内化成主动参与创新创业的内在动力，提升农村的劳动力就业吸引吸纳能力，并让农村成为劳动力就业新领域。在文

化要素与“三农”要素融合下，会使乡村居民重新认识本区域的文化价值，激发其参与文化建设的积极性，在弘扬民族优秀传统文化的同时，不断在新时代创造新的乡村文化，不断增强本地居民的文化自信，实现民族关系融洽和民族团结，从而实现乡村文化振兴。

以上五条原则是白族特色文化产业在乡村振兴战略下实现转型发展的基本依循，缺一不可。恪守民族文化内涵是为了保持白族文化的原生态特色，不因过度商业化而导致民族文化资源流失；尊重文化发展规律是为了在产业化过程中同时注重对民族文化遗产资源进行科学保护而规避破坏式开发；遵循文化禀赋结构是为了提升白族特色文化产业发展效率；遵守市场规律是为了提升文化资源利用效率而充分挖掘其多重价值；坚持乡村居民为主体并坚持共享原则是为了实现文化产业发展成果惠及农民，最终实现乡村振兴。五项原则内在规定了在乡村振兴战略下实现大理地区白族特色文化产业转型发展的依据、基础、机制、方式和目的等内容。

在坚持恪守白族文化内涵、尊重文化发展内在规律、尊重文化禀赋结构和比较优势原理、尊重市场机制规律以及乡村居民共享等原则的前提下，以“内涵式”高质量发展为基本理念和模式，是乡村振兴战略下大理白族特色文化产业发展的基本依循。但是，仅仅有基本原则和科学发展方式是不够的。大理白族特色文化产业的转型和创新发展还必须依赖于政府的整体性、一体化等长远价值考虑，通过系统性规划来设计科学而明确的具体策略体系，才能保证基本原则的践行和“内涵式”高质量发展模式的落实。依据特色文化产业发展的特殊规律和要求，乡村振兴战略下白族特色文化产业的转型发展必须从要素融合、特色定位、创意转化、行业布局、空间布局、乡镇建设、产业融合、品牌传播等多个维度进行具体方略的系统设计和全面推进。

第三节　白族特色文化产业创新发展思路

在坚持恪守白族文化内涵、尊重文化发展内在规律、尊重文化禀赋结构和比较优势原理、尊重市场机制规律以及乡村居民共享等原则的前提下，以“内涵式”高质量发展为基本理念和模式，是乡村振兴战略下大理白族特色文化产业发展的基本遵循。但是，仅仅有基本原则和科学发展方式是不够的。大理白族特色文化产业的转型和创新发展还必须依赖于政府的整体性、一体化等长远价值考虑，通过系统性规划来设计科学而明确的具体策略体系，只有这样才能保证基本原则的践行和“内涵式”高质量发展模式的落实。依据特色文化产业发展的特殊规律和要求，乡村振兴战略下白族特色文化产业的转型发展必须从要素融合、特色定位、创意转化、行业布局、空间布局、乡镇建设、产业融合、品牌传播等多个维度进行具体方略的系统设计和全面推进。

一、以要素有机融合深度挖掘白族特色文化多重价值

通过产业融合发展促进传统产业转型提升并培育新兴产业形态是国家在《乡村振兴战略规划（2018–2022 年）》中提出的基本思路要求。要素有机融合是产业融合发展的根本前提。在乡村振兴战略下，乡村地区人文因素融入传统产业，实现第一二三产业间的融合发展，是推动农村经济高质量发展的重要途径。从另一个角度看，乡村振兴战略下大理白族特色文化产业的转型发展也离不开与传统生产要素的有机融合。

（一）要素有机融合的内在机理

“要素融合”是生产要素配置理论的衍生概念，是对生产要素之间的内在组合结构规律的一种延伸，其基本原理是在创新环境下通过不同生产要素间的有机结合，打破原有要素之间的内在结合比例的结构限制，重组要素结合方式，融入传统生产流程，从而创造出新功能、新价值，衍生出新产品形态和新产业形态，实现传统生产方式和产业链条的全方位转型升级甚至是创造出全新经济业态。要素融合根源于接续不断的创新，本质在于多重要素的优化组合配置即内涵式发展理念。要素融合思想旨在激发经济内生增长动力机制的转换，变经济增长的“输血”式要素供给模式为自我“造血”式活力培养模式，通过要素有机融合实现内在配置结构优化，最终实现经济稳定可持续增长。要素融合关键在于在不断创新环境下实现不同要素间的有机融合，而不是简单的数量叠加。传统生产要素理论经历了从土地与劳动的“二元论”到土地、劳动、资本、管理（或组织）的“四元论”的变迁，直至当今信息时代、知识经济时代下呈现更加多元化的趋向[①]。作为新型生产要素，“文化”或“文化创意”具有其他要素无可比拟的显著独特性。根据前文所述，文化要素具有无形性、可复制性、不受时间和空间限制性、共享性和批量使用价值递增型、创新扩散性等特性。这些特性决定了文化要素与传统“三农”要素（土地、劳动力、资本等）的深度有机融合的内在机理。设区域文化要素集合为 C（C_1，C_2，C_3，…，C_n），其中 C_n 为不同类型的文化资源要素。其他资源要素分别为 N（土地）、L（劳动力）、K（资本）、T（技术）、I（信息）、E（企业家才能或管理）等。

① 生产要素的广义范围包括土地、人才、技术、资本、管理（组织）、信息、技术、市场、知识、创新、文化、创意、传媒等。

基于要素融合及内生增长模型，则生产函数为 $Q=f(C, N, L, K, T, I, E, \cdots)$[①]。文化要素参与生产函数的特殊性在于，其必须首先经过创意化，“文化创意”是文化要素参与融合、进行生产的形态变化（见图 12-1）。

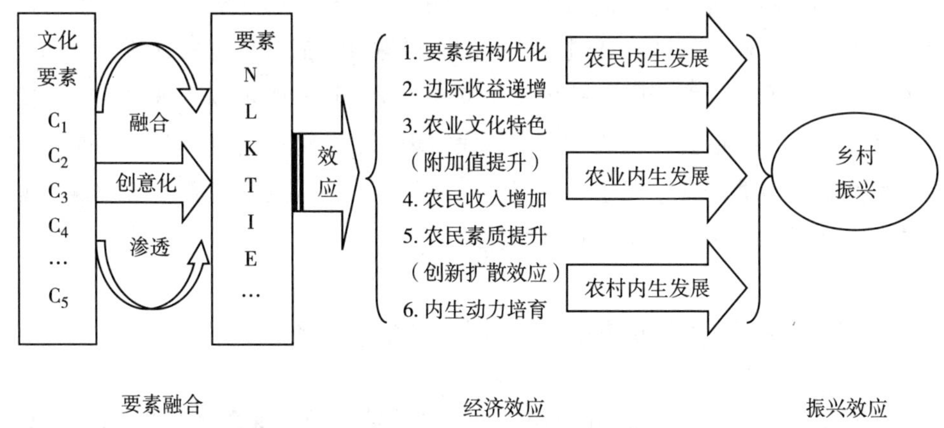

图 12-1　要素融合与经济效应和振兴效应

（二）白族特色文化与其他要素的融合路径

尽管大理州属于文化和旅游资源十分丰富的民族地区，但是其文旅资源的空间分布具有明显的失衡特征。广大民族乡村地区的生产性资源，尤其是劳动力素质水平、资本存量以及技术创新能力等都较为薄弱。因此，乡村振兴战略下白族特色文化产业的发展，不能将眼光仅仅聚焦于白族特色文化资源本身，而是要在大资源观下坚持要素融合理念，将白族特色文化要素与白族乡村地区各类生产要素进行有机融合，以此实现民族文化产业与传统产业的融合发展，培育白族特色文化产业的新业态，充分挖掘白族特色文化资源的多重价值。特色文化遗产资源本身就蕴藏于人们最为传统朴实和息息相关的地域性、民族性生产生活之中，离开了其他资源要素的支撑，特色文化产业也会失去发展的土壤。根据前文对白族特色文化资源的要素特性分析，其与白族乡村地区既有生产要素的融合，可以包括以下路径：一是将白族特色文化与传统农业要素进行融合，从而衍生出“白族文化＋传统农业”的各类产业形态，如“白族文化＋种植业”、“白族文化＋加工业”、“白族文化＋生态农业”、“白族文化＋养殖业”、白族文化休闲农业、白族文化生态农业、“白族文化＋农产品博览业”等。二是将白族特色文化与乡村自然风景和生态资源相结合，衍生

① 为了便于说明文化要素与“三农”要素融合机理，区别于只将劳动力（L）和资本（K）作为数理逻辑层面的两种要素，在此将所有要素包含进生产函数内。

出诸如“白族文化 + 生态康养”“白族文化 + 乡村休闲体验”“白族文化 + 乡村教育”等白族乡村旅游业态，注重白族特色乡村田园综合体的打造，推动文化、旅游与其他产业深度融合、创新发展。这些融合路径的本质就是在传统农业产品中赋予白族文化内涵和体验价值，从而也拓展了白族文化内涵的物质性载体，延伸了白族特色文化产品的产业价值链。通过要素间的有机融合，能够拓宽白族特色文化资源的开发路径，而不是仅仅局限于特色文化资源本身。这样既可以实现白族乡村传统产业的转型发展，通过富含白族文化内涵而实现产品价值的提升和产业高端化。而白族特色文化也借助于其赖以生存发展的乡村环境，通过与其他要素的融合实现多样化的综合利用，充分发挥其多重价值性。

二、以白族文化内涵精准明确白族特色文化产业定位

发现“特色”，并对特色文化资源进行科学评估，是实现文化资源与市场对接、发展特色文化产业的重要前提。特色文化产业是文化产业历经长期发展而不断向差异化趋势发展的表现，因此，对于特色文化产业而言，其关键在于“特色”的形成与凝练，“特色”是文化产品或服务在广大社会公众中形成的与众不同之处，也就是独一无二的“定位”。可以说，精准、独特的定位才能在广大社会公众心里形成特定印象和标签，激发消费者内心对异域文化的偏好性需求，满足其个性化文化需求。同时，特色的定位是文化产业竞争力和比较优势的体现，是文化产品产生高附加值的重要因素。准确定位特色文化产业也是对其进行整合营销传播和塑造品牌的关键前提，也是对特色文化产业进行整体性科学规划的前提。尽管白族特色文化产业行业门类较多，各行业中的文化企业也数量众多，但是白族特色文化产业代表的是中华民族优秀传统文化的有机构成部分，体现了其时代价值和文化软实力，是一个整体概念。所以，白族特色文化产业的内涵发展必须要逐渐凝练出其统一具有的整体特色，形成白族特色文化产业的精准定位。要想对大理白族特色文化产业进行准确定位，就必须准确把握白族文化的本质内涵。

本书在第二章中就从文化人类学角度剖析了白族文化的基本内涵。作为中华民族多元一体大家庭中的重要成员，白族文化的历史形成与丰富内容既离不开白族这个共同体智慧中的创造性和包容性，也离不开白族居民赖以生存发展的自然地理环境。处处诗境、物华丰富的银苍玉洱是白族智慧之源、灵性之源，大自然的感悟和启迪，成就了泽被深远的白族优秀传统文化[①]。白族文化既具有中华民族伟大精神的

① 赵寅松：《构建和谐大理的文化根基——以白族文化基本特色的产生、表现、成因、价值研究为例》，“科学发展观与民族地区建设实践研究”会议论文，2009 年。

共性，又有鲜明的自身特色。对白族文化而言，多元一体的包容性是首要特点。白族是一个多源聚合且善于兼收并蓄的民族，其文化的形成具有多元一体、多元融合的特征。基于包容性基础，白族文化还体现出鲜明的和谐性。白族文化的和谐性根源于白族人民的人文精神。在中华民族多元一体格局中，其与其他各族人民共同创造和丰富了中华民族伟大的民族精神，相互之间保持着同气连枝的和谐关系。白族人民恪守天人合一、人际和谐的哲学理念和亲仁善邻的处事原则，以开放包容的胸襟，主动汲取其他民族的优秀文化成果，取精用宏，形成了团结统一的爱国精神。包容性和和谐性两个特质，使白族文化善于与时俱进、推陈出新。在人类学视域下，白族文化显现出的包容并蓄、多元融合、多元一体、丰富多样等特色均与白族人民的人文精神及白族人民所生活的自然环境、时代背景息息相关。

由以上白族文化的内涵为切入点和出发点，白族特色文化产业的定位必须紧紧围绕“和谐包容”这个中心点。这种定位与我国社会主义核心价值观是高度吻合的，也体现了中华民族多元一体格局的本质内涵。以“和谐包容”作为大理白族特色文化产业的定位，必须做到以下几点：一是将白族特色文化产业的这种定位上升为全州战略，在全州内形成统一的认识和定位意识，将“和谐包容”作为大理州白族特色文化产业的一张标签进行营造。二是必须尽快形成对白族特色文化产业的整体性规划，科学评估白族特色文化资源的价值，将“和谐包容”的产业定位作为各级政府和各个文化企业必须明确贯彻的指导意见。三是将“和谐包容”定位作为白族特色文化产业各个行业门类和各类文化产品或服务的规范标准，将这种定位和标签融入白族特色文化资源的投入生产过程和创意转化过程之中，最终生动地附着于白族特色文化产品或服务之中，形成消费者能够真实感受的文化体验，达到弘扬民族优秀传统文化的目的。四是加强对白族特色文化产业从业人员的文化培训，使其不断学习白族传统文化，真正把握白族文化内涵，只有这样才能创作、生产出高质的白族特色文化产品。五是重视产业定位的长期宣传和维护，采取整合营销沟通，以统一的价值取向、统一的文化内涵、统一的视觉形象等对“和谐包容”的定位进行有效传播沟通，使消费者在心里对白族特色文化产品或服务形成统一的认知与共鸣。

三、以创意转化促使白族特色文化对接现代文化需求

民族特色文化产业对创意设计者的文化素养和创意水平的要求要比一般性文化产业更高。这是因为，特色文化产业所依托的少数民族特色文化遗产资源原本就具有“草根性”、原生态性和传统性特征，深深植根于少数民族当地的文化沃土。与此同时，民族特色文化产品所满足的是当代社会大众已经发生深刻结构变迁的精神

文化需求，即越来越倾向于个性化、信息化、网络化、智能化的审美情趣和时尚趋向，而且文化消费的信息接收渠道、文化产品消费方式、文化内涵解读方式、文化服务的评价标准等都发生了深刻变革。民族特色文化产业必须将传统文化要素与现代审美时尚有机统一于各种民族特色文化产品之中，才能解决两者之间的矛盾。解决这个矛盾的关键在于文化创意，中心在于高端创意人才。高端创意人才是实现由静态特色文化遗产资源向活性特色文化产品或服务转化的关键。高端创意人才是优质文化创意的提出者和特色文化产品的设计者，文化创意是连接传统特色文化资源与现代审美情趣和需求时尚的桥梁。

在乡村振兴战略下，如何提升白族特色文化资源的创意转化效率，是实现白族特色文化产业由“粗放型”发展模式向“内涵型”发展模式转变的核心环节。针对大理白族特色文化产业在发展中存在的高端创意人才和企业管理人才缺乏、从业人员整体素质不高等问题，本章提出以下创意人才发展方略：一是以提升大理白族特色文化产业的整体创意研发能力提升为宗旨，研究设立白族特色文化创意和管理人才培训专项基金，定期组织从业骨干进行创意设计、经营管理、市场营销、现代传播、技术与工艺等发展薄弱环节以及非物质文化遗产传承人的专项培训，提高白族特色文化产业从业人员的专业素质。二是加强与白族特色文化产品核心目标市场的消费者之间的信息交流和沟通，了解其文化需求特征和文化消费习惯，把握其审美风格和时尚趋向。三是加强对白族特色文化资源产品化过程中的创意设计者尤其是白族非物质文化遗产传承人的组织学习，通过参加国内外知名文化创意博览会、民族文化论坛或交流会等，使其树立现代审美意识，掌握文化消费趋向和现代信息传播特征。四是加强与民族文化艺术研究机构、高校以及现代艺术设计公司、广告公司、文化公司等组织的长期定向合作，在对白族特色文化资源进行开发之前，首先重视对白族特色文化资源价值的科学评估，在进行市场精准考察和需求预测的基础上，联合制定白族特色文化产品的设计方案，提升创意转化水平。五是运用有效传播手段，重视对现代文化需求的引导，通过有效的传播沟通或通过真实性的文化体验，使消费者能够充分理解和认同白族特色文化产品设计者的创意来源、创意体现和创意价值，以实现白族文化内涵价值的传播。

需要指出的是，创意的目的不是因为要一味地迎合现代市场需求而让白族传统文化的特色消失，本书认为，白族特色文化产业的“特色”凝练，根源于白族特色文化的内涵价值。因此，创意改变的不是白族传统文化的内涵价值，而是通过创意设计使白族特色文化的内涵价值能够有机巧妙地渗透于白族特色文化产品的外在形式上，如物质载体的时尚精美化、使用价值和用途的生活化、产品信息传播的现代化、文化信息解读的智能便捷化、文化体验方式的易操作化等。

四、以文化禀赋结构优化白族特色文化产业行业布局

在白族特色文化资源禀赋结构中，不同类型的文化资源的丰裕程度和开发程度存在较大差异，因此大理白族特色文化产业的内部行业结构也表现出不平衡状况。根据前文所述，在白族特色文化资源的禀赋结构中，旅游性文化资源、传统工艺文化资源和民俗节庆文化资源十分丰富，在白族文化中的代表性较为突出，开发程度较高。由此而形成的白族特色文化产业的行业构成主要是以白族特色文化旅游业、特色工艺品业和特色民俗节庆业为主，而具有白族特色的演艺演出业、电视影视业、出版印刷业、会展博览业、影视产业、动漫产业等却发展不足，行业比重较低。白族特色文化资源的产业化开发方式还不够丰富，白族特色文化资源并没有得到多层次、多维度的立体开发。在乡村振兴战略下，白族特色文化产业的发展并不是要实现各个行业门类的全面推进发展，而是要根据白族乡村地区的资源禀赋、自然条件、经济基础和政策条件等因素，有层次、有侧重、有序列、有规划的科学发展，即根据比较优势原理，优化白族特色文化产业的行业结构布局。本书认为，必须坚持以白族特色文化禀赋结构为依据来优化其行业布局（见表 12-1）。本书在前文中利用波士顿矩阵原理剖析了大理白族特色文化资源的禀赋结构，这是优化白族特色文化产业行业布局的基本依据。

表 12-1　白族特色文化产业行业门类分类布局优化结构

资源类型及其相对应产业		经济门类	发展战略
问题资源	问题产业	宗教经济、白族特色影视业、白族特色动漫业等	科学规划，选择性培育新经济增长点
明星资源	明星产业	白族特色手工艺品制作加工业（扎染、木雕、银器、刺绣制作等）、白族传统制茶业、白族特色戏曲演艺业、白族特色美术作品生产及展览业、白族特色医药业、白族特色服饰及饮食业等	重点扶持，加大投资，形成白族特色明星产业集群，并进行集约化管理，提升规模经济效益
金牛资源	金牛产业	白族特色民俗节庆产业、白族特色文化历史遗址旅游业、白族特色建筑旅游业、白族特色乡村旅游等	加强与其他产业联动效应，推进产业融合发展，全面提升文化价值效应
瘦狗资源	瘦狗产业	白族特色图书出版业、印刷业、广播电视业等	推进信息技术改造，实现传统产业改造升级，促进融合发展

如表 12–1 所示，根据白族特色文化资源的禀赋结构特征，在乡村振兴战略下，大理白族特色文化产业的行业布局应该坚持以下几点方针：一是重点扶持明星类产业成长，加大财政政策支持力度，大力发展市场前景广阔的白族特色手工艺品制作加工业（扎染、木雕、银器、刺绣制作等）、白族传统制茶业、白族特色戏曲演艺业、白族特色美术作品生产及展览业、白族特色医药业、白族特色服饰及饮食业等行业。二是继续提升金牛类产业的竞争力和影响力，通过产业融合发展，创新白族特色民俗节庆产业、白族特色文化历史遗址旅游业、白族特色建筑旅游业、白族特色乡村旅游等行业的发展路径，充分发挥其在乡村振兴中的多重价值。三是慎重对待问题类产业，科学评估其产业化开发的可行性和路径机制，有选择性地培育新经济增长点和经济新业态，将其作为未来白族特色文化产业发展的战略性后备产业。四是整顿瘦狗类产业，通过推进信息技术改造，实现传统产业改造升级，促进白族特色图书出版业、印刷业、广播电视业、新闻业等行业与其他行业的融合发展。

五、以区域价值链条优化白族特色文化产业空间布局

除了行业门类结构不合理，大理白族特色文化产业还存在区域结构不合理问题，主要表现在规模以上文化企业在州内县市之间分布不平衡和城乡之间分布不平衡，空间结构的不平衡致使很多行业都还处于民间的自发集聚状态和产业培育阶段，还没有形成规模化、集群化，致使白族特色文化产业对大理州经济社会发展的辐射带动效应还不突出，综合效益不高。针对大理白族特色文化产业在区域结构布局上的不平衡性问题，本书认为，在乡村振兴战略下，要树立区域价值链思想，科学优化白族特色文化产业的空间布局，以比较优势原理和区域分工理论为指导原则，引导大理州内各白族乡村不断凝练本地文化产业的特色，摒弃面面俱到、面面不强的旧有思路，在白族各乡村之间形成“一乡（村）一品、一乡（村）一产、互为补充、互相带动”的白族特色文化产业发展局面，打造强点各异却价值互补的规模化、集群化区域价值链条（见表 12–2）。区域价值链是科学优化区域经济结构的重要理念。

在乡村振兴战略下，以区域价值链条优化大理白族特色文化产业空间布局，要坚持以下发展方略：一是遵循比较优势原理和区域分工理论，根据各地白族特色文化资源禀赋的比较优势，确立各白族乡村特色文化产业发展定位与产业分工。二是加强顶层设计，从大理州全局出发，加强各地特色文化产业发展的科学规划，引导各地依托本地白族特色文化资源优势培育本地具有代表性的产业强点，或者基于

表 12-2　区域价值链下大理白族特色文化产业的空间布局

主要市县	代表性白族特色文化资源	代表性白族乡镇	白族特色文化产业分工定位
大理市	苍山洱海、石门关、白族扎染非物质文化遗产、白族特色民居建筑、大理古城等	喜洲镇周城村、金梭岛、双廊镇、挖色镇、大理镇、上关镇等	白族文化与风景名胜旅游、扎染手工艺加工制作、白族特色工艺品销售区、白族特色节庆与会展活动中心、白族特色文化演艺演出中心
祥云县	茶马文化、水目山佛教文化、洱海卫城、“彩云之南”传说等	云南驿镇、旧邑村、八甲地村、大营村等	白族风俗文化与节庆活动体验
宾川县	鸡足山佛教文化、白族高原热区农业、文化遗址	鸡足山镇寺前村、大营镇宝丰寺村等	白族特色节庆、白族乡村生活体验、白族农业经济
云龙县	盐马历史文化、虎头山古建筑群、洞经音乐、诺邓花灯等	诺邓村、白石镇、功果桥镇等	白族特色文化小镇、民俗文化体验、白族特色饮食
洱源县	茈碧湖、东湖等秀美风景、西湖白族民俗文化、白族历史文化	梨园村、凤羽镇、茈碧湖镇等	白族美丽乡村旅游业、白族风俗文化体验
剑川县	剑湖、石宝山等自然风景，剑川古城白族名人旧居、白族木雕、石雕非物质文化遗产、茶马古道文化等	沙溪镇、金华镇、弥沙乡等	白族特色木雕、石雕加工制作业，沙溪古镇白族文化体验
鹤庆县	白族特色银器制作非物质文化遗产、白族石雕	云鹤镇、草海镇新华村等	鹤庆银器手工艺品加工制作、白族石雕艺术品加工制作、白族特色小镇

类似的白族特色文化资源而采取不同的产业化开发方式，从而形成不同的白族特色文化产业经济业态，避免各区域之间因无序化盲目发展而导致产业趋同、产品同质化竞争的局面。三是加强各区域之间的产业发展合作和沟通交流机制，消除因行政区划而导致的区域合作机制上的壁垒，避免重复建设与恶性竞争，增强各区域间在白族特色文化产业发展上的战略合作，形成互为补充、相互带动的区域产业链。四是坚持共享发展原则，创新形成各区域之间的信息共享、平台共享、人才共享、市

场共享、成果共享等机制，有效带动大理白族乡村地区农民、农业与农村的内生式发展。

六、以产业链打造推进白族特色文化产业向纵深发展

虽然白族特色文化资源丰富多样，但是在大理白族特色文化产业发展中存在观念认识不到位问题，主要表现在对特色文化产业的发展规律认识不到位，还存在很多误区，如将某一白族特色文化资源或文化产品误认为就是白族特色文化产业，并没有注重产业链条的打造，造成白族特色文化产业整体效益不高，在大理州区域经济所占的比重较低，且辐射带动效应没有有效发挥。另外，大理白族特色文化产业的主体仍然是劳动密集度高、附加价值低的传统文化产业，如手工艺品产业、文化旅游业、节庆产业等，技术含量不高，市场拓展能力不强。带有显著白族文化特色且科技含量高、产业关联度大、产业成长性好的战略性新兴产业所占比例较小，这是白族特色文化产业发展中的短板。因此，白族特色文化产业发展应注重产业链打造，形成传统产业与新兴产业之间的关联互动效应，以产业链打造来整体推进白族特色文化产业向纵深发展。

在乡村振兴战略下，要发挥白族特色文化产业的整体辐射带动效应，必须坚持以完善的产业链打造来推进其向纵深发展：一是要通过集聚效应显著的产业基地和产业园区建设推进白族特色文化产业内的同类型企业在空间范围内的集中，通过横向整合形成产业集群。进一步引导和支持白族主要聚居乡村地区因地制宜、整合资源，形成一批白族特色文化产业基地，以及积聚效应显著的白族特色文化产业园区和产业集群，提升白族特色文化产业的市场影响力和控制力，在行业中形成文化产品的“特色垄断”，从而大幅度提升其整体的专业化、规模化和集约化水平，推动白族特色文化产业的科学化、跨越式发展。二是以白族特色文化要素的投入生产环节为中心，以专业化分工实现白族特色文化产业在要素供给、产品创意设计与生产、产品流通及销售、品牌传播等各个环节上的企业间的纵向整合，实现上下游企业之间的纵向一体化，通过产量或价格控制实现纵向的产业利润最大化。在大理白族地区探索性建立白族特色文化产业核心龙头企业间的战略联盟型产业价值链，通过建立创意人才共享、信息资源共享、平台共享、政策共享和收益共享等机制形成联盟企业的合作共赢，整合资源与优势，加强对白族特色文化资源的集中性共同开发，以达到提高整个产业链及企业自身竞争力的目的。在白族特色文化产业价值链打造过程中，还要注重加强对白族特色文化衍生品的设计与开发，紧密结合州内外现代市场需求特征，实现白族特色文化资源的全方位立体化开发，最大限度挖掘白

族特色文化资源的时代价值，增强民族文化自信。

另外，要围绕文化旅游这条主线，实现白族特色文化与旅游及相关产业的深度融合：逐步提升景区建设管理水平、开发白族歌舞演艺产品、构建白族文化旅游融合体系；对白族文化资源进行再创造、再包装，寻求白族文化与自然景观以及游客审美需求的有效对接，不断提升白族文化资源的旅游功能和价值；支持白族特色文化企业走新型发展路径，积极探索和支持引导白族特色文化企业、传统特色白族民间工艺项目，充分利用、整合和发挥各自的产业优势和特长，走深度合作共赢、相互融合补充，共闯市场、共赢发展之路。

七、以特色小镇建设有机融合白族特色文化产业发展

将乡村特色文化产业发展与特色小镇建设相互融合是乡村振兴战略的内在要求[①]。在乡村振兴战略下，如何推进城乡融合互动发展，是全面打赢脱贫攻坚战后逐步实现乡村地区全面发展并缩小城乡发展差距的重要环节。对于民族乡村地区而言，少数民族文化资源具有经济、文化、生态、民生、教育等多重价值效应，是少数民族乡村最具比较优势的特色资源。因此，发展民族特色文化产业是推进特色小镇建设的内在要求。对于少数民族文化异常丰富的大理白族自治州而言，民族文化立州是战略根本，也是乡村振兴的必然选择。白族特色文化产业的发展与特色小镇建设具有天然的内在联系，两者之间相互促进、相互带动。

特色小镇建设是大理州补齐“三农”短板和实现乡村振兴的重要途径，以特色小镇建设为契机，推进白族特色文化产业发展，要坚持以下基本方略：一是重视白族乡村文化生态建设，以白族文化内涵为基础凝练小镇特色。丰富多彩的白族乡村文化，是白族人民在长期生产生活中和特定的乡村环境下创造的宝贵财富，是白族与其他民族在文化互动中所形成的独特文化样式，具有鲜明的特色性和标签性。特色小镇的建设，必须深深植根于乡村文化沃土。要紧密结合白族乡村特色小镇建设，深入挖掘白族乡村特色文化符号，盘活白族乡村特色文化资源，走特色化、差异化发展之路。二是将白族文化元素融入乡村建设，保护乡村原有建筑风貌和村落格局，深挖历史古韵，弘扬人文之美，重现原生田园风光和原本乡情乡愁。三是明确不同白族乡村的文化定位和特色文化产业发展重点，把白族特色文化产业项目与乡村景观风貌、功能布局紧密融合，形成地域特色，避免千城一面。要突出白族传统文化特点，彰显白族文化内涵特色，注重保护白族历史文化名镇名村和乡村原始

① 摘自中共中央、国务院印发的《乡村振兴战略规划（2018–2022 年）》。

风貌、自然生态。四是加强规划引导、典型示范，挖掘培养乡土文化本土人才，建设一批特色鲜明、优势突出的特色文化产业乡镇、文化产业特色村和特色文化产业群。

八、以“互联网 +”思维助推转型升级与特色品牌建设

文化品牌多而不强是当前大理州白族特色文化品牌建设中存在的主要问题。大理虽然也十分重视文化品牌和企业品牌建设，注重通过各种旅游节、博览会、展览会、文化交流会等助推品牌传播，塑造了一批具有代表性的白族文化品牌，如剑川木雕、鹤庆银器、周城扎染、沙溪小镇、诺邓村等。但是，从整体来看，这些白族特色文化品牌的影响力和市场号召力还存在较大提升空间。文化产业与现代信息技术尤其是互联网技术具有天然联系，以现代传播技术为手段本身就是文化产业的内在特征，因此，特色文化产业的发展离不开互联网信息技术的应用和提升。尤其是“互联网 +”时代的到来，为白族特色文化产业的发展提供了新的思路。

要推动乡村振兴战略下白族特色文化产业的“内涵式”发展，就必须加强“互联网 + 传统产业”思维在文化产业发展中的应用。“互联网 + 白族特色文化产业”思维模式可以为白族特色文化品牌塑造和传统白族特色文化产业转型升级提供有效路径。一方面，要牢固树立“互联网 + 白族特色文化产业”思维，促进传统白族特色文化产业的信息化改造，即利用现代信息技术与互联网平台，对传统白族特色文化产业如白族特色手工艺产业、特色乡村旅游业、特色演艺演出业、特色民俗节庆产业等进行信息化及数字化提升，使互联网与传统白族特色文化产业深度融合，创造新的产业形态。“互联网 +”思维根源于当代社会大众的信息消费习惯和文化解读方式，其本质在于充分发挥互联网在白族特色文化资源优化配置中的集成作用，提升白族特色文化产业发展的创新力，以互联网为基础设施和实现工具而形成新兴的白族特色文化产业形态。另一方面，要用“互联网 +”思维强化白族特色文化品牌建设与传播。作为现代传媒，互联网是全球信息传输与集散高地，尤其是大数据时代的到来，为企业品牌建设带来新的思路。白族特色文化品牌的塑造与传播，不能仅仅依赖于传统的博览会、交流会、大众传媒等传统媒介，要充分发挥大数据优势，精准定位白族特色文化产品的核心目标消费者群体，精准掌握其文化消费和信息接收习惯，通过各类便捷式移动终端、社交媒体的即时互动优势以及自媒体的“病毒式”高效传播效应，增强白族特色文化产品或服务的体验价值，使品牌塑造与信息传递更加精准、更加互动、更加高效。此外，要加强与白族特色文化产业相

关的各类手机应用软件与程序开发工作，加强白族特色文化企业以及白族非物质文化遗产的公众号建设，吸引社会广泛关注，增强品牌的市场拓展能力。

综上所述，乡村振兴战略下白族特色文化产业的“内涵式”发展，是一项系统性工程，需要在科学的顶层设计下规划系统性的发展方略。只有从大理白族特色文化产业发展的问题出发，有针对性地在资源要素评估与投入方式、产业发展定位、创意设计提升、行业结构布局、空间结构布局、产业链完善、特色小镇建设、转型升级和品牌建设等方面设计科学的发展方略，才能使白族特色文化产业在乡村振兴战略下实现跨越式发展。

第四节　以白族特色文化产业促进乡村振兴之思路

特色文化产业是乡村振兴战略中重点规划发展的乡村产业之一，特色文化产业的发展离不开乡村振兴战略带来的各种机遇与政策。但是，乡村振兴是发展特色文化产业的根本目的，特色文化产业的规划与创新发展必须服从于当地乡村振兴战略的大局，必须以促进乡村振兴为宗旨。大理地区白族特色文化产业的发展必须紧紧围绕乡村振兴战略这个大局，充分带动白族乡村地区经济、社会、文化和生态等层面的全方位发展。

一、以白族居民为主体，坚持发展成果共享

各少数民族居民是本民族优秀传统文化的创造主体，也是弘扬和发展民族文化的创新主体。因此，大理地区民族特色文化产业的发展必须坚持以本民族居民为主体，坚持发展成果共享原则，使之惠及每一个少数民族居民。

大理乡村地区白族特色文化产业尤其是白族乡村旅游业、白族特色手工艺产业、白族特色演艺产业和节庆产业等的发展对促进大理白族地区的发展起到了积极作用。调研发现，大理白族地区规模较大的白族特色文化产业园区项目或龙头企业，基本都采取了“公司＋园区（基地）＋农户”的运营模式，白族居民的参与主体地位在不同的特色文化产业中表现有所不同。其中，在白族特色手工艺产业、特色节庆产业、特色演艺产业中，白族农民的主体参与性非常凸显，这与上述行业对非物质文化遗产传承人的技艺要求是分不开的。但是，在收益分配方面，尽管白族

特色文化产业对白族农民的增收效应显著，白族居民作为参与主体所分享到的成果却与其主体地位并不相符，文化公司占据了主要份额。鉴于此，若要有效促进乡村振兴，发展大理乡村地区民族特色文化产业必须坚持以少数民族农民为参与主体，而且要坚持共享原则，实现发展成果切实惠及少数民族乡村居民。其基本思路是：在坚持按劳分配原则的前提下，科学测定并针对性提升少数民族乡村居民在本民族特色文化产业发展中的贡献率，按照贡献率合理界定收益分配比例。除了利益分享机制外，大理地区民族特色文化产业发展所带来的创新扩散效应、开放提升效应、学习促进效应、视野开拓效应等，都应设立相应传导机制，使每一项发展成果都能惠及乡村居民。

二、培育“三农”内生发展，夯实乡村振兴基础

民族特色文化产业对于培育“三农”实现内生发展动力机制的转换具有重要价值。大理地区以民族特色文化产业发展促进接续减贫并实现“三农”内生发展，必须做好以下几方面工作：一方面，必须充分调动大理少数民族乡村农民的参与积极性，发挥其主体作用，培育其持续增收的内生发展能力。民族乡村文化本身就是当地居民在历史发展中继承、保留和积淀下来的资源，农民既是创造主体之一，也是使用主体。他们深刻理解本民族文化的内涵，是继续弘扬并创造文化的能动者。鼓励农民充分利用当地民族特色文化资源，充分与本地农村农业资源相结合，以农民为市场主体，通过集体共有、联合经营、合作经济、个体经营、“公司＋农户”、“公司＋基地”或“公司＋基地＋农户”等多种模式实现要素有机整合融合，创新发展带有本地区域特色、地理特色以及鲜明民族特色等多种形态的“文化＋农业”产业，将传统民族文化与现代消费需求相衔接，实现文化创意产业和传统农业的融合发展，有效提升农产品附加值，从而形成农民持续稳定增收的内生发展能力。另一方面，必须创新教育手段，提升农村人口知识储量，逐步积累农村人力资本存量。文化要素与“三农”要素有机融合程度的高低，与农村人口的知识储备和综合素质具有紧密关系。充分发挥文化对劳动力要素的涵养特性，结合大理少数民族文化特色，以农民为主体丰富乡村各类公益性质、民间自发性质以及商业性质的文化活动，开展以农民为主体的多种职业能力培养和教育帮扶，提升农民生活幸福感和生活质量，形成居民对美好生活的向往，从而内化成主动参与创新创业的内在动力，提升农村的劳动力就业吸引吸纳能力，并让农村成为劳动力就业新领域。这两方面工作必须紧密结合，相互促进。

三、发挥产业多重效应，促进乡村全面振兴

相较于一般性的文化产业而言，特色文化产业在经济效应、生态效应、文化效应和民生效应方面的表现更加突出。此外，民族特色文化产业还具有鲜明的创新扩散效应、辐射带动效应和要素融合效应。大理地区民族特色文化产业依托大理独有而丰富的民族特色文化资源，通过“内涵式”发展，以创意创新为导向，通过要素融合实现产业融合发展，其具有的多重效应对促进大理地区民族乡村全面振兴具有深远的价值。

以民族特色文化产业发展促进大理民族乡村振兴，必须做好以下几方面工作：一是通过要素融合推进乡村产业振兴，逐步实现农业现代化。乡村地区受地形、地质、气候和人才等因素的约束，在以技术或信息推进传统产业改造遇到瓶颈时，应积极探索文化要素与土地、技术、信息、农民等要素的融合，来推进传统农业改造升级，赋予该区域乡村农业的文化特色，即着力发展“文化农业”，依据现代消费结构来丰富农产品的功能和使用价值，通过提升农产品附加值来重构农业产业链条，提高农业竞争力并转变发展方式，实现农业的内生式增长。二是通过要素融合来实现大理地区民族乡村生态振兴和文化振兴。在上述农业发展思路的基础上，应坚持该区域民族文化中的生态价值观，使原生态农业与文化要素融合后产生新的价值，摒弃传统的对土地、林地、草地以及湖泊等生态环境破坏较大的发展思路，通过大力发展第三产业尤其是乡村文化旅游业、高原山地旅游业和相关服务业，实现该区域乡村的生态振兴。另外，在文化要素与“三农”要素融合发展的过程中，乡村居民会重新认识本区域的文化价值，他们参与文化建设的积极性会得到激发，因此会更加努力弘扬民族优秀传统文化并在新时代不断创造新的乡村文化，进而本地居民的文化自信不断增强。这不仅有利于实现民族关系融洽和民族团结，而且有利于实现乡村文化振兴。以上两方面工作也是相辅相成、紧密互促的关系，缺一不可。

第五节　大理白族特色文化产业发展的政策支持体系

除了系统性的发展方略外，乡村振兴战略下大理白族特色文化产业的发展还必须依赖于完善的人才政策、财税政策、金融政策、土地政策、开放政策及配套措

施，必须在人才培养与引进、重大项目建设、龙头企业培育、公共文化基础设施建设、投融资服务平台、营销推广平台等多方面加大扶持力度，只有这样才能有效推进白族特色文化园区、小镇和基地的建设，实现白族特色文化产业的科学化发展。

一、研究制定高端创意与管理人才政策

大理白族特色文化资源十分丰富，具有良好的特色文化产业发展基础。但是，白族特色文化产业高端创意人才和经营管理人才在数量、质量和结构上的匮乏已成为制约其发展的重要因素，尤其是缺少既懂文化艺术又懂经营管理，擅长项目策划、文化经纪、市场营销、资本运作的高素质、复合型人才十分匮乏。高端创意人才和经营管理人才紧缺是白族特色文化产业发展中的瓶颈问题，针对其在发展中存在的人才问题，必须尽快研究制定相关政策，以促进白族特色文化要素投入开发中的高端创意设计人才与白族特色文化企业的经营管理人才的培养和引进。

因此，必须以培养高技能人才和高端文化创意、经营管理人才为重点，加大对特色文化产业人才的培养和扶持。一是探索与州内外知名培训机构、专业院校、科研院所建立人才共同培养机制，开设白族特色文化产业经营管理人才培训班、白族特色文化产品创意设计班、非物质文化遗产传承人现代创意设计能力提升班等系列研修班。通过资金补助、师资支持等多种形式，支持州内白族乡村各地开展特色文化产业人才培训。二是研究设立创意人才与管理人才培训专项资金，定期组织从业骨干参加薄弱环节及非物质文化遗产传承人的专项培训，提高白族特色文化产业从业人员的专业素质。三是依托非物质文化遗产研习所、乡村文化站、工作室、文化名人、艺术大师，促进白族传统文化的继承和传统技艺传承。加强对白族非物质文化遗产传承人和学艺者的培训，着重提高其创新创意能力。与国内高等院校、科研院所等机构建立产学研合作联盟，积极将白族特色文化产业人才培养纳入各级政府人才发展规划和工作计划。四是完善激励机制，加大外部高端创意人才与管理人才的引进力度。出台优惠的人力资源与社会保障政策，将白族乡村打造成为人才要素的聚集高地。需要注意的是，人才培养模式与引进机制，要与时俱进，与大理经济社会发展和文化发展相适应，要有助于白族传统文化的传承和创新，要建立产学研一体化的人才培养长效机制。

二、不断完善财税优惠政策和金融政策

完善的财政政策、税收政策和金融政策是特色文化产业发展的基本保障。在乡

村振兴战略下，大理白族特色文化产业发展既要紧紧依托和利用国家乡村振兴战略规划中出台的政策，又要有针对性地制定白族特色文化产业发展的财税和金融政策支持体系，具体措施如下：

一是出台促进白族特色文化产业发展的相关政策与措施，加大政府财政资金支持引导力度。二是贯彻落实国家和云南省促进文化产业发展的各项政策意见。三是根据白族特色文化产业特征，加强政策调研和服务工作，结合实际制定完善有利于白族特色文化产业发展的专项政策。四是落实白族特色文化产业领域税收优惠、高新技术企业认定、项目用地、人才引进等方面的优惠政策和服务工作。五是加强政策的解读和宣传推广服务，加强政策执行过程中的统筹协调和服务。六是加强对白族特色文化产业重点项目、重点企业扶持，进一步发挥文产资金的杠杆撬动作用，同时，充分发挥政策性金融手段的作用，加大政府财政资金支持引导力度。七是设立白族特色文化产业发展基金，吸引各方投资，发挥政府财政资金的杠杆作用。

具体来说，第一，要研究设立大理州白族特色文化产业专项资金，采取项目补贴、信贷贴息、奖励等方式，由财政出资扶持白族特色文化产业发展。将白族特色文化产业发展工程纳入全州财政支出范围，设立专项预算，分步实施、逐年推进。充分发挥财政资金的杠杆作用，重点支持具有白族乡村特色和白族风情的传统工艺品创意设计、白族乡村文化旅游开发、白族民间演艺剧目制作、白族特色文化品牌推广等具有显著经济效益、社会效益、文化效益、生态效益的文化项目。同时，积极申报省级、国家级重点文化产业园区和重点文化项目建设，积极争取相关资金支持。第二，制定税收优惠政策，在营业税、增值税、流转税等方面减轻经济效益突出、文化效益显著和社会效益良好的白族特色文化企业的负担，调动其参与白族乡村特色文化资源开发的积极性和主动性，扶持白族特色文化产业项目、企业和园区的可持续发展。第三，制定促进白族乡村特色文化产业跨越式发展的金融政策。由于大理很多白族特色文化企业都是由传统家庭作坊转变而来，不但规模小而且生产方式粗放，有效的金融政策是提高其产品创意研发能力、促进资源整合、合理扩大规模的前提。因此，应在国家支持小微企业金融扶持政策的基本框架下，针对大理州乡村地区白族特色文化企业的状况，进一步实行针对性更强的小额贷款、利率优惠、信贷优先的扶持政策，对具有广阔发展前景和效益显著的白族特色文化项目进行大力扶持。尤其是在培育白族特色文化产业的龙头企业的过程中，更需要有效的金融和财政杠杆，依托龙头企业和领军企业带动小微企业发展，通过项目合作、股份制、收购合并等资源整合方式，最终形成大理白族特色文化产业百花齐放、百家争鸣且龙头突出的繁荣发展局面。

另外，在健全金融财税政策的过程中，要制定白族特色文化产业发展的投融资政策，加强投融资风险管理。这是因为随着现代信息技术和全球化的不断深入发展，消费者的审美偏好出现了差异性和变迁性，导致特色文化产品在市场中存在较大风险。要通过投融资政策和风险管理机制，引导金融资本和社会资本要素流向创意设计水平高、真正具有文化价值、审美品位较好的白族特色文化产业项目和企业。

三、加快健全土地政策和政府采购政策

在乡村振兴战略下，大理白族特色文化产业的跨越式发展离不开健全的土地使用优惠政策。在国家土地政策允许范围内，为推进白族特色文化产业尤其是在土地使用上有迫切需求的白族特色文化乡村旅游业、白族特色古镇古村落、白族特色古城古街、白族特色文化农业、白族特色民俗节庆业等行业的发展，在土地使用出让金、荒山荒地使用权等方面，要出台相关优惠政策。在白族特色文化产业用地的规划方面，大理州须进一步加大审批力度和政策倾斜，鼓励基于本地白族特色文化资源的原生态和原创文化项目申报乡村用地。其中，对于基于白族特色文化古城、古镇、古村落和古街等历史文化遗产资源而建设的特色文化项目，要提前做好系统全面且科学的土地及地上原生态建筑规划。对于白族古民居等建筑景观，要充分利用原有白族建筑的历史文化机制和审美价值，处理好保留与重建的关系，尊重当地居民生活习俗，更加慎重处理好居民与土地置换的关系，顺利实现传统生活形态与特色小镇建设相结合，提升新型城镇化质量。

白族特色文化产业及其特色文化产品是大理民族文化中的重要名片和标签，代表着大理州的民族风情形象。因此，除了依赖州内外居民消费市场的需求之外，要发挥政府采购在促进白族特色文化产业发展中的积极作用，研究制定白族特色文化产品的政府采购政策，将白族特色文化产品列入大理州各级政府采购目录，列入政府预算计划。通过白族特色文化纪念品、礼品、工艺品、办公用品、衍生品等物品的政府采购方式，支持白族乡村特色文化产业发展。此外，尽量争取将制作精美的能够代表云南和中华民族传统文化特色的文化创意品列入省级采购目录，通过国内外文化博览会、高峰论坛等平台传播出去，扩大影响力。

四、完善开放政策助推文化产品“走出去”

“一带一路”倡议为我国民族优秀文化产品“走出去”提供了良好机遇和平台。面向南亚东南亚辐射中心是云南省发展的战略定位之一，云南是我国与南亚东南亚

各国建设人类命运共同体的前沿地区。白族特色文化产品不仅是大理州重要文化名片，也是中华民族优秀传统文化的代表之一。作为国内外知名旅游型城市，大理少数民族文化创意品深受国内外消费者青睐。因此，“一带一路”倡议的沿线国家以及其他海外市场是白族特色文化产品的重要市场，是作为我国文化出口的新亮点，承载着中华民族的文化审美情趣。在乡村振兴战略下，要积极鼓励白族特色文化产业“走出去”，向世界展示我国乡村地区新面貌，提升云南省面向南亚东南亚的文化辐射地位，输出能够体现中华民族传统文化自信的优质文化产品和作品。

实现白族特色文化产品“走出去”，必须出台完善的开放扶持政策。根据大理白族特色文化产品结构，可以借鉴国内外先进经验，在外汇管理、项目审批、出口信贷、文化遗产保护与国际交流、版权贸易等方面制定具有针对性的扶持政策，促进大理白族特色文化产业与国际市场逐步接轨，鼓励优秀民族文化产品走向国际市场。综合运用多种政策手段，对白族特色文化产品和服务出口、境外投资、营销渠道建设、市场开拓等方面给予政策和相关支持。要加强信息服务，及时发布国际文化市场动态和国际文化产业政策信息，引导州内白族特色文化企业根据国际市场设计具有白族文化创意的产品。支持白族特色文化企业参加境外各种博览会和文化交流活动，鼓励在境外开展白族特色文化项目推介、产品展销、投资合作，扶持白族特色文化精品进入国际市场。

五、加强公共服务平台和基础设施建设

乡村振兴战略下白族特色文化产业健康快速发展，离不开完善的公共服务平台和公共文化基础设施建设。第一，要按照建立服务型政府的要求，加强白族特色文化产业所必需的公共服务平台建设，为产业发展提供综合性的公共服务。不断加强工商管理服务，为白族特色文化产业开辟绿色通道，简化手续，提高效率，为白族特色文化企业提供便捷服务。开设白族特色文化产业公共信息平台，为白族特色文化产业的交流、招商、投融资、营销推广等打造全面交流的服务平台。增强营销宣传服务，设计、策划、主办大理民族特色文化产业博览会、交流会、洽谈会、高峰论坛等，为白族特色文化品牌打造与产品营销提供更多平台。对积极参与国内外民族文化创意博览会、招商会、推介会等的企业或个人给予一定补贴。第二，要继续加强白族乡村公共文化基础设施建设。深入开展村级综合文化服务中心建设，整合统筹各类资源，帮助开展白族乡村旅游的村组建设游客中心、旅游步道、旅游厕所、停车场、供水供电、应急救援、旅游标识系统等乡村旅游基础设施，优化旅游环境。加快与国际化接轨，持续推进白族乡村地区图书馆、博物馆、美术馆、文化

馆、活动中心等场馆建设。建立公共文化设施总分馆体系，积极推进基层公共文化服务的城乡联动，将文化信息共享工程服务网点覆盖到每个白族行政村。第三，要规划建设和丰富各类白族特色文化产品交易市场，与旅游基础设施建设相结合，紧紧依托旅游产业发展，为产品流通、拉动消费创造条件，继续加强白族特色文化产业集聚区建设，促进资源要素集聚和产业发展繁荣。

综合本章所述，在乡村振兴战略下，白族特色文化产业的发展除了要在发展理念和发展模式上进行突破创新、在发展方略上进行系统的科学规划外，还必须在相关扶持政策体系上进行全面设计。针对白族特色文化产业发展中存在的问题，其政策扶持体系必须在人才培养与引进机制、财政税收扶持政策、投融资与风险管理机制、土地使用政策、政府采购政策、“走出去”开放政策、公共服务和基础设施建设政策等层面进行规划设计。总体而言，在乡村振兴战略下白族特色文化产业的发展，必须紧紧依托国家在乡村振兴战略规划中提出的指导意见和基本方略，必须服务于大理乡村地区的全面发展格局，形成白族特色文化产业发展与乡村振兴之间的互动互促效应。

第十三章　白族特色文化产业振兴发展典型研究

近年来，大理州以习近平新时代中国特色社会主义思想为引领，紧紧围绕州委、州政府绿色发展、共享发展、跨越发展的定位和建设民族文化强州的目标，立足资源禀赋和比较优势，在“五抓五促”上着力，不断推动文化资源优势向产业优势转化，文化产业呈现良好发展态势。文化产业增加值由2013年的11.16亿元增长到2018年31.966亿元，增长186.43%；文化企业由第三次全国经济普查时的797家增加到1983家，规模以上（联网直报）企业由18家增加到35家。以园区建设促进文化产业规模发展是大理州的重要发展思路。大理州积极推动优势产业提质增效、转型升级，加快园区建设，推动产业集聚。一是破解瓶颈，促进产业集约发展。大理州虽然文化资源富集，产业发展基础好，但小、散、弱的现象十分突出，成为制约产业发展提速增效的主要瓶颈。几年来，大理州强化规划，突出重点，着力推动鹤庆银铜器、剑川木雕、扎染刺绣、大理石工艺品等特色优势产业由传统家庭作坊式个体经营向公司化、基地化、园区化方向发展，企业创新能力、生产规模、产品市场占有率得以快速提升。二是积极引导，抓好园区创建工作。大理州按照云南省文化产业园区管理办法，积极引导，做好园区创建申报和管理建设工作。剑川狮河木雕文化产业园、大理新华民族文化产业园区、洱源邓川石文化产业园入选云南省重点文化创意产业园区，其中剑川狮河木雕文化产业园在2018年全省文化产业园区考评认定中被评为云南省十大文化创意产业优秀园区之一。三是推动实施，园区建设取得实效。剑川狮河木雕文化产业园建设加快推进，总投资34亿元，已完成投资6.44亿元。大理新华民族文化产业园区已发展成为以新华村为中心，辐射周边村寨的以银铜器加工、技艺传承、展示交流、产品销售为一体的特色手工艺品集散地，年产值近26亿元。大理白族扎染产业园入选国家级非物质文化遗产生产性保护示范基地，大理喜洲文化创意产业园区、大理石博览园、巍山扎染刺绣民族文化产业园等一批文化产业园区正在规划筹建。

案例一：鹤庆新华银匠村文化产业园

一、园区建设发展情况

（一）园区基本情况

云南自古就有“有色金属王国”之称，大理州鹤庆县金、银、铜、铁等矿产资源十分丰富。鹤庆县金银铜铁器的民族传统手工艺加工历史也十分悠久，据史料记载，鹤庆县的新华、秀邑、母屯、彭屯、板桥一带自古就擅长从事金、银手饰制作和铜、铁器加工，已有上千年的历史，其中新华村生产加工的银器工艺精湛、闻名遐迩，很多客人慕名而来，对“千年敲一锤”的新华村流连忘返。鹤庆新华银匠村文化园区就是依托鹤庆“一村一业”“一户一品”的银器手工艺品加工销售产业基础，建设以新华村为中心，辐射秀邑、母屯等周边村落的集研发、加工、销售、旅游、文化交流为一体的核心基地和文化交流中心。

鹤庆新华银匠村文化产业园项目共分三期建设，总占地面积近 400 亩，整个项目预计总投资 19.4 亿元。其中项目一二期主要包含银器手工制品加工体验区、银器精品展示区、大师创作园区、电子商务区、销售体验区、物流配送区、管理服务区、餐饮客栈区及景观配套设施等；此外，特色小镇会客厅、园区智慧化指挥中心、实体书店、银器文化产业发展项目——三中心一基地（银器手工艺集中研发与设计中心、银器手工艺文化研学及教育培训中心、银器手工艺非遗传承展示中心、重点院校相关专业教学实践基地）、鹤庆县电子商务公共服务中心、鹤庆县电子商务配套物流中心、鹤庆县青年创业创新中心等项目也在一二期的建设范围内。

项目一期总用地面积近 50 亩，总建筑面积 36908.96 平方米；二期总用地面积 77.99 亩，总建筑面积 36947.08 平方米，项目一二期预计总投资 6.4 亿元。项目一期已于 2019 年 12 月底投入运营，共引入 57 户经营户，其中以银器加工商户为主，直接带动就业 1200 余人。项目二期目前所有主体建筑已全部封顶，目前正在进行配套设施建设阶段。项目三期总占地面积约 268 亩，预计总投资 13 亿元，主要建设以银器工艺研发、设计、加工生产为主体，配套以物流集散、商务会展、文旅主体精品院落等的综合性项目，目前已完成挂地手续，正在编制修建性详细规划。

（二）园区内代表性文化企业

鹤庆新华银匠村文化产业园内代表性文化企业有：鹤庆寸发标文化产业有限公司、云南走夷方文化传播有限公司、鹤庆县佳辉手工艺制品有限公司、鹤庆金光金属制品有限公司、鹤庆闻宇科技有限公司等。

1. 鹤庆寸发标文化产业有限公司

鹤庆寸发标文化产业有限公司成立于 2015 年 7 月 8 日，注册地位于云南省大理白族自治州鹤庆县草海镇新华村委会南邑村，法定代表人为寸发标，经营范围包括银制品手工技艺、技术传承，民族工艺品设计、加工、批发、零售，进出口贸易与合作。

企业法人寸发标于 1999 年 6 月被云南省文化厅命名为“云南省民族民间高级美术师”，而且是首批命名的十三位民族民间高级美术师中年龄最小的一人。2003 年 12 月，寸发标又被联合国教科文组织授予“民间工艺美术大师”的光荣称号，而全国取得这个殊荣的仅有 20 个；2017 年 12 月 28 日，寸发标入选“第五批国家级非物质文化遗产代表性项目传承人推荐名单”；2018 年 5 月 14 日，寸发标荣获“中国工艺美术大师”称号。

在寸发标的积极带动和影响下，一些在外闯荡的民间艺人纷纷回到村中与寸发标共同研究新工艺，把民族艺术创造推向更高的起点。过去走村串寨的小炉匠，如今成了勤劳致富的带头人。手工业的迅速发展使新华村成为全县第一个州级小康示范村和省级文明示范村。

2. 云南走夷方文化传播有限公司

云南走夷方文化传播有限公司成立于 2011 年 6 月 3 日，注册地位于云南省大理州鹤庆县云鹤镇兴鹤路，法定代表人为母炳林，经营范围包括文化艺术交流策划，传统民族民间手工技艺培训，企业管理咨询，摄影服务，民族首饰、工艺品销售。

企业法人母炳林是银饰锻制技艺国家级非物质文化遗产代表性传承人、中国民族工艺美术大师、云南省工艺美术大师和云南省有突出贡献优秀专业技术人才。他先后创作出了中国首套“纯银中国古代十八般兵器和武士铠甲”，“银鎏金九龙九狮屏风（长 3 米，耗银 26 千克）”，“白族铜照壁”（耗铜 26.8 吨），“九龙火锅”（直径 2.2 米，高 2.6 米），木纹金“赤霞流云茶具”以及佛事用品、酒具、茶具、餐具系列等一大批震撼人心的民族手工艺作品，其作品在全国及省内的重大展事和赛事上屡屡获得金奖，并被云南省博物馆等多家博物馆收藏，为传承和发扬银饰锻制技艺非物质文化遗产做出了贡献。

3. 鹤庆县佳辉手工艺制品有限公司

月辉银器是大理月辉旅游集团授权给子公司鹤庆县佳辉手工艺制品有限公司经营运作的银器批发品牌。月辉银器位于有“中国民间艺术之乡”之称的新华村国家AAAA级旅游景区，依托新华村悠久的手工艺加工历史，通过十多年来的不断提升，目前已成为银器行业的知名品牌。月辉银器目前已进驻新华银匠村文化产业园内。

自2008年成立以来，月辉银器一直致力于手工艺银器制品的零售和批发，多年以来，与时俱进，稳步发展，在鹤庆县内具有较大的规模和优势。月辉银器工坊遍布全村及周边各村，其中本村供货商达到80多户，板桥村30户、秀邑村20户、罗伟邑村22户、母屯村34户。月辉批发商城面积约1000平方米，员工125人，分工对接实体店的每个客户和微商客户群体，仅实体店每年接待海内外客流量就高达65万人次，年销售额高达2亿多元，不仅解决了周边数千名劳动力的就业问题，引领村民脱贫致富，促进地域经济的发展，而且还极大地丰富了本地传统银器文化底蕴，促进了新华银器手工艺文化的传承和创新。

4. 鹤庆金光金属制品有限公司

鹤庆金光金属制品有限公司成立于2010年12月27日，注册地位于云南省大理白族自治州鹤庆县草海镇石朵河村，法定代表人为陈金焕，经营范围包括金属工艺品、金属制餐具和器皿制造、销售，服装零售。

鹤庆金光金属制品有限公司的创始人陈泽光，是鹤庆最早从事铜器制作的匠人。他注册了鹤庆县第一家个体户，1986年至2005年任鹤庆县政协委员会常委、县工商联合副会长、县工商局个体私协会副会长、县铜器商业商会会长、云南省工艺美术协会第二届理事会理事、县白族协会理事。该同志多次受省、州、乡（镇）各级表彰并被授予各种荣誉，获得“大理州民间工艺美术大师”称号。目前进驻新华银匠村文化产业园的鹤庆金光金属制品有限公司，是鹤庆县银铜器产业中规模最大的一家，直接和间接解决100多人的劳动就业问题，生产的铜制品包含工艺品、生活用具等，对鹤庆银铜产业和园区银铜特色街区的创建做出了重要贡献。

5. 鹤庆闻宇科技有限公司

鹤庆闻宇科技有限公司成立于2018年11月21日，注册地位于新华银匠村文化产业园，法定代表人为王小明，经营范围包括互联网和相关服务，农、林、牧、渔业技术研发及技术推广服务，商务服务业，其他寄递（邮政、快递业务除外）服务，物品包装装潢、商品品牌策划服务，农产品初加工，互联网零售，邮购及电视、电话零售，会议中心服务。

2019年10月17日，鹤庆闻宇科技有限公司受邀赴上海参加2019年对口帮扶地区特色商品展销会，携带鹤庆县新华银器、秀邑铜器、龙珠造纸三款非物质文化遗产产品亮相展会。此次展销会鹤庆闻宇科技有限公司现场成交额为1.1万元，后期有意向合作企业已现场洽谈三家，进一步拓宽了鹤庆特色产品在上海的商业销售渠道。鹤庆闻宇科技有限公司高度重视本次展销会，挑选了独具鹤庆特色的产品，吸引了大量企业、经销商前来洽谈，为下一步鹤庆特色产品打开上海市场、建立销售渠道奠定了良好的基础。

（三）园区内重点文化产业形态

1. 银器文化产业发展项目——“三中心一基地”

“三中心一基地”即银器手工艺集中研发和设计中心、银器手工艺文化研学和教育培训中心、银器手工艺非遗传承展示中心、重点院校相关专业教学实践基地。其中，研发中心配备图形工作站、高级彩色打印机、3D打印机等先进设备，组成研发团队，研究市场动态需求，设计开发新品类、新产品、新款式，探索各类金工工艺等。

培训中心主要功能是开发专业课程，开展授课、讲座、培训、论坛会议、沙龙活动等，开设技艺学习班、研修班及普及培训班等。

非遗传承展示中心是以厅馆的形式面向大众打造新华银器手工艺展示窗口，开放展示鹤庆银艺的源起与发展、工艺流程、非遗申报历程、非遗代表人物介绍及工匠精神展示等。

“三中心一基地”的倾心打造，旨在通过开放展示、教学实践、技艺传授、工艺研发，从而实现成果转化、经济创收，继而实现产业发展的良性循环，为园区手工艺的传承和弘扬提供充足动力，提升园区文化内涵，推动新华银器产业高质、高效、专业、健康可持续发展。

2. 鹤庆县电子商务公共服务中心项目

鹤庆县电子商务公共服务中心项目于2018年10月正式落地鹤庆新华银匠村文化产业园，完成了全县9个镇级服务站点、95个村级服务站点的建设，2019年3月，开设淘宝“鹤庆特色馆”、微店“鹤庆特色馆”，并正式运营。鹤庆特色馆主要上架产品为铜器、银器、手工造纸、瓦猫。微店特色馆主要上架产品为红糖、酒、黑蒜等农副产品。公共服务中心与鹤庆本地企业签署入驻公共服务中心协议27家，入驻产品类目13类，其中包含铜器、银器、农产品、药材、酒类、丝织品等，单品数量多达100个。三楼企业孵化区已入驻云南乾酒电子商务有限公司、大理红唐世家食品有限责任公司、58同镇三家企业、大理春雨农业开发公司、鹤庆绿缘实尚农业开发有限公司、鹤庆县琼华高原特色林果有限责任公司。公共服务中心对各家企业进行一对一指导，并开通淘宝店铺运营，极大地促进了鹤庆农特产品的线上推广销售。

3. 鹤庆县“双创”中心项目

为进一步深化沪滇协作，在浦东新区惠南镇人民政府的关心支持下，结合鹤庆实际，团县委牵头打造了鹤庆县青年创新创业中心（简称“双创”中心），为鹤庆青年和广大外来投资主体提供良好的创业服务。

鹤庆县青年“双创”中心位于鹤庆县新华银匠村文化产业园区14号楼，面积约700平方米，惠南镇人民政府提供帮扶资金35万元，主要用于“双创”中心内部装修、环境打造和创业培训。“双创”中心由共青团惠南镇委员会和共青团鹤庆县委员会作为共建主体，由鹤庆县青年创新创业协会和慧南创业孵化器（上海）有限公司共同实施。目前“双创”中心已完成基础建设，功能区域包括青年创业便捷服务窗口、共享办公区、配套办公室、书吧休闲区、路演区和会议培训室。目前，中心已吸纳创业单位60家，共享办公区40个工位，可容纳25个团队同时办公。

（四）园区重要文化活动

1. 鹤庆县举办“一会三中心”揭牌仪式

2019年5月23日，鹤庆县在园区内举行“一会三中心”揭牌仪式，把行政管理服务提升到旅游场所的第一现场，实现服务能力和服务效率提升。“一会”是指鹤庆县民族手工艺协会，“三中心”是指鹤庆县旅游购物退换货监理中心、鹤庆县旅游服务投诉受理中心、鹤庆县银饰品检验检测鉴定和质量认证中心。

手工艺协会将充分发挥联络协调作用，做好民族民间工艺美术项目的抢救挖掘工作；充分发挥整合优化作用，做好少数民族民间工艺美术产品的产业化工作；充分发挥智力支持作用，做好民族手工艺人才的保护培养工作；充分发挥桥梁纽带作用，做好民族工艺的研究交流发展工作，减少、避免低价竞争，打造鹤庆银器品牌。退换货监理中心主要受理旅游购物商品中产生的退、换货诉求，尽快实现鹤庆旅游购物退货、换货一站式服务。投诉受理中心受理信访转办、12301、人民网及其他网络平台、电话、现场、信件、媒体、舆情监测等来源的旅游投诉处理，并做好投诉转办督办移交及协调处理工作。质量检测中心主要解决鹤庆县银饰品等贵金属产品质量检测需求。

2.“线上三月街”鹤庆专场

千年赶一街，今年大不同！受新冠疫情影响，2020年传统大理白族三月街民族节搬到了线上。数字三月街鹤庆专场于2020年4月13日在新华银匠村文化产业园电子商务公共服务中心举行，时任鹤庆县人民政府副县长率本地众企业推介鹤庆名特优产品，月辉银器、旺松手工纸、红唐世家等十多家企业参加了产品推荐。

活动期间，电子商务公共服务中心分别在大理州三月街平台、抖音平台、看点直播平台、淘宝直播平台共计直播17场，主要针对鹤庆助农产品、手工艺品、文化旅游、名族小吃等话题，并针对特色小镇商户进行短视频网红孵化，打造出一名代表鹤庆的网红主播，现向鹤庆社会人员招募网红带货主播，已签约5名。

3. 大理传统工艺工作站鹤庆基地金属工艺培训班开班

2020年9月25日下午，新华银匠村文化产业园区内，大理传统工艺工作站鹤庆基地和鹤庆县非遗中心在此联合举办金属工艺培训班，40名金属工艺类从业人员参加了开班仪式。在开班仪式上，大理传统工艺工作站鹤庆基地和鹤庆县非遗中心相关工作人员表示，希望大家能够珍惜学习机会，积极参与到此次学习中来，发挥工匠精神，积极创新思维，提高责任意识，拿出新时代年轻人的干劲和担当，不负众望，将金属工艺技艺传承下去。此次为期11天的培训，将采取“理论 + 实操”的模式进行。据了解，大理传统工艺工作站是文化部支持设立的第十个传统工艺工作站，由云南省文化厅、大理州政府、中央美术学院、云南艺术学院和鹤庆县李小白文化传承有限公司等合作共建。工作站打通了手工艺人与高校及艺术院校之间的交流通道，积极探索传统工艺的现代应用，实现传统工艺的学术研究、传承发展、创新实践三者有机结合，促进了大理传统工艺振兴。

二、园区内非物质文化遗产富集

鹤庆新华村历史悠久，是历史上著名的茶马古道的必经之地，至今还保存着类似“古长城”的石城墙和石寨古遗迹，其历史之谜尚待揭开。村民除具有白族的民俗民风外，还有一千多年的民族工艺品的生产历史。《鹤庆县志》记载：“屯军中有善冶炼和以铜、银加工器具者。村民又习之，诸技艺均能，世代传袭。”村民所制作的银器产品，不论其工艺水平还是规模，在世界上是独一无二的。鹤庆银器因艺而珍，因文而雅，鹤庆也因此被誉为“中国银都”之称。2001年7月，新华村被中国文化部命名为“中国民间艺术之乡”“中国银都”，被中国村社发展促进会命名为“中国民俗文化村”。2014年8月，鹤庆银饰品锻制技艺被国家文化部命名为国家级非遗传承项目（见表13–1）。2019年11月，《国家级非物质文化遗产代表性项目保护单位名单》公布，鹤庆县获得鹤庆银器锻制技艺项目保护单位资格。在众多银器制作传承人中，已有57人分别获得国家级、省级、州级（见表13–2、表13–3、表13–4）、县级传承人称号。

表 13-1　国家级非物质文化遗产保护传承项目（1 个）

名录名称	级别	命名时间	命名单位
鹤庆银器锻制技艺	国家级	2014 年 11 月	文化部国务院

表 13-2　国家级非物质文化遗产保护传承人名录（2 人）

序号	姓名	民族	性别	名录名称	级别	命名时间	命名单位
1	母炳林	白	男	鹤庆银器锻制技艺	国家级	2018 年 3 月	国务院文化部
2	寸发标	白	男	鹤庆银器锻制技艺	国家级	2018 年 3 月	国务院文化部

表 13-3　省级非物质文化遗产保护传承人名录（3 人）

序号	姓名	民族	性别	名录名称	级别	命名时间	命名单位
1	董中豪	白	男	民族民间高级美术师（金银铜民族工艺）	省级	2002 年 5 月	云南省文化厅、云南省民族事务委员会
2	洪钰昌	白	男	民族民间美术艺人（金银铜首饰制作）	省级	2002 年 5 月	云南省文化厅、云南省民族事务委员会
3	李月周	白	男	传统手工技艺（鹤庆金银铜器制作技艺）	省级	2018 年 12 月	云南省人民政府

表 13-4　州级非物质文化遗产保护传承人名录（9 人）

序号	姓名	民族	性别	名录名称	级别	命名时间	命名单位
1	洪卫	白	男	传统技艺（银饰锻制技艺）	州级	2016 年 5 月	大理州人民政府
2	寸成四	白	男	传统手工技艺 鹤庆金银铜器制作技艺	州级	2016 年 5 月	大理州人民政府
3	李树坤	白	男	银器锻制技艺（鹤庆银器锻制技艺）	州级	2020 年 7 月	大理州文化和旅游局
4	李耀华	白	男	银器锻制技艺（鹤庆银器锻制技艺）	州级	2020 年 7 月	大理州文化和旅游局
5	李福明	白	男	银器锻制技艺（鹤庆银器锻制技艺）	州级	2020 年 7 月	大理州文化和旅游局

续表

序号	姓名	民族	性别	名录名称	级别	命名时间	命名单位
6	寸光伟	白	男	银器锻制技艺（鹤庆银器锻制技艺）	州级	2020年7月	大理州文化和旅游局
7	李金福	白	男	银器锻制技艺（鹤庆银器锻制技艺）	州级	2020年7月	大理州文化和旅游局
8	段六一	白	男	银器锻制技艺（鹤庆银器锻制技艺）	州级	2020年7月	大理州文化和旅游局
9	李金铭	白	男	银器锻制技艺（鹤庆银器锻制技艺）	州级	2020年7月	大理州文化和旅游局

三、园区内银器产业发展状况

鹤庆被誉为“银都水乡”，全县9个乡镇117个村（居）委会28.12万人中，经调查统计，截至2019年6月底，有9个乡镇56个村2870户7440人从事银铜器加工销售。年加工银毛料260吨左右，从县外购入银器成品30吨左右，银器业年产值约26亿元；年加工铜毛料800多吨，铜器业年产值约1亿元；银铜器业年产值合计约27亿元，产值中银铜器毛料成本占比较高。银器产品种类有200多种，每种有很多款式，铜器产品种类有100多种，每种仍然有多个款式，银铜器产品在不断更新、创新，可根据消费者需求设计制作。

银器的加工制作主要集中在草海镇新华村、罗伟邑村和辛屯镇的新村，三个村比邻而居。新华村依山傍水，风景秀丽，是个典型的白族聚居村，全村共有5600人，其中有2300人从事银器的加工与制作。由于家家都从事民族手艺品加工，但产品互不重复，每家以一两个品种为主，新华已经成为民族特色很浓的民族工艺品加工之乡。虽然已是工业时代，但加工手工艺品基本凭手工操作的传统没有变，各种手工艺品的制作，大部分事先没有图案，全凭着打制者熟练的技艺、精湛的工艺和创新的精神，而且在销售和物流上都停留在门店销售和传统的运输方式上。

行业中有国家级代表性传承人称号2人，省级代表性传承人称号3人，州级代表性传承人称号9人，县级代表性传承人称号43人。拥有“寸发标”“走夷方”“月辉银器”“李小白”“寸银匠”等多家企业注册的商标，已成为云南省、大理州的著名商标和知名商标。银铜器等各类产品远销海外以及国内各大中城市。据不完全统计，鹤庆银器在“中国四大银器之乡”中总产值排名第一。历年来，鹤庆银器在“中国工艺美术双年展”以及云南省工艺美术“工美杯”等各类评奖活动中多次获金银铜奖（见图 13-1、图 13-2、图 13-3）。

图 13-1　园区运营情况

图 13-2　马来西亚企业发展部考察组到新华银匠村文化产业园考察

图 13-3　马来西亚清真园与鹤庆鸿锦公司在新华银匠村文化产业园签订银器合作协议

四、园区空间和功能布局

园区总占地 400 余亩，建筑总面积近 30 万平方米，自 2017 年 9 月 25 日启动建设，预计投资约 19.4 亿元（见图 13-4）。园区建设分三期完成，主要建设内容有：游客中心，建筑面积 2200 平方米；电子商务服务中心，建筑面积 3800 平方米；银器手工艺集中研发和设计中心、银器手工艺文化研学和教育培育中心、银器小镇会客厅、小镇智慧化指挥中心、银器直播基地，建筑面积 6000 平方米；银铜器加工体验园，建筑面积 5600 平方米；物流配送中心，建筑面积 4600 平方米。园区总建筑面积 22200 平方米。

（一）项目一期

项目一期总用地面积近 50 亩，总建筑面积 36908.96 平方米，建设了游客中心、

图 13-4 园区总体规划鸟瞰图

电子商务服务中心、银器手工艺集中研发和设计中心、银器手工艺文化研学和教育培育中心、银器小镇会客厅、小镇智慧化指挥中心、银器直播基地、银铜器加工体验园及酒店、餐厅等配套设施，另外，在相应配套设施的基础上，还增设了物流配送中心及污水处理等（见图 13-5、图 13-6）。项目一期于 2019 年 12 月底建成并投入运营，完成投资 3 亿元，已有 57 家商户已入驻，其中以银器加工户为主；物流配送中心已经入驻中国邮政、中通快递、百世快递、申通快递、韵达快递、圆通快递六家物流企业。

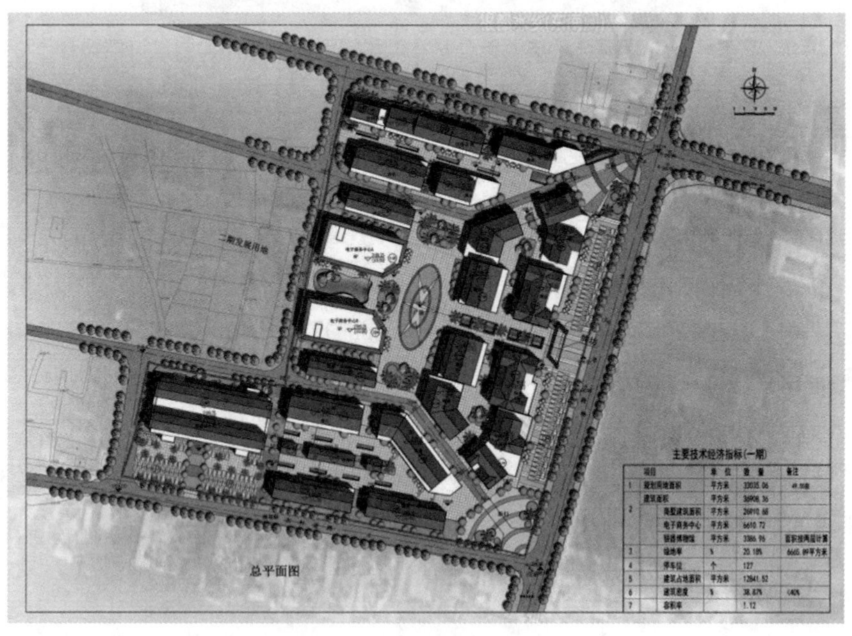

图 13-5 一期规划总平面图

图 13-6　一期鸟瞰图

（二）项目二期

项目二期总用地面积约 80 亩，总建筑面积 36947.08 平方米，预计投资 3.4 亿元，围绕鹤庆深厚的文化底蕴和新华村蓬勃发展的手工艺文化产业，以院落形式为主，入驻对象以非遗大师起头，规划建设智慧书吧、实体书店、银器手工工艺非遗传承展示中心、重点院校相关专业教学实践基地、鹤庆商帮文化园、大师园等配套设施（见图 13-7、图 13-8）。

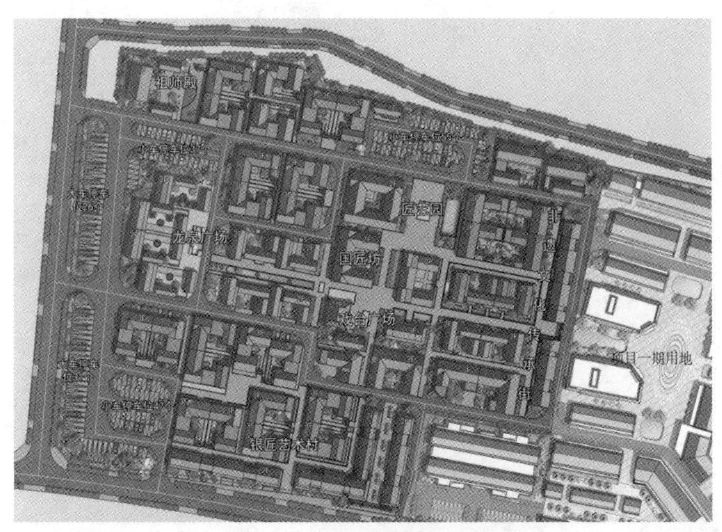

图 13-7　二期规划总平面图

图 13-8 二期鸟瞰图

（三）项目三期

项目总占地面积约 268 亩，预计投资 13 亿元，主要建设以银器工艺研发、设计、商务会展、文旅主体精品院落及住宅等综合性项目（见图 13-9、图 13-10）。项目旨在通过开放展示、教学实践、技艺传授、工艺研发，从而实现成果转化、经济创收，继而实现产业发展的良性循环，为新华银器手工艺的传承和弘扬提供充足动力，提升鹤庆新华银匠村的文化内涵，推动新华银器产业高质、高效、专业、健康可持续发展。

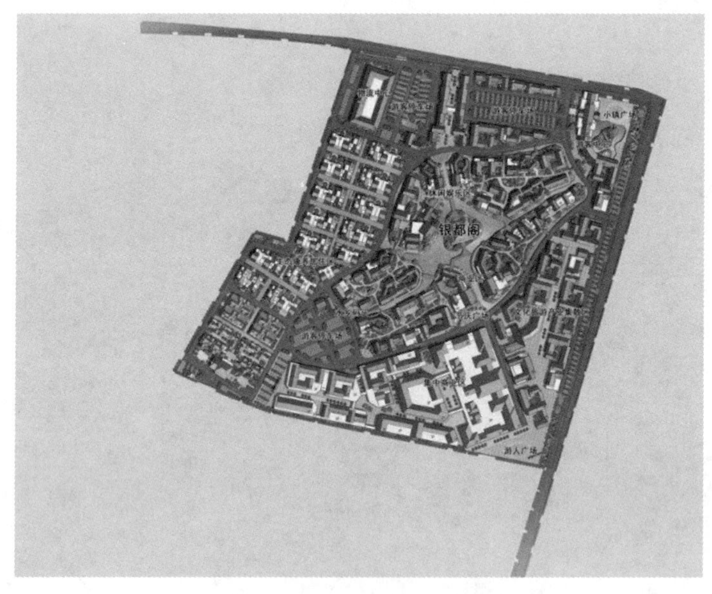

图 13-9 三期规划总平面图

图 13-10　三期鸟瞰图

五、发展定位与示范性

（一）发展定位

产业园区以坚定纯手工制作高端银器的主线，将文化创意与银器产品更好地融合在一起，重点培育高品质工艺品、艺术品，多元化日用品的形式，增强产权保护与品质掌控，做好产品质量检测监管；促进生产型、管理经营型、大师型人才梯队的构建，促进产业融合，用银器 + 其他产业的形式升级现有产业，实现产、旅、镇三位一体的产业耦合链条，一、二、三产深度融合发展的产业模式。构建“特而强”的银器全产业链，通过产业服务平台体系——政府平台搭建、银器产业核心体系——企业核心业务强化升级、产旅一体化支持体系——企业业务输出打造“小锤敲过一千年”小镇全产业链，同时，运用“互联网 +”技术，宣传推介银器制品，并通过电子商务、微信、视频直播等平台拓展销售渠道，初步形成园区银器铜加工、销售的产业集群。

（二）发展思路

1. 价值引领，内容导向

以科学发展观为统领，牢固树立和贯彻落实创新、协调、绿色、开放、共享的发展理念，以供给侧结构性改革为主线，以培育和弘扬社会主义核心价值观为引领，坚持把社会效益放在首位，实现社会效益与经济效益相统一。

2. 政府引导，市场运作

充分发挥政府引导作用，通过政策激励、科学管理、协调服务、完善基础设施等方式，为银器手工业加工产业发展营造良好的发展环境。遵循市场经济发展规律，激发市场活力和内生动力，引导创意、技术、资本、人才、信息等在市场机制作用下集聚发展，提高各种资源要素的配置水平和利用效率。

3. 统筹规划，集约发展

加强对民族民间工艺品产业发展规律的研究，客观分析银器手工业加工产业规模化发展中存在的瓶颈问题和发展态势，强化银器加工产业发展与相关文化旅游产业的融合互动。高标准、高起点开展创建工作，避免“空壳园区”“僵尸园区”现象。

4. 突出特色，辐射带动

立足鹤庆银器加工产业发展基础，明确发展定位，形成主业突出、前景广阔、特色鲜明、持续发展的文化产业园区发展模式，形成示范效应，辐射带动区域文化产业发展。构建创新创业生态体系，形成想创、会创、能创、齐创的生动局面，实现新增长、扩大新就业，把鹤庆银器加工文化产业打造成为大众创业、万众创新的文化示范产业。

（三）行业优势

云南自古就有“有色金属王国”之称，大理州鹤庆县金、银、铜、铁等矿产资源十分丰富，鹤庆县金银铜铁器的民族传统手工艺加工历史也十分悠久，据史料记载，鹤庆县的新华、秀邑、母屯、彭屯、板桥一带自古就擅长从事金、银手饰制作和铜、铁器加工，已有上千年的历史，其中新华村生产加工的银器工艺精湛、闻名遐迩，很多客人慕名而来，对“千年敲一锤”的新华村流连忘返。银匠村文化园区就是依托鹤庆“一村一业”“一户一品”的银器手工艺品加工销售产业基础，建设以新华村为中心，辐射秀邑、母屯等周边村落的集研发、加工、销售、旅游、文化交流为一体的核心基地和文化交流中心。汇集古往今来对鹤庆银器的评价，可用“美、雅、精、妙”四字概括鹤庆银器。与其他银器相比，鹤庆银器的工艺特色主要有以下几个方面：

1. 历史悠久，文化底蕴丰富

历史上，在滇西提起“小炉匠”，可谓无人不知无人不晓。小炉匠挑着一副担子，走村窜寨，走南闯北。他们是手工艺人，凭借着精湛的手艺做一些金属、陶瓷家具的修补。在物资匮乏、生活贫困的年代，不到迫不得已很少有人家会购买新家具，新三年旧三年，修修补补又三年。只要还能用，十年、二十年都很常见。小炉匠是十里八乡不可或缺的行当。滇西的小炉匠主要来自大理鹤庆，尤其集中于新华村，这里旧称“石寨子”，是茶马古道上一个典型的白族村。早在南诏国时期，这里就有人从事金、银、铜器的加工，可谓历史悠久。一开始，小炉匠主要走滇西线，其后沿着茶马古道，越走越远，云、贵、川、藏，甚至甘肃、宁夏等地都留下了他们的足迹。既得祖祖辈辈真传，又在走南闯北中接触、见识、学习到了不同民族的器物和工艺，小炉匠的手工技艺得到巨大提升。20 世纪 80 年代，新华村的匠人走入藏区，从最初的修补到银铜制品的加工生产，时逢藏区喇嘛庙修缮，宝顶、佛像及法器需要大量银铜制品装饰。于是各寺院大量聘请小炉匠，银匠的技艺得到进一步提升。西南各少数民族原本就喜欢穿金戴银，尤其是各民族的女性服饰。在改革开放以后，各族人民生活普遍改善，银饰品的需求稳步提高。在西南，但凡有金银锻造的地方，必定会有新华村匠人的身影。经过数百年乃至上千年的发展和沉淀，如今的鹤庆银器加工已蜚声海内外。2014 年 8 月，鹤庆银饰品锻制技艺被国家文化部命名为国家级非遗传承项目。

漫步在新华街，临街的店铺里随处可见大大小小的工坊。老壮青不同年龄段的匠人正在聚精会神地做着银器加工，叮叮当当的敲打声此起彼伏。这种声音一般从早上八九点一直持续到晚上九十点。鹤庆的银器品类繁多，比如瓶、炉、壶、如意、花瓶、花卉、人物、瑞兽、山水、玉盒、鼎、笔筒、茶具、佛像等，琳琅满目。2017 年 9 月，新华村寸发标设计制作的大型银雕屏风“中华民族一家亲同心共筑中国梦”被拿到北京展出。鹤庆银器融合了雕刻和工艺美术的成就，集镌镂、镶嵌等多种传统做工及历代的艺术风格之大成，又吸收了外来艺术影响并加以揉合变通，创造与发展了工艺性、装饰性极强的银器工艺，有着鲜明的时代特点和极高的艺术造诣。

2. 锻制技艺工序复杂，制作工艺精湛

银饰作为白族一种文化的传承载体具有不可替代的文化价值，它是由鹤庆艺人用纯银为主料，将镂雕和纯银抽丝编盘工艺相结合，根据所需制品形态、规格加工而成的。银器保留了较为传统的民间手工技艺特征，造型丰富，种类繁多，工艺精湛，质量上乘，产品远近闻名，远销各省市以及美国、日本、印度、马来西亚、尼泊尔、泰国、巴基斯坦等国家，深受世人称赞。为了符合时代的潮流和审美，鹤庆银饰不单局限于几种款式，制作了多种款式的手链、项链、工艺品等，其制作生产出的手工艺品、耐看、光泽度好、抗氧化，不易变色，曾得“鹤川匠人”的赞誉。鹤庆民间银器制作技艺是在长期农耕生活实践中，结合当地人民群众生产生活条件及爱美审美特点与自身技艺相结合，形成的别具特色的一种“民间手工技艺”，具有广泛的群众性和民间传承性。

鹤庆银器锻制技艺十分复杂，想要锻制出一件精美的银器并非易事，据银器锻制大师母炳林先生总结，一件成品要经历多道复杂工序。

（1）选材与熔解。选材要做到“一摸、二看、三听、四捏”。“一摸”，即是测试原料表面的光滑度；“二看”，指观察原料的光泽度；“三听”，指用两块原料互相敲打，听敲击声是否纯正；“四捏”，指感受原料材质的柔软度。锻制银器的过程中，火性的优劣直接影响成品的质量，现在部分作坊采用电脉冲溶解和软化金属。电炉的特点是容量大，溶解快，节约能源，但为了保持手工艺的多样化和个性化的特征，许多作坊根据自己的加工特点还是利用原始的炭火能源，其特点温和易掌握，加工出来的工艺品色泽温润（见图 13–11）。

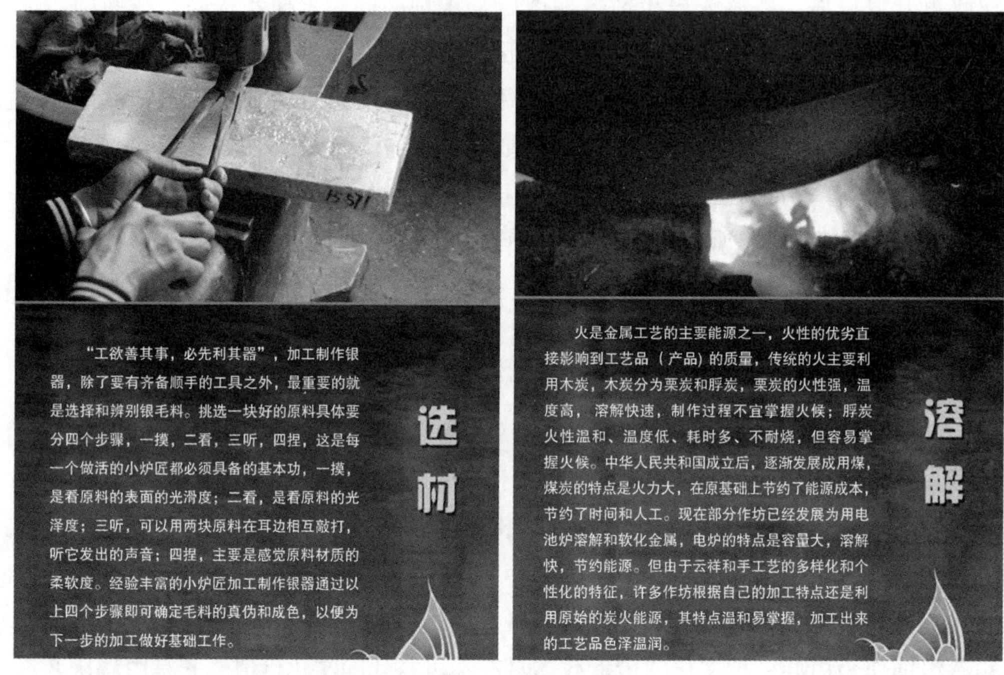

图 13–11　选材与溶解

（2）敲片与下料。锻制银器的过程中，火性的优劣直接影响成品的质量。现在部分作坊采用电脉冲溶解和软化金属。电炉的特点是容量大，溶解快，节约能源。但为了保持手工艺的多样化和个性化的特征，许多作坊根据自己的加工特点还是利用原始的炭火能源，其特点温和易掌握，加工出来的工艺品色泽温润。下料则是对接下来要打制的手工艺品做材料上的准备（见图 13–12）。

（3）拉丝与制模。丝线在工艺品中占有重要的地位，最初是通过手工锻打，线条的粗细取决于银匠的能力。后来根据纯银的延展性，银匠利用钨钢制作粗细不同的丝眼，拉出各种直径的细丝线。制模主要的方法有利用铅托雕刻、制作蜡板等，

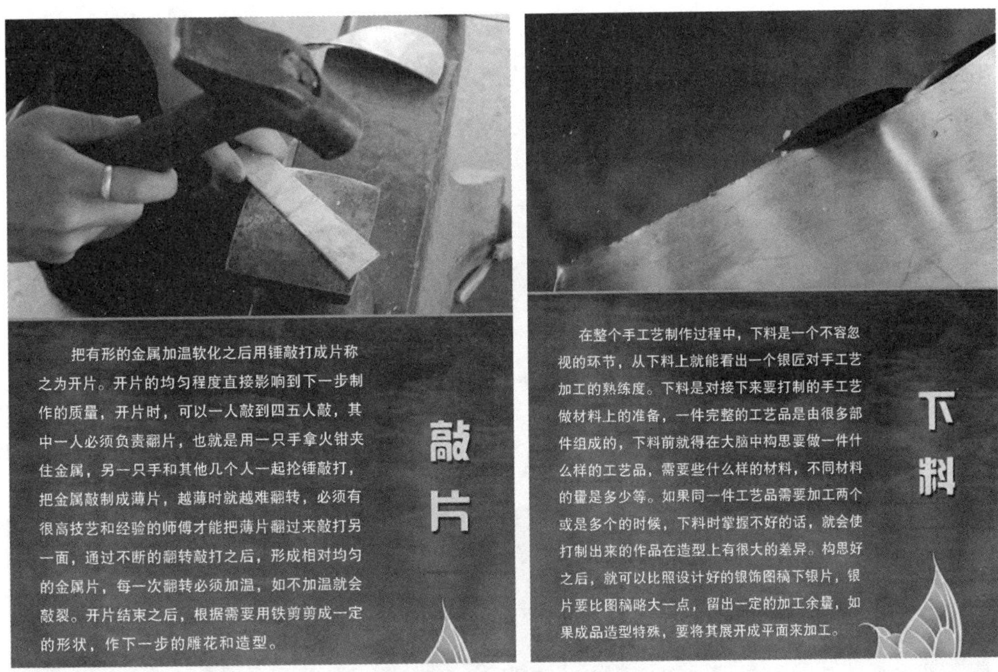

图 13-12　敲片与下料

如果要制作的银器体积过大，则需要采用粗细沙和水结合的方法注入体内进行雕琢（见图 13-13）。

图 13-13　拉丝与制模

（4）括形与画样。括形即为把银片放在用锡制成的模具中，用锤敲打，冲压出银器的基本轮廓，此工序也叫“脱模”和“成型”。画样指在雕刻进行之前，必须在粗形上用铅笔或毛笔画上传统图案，然后再根据所画的图形进行雕刻（见图13–14）。

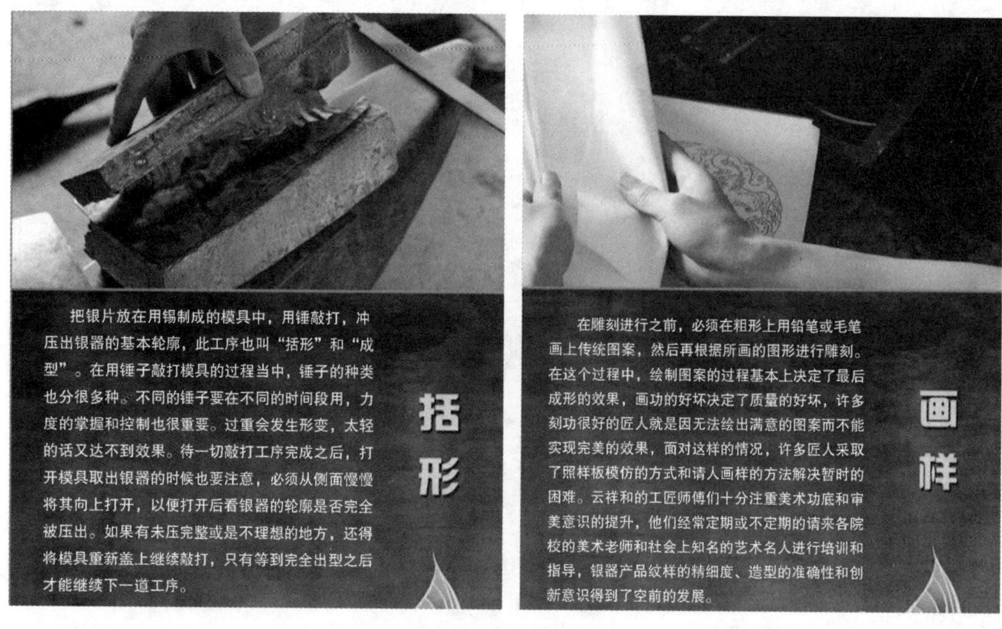

图 13–14　括形与画样

（5）錾花与焊接。在某一件工艺品初具大形并铸入支撑物后，在其上进行手工錾刻的过程称为錾花。錾刻可以分为蜡雕或铅雕两种，錾刻的工具是各种形式的凿子和手锤。焊接技术的优劣直接关系到成品的美观度，焊接过程中关键在于局部用火的技巧。焊接用火法最初为吹焊法，如今以液化气和氧气直燃和助燃法改进了焊接技术，可以有效地控制火温、方位，焊接口的焊接效果比原来平滑和牢靠，技术上也比原来的方式更加容易掌握（见图13–15）。

（6）组装与打磨。组装是一个拼合、镶嵌、串连的过程，要把所有雕刻焊接好的部件和装饰材料拼凑在一起，形成一个整体。早期在没有现代化工具的时候，打磨一般都是用细沙擦拭。随着技术的改进，产量的增加和时间的需要，大都用打磨机来完成打磨工序，但对于小件或是带有凹凸花纹的工艺品也仍然只能采用最原始的打磨方法（见图13–16）。

（7）清洗与抛光。银器工艺品在打磨之后需要进行清洗，清洗之后的银器色泽温润，可以更好地体现银的质感。抛光指将成形的银器用玛瑙片、小钻子、打磨机器打磨抛光，使银器表面光滑发亮（见图13–17）。

图 13–15　錾花与焊接

图 13–16　组装与打磨

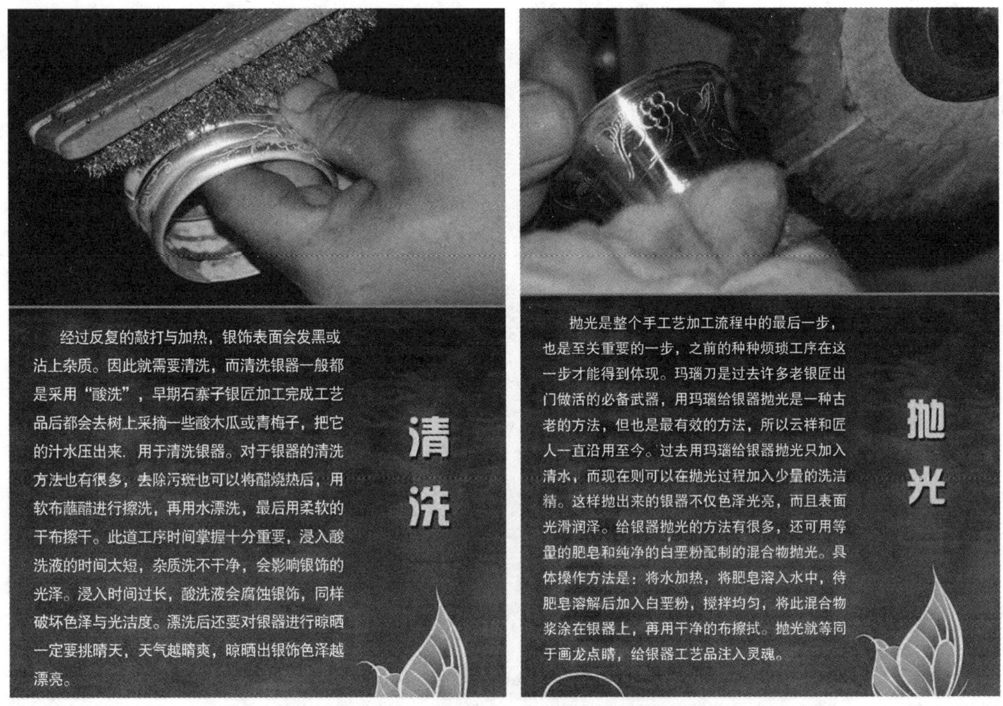

图 13-17　清洗与抛光

六、重点任务和具体措施

（一）重点任务

1. 推进鹤庆新华银匠村文化产业园区建设

园区总占地 400 余亩，建筑总面积近 30 万平方米，预计投资约 19.4 亿元。园区建设分三期完成，2017 年 9 月开工建设以来，一期工程已完成，并有 57 家商户已入驻；二期工程目前主体建筑已建成 54 栋且均已封顶，2020 年年底完成项目二期所有主体建设。主要建设内容有：游客中心，建筑面积 2200 平方米；电子商务服务中心，建筑面积 3800 平方米；银器手工艺集中研发和设计中心、银器手工艺文化研学和教育培育中心、银器小镇会客厅、小镇智慧化指挥中心、银器直播基地，建筑面积 6000 平方米；银铜器加工体验园，建筑面积 5600 平方米；物流配送中心，建筑面积 4600 平方米。园区总建筑面积 22200 平方米。

2. 建设标志性建筑，匠心打造中国第一银牌坊

鹤庆新华银匠村中轴线上，越过铜塑标志，正在打造的是“中国银器第一村”地标性建筑——全中国体量最大的手工银牌坊。作为国家级非物质文化遗产项目，

新华手工银器已蜚声国内外，大师名家辈出，但银器文化相关的名片性地标存在空白；新华银匠村的标志本就是牌坊造型，标志与银牌坊相呼相应。

银牌坊造型设计师——莫志雄，出生于木匠世家，鹤庆甸北古建名匠，新华银匠村项目古建部分总设计师。银牌坊主体造型，龙凤绘制等工作均由莫大师完成。银牌坊主体采用钢混结构，除石雕基座外，立柱、横梁、斗栱、书香空、飞檐、盖瓦等均用手工银雕作品包覆，共计耗千足银 2.8 吨，造价逾 1700 万元，创国内足银建筑耗银体量之最（见图 13–18）。

图 13–18　银牌坊

银牌坊由鹤庆名匠寸四九率领十多人的资深银匠团队纯手工打造。他们从绘稿开始，采用锤揲、抬铳、圆雕、高浮雕、平雕、微雕等多种高工技法，把腾蛟起凤、梅兰竹菊等吉祥图案，用手中的小锤子刻到牌坊银件上，以几近严苛的态度，把“小锤敲过一千年”的匠心演绎得淋漓尽致（见图 13–19）。牌坊最中心位置，设计为纯手工银鎏金牌匾，匾内“中国银器第一村”墨宝，由中国书法家协会王远康老师题写。目前新华村手工银匠数千，传承银匠更是逾万数，大师云集，“银”领中国，“中国银器第一村”的称谓实至名归。大作的加工吸引了不少专家学者和媒体的关注，作为新华银匠村正在倾力打造的地标性网红打卡点，牌坊的设计制作得到了社会各界人士的普遍好评和赞赏。2019 年 10 月 25 日，参加“千锤百炼·匠心流光——大理传统工艺工作站鹤庆基地对话会”的国内外专家学者参观了银牌坊的制作工坊。“中国第一银牌坊”将于 2020 年横空出世，耀踞东方，成传世之作，共促中国银器第一村——新华银匠村扬名四海。

3. 景区信息化系统

总体构架为“1+1+3”，即一个基础设施平台、一个共享数据中心、三大应用体系，利用移动终端、电脑终端、PC 端进行发布和交互。在基础设施部分，全面感知景区各类原始数据，通过互联网、通信网等传输渠道，汇聚至智慧景区公共信息

图 13-19　银牌坊打造

中心，通过信息中心的大数据、云计算、共享数据库完成数据分析及决策，从而为上层的景区服务系统、景区管理系统提供内容与基础数据支撑。通过景区微信公众号、手机 App 为公众服务。

本次景区信息化先建设新华银器小镇基础信息化，其他逐步展开建设。本次智慧景区建设包含新华银器小镇信息化基础建设及其他配套设备的模块化建设，主要内容包含基础光缆线路建设（含电源）、指挥中心、监控系统、WiFi 系统、智慧停车场、智慧厕所、环境监测等系统。

（1）光缆线路建设（含电源）。为了适应新华银器小镇智慧景区建设的需要，进一步优化网络结构，提供安全、高效的传输线路，便于维护和管理，需要对景区基础网络进行建设。建设需要遵循以下原则：

一是光缆线路的选择结合景区发展规划，选择安全稳定的路由。

二是光缆线路尽量靠主要道路，以便于施工和维护。

三是所敷设光缆的芯数应结合现有光缆的纤芯数，充分满足工程需要并考虑发展余地。

四是新建光缆敷设方式尽量结合各方面可用的资源统一考虑，应以架空、墙壁式和管道直埋等方式实施。

五是对于新建光缆，应尽量利用原有路由资源以节省投资，在没有路由资源的情况下，可考虑新建管道等。

（2）视频监控系统建设。为详细记录监控区域的实时图像，采用全高清网络摄像机进行监控，平台全高清网络摄像机需要支撑基于图像的深度处理技术，支持基于超级星光/黑光技术，试点建设基于大场景的多传感器技术的网络摄像设备，支持通过多个采集镜头，自动拼接成一幅完整的、超清的监控画面。

视频监控系统采用全网络高清的架构设计，全面实现前端视频采集、传输、存储及解码显示各个环节的高清化、网络化，方便系统管理和维护，同时有利于系统扩容及应用扩展。系统可随时随地对前端视频进行调用查看，同时可支持手机客户端的远程访问，极大地方便用户管理操作。同时，系统采用与景区具体场景相适应的视频智能分析技术，如跨线分析、人脸识别、智能透雾等，实现智能化的视频管控。建设要求如下：

第一，建设全方位、全天候、高清化、智能化的视频监控系统，以满足现代旅游安全管理的需求，实现大场景全景监控，并具有较好的夜晚、起雾环境下的监控效果和对危险部位的智能分析报警应用，其中重点的监控区域有出入口、景区收银区域、服务区域、重点风景区域、人流易集中区域、停车场等。

第二，满足客流量统计分析的需求，需要对出入口客流量进行统计和分析，当各景区超过一定的客流容量之后可及时预警停止游客进入并进行适当的游客分流处置，同时可以通过管理平台软件统计数据，生成各种形式的报表，支持数据导出。

第三，建立完整的网络传输系统，连接安防及各管理系统的数据，使相关内部信息能够正常、安全、流畅地交互。

第四，系统需要考虑通过同一套平台管理视频监控系统（见图 13-20）、客流统计系统、报警系统、人员管控系统等，实现多系统数据共享、系统融合及统一管理，通过系统整合，实现系统之间的事件联动。

图 13-20 视频监控系统

（3）WiFi 系统。新华村计划对小镇游客相对集中区域进行 WiFi 系统无线覆盖。WiFi 系统无线覆盖建设需要达到以下要求：

第一，小镇部署的无线网络，必须从多方面考虑用户的体验性，不仅需要在上网过程中提供稳定、快速的互联网访问服务，保障游客使用无线网络上网时不掉线、不卡顿，满足日常上网应用，还需要在游客、小镇员工无线接入时提供良好的认证方式，避免烦琐复杂的认证过程。

第二，小镇部署的无线网络必须具备以下安全审计功能：记录并留存用户注册信息、用户登录和退出时间、主叫号码、账号、互联网地址或域名、系统维护日志的技术措施，记录、跟踪网络运行状态，监测、记录网络安全事件等。

第三，小镇可以采用在为游客提供免费的、稳定、快速的无线网络的同时进行广告投放、用户信息收集、用户行为习惯收集、大数据分析等商业模式，让部署的无线网络具有盈利性，为小镇提供一个新的业务增长模式和利润创造点。

第四，为了保证无线网络的可扩展性，保护小镇单位的投资，需要在方案构架、产品选型、系统容量与处理能力方面能升级换代，这样不仅能充分保护原有资源，而且具有较高的性价比。

第五，IP 设备需要达到为方圆 200 米范围内的游客提供 WiFi 上网。

第六，WiFi 系统建成后，在 WiFi 入口进行小镇信息、小镇活动、小镇优惠等信息展示，用户连接小镇 WiFi 时，会观看到推送的广告信息。

第七，小镇可以根据区域、子景点推送不同的 WiFi 入口广告，并且可以强制用户观看一定时间的新华村各小镇广告之后才可以点击“我要认证”上网。

第八，小镇为游客提供免费的无线网络，游客通过关注集团微信公众号获得上网资格，小镇在微信平台上为游客提供小镇地图导航、小镇子景点电子讲解、在线购票、游玩攻略等，提高小镇服务能力和吸引力。

第九，游客通过微信认证后，小镇可利用微信平台通过小镇无线网络进行微信消息推送，提供多种信息推送方式，比如首次游玩、二次游玩、游客位置变更提示、定时提醒、天气预报等。

（4）智慧停车场。道闸系统是专门用于道路上限制机动车行驶的通道出入口管理设备。智能停车场系统采用高清车牌识别摄像机对进入停车场的车辆进行车牌识别、图像抓拍，将车牌信息传输给专用控制器，再上传给电脑、引导车辆进入，并保存记录。

（5）智慧厕所。旅游公厕是旅游基础设施的必要组成部分，是表现旅游服务细节的一种基础设施。智慧厕所以新一代信息技术为支撑，通过信息化的手段，录入厕所基础数据，实时监测厕所环境数据并上传至分析平台。

（6）指挥中心。指挥中心采用46英寸DID液晶单元屏组成M（行）×N（列）的DID拼接大屏幕，拼接大屏作为显示幕墙，用以显示GIS系统图形、监控系统视频画面、前端状态信息、报警信息和其他应用软件界面等。

选用的液晶拼接大屏幕应符合以下要求：采用DID超窄边面板，屏幕之间拼缝不大于3.5毫米，单元屏物理分辨率应不低于1920×1080；可提供500 cd/m^{2}的高亮度，保证画面显示质量；可提供直下式LED背光源，显示单元亮度更加均匀，无边界暗影现象；工业级设计，使用寿命远高于普通家用液晶显示单元，可长达60000小时；屏幕内置拼接控制器，可将同源信号实现屏幕的自拼接；选用的LCD液晶显示单元应具有丰富的接口，可接收DVI、VGA、Y/C、YPbPr等各种信号；支持多种控制方式。

（7）环境监测系统。在新华村黑龙潭布置浮标式水质五常参监测仪，低功耗电源自供电系统：太阳能+内置锂电池35000毫安（保障连续阴雨1个月，设备正常工作）内置存储：2 GB（存储5年历史数据）、支持远程查询和续点重传，在合适位置布置气象检测站1台，监测气象六参数，低功耗电源自供电系统：内置锂电池30000毫安+太阳能供电系统/市电，需出厂选配太阳能供电或市电。

4. 强化人才培养，高标准推进“三中心一基地”建设

立足于新华银器手工艺文化资源，本着对新华传统银器锻造工艺传承发扬的社会责任，围绕文旅融合发展思路、政产学研用协同创新模式，着力打造鹤庆新华银匠村文化产业园区的配套项目——“三中心一基地”，即银器手工艺集中研发和设计中心、银器手工艺文化研学和教育培训中心、银器手工艺非遗传承展示中心和重点院校相关专业教学实践基地，致力于将其打造成为园区的核心项目与亮点产品。银器手工艺集中研发和设计中心、银器手工艺文化研学和教育培训中心设立于新华银匠村1期12栋，建筑面积约668.36平方米（见图13–21、图13–22）；银器手工艺非遗传承展

示中心设立于新华银匠村 2 期 2 栋，建筑面积约 395 平方米；重点院校相关专业教学实践基地设立于新华银匠村 2 期 9 栋，建筑面积约 132 平方米（见图 13–23）。

图 13–21 银器手工艺集中研发和设计中心

图 13–22 银器手工艺文化研学和教育培训中心前台

图 13–23 重点院校相关专业教学实践基地

“三中心一基地”的建设旨在充分利用新华银器手工艺文化资源，以文化为支撑，在鹤庆新华银器小镇原有基础旅游服务配套设施的基础上，继续完善鹤庆新华银器小镇的文化旅游配套设施，从而提升鹤庆新华银器小镇的旅游价值。具体措施包括：打造银器手工艺集中研发和设计中心，集结当地手工艺大师和非遗传承人、高校师生等资源组成研发团队，研究新工艺、市场动向，开发新产品，为当地企业及相关从业人员提供创新引领与专业技术指导；打造银器手工艺文化研学和教育培训中心，集结当地手工艺大师和非遗传承人、邀请国际权威专家等组成师资力量，面向相关从业人员、在校师生等提供授课讲座、技艺培训、沙龙论坛等，实现经济创收的同时有效实现非遗的后继传承与发展；打造银器手工艺非遗传承展示中心，以厅馆的形式面向大众开放展示鹤庆银艺的起源与发展、工艺流程、非遗申报历程、工匠精神等，使大众耳濡目染，欣赏鹤庆银器手工艺文化的魅力，从而带动实现向旅游市场的导流延伸；打造重点院校相关专业教学基地，瞄准高校学生这一潜在群体，打造金工教学实践基地，为高校学生提供专业的教学指导和具有现实意义的实践场地。“三中心一基地”的打造有效实现了资源的转化利用，并形成了功能互补的产业格局。

5. 创新设计，推进银铜器研发设计中心建设

银铜器研发设计中心建筑面积为5600平方米，为框架结构，计划投资1200万元。银铜器研发设计中心将建立50个大师工作室，供手工艺传承大师和研发设计人员使用，配备银铜器手工艺样品制作设备、日常办公设施设备等。由著名的手工艺传承大师和有银铜器设计制作经验的人员入驻，定期举办研发设计交流分享会，对各种创意、研发和设计实现加速整合优化。

银铜器研发设计中心内的创意孵化交流平台是传统手工艺传承大师和现代设计软件制作人员的互动交流平台，运用各种现代化的设计软件来加速创意设想的实现。它可以为传统手工艺传承大师和现代智能设计软件人才提供交流平台，并充分运用最新的设计制作软件来加快手工艺品从创意到研发再到产品的过程。它能把“小锤敲过一千年”的千年传承的民族手工艺与现代先进的工艺美术文化相结合，发扬大众创业、万众创新的精神，让银铜器加工的传统工艺在研发和设计上更加贴近市场，为手工艺传承的知识产权和市场化推广做有效的衔接，同时，为手工艺的传承培养后备人才。

6. 抓好青年双创中心建设

为进一步深化沪滇协作，共青团鹤庆县委在浦东新区惠南镇人民政府的关心支持下，结合鹤庆实际，重点打造了鹤庆县青年创业创新中心（简称双创中心），为鹤庆青年和广大外来投资主体提供良好的创业服务。

鹤庆双创中心位于园区13号楼，面积约700平方米。双创中心由共青团惠南

镇委员会和共青团鹤庆县委员会作为共建主体，由鹤庆县青年创业创新协会和惠南创业孵化器（上海）有限公司共同实施（见图 13-24）。2020 年 6 月，双创中心正式投入运营，功能区域包括青年创业便捷服务窗口、共享办公区、产品展示区、书吧休闲区、书吧阅览区、网络直播区（见图 13-25、图 13-26、图 13-27）。目前，双创中心单位会员达 70 余家，红唐世家工作室、杨文焕白族刺绣工作室、铭轩堂

图 13-24　双创中心

图 13-25　书吧休闲区

图 13-26　书吧阅览区

图 13–27　网络直播区

铜器制作工作室、瓦猫创作室、至为银器工作室、渔书公益·希望图书室、语嫣文化工作室、鹤庆县沪滇产业协作服务社均已入驻。

沪滇协助下一步合作规划主要包括以下几个方面：

（1）整体推动农特产品内外包装设计升级。借鉴高档的市场包装，升级打造符合上海市场的农特产品包装，梳理产品文化、文案、渠道，定制推向上海市场（例如，正在升级打造的玫瑰汤圆，鹤庆作为粗加工地，上海进行代加工并销售，通过对接上海市场监督管理局，合作餐饮小店，商超，通过人海战术到上海定点进行市场宣传）。

预计升级 50 种各类农特产品、文创产品：每类产品全方位打造预计 1 万 ~3 万元。

产品包装设计。建立同属性产品的沪滇协作帮扶包装设计（预计升级 50 种农特产品包装，符合上海高档消费市场，每一件产品预计 2000~5000 元）。

建立沪滇协作线上线下合作销售渠道（例如，线下玫瑰汤圆合作上海小吃店销售；红糖进入上海种植，建立直观红糖体验馆；线上通过网络渠道，建立农啊孃网络人社定位线上宣传、产品视频线上宣传等）。

（2）加强知识产权保护。对合作孵化企业进行产品知识产权梳理，并辅助注册保护（预计 50 类产品，每类产品预计 1000 元，每类别注册保护预计 1000 元）。

（3）辅助销售（线上结合线下共同推广销售）。线上通过自媒体建立产品宣传销售渠道，线下通过沪滇协助消费采购销售。

（4）对选择合作孵化的企业进行一站式商业模式梳理调控，做到产品定位准确，建立有力渠道，做到一户一方案。

（5）引进沪滇协作创业孵化器平台，建立投资运营管理公司，对合作孵化企业进行针对性孵化，从项目策划、项目落地、产品打造、资源渠道对接，到资金引进，再到市场推广、后期销售进行一条龙 5p 定位孵化，并针对有市场的项目产品进行直接投资，对有潜力的产品项目深入孵化。

（6）加强沪滇协作鹤庆县青年创业创新中心运营人员招聘管理（要求：3 名建档立卡户；帮扶待遇：2800 元 / 月；工作内容：驻场行政管理，青创中心产品运营销售，返乡就业创业人员吸纳）。

（7）整合梳理优质农特产品、文创产品，通过沪滇协作对接上海企业酒店，进行展示（例如，光大展会展示体验销售、锦江酒店展示体验销售）。

（8）通过沪滇协作主要策划打造玫瑰汤圆，整合鹤庆当地待就业妇女，结合上海当地待就业妇女，在上海创造玫瑰啊嚷就业岗位。

（9）形成“引进来、走出去”战略，通过沪滇协作大胆整合鹤庆优质创业劳动力在上海进行各类产品地毯式、体验式销售，引进对接上海优秀商贸公司进行跨区域分布销售。

（10）对于成长期比较具有市场前景的产品或者项目，进行更深一步打造。

7. 利用科技现代化，实现电子商务公共服务

为体现园区科技现代化技术，实现电子商务公共服务功能，园区内设立了电子商务公共服务中心，建筑面积 3800 平方米，为框架结构，计划投资 1800 万元（见图 13–28）。电子商务公共服务中心设有鹤庆县 O2O 线下体验中心、运营中心、品牌推广与展示中心、培训中心、会议室、摄影室等功能分区，配备与电子商务中心

图 13–28 电子商务公共服务中心

规模相适应的大量计算机、服务器、日常办公设备、数码设备，每个办公室配备高速独立的宽带网络。电子商务中心还将建立电子商务信息资源共享处，放置电子商务相关资料、书籍，并充分运用自媒体来普及和加深人们对电子商务的认知和了解，同时不定期开展电子商务明星商户经验分享交流会。电子商务中心配置人员有电商运营管理团队、行政文员、网站维护人员、网络维护人员、计算机软硬件维护人员、摄影师等。在人员的培训上主要以专业知识为主，同时邀请著名手工艺人进行银铜器手工艺知识讲座，加快电子商务和传统手工艺发展的相互促进和融合。

电子商务中心提供电子商务咨询服务、网络维护服务、网站店铺建立及优化服务、计算机软硬件维护服务、商品摄影服务等。电子商务中心可以对商户进行网络推广和电子商务的普及培训，引进相关的电商人才，改变传统的销售模式，为鹤庆县提供电商普及应用、人才培养孵化、公共仓储物流、产品溯源品控、服务体系布局、渠道贯通再塑、消费金融服务等一站式全流程服务。

电子商务中心在具体的建设中，逐步以现代电子商务和线下门店融合的模式取代了鹤庆新华银匠村文化产业园区内商户单一的门店模式。它还充分运用电商团队的运营经验，结合鹤庆“银都水乡”的民族工艺特色，打造富有民族特色的电商产品品牌（见图 13–29）。

电子商务属于技术型行业，对人才的要求较高，因此，电子商务中心在培养本地人才和吸引人才回归上具有很大的优势，将为当地培养一批本土电商人才，从而为实现本地电商的普及和后续发展打下基础。

图 13–29　数字三月街鹤庆专场在新华银匠村电商中心开播

电子商务服务中心下还设有物流配送中心，建筑面积 4600 平方米，计划投资 1000 万元。物流配送中心配备电脑网络系统，商品条码分类系统、输送机等现代化物流装备。物流配送中心配置人员为具有物流专业知识的管理人员、技术人员和操作人员，物流中心定期对相关人员进行专业知识技能培训和设备使用培训，以及安全消防培训。

物流配送中心的小件物流窗口用于收寄除商户外的货物，对周边物流发展起到辐射带动作用，为商户提供从原料购买到商品销售的全套物流服务，以降低商户和周边区域的物流成本。目前物流配送中心已经入驻中国邮政、中通快递、百世快递、申通快递、韵达快递、圆通快递六家物流企业，它们将共同完成物流配送工作（见图 13-30）。

现代化的物流配送中心是对电子商务中心和规模产业的支撑，完善的物流配送将极大地促进商户销售向电子商务转型，同时对园区内及周边的物流配送也将产生辐射带动作用。

图 13-30　电子商务物流服务中心

（二）具体措施

（1）编制鹤庆银器手工业加工文化产业发展相关规划。在充分分析全国银器加工产业发展趋势的基础上，结合滇西经济圈建设和鹤庆实际，修改完善鹤庆银器加工文化产业发展规划，明确鹤庆银器加工产业发展近期和中远期目标、发展思路、发展战略、发展重点、空间布局、时序布局、实现路径、生态保护等。根据创建国家级鹤庆银器加工文化产业区要求，编制《鹤庆银器加工文化产业园区创建国家级文化产业示范园区专项规划》，提升鹤庆银器加工文化产业品质、品牌。

（2）挖掘文化遗产，活化银都文脉。认真梳理鹤庆银器加工历史文化脉络。制定工作计划，开展银器加工的相关文化资源的挖掘、普查工作。全面挖掘、梳理银器加工文化遗址、银器加工历史文化脉络、银器加工工艺技艺等历史文化资源，为银器加工文化品牌的培育，银器产品的研发创意，银器的营销宣传、研究，出版相关文化成果，银器加工文化体验提供文化支撑，激活银匠之都的城市文脉。

（3）营造"银匠之都"文化氛围。开展鹤庆新华银匠村文化景观、银器文化标识建设。通过在鹤庆新华银匠村主要道路、街道、广场等重要公共文化服务场所，建设"银牌坊"、独特的银器精品展示区、银器加工体验区可以让游客在欣赏"鹤川匠人"精美银器的同时，还能亲自体验银制手工艺品制作的整个过程。遍布全村的 20 幅精美壁画将鹤庆坝子的美丽传说和民间故事娓娓道来。街道两旁主题雕塑向游客诉说着鹤庆"小炉匠"们千年来的生活风貌，充分营造"银匠之都"的文化氛围。

（4）着力培育一批龙头企业和骨干企业。按照"做优特色企业，做大银器制品，做好文化银饰，做精大师银匠"的发展思路，实施龙头企业、骨干企业、特色型企业带动行业集群发展的战略，在资金扶持、技术改造上给予政策性倾斜。以招商引资为手段，以银器文化产业三期工程为主要载体，重点围绕原料生产、产品设计、锻造加工、电子商务、现代物流等环节生成项目，打造一批重点企业、重点品牌，促进鹤庆新华银器产业聚集发展，提升品牌价值跨越发展。重点以"转型、提档、改造、升级"为抓手，扶持优势突出、规模较大、管理精细、品牌效应显著、年产值超过 5000 万元的龙头企业 5 家，年产值超过 500 万元的骨干企业 20 家；培育一批特色鲜明，高、精、新中小微企业。

（5）着力建设技术支撑体系。制定和完善鹤庆银器相关技术标准。将《鹤庆新华民族手工艺品行业标准》在业内全面推广实施，全面提高鹤庆新华民族手工艺加工水平和产品质量水平。鼓励企业通过产品质量管理体系认证、日用银制品环境管理体系和环境标志产品"双绿色"认证，规范鹤庆银器产品的标准化管理。

（6）加强鹤庆银器产品质量检验和风险监测。为加强行业从业者的协调、管理，成立了“一会三中心”，分别为：鹤庆县新华民族手工艺品协会，鹤庆县旅游购物退（换）货监理中心、鹤庆县旅游服务投诉受理中心、鹤庆县银饰品检验检测鉴定和质量认证中心。

鹤庆县新华民族手工艺品协会将充分发挥联络协调作用、整合优化作用、桥梁纽带作用，做好民族手工艺人才的保护培养工作，做好民族工艺的研究交流发展工作，减少、避免低价竞争，打造鹤庆银器品牌。鹤庆县旅游购物退（换）货监理中心主要是组织鹤庆县重点旅游商品零售企业加入协会，发挥协会专业性、协调性、组织性的职能，受理旅游购物商品中产生的退、换货诉求，尽快实现鹤庆旅游购物退货、换货一站式服务。鹤庆县旅游服务投诉受理中心切实保护旅游消费者合法权益，营造良好的旅游环境，受理信访转办、12301、人民网及其他网络平台、电话、现场、信件、媒体、舆情监测等来源的旅游投诉处理，并做好投诉转办督办移交及协调处理工作。鹤庆县银饰品检验检测鉴定和质量认证中心的主要职能为进一步提升鹤庆县银饰品等贵金属质量和市场监督服务水平，推动鹤庆县银饰品等贵金属市场规范有序发展，促进管辖内的银饰品及珠宝玉石的生产加工销售企业产品质量提升，解决鹤庆县银饰品等贵金属产品质量检测需求。

（7）建设知名品牌体系。加强鹤庆银器品牌建设力度，建设一个包括区域品牌和企业品牌、名品、名人、名企的品牌体系。打造鹤庆银器品牌商标，实施“鹤庆银器”商标使用许可管理制度，加强对符合使用该地理标志条件的自然人、法人的商标使用许可管理，打击假冒“鹤庆银器”证明商标行为，提升银器手工艺品的市场知名度和竞争力；实施区域品牌和企业品牌双轮驱动，引导企业按照“名牌产品—品牌企业—品牌行业—区域品牌”思路发展，借助各种高端平台，强化品牌展示，释放品牌效应，推动产品从数量扩张型向质量效益型转变；借助51位国家级、省级、州级、县级银器锻造传承人的力量，培育一批具有自主知识产权、引领产业发展的重点产品，提高鹤庆银器产业竞争力。引导银器制作销售企业树立知识产权保护意识，支持企业申请专利并实施专利技术；加大产品品牌、企业品牌的塑造和宣传力度，支持和培育企业争创云南名牌产品，支持企业采取上网、参展、开展产品地理标识认证等多种方式，扩大企业知名度。

（8）提高鹤庆银器文化品位。开展银器锻造工艺技艺的继承创新、艺术流派的研究，在注重传统手艺制作银器工艺品的同时，加强与国内外文化名人合作，赋予银器工艺品更丰富的时代文化内涵，不断提高其文化品位。提高银器工艺品艺术文化的理论水平，完善理论体系。

（9）建立企业技术创新体系。加大产品研发力度，开展银器工艺品重要技术标准研究，加大技术投入和科技攻关，提高银器制造品质。在保持传统技艺的基础上，运用现代科学技术，形成各具特色的核心产品、核心技术，创出自己产品、品牌的特色与个性。加强与著名院校和研究机构的合作，形成“产、学、研”一体化，开发一批具有时代特色及鲜明个性特点的银器工艺新产品，促进产品升级换代。

（10）着力建设市场体系。制定《银器行业自律公约》，为全面加强鹤庆新华银器产业质量监管、产品保护、品牌打造和市场开拓奠定坚实的基础；规划建设中国鹤庆银文化博物馆、云南省工艺美术银器展览和交易中心，定期举办银器文化、产品宣传推广的大型活动，使之成为云南银器手工艺产业集中宣传展示的窗口，连接市场和银器制造企业的桥梁和纽带；组织企业参加南博会、文博会、泛亚国际民族民间工艺品博览会、茶博会、中国西部博览会等国内外各类知名展会，扩大鹤庆新华银匠村的知名度和覆盖面，开拓东盟、南亚等新兴市场；引导企业联合建立专业营销队伍，多方开拓市场；鼓励企业投入旅游商品设计、生产和销售，培育一批有实力、有特色的旅游商品生产、销售企业；引导企业开拓旅游商品市场，建立幅射云南全省景区（点）的旅游纪念品营销网络，提升旅游产品生产与销售总量。

（11）着力建设完善人才体系。推行职业资格证书和职称制度，加强工艺美术专业职称和职业资格考评管理，规范和强化申报条件、申报程序；制订计划、采取措施，重点培养具有创意的设计人才、懂经营善管理和营销的人才和中、高级技工；加强本土“工艺大师”培养力度，鼓励支持银匠工艺者参评州级、省级和国家级“工艺美术大师”“银器艺术设计大师”“工艺美术师”，建立银匠高技能人才库，培养银器制造行业领军人物；制定银匠人才培养中长期计划，依托各大院校发展职业教育和艺术教育；支持和鼓励企业引进工艺大师、行业专家、高层次专业技术人才及相关专业的大中专毕业生，鼓励企业加强职工的技术培训；通过举办银匠大赛、委托培养人才、办培训班等方式，培养产业高素质人才队伍；建立培训基地，对现有学历、职称较低的从业人员分批进行培训，提高其文化、艺术素质。举办县级民族民间工艺师评选命名活动，鼓励更多工艺美术人才的涌现；制定民族民间工艺师、非物质文化传承人政府扶持补贴政策，加大对民族民间工艺师、非物质文化传承人的宣传，形成全社会重视传统文化、尊重传统文化传承人的良好氛围。

七、园区创建预期成效

创建国家级文化产业示范园区，将有利于鹤庆新华银匠村产业进一步整合优势资源，提升产业规模化、集聚化水平，打造区域经济的重要支撑和文化产业发展的重要载体。到2022年，银器加工产业产值超过30亿元，相关文化旅游产值15亿元，新增就业岗位8000个，相关从业人员超过2万人，实现经济效益和社会效益的有机统一。

（1）增加当地居民的就业人数，解决农村剩余劳动力的就业问题。该项目属于传统的手工艺制作项目，是劳动密集型产业，因此，项目的实施必将带来很多的就业岗位，就业人员以当地居民为主，同时，项目的实施还需要大量的专业技术人员、产品研发人员、网络促销人员以及管理人员等，预计该项目将直接创造600多个就业岗位。因此，项目的实施能增加当地居民的就业人数，对解决当地剩余劳动力的就业问题有重要作用。此外，公司将通过严格的管理制度管理所属员工，对打架斗殴等行为绝不姑息，久而久之对改善当地的社会治安具有间接的促进作用。

（2）加快商品流通速度，增加当地居民的直接经济收入。投资建设单位拥有云南省内最大、最专业的银器批发商城以及大量的客户资源，拥有游客接待量最大、银器产品销售量最大的寸家院银庄以及合作的旅行社客户等，在本交易市场内生产的银器产品将优先采购，且依据市场最前沿的反馈信息，传递给商户，开发出最畅销、利润最高的产品。因此，在该市场内从事银器手工艺加工制作居民的直接经济收入必将会有明显提升；同时，这也将进一步巩固产供销链条，创造双赢的良好局面。

（3）带动其他相关行业发展，刺激当地的经济发展。项目的建设对带动其他相关行业的发展具有促进作用，能刺激当地的经济发展，促进当地居民增收，提高人民的生活水平。

项目建成后，会集中展示新华村内家家户户打制银器手工艺制品的流程，同时设立体验区，让到鹤庆旅游的游客亲自感受传承一千多年的银器加工历史、充分弘扬大理白族的手工艺文化。项目将成为云南省最大、最全面的各种银质产品的加工基地。届时将吸引大量的国内外游客到鹤庆新华村旅游观光，将促进鹤庆的经济发展，同时也将带动其他产业的发展。

案例二：大理非遗文化助力乡村振兴

大理州的传统工艺历史悠久、门类繁多，有261项传统工艺公布为国家级、省级、州级、县级非物质文化遗产代表性项目，占大理州非物质文化遗产项目总数的36%。其中国家级、省级、州级共有88项，鹤庆银器锻制技艺和白族扎染技艺2项列入国家级传统工艺振兴目录。传统技艺类非遗项目共207项，包括：国家级名录项目3项、省级14项、州级87项、市县级103项。传统美术类非遗项目共有52

项，其中国家级2项、省级6项、州级22项、市县级22项。传统医药项目2项，均为州级项目。大理州传统工艺类的非物质文化遗产代表性传承人729人，其中，传统技艺类非遗项目代表性传承人共507人，包括：国家级4人、省级27人、州级173人、市县级303人。传统美术类非遗项目代表性传承人共有219人，包括：国家级2人、省级23人、州级41人、市县级153人。传统医药类代表性传承人3人。另外，还有2名中国工艺美术大师，10名云南工艺美术大师。传统工艺类非遗代表性传承人年龄结构日趋合理，年轻一代代表性传承人明显增多，后继人才储备充足，传承队伍力量不断增强。

一、传统工艺振兴带动乡村人口就业

大理州以白族扎染、鹤庆银器、剑川木雕、刺绣等传统工艺项目为切入点，鼓励和支持优秀文创企业等融入大理非遗传承保护，研发具有特色的大理非遗文化产品，支持和引进互联网商业平台，培育新兴文化产业。全州建成12个非遗工坊，鹤庆银器艺术小镇、剑川木雕艺术小镇等特色小镇建设成为乡村振兴带动项目。“李小白”手工银壶、“璞真”“蓝续”扎染、剑川黑陶等30项传统工艺项目成为大理知名的非遗品牌。剑川木雕年产值2亿多元，带动当地两万多名白族群众脱贫致富，大理市、剑川、弥渡、祥云、云龙等地“非遗+公司+基地”的生产经营模式逐步形成。

据不完全统计，截至2019年年底，大理州剑川县从事木器木雕产业人员18000余人，有1500多家个体经营户，15家专业生产厂家，年产值达16亿元，涉业相关从业人员人均增收2000元，木雕成为富民增收的一项惠民大产业；鹤庆县银铜器锻制年产值达30亿元，有7家规模较大的专业生产厂家，从业人员达6000多人；大理市周城村白族扎染年产值达7000多万元，有18户扎染工坊，3000余人从业人员，人均月收入已达到2600元。白族扎染也逐渐从单一的生产、销售向观展和技艺体验传承方向发展，这是对传统技艺创造性转化和创新性发展的有益探索。

二、以传统工艺工作站为龙头助力脱贫攻坚

2017年11月，在文化和旅游部非物质文化遗产司的支持下，大理传统工艺工作站建成，成为文化和旅游部非物质文化遗产司在全国支持设立的18个工作站之一。也是云南省唯一一个由非物质文化遗产司支持建成的工作站。工作站依托白族扎染技艺、剑川木雕、鹤庆银器锻制技艺三项传统工艺类的国家级非物质文化遗

产建成大理、剑川、鹤庆三个基地。工作站建立以来，采取多种措施助力脱贫攻坚。一是加大宣传力度，不断提高大理传统工艺品知名度。剑川、大理、鹤庆三个基地分别举办了传承人对话会，开展了一系列传习培训活动，并且积极与中央美术学院、云南艺术学院、英国哈勒姆大学、浙江师范大学、大理大学、江苏工艺美术学院等开展合作，研究制订中国非物质文化遗产传承人群研培计划。大理州还组织举办了“大理剑川木雕艺术博览会暨剑川木雕文化节‘手工剑川，走进生活’旅游品创意大赛”“千锤铸辉熠，百炼承匠心——国家级非物质文化遗产鹤庆银器锻制技艺精品展”“振兴传统工艺学术论坛——鹤庆银器锻制技艺传承与发展学术研讨会”，参加了“澜沧江湄公河外长会议大理非遗专题展示”“成都国际非物质文化遗产节”“昆明南亚博览会”“创意云南文化产业博览会”等国内外展会40余次，进一步提高大理州传统工艺项目产品在国内外的知名度。二是振兴传统工艺，助力乡村振兴。全州以白族扎染、鹤庆银器、剑川木雕、刺绣等传统工艺项目为切入点，鼓励和支持优秀文创企业等融入大理非遗传承保护，研发具有特色的大理非遗文化产品，支持和引进互联网商业平台，培育新兴文化产业。全州建成12个非遗工坊，鹤庆银器艺术小镇、剑川木雕艺术小镇等特色小镇建设成为乡村振兴带动项目。大理市、剑川、弥渡、祥云、云龙等地“非遗+公司+基地”的生产经营模式逐步形成。三是积极开展传承培训活动。据不完全统计，大理传统工艺工作站自2017年建站以来，大理、剑川、鹤庆三个基地直接带动周围农村近万人就业脱贫，已累计创造了8300多万元产值。基地还与残联和人社部门积极合作，面向残疾人群体、边疆少数民族群体展开对口帮扶，邀请代表性传承人授课，对他们进行培训，帮助他们掌握一技之长。

三、传统工艺传承人群培训效果明显

大理州传统工艺项目保护单位及相关传承人培训开办了形式多样的讲堂，在技术改良、文创设计等方面取得了显著成效，为大理传统工艺的振兴起到了引领示范作用。依托大理大学、滇西应用技术大学等大理州内和中央美术学院、云南大学、云南民族大学、云南艺术学院等省内外高校，以及大理州文化生态保护实验区综合传习中心、传习所等非物质文化遗产培训基地和大理传统工艺工作站，组织传统工艺持有者、从业者等传承人群参加研修、研习和培训，提高其学习能力、文化素养、审美水平和创新意识，增强传承后劲。近三年来，大理州举办传统工艺类非遗项目培训98次，参加培训人数近6000人；出版有关传统工艺研究和实践成果的书籍8本；组织优秀传承人、工艺师及设计、管理人员举办“传承人对话”，到传统工艺项目所在地开展巡回讲习活动 43 次。

四、搭建传统工艺品展示平台，扩大销售渠道

大理州为提高传统工艺品知名度，进一步打造品牌，组织举办了“大理剑川木雕艺术博览会暨剑川木雕文化节‘手工剑川，走进生活’旅游品创意大赛”，“剑川名匠”评选，“剑川剑湖论坛”，“千锤铸辉熠，百炼承匠心——国家级非物质文化遗产鹤庆银器锻制技艺精品展”，参加了“成都国际非物质文化遗产节”“创意云南文化产业博览会”等国内外展会 40 余次，进一步提高大理州传统工艺项目产品在国内外的知名度。通过展览、论坛、艺术家驻地等系列活动，为大理州搭建国际化平台，促进传统工艺文化交流，激发传统工艺当代性思考与复兴。“李小白”是鹤庆较早建立公司官网和互联网销售的公司。通过互联网，大理州手工纯银茶器远销美国、加拿大、澳大利亚等国家，在全球手工制作银壶行业占有一席之地。

五、“非遗 + 旅游”模式带动地方绿色经济发展

白族扎染、剑川木雕、鹤庆银器、甲马、布扎、剪纸、刺绣、泥塑等民间特色文化资源在各县市已形成规模化的文化产业，这些特色文化产业多数分布在大理州各乡镇，是乡村群众世代相传的传统手艺，在过去是自给自足的生活必需品，如扎染桌布、木雕门窗、铜火盆、香包、花盆、围裙等。随着时代发展和全民生活水平的提高，“旅游 + 非遗”已成为消费市场热点。大理州的传统技艺类非遗承担起新的社会功能，基于自然和文化资源的综合魅力，这些手工制品逐渐发展为特色旅游和文化商品，进而形成产业，从业人群和购买人群都在不断扩大。如今大理州的很多乡镇都形成了“一镇一品”“一村一品”的新形态，村民们在家门口实现了就业，增加了收入。

第十四章　结论与思考

实施乡村振兴战略是以习近平同志为核心的党中央深刻剖析新时代我国社会主要矛盾，对“三农”工作做出的重大决策部署，是实现“两个一百年”伟大奋斗目标的历史重任。发展特色文化产业是乡村振兴战略的重要内容。璀璨的少数民族文化是西部民族地区最具比较优势的资源，加快发展民族特色文化产业发展，是实现乡村振兴的重要途径。本文以乡村振兴战略为背景，以大理白族特色文化产业为研究对象，综合运用民族学、民族经济学、区域经济学、产业经济学、文化人类学等多学科理论知识与方法，深入研究了白族特色文化产业的理论界定、特色内涵、发展现状与问题、发展条件以及“内涵式”发展的基本框架，得出了一系列观点与结论，但也存在研究不足，需要进一步改进和深入研究。本书试图从文化作用于经济发展的机理出发，对大理白族传统文化作用于当地经济发展的机理进行了一些尝试探索，以期为研究中国少数民族文化对经济发展的影响起到抛砖引玉的作用。但因为研究主体的范围过于宽泛，所以本书的论述比较肤浅，且每部分内容的选取尚存在不当之处，尚需进一步的补充与完善。

一、主要研究结论

民族文化代表着某一区域文化的特色，是当地经济发展的重要影响力量，本书从文化对经济的作用机理出发进行研究，主要得出了以下两个层面的结论：

（一）在白族地区经济可持续发展的文化动力机制方面

（1）少数民族地区的经济现代化需要发挥其内生动力的作用，因此对少数民族文化因素的挖掘为民族地区找寻契合其区域发展属性的路径与动能提供了条件。

（2）文化对经济发展的作用机制主要分为物质层面、制度层面和精神层面的分层次作用机理。物质文化为经济发展提供产业动能，通过物质文化的产业化开发为当地经济发展提供经济发展的方向与动力，这是文化对经济发展的直接作用机理；通过制度层面，特别是非正式制度作用于少数民族内心，以无形的规范影响人们的生产实践，减少市场教育与运行的成本；通过精神层面的支撑，进一步完善其制度层面对人的规范意识的养成，促进市场秩序的完善与持续经济观念的养成。

（3）大理白族文化作为传统文化的重要组成部分，其不可避免地面临着现代性的消逝，并因其自身所具有的保守性与文化惯性而存在与经济发展的不相适应性，这些传统因素的存在束缚了市场经济发育，并导致区域经济创新性不足和经济增长缓慢的难题，如何突破这一困境是大理白族文化实现现代化转型与延续的重点。

（4）促进大理白族文化的嬗变，破除阻碍大理白族经济发展的思想桎梏是推动大理白族文化发挥经济推动力的关键，促进大理白族传统小农意识向开放式经济发展观念转变，由经验思维向理性思维转变是实现大理白族文化发挥持续动力的重要环节。

（5）在大理白族转变的具体实施路径上，通过教育方式引入现代文化教育观念，更新大理白族文化观念中落后的成分，树立符合当前市场经济发展的道德观念；另外，积极与其他文化进行交流，吸收借鉴其他优秀文化的成分，丰富白族文化的内涵也是大理白族现代化转型的路径。笔者认为，最为关键的路径还是大理白族应借助现代化媒介技术，在对自身文化内涵进行深入挖掘的基础上，将自身文化进行知识化转型，满足现代人精神需要的同时，实现自身文化开发过程中的知识型经济转化，这既促进了文化经济的发展，同时也保留了自身文化的精髓，实现了文化的传续。

（二）在白族特色文化产业发展层面

本书以白族特色文化产业为研究对象，以大理白族自治州为研究视域，在多学科交叉与跨越的基础上，对民族特色文化产业的内涵进行了科学界定，并对乡村振兴战略下白族特色文化产业的发展进行了系统性的理论研究和现实分析。经过研究，得出了一些观点结论：

1. 白族特色文化产业的“特色”根源于白族文化资源

白族特色文化产业是特色文化产业的一个特定分支，特指以白族原生态文化遗产资源为核心投入要素，借助创意劳动转化和现代传播手段，通过市场机制向社会公众提供在文化内涵、精神内容、外在样式、工艺类型、审美情趣、价值用途等方面带有鲜明白族特点文化体验的各种文化产品生产和服务活动的集合。白族特色文化产业中的“特”根源于白族特有的原生态文化遗产资源的特色，具有独一无二性和不可复制性。虽然经过创意劳动的转化，将白族文化资源转化为各种形式的文化产品和服务，但是创意劳动只是改变了白族文化资源的外在形态，白族文化资源的价值内涵却被巧妙地转移到文化产品当中，给消费者带来与众不同的文化体验。白族特色文化产业的“特”主要体现在五个方面：文化内涵的包容性、文化体验的和谐性、文化历史的久远性、产业类型的多样性、多类资源的融合性。

2. 白族特色文化产业折射出丰富的民族经济学内涵

白族特色文化产业研究主要涉及民族学、文化人类学和经济学等学科，其研究逻辑非常契合民族经济学研究范式和特点。从民族经济学的分析逻辑看，白族特色文化产业折射出以下客观规律：一是白族特色文化产业体现了民族因素与经济因素之间的辩证关系。二是白族特色文化产业揭示了传统文化对白族经济发展的积极作用。三是白族特色文化产业阐释了比较优势理论在白族地区的应用方式。四是白族特色文化产业诠释了差异化战略对少数民族地区经济发展的价值与启发。五是白族特色文化产业折射出“文化需求偏好理论”在当今时代下的新特征。白族特色文化产业通过差异化思维而创造新需求，向社会公众提供差异化的文化产品，能够为白族经济发展提供一条高效、集约且具有多重价值的“内涵式”发展思路，对丰富民族经济研究也具有显著的理论价值。

3. 文化要素论下大理白族特色文化资源具有卓越禀赋

文化要素是文化资源的转化形态，是通过产业化方式对文化资源进行开发利用，在文化产品或服务生产过程中进行投入以保证生产过程正常运行的不可替代的关键性条件。文化要素借助创意劳动将其内涵价值转移至文化产品或服务中。本书对大理白族特色文化资源禀赋的分析，以民族经济学为研究范式，在注重对其进行民族学分析的基础上，深入分析其产业化发展价值和要素投入方向。本书以最大化体现民族文化资源的价值内涵和最合理的产业化开发利用方式为原则和出发点，以文化要素在参与文化生产过程中的投入方向、使用方式为基本划分依据，将白族特色文化资源划分为五大类：无形性精神信仰与价值观念类、影视性民族文学与史诗故事类、会展性民俗节日与礼仪工艺类、演艺性民族戏曲与民歌舞蹈类、旅游性遗址建筑与风俗衍生类。本书借助波士顿矩阵的基本原理，依据价值增长率和要素比重率两个维度指标，对白族文化资源禀赋结构进行剖析，分析结果表明，大理白族特色文化资源具有出色的要素禀赋结构，不但文化类别齐全，而且民族特色突出、文化内涵丰富，具有发展民族特色文化产业的优良基础。

4. 发展模式粗放是大理白族特色文化产业发展中的主要问题

大理州的白族特色文化产业整体还处于效率不高的粗放型发展模式阶段，还没有实现集约化、精细化、高端化的内涵式科学发展。其问题主要表现在三个方面：一是对特色文化产业的内在规律认识不够到位，发展理念较为滞后。由于白族特色文化产业在大理州国民经济中所占的份额非常小，对推进全州经济结构优化调整的作用发挥不明显，导致州内各级政府对民族特色文化产业发展的重要性认识不足，没有把加快发展民族特色文化产业以提升区域文化软实力作为落实“创新驱动”战略和促进大理经济转型升级的有效途径，缺少科学系统的发展思路和扶持政策。二是缺乏白族特色文化产业发展规划和行业标准，经营管理方式粗放，产业价值链条不完善。大理很多白族乡村地区直接将白族特色文化资源或文化产品视为特色文化产业，在认识上存在“误区”，不重视产业链条打造，白族特色文化产业的市场化运行机制较为薄弱。三是州内现有白族特色文化企业大多是由家族企业或乡村的家庭式小作坊发展而来，仍然沿袭着手工业家族经营方式，管理方式粗放低效，很多白族特色文化产品存在粗制滥造问题，缺乏行业规范标准，各乡村地区白族文化产品存在同质化问题。

5.“内涵式”高质量发展模式是白族特色文化产业转型之路

与特色文化产业粗放型发展模式相区别，“内涵式”发展模式侧重于针对特色文化资源要素的特质，注重特色文化资源在投入生产过程中的内在转化机理，通过优化特色文化资源要素的转化效率和配置结构来实现特色文化产业高效率内涵式增长。内涵式发展模式，是白族特色文化产业高质量发展的内在要求，是实现白族特色文化产业转型发展和可持续发展的必然选择。白族特色文化产业的创新和转型发展必须坚持内涵式发展模式，做到民族传统文化传承和乡村经济社会发展目标的双赢。要在乡村振兴战略背景下实现白族特色文化产业的内涵式发展，必须坚持以下基本思路：一是保持白族传统文化的内涵价值，对白族乡村特色文化进行科学评估；二是把握现代审美需求与时尚取向，将白族特色文化内涵与之有机结合；三是变要素驱动为创意驱动，实现白族文化资源高效转化；四是以要素融合促进产业融合，丰富白族特色文化产业形态。白族特色文化产业的内涵式发展模式，核心在于坚持创意驱动，以创意和科技来实现白族特色文化资源的高效转化，在保持白族传统文化内涵价值的同时，实现与现代居民文化需求结构的对接。这种发展模式并不是将白族特色文化产业局限于某种狭隘的发展思路和路径上，而是倡导将白族传统文化融入乡村振兴的各个环节，尤其是重视白族传统文化与乡村各种资源要素之间的相互融合，通过产业融合发展实现乡村经济发展方式的转变。

二、研究展望

本书所选课题是一个跨越了经济学、文化人类学、民族学等多学科的理论研究，需要扎实的理论基础和丰富的民族经验，才能取得预期的效果。但鉴于笔者的知识背景与素养的缺陷，不可能一蹴而就地全面吸收、掌握与本书选题相关的全部学科知识与民族知识，因此，随着研究的深入，笔者发现本书写作过程难度之大，工作量之多，系统性之强都是超乎自身想象与能力的。因此囿于笔者理论功底和实践经验的缺乏，本书还有很多需要进一步完善与深入之处。

（一）文化动力机制方面还需进一步进行理论研究

（1）大理白族文化是一个包含着巨大信息的文化资源库。其中包含的文化内容是超出笔者研究想象的，本书所采用的物质、制度与精神三个层次的文化分类并不能完全包含大理白族丰富的文化成果，或者说笔者未能将大理白族文化的全部内容都囊括在这三个部分之中，因此本书所呈现的只是笔者根据自身经验，将大理白族文化与这三部分相关的成分进行关联，难免存在分类的混乱。对白族文化进行更深层次的挖掘与整理分类将是后续研究的一个侧重点。

（2）文化对经济的影响在当前经济学的研究中还属于一个新的领域，而少数民族文化对经济发展的影响更是鲜有人涉足，本书在架构文化对经济影响机理等理论的过程中还存在理论呈现不足，相关概念阐释不清的问题，这也是下一步需要着重开展的工作。

（3）鉴于文化对经济影响机理的研究涉及多学科的背景，概念之庞杂，内容之广泛，加之当前这一方面的研究还尚显不足，这些为进一步研究文化对经济的影响带来诸多困难。

笔者希望借助本书关于大理白族文化对经济的作用的初步研究对探讨我国少数民族文化对经济发展的影响问题起到抛砖引玉的作用。在总结前人成果的同时，笔者也深深感触到，在文化对经济发展日益发挥重要作用的今天，梳理大理白族文化对经济发展的影响具有重要意义。

（二）特色文化产业实践方面还需进一步凝练规律

在研究过程中，本书基本遵循了选题时所确定的研究思路，综合运用了多种学科的理论知识和方法，注重理论研究与实证分析相结合，基本实现了预期目标。但是，受客观因素影响，加之本人研究水平和知识结构也存在局限性，本书显然没有也不可能全面完成这一课题的所有研究，在研究过程中还存在一些疏漏和欠缺。

一是对白族特色文化产业的民族学分析还需要进一步深入研究。本书对白族特色文化产业的理论研究，虽然汲取了目前学界既有研究中的一些经验做法，重视其在民族经济学、产业经济学、区域经济学等学科领域中的理论支撑，尽管有文化人类学的分析视角，但是民族学分析的力度、深度稍显不足。白族特色文化产业概念的科学界定，必须重视民族学理论支撑，只有深刻把握白族文化的民族学内涵，才能精准把握白族特色文化产业这种民族经济形态的“特色”内涵。

二是对白族特色文化资源的系统性梳理还需要进一步细致研究。本书虽然基于文化要素观念，以生产要素投入使用的方式为依据对白族特色文化资源进行了重构，将其分为无形性精神信仰与价值观念类、影视性民族文学与史诗故事类、会展性民俗节日与礼仪工艺类、演艺性民族戏曲与民歌舞蹈类、旅游性遗址建筑与风俗衍生类五个类别，但是白族文化博大精深、内容丰富，且与其他民族之间的文化联系异常紧密。因此，要准确把握白族特色文化资源的边界与内部结构，还需要对其进行系统性梳理。

三是对白族乡村特色文化产业的发展还需要全面深入调查研究。本书通过阅览相关文献资料、产业发展报告、蓝皮书、省州县等各级统计年鉴、统计公报等既有数据以及面板数据，对大理白族特色文化产业的发展情况进行了分析梳理，也通过深入大理州县相关部门、白族乡村地区进行深入访谈、调查等方式获取大量一手资料，对白族特色文化产业的具体发展情况进行了研究。但是，白族乡村分布广泛，且与其他民族共同杂居的村落较多，造成对白族乡村地区特色文化产业的发展概况统计分析不到位，还需进一步进行全面调查研究。

四是对白族特色文化产业与乡村其他产业融合发展还需进行专题研究。本书提出白族特色文化产业在乡村振兴战略下的转型发展要坚持“内涵式”模式，要重视白族乡村地区各产业之间的融合发展，也提出了一些基本思路。但是，针对白族乡村地区的产业发展情况，如何因地制宜地规划白族特色文化产业与乡村第一二产业之间的融合发展路径，特别是白族特色文化产业与农业、旅游业之间的融合发展，还需要进行专题研究。

五是对白族特色文化产业推动乡村振兴机制还需进一步论证设计。本书对大理白族特色文化产业的发展研究就是基于乡村振兴战略背景，探索其“内涵式”发展思路和基本方略。但是，对白族特色文化产业与乡村振兴的互促机制并没有进行深入研究。白族特色文化产业的发展离不开乡村振兴战略的整体推进，而大理乡村振兴战略的深入实施也必须重视白族特色文化产业发展的促进。两者之间的互促机制需要进一步论证设计。

参考文献

[1] E. J. 米香：《经济增长的代价》，任保平等译，机械工业出版社 2011 年版。

[2] 阿马蒂亚·森：《以自由看待发展（中译本）》，中国人民大学出版社 2002 年版。

[3] 白兴发：《少数民族传统文化中的生态意识》，《青海民族学院学报（社会科学版）》2003 年第 3 期。

[4]《白族简史》编写组：《白族简史》，云南人民出版社 1988 年版。

[5] 白族民间图案展览组：《白族民间图案展览简介》，《大理文化》1988 年第 4 期。

[6] 查尔斯·巴斯克：《南诏国与唐代的西南边疆》，林超民译，云南人民出版社 1988 年版。

[7] 陈东博、宋钰红：《谈中国"风水宝地"理想居住模式的生态学意义》，《山西建筑》2009 年第 5 期。

[8] 陈栋生：《区域经济学》，河南人民出版社 1993 年版。

[9] 陈琪：《佛教最早由南路传入中国日本》，《人民日报（海外版）》，1991 年 11 月 28 日。

[10] 陈庆德、郑宇、潘春梅：《民族文化产业论纲》，人民出版社 2014 年版。

[11] 陈少峰、张立波：《文化产业商业模式》，北京大学出版社 2011 年版。

[12] 陈永龄：《民族词典》，上海辞书出版社 1987 年版。

[13] 陈云萍：《"一带一路"倡议下北川羌族特色文化产业发展研究》，《文化产业研究》2019 年第 3 期。

[14] 陈子丹：《民族档案史料编纂学概要》，云南大学出版社 2009 年版。

[15] 程恩富：《文化经济学通论》，上海财经大学出版社 1999 年版。

[16] 程小放、杨宇明、黄莹、王娟：《澜沧江自然保护区周边少数民族传统文化在森林资源保护中的作用》，《北京林业大学学报（社会科学版）》2008 年第 1 期。

[17] 辞海编辑委员会：《辞海》，上海辞书出版社 1979 年版。

[18] 寸云激：《白族的建筑与文化》，云南人民出版社 2011 年版。

[19] 大理白族自治州地方志编纂委员会：《大理白族自治州志：卷二》，云南人民出版社 1998 年版。

[20]《大理白族自治州概况》编写组:《大理白族自治州概况》,云南民族出版社1986年版。

[21] 大理白族自治州规划建设局、大理白族自治州土木建筑学会编:《大理建筑文化论》,云南民族出版社2006年版。

[22] 大理白族自治州水利电力局编:《大理白族自治州水利志》,云南民族出版社1995年版。

[23] 大卫·阿古什:《费孝通传》,董天民译,河南人民出版社2006年版。

[24] 大卫·李嘉图:《政治经济学及赋税原理》,郭大力、王亚南译,译林出版社2014年版。

[25] 戴晶斌:《西藏特色文化产业理论与实践》,上海人民出版社2015年版。

[26] 戴斯·贾丁斯:《环境伦理学》,林官明、杨爱民译,北京大学出版社2002年版。

[27] 戴维·皮尔斯、杰瑞米·沃福德:《世界无末日:经济学·环境与可持续发展》,张世秋等译,中国财政经济出版社1996年版。

[28] 丹增:《论我国西部文化产业的特色发展道路》,《文艺理论与批评》2006年第1期。

[29] 丹增:《文化产业发展论》,人民出版社2005年版。

[30] 道格拉斯·诺斯:《制度、制度变迁与经济绩效》,刘守英译,三联书店1994年版。

[31] 德尼·古莱:《发展伦理学》,高铦等译,社会科学文献出版社2003年版。

[32] 董建辉:《"乡约"不等于"乡规民约"》,《厦门大学学报(哲学社会科学版)》2006年第2期。

[33] 董秀团:《白族民间文学中人与自然关系的解读——以龙的故事为例》,《民族文学研究》2008年第4期。

[34] 董秀团:《白族民居》,云南大学出版社2006年版。

[35] 杜安·P. 舒尔茨、悉尼·埃伦·舒尔茨:《工业与组织心理学:心理学与现代社会的工作》,孟慧、林晓鹏等译,上海人民出版社2014年版。

[36] 恩斯特·卡西尔:《人论》,甘阳译,上海译文出版社2004年版。

[37] 洱源县志编纂委员会:《洱源县志》,云南人民出版社1996年版。

[38] 樊绰:《蛮书》,中国书店1992年版。

[39] 范建华:《中国文化产业通论》,云南人民出版社2013年版。

[40] 范燕华、龙有成:《文化产业发展视域下的羌族舞蹈研究》,《贵州民族研究》2019年第1期。

[41] 方慧:《云南少数民族传统文化与生态环境关系刍议》,《思想战线》1992 年第 5 期。
[42] 费茨杰拉德:《五华楼:关于云南大理民家的研究》,刘晓峰、汪晖译,民族出版社 2006 年版。
[43] 冯天瑜:《中国文化史》,上海人民出版社 2005 年版。
[44] 冯子标:《文化产业运行论》,社会科学文献出版社 2010 年版。
[45] 傅才武:《论文化产业对区域经济社会发展方式转型的作用——以湖北省为例》,《华中师范大学学报(人文社会科学版)》2012 年第 4 期。
[46] 高骈:《回云南牒》,载《全唐文》(卷八〇二),中华书局 1983 年版。
[47] 高万鑫:《对大理民家文化的新解读——读费子智先生的〈五华楼〉》,载赵寅松主编:《白族文化研究 2006》,民族出版社 2006 年版。
[48] 高占祥:《文化力》,北京大学出版社 2007 年版。
[49] 高正蓓:《从"绕三灵"看白族文化》,《中国校外教育》2011 年第 8 期。
[50] 龚天平、李海英:《经济伦理内涵的反思——意识、规范与实践的统一》,《中南财经政法大学学报》2013 年第 1 期。
[51] 龚友德:《白族哲学思想史》,云南人民出版社 1992 年版。
[52] 谷国锋:《区域经济发展的动力系统研究》,东北师范大学出版社 2008 年版。
[53]《固原金堡汤氏家谱》编写组编:《固原金堡汤氏家谱》,宁夏人民出版社 2016 年版。
[54] 顾江:《文化遗产经济学》,南京大学出版社 2009 年版。
[55] 关月婵:《广西少数民族特色文化产业发展研究》,《广西师范学院学报》2020 年第 1 期。
[56] 管彦波:《百余年来的南诏史研究评述》,载《中国民族研究年鉴 2005 年》,民族出版社 2006 年版。
[57] 广东省民族宗教研究院编:《民族宗教 1000 问(民族篇)》,广东人民出版社 2014 年版。
[58] 郭家骥:《生态环境与云南藏族的文化适应》,《民族研究》2003 年第 1 期。
[59] 郭家骥:《生态文化论》,《云南社会科学》2005 年第 6 期。
[60] 郭家骥:《云南少数民族的生态文化与可持续发展》,《云南社会科学》2001 年第 4 期。
[61] 郭家骥:《云南少数民族对生态文化的文化适应类型》,《云南民族大学学报(哲学社会科学版)》2006 年第 2 期。
[62] 郭连锋、胡牧:《大理太邑彝族乡生态文化及其价值》,《民族论坛》2014 年第

11 期。
[63] 郭松年:《大理行记》，中华书局 1985 年版。
[64] 郭新茹:《文化遗产产业化的战略选择与运营模式》,《文化产业研究》2009 年第 1 期。
[65] 杭敏、李唯嘉:《区域特色文化产业发展研究》，社会科学文献出版社 2019 年版。
[66] 郝家龙:《中国城市化与区域可持续发展研究》，新华出版社 2005 年版。
[67] 何琼:《西部民族文化研究》，民族出版社 2004 年版。
[68] 何叔涛:《南诏大理时期的民族共同体与兼收并蓄的白族文化》,《云南民族学院学报》2003 年第 2 期。
[69] 和晓花:《纳西族生态文化的独特价值》,《云南民族大学学报（哲学社会科学版)》2007 年第 3 期。
[70] 贺痴:《论我国现阶段民族经济发展权的若干问题》,《当代经济》2017 年第 2 期。
[71] 赫伯特・马尔库塞:《单向度的人：发达工业社会意识形态研究》，刘继译，上海译文出版社 1989 年版。
[72] 侯文若:《西方人口学理论述评》，湖南人民出版社 1989 年版。
[73] 胡惠林、李康化:《文化经济学》，上海文艺出版社 2003 年版。
[74] 皇甫晓涛:《文化再造：中国文化产业实操》，光明日报出版社 2016 年版。
[75] 黄珺:《云南乡规民约大观》，云南美术出版社 2010 年版。
[76] 黄思铭、余春祥等:《知识经济与高新技术产业》，云南科学技术出版社 1998 年版。
[77] 霍尔巴赫:《自然体系（上卷)》，管士滨译，商务印书馆 1964 年版。
[78] 吉泽五郎:《世界文明的展廊》，吴玲、陈英伟译，吉林文史出版社 2005 年版。
[79] 贾斯廷・奥康纳:《欧洲的文化产业和文化政策》，陈家刚译，社会科学文献出版社 2004 年版。
[80] 贾银忠:《中国少数民族文化产业发展概论》，民族出版社 2012 年版。
[81] 江西省人民代表大会环境与资源保护委员会编:《江西生态 第六卷 生态知识手册》，江西出版集团 2007 年版。
[82] 姜爱:《近 10 年中国少数民族传统生态文化研究述评》,《北方民族大学学报（哲学社会科学版)》2012 年第 4 期。
[83] 蒋高宸:《云南民族住屋文化》，云南大学出版社 1997 年版。

[84] 杰里·D. 穆尔:《人类学家的文化见解》,欧阳敏、邹乔、王晶晶译,商务印书馆 2009 年版。

[85] 金星晔、伏霖、赵文哲:《基于经济观念视角的文化与经济研究——第三届文化与经济论坛综述》,《经济研究》2018 年第 2 期。

[86] 金元浦:《论创意经济》,《福建论坛(人文社会科学版)》2014 年第 2 期。

[87] 卡尔·波兰尼:《巨变当代政治与经济的起源》,黄树民译,社会科学文献出版社 2017 年版。

[88] 康桂芬、张国强、刘娟:《结构调整与区域经济优势培育》,中共中央党校出版社 2002 年版。

[89] 康云海、马建宇:《云南少数民族地区环境友好型传统生产生活方式可持续发展》,中国书籍出版社 2016 年版。

[90] 克里斯托弗·G. 普利:《物理其实很简单》,李贵莲、张卓伟译,上海科学技术文献出版社 2014 年版。

[91] 克利福德·格尔兹:《文化的解释》,纳日碧力戈等译,上海人民出版社 1999 年版。

[92] 孔润年:《伦理学视野中的社会主义核心价值体系建设》,《道德与文明》2012 年第 2 期。

[93] 莱斯特·R. 布朗:《建设一个持续发展的社会》,祝友三译,科学技术文献出版社 1984 版。

[94] 来仪:《西部少数民族文化资源开发走向市场》,民族出版社 2007 年版。

[95] 雷毅:《深层生态学思想研究》,清华大学出版社 2002 年版。

[96] 蕾切尔·卡森:《寂静的春天》,吕瑞兰、李长生译,上海译文出版社 2011 年版。

[97] 李东红:《白族本主崇拜思想刍议》,《云南民族学院学报(哲学社会科学版)》1991 年第 2 期。

[98] 李公哲:《永续发展导论》,台湾中华环境工程学会 1988 年版。

[99] 李靖平:《信息资源管理》,吉林出版集团 2018 年版。

[100] 李澜、张丽君:《论西部地区民族经济发展中的特色经济开发》,《中央民族大学学报(哲学社会科学版)》2001 年第 6 期。

[101] 李立琼:《云南少数民族传统文化及其现代转换》,《边疆经济与文化》2012 年第 1 期。

[102] 李良品、彭福荣、吴冬梅:《论古代西南地区少数民族的生态伦理观念与生态环境》,《黑龙江民族丛刊》2008 年第 3 期。

[103] 李沛新:《文化资本论——关于文化资本运营的理论与实务研究》,博士学位论文,中央民族大学,2006 年。
[104] 李鹏程:《当代西方文化研究新词典》,吉林人民出版社 2003 年版。
[105] 李乾夫:《思想政治教育中的少数民族文化资源研究》,博士学位论文,华中师范大学,2018 年。
[106] 李清源:《对我国传统生态文化现实价值的认识》,《攀登》2007 年第 3 期。
[107] 李戎戎、张锡禄:《白族传统社会和谐思想及其现代价值》,《大理学院学报》2007 年第 3 期。
[108] 李荣高:《云南林业文化碑刻》,德宏民族出版社 2005 年版。
[109] 李树榕、王敬超、刘燕编:《文化资源概论》,东南大学出版社 2014 年版。
[110] 李树榕:《怎样为文化资源分类》,《内蒙古大学艺术学院学报》2014 年第 3 期。
[111] 李学龙:《白族本主崇拜社会功能试析》,《西南民族学院学报(哲学社会科学版)》1992 年第 4 期。
[112] 李中国:《心理学》,北京师范大学出版社 2016 年版。
[113] 李仲生:《欧美人口经济学说史》,世界图书出版公司 2013 年版。
[114] 李缵绪、杨应新:《白族文化大观》,云南民族出版社 1999 年版。
[115] 李缵绪:《白族文化》,吉林教育出版社 1991 年版。
[116] 厉无畏:《创意经济与管理 2017 年》(第 1 卷),东华大学出版社 2017 年版。
[117] 厉无畏:《历史文化资源的开发利用与创意转化》,《学习与探索》2010 年第 4 期。
[118] 廖国强、关磊:《文化·生态文化·民族生态文化》,《云南民族大学学报(哲学社会科学版)》2011 年第 4 期。
[119] 廖国强:《朴素而深邃:南方少数民族生态伦理观探析》,《广西民族学院学报》2006 年第 2 期。
[120] 廖国强:《云南少数民族刀耕火种农业中的生态文化》,《广西民族研究》2001 年第 2 期。
[121] 廖国强:《中国少数民族生态观对可持续发展的借鉴和启示》,《云南民族大学学报(哲学社会科学版)》2001 年第 5 期。
[122] 廖国强:《中国少数民族生态文化研究》,云南人民出版社 2006 年版。
[123] 林昌根:《系统学基础》,上海辞书出版社 2005 年版。
[124] 林存文:《文化资源产业转化机制研究——基于 69 个样本城市 11 年的面板数据分析》,博士学位论文,华侨大学,2019 年。

[125] 林惠祥:《中国民族史》，商务印书馆 1998 年版。
[126] 林耀华:《民族学通论》，中央民族大学出版社 1997 年版。
[127] 林移刚:《从乡规民约石刻看历史时期云南民间的环境意识》,《地理研究》2012 年第 8 期。
[128] 刘道超:《白族本主信仰之实质与结构特征探析》,《西南民族大学学报（人文社会科学版）》2009 年第 10 期。
[129] 刘红峰:《资源节约与环境友好型农业科技创新研究》，人民日报出版社 2015 年版。
[130] 刘立云、雷宏振:《产业集群视角下的文化产业与区域经济增长》,《东岳论丛》2012 年第 3 期。
[131] 刘思华:《关于可持续发展与可持续发展经济的几个问题》,《当代财经》1997 年第 6 期。
[132] 刘涛:《论民族文化产业发展中的若干问题》,《中国文化产业评论》2013 年第 2 期。
[133] 刘文刚:《白族文化的新葩》,《大理学院学报》2012 年第 8 期。
[134] 刘易斯:《经济增长理论》，梁小民译，上海三联书店 1990 年版。
[135] 刘玉霞:《晓雪诗歌中白族神话传说的意义》,《云南民族大学学报（哲学社会科学版）》2010 年第 2 期。
[136] 卢进勇、朱希彦:《国际经济合作与投资理论和实务》，中国审计出版社 1997 年版。
[137] 卢曼:《宗教教义与社会演化》，刘锋、李秋零译，中国人民大学出版社 2009 年版。
[138] 卢涛、李玲主编:《文化创意产业基础》，武汉大学出版社 2014 年版，第 7 页。
[139] 栾贵勤:《中国区域经济发展大事典》，吉林人民出版社 2011 年版，第 316 页。
[140] 罗能生、李松龄:《产权理论与制度创新：非正式制度与中国经济改革和发展》，中国财政经济出版社 2002 年版。
[141] 罗素:《西方哲学史（上卷）》，何兆武、李约瑟译，商务印书馆 1963 年版。
[142] 吕拉昌:《文化生态学与民族区域开发》,《地理学与国土研究》1995 年第 4 期。
[143] 吕拉昌:《长江上游地区协调发展的文化生态学思考》,《长江流域资源与环境》1997 年第 1 期。

[144] 吕庆华:《中国创意城市评价》，光明日报出版社 2015 年版。
[145] 马海龙:《京津冀区域治理：协调机制与模式》，东南大学出版社 2014 年版。
[146] 马克·格兰诺维特:《镶嵌：社会网与经济行动》，罗家德译，社会科学文献出版社 2007 年版。
[147] 马克思:《直接生产过程的结果》，田光译，人民出版社 1964 年版。
[148] 马克思:《资本论（第 3 卷）》，郭大力、王亚南译，人民出版社 1975 年版。
[149] 马克斯·霍克海默、特奥多·威·阿多尔诺:《启蒙辩证法（哲学断片）》，洪佩郁、蔺月峰译，重庆出版社 1990 年版。
[150] 马克斯·韦伯:《新教伦理与资本主义精神》，彭强、黄晓京译，陕西师范大学出版社 2002 年版。
[151] 马林:《民族地区可持续发展论》，民族出版社 2006 年版。
[152] 马林诺夫斯基:《文化论》，费孝通译，华夏出版社 2001 年版。
[153] 马歇尔:《经济学原理》，商务印书馆 1981 年版。
[154] 马旭:《少数民族传统文化中现代价值的认识和继承——以神话传说中的生态思想为例》，《中南民族大学学报（人文社会科学版）》2007 年第 3 期。
[155] 马燕敏:《从大理古代碑刻看白族习惯法及其价值》，《赤峰学院学报（汉文哲学社会科学版）》2014 年第 8 期。
[156] 迈克尔·波特:《国家竞争优势》，李明轩、邱如美译，华夏出版社 2002 年版。
[157] 毛艳:《论少数民族地区可持续发展的民族文化生态环境》，《思想战线》1998 年第 11 期。
[158] 梅多斯:《增长的极限》，于树生译，商务印书馆 1984 年版。
[159] 米子川:《文化资源的时间价值评价》，《开发研究》2004 年第 5 期。
[160] 闵文义、戴正、才让加:《民族地区生态文化与社会生态经济系统互动关系研究——对民族地区传统多元宗教生态文化的形成特性的分析及启示》，《湖北民族学院学报（哲学社会科学版）》2005 年第 1 期。
[161] 纳日碧力戈:《民族文化生态与现代化的适应》，载中国民族学会编:《民族学研究（第十辑）》，民族出版社 1991 年版。
[162] 南文渊:《藏族传统文化中协调人与自然关系的几种方式》，《青海民族大学学报（社会科学版）2001 年第 3 期。
[163] 尼古拉·埃尔潘:《消费社会学》，孙沛东译，社会科学文献出版社 2005 年版。
[164] 牛坤:《洱海周边白族居民的传统生态观及其现代价值》，《大理学院学报》

2015 年第 9 期。
[165] 牛淑萍:《文化资源学》, 福建人民出版社 2012 年版。
[166] 牛文元:《持续发展导论》, 科学出版社 1994 年版。
[167] 帕森斯:《社会行动的结构》, 张明德等译, 译林出版社 2003 年版。
[168] 潘怿晗:《民族文化资源价值的生态民族学研究》,《广西社会主义学院学报》2011 年第 3 期。
[169] 彭和平:《制度学概论》, 国家行政学院出版社 2015 年版。
[170] 齐勇锋:《中国文化的根基: 特色文化产业研究 (第 1 辑)》, 光明日报出版社 2014 年版。
[171] 齐勇锋:《中国文化的根基: 特色文化产业研究 (第 2 辑)》, 光明日报出版社 2014 年版。
[172] 齐勇锋:《中国文化的根基: 特色文化产业研究 (第 3 辑)》, 光明日报出版社 2017 年版。
[173] 秦勇:《意义的生产与消费——文化经济学新论》, 首都师范大学出版社 2017 年版。
[174] 仇雪琴、蒋文中:《云南民族文化探源》, 中国社会科学出版社 2006 年版。
[175] 冉红芳:《土家族传统文化中的生态意识探析》,《湖北民族学院学报 (哲学社会科学版)》2005 年第 4 期。
[176] 冉红芳:《土家族生态文化的内涵及其当代调适》,《湖北民族学院学报 (哲学社会科学版)》2007 年第 5 期。
[177] 饶峻姝、李艳萍:《试论白族本主信仰中生态伦理思想的现代价值》,《南方论刊》2014 年第 4 期。
[178] 任保平、蒋万胜:《经济转型、市场秩序与非正式制度安排》,《学术月刊》2006 年第 9 期。
[179] 任剑新:《企业战略联盟研究: 一个新型产业组织的典型分析》, 中国财政经济出版社 2003 年版。
[180] 任重:《社会生态学视阈下的安吉模式》, 中国林业出版社 2013 年版。
[181] 芮佳莉娜·罗马:《以盎格鲁 – 萨克逊方式解读文化产业》, 陈雪莲译, 载《世界文化产业发展前沿报告 (2003~2004)》, 社会科学文献出版社 2004 年版。
[182] 邵明华:《农村特色文化产业发展的山东模式》,《山东社会科学》2020 年第 5 期。
[183] 邵明华:《我国农村特色文化产业生态升级: 基于供给侧的视角》,《深圳大

学学报（人文社会科学版）》2020 年第 4 期。
[184] 邵明华、张友兆：《特色文化产业发展的模式差异和共生逻辑》，《山东大学学报（哲学社会科学版）》2020 年第 4 期。
[185] 申维辰：《评价文化：文化资源评估与文化产业评价研究》，山西教育出版社 2004 年版。
[186] 沈强：《日韩文化产业发展比较研究》，博士学位论文，吉林大学，2010 年。
[187] 施惟达等：《文化与经济：民族文化与产业化发展》，云南大学出版社 2011 年版。
[188] 施维达、段炳昌：《云南民族文化概说》，云南大学出版社 2004 年版。
[189] 施正一：《民族经济学教程》，中央民族大学出版社 2016 年版。
[190] 世界环境与发展委员会：《我们共同的未来》，国家环保局外事办公室译，世界知识出版社 1989 年版。
[191] 世界自然保护同盟等编：《保护地球——可持续性生存战略》，中国环境科学出版社 1992 年版。
[192] 宋仕平：《试论原始宗教的社会功能》，《中南民族大学学报（人文社会科学版）》2005 年第 4 期。
[193] 苏建灵：《云南少数民族传统文化的变异与生态系统》，《云南社会科学》1992 年第 2 期。
[194] 孙抱弘：《现代社会与青年伦理》，学林出版社 2003 年版。
[195] 泰勒：《原始文化：神话、哲学、宗教、语言、艺术和习俗发展之研究》，连树声译，广西师范大学出版社 2005 年版。
[196] 谈国新、钟正：《民族文化资源数字化与产业化开发》，华中师范大学出版社 2012 年版。
[197] 汤晖、黎永泰：《浅析以开发频率为划分标准的文化资源类型》，《中华文化论坛》2010 年第 1 期。
[198] 唐月民：《论文化资源的开发和利用》，《齐鲁艺苑》2005 年第 4 期。
[199] 唐月民：《文化资源学》，山东大学出版社 2014 年版。
[200] 童世骏：《文化软实力》，重庆出版社 2008 年版。
[201] 汪宁生：《大理白族历史和佛教文化》，载《云南大理佛教论文集》，佛光出版社 1991 年版。
[202] 王贝、黄春梅、雷勇：《成都古镇文化资源产业化发展的困境与出路》，《特区经济》2014 年第 11 期。
[203] 王洪涛、丁智才：《民族文化产业发展与特色文化保护互动机制研究》，《文

化产业研究》2014 年第 1 期。

[204] 王佳:《地方性文化与区域特色文化产业发展》,《中国文化产业评论》2013 年第 1 期。

[205] 王建民:《中国民族学史(上卷)》,云南教育出版社 1997 年版。

[206] 王立平、韩广富:《蒙古族传统生态文化价值观的形成及现实意义》,《中央民族大学学报(哲学社会科学版)》2010 年第 5 期。

[207] 王丽华、黄学敏:《新时代边疆民族地区文化产业发展研究——以大理白族自治州为例》,《云南社会主义学院学报》2018 年第 3 期。

[208] 王丽华、严俊华、李盈秀:《云南大理白族传统技艺研究与传承》,安徽科学技术出版社 2017 年版。

[209] 王明东:《彝族生态文化探析》,《云南师范大学学报(哲学社会科学版)》2002 年第 5 期。

[210] 王庆馨、邹沁园:《碰撞与交融:泰国与云南特色文化产业研究》,云南大学出版社 2015 年版。

[211] 王淑娟、张丽兵:《中国民族文化产业化模式的整合与创新》,《学术交流》2014 年第 2 期。

[212] 王文长、孟延燕:《我国西部少数民族地区经济发展态势》,《中央民族学院学报》1987 年第 1 期。

[213] 王文长:《关于民族经济学研究的几个问题》,《民族研究》1999 年第 4 期。

[214] 王文长:《论民族视角的经济发展》,《民族研究》2005 年第 4 期。

[215] 王文长:《民族视角的经济研究》,中国经济出版社 2008 年版。

[216] 王文长:《民族自治地方资源开发、输出与保护的利益补偿机制研究》,《广西民族研究》2003 年第 4 期。

[217] 王文长:《中国经济发展的 B 面:经济发展与民族利益的整合》,民族出版社 1997 年版。

[218] 王晰:《中国传统生态包装在当代的传承与创新》,硕士学位论文,江南大学,2009 年。

[219] 王雪野:《传媒新要素与传媒经济新发展》,《光明日报》,2014 年 4 月 12 日(010)。

[220] 王雅霖:《民族文化产业生态化发展的理论和路径研究》,博士学位论文,兰州大学,2018 年。

[221] 王艳秀:《基于“互联网 +”时代的民族文化产业发展研究》,《云南社会科学》2016 年第 3 期。

[222] 王幼松:《工程项目管理》，华南理工大学出版社 2015 年版。
[223] 王志标:《传统文化资源产业化的路径分析》,《河南大学学报(社会科学版)》2012 年第 2 期。
[224] 王子平、冯百侠等:《资源论》，河北科学技术出版社 2001 年版。
[225] 威廉姆·肖:《马克思的历史理论》，阮仁慧等译，重庆出版社 1989 年版。
[226] 吴承旺:《从自然崇拜到生态意识——浅谈布依族的生存智慧》,《理论与当代》1997 年第 8 期。
[227] 吴良镛:《广义建筑学》，清华大学出版社 1989 年版。
[228] 吴圣刚:《文化资源及其利用》,《山西师范大学学报(社会科学版)》2005 年第 6 期。
[229] 吴棠:《道教在大理的传播和影响》,《民族文化》1985 年第 1 期。
[230] 伍雄武、杨国才:《白族哲学思想史论集》，民族出版社 1992 年版。
[231] 肖雪慧:《中西伦理文化：一种比较研究》,《学术月刊》1994 年第 10 期。
[232] 谢京辉:《品牌经济论：理论思辨与实践解析》，上海人民出版社 2016 年版。
[233] 谢长法:《乡约及其社会教化》,《史学集刊》1996 年第 3 期。
[234] 辛杰:《非正式制度、文化传统与企业社会责任困境的隐性消解》,《商业经济与管理》2014 年第 9 期。
[235] 熊正贤:《乌江流域民族文化资源开发与文化产业发展研究》，博士学位论文，西南民族大学，2013 年。
[236] 熊正贤:《乌江流域特色文化产业创新发展研究》，经济日报出版社 2016 年版。
[237] 熊正贤:《西部地区文化资源的分布特征、利用原则与开发秩序研究》,《西南民族大学学报(人文社科版)》2013 年第 7 期。
[238] 徐发苍:《文化产业的云南特色及其政策研究》,《民族艺术研究》1999 年第 2 期。
[239] 徐嘉瑞:《大理古代文化史》，云南人民出版社 2005 年版。
[240] 徐嘉瑞:《大理古代文化史稿》，中华书局 1978 年版。
[241] 徐晶:《民族文化产业发展的深层驱动》,《理论月刊》2012 年第 12 期。
[242] 徐琳、赵衍荪:《白语简志》，民族出版社 1984 年版。
[243] 徐宁:《白族大本曲的音乐特点与艺术特色研究》,《中国民族博览》2019 年第 16 期。
[244] 徐倩、何风隽:《区域经济学与中国区域经济》，宁夏人民出版社 2004 年版。
[245] 徐万邦、祁庆福:《中国少数民族文化通论》，中央民族大学出版社 1996 年版。

[246] 许苏民:《文化哲学》,上海人民出版社 1990 年版。
[247] 薛琳主:《新编大理风物志》,云南人民出版社 1999 年版。
[248] 亚伯拉罕·马斯洛:《动机与人格》,许金声等译,中国人民大学出版社 2007 年版。
[249] 亚当·斯密:《国民财富的性质和原因的研究》,郭大力、王亚南译,商务印书馆 1974 年版。
[250] 亚历山大·温特:《国际政治的社会理论》,秦亚青译,上海世纪出版社 2000 年版。
[251] 严荔:《文化资源产业化开发的区域实现机制研究》,《四川大学学报(哲学社会科学版)》2013 年第 2 期。
[252] 严艳:《大理白族扎染的传统工艺与图案设计》,《中央民族大学学报(自然科学版)》2017 年第 2 期。
[253] 颜忠军、方美君:《环保你我他:生活中的环境保护》,浙江科学技术出版社 2008 年版。
[254] 晏雄:《丽江民族文化产业集群式发展研究》,经济科学出版社 2015 年版。
[255] 杨国才:《白族传统道德与现代文明》,当代中国出版社 1999 年版。
[256] 杨国才:《白族传统文化的内涵与传承》,《中南民族大学学报(人文社会科学版)》2004 年第 2 期。
[257] 杨海涛:《民间口传文学中的人与自然——西南少数民族生态意识研究》,《民族文学研究》2000 年第 4 期。
[258] 杨堃等:《云南白族的起源和形成论文集》,云南人民出版社 1957 年版。
[259] 杨立红、巴登尼玛:《白族“绕三灵”的教育人类学分析》,《民族教育研究》2012 年第 3 期。
[260] 杨民:《白族文化的思想政治教育价值研究》,博士学位论文,华中师范大学,2014 年。
[261] 杨明:《白族》,《西南民族学院学报》1980 年第 8 期。
[262] 杨明艳:《德昂族宗教信仰中的生态文化探析——以镇康德昂族为例》,《怀化学院学报》2011 年第 10 期。
[263] 杨庆毓:《大理白族传统婚俗文化变迁研究》,中国社会科学出版社,2015 年版。
[264] 杨蕊:《四川省民族地区特色文化产业融合发展》,《商业文化》2020 年第 5 期。
[265] 杨士杰:《论云南少数民族的生产方式与生态保护》,《云南民族大学学报》2006 年第 5 期。
[266] 杨文辉:《白族与白族历史文化研究》,云南大学出版社 2009 年版。

[267] 杨文进:《经济可持续发展论》，中国环境科学出版社 2002 年版。
[268] 杨应新:《方块白文辨析》,《民族语文》1991 年第 5 期。
[269] 杨毓才:《云南各民族经济发展史》，云南民族出版社 1989 年版。
[270] 杨跃雄:《洱海生态改变背景下新溪邑白族村渔获活动及社会结构变迁》,《民族论坛》2014 年第 11 期。
[271] 杨镇圭:《白族文化史》，云南民族出版社 2014 年版。
[272] 杨政业:《白族本主文化》，云南人民出版社 1994 年版。
[273] 杨仲录、张福三、张楠编:《南诏文化论・后记》，云南人民出版社 1991 年版。
[274] 殷海光:《中国文化的展望》，上海三联书店 2002 年版。
[275] 尹绍亭:《一个充满争议的文化生态体系——云南刀耕火种研究》，云南人民出版社 1991 年版。
[276] 尤中:《云南民族史》，云南大学出版社 2001 年版。
[277] 余继平、洪业应:《乌江流域特色文化产业创新发展研究》，经济日报出版社 2016 年第 1 期。
[278] 余谋昌:《人与自然丛书文化新世纪——生态文化的理论阐释》，东北林业大学出版社 1996 年版。
[279] 余谋昌:《文化新世纪：生态文化的理论阐释》，东北林业大学出版社 1996 年版。
[280] 喻双:《湖南县域特色文化产业发展现状探析》,《中国市场》2015 年第 13 期。
[281] 袁少芬:《民族文化与经济互动》，民族出版社 2004 年版。
[282] 云南大理学院民族文化研究所编:《大理民族文化研究论丛（第二辑)》，民族出版社 2006 年版。
[283] 云南省编辑组、《中国少数民族社会历史调查资料丛刊》修订编辑委员会:《白族社会历史调查（三)》，民族出版社 2009 年版。
[284] 云南省设计院、《云南民居》编写组:《云南民居》，中国建筑工业出版社 1986 年版。
[285] 云南省戏剧创作室编:《云南戏曲曲艺概况》，云南人民出版社 1980 年版。
[286] 曾小华:《文化、制度与制度文化》,《中共浙江省委党校学报》2001 年第 2 期。
[287] 詹承绪、张旭:《白族》，民族出版社 1990 年版。
[288] 詹承绪:《中国各民族原始宗教资料集成・白族卷》，中国社会科学出版社 1996 年版。
[289] 詹全友:《南诏大理国文化》，四川人民出版社 2002 年版。
[290] 张成义、李群英:《演变与传承：白族服饰文化解析》,《艺术百家》2016 年

第 2 期。
[291] 张崇礼:《白族传统民居建筑》,云南民族出版社 2005 年版。
[292] 张德寿:《民族文化资源价值再认识》,《云南民族大学学报(哲学社会科学版)》2006 年第 2 期。
[293] 张奋兴:《大理海东风物志》,云南民族出版社 2006 年版。
[294] 张金鹏:《白族文化与现代文明》,《云南民族大学学报(哲学社会科学版)》2009 年第 7 期。
[295] 张丽君、王玉芬等:《民族地区和谐社会建设与边境贸易发展研究》,中国经济出版社 2008 年版。
[296] 张全明:《中国传统生态文化的几个问题》,《生态文化》2003 年第 1 期。
[297] 张泉:《白族建筑艺术》,云南民族出版社 2007 年版。
[298] 张书峰:《浅析云南少数民族生态伦理的现实价值》,《三峡大学学报(人文社会科学版)》2008 年第 S1 期。
[299] 张文勋、施惟达、张胜冰、黄泽:《民族文化学》,中国社会科学出版社 1998 年版。
[300] 张锡禄:《密宗传入云南大理的时间和路线》,《大理师专学报(综合版)》1997 年第 3 期。
[301] 张锡禄:《试论白族婚姻制度的历史演变》,载《南诏与白族文化》,华夏出版社 1992 年版。
[302] 张晓明、胡惠林、章建刚:《2005 年:中国文化产业发展报告》,社会科学文献出版社 2005 年版。
[303] 张旭:《大理白族史探索》,云南人民出版社 1990 年版。
[304] 张佑林:《文化:可持续发展的基础》,经济科学出版社 2014 年版。
[305] 张元鹏:《微观经济学教程》,中国发展出版社 2005 年版。
[306] 张增祺:《云南建筑群》,云南人民出版社 1999 年版。
[307] 章立明、马雪峰、苏敏:《社会文化人类学的中国化与学科化》,知识产权出版社 2014 年版。
[308] 赵怀仁等:《大理上下四千年·前言》,民族出版社 2006 年版。
[309] 赵佳:《中国少数民族文化产业融资支持问题研究》,中央民族大学出版社 2020 年版。
[310] 赵金元、饶清翠、凡丽:《白族文化的包容性及其现实意义》,《中国发展》2009 年第 3 期。
[311] 赵启燕:《白族研究一百年》,云南大学出版社 2011 年版。

[312] 赵润琴:《大理节庆》,云南民族出版社 2016 年版。

[313] 赵文静:《马克思主义的文化理论》,吉林出版集团 2014 年版。

[314] 赵西君、何龙娟、吴殿廷:《统筹区域协调发展的中国模式》,东南大学出版社 2013 年版。

[315] 赵衍荪、徐琳:《白汉词典》,四川民族出版社 1996 年版。

[316] 赵寅松:《白族文化研究 2007》,民族出版社 2007 年版。

[317] 赵寅松:《白族研究百年》(四卷本),民族出版社 2008 年版。

[318] 赵寅松:《构建和谐大理的文化根基:以白族文化基本特色的产生、表现、成因、价值研究为例》,载《科学发展观与民族地区建设实践研究》,中国少数民族哲学及社会思想史学会,2008 年。

[319] 郑欢:《文化创意的产业化路径论》,《上海师范大学学报(哲学社会科学版)》2011 年第 4 期。

[320]《中国大百科全书·民族卷》,中国大百科全书出版社 1986 年版,第 313 页。

[321] 中国科学院民族研究所、云南少数民族社会历史调查组编:《白族简史简志合编》,中国科学院民族研究所 1963 年版。

[322] 中国民族年鉴编辑部编:《中国民族年鉴》,民族出版社 2015 年版。

[323] 周兵:《云南白族民居中蕴涵的生态建筑文化》,《云南农业大学学报(社会科学版)》2014 年第 1 期。

[324] 周静等:《大理白族自治州基层公共文化服务体系建设的现状与对策研究》,《图书馆理论与实践》2019 年第 3 期。

[325] 周明甫、金星华:《中国少数民族文化简论》,民族出版社 2006 年版。

[326] 周玉梅:《中国经济可持续发展研究》,博士学位论文,吉林大学,2005 年。

[327] 周正刚:《论文化资源的可持续开发》,《求索》2004 年第 11 期。

[328] 朱凤琴:《中国传统生态文化思想的现代阐释》,《科学社会主义》2012 年第 5 期。

[329] 朱鹏飞:《生态建筑学》,中国建筑工业出版社 2011 年版。

[330] 朱选功、孙艳红:《河南省经济增长动因与经济发展方式转变研究》,中国经济出版社 2014 年版。

[331] 邹丽娟:《多元文化互动语境下的大理白族传统习俗》,《贵州民族研究》2009 年第 2 期。

[332] Banse G., Nelson G.L., and Parodi O., Sustainable Development–the Cultural Perspective: Concepts–Aspects Examples, Berlin: Edition Sigma, 2011.

[333] Barbier E.B., Economics, Natural Resource Scarcity and Development, London: Earthcan, 1989.

[334] Benjamin W., The Work of Art in the Age of Mechanical Reproduction, London: Penguin Books Ltd, 1968.

[335] Bill H., Mary M., and Geoff O., "Sustainable Development: Mapping Different Approaches", Sustainable Development, Vol.13, No.1, 2005, pp.38–52.

[336] Bourdieu P., The Field of Cultural Production, New York: Columbia University Press, 1993.

[337] Brown H., The Challenge of Man's Future, London: Westview Press, 1984.

[338] Cash D.W., Clark W.C., Alcock F., Dickson N.M., and Eckley N., "Knowledge Systems for Sustainable Development", Proceedings of the National Academy of Sciences, Vol.100, No.14, 2003, pp.8086–8091.

[339] Caves R.E., Creative Industries: Contracts between Art and Commerce, Cambridge and London: Harvard University Press, 2000.

[340] Chaudhur S.K., Culture, Ecology, and Sustainable Development, New Delhi: Mittal Publications, 2006.

[341] Clammer J., "The Concept of Political Economy", Political Economy and Anthropological Economics, 2016.

[342] Daly H.E., "Beyond Growth: The Economics of Sustainable Development", Population and Development Review, Vol.22, No.4, 1996, pp.783–789.

[343] DCMS, Creative Industries Mapping Documents 1998, London: GB Department of Culture, Media, and Sport, 1998.

[344] Filho W.L., "A New Global Partnership: Eradicate Poverty and Transform Economies Through Sustainable Development", International Journal of Sustainability in Higher Education, Vol.15, No.1, 2013, pp.17–18.

[345] Fiske J., Understanding Popular Culture, New York: Routledge, 1996

[346] Folke C., Carpenter S., Elmqvist T., Gunderson L., and Holling C.S., "Resilience and Sustainable Development: Building Adaptive Capacityina World of Transformations", Ambio, Vol.31, No.5, 2002, pp.437–440.

[347] Friedland R., and Robertson A.F., Beyond the Marketplace: Rethinking Economy and Society, New York: Aldine De Gruyter, 1990.

[348] Gladwin T.N., Kennelly J.J., and Krause T.S., "Shifting Paradigms for Sustainable Development: Implications for Management Theory and Research", Academy of Management Review, Vol.20, No.4, 1995, pp.874–907.

[349] Grondona M., Trust: The Social Virtues and the Creation of Prosperity, New

York: Free Press, 1995.

[350] Harrison L. E., Underdevelopment is a State of Mind: The Latin American Case, Cambridge: Harvard Center for International Affairs, 1985.

[351] Howkins J., The Creative Economiy: How People Make Money from Ideas, London: Penguin Global Press, 2004.

[352] Landes D. S., The Wealth and Poverty of Nations, New York: Norton, 1998.

[353] Landry C., The Creative City: A Toolkit for Urban Innovation, New York: Routledge, 1995.

[354] Lélé S.M., "Sustainable Development: A Critical Review", World Development, Vol.19, No.6, 1991, pp.607–621.

[355] McKinley D., and Shepard P., The Subversive Science: Essays Toward an Ecology of Man, Boston: Hutton Mifflin, 1969.

[356] Mishan E. J., The Costs of Economic Growth, London: Staples Press, 1993.

[357] Parsons T., and Shils E., Theories of Society, Volume II, New York: The Free Press of Glencoe, INC.

[358] Plessis A.D., and Rautenbach C., "Legal Perspectiveson the Role of Culturein Sustainable Development", Potchefstroom Electronic Law Journal, Vol.13, No.1, 2010, pp.541–551.

[359] Sachs J., Yang X. K., and Zhang D. S., "Pattern of Trade and Economic Development in a Model of Monopolistic Competition", Review of Development Economics, Wiley Blackwell, Vol.6, No.1, 2002, pp.1–25.

[360] Sklias P., Koutsoukis N.S., and Roukanas S., "Culture, Politics and Economics: Dyna–mics, Mechanisms and Processes for Sustainable Development", Modern Language Review, Vol.108, No.2, 2013, pp.475–503.

[361] Steward J., "Cultural Ecology", in International Encyclopedia of the Social Sciences, Washington D.C.: Smithsonian Institution, 1968.

[362] The United Nations, "Transforming our World: The 2030 Agenda for Sustainable Development", Working Papers, The United Nations, New York, September 25–27, 2015.

[363] Throsby D., "Cultural Capital", Journal of Cultural Economics, Vol.23, No.1, 1999, pp.3–12.

[364] Williams R., Culture and Society 1780–1950, New York: Columbia University Press, 1983.

附录　田野调查和访谈

1. 喜洲镇周城村　董副书记

问：请问白族的扎染起源于什么时候？

答：我们周城村的扎染是（有）一千多年的历史，是祖祖辈辈传承下来的古法扎染，我们的段银开是全国的（国家级）非遗传承人。周城村有 18 家扎染坊，规模比较大的就是璞真扎染厂。

问：璞真扎染厂是什么时候建立的？

答：璞真扎染厂是 1997 年建立的，作为周城的扎染有上千年的历史了。

问：1949 年以前和 1949 年以后扎染的传承有没有差别？

答：有的，1949 年以前全部是古扎染坊，以蜡白为主；现在像段银开、璞真扎染厂就有创意性，按照过去这些黑白画以外，在创新、创意的基础上，有花鸟鱼虫这类的扎法。

问：办厂是改革开放以后的事情？

答：对，改革开放以后，他们就抓住农村发展的契机和社会改革的方向，逐步发展壮大。

问：这个过程有没有政府支持？

答：有，政府在不同时期，不断地来支持这些企业的发展。

问：具体如何进行？

答：有工业的培训，还有璞真博物馆的建设，等于建成博物馆这些都是由政府协助支持。

问：扎染有哪些文化意蕴？或者说白族人为什么要做扎染，有什么意义？刚开始是如何形成的？

答：扎染原来是一个很古老的传承工艺，是一个古法的传承，但是目前市场经济的需求、非遗的传承，段银开他们通过创新，把这些产品做成旅游、销售、工艺品等产品，店铺或网络的销售几大部分。他们用扎染宣传，把周城做成一张“名片”，看到了扎染，就了解到周城，想到周城就想到扎染。

问：扎染和白族文化有什么关系？

答：扎染是生产生活需要的物品，有什么内涵呢？白族人很淳朴，就把手工扎染制品传承下来，当作生活的必需品。

问：扎染产品有哪些类别？

答：原来只是服装，就是白族人自己穿的服装，但是最后发展成为很多的生活用品。根据社会的需求，不断创新、不断做出更多产品，就是现代文化和白族文化的传承（对接）。

问：现在的年轻人接受的新事物很多，也未必会喜欢传统的东西，那会不会对扎染的传承带来一些影响？

答：这个不影响，我们是按照古法的扎染的传承，但是社会需求可以带来经济收入，我们就和社会共同交流，不断增加自己的收入，他们（顾客）需要什么，我们就做什么嘛。

问：扎染和白族的建筑、饮食等这些文化有关联吗？

答：我们的扎染原来是蓝色的，蓝天白云。大理本身环境比较好，原来传承下来的扎染就是青白的，清清白白嘛。他们（游客）来到这边，就好奇我们的扎染是怎么做出来的，我们就把古法的扎染传授给他们，让他们体验，然后他们就拿着自己制作的产品，自己又学到了扎染的做法。了解了扎染之后呢，就了解了周城，了解了白族文化，就带动了其他产业的发展，旅游收入（随之增加）。这既提高了从业者的收入，也全面提高了村民的收入。

问：璞真扎染厂处于何种经济形态？

答：是个体经济，大的个体经济带动了我们整个地区经济的发展。扎染厂就是段银开家的，他们家祖祖辈辈做扎染，我们还有其他祖祖辈辈做扎染的，但是没有做大做强。

问：扎染厂有多少员工？

答：（固定的）员工有四十多人，但是印花、其他扎染的工艺全部是在村民的家里面（进行），他们在农闲的时候扎，是分两块的，销售、染、加工是在家里完成。段老师提供原料，需要什么花型、什么产品就印出来，然后发给村民做扎染的加工，又交回厂里，按照市场需求销售出去。有 6000 多人在家里制作，带动了地方经济发展就从这些方面体现出来了。

问：周城是家家户户都在做扎染吗？

答：没有全部，80% 左右的农户空闲的时候在做，还有我们邻近的村子也学会了，也参与到其中。

问：那么剩余 20% 的村民主要通过什么渠道来获取经济收入呢？

答：参与到旅游业中，餐饮、旅游接待，还有开扎染店铺的，白族服装、工艺品的店铺，丽江都有，都是我们周城人出去经营的。

问：扎染的原料主要是什么？

答：主要是植物，祖祖辈辈都是用板蓝根，板蓝根本来是周城的中药。

问：扎染是否存在环境污染的问题？

答：没有，我们的板蓝根是拿石灰石调剂出来的。过去是像小娃娃生疮，也可以擦一点点，就能治愈，本身板蓝根就是中药。

问：板蓝根是自己种的吗？

答：是的，像段银开他们就种着，自己制作染剂，蓝色的染剂，就没有环境污染的问题。

问：在扎染工艺发展的过程中，有没有存在一些困难？比如资金筹措、人才培养？

答：现在就是土地的问题，其他的我们总共有18家染坊，这些要是有一个共同的区域，划一片区域，这对旅游也好、他们（村民）的收入也好，就起到一个（促进）经济发展的作用。像璞真扎染厂，交通便利，厂子也比较大，其他的为什么没有做大，就是受到土地、厂房的制约。像璞真扎染厂的段老板，他也需要更大的土地，但是现在政策不允许。

问：那有没有什么办法可以解决这一问题？

答：有办法解决，我们作为集体就尽量为他们提供旅游边民服务中心、停车场这些，也申报了项目。我们集体也应该为他们（扎染厂、染坊）服务，他们为村民提供集体经济收入，我们为他们提供好的环境。

问：在璞真扎染厂上班的都是本村村民吗？

答：是的，都是村民，其中还有党员，是中共大理市璞真扎染支部，段树坤是支部书记，成立了非公企业支部。

问：从事扎染加工的人年纪大概有多大？

答：现在古扎染坊传承的，七十多岁的、八十岁以上的有几个。小的，十几岁的娃娃在家里看一下就会扎了，祖祖辈辈传承下来的主要原因就是白族人勤劳嘛。

问：相当于扎染已经变成生活的一部分？

答：现在是（生活的）一部分，曾经在1996年、1997年的时候是生活的大部分，靠扎染维持生活，还有家里面（孩子）读书，学生上学的学费都是由扎染（销售）的费用来维持。

问：现在年轻人还愿意从事扎染行业吗？

答：不是愿不愿意，农闲的时候有一个习惯，农业种植完了或者打工回来都要扎一点，在空闲的时候都扎一点，现在的年轻人非常聪明，大人扎了之后，（看到）

扎出来的效果以后，在市场上也经营扎染的店铺，也知道什么样的产品是最好的。

问：而且年轻人可以通过网络销售？

答：对，网络销售占 20%。

问：像现在年轻人出去打工的特别多，那么周城出去打工的年轻人多吗？

答：除了出去读书的人之外，打工的大部分在本村，他们除了有（扎染）产业，年轻人大部分开店铺，经营扎染产品、白族服装、白族工艺品等。不像其他地方，年轻人都出去打工了，村子里就只有老人和孩子，我们打工就在村里，不用出去就可以扎一点（扎染产品）。

问：那有没有到外地打工的？

答：还是有，但是比例很小。我们有扎染，还有餐饮、白族服装加工、白族旅游产品的加工都在家坊（家里的作坊）。我们现在还有白族服装的刺绣，现在变成人工刺绣的成本比较高，所以机器刺绣也成了一个产业。扎染、刺绣、白族服装都是连在一起的，属于销售的旅游产品。（相当于产业链比较长）对，所以说为什么带动了整体，通过扎染的传承、宣传，为什么她（段银开）是国家级的非遗传承人呢？国家就从这些方面来考虑。

问：周城是一个行政村还是自然村？

答：既是行政村，也是自然村，相当于这个行政村只有一个自然村。我们是白族最大的一个村庄（最大的白族村）。

问：人口有多少？

答：2540 户，10470 人。

问：还有一个问题，刚刚您提到扎染主要是蓝色和白色，而白族建筑也以这两种颜色为主，那是否体现了白族人的什么精神品质？

答：做人嘛，要诚实，要清白，而且大理人非常勤恳、勤快。

问：周城这边的人还是很喜欢做生意吗？尤其是改革开放以后？

答：祖祖辈辈都这样，改革开放以前我们的扎染产品就销售到各个县，像剑川这些，都是由我们来做。周城人为什么喜欢做商业呢？因为我们存在一个矛盾，人多地少的矛盾，每人只占有两分八的（土地）面积，所以要靠商业来维持整体的生活需求。从很早的时候，整个村子的历史，从改革开放前都一直是追求商业化。

问：就是几百年以前，周城的扎染产品就卖到其他地方了？

答：对，而且只有我们周城人能做，像过去最大的企业，现在叫企业，以前成分比较高的地主，都是由扎染起家的。

问：那么周城应该是比较敬重生意人的？

答：对，而且非常好客，对外交流非常发达，特别是祖祖辈辈都非常重视教育。

问：关于扎染，您还有什么要说的吗？

答：关于扎染，我们的想法就和国家的想法一样，就是把扎染打造成一张很好的名片，这张名片，就能增加我们农民的收入，使更多的人增加收入。

问：以及让更多的人了解我们的大理文化？

答：一个是了解，一个是传承，也就是工艺传承、制作方法的传承，现在要让每一个游客都知道扎染的工艺，然后看到扎染就想起周城，到了周城就想起扎染，包括白族的一些文化。

问：刚刚您提到政府还组织工艺培训，具体是怎么运行的呢？

答：这个是由非遗所组织的，传承非遗文化，他们来推广、培养非遗传承人，我们的璞真扎染，一个是要起到商业经营的作用，还要起到工艺传承的作用。

问：培训是免费的吗？

答：是免费的，而且（参与培训的人员）非常好奇，他们制作出来的产品是要参与评奖的，积极性就比较高。

问：税收方面有没有优惠？

答：税收不是优惠，是按照国家税法来收的，一年上缴的税收能达几十万元（整个村的扎染厂加大小作坊总共缴纳的税收），璞真就交十几万元。

问：另外 18 家作坊是自己家人做，还是也雇了人来做？

答：也雇了员工，规模还是比较大的。

问：那大概一家作坊有多少员工？

答：网络上销售比较好的就张汉敏（音译），他家是蓝续染坊，有十几个工人，有好多店铺，喜洲、大理（市区）都有，他家厂房没这么大，但外围做得比他们（璞真扎染厂）还要广，销售做得好。

问：扎染产品有没有出口？

答：1996 年、1997 年，过去我们的扎染都是出口到西欧、日本，现在国内才有各种花型的销售。

问：那现在还有没有出口？

答：也有。

问：大理有很多外国游客，那他们喜欢扎染产品吗？

答：喜欢，再一个是出口的产品都是订做的，像张汉敏家，这么小一点（作坊规模），还有其他家都有出口产品。

问：这边未来还有什么规划吗？

答：我们有规划，规划的主要目的，就是要把扎染和其他的旅游要进行互动，现在扎染已经带动了我们整个村的经济收入，璞真扎染也带动了我们地区的发展。

目前我们就以乡村振兴战略（为契机），（发展）旅游，我们这个村每年的旅游人次基本达到了 30 万人次，所以我们就想把扎染做成周城的一张名片，然后让全村的集体收入上一个台阶。

问：有没有具体一点的计划？

答：有，已经不是计划了，已经做成项目了，就是在他们这个厂前面做成一个旅游服务中心、停车场，已经是准备动工的项目了，要带动我们整个村往旅游这个方向发展。

2. 段银开　国家级非遗传承人

问：请问一下您是从什么时候学会做扎染的？

答：学会的时候八九岁吧。

问：您之前也是一直做扎染吗？

答：一开始的话，小时候在家帮父母做点扎染。

问：刚刚了解到您家的厂是 1997 年开的是吗？

答：对。

问：那开了厂之后，您自己还做吗？

答：一直做，但是有一段时间不想做了，改行了一两年，又返回来做（扎染），就一直做下去了。

问：那方便问一下您改行那一两年是做什么呢？

答：开超市，开小巴（车），（从喜洲）到大理下关的小巴，开饭馆，做过很多事。

问：其实也是有过很多尝试，慢慢摸索，最后瞄准扎染？

答：不是瞄准，当时为了生活，也是比较喜欢扎染，喜欢的话做起来开心一点，压力也小一些，你喜欢的话。

问：做扎染之后，给您家里带来什么样的改变？

答：做扎染之后，我们家里面的生活就是大大小小都有活路干，一开始做的时候收入没有增加，只能（到）吃饱（饭）那一种（状态）。

问：那您现在喜欢您的工作吗？

答：现在的话，很喜欢，因为你做这个的话，停不下来，一天的工作时间什么时候过掉也不知道，假如让你去外面的话，一天过不完（指时间难熬），在家里面的话，时间不够（工作忙碌，时间不够用）。

问：您家孩子会做吗？

答：会，我家孩子大的 25 岁，快 26 岁了。

问：来扎染厂里体验的游客多吗？他们喜不喜欢扎染？

答：多的，也喜欢，说句实在话，来到这里的人，是喜欢（扎染）才来的，能找到我们家的是非常喜欢（扎染）的，因为我们又不挨着旅游景点，从大理古城包车、坐小巴（车）才能到这里。

问：这边离蝴蝶泉也不是很远，那会不会有一些游客是去蝴蝶泉玩，顺便来周城看看扎染？

答：好多来这边的人是喜欢扎染才来的，不是顺带，因为没有人推（荐）嘛，他们就不知道，来的人是自己查到的、朋友介绍的。

问：是不是说宣传存在一些问题？

答：宣传力不够。

问：那您希望之后采取什么样的宣传方法？

答：我们自己的话，现在也没能力，只能游客来了，跟他们讲一下扎染，给他们体验一下，就这样来宣传。

问：那您希不希望政府、电视台来帮忙宣传一下？

答：当然希望了，但是我们目前没有这个实力来做这些事。

问：除了宣传力度不够，在您看来（扎染的发展传承）还存在哪些困难？

答：在我看来，扎染的传承有点困难。

问：具体是什么困难？

答：因为我们这些传承人，老一辈的传承人老龄化了，有些是年纪大了，还有说话（语言）方面，经常讲白语，不会讲普通话，跟游客交流有点困难。我希望就是，我们这里的妇女，多给她们培训一下，扎花、讲话、上课这些，比较必要。

问：那就是说老年人会存在语言方面的困难？

答：语言方面，还有他们年纪大了，干不动了，慢慢地会扎花的人也少了，年纪大了眼睛也看不清楚，年轻人又不想学。

问：那年轻人都去干嘛了呀？

答：现在这两年还好一些，以前的话，政府不重视，传承是很重要的，但你想没有经济来源，谁会去传承这个？一个大学生，可以出去外面打工对不对？为什么要回来做扎染？现在就不一样了，我们建了博物馆以后，还有我们开发新的产品，慢慢吸引到当地人，看见我们从几百块（钱）起家，做到这个样子，可能是有前途的。然后好多大学（生）返回来做（扎染）的也有一两家了，在我们村里面。

问：相当于说中间有一段时间是因为大家觉得做扎染赚不到钱就出去打工，这两年的话是政府又重视，又建了博物馆，您又成为非遗传承人，这个厂子也大了，大家觉得还可以，就又回来做？

答：对，我们不断地跟村里的人培训，我感觉起到很大的作用，让他们（村）来到我们这里，他们在这里待一期的话看不出效果，我们让他们在我们家里面、厂里面做一些（活），跟很多游客来交流，然后他们看到这个前景很好，也可以赚到钱。如果不叫他们来的话，他们都在家里面，也看不见是不是？就是不知道。我们还给他们发工资的，就是来这里培训。这两年的话，我们大理的非遗（所）也帮我们的忙，就是帮我们付一些培训费，以前的话我们自己（出资），然后我们也坚持不下来，然后（现在）政府也非常（重视），帮我们培训一些。我感觉现在国家对我们的这些文化非常重视。

问：白族文化和扎染之间是什么关系呢？比如说体现了我们白族人的一些什么生活习惯、什么精神品质之类的？

答：我觉得我们白族扎染，就我自己的感受啊，非常好，体现了一种妇女的勤劳、智慧，还有你看，她（泛指扎染工人）看到大自然里面的什么（景观），就把它画出来、扎出来，体现在服装上面，我感觉非常好。还有一点是，你看她在家做点扎染，就能看到（照顾到）家，看到（照顾到）小孩，小孩从小就看到他父母这么勤奋地做（扎染），他也会学。因为在我身上我就能感觉得到，我从小就是一直做扎染，没有去哪里去玩，直到现在我也没有老实（经常）玩手机，因为我没有时间去玩，没去研究它（手机）。有些像我爱好（跟我一样爱好）的小朋友，在我这里培训的，很多反馈回来说：我姑娘、我儿子在你那里学扎染，他回去也自己做点手工，可以的，我觉得非常好，他玩手机的时间也少了，不然他以前的话，就玩手机啊，去打游戏啊，玩玩具啊，他现在做点手工，感觉非常好。好多家长，爱好（扎染）的学生，他们回去以后父母给买点小布扎扎，有些就是做点小的工艺品，我感觉非常好。

问：那您刚刚说到，很多人是因为扎染才来到周城，那这些人来周城以后有没有带动其他行业的发展？

答：他们来了周城以后，要在这里吃吃饭、住一晚。你看最起码，他们了解到很多白族文化，不可能说他们来这里仅仅是看扎染，白族的美食、建筑、风俗（都能了解到一些）。你看我们的扎染，以前的话（周城）是一个最美的自然村，说句实话，可能在云南，我大胆地说。我们这里的人都穿民族服饰，在一个小院子里面，（聚集）四五个人，唠叨唠叨，说点话、唱点歌、扎点布，那种是过得非常开心，虽然挣不了多少钱，但是那种日子特别好、特别美。风景特别好，自然的风景，你不要去打造它，（就）特别漂亮。以前他们（村民）在大门前面，一家子一起聊聊天，我感觉非常好，但是现在就慢慢失传了，那些都没有了，因为好多人忙着去打工，家里就只有老人和小孩。我觉得（出去）读书很正常，但是我感觉父母出去，不在家里边，去打工，尤其我觉得我们女人，家里边小孩、老人、丈夫没人照顾，那种感觉很不好，年轻人去打拼是很正常的，对不对？

问：那就是说做扎染的是妇女比较多吗？

答：妇女比较多，男的就是去打工，挣点钱。妇女就在家里面洗洗衣服、做做饭，我感觉以前那种非常好，那种婆媳（关系）特别好，她把家里面也收拾好。以前离婚的几率很小，现在也很多。

问：扎染会产生污水吗？如何处理污水？

答：一开始的话，他们（政府部门）叫我们挖了一个坑，很大的一个坑，他们又上来说不行，又叫我们弄了一个大的处理污水的机器，花了将近 20 多万元。我们产生的污水不是很大，但是我的意思是把它（其他 18 家染坊）整到一（个）片（区），家家的成本也（减少一些）。像我们家花了 20 多万元，其他家承担不起就没弄。

问：那其他家的污水怎么排放呢？

答：排放在我们大的污水池里，假如把它们整合到一块儿，那得多好。我们（现在）分散嘛，每一家都是在自己家里边做。

问：那么政府允许其他家直接把污水排放到大污水池吗？

答：他们过来整（治）了好几次，包括我们家的，他们让从之前挖的坑里排出来，又排到机器里面处理污水，再排到大的污水池里面再一次（处理），（经过）好多次（处理）。以前我们不弄污水的话，一个月的经费差不多是一千多，现在是两千多，耗费很多，我们也愿意。但是我说把它们（其他扎染坊）捆绑在一起的话，弄一台大的（污水处理器），就会更好，就不用一家花二十几万元（处理污水），因为这个也挣不了多少，都是一些手工的东西。不过专家研究过了，这个污染也不严重，他们（专家）来化验我们的水，化验很多次了。

问：那您觉得赚钱和保护环境要怎么选？

答：不好说，因为我跟他们是同行，我的意思就是把它们捆绑在一起，一起做，一起弄台污水处理器是更好的。

问：那您喜欢我们白族的文化吗？比如扎染、建筑、风俗习惯，等等？

答：我很喜欢，因为我感觉我们白族的文化非常好。

问：那您觉得我们白族人和汉族人性格差别大吗？

答：差别很大，我觉得我们白族人性格非常朴实。说实话，比较憨厚。

问：那从外面来玩的那些人的话，很多都是汉族人，那您愿意跟他们做朋友吗？

答：愿意啊，怎么不愿意，只是他们汉族人跟我们生活习惯不一样，他们是在城市里面住久了，这是他们的习惯，不是说他们不好，这只是我们的区别。因为白族人是在农村里面的比较多，生活方式就不一样。我们白族人生活方式非常简单，喜欢干干净净，做什么都是干干净净地做，不管做什么都要清清白白，扎染是青白的，白族的房屋都是青白的，穿的服装也是白色的比较多。

3. 段树坤　省级非遗传承人

问：您会做扎染吗？

答：会，我也是代表性的省级（非遗）传承人。

问：您几岁学会扎染？

答：我们是扎染世家，从小就接触扎染，真正从事扎染（行业）是初中毕业以后，15 岁。从小在这样的环境中，耳濡目染，就像我现在的姑娘，我们也没有刻意地教她，从小生活在我们身边，我们推出来这种企业的方式，她都可以当指导老师，也是通过耳濡目染的方式。

问：那她现在在厂里面帮忙吗？

答：没有，还在读书。

问：您家这个厂是如何建立起来的？

答：这个厂的前身是乡镇企业——周城民族扎染厂，1997 年建立起来的。我们家接手这个厂是在 2008 年，我们把它进行改制，那个时候是在自己老家，也就是璞真扎染坊里边。那为什么把它接手过来？是这个乡镇企业在 2006 年倒闭以后，我们把它改制过来的。

问：扎染对你们的生活做出了哪些贡献？

答：增加了家庭收入，我们从 1999 年就（因为扎染）改变了我们的家庭收入，因为 1999 年世博会，为云南、大理打开了一扇旅游的窗口。最早的话就是通过《五朵金花》的电影，吸引了更多的人（到大理）。旅游发展就是通过 1999 年世博会，吸引了更多外面的人到云南、到大理，然后我们的生活、我们的家庭收入就是从那个时候开始越来越好。

问：您家这个厂对当地村民有何影响？

答：扎染比较特殊，所有的扎花工人都是两三千人以上，从传统来说，就是从以前到现在，一直带动（当地经济发展），一直和白族妇女互动。这个民族扎染厂（指上述提到的已经倒闭的乡镇企业，即周城民族扎染厂）建成以后，就改善了我们周城村的社会生活状况。因为以前大家都知道，在生产队的时候大家是没有收入的，只能凭工分去领相应的收成季节的粮食。有了扎染，每家每户的妇女同志通过自己的劳动，通过自己扎花有个一两块钱的收入，然后就把我们周城村的生活状况改变了。然后在发展过程当中，因为这个社会也在发展嘛，它（扎染工艺）发展也比较快，慢慢地我们这个厂也越做越大，从前都是出口日本的，都是通过进出口公司，每年的出口都在五六百万元，那个时候是非常火的。当时是集体经济，不允许私人作坊做扎染，那个时候我们就是在厂里面打工的打工者，或者从事其他行业。慢慢地随着时代的发展，集体经济就衰退了一段时间，个体经济就出来了，生产销售模式也在与时俱进，都发生了改变，慢慢地乡镇企业就被市场淘汰了。2008 年我就接手了这个厂，这是有原因的，我们从 2003 年、2006 年针对白族扎染创新了很多比较时尚的产品，比较接近泰国、缅甸风格的，因为当时没有互联网，国外的很多理念、时尚的东西很难融入到我们这么偏远的地方。所以我们创新出来的产品推到市场上以后，就受到了北上广的商家、各大旅游景点的欢迎，我们也就通过那么几年，赚到了人生中的第一桶金。刚好这个厂（周城民族扎染厂）就倒闭了，我们把它收购（过来），再进行改制。为什么收购、改制？还有一个更核心的问题困扰着我，虽然我们通过白族扎染、创新，赚到了第一桶金——四百多万元，但是我发现一个更致命的问题就是扎花工人老龄化。这个问题越来越突出，比较严重，然后我跟我老婆（段银开）就在商量，因为我们白族扎染在 2006 年就被评为国家级非物质文化遗产项目，然后我老婆也就相应地成为市级的代表性传承人。

问：插一句，请问您是什么时候被评为省级非遗传承人的？

答：我老婆是 2018 年才被评为国家级代表性传承人，就是白族扎染工艺，因为这个代表性传承人的市级、州级、省级是不一样的。一开始我们是市级的代表性传承人，我们就在探讨一个问题，我们是扎染世家，也通过白族扎染赚到了这么多钱，你怎么办？你用这么多钱干嘛？它（扎染）核心就是扎花，老龄化问题比较突出，我们就想到乡镇企业不是倒闭了嘛，要不要把它改制过来？这里出现了中国白族扎染第一个博物馆，因为当时的想法就是把博物馆建成，即使没人从事扎染、没人扎花，只要这个博物馆在，那我们白族扎染的历史工艺流程就通过这个博物馆去延续、去传承。因为代表性传承人是有义务、有责任去传承这些东西的，所以（哪怕面临）再大的困难，也要把这个厂改制，在里面建一个扎染博物馆。当时我们建这个博物馆的时候，也是降低它的门槛，免费开放，它是以这么一个静态加动态的方式建成的。

问：怎么理解静态加动态的方式？

答：静态就是我们的展板、文字，动态的就是我们的人，作为真实的、在整个工艺流程里面的演绎、工作，包括染色、扎花等，所以说这个就是动态的。

问：您家这个厂里有多少员工？

答：30 多位员工。

问：除了正式员工之外，是不是也有村民参与其中？

答：对，我们是（把原料）送到各家各户的妇女手上，通过计件的方式，我们印好花以后，发到妇女手上（所要完成的）是扎花环节，我们需要的扎花工人在2000人以上，才能完成我们每年扎染的一个需求量，没有把她们纳入到正式的员工当中。因为这个扎染你可能有点不了解，每一个产品、每一件作品都是通过一颗针、一根线，通过千针万线，复杂一点的产品需要五六千（针），简单一点的需要三四千（针）才能扎好。因为从以前到现在，我们周城村每家每户的妇女同志，都形成了一种耳濡目染的方式，你不用刻意地教，大家对于扎花这个环节都会，掌握的这个技艺也比较好，所以说为什么我们周城家家户户有染缸、家家户户有扎染。但其实扎染（的工艺流程）是分开的，不是说每家每户都在做扎染，其实是每家每户的妇女都会做扎花。像这样参与进来的都是不低于2000人，但就是近年来老龄化比较突出，年轻人不愿意参与进来。主要原因就是我们的扎花工人，她们的付出和我们给的收入不成正比，就导致很多年轻人宁愿去外面打工，也不从事扎花。毕竟扎花带来的收入赶不上出去打工能带来这么高的收入。

问：那您认为这个问题要怎么解决？

答：其实很多人问过我这个问题，最简单、最直接的解决办法就是，外面周城不是有18家从事扎染的作坊嘛，那么应该是在政府的引导下，团结起来，无条件地把扎花工人的工资提高，能够跟现在的生活（水平）持平，相应的收入有一个保障，那么就促使我们的中年人也好，年轻人也好，老年人也好，就不需要出去外面打工，在家里面扎扎花，也能够把收入提高。然后通过这种模式，也能便于我们的自然传承。为什么这么说呢？比如你父母每天在家扎花、做扎染，那么你上班也好、上学也好，你每天回来没事做的时候就有可能去帮忙，就不需要我们刻意培训，扎染技艺就（通过）耳濡目染（的方式），（人们）自然就学会了，这就是自然传承的效果，但是它的前提就是我们如何保障，如何团结起来，把我们扎花工人的工资无条件地提高，这也是要通过我们的努力才能完成的。

问：付出和收入不成正比的原因是什么呢？

答：这个怎么说呢？这个问题就比较大了，因为一个扎花工人，他付出一天的劳动力，所能带来的效益就是在30块（钱）到40块（钱），但是现在出去打工，一天至少（能挣）80~100（块钱），从这个环节当中看就不协调，所以就导致了扎花工人老龄化问题比较突出，年轻人不愿意从事。还有一个原因是，扎花必须是慢工才能出细活，一切都是手工（制作），没有相应的收入保障的话，也很枯燥，就导致年轻人宁愿去打工也不愿意从事扎染行业。我们需要的扎花工人是在两三千人，那么这两三千人也没有把扎花当成主要工作，只是把扎花当作没事做的时候、空闲的时候，才帮你去扎扎花，把它当成副业，没有做成主业，就导致我们扎染中的扎花这个环节的周期就比较长了。

问：除了扎花工人的老龄化问题，还存不存在其他的困难？

答：困难很多，比如说，国家都在提倡传统工艺要走进现代生活，如何创造一些符合当代人审美的一些产品，然后我们这些土生土长的手艺人也好、传承人也好，知识层面、设计理念可能是跟不上这个时代的，困惑我们最大的问题就是没法吸引更多的设计师，入驻到我们这个白族扎染技艺当中，没法做出有特点的、具有现代设计理念的一些产品，它的这个面就走得不是很广。因为现代人的审美，一个产品化的拓展，它都是需要和当代的有想法、有理念，知名的一些设计师合作才能出一些好的作品、产品，这样就能导致（促使）我们周城村的白族扎染的名气很大。（当前扎染）在真正的品牌化建设上，欠缺的还是比较多。最起码的，扎染要走向国际，它最重要的平台就是在 T 台上、时装上，那这些大的 T 台、时装，它的设计就必须和当代的知名设计师结合。

问：也有学校在这里设立研究点，那么他们有没有为此做出贡献？

答：有，我们合作的一些文创产品是符合现代人的审美观的。但是要真正地拓展它（扎染）的一个知名度，还是不够。

问：那其他还有什么困难吗？

答：最大的困难就是在保护传承、合理利用当中如何把扎染的文化历史、工艺流程更深层次地挖掘和保护下去，这就是最大的困难。虽然国家提出了文化复兴、传统工艺振兴，但是现代人对于传统文化的理解、尊重程度还是不够，所以就导致我们的传统文化的延续也就受到了一些现代思想的冲击。因为我自己最看重的就是传统工艺的沉淀、文化的沉淀，真正的古老的生产工艺流程的保护传承，因为创新是一种趋势，它也是时代的产物，每一代人的创新理念必须基于传统之上，它才有生命力。

问：为了走上更大的平台，就给扎染中注入现代的元素，那么久而久之，一些传统的东西就会流失了，会不会存在这种问题？

答：这是绝对会的，不是说没有。所以说我们为什么提倡建这个博物馆？博物馆的功能是挖掘、研究、传承、保护；那么就是产业化，就是创新，提高它的附加值，树立它的品牌，提高它的知名度。这两条路，它必须分开走，（但又）同时进行。所以为什么我一直说文化产业的东西要明确地把它分开，文化产业就是注重（经济）效益，我们的文化是产业的一个灵魂，需要去挖掘、去研究它、去创造它、去传承它，它都是通过几代人的努力付出，才能够成就我们优秀的文化。因为大家都知道，五千年的文明历史，像我们国家这么多的传统文化、传统技艺（的传承），它不是靠市场，也不是靠互联网，它都是靠一种信仰，一种理念，一辈子从事一件事，然后真正地做好这个产品，做好这个作品，不回求付出（不图回报），只要求它的质量。

问：您的意思是说，我们更看重扎染的文化意涵，而不是它能带来多少经济收益，但问题是如果不能带来足够多的经济收益，传承就有可能存在困难？

答：对，这都是有矛盾的，所以说在保护传承的同时，又要提升一个产业，这是必然的，市场是要用产品来说话的，那么你来保护传承，是要用文化来说话的。在保护传承的同时，拓展产业化的一些产品，但是你不能单单以产业化的东西来促进文化的传承，只能说，你不能利用文化去赚取商业化的氛围，你要依托文化去拓展一些文化产品的销售渠道，能够真正地在商品销售的同时，让大家在买到你的一件扎染产品的同时，也能真正地了解到扎染的文化，这才是最核心的。不是通过扎染文化去赚取经济收益的提升。

问：刚刚提到文化内涵，那您觉得扎染跟白族文化有什么关联？

答：这个关联就比较大了，因为我们的扎染，按照现代的一些说法，它就是我们的蓝天白云，苍山洱海之间的蓝天白云。我们白族扎染最传统的就是蓝色，用染料染成的，简单来说，我们白族人就是把它变成了一个生活的必需品，所以说扎染和我们的生活是息息相关的。比如说，家里有小孩出生，那么父母就要为他准备一个带有八卦的披肩披在他身上，起到保平安、辟邪的作用。那么平常的话，家里面的一些生活用品，包括桌布、台布、被子这些都是生活必需品，然后准新娘要亲手缝制自己的一些嫁妆，作为出嫁的嫁妆必须是自己亲手缝制的。人到一定年纪的时候，家里要为两位老人准备新的寿衣，男的就是不染色的一身长衫，女的就是扎花头巾等，必须是全新的、板蓝根扎染的，百年以后入棺之前的一身新衣服。所以说就是跟我们的生活是息息相关的。它也就证明了人类的一个灵魂，扎染的一种延续（扎染伴随人们从出生到死亡，在生与死中延续下来）。

问：扎染和白族文化除了生活方面的，还有偏重精神品质方面的关联吗？

答：其实我们这个蓝白对应的精神品质就相当透彻，一个蓝一个白，教育我们要清清白白做人、干干净净做事。

问：扎染和其他行业的关联如何？比如，存不存在扎染和餐饮行业同步发展的规律？

答：这个应该有一点吧，周城只是一个乡村，最基层的一个村，那么很多游客为什么来，来我们周城，来我们大理？其实百分之八十的人就是冲着我们的白族扎染来的。那么它就促进了我们餐饮业，各行各业……还是不够，怎么说呢，应该从我们最基层再到最大的平台，应该全方位地去宣传。因为我们大理最缺的不是传统文化，最缺的是宣传的力度。

问：那么来大理玩的游客当中，是云南人多一点还是其他省份多一点？

答：外省人占百分之八十（概数），云南人百分之二三十，为什么这么说呢？

云南人本身离得比较近，随时都可以来。所以我们吸引了很多旅行社，自然地来购买体验我们的产品，不让游客花一分钱，所有的费用都是由旅行社、导游来买单，他们（游客）就免费地参观我们的博物馆，由指导老师教他们把自己的作品扎完，最后这个作品是属于游客自己的，相当于璞真扎染厂和旅行社合作。

问：大理其他地方的人对扎染了解得多吗？

答：非遗进社区，非遗进学校，通过政府出台的这些政策以后呢，其实我们当地人了解扎染的还是很多，大家对于扎染都是比较了解的，它已经是大理的一个符号了。

问：那您有下一步的规划吗？

答：有，因为我已经把倒闭的老厂收购过来了，（占地）有 12 亩 6，那么我想在这 12 亩 6 当中建一个扎染园区，真正地把大理的所有的非遗项目通过我们璞真扎染的这种模式，把它们整合，服务于现在的旅游文化，促进我们整个传统技艺的拓展。因为大理大家都知道，有很多非遗项目，有很多传统工艺，在我们民族工艺品这块也比较丰富。那么我想通过这么一个平台，把我们大理的非遗项目和大理的民族工艺品，能够用这么一种模式，把它推销出去。

4. 大理博物馆　杨恒灿

杨恒灿，男，白族，1942 年生于云南大理剑川；1961 年中等学校毕业应征入伍，1980 年转到地方工作，先后在大理市委宣传部、大理市文化局、大理市档案局等部门工作；在工作期间兼任“大理市白族文化研究所”所长，主编出版了《大理白族文化研究丛书》等。

问：本主崇拜对我们的生产生活有哪些影响？

答：本主在我们白族当中是非常有影响力的一种民俗，但不是宗教，宗教要有教规教义，我们没有本主教规教义。曾经有人提议把我们的本主列入宗教，但是我们国家没有承认过白族本主是属于宗教系列，所以我们现在只能说我们的本主是白族民间的民俗，属于民俗文化，不能归入宗教。它在我们的生产生活当中是很有影响的，几千年不衰，从唐代开始就开始出现了本主（崇拜）现象，之后唐宋元明清，到民国剑川的杨益谦[①]。历朝历代白族人对本主崇拜千年不衰，本主对我们白

---

① 剑川县东岭乡营头村本主。杨益谦是剑川莹头村人（1882—1941），他母亲生下他后守寡到老，家中很贫穷，全靠母亲搓绳子、打草鞋供儿子读书。杨益谦陆军讲武堂毕业，参加“鑫海革命”，历任排长、营长，护国军第二军司令副官，四省联军第三军军长，靖国军第一军总司令，抗日时期仁楚大师管区司令，中将军衔。他一生治军严格，好读书。1940 年剑川发生饥荒，他电请省府开仓赈济，调拨部分从安南（越南）购进大米平价售给百姓。解除百姓饥荒，百姓怀念他的功德，为他建庙塑金身，尊奉为村本主。参见：杨恒灿：《白族本主》，云南出版集团公司 2010 年版，第 296 页。

族人是起到一定作用的，没有起作用的话人们就把他忘记了，所以在我们的生活当中是有一定影响的，特别是教育后代，本主在这方面是很有现实意义的。有的村子里，娃娃不听话，大人就把他领到本主庙，讲给他本主故事：这个本主，为什么能够作为我们的本主？他做了哪些好事？你应该向他学习，如果你不向他学习，他是会惩罚你的。大人就是这么吓唬自己的孩子，就是教育他向本主学习，所以本主在我们白族群众的生活当中，起到了一定的教育作用。永久不衰就是这个原因，有很多故事，本主做好事的，大黑天神（的故事）——玉皇大帝说白族人懒，男不耕女不织，他们就好吃懒做，叫大黑天神拿包（毒）药毒死这些白族人，但是大黑天神下来以后看到男耕女织，白族人很勤劳，说玉皇大帝只是瞎说，他就直接把药吃下去，把自己毒死，救了白族人。这样的故事有很多，本主在白族人心中是有一定地位的。

问：那么白族文化和其他文化有没有冲突？

答：没有冲突，白族文化吸收了其他各方的文化，不断地将其他文化融合在自己的文化当中，学习外人的文化，对丰富自己的文化有好处，所以没有冲突。

问：您刚刚提到本主崇拜做的最好的是喜洲，喜洲商业发展也很好，那么您认为白族文化和商业发展之间有没有关系？

答：有，白族人做生意必须要拜本主，出去之前一是要平安地出去、平安地回来，第二就是要拜本主，要本主保佑他赚更多的钱回来。喜洲商帮去到哪里都要拜本主，拜了本主他们才上路，回来还要拜本主，这是很突出的。其他地方，白族人要上路的，出去也会、读书也好、做生意也好，都要拜了本主才走，回来以后也要拜本主，本主保佑他赚了很多钱，有这个意思。

罗：包括像现在大年初一烧头香的，大部分是做生意的。

答：对了嘛，去将军洞烧香的大部分是为了求财、求平安，拜本主就是为了求财求平安。白族人为什么拜本主？就是认为本主就是他的保护人（神），能庇护他。

问：像佛教、道家是要让人们远离世俗，去清修，但是本主完全不一样，是追求世俗生活。

答：本主是比较贴近生活的，和人都是相通的，很平和。它（本主）不是，人和神是相通的，我有什么情况可以和本主说说，请本主保佑我、庇护我，我们家牲畜养得更好，人过得更好，主要就这些。

问：那么白族文化，就是不仅限于本主，对我们大理的发展发挥着什么作用，是促进还是制约发展？

答：白族文化当中，本主文化对我们白族人的生活各方面起到促进的作用，不是制约。为什么呢？因为白族本主文化是包容性的、开放性的，可以接受外来的文化，和本主文化融合在一起，推动社会生产发展。本主故事当中说去外面学习，学回来以后帮助我们生产，养好牲畜之类的故事也不少。所以说是推动，不是制约作用。

问：现在市场化、信息化，特别是年轻人接触的信息都很多，这种情况会不会对我们白族文化的传承带来一定的冲击？

答：不会，不会冲击，因为是互相促进的，只是会促进，不会有冲击，不会有抵触的关系。

问：本主文化是我们白族的文化，那您认为白族文化和中华文化之间是什么关系？

答：我们白族文化是中华文化重要的一个方面，它和中华民族的文化没有什么冲突，是一致的，所以是没有什么（负面）影响。

【中间介绍书】

答：书中序言写“作为白族唯一的宗教信仰”，这个不对，它不是宗教信仰，后来经过多少专家学者的了解，确定不是宗教。释迦牟尼是佛教，张天师是道教，孔子是儒教，这些（宗教的“主”）是具体的一个人。现在有人说释迦牟尼是我们剑川的，他是昆仑人，印度也有学者说释迦牟尼不是印度人，是纯粹的黄种东方人，是昆仑人，就在老君山、苍山一带。现在剑川沙溪为什么有太子游园图？太子就是释迦牟尼，他的图为什么在那里？再一个就是释迦牟尼的父母，为什么在剑川出现？寺登街正月十五拉大佛，就是拉释迦牟尼他母亲。剑川那一带都有释迦牟尼他母亲的形象出现和太子的形象出现，为什么全国都没有，唯独剑川有呢？尼泊尔的一些学者也说释迦牟尼不是尼泊尔人，就是纯粹的东方黄种人，是昆仑人。学者通过考古考证，他（释迦牟尼）不是尼泊尔人，也不是印度人，是昆仑人，昆仑在哪里？就是在我们这些地方，老君山、苍山、哀牢山就是古昆仑。所以说本主和佛教的区别主要是，本主是有很多人，可以崇拜很多人，没有固定的组织，可以把你作为本主，也可以选他作为本主，也可以选凳子作为本主，也可以是树作为本主。但是佛教不行，佛教就只有释迦牟尼，道教就是张天师，之外就没有第二个，儒家除了孔子以外就没有其他人了，伊斯兰教、天主教、基督教都只是崇拜一个，但是本主（民俗）可以崇拜很多人，几百上千人，所以说本主崇拜不是宗教。再一个是宗教有教规教义，固定的教规，固定的教义；但是本主神是谁？没有嘛！本主是谁创世？也没有嘛，老百姓创世，老百姓说哪个是本主哪个就是。

问：文昌宫里雕塑的文昌星君、孔子属不属于本主崇拜？

答：不属于，文昌不是本主，孔子也不属于本主，孔子是儒家，文昌是道家。白族人把观音作为本主（这种现象）是有，佛教里面的大黑天神，白族人也把他拜为本主，因为他为白族人做了好事，所以就把他作为本主，大黑天神作为本主在白族人当中是非常普遍的，三头六臂，塑在本主庙。他是佛教的护法神，因为他救了白族人，救了老百姓，为老百姓做了好事，其他七位护法神就没有被拜为本主。

问：本主跟佛教、道教有区别，但是很多时候白族群众在供奉本主的时候，同时也在拜佛教，古生的本主节还要放生。这两者为什么交融在一起？

答：放生和本主没有什么联系，放生是有个放生节，和本主节放在一起也可以，但是放生和本主之间没有具体的联系，你看老百姓，海边的都有放生节，装几条泥鳅放掉，海边的老百姓都有这种习惯，专门有一个节日，和本主节没什么关系。只是说今天刚好请本主，也就顺便去放生，就是这样的关系。还有其他的像寺庙里的塑像，其他教的弥勒佛，什么佛这些都不要把他划在本主的范围，本主（一个地方）就只有一个。

问：可不可以这样说，就是白族人除了信本主，还有信佛教、信道教、信儒教等的都有？

答：都有，这个看个人喜欢，像我喜欢信道教我就信道教，看个人的喜欢和愿望。但是信道教的人不信本主，信佛教的人不信本主，但是信本主的人可以信道教，也可以信佛教。白族人是见庙就烧香，见佛就磕头，不问这个菩萨是哪个菩萨，这个塑像是什么塑像，见塑像就磕头了，多（元）崇拜的一个民族。

5. 古生村　杨练

问：请问白族本主崇拜对我们的日常生活有哪些要求？

答：本主本身来讲是神，人们对神的崇拜，特别是老一辈的人，对本主是相当（相信的），经商也好、出门去哪里也好，都要去拜一下本主，点点香、磕磕头，就是说要本主保佑出门这个人平安出门、平安回家。

问：也就是说本主崇拜不反对挣钱？

答：不反对。

问：本主崇拜在当下的传承情况如何？

答：现在也是跟以前一样，家里办什么事，红事、白事，还有什么上梁、盖房子这些都要去本主那里烧香，就是说要本主保佑这一家人、保护这一家人进出平安。

问：本主崇拜对人有没有具体的要求，比如崇拜本主你就要怎么怎么样？

答：这个倒是没有，社会上的人们就是一个看一个，你家这样做，我家也这样做。比如每一年的本主节，村民就每一家每一户基本上百分之五六十去本主庙做顿饭吃，把香、干果、水果、菜这些摆好敬本主，就是说（敬告本主）我们这一年平平安安过来了，下一年也要我们平安，大概这个意思。

问：本主崇拜对经商有没有要求？

答：也没有，经商的每一个村都有，比如说我们村子有一些年轻的（人），他们每一次回来，经商拉回来什么东西，拉回来卖给人家，每一次回来以后要去本主庙磕磕头、烧烧香，还是很崇拜的。

问：经济发展和本主崇拜有没有关系？

答：有是有的，还是相关的，一个人了嘛，一个人崇拜本主，磕头烧香，目的也就是要多赚钱。

问：本主崇拜里边有没有关于环境保护的叙述？

答：以前好像没有提，现在来讲就是人们的思想素质提高了，白族人崇拜本主，第一就是等于说是崇拜本主这个人，第二就是（促进）家里面的经济发展，再一个卫生这方面，也要越来越讲究。环境、生态这些，以前我们这儿是光秃秃的一个村，只有几棵老树，但现在树木多了，天井里面栽花、种树，所以说对环境、生态比较重视了，每一家每一户（都这样）。

问：不仅限于本主崇拜，白族文化跟经济发展有没有关系？

答：有的，本主以外，还有财神、财神老爷、金太娘娘、如来，这些佛像也有。崇拜本主以外，这些也拜的，就是本主为第一，其他这些佛像在本主后面，还是崇拜的。

问：有人说本主崇拜是佛道儒三教合一，您认为这种看法对吗？

答：对的。

问：白族文化最重要的特征是什么？

答：白族（人口）在我们国家来说也比较少，是一个少数民族，说的每一句话都带有汉话，汉话带了百分之一二十，我们说的白话不标准，最标准的白话是剑川，因为我们比其他地方这些白族夹杂着更多汉话。

问：就是说白族文化吸收了很多汉文化？

答：对对，吸收了很多汉文化。

问：那么白族文化和其他文化的差别主要在哪里？

答：从汉话来说，每一个会说白话的人，都会说汉话，跟其他民族语言就不通了，只能通汉话。

问：白族文化和其他文化之间有没有冲突？

答：没有。

问：白族文化除了吸收汉文化，还有没有吸收其他民族文化？

答：其他这些民族（的语言），我们白话里没有掺着，没有关系。大理有好多民族的，彝族、藏族、回族，都有的。

问：现在年轻人接触的信息很多，那么他们还认同本主吗？

答：本主还是认同的，其他这些佛像，刚刚说的金太娘娘这些，还有道教的啊，都认同的，但是他们主要认同的是本主，其他这些好像对他家庭经济发展没有太大关系，主要有关系的就是本主和财神。年轻人聚会啊，烧香磕头啊，第一就是认同本主，去庙里烧香首先要拜拜本主，然后就拜拜财神，他们最认同的就是这两个。财神主要保佑他们赚钱，本主保佑平安，主要就这两个意思。

问：现在很多人都喜欢赚钱，您认为这种现象正常吗？

答：说来也正常，因为现在经济基础主要就是管一切，没有经济基础就发展不起来，你家庭里面没有经济基础，其他发展不起来，有了经济基础，其他想干什么马上就发展起来了，像我们盖一栋房子，没有经济基础不行。

问：古生村到外面打工的村民多吗？

答：多的，没有依据，但是我估计有两百多人，因为我们这边的活很少，工资也低，有些出去到广州、上海、北京，这些地方工资高，当然，消费也高，现在古生村外出务工的很多，百分之六七十的劳动力都向外面流转去了，留在家中的是少部分或者老人。

问：以前的人可能不大愿意离开家乡，这样的思想有过吗？

答：有的，为什么不想出去呢？有几个原因：第一个原因，外面古生村本身就是种菜、卖菜的村子，像人家讲的古生村的经济就是小打小闹，早上没有钱，晚上就有钱了，就是把菜拿到街上卖，马上就有钱了，所以不愿意出去。第二个原因，以前我们村子里活也比较多，现在不是了，活少，田地都流转出去了，多数（人）就出去了。

问：古生村村民当前的经济收入来源有哪些？

答：一个就是外出务工，再一个就是还是种一些菜，田是没有了，就种一些菜，现在菜的价格比以前增出几倍，所以种菜还是划得着。比如种出一百斤大葱，可以卖两百多块钱，两块五一斤，以前才五六角钱一斤，现在就拼命地种菜，现在菜的价格比较贵。

问：菜主要卖到哪些地方？

答：专门卖到大理喜洲，有几家（菜贩子）搞了十几年。比如说我们家，还有自留地没有流转出去，听说是要流转出去了，还有四五分菜地，就是这十多年，年年都是种大葱，种出来就卖给菜老板。一茬卖百十来块钱，一茬挖得五六百斤，现在能卖到四五百块钱，所以就种菜了。

问：那打工和种菜之外呢？

答：其他也没有了，种菜的也少了。

问：习主席来过之后古生村有哪些变化？

答：变化就大了，第一就是人们的思想素质大大提高，这个要肯定。为什么这样说呢？过去村民单单从环境这块来讲，就是乱倒、乱扔（垃圾），污水这些乱排，说明现在他们素质提高了，思想提高了。第二就是生态已经保护得很好，生态建设这方面建设得也好，刚刚我也说了，就种树种花这些就是属于生态。以前我们洱海里面的水也不咋样，现在也比较清了，习主席来的那天，他讲了嘛，嘱咐我们说一定要保护好洱海，我们个个村民都认识到了保护洱海的重要性。不止我们这一代，我们下一代人也要教育他们保护洱海。再一方面，就是经济发展方面，过去每一个人一年才收入一千、两千块，现在收入多了，像我儿子去打工，一个月就六千块，你说一个人六千块，一年就几万块钱，所以说经济（水平）也提高了。我就说这几个方面。

6. 中庄村　李万民（老村支书，65 岁）

问：本主对当地人的生产生活有哪些影响？

答：整个村了嘛，红白两事、建房也好，每一个家庭都要出来（拜本主），有一些讲究一点的，他出来做生意或者搞副业，赚到钱回来以后也会拜一下，意思就是心里报答一下。

问：本主不反对人赚钱吗？

答：这个肯定了嘛，我们心里面就是要求财，希望他（本主）保佑（求财），本村本主就是（这个作用）。

问：保护环境和发展经济之间有无冲突？

答：这个没有，过去来讲是唯心。现在来讲是属于历史文化，现在的认识应该是这种，过去来讲这些都是迷信活动。

问：古生村环境跟以前相比有变化吗？

答：这个变化就大了，国家投资这么多资金呢。环境卫生是刘明当州委书记的时候，他挂职在这里，进村这古路是到包产到户才修出来，占了两个社的面积，你来占着我也来占着，这里的田通通占着，但是也没有面积不够，也不存在。

问：当时修路需要拆房子、退出田地，村民有没有抵触？

答：当时工作非常难做，因为刚刚包产到户，那个时候叫湾桥乡，我们中庄村修路这些都是第一个搞，人背肩挑是赶不上了嘛，所以这古路是占了八亩多点，原来有三四亩左右，后来我们就扩大，那个时候是从老百姓手里拿出来的。当时州长要求修路要修五米宽，但是我们这儿有六米，有的地方有七米。很多人觉得古生村交通还是便利的。整个村子来讲，古桥那边进来的路多宽，所以我也佩服我们古生村这些先辈，还是有远见的，有一年村子里边发生火灾，消防车基本上都开得通，像这样的村子还是很少的。当时刘明对点就对这里，那个时候也是投资了多少资金，保护海边的湿地公园这些，这样有了基础，就越来越好。

问：现在古生村的收入来源有哪些？

答：现在收入来源很少很少，我们就面临这个问题，田都拿（流转）出去了，公路西边有三四十亩，四五百户的田地都拿（流转）出去了，（流转费）每一亩是两千块钱，我们这边是八分多，每一个人收入就 1600 块钱，一年才有 1600 块钱。

问：土地流转出去拿来做什么？

答：那边有一个公司来转包，转包了六百多亩，种种玉米，水果玉米那些，但是那些也很少。现在闲散劳动力比较多，这块田我们自己种，收入就多一点，他们种大蒜、种烤烟，种烤烟是从我手上发展起来的，当时连片五百亩，当时州长下来说中庄村的烤烟可以的，他就去剑川、宾川、洱源宣传种（烤烟）。现在收入不比以前了。

问：这些闲散劳动力是去打工吗？

答：多数去打工，女性就去客栈（打工），每个月赚一千多两千多，早上去下午回来。

问：古生村的个体户大概有多少？

答：多的，两边十社、十一社，像我们这一辈人的儿子都是去打工，中间的八社、九社就不太行，钱还是要在外面挣回来。当地钱还是难赚，收入来源比较少，有些种菜园，种出来就高兴，种出来不好就赚不到钱了。我们这个村历史上还是好的，种菜出来就到喜洲街（集市）上卖。

问：那么现在就是说种菜的也比以前少了？

答：少了，田地也少了。

问：主要是土地流转带来的吗？

答：土地流转以后，老百姓收入也少。

问：您觉得现在年轻人的素质跟以前相比有没有什么变化？

答：现在的年轻人跟我们以前相比，肯定有变化，现在形势也很好，随便出去打工就是几千块钱，我们小时候几块钱、几个工分，就像我在村公所的时候才两三块，一个月才几十块，村公所的费用就是在提留款，就是承包面积上来的，每一亩就四块钱左右。当时有抽水机，三个站（每个站有一台抽水机），一次水要提三次，覆盖面积 3500 多亩，你也争我也争（水源），那个时候不像现在，家家都栽秧，各个村争水源，那个时候多艰苦。以前的人比较能吃苦，现在的人只要能挣得到钱就愿意辛苦，像那些出去打工的还是辛苦的。经济收入的话肯定比以前更高了，像我这个年纪的人，只要愿意，出去一个月一两千块钱还是拿得到。但是有些人什么都不想干，就等着国家照顾，这些就不行了，还是要勤劳，勤劳致富。

问：在精神品质方面有没有变化？

答：比以前好得多，现在电视上宣传也多，个个比以前更先进了。以前小偷小摸这些我们也经常调解，现在很少了，人也害羞的嘛。尊老爱幼、孝敬父母这些比以前提高了。

问：这些跟白族文化有关系吗？

答：尊老爱幼主要就跟中华传统也有关系了，跟我们白族文化也就息息相关了，还不是一样，白族人也好、汉族人也好，都一样。

问：那我们的白族文化跟中华文化之间有没有什么关系？

答：我们的白族文化，刚刚说的本主节这些，跟这个（中华文化）也不冲突，与汉族文化是一样的，这个不冲突。我们白族文化跟汉族有直接关系，在（少数）民族里边还是比较发达的，但是没有白文，以前有，失传了。现在基本上跟汉族一样了，小娃娃都是教他们普通话，白族话也讲，汉话也讲。像我们小时候就讲白话了，现在小孩还是讲汉话，要上学嘛。从教育这块来讲，进步太多了。

问：那么白族文化受汉文化影响越来越多，会不会流失？

答：像白族调这些，再不保护还是会失传的，现在我在我们村洞经会，就是民族文化的一部分，以前说是迷信，现在我也看到那些书里，根本不涉及迷信，就是行善除恶，人要讲道德品质，还是比较好的。社会公德这方面的宣传还是好的。

问：这些品质有没有传承下来？

答：传承下来了，我们念一段（洞经），唱一段（洞经音乐），我们是一个月基本上就活动一天，有时候两天，基本上是把历史文化传承下来了。

问：具体做了什么事情？

答：谈经，内容就是行善除恶，所以还是比较好的，精神文明方面的宣传。

问：村里所有人都参加吗？

答：没有，主要是（出于）爱好，另外就是会长要有意地培养一些人，他也七十几岁将近八十岁了，所以要培养一些六十多岁五十多岁的人，一代一代传下来的，我们这个洞经会是包产到户以后就成立了，兴儒洞经会。

问：最早是什么时候成立的？

答：包产到户以前就有了，民国时期就有这个会，特殊时期就自行消失了，念经的本本还是被老人保存下来了，还是非常难得的，他们能够把三部经传下来还是很不简单的。

问：那这个会主要是哪些人参与？

答：像我们这样的，有 50 多人，一天活动下来，有 30 多人参加。

问：古生村有没有村规民约？

答：有的。

问：是村民自己制定的吗？

答：村委会制定的，现在称理事会。

问：村规民约发挥了多少作用？

答：像发生民事纠纷，村里面调解的话，就拿出村规民约，解释给他们这是我们村子里制定的规定，不能违反，就是教育他们（村民）。

问：村规民约里边有没有关于经济发展的规定？

答：我也不清楚，但应该是有的，村规民约涉及方方面面，村里面的经济发展，村里面的一些事情，破坏啊，怎么维护，都有规定。

7. 中庄村　杨天赐

问：我想请问一下您关于兴儒洞经会的一些历史信息。

答：兴儒洞经会是在明朝成立的，最早成立的名字叫宝善堂兴儒洞经会，根据时代不同，政策不同，因为各个地区都宣扬挖掘民间的非物质文化遗产，我们这个也是不可缺的。我们这个会里面信神、信迷信这些都不存在，我们只是存在塑造有功之臣，对地区、对国家有一定贡献、奉献这些，我们就祭拜他们。我们兴儒，儒就是孔子，遵从孔子，以前宝善堂就建在寺庙上。我们兴儒洞经会，主要就是归纳为五个字：仁、智、礼、义、信。做人要诚信，不要违背很多的规则，要为大众、民生奉献，要宣扬和谐、共处，各方面都统一的概念。我推荐一个我们会里边的小伙子，可能三十多岁，传承主要推荐他，镇里面、市里面、州里面我都给他出了一份报告，签了名、盖了章，已经基本上完成了兴儒会的大体内容，安定团结、和谐共处，都要按照这个方向。过几年我就退了，但是现在还退不了，我们有五十多人，我要是退了可能就解散了，没有具体的指导、没有具体的规定，就运行不了。我们要呼吁地区上的非物质文化遗产（发扬光大），洞经会其他村也有，但是我们这个是明朝就传承下来的，有文字记载，其他村没有这么久的历史，再坚持几年，把它搞好了，移交给下一代，由下一代弘扬。有时候天气好，我们在一个固定的地方，一起训练学习，都很乐意来。他们分好几派，就不太好说，我在地区上有点名声，他们比较崇拜，我说我们尽量联合、统一、规范，形成一个整个的团队，不要各打各的，最好形成和谐的气氛。

问：兴儒洞经会有哪些功能？

答：主要是起到辅助法律的作用，因为很多老百姓存在迷信思想，我们要开导他，迷信是封建的一个制度，也是统治社会、整治社会的一个阶段、过程，很多历史上都有，都有辅助作用。比如我们要干点什么，要请风水先生，（看看）这里犯了什么（忌讳），那里又犯了什么，这些等于是封建迷信。现在我把这个打消，说不是为了封建迷信，说是为了我们的村容村貌。辅助法律最重要的一点就是教育我们下一代不要违反法律，要诚信做人。以前我们修路风水先生说这里犯着什么，现在都不讲了，要以大家的意愿为主，为村容村貌、安全条件着想。

问：兴儒会跟白族文化有什么关系？

答：白族文化基本上没有文字，所以很多不好办，我们已经出现纠纷，有一个会以前专门念白经，大概五十年代，我那时候还小，就去他们那儿念几句（汉文经），他们就说你不要念这个。我们白族没有文字，这是很大的一个缺陷。我们有时候想用白语记录事情，用汉语拼音代替，但是很多时候还是不准确，所以说这是最大的一个遗憾。

问：兴儒会跟本主有关系吗？

答：没有，各是各的，我们兴儒会主要是崇拜三教五神，孔子、释迦牟尼、太上老君等，叫“三教合一”。

问：兴儒会的人可以信本主吗？

答：就在隔壁，原先在一处，后来又分开。兴儒会的人也去本主庙拜拜，虽然是兴儒会，但是我们是这个村的，也还是必须崇拜（本主）。

问：兴儒会对日常生活尤其是经商有没有要求？

答：基本没有，他们干什么我们不管，我们都不参与这些事务，要是他们来问，我们才给他们说几句。

问：那本主崇拜与经济发展有没有关系？

答：本主是要对地区上有一定贡献，我们才把他塑为本主，本来说是天王，陈塘关的指挥嘛，对地方有一定贡献，特别是对我们古生，所以就把他塑为我们古生的本主。与经济发展之间没有明显的关系。他是托塔李天王，不是财神，但是大家很崇拜他，家庭和顺、财源茂盛、五谷丰登，不管做什么都要拜本主。

问：白族文化有没有什么特质？

答：大体上差不多，对我们兴儒会来说，有突出贡献我们才崇拜，对整个国家、民族有一定的贡献，为了中华民族的统一，全国的统一，他们有一定的奉献我们才崇拜他，其他就不祭拜了。

问：您认为白族文化和中华文化之间有什么关系？

答：源远流长，基本相通，等于是在细节上有些含义不同而已，大体上是一样的。我们本主求人一生平安，国家要繁荣昌盛。

问：您觉得古生经济发展受哪些因素影响？

答：一是靠自身的本领谋生，二是靠党委政府的指导，对政策的执行，古生各方面都有了一定的发展。

问：精神文化方面有没有变化？

答：总书记来了以后，个个热火朝天、干劲冲天，还是在一个经济发展的范围之内，土地转让出去了，还是要去外面奔忙。

问：跟我们白族文化有没有关系？

答：有，白族人比较勤快，“天上不会掉馅饼”，要通过自己的能力来谋划。我们白族人很好奇，哪个来都很乐意，不管去到哪里，都会留人吃饭。我年轻时候就是自己做手艺，木匠、泥匠、打渔、教书、砍竹子、编篮子这些我都干过。编篮子是村里边的独特手艺，传男不传女。现在这个手艺就没有了，不用这些东西了。现阶段就主要是菜园这些，以前养猪养牛，现在猪也没有了，鸡也没有了。

问：现在的收入来源有哪些？

答：农活、打工，打工比农田上的收入高，现在出去都是几十块钱，种田就不好说了。现在还有各方面，餐饮、旅游这些还要发展，我们要发展旅游，很多还是要规范发展，洱海保护上还是要投入一定的人力到环境卫生这些方面。

8. 剑川县文化遗产院院长　董增旭

问：我首先想先了解下石窟的一个开凿背景，还有着重想了解一下石钟山石窟和茶马古道的关系。

答：好的，因为唐宋年间在中国西南边疆，就建立了南诏大理国，也就是地方少数民族政权。后面就产生了这个石宝山石窟，包括在中国台北故宫的张胜温画卷，以及流入日本的这些南诏图传。这些证明了当时这个地方的宗教艺术很鼎盛和达到一个顶峰，那这一个地方为什么会产生现在我们知道在佛教的一个密教——“阿吒力”。在边上石宝山下边又有一个沙溪古镇，现在被定为世界濒危建筑遗产，也是茶马古道上唯一幸存的一个集市。我们知道佛教不是我们本土的中国的这个传统文化，我们传统文化的是道教和儒教。可是，为什么在这个地方会产生一个印度的文化和中国的文化撞击的一个石窟，下边的古镇却由于这条古道，它当时已经走到了现在的西藏，以后进到了印度与尼泊尔。沙溪就是它的一个节点，从沙溪下去的时候，它又通过澜沧江的这些支流流到越南、缅甸和泰国。因此有了这条通道以后，把什么办法的文化汇集过来，所以在石宝山石窟里边，我们既可以看到南诏帝王的造像，也可以看到印度佛教的这种影响，就是密教的；也能看到甘露观音中原唐代文化以丰满富态为美的这些造像；还有皇帝边上的仪仗队、宫廷文化，为研究这个国家的政治、经济、外交提供了有力的依据。沙溪古镇实际上和现在石钟山石窟是唇齿相依的。

我们现在提出来“一带一路”。为什么北方丝绸之路上面会有敦煌莫高窟、楼兰古城、麦积山石窟，一直到了中原的河南洛阳和龙门石窟，就是因为这个地方有一条国际通道，通到我们现在称的中亚地区，所以文化在这地方撞击就是“一带”上面的。我们“一路”上边就是说，在西南丝绸之路，还有茶马古道上面，在这个地方有一条中国西南边疆相当古老的一条通道，就是我们西南丝绸之路，或者茶马古道也是通到了国外，所以这一条称为国际通道。沙溪古镇这个地方的文化很包容，我们看到为什么会定为茶马古道上上唯一幸存的古集市，它有宗教的这种功能，就是我们说石宝山石窟，还有沙溪寺登这种新教士。像马帮要在这个地方停留的时候，有一个精神慰藉的一个场所，就是要捐点功德，称“佛指引”，叫他在经过雪山的时候，不要遇到泥石流、老虎猛兽、土匪，还有雪崩，能够平平安安进到西藏做交易。也会沿着这地方下去就到了澜沧江和怒江峡谷，要平平安安。因为到达怒江大峡谷的时候很危险，马都是要从溜索上溜来溜去，所以沙溪这个地方，沙溪古镇边上有四大盐井，我们所谓的诺邓盐井、乔后盐井、拉基井，我们的弥沙井，它就成为茶叶和盐帮交汇的一个地方和一个补给中心，所以我们到了沙溪的时候，四方街有个戏台。这个就是给马帮提供娱乐功能，古代和现在都一样，我们吃完饭，朋友们一起去唱唱歌、听听音乐、看看电影，像古代的马帮唯一的娱乐生活就是唱戏，所以沙溪的戏台就是应运而生。像寺登街这样的戏台有 19 座，因此这个就是说，当时在北方丝绸之路上，我们大家知道有楼兰古城，在我们中国的史书里面，就有很多记载，也就是因为源源不断的商帮过去以后，楼兰要提供给他们休息补给的一个驿站，可是楼兰后面在历史上已经不存在了，就因为通过到那个地方的水土流失、沙漠化以后。可是我们现在沙溪，在两千多年以前，因为我们发现一个墓葬遗址，证明它有 2000 多年的历史，到现在还生生不息。它有很多的文化，是有佛教密教的阿吒力，在古戏台边上以后，这个就是它的宗教功能。有前赴后继的这种商业马帮的话，就在我们知道的前边开铺子，后边做马甸，所以沙溪在过去的时候，就是提供这样的休息功能。包括现在沙溪，经过的路，沙溪百分之百的居民都是白族人，它的道路称为古宗巷。古宗就是我们西南地区的少数民族对藏族人的称呼，就证明藏族人经过这条古道上面很频繁、地位也很高，他的武装力量也很强大，所以所有的马帮都要上道先叫他走，因此就把自己经过的路叫作古宗巷，所以我们所谓的经过这个地方的道路为什么称为滇藏茶马古道？现在我们把 214 这个线称为滇藏国道，就说 214 国道公路，就是从云南进到西藏，因为“滇”是云南的简称，所以这一条古道实际上直到现在，我们命名公路都用这个滇藏。就因为当时的青藏高原，那边没有蔬菜、没有水果，没有这些生活必需的这些物资。当时松赞干布统一青藏高原以后，当时和唐朝之间发生战争，把唐朝打败了，所以文成公主进藏，也就不去抢汉族人了。他从西南地区开辟一条通道，占领了我们的洱海地区，洱海地区被占领了以后，实际上这个地方南诏大理国早期的这个地方属于吐蕃的势力范围。南诏和大理国的崛起，实际上就是在这个地方叫吐蕃不能再前进了，以后就建立了南诏大理国，所以剑川就成为过去南诏大理国和吐蕃中间争夺最厉害的一个焦点。对于石宝山石窟，很多考古学家有疑问，为什么不出现在巍山？为什么不雕在苍山上，要雕在剑川？剑川这个地方的地理位置从今天来看都是进出藏区的最后一站，今天你看到剑川就到了香格里拉了，所以是不是石窟这些帝王造像、宗教佛教的出现，也许在当时就是吐蕃和南诏进行的一个分界。它边上的这个沙溪古镇实际上就提供给开凿这个石窟——石窟从南诏，当时一直开到大理，就相当于晚唐开到南宋，用了三百多年，这边这么多的工匠，他们一定有大米等这些生活物资的需要——就是由沙溪小镇这个附属的小镇来提供了。我们看到中国历史上的这些石窟所在的地方，都是在国际交通线的边上，可是他找一个比较清幽的地方，所以现在我们看的沙溪和石宝山，古镇和石宝山石窟是唇齿相依的。

这个地方传过来了很多国际文化，波斯人就雕在石宝山石窟，证明这条路已经通到了波斯湾沿岸。石宝山石窟里有印度的梵文，有古藏文体记，就证明这个印度的文化已经过来了，有中原的这个汉字。有仿唐的这种雕刻。这就证明它是一个茶马古道上的中外文化撞击的一个艺术宝库。

问：那么石宝山石窟和沙溪寺登街主要是作为一个文化符号而存在，那么除了这方面之外，能不能带来其他的一些经济收益？

答：我们国家现在为什么把文化和旅游合并？因为过去我们所有的旅游都没有文化，现在龙门石窟、麦积山石窟等都成了文化遗产，所以现在沙溪古镇和石宝山石窟是当时茶马古道经过这个地方的时候的一个文化历史场地。可是，它曾经沉寂过，是因为汽车、火车、飞机等现代交通工具的发明避开了这个地方。修建高速公路，要避开山水，但是沙溪这个地方又全部是山，很多高速公路避开了沙溪和石宝山。很多人因为不知道这个地方有这样一条古道，通过现代旅游发展起来，在慢慢地去寻找历史、整理历史的时候，就发现沙溪在古代其实是一条交通要道，所以2001年沙溪被评选为“世界濒危纪念遗产”。因为这个引起了全世界的关注，就是说，这个地方有这么完善的茶马古道，这样一个以马帮作为主要交通工具、成为各地间相互沟通的“生命”大动脉，随着马帮退出历史舞台，沙溪就沉寂了，再次被发现的时候世人就震惊了。随着现代文明的冲击和现代城市化的建设，在很多曾经是历史上古镇的地方要道，那里的古房子、木建筑都不见了，而且很多文化都不见了。可是，沙溪一直被尘封，这次被发现的时候，它是被完整地保存到了清代和明代的局面。所以，现在通过最少干预最大保护，形成一个古朴的形态，就是能够展现在世人面前。沙溪通过2002年以后我们做的沙溪复兴项目，到2008年的游客统计就有118万。从当时的财政收入来看，沙溪在被保护以前，沙溪的整个财政收入才有100多万元，现在已经到了几千万元。人均收入从870多元增长到了8000多元。这是靠保护好沙溪古镇的文化遗产、文化复兴，通过人们来体验来完成的。但是沙溪没有房地产，完全靠保护下来的文化遗产和古建筑，提供给人们作为参观体验的载体。

石宝山石窟被政府关注的时间很早，就是因为石宝山石窟在1950年的时候，有人在《光明日报》上面报道了我们这边有个石窟，这对于研究中国的西南边疆和本土界限提供了有力的历史依据，因此引起了中央的重视。1951年，国务院就派南京某大学的一位老师来石宝山进行几个月的调查。1958年出版了第一本石钟山石窟的专著——《剑川石窟》。1961年，石宝山石窟被纳入了中国第一批重点保护文物单位。这个时候，它就和长城故宫等作为第一批文化保护单位。大家只知道敦煌、云冈，对剑川石窟了解得很少，随着越来越多的人关注沙溪的茶马古道，越来越多的人来到石宝山石窟，就会越来越引起现在考古学、历史学、人类学等很多学者的关注，所以现在来石宝山石窟的游客相当多，沙溪古镇也是中国历史文化名镇、国家4A级景区。这些文化遗产保护好了实际上就是能够带动旅游。旅游发展起来了，就有利于文物的更好保护。文物保护应该是在文物安全保护的情况下，实行对外开放。现在我们国家也专门做了文物保护的开放法则。文物不可能把它封闭起来，必须要叫人家去体验，但是要在消防安全的前提下按照国家要求进行，要有社会的功能和效益。我们现在把文化和旅游合并在一起，那为什么把文化摆在前面办、旅游放在后面，首先就是要保护好文化，然后再加以利用并反作用于旅游。

9. 剑川木雕工艺师　董增旭

问：我现在想了解一下关于木雕方面的问题。

答：剑川的木雕实际上也离不开石窟。现在木雕的东西是南诏大理国留下来的。现在要找当时的痕迹，只有石宝山石窟里还保存着。还有流传到日本的《南诏图传》里面有南诏的建筑，另一个在《张胜温画卷》里面也能找得到。说到木雕，我们必须要找它的源头在哪里。五千多年历史的海门口遗址，在2008年第三次考古活动的时候，为什么震撼了全世界？被定为世界罕见、中国最大的水滨干栏式建筑遗址。当这个遗址一挖开的时候，找到了5000多年前人类居住在这个地方的证据。

这个时间比殷商还早，我们考古学界称为史前，就是旧石器到青铜时期的文化。里面已经挖掘出来了船、桨、梳子，这种雕刻的器物就是要追溯剑川木雕有5000多年的历史。从现在来看，剑川木雕达到顶峰，是在唐宋时候，这是唐王朝的需要，需要有一个统一的政权，抵御吐蕃不能再前进，所以就建立了南诏大理国。建立以后，就需要有皇宫的建造。在《南诏图传》和《张胜温画卷》中一直能够看到这种建筑艺术很高超。还有所谓的“火烧松明楼”这些故事。《蛮书》里面包括很多史书里边都记载了南诏的雕刻艺术，当国家需要木雕建造工艺的时候，就召集剑川的木匠过去。从我们研究传统工艺的角度来说，当国家需要这种建筑，就要成立一些作坊，为其提供服务，就这样创造了一个独特的地方文化。

木雕文化在剑川，当时国家公布木雕流派只公布了浙江和剑川，但是中国的木雕有八大流派，还包括其他一些地方，但是为什么只公布了这两个，浙江的木雕以人物雕刻为主，可是剑川木雕代表的是西南木雕。清朝有一位县令统计过剑川的木雕到过哪些地方，有滇、桂、黔，当时剑川的木雕已经遍布了滇黔桂七个州县。当时有位州长来了就发现，剑川的男人过了春节以后就出去打工，因为靠土地养不活孩子。腾冲、德宏、保山、丽江、香格里拉，现在昆明的金马碧鸡坊都是剑川工匠做的。圆通寺、丽江古城、剑川古城、沙溪古镇、保山德宏的这些古寺庙，无不散发着剑川木雕的气息。

我们这个地方属于横断山脉老君山这个支系，剑川的森林覆盖率非常高。要做木雕，没有木头是做不成的。我们剑川的植被覆盖率在70%以上，历史上的覆盖率更高，才能有木头提供给老百姓来雕刻。因此我们中国历史上一个王朝要重新建立一座皇城的时候叫“大兴土木”，现在其他地方都是钢筋混凝土，唯独来到剑川古城，到沙溪，剑川有25个村子被住房和城乡建设部评为传统村落。还有世界濒危建筑遗产的沙溪，以及剑川古城、西门街一条街都是国家重点保护文物单位。这些都是剑川木雕艺术的经典之作。

我们去石宝山石窟（考察），虽然这是石窟，但是和木雕有异曲同工之妙。雕刻不同于塑像，塑像是支个架子，可以增减。雕塑和石雕对工艺的要求是不一样的，石雕和木雕要求的工艺很高，因为是减，可是雕塑可以加。木雕直到现在还保存下来，已经发展成一个产业。古代剑川木雕实际上是附着在古建筑上边的。剑川木雕雕的是身边的花草和花鸟，还有动物，所以我们的花鸟雕刻剑川是全国第一。我们最擅长的就是镂空雕刻，剑川木雕的价值体现在什么地方？古代的时候，西南流传着一句话，“丽江粑粑鹤庆酒，剑川木匠到处有”。剑川工匠留下来的作品在西南地区全省各地都有，以前，剑川工匠到喜洲这些地方，到有钱人家去做雕刻的时候，并不是按照一天给多少钱，这些有钱人家为了让他雕得更好，就用雕出来的木渣来兑换，一两木渣兑换一两银。把雕刻出来的木屑用秤称一下，称出来几两就给几两银子。

现在我们说匠人，现在剑川不缺匠人，因为我们的木雕曾经一度衰落，为什么呢？因为1949年以后实行农村合作社，集体化以后不准私人做木雕。这个时候，剑川木雕到了一个衰落期，因为集体作坊里面生产国家需要的这些东西，而没有把传统工艺传承下去。改革开放以后，又把这门手艺捡起来了。因此我们现在看到的很多剑川木雕的东西是改革开放以后，从当时五六十年代保存下来的手艺人那里，把他们传统的50年代的工艺又交给下一代人，才把它传下来。所以，剑川木雕在2011年入选了国家的非物质文化遗产。2013年，剑川木雕就申请了中国的地理标志，就是说，剑川木雕已经成为地理标志、商标，申请下来了。

现在剑川木雕通过旅游带动起来以后，通过建筑上附着的雕刻，成为了旅游的工艺品，又做成了家具，现在房子上面也有。现在我们到木雕厂里边，到木雕作坊里边发现有很多的门类。木雕成品出口120多个国家和地区，包括当时英国女皇伊丽莎白访华的时候，我们赠送给她的龙凤床也是剑川木雕生产出来的。现在剑川木雕带动的产业也是剑川富民产业中最大的一个。我们从业人员有2.2万，上年的木雕产值有三亿多元。木雕带动的手艺人、小作坊，像我们同龄人，没有读大学、没有工作的这些人大部分从事木雕行业。

因为现在国家很支持木雕，我们有专门的传承人，有中央美术学院做剑川木雕的工作站，把我们的工匠送到美术学院以后进行培训，提高他们对中国乃至外国的木雕艺术的认识。因为很多工匠是初中或高中毕业以后，就去做木匠，手艺很是精湛，但是他讲不出来剑川木雕和别的木雕有什么区别。这些培训提高了他们的艺术修养和文化修养，他们去看了以后也从浙江东阳木雕等这些当中吸收了一些刀法和记忆。技艺在互相交融，文化在互相传承。

现在国家对非物质文化遗产也相当重视，狮河木雕村已经成为特色村寨。我们有非物质遗产保护中心、非物质文化遗产研究院就是为了来保护优秀的文化遗产。实际上，这些东西保护好了，是我们致富的门道，手艺人能够靠他的手艺致富。现在剑川很多手艺人靠他的手艺养活自己的家庭，现在有一句话是说“饥荒三年，饿不死手艺人”。

剑川除了在外面上班的人，多多少少都会有一些手艺，类似扎布、陶艺等，就是靠手艺。剑川没有现代化工厂，因为我们这个地方没有很多矿产资源，这边的气候环境是很好的，现在乡村振兴战略的契机都有很多后发优势。因为我们的环境很好，以后发展旅游，用文化遗产在这个地方脱贫致富，是实现财政增收致富的一个很好的路子。

问：木雕工艺在现在的发展过程当中还有没有面临一些困难？特别是在跟其他产业结合的过程当中？

答：也面临一些挑战和困难，现在遇到的就是因为我们以前的木材从周边地区运过来。但是现在国家提出生态安全战略，越来越多的树都不能再砍了。以前，我们的木材从东南亚进口，缅甸、越南、柬埔寨，但是现在东南亚这些国家也是已经不允许出口很多木材，相当于我们的产业发展到这个时候进入了一个瓶颈期。原料（成本）的成倍增加，导致工艺品的成本增加。现在随着人工工资的增加，就导致现在木雕的摆件工艺品价值很高，因为都是人工雕刻，木材的价格也翻了几倍。我们的很多木材都不是产自本地，本地的木材不是很优秀，随着人们的生活水平提高了，他们也想要一些名贵木材，但是像红豆杉这些国家是禁止砍伐的。木材（成本）的不断增加和人工工资的不断增加，让大家觉得这个东西很贵，做成小件的话，一天也做不出来多少，小件的旅游纪念品，正宗的剑川手工木雕产品比机器雕的要贵。

在传承与保护这个过程当中，国家要想采取更多的策略，就是是否要在这个地方建一个木材交易市场，提供一些土地。因为我们已经招商引资了一个木雕艺术小镇，第一期投资 15.8 亿元。这样的一个大项目，要引出一个剑川木雕艺术小镇。我们从上年开始办剑川木雕艺术博览会，就是要让越来越多的人来关注手艺人。现在木雕零零散散的，在公路边或者家庭作坊里生产，游客来了找不到这些人，体验不了，只知道一两户，交通又不方便。所以我们在剑湖边引进了一个企业做木雕艺术小镇，这样，我们要把木雕的展示拍卖、交易还有体验作坊全部放到这个板块，根据 4A 级景区的要求来打造。以后要争取做到去丽江、香格里拉旅游的人也能来剑川看看木雕，了解一下剑川的历史传承。但是必须要解决原料的问题，原料的价格不断高涨，想买的人也就不愿意再买。手艺好，但是木头质量不好的话，成品的质量也不会太好，人家也不愿意买。很珍贵的东西，就必须要用珍贵的木材来雕刻，才有收藏的价值。

剑川的木雕工艺发展越来越好，因为现在一些年轻人把现代的一些元素融进雕刻当中。现在酒店用的一些像勺子、小摆件，各种摆盘都雕成工艺品。但由于木材的需求量不大，因为这边没有交易市场，买木材都要到外面，各种运输成本非常高。我们一直鼓励年轻人要走传统的路，要努力解决原料的问题。

问：木雕的生产组织形式主要是什么样的？

答：现在我们有几个大的厂家，就是在自己厂房里面生产，现在剑川木雕还属于作坊式生产。也就是说，在家里生产，直接来家里联系订单。然后通过朋友、亲戚推荐，这样就降低了成本。但是这个比较分散，大的批量有时候完成不了，就只能依托于机雕。心系雕刻这东西，就如同你需要书法家写的书法还是要他书法的复印品。机器雕刻就是电脑的一个图案，都是一模一样的；可是，人工雕刻带着这个人的感情。当木雕雕到一定境界的时候，这个人就很有修养。脾气很暴躁的人，也做不了木雕，一个匠人在手艺进步的同时，修养也不断提高。在作品当中，可以看到人的性格思想在里面。因此我们木雕艺术小镇的目的就是把这些分散的手艺人集中在一起，形成不同的雕刻风格。刀法设计创意这些能够展现出来。现在公路边上有些铺子，也在里面雕一些东西。

问：木雕现在的知名度怎么样？

答：在云南、滇西地区还是比较出名的，但是离开了云南，在省外很多人就不知道了。来到这个地方的人，一看到工地上有你雕刻的，人家一问就知道是剑川木雕。但是外面很多人只知道浙江东阳木雕，因为（剑川）这个地方一直很闭塞，又是国家级的贫困县，远离城市，很多技艺是“养在深闺人不识”。浙江东阳木雕为什么会走出去？因为经济发达，很多地方的信息来源很广，离上海又很近，就很容易被宣传出去。随着旅游的发展，很多景点都会找东阳木雕去做。但是剑川很闭塞，通过这几年的宣传，大家还是了解到了剑川木雕，但是只是了解到一小部分，没有了解到木雕的整个历史上的传承的流程，还有技艺。现在的很多工艺流传到什么地方，都需要一个载体宣传出去。现在我们也在做一个剑川的历史文化博物馆，会把资料梳理好，在里面做一个木雕的专门展示。

问：木雕工艺在发展过程当中，有没有得到政府的支持？

答：我们现在培植这些手工艺的作坊，实际上就是政府在支持，能够把我们这些非遗传承人集中起来，送出去培训，就是这些人的路费，还有举行一些技艺大赛，包括他们的产品帮忙收集起来，发证书。到一定的水平就让他们积极走出去，参加上海交易会、昆明南博会去展示他们的手艺。以前手艺人很自卑，认为自己就是个做手工的，但是现在很多人，包括很多大学老师过来发现这个手艺还是很不错的，就增强了手艺人的自信心、自豪感，作为一个手艺人，自己也觉得很自豪，觉得有能力把这条路走下去。哪怕是一些大学生，如果能用大学学到的知识再来从事木雕就会更好。因为有的人是手艺很好，很多东西都雕得出来，但是不会说出来。但是，新一辈的人能够用更高的文化水平来传承这门技艺，政府在这一块上帮扶很大，特别是中央美术学院建了一个剑川工作站，就把很多人送出去，开阔了他们的眼界。我们经常举办各种木雕设计大赛、工艺大赛、设计创作，然后就现场雕刻，要表现出才能技艺，叫手艺人互相认识、互相交流。如果政府不组织、不支持就不可能实现。像木雕艺术小镇，这些不是政府来做，民间企业是做不了的。要有新闻媒体来宣传，还有安全保卫、交通管制这些都需要政府的支持，政府也希望能够把我们的木雕产业培植成一个新兴的富民产业。

问：剑川木雕的成品主要是卖到哪些地方?

答：主要就是宾馆酒店里边的一些摆件、货品，还有最大的一块是古建筑。整栋房子按照古建筑来建，这样一座房子就有几百万、几千万了。一栋三坊一照壁的房子就要几百万。还有家具，生活中的桌椅、板凳，还有手工艺品，以及旅游的一些小件纪念品，成品很丰富。

现在客人来了，提供一张图纸或一张照片，我们的人就可以雕刻出来，要什么东西我们的人都能帮他们设计出来。现在艺术学院里面有一些学生画图画得很好，我们的工匠是雕不出来的，因为雕刻的工具有很多，人家画的图和我们的雕刻工具结合不起来，所以他们的图纸要经过修改才能雕。画画的这些人必须是要懂得雕刻的人，否则画得很好的线条也雕不出来的，因为刀子有很多刀法，木雕工具有100多种不同的刀子，只有会木雕的人才知道怎么用。木雕的第一大工艺，前三个月学的是什么？就是磨工具，工具在雕了一段时间之后，就需要打磨。所以，刚开始必须要学磨工具。现在很多美术学院的学生都愿意来剑川学木雕工艺，首先就是要学打磨工具，再去画图纸，所以我们说，剑川木匠有“状元之才”。我们要把一栋房子建起来，你不懂数学、物理，那是不可能把它建立起来的。剑川木匠在古代的时候，七八月雨季没法干活，他们就去教书。有的木匠在雕完房子以后，在柱子上贴对联，那个书法写得比一些先生还好。剑川有很多优秀的学子都从事木雕行业，只是因为剑川到京城要走三个月，所以没有路费支撑他们去赶考。和剑川木匠打过交道的人都知道，他们未必有剑川木匠的才华。他们有“鲁班经”，比如说我们要画一个六角形的东西，可能要画很久，但是他们有口诀，照着那个口诀一下就画出来了。

所以，现在这个木雕必须要政府重视，要保护传承，因为由于受到现代工业的冲击，很多东西都从我们身边流失了，像一些印章，我们现在也不用了。非物质文化遗产的保护、传承需要政府来出台一些政策。现在政府也已经出台了一些条例，能够给这些文化传承人提供一些生活保障。这些非遗传承人都能够得到经费，还有我们木雕的非遗传承人国家也会提供经费，就让他们不需要花费心思去打工赚钱，一门心思花在木雕上面。

问：那么从地域上来看，剑川的木雕成品主要销售到哪些地方?

答：每天用火车拉出去的木雕成品都能拉两个集装箱。因为我们的整个狮河木雕村里面就有很多作坊，源源不断地生产加工，有一些是省外的订单，还有省内德宏、保山、昆明、丽江这些地方。我们做过统计，出口到100多个国家和地区，还有很多人来到剑川来定木雕产品，在花鸟雕刻这一块，我们是全国第一。统计的时候出口到了 127 个国家和地区。

问：有具体的数据统计吗？

答：我们目前还是以作坊为主，不好统计。我们只能统计人，然后这个人带动了多少人从业。因为卖出去的东西又不用发票，所以我们只能统计从业人员，还有他自己养活家人需要多少，又发给雇佣工人多少。有些是属于个体户，有些也没有公司，只是老百姓的手工作坊。有些一年零零散散地卖出去就要付房租，所以要是一个月低于四五千块钱，是养不活家人的。

问：以狮河村为例，从事木雕加工的家庭，大概占多少？

答：90% 左右，除非是特殊的行业比木雕更赚钱，比如说到外边开一些店。农忙的时候种大蒜也有几万元的收入，种种烤烟、蔬菜，另外的时候就来从事木雕，所以木雕带给我们剑川的一个非常好的一点，是留守儿童比较少。因为别的地方的大人去打工了，孩子就留守了。但是剑川的年轻人就在家里，老婆孩子也在身边，能够照顾着。所以政府应该鼓励年轻人尽量在家里边从事一些工艺，政府有很多培训，比如把木雕这些技艺免费给人家培训，叫人家从事这个行业。现在很多社会问题就出来了，孩子留给爷爷奶奶没有受到良好的教育，这些人就没有考上大学，然后又没有好好受到教育，就成为社会的一个负担。

木雕产业还带动了残疾人的就业，有些残疾人是脚或者大脑有障碍，但是做木雕不影响，可以去磨砂纸。人家雕好了以后，他用砂纸去磨。我们针对这些企业有免税政策，雇用多少残疾人国家就会给免税，以带动残疾人的就业。有些文化水平比较低的，但是这些人的脑子又很好用，就可以来做木雕。今年残联的会议在剑川召开，我们去参观的这些点都是木雕。我们这个地方不断地培养出残疾人木匠，有的已经成了师傅，然后等他招工的时候，就想到是因为原来的木器厂招了他这个残疾人，等他到了师傅级别以后，他又要去帮助其他的残疾人。现在沙溪有一个木雕体验馆，省里都很关注，在兴业木雕厂里，就是残疾人学这个手艺，养活了老婆孩子，也对生活更有信心，以前因为小儿麻痹而自卑，就是木雕给了他生活的信心，所以他现在招的工人超过 90% 都是残疾人，包吃包住。也有体验馆，游客过去可以体验。我觉得一个人要通过培训，素质提高了，能靠这个吃饭了，又能带动其他人，这个过程需要引导和培训。特别是工厂建成以后，他就更有责任感，因为不仅是他的家人需要他，还有他的工人都靠他吃饭。

问：还是以狮河村为例，家庭作坊一年大概能赚多少钱？

答：这个不一定，多的一年能赚几百万元的也有。以前狮河村的房屋都是很矮的土木建筑，现在都是小楼房。这些人从事的就是木雕行业，看那个地方的气象就知道家家户户都盖了小洋房，孩子读书也能供得起。多的有上百万元，少的有几十万元，也有几万元一年的，而且从事木雕的时候，农业也没有耽误。

现在我们说要“活旅兴业”就是把旅游给激活起来，然后令手工艺传承保护下去。别人过来，要带旅游纪念品，如果旅游发展不起来，别人是不会过来的。现在政府有一些专门的项目是扶持手艺人的，在市场活跃起来的时候，来剑川的游客越来越多，这样这些东西才能卖出去，所以我们要把“活旅”和“兴业”作为大的政策来做。

问：最后一个问题还是回到文化，白族文化是如何体现在木雕里面的？

答：赋予了木雕中国的“福禄寿喜”的一个含义。在元朝之后，汉文化就推广到了这里，白族是所有少数民族当中吸收汉文化最先进的民族。我们走到其他一些民族地区，他们的汉文化没有白族的发达。木雕在传统民族文化的基础上，又吸收了汉文化，主要就是“福禄寿喜”。如果这家人要追求福气的话，就雕一个蝙蝠。有些家庭只有一个独子，或者孩子夭折，很难养活，在雕刻的时候就雕一个松鼠和葡萄，表示子孙万代。鼠是子，葡萄是酸的，跟孙接近，松鼠和葡萄代表的是子孙万代。有的家庭养了几个儿子，在雕刻的时候就要雕几只乌龟，还有螃蟹，螃蟹上面有两个“甲”，我们中国追求的是“二甲进士”，就是说，保佑我家儿子考试中进士。如果家里的人要长寿，就要雕一个耄耋，中国 80 岁到 90 岁的老人被称为耄耋老人，反映在图案上是这样，雕只猫，在一朵花上面有一只蝴蝶，猫看着蝴蝶就是猫蝶，代表耄耋。所以这个很有意思。你追求什么东西，他就给你雕什么东西。很多美好的希望都寄托在木雕上面。像荷花是当官的雕，因为荷花出淤泥而不染，清正廉洁，再以前官家种的都是莲花。如果把莲花雕成倾斜的，就是“和谐（荷斜）”，雕荷花雕成一团，就是“一团和气”。把中国这种福禄寿喜的文化赋予给木雕，寄托着美好的愿望，就是对生活的追求，这些在木雕上面都能体现。格子门窗上面的雕刻代表着一家人的需求和愿望，真正的木雕是有意义的。心里要吉祥就雕个龙凤呈祥，就把中国传统文化、儒家文化、忠孝礼义的一些东西雕在格子门上。还有渔樵耕读、扛着锄头的、钓鱼的，中国最高境界就是退隐，渔樵耕读，万般皆下品，唯有读书高。

木雕有很多实用的功能，也有精神寄托。

10. 剑川县石钟山石窟保护所所长　段钟鹏

问：首先请您介绍一下石窟开凿的时间和历史背景。

答：剑川石钟山石窟开凿于公元 850 年到公元 1179 年这段时间，就是唐宋年间，在将近三百年的时间里，阶段性地完成。很多专家都对石钟山石窟进行了定位，我觉得是南诏、大理国的一个佛教圣地，大家去朝山、朝圣、烧香拜佛的一个场所。南诏吞并了其他几个诏，就开始推行佛教，刚好这个时期印度的密宗阿吒力传入了大理地区，阿嵯耶尊者这些把密宗带到了大理。当时南诏吞并了其他诏，号称有三千部落，不同的部落都有自己的原始宗教信仰，就是我们现在所说的巫教，那么作为南诏联盟，要统一三千部落，就推行佛教，为了统一思想、统一国家，服务于政治统治。第一代国王细奴逻就是说受了观音的点化建立南诏的，所以从第一代国王就开始推行佛教，特别是发展到我们大理国的时候，说大理国有大寺八百、小寺三千，村村有寺庙，家家有佛堂，个个挂佛珠。直到明代时期，说我们每个月要吃斋几天，所以称我们大理为妙香佛国，而且我们查资料的时候发现，大理国的国王都出家为僧，成为世界文化史的奇观。

问：石窟主要有哪些雕像呢？

答：主要分三个区：石钟寺区、狮子关区、沙登箐区，总共有 17 个窟，雕刻的内容主要以佛、菩萨、帝王为主的造像，数量规模相对较小，但是在中国石窟里面又非常有特点，所以被列入了第一批国宝，因为它有很多自身的特点，是其他石窟没有的。值得一提的是，有三个窟是雕了南诏国王为主的造像，把自己的祖宗国王和佛、菩萨并排在一起，一起祭拜，这是它非常独特的一点。通过石窟我们可以了解到当时政治的、军事的、宗教的，还有民族的东西在里面。

问：您刚刚说到民族特质，具体是怎么体现的？

答：七号窟，服饰就有白族服饰的特点。像八号窟，被誉为“阿央白”的石窟，是全世界独一无二的，是一个女性祭拜的场所，至少说明女性、母性在唐宋时期，更早时期在南诏大理国地位是非常高的，是受尊重的。

问：石窟所承载的佛教文化有没有流传下来？有没有继续产生影响？

答：前几年的第三届密宗教会就在石钟山召开，针对石窟进行了讨论，定了大理国当时的国教就是佛教，就是密教阿吒力。阿吒力教就是大理国的佛教，随着大理国的灭亡，阿吒力教在民间也逐步弱化。但是幸运的是，在鹤庆还有大理白族阿吒力的僧人，剑川每年都有阿吒力的一些活动，还是幸存下来了。

问：那么在民间还有没有影响？就是对人们的日常生活有没有一些规约作用？

答：影响相当大，像我们北三县的佛教就是以阿吒力为主，主要依托妈妈会，由妈妈会支撑阿吒力，反过来由阿吒力统领我们这些（信教的）老人，特别像本主节、二月八太子会，他们都要搞很多活动。

问：这些就是佛教的活动，还是说和本主也有关系？

答：就是佛教的活动，早期大家都是佛国的子民，但是随着历史变迁，时代的更换，阿吒力的这些已经衰弱了。所以只能靠跟老百姓的这些祭祀活动来生存下去，像白事、红事一些重大的佛教活动，就会来组织这些老人来开展民间活动，佛教和本主崇拜之间是紧密相连的。现在有些地方家里老人去世了，要请阿吒力的僧人来做一些法事。

问：相当于就是佛教文化的传承？

答：是阿吒力的僧人在传承他们的佛法，但是很多东西已经没有了。因为没有生存的生命力，民间的这种需要才使他们传承下去。

问：具体是哪些东西已经没有了呢？

答：原来作为国教有很多自己的仪轨，如石钟山石窟里边的石钟寺区，从密教来讲，本身就是一座曼陀罗，里面就有很多内容，这些内容是佛教按照自己的仪轨来雕刻的。像石钟山石窟的第16号窟，就是一座曼陀罗。其中，右边有一个护法天神就是“大黑天”，提到“大黑天”大理人都知道，很多白族的本主庙供奉的就是“大黑天”，传说他拯救了很多大理白族人。

问：剑川地区还流传着关于释迦牟尼的母亲这样的传说。那请问这个背后有什么样的文化意义？

答：只是佛教里面的一些内容，佛教做一场活动，这场活动是为了什么？比如说太子会就是当年释迦牟尼离家去春游，大家就追随他去了，所以二月八太子会的内容其实也很多，表现的是释迦王子出门春游，很多信教徒就跟着他去了，特别是家里边的小孩子、婴儿都要抱起来追随他去。这实际上就是对佛教的推崇和信仰。

问：那佛教的这些思想对我们的世俗生活有没有要求？

答：有很多佛教的要求，如众生平等、祭祀活动，一些农村地区每逢初一、十五都要吃素，就是要烧香拜佛，但是这些大部分会由“妈妈会”的老人来做。

问：那么对经济领域的活动有没有特别的要求？

答：这些佛教参与比较少。

问：请您谈一下石钟山石窟和茶马古道的关联。

答：石钟山石窟就位于茶马古道旁边，因为12号石窟距离寺登街的直线距离还不到两千米，很近，所以与寺登街的历史文化是连为一体的。它被金庸先生誉为南天瑰宝，咱们石钟山石窟的历史文化，从唐代到宋代这一时期的内容，刚好填补了中国西南文化的历史。因为南诏国、大理国有35位国王，将近六百年的历史，这段历史相对于中原独立，所以没有写进中原的史书里面，在历史书中很难找到具体内容。石钟山石窟还有《张胜温画卷》，就记录下了这些内容。这两个作品可以说是中国西南古文化的瑰宝，是我们顶尖的艺术作品，可以跟世界其他艺术相媲美，哪怕在中国西南高山峻岭之间，一千多年前有这么顶尖的东西，是非常震撼的。反过来说，这个石窟为什么会选择这里有两个原因：一个原因就是石宝山，以石头为宝，老百姓说石宝山的石头有灵性，会开花，这是丹霞地貌的奇观，非常漂亮。所以，古人就觉得这里是一个有灵气的地方。第二，沙溪这个茶马古道在1000多年前就有了，因为刚好就是苍山背面，洱海前面水比较多，所以古时候洱源这边的路是不通的。沙溪这个重镇之所以重要，是因为附近有几大盐井，在南诏时期就有了，南诏国也好，大理国也好，食盐在这里聚集、重新发配。石宝山的石钟山就有这样的一个地理优势，南诏、大理国就把佛教圣地选在这里。

问：以前剑川对商业是如何看待的？

答：剑川的商业历史上，就是靠马帮通过沙溪茶马古道出去把缅甸、保山、普洱地区的一些物资运进来，又运送到吐蕃藏区，又把藏区的酥油、羊皮这些运送回来。因为这边高山峡谷，只有马帮比较有优势。作为本土的主要就是自然经济，剑川这地方是海门口，你会发现三千年前就是水旱两季。直到今天，剑川是云南省最大的水旱两季作物的大县，其他县没有这么多，夏季是水稻为主，春季是小麦，所以是以农业自然经济为主的。

问：那您觉得剑川的白族文化最大的特色表现在哪些方面？主要是偏向于思想、精神文化这方面的。

答：从明代时期以后推行很多儒家思想、文化，包括原来就有的道教文化、佛教文化，所以三家文化在这里交汇。像沙溪兴教寺就是三教都可以在里面搞活动，大家就融合在一起。剑川甚至整个大理思想都比较开放，包容性很强，所以很多文化都吸收了汉族的先进文化。甚至很多汉族学者说，要寻找他们原先的汉族文化得来大理，刚好大理这个地方被现代文明冲击得很少，还有很多传统的东西被保留下来。

问：白族文化对人们日常行为的规范和约束力，主要表现在哪些方面？

答：早期的话还是跟其他地方一样，是靠儒家的，这些思想还有佛家的一些理念，如斋戒活动、不能杀生等这些思想，对地方白族人影响比较大。

问：白族文化和汉文化有很多相似的地方，但是又自成体系，您觉得白族文化和中华文化之间是什么关系？

答：应该说白族文化吸收了很多其他民族的文化，因为它比较开放。白族有白语，但是没有自己的文字，据说早期也有一些符号，但是统编的时候就说汉字非常发达，用汉字来记，这在南诏大理国时候就有，所以有些碑文汉族人也看得懂，但是不知道是什么意思，因为发的音全部是我们的白语，很聪慧地利用了汉字来记录，就像我们用汉字来记外语一样。比如说白族的木雕建筑都比较发达，剑川就有很多古建筑队，去中国很多地区特别是古建筑方面的维修。在宋代时期，据说大理国就派了很多木匠师傅到京城去参与建筑，有些建筑具有汉族的特点，也有藏族的东西，这些都跟文化交流是分不开的。像我们石窟里面有很多就能说明问题，一个是9号窟，是波斯国的，是北方丝绸之路的胡人，怎么会在南方茶马古道石钟山石窟里面出现呢？10号窟、17号窟是印度梵僧，这个印度和尚旁边还有一个小狗。可见，在1000多年前，沙溪马帮茶马古道同时也是文化交流、文化传播的文化路线。

问：请段所长解读一下剑川阿央白崇拜与以前的母系氏族社会的一些关系。

答：剑川石钟山石窟里面的第8号石窟——阿央白石窟是世界上独一无二的一种文化现象，也引起了国内国外的很多文化研究者的研究，观点也比较多，但是当时为什么开凿这个石窟可以说没有资料，所以大家都是通过文化和幸存的一些现象的推演来理解这个石窟想表达想传播的文化。

我个人觉得，实际上它是佛教传入南诏大理时与本土信仰相结合的重要表现，是一种开创性的创举。第8号石窟分成上下两层，上一层直接就把一个女性生殖器供奉在中间，两侧刻了两尊佛，一尊是阿弥陀佛，下边有一个菩萨像。很多宗教人士不理解阿吒力的话，也不理解为什么会让两尊佛守护在他两侧。看第二层的话，左边有一个文人穿着古代文人的服饰，右边是一个官员，把官员、文人这种古代的上层阶级的人物刻在女性的生殖器下面。用女阴供奉在佛和菩萨身边，从表象上来看是不可思议的，中国的古文化是不允许存在的，但是在这里就存在了，而且香火很旺盛，（烟）把整个石壁炉熏黑了，（人们）向她跪拜，求子求孙的老百姓，膝盖把前面的两座莲花普陀都跪得凹下去了，抹的香油也渗透到石壁里面，可以看出来香火之旺盛，对地方的文化影响之深。

我觉得从两个方面来讲：第一个意义就是，对于地方老百姓来说就是求子、求健康，对于古时候来讲多子就是多福，受汉文化的影响，儿子多，家族就强势。一家人都希望顺顺利利生下小孩。现在的人生产可以送到医院里去，古时候就变成了这种信仰，去涂抹一点香油，希望健健康康生下小孩。第二个意义就是，怎么会把这样一个女性生殖器供奉在这些旁边，佛家人到底讲什么，我也请教了很多人来这边做研究，包括休闲的人，他们表达的主要意思是，佛家人在宣传因果轮回、生死轮回，因为因果是佛教传播的基础。在因果六界轮回里面，他们认为轮回人是最有智慧、最有佛缘的。所以密宗里面有一种说法，说（女阴）是智慧之门，也是生死轮回之门。说法就是要成佛，在人间求得解脱，隐晦地把女阴叫作智慧之门。旁边有一副早期的对联也很有意思，“大开方便门，广开化生路”。这些也说明了佛家人不仅是塑造这样一个佛堂，给大家求子求孙，还有很多宗教的意义，旁边还有天王踩着夜叉，佛像下边还有很多和尚，有很多佛也盘坐在旁边，体现出来的文化内容很丰富。

还有一个重要的意义，是说全世界只有这样一个创举。世界有很多生殖崇拜，但都是男性生殖崇拜，女性生殖崇拜就是独一无二的，至少说明女性、母性在大理，在 1000 多年前一直到大理国，这段时期是受到地方百姓的尊重和推崇的。甚至有的专家就跟我讲，在中国的三江并流这一线，女性文明的进程和世界进程是不一样的，全世界的女性文明进程是经历了长期历史过程，从地位非常低下到今天顶半边天，甚至在很多方面比我们男性还优秀，这是经历了几千年的发展，甚至很多方面比我们男性更优秀，这是经历了几千年的进程。但是在中国的西南，在三江并流这一线，女性、母性历史以来就受到大家的尊重，像大理剑川，我们说的是天母地公，刚好和汉文化相反，以母亲为尊。然后北边丽江、泸沽湖，大家都知道是母系氏族社会，从泸沽湖到剑川的阿央白，说明我们这边的女性文明史和世界（女性）文明史不一样。

问：现在石钟山、石窟也在发展旅游业，那么能给地方带来多大的经济收益？

答：经济收益从两个方面来讲：一方面就是石宝山景区的旅游收入：门票、观光费用；另一方面就是来这个地方休闲度假旅游，给各个地方带来方方面面的收入。

问：作为一个景点，带来经济收益这件事情，和石钟山石窟本身蕴含的文化里边有没有相互冲突的部分？

答：石钟山石窟开凿已经有 1000 多年了，正处于一个衰老衰退的时期。从目前来讲，风化还是比较严重的，特别是病虫害的侵蚀也比较严重，我们请了敦煌的专家，想进行这方面的保护，但是那边的气候、土壤都跟这里不一样，处于一个基础性的保护阶段。保护和开发利用既是相互统一的，但是也是相互矛盾的，如果游客太多，对石窟的保护是会存在安全隐患的，包括很多台阶就是与石壁、石窟是一体的，走的人多了，这些台阶、石壁就被踩坏。还有游客带来很多的垃圾，还有摄影器材都会对它有一定的影响。同时，这也影响我们旅游业的发展，就是石窟的保护交通设施很多都是保留了几百年前的云南的这种原始状态，那么人太多了，就承受不了。很多人来了，也不方便，特别是一些身体行动不方便或者老人，那么多台阶，他们都爬不动，这些关系是相互矛盾的，但是大家又要来观看石窟，应该说是互相矛盾但是又互相统一的一个发展过程。

问：用佛教的一个遗址来赚取经济效益与佛教的一些理念有没有冲突？

答：从 1961 年就列为国宝，大家再来烧香、拜佛，甚至要祭拜很多东西，可能就会对石窟造成破坏和威胁，所以后来我们就把石宝山最大的活动变成石宝山歌会，把烧香拜佛这个庙会慢慢变成唱歌跳舞，形成歌会。但是那个地方特别拥挤，如果一天来 2000 个人就超负荷了，有时候会有 3 万人参与，那么对石窟的安全是非常不利的。因此我们地方政府就把石宝山歌会迁到宝相寺，石宝山石窟就由专门的一个保管所来保护。

问：石窟的保护主要采取了哪些措施？出于对石窟的保护以后会不会把它封闭起来？

答：石钟山石窟的地域限制，是在悬崖峭壁上开凿，所以人员过多根本就是容纳不了。现在石钟山石窟进入的通道比较狭窄，很多旅游团队没有到石窟来参观，就是交通设施跟不上，目前的旅行团队的运作，像很多旅游大巴是开不进来的。就目前来讲，游客数量相对还比较少，但是，随着交通发展这种信息化的网络化，很多人就会来看石窟，来了解、学习这边的文化，这意味着游客就会越来越多。刚刚讲，每天2000个人就是超负荷极限，未来肯定也是要限制人数的。现在人数多的时候采取单向循环，很多人不遵守次序就会产生安全问题，也没有应急避难场所。从保护这方面，我们也请了国内的一些专家来研究，但是和其他地方还不一样。所以我们的这种保护，目前也是比较基础性的阶段。这几年还在做一些数据，上海的一家比较顶尖的科技公司用互联网的手段，把很多数据输送到上海，然后他们帮我们监测。我们也请到国内比较权威的专家帮助我们做了一个规划。我们都是在做一些基础性的工作，下一步保护肯定要进一步深入，进一步提高。

问：那现在石钟山石窟的保护还存在哪些困难？

答：刚刚提到一点，就是它已经进入到衰老时期，风化严重，病害侵蚀也比较严重，有苔藓，有霉菌，有真菌，我们测过至少有六种在侵蚀着它。因此，它的保护从科学方面来讲，也是进入了一个紧急的时期。在保护经费方面，国家这几年对文物保护非常重视，经费申请还是能比较满足的。另外一个方面就是人才是比较欠缺的，像我们石窟所有五个编制，五个人都是非专业地来做这个事情，没有一个专业人才。就是说，考古学、历史学这样的人才非常欠缺。在金额方面我们也不断在争取，就是专业的人才，就是编制人员要扩大，要对石窟进行抢救和保护。

问：那么有没有进一步的规划和打算？

答：靠石钟山石窟保护总规出来以后，然后里面有些还要进一步申报，就是申报世界遗产。那么，它的保护人才配置方面就会有一个质的飞跃，所以我们是在努力争取的。

问：在保护文物的过程中，有没有带来一些经济收益和社会收益？

答：这个方面是有的，比如石窟的修缮就属于建筑的修缮，像物联网监测，要启动很多先进的设备，利用网络技术在上海进行分析，拿到一些科学数据，能够带动社会发展。主要是靠国家文物保护系统的一些专项经费，我们剑川有两个文管所，一个是石钟山石窟文管所，另一个是剑川文管所，就是要靠这些国家的政策来进行保护。

问：剑川的白族文化和地方经济发展之间是什么样的关系？

答：我觉得是白族文化补充了经济发展的一个方面，几千年的文明有其自身的一些特点，这些特点可能是其他民族和其他地区所没有的，这些融入了我们的社会，融入信息网络社会，能够对经济发展做一些补充，做一些贡献。石窟里面就有很多石雕艺术，5 号窟、6 号窟建筑的形式，就是中国的斗拱建筑。通过石窟可以看到，大理 1000 多年前的建筑文化，而且有斗拱这种文化。那么石雕和木雕，一千多年前的石雕，形成了现在剑川的木雕之乡。这些之间是不可分割的，是传承的，同时，也是对我们中国的民族文化的一种贡献。我们剑川就有很多像木雕的非遗传承人，像形成石宝山歌会，也是国家级的非遗文化，其中就有很多白族歌手，达到国家级的白族歌手。其实我觉得石窟就是它的底蕴，支撑这些文化传播出去。